SIDDHAR
ANA PAUL
(ORGS)

MAIS DIREITOS PARA MAIS HUMANOS: ESTUDOS EM HOMENAGEM AO PROFESSOR EDUARDO MANUEL VAL

ISBN: 9798377114048

Núcleo Interamericano
de Direitos Humanos
da Faculdade Nacional de Direito da UFRJ

Rio de Janeiro: NIDH – UFRJ,
2023

SUMÁRIO

PARTE I - REFLEXÕES PEDAGÓGICAS

PARTE II - SISTEMA INTERAMERICANO E OS DIREITOS HUMANOS

PARTE III - DIREITOS HUMANOS EM ESPÉCIE

PARTE IV - DEBATES SOBRE O DIREITO INTERNO

PARTE V- UM NOVO DIREITO COMPARADO

PARTE VI - O DIREITO CONSTITUCIONAL ECONÔMICO

APRESENTAÇÃO

Essa coletânea é fruto da iniciativa de orientandos/as e ex-orientandos/as, que buscaram concretizar o ideal acadêmico de reverenciar e desdobrar o pensamento e a produção intelectual do Professor Eduardo Manuel Val. Quem acompanha a carreira do nosso homenageado pode testemunhar sobre sua profícua atuação na pesquisa e na sala de aula, seja na graduação e na pós-graduação, adotando uma perspectiva humanista para além da visão meramente tecnicista do direito.

Segundo Paulo Freire[1], "educar é substantivamente formar". O ensino jurídico é um processo educacional e, como tal, deve se pautar pela ética. Com apurada sensibilidade, profundo conhecimento jurídico, vasta visão social do direito, serenidade de ensinamentos e generosidade, o Professor Eduardo Val desperta a problematização da realidade que o cerca e aos seus alunos, para, calcado nesta premissa, apontar caminhos para a construção de um Direito promotor de verdade e de justiça social.

Tendo como inspiração os ensinamentos e o legado do Professor Eduardo Val, essa coletânea nos leva a fazer reflexões sobre temas atuais, estabelecendo diálogos com problemas no âmbito da cultura jurídica. Assim, nunca é demais refletir sobre questões relacionadas à prospecção contemporânea nos direitos humanos, ao desenvolvimento socioeconômico, em suas tendências teóricas e em seus experimentos institucionais; bem como ao ensino jurídico que possibilite a conscientização da própria função social dos atores do sistema de justiça.

Os textos que integram essa obra agregam finalidades relevantes, instrumentos convencionais em âmbito universal e regional, enfoques jurisprudenciais, históricos, análises, reflexões, inconformismos e paradoxos com os temas que tratam, na busca de soluções para situações complexas do mundo atual. Como o título da coletânea sugere, a linha condutora implícita entre todos os artigos, independentemente das temáticas trabalhadas, é o cariz humanístico, principal preocupação do Professor Eduardo Val.

O Prof. Siddharta Legale inicia a coletânea dissecando os fundamentos teóricos da tese do Professor Eduardo Manuel Val defendida na PUC-RJ para analisar criticamente o ensino dos direitos humanos no Brasil e na argentina, destacando as releituras das categorias tradicionais em algo novo, tais como a ideia de um jusnaturalismo de combate ou de resistência, um positivismo estéril e outra teoria crítica interdisciplinar diversa da tradicional.

Em seguida, Paulo José Pereira Carneiro, partindo do engessamento e do tecnicismo do ensino jurídico contemporâneo, realiza, a partir do diálogo entre os trabalhos do professor Eduardo Manuel Val e do professor Humberto

---

[1] FREIRE, Paulo. Pedagogia como autonomia: saberes necessários à prática educativa. 30. ed. São Paulo: Paz e Terra, 1996. P. 33

Maturana, uma análise da educação jurídica na contemporaneidade a partir de um novo olhar sobre a crise do ensino jurídico novos potenciais soluções. Era de se esperar que, em uma homenagem ao professor Eduardo, que se começasse pelo tema: amor e docência. Afinal, se não tivesse se apaixonado por Adriana e mudado para o Brasil há cerca de 30 anos, nenhum de nós orientandos estaríamos aqui

No contexto das discussões sobre o diálogo de fontes entre o direito interno e internacional, Christiana Sophia de Oliveira Alves faz reflexões sobre o acesso à justiça internacional por meio da Comissão Interamericana de Direitos Humanos (CIDH), a partir do que a doutrina chama de litígio estratégico. Para tanto, analisa-se a função contenciosa da CIDH e o acesso à justiça internacional para apuração da responsabilidade internacional do Estado por violação de direitos humanos.

Ana Beatriz G.M Caser segue com um artigo estabelecendo um dialogo entre o judiciário do estado de Goiás e Corte Interamericana de Direitos Humanos. O artigo busca estabelecer laços entre o judiciário de Goiás e os dircitos humanos a partir de pesquisas quantitativas e qualitativas de primeiro grau, a utilização da jurisprundência da Corte IDH e vice e versa.

A seguir, ainda no contexto mencionado, Mariana Löwenkron De Martino Tostes, analisa as peculiaridades do diálogo entre o juiz nacional e a Corte Internacional de Direitos Humanos, colocando-se como questão problema se o Estado teria discricionariedade ou obrigação de estabelecer o diálogo nos julgamentos internos quando houver precedente acerca do tema em Corte Internacional de Direitos Humanos a cuja jurisdição contenciosa se submeta.

Na sequência dos trabalhos, Thiago Aleluia analisa o controle de convencionalidade na jurisprudência do Supremo Tribunal Federal, no período 1998 a 2020, com ênfase aos diálogos interjurisdicionais com a Corte Interamericana, como instrumento harmonizador e dialógico entre as diversas ordens jurídicas, como forma de se examinar se a prestação jurisdicional de fato está em consonância com os direitos humanos.

Na perspectiva constitucional-internacional, Nivea Corcino Locatelli Braga examina a influência das sentenças proferidas pela Corte Interamericana de Direitos Humanos referentes à razoável duração do processo com a condenação do Estado brasileiro no domínio da jurisprudência brasileira.

Sob o prisma dos direitos fundamentais, a proibição da laqueadura tubária é enfocada por Ivo Basílio da Costa, a partir da análise da Lei do Planejamento Familiar (Lei 9.263, de 12 de janeiro de 1996), principalmente em seu artigo 10, parágrafo 2º, regulamentado pela Portaria 48 do Ministério da Saúde, sob a óptica da violação do princípio da proporcionalidade.

A questão emblemática das violações de direitos, nesses tempos de pandemia do covid-19, do povo indígena yanomami é enfocada por Isabella Franco Guerra e Ana Paula Teixeira Delgado, que trazem a problematização sobre e devastação dos recursos naturais e a necessidade de construção de uma agenda que amplie a efetividade do direito ao meio ambiente sadio quanto do mínimo existencial.

Jan Carlos da Silva segue sobre o direito interno adentrando o tópico do direito a educação como um direito social no Brasil sob o escopo constitucional. Ele segue explorando o direito a educação nas constituições brasileiras anteriores e a constituição atual de 1988 e sua garantia do direito social a educação superior.

Partindo da incorporação de tratados internacionais na ordem jurídica brasileira, Patrick Vasconcelos da Silva aborda as teorias existentes na doutrina da incorporação dos tratados nos ordenamentos jurídicos de outros países, demonstrada a relevância do arcabouço teórico deste importante tema, para esclarecer questionamentos existentes na ordem jurídica nacional, em especial, questões relevantes que não foram elucidadas após a emenda constitucional n° 45/2004, como o objeto do julgamento em curso no Supremo Tribunal Federal em torno da Convenção n° 158 da OIT.

Seguindo, Deborah Sztajnberg o debate sobre o direito interno reflete o impacto que a recente pandemia do Covid-19 teve sob o entreterminto no Brasil. Esta reflete sobre o reconhecimento do direito ao entreternimento na ordem constitucional brasileira e se esse pode ser caracterizado como um direito humano e os impactos pandêmicos sobre tal direito.

Marcelo dos Santos Garcia Santana propõe uma crítica aos modelos de Estado e direito capitalistas, numa relação dialética entre esses modelos e a luta por direitos nas cidades, com o objetivo de contribuir para o debate sobre o direito à cidade como um "não direito", a partir do ponto de vista da consideração da luta de classes como eixo analítico dos conflitos sociais.

A partir do novo constitucionalismo latino-americano Ilana Aló demonstra como o governo Rafael Correa (2007/2017) colocou em xeque a promessa teórica e dogmática desse novo desenho constitucional e a efetivação da democracia equatoriana, por conta da concentração de poder que consolidou um poder executivo hipertrofiado.

Ainda no contexto do constitucionalismo-latino americano, Adriano Corrêa de Sousa traz o questionamento a respeito do suma qamaña como uma verdadeira alternativa à modernidade ou se busca apenas aperfeiçoar as bases do Estado moderno, partindo do método analético proposto pelo Enrique Dussel, o qual busca superar a totalidade contida no *ego conquiro* da modernidade.

Sob o prisma histórico, Marco Aurélio Guedes contribui com o estudo das origens romano-visigóticas do Direito português, analisando sua transmissão histórica, com vistas a compreender os vários ângulos do Direito aplicado no Brasil após 1500, bem como institutos como as cartas de forais, a vassalagem e em especial, o clientelismo, presente no país até os dias de hoje.

Thiago Ferreira Bastos analisa a relação intrínseca entre federalismo financeiro e forma federativa de estado, em especial, as propostas de emenda à constituição que alteram competência financeiras em favor da União em troca de repasse é um risco ao princípio federativo previsto no art. 60, §4º, I da Constituição da República Federativa do Brasil, usando a experiência argentina como alerta do que pode vir a ocorrer com o modelo brasileiro.

Refletindo a respeito das estruturas das relações de trabalho no Brasil, Denise de Almeida Guimarães e Eurico Moreira da Silva Junior trazem reflexão sobre a produção cultural do Direito, a partir da influência de redes intelectuais, com foco nas ideias e na atuação do jurista Arnaldo Lopes Süssekind (1917-2012), demonstrando como as suas ideias e ações vêm, desde a elaboração da Consolidação das Leis do Trabalho (1943), delineando uma estrutura intelectual de pensamento que repercute nas mais variadas esferas do Direito do Trabalho.

Pedro Eugenio Bargiona segue com a reflexão de como o advento das tecnologias de informação e comunicação deram origem ao um novo *commodity,* o espaço de atenção do ser humano. Com isso a própria cultura humana passou por um processo em que se virou mercadoria para se tornar espaços de publicidade altamente direcionados. Ele segue a reflexão com os impactos jurídicos e econômicos que estas novos monopóliosque lidam com este novo *commodity* do século XXI geraram.

Matheus Meott aborda a regulação econômica realizada por agências administrativas afastadas do processo político que buscam impedir a interferências ocorridas dentro da esfera das negociações políticas. Entretanto, tal afastamento não torna tais entidades imunes à te cooptação para desviar seus resultados. Esse fenômeno que ficou conhecido como captura regulatória. Este sendo um processo de interferências por parte dos agentes econômicos nas tomadas de decisões. Este artigo surge com a inspiração da dissertação de mestrado defendida no PPGDC da UFF

Por fim, os irmãos Wilson Danilo de Carvalho e Wilson Tadeu de Carvalho Eccard terminam a coletânea com um par de artigos relacionando direito e economia. O primeiro apresenta em seu artigo uma análise de dois fenômenos que causam um efeito de constrição no desenvolvimento econômico e social que temos experimentado no Brasil e no mundo. Tal fenômeno refere-se ao surgimento precariado, uma nova classe social, no qual o superendividamento brasileiro decorre do projeto neoliberal. O segundo aborda a relação com a política de concessão de crédito

Com os demais autores dessa obra, associamo-nos à justa homenagem ao querido amigo e professor *Eduardo Manuel Val,* e convidamos a todos e a todas à leitura e, principalmente, a se tornarem pesquisadores, extensionistas, professores e pessoas comprometidas com uma edução jurídica para um mundo com mais direitos para mais humanos.

Rio de Janeiro, 10 de fevereiro de 2023.

ANA PAULA DELGADO E SIDDHARTA LEGALE

PARTE I

REFLEXÕES PEDAGÓGICAS

É POSSÍVEL OUTRA TEORIA CRÍTICA DO DIREITO? UM ENSAIO A PARTIR DO PENSAMENTO DO PROFESSOR EDUARDO MANUEL VAL

Siddharta Legale[2]

SUMÁRIO: 1. Aspectos gerais. 2. A crise epistêmica do Direito. 2.1. Do jusnaturalismo ao "jusnaturalismo de combate ou de resistência". 2.2. Do positivismo estéril ao positivismo de combate. 3. A teoria crítica em questão. 3.1. Da teoria crítica às teorias críticas. 3.2. A teoria crítica de Eduardo Val. 4. Apontamentos finais. Referências bibliográficas.

1. ASPECTOS GERAIS

O professor Eduardo Manuel Val começou a sua carreira jurídica na Universidade de Buenos Aires, na qual se formou na graduação em Direito, em 1988, e atuou no Colégio de Advogados até 1992. Eduardo chegou a participar da cátedra de teoria do Estado nesta instituição, até se apaixonar por Adriana Sussekind Lampedusa e decidir se mudar para o Brasil, onde veio a concluir o seu mestrado na PUC-RJ em 1996 e o Doutorado em 2006. Tornou-se professor Associado de Direito Internacional Público, ou Direito das Relações Internacionais Públicas, como ele prefere, em 2002. Ele também leciona no Mestrado e Doutorado PPGD-UNESA desde 2013.

Com a mesma paixão com a qual se mudou para o nosso país, ele vem lecionando, realizando pesquisas e projetos de extensão por meio do Laboratório de Estudos Interdisciplinares Constitucionais Latino-americanos (LEICLA – UFF) a partir do qual, há 20 anos, vem formando uma geração de juristas, tanto a partir da graduação, com um zelo em particular pelas monitorias, quanto a partir do Mestrado em Direito Constitucional, que idealizou, fundou e leciona até hoje.

Fui seu aluno e, depois, monitor na graduação e seu primeiro orientando no mestrado do PPGDC-UFF. Na primeira aula que assisti dele na graduação

---

[2] Professor Adjunto de Direito Constitucional da FND/UFRJ. Pós-Doutor e Doutor em Direito Internacional pelo PPGD/UERJ. Mestre em Direito Constitucional e bacharel em Direito pela UFF. Doutorando em Direitos, Instituições e Negócios pelo PPGDIN/UFF. Coordenador do NIDH/UFRJ. Advogado. E-mail: siddhartalegale@hotmail.com

em 2006, eu ainda não queria professor, mas queria ser tão interessante como ele, ao combinar direito, história, filosofia, literatura, cinema nas suas falas. Numa aula seguinte na qual tive que apresentar o trabalho da disciplina, foi ali, naquele pequeno instante de felicidade depois dos comentários dele, que passei a sonhar e trabalhar, sob a sua orientação, toda semana nos dez anos seguintes para que me tornar o melhor professor que eu pudesse. Foi amizade à primeira vista.

Eu me lembro com tanta clareza do texto, da aula e do debate/diálogo que me atravessou como um raio em 2005 naquele dia. Foi o que me fez me atirar apaixonadamente na vida acadêmica e sonhar em ser professor um dia. Fundamos a Revista de Direito dos Monitores da UFF, fiz intercâmbio na Universidade de Coimbra, ganhei 20 prêmios em concursos de monografia e fui aprovado em primeiro lugar na primeira turma do mestrado do PPGDC-UFF, que possuia linhas de pesquisa que colocavam em diálogo o Direito Constitucional e o Direito Internacional – minhas duas matérias preferidas, das quais fui monitor na Faculdade.

Essa convivência e esse diálogo intenso nos últimos 18 anos – pois é chegamos a maturidade de uma amizade - deixaram marcas em toda a minha forma de compreender o Direito e vida, atuando a partir dos paradigmas que ele construiu a partir de suas atividades teóricas e práticas. Eduardo possui uma produção acadêmica muito abrangente, coletiva, interdisciplinar, crítica e, sobretudo, humana. Seria impossível e inadequado ter a pretensão de em um único artigo sintetizar uma produção de uma vida.

Como professor de Direito Constitucional, mas principalmente de Direitos Humanos Fundamentais e que ama o direito comparado e o internacional, eu pretendo, na presente investigação, analisar o um pano de fundo teórico da tese de doutorado do professor Eduardo Manuel Val, intitulada Ensino Jurídico no Brasil e na Argentina[3], que trata do ensino dos direitos humanos na PUC-RJ e da UBA, publicada recentemente[4]. Em linhas gerais, é realizado um denso trabalho de direito comparado sobre a formação dos professores, os métodos de ensino, a estrutura curricular, a grade horária, a formação etc.

Para além do objeto específico, eu gostaria de lançar uma luz nas categorias empregadas pelo professor e as críticas a estas dirigidas em sua tese: jusnaturalismo, positivismo, teoria crítica e uma teoria crítica não marxista. Questiono se e como seria possível uma teoria crítica que auxilie em uma educação em direitos humanos a partir do pensamento do Professor Eduardo Manuel Val?

---

[3] VAL, Eduardo Manuel. **Ensino Jurídico no Brasil e na Argentina. Estudo Comparado**. Rio de Janeiro: tese de doutorado pela PUC-RJ, 2006.
[4] VAL, Eduardo Manuel. **Educação em direitos humanos**. Rio de Janeiro: NIDH – UFRJ, 2023.

A hipótese é que sim. A partir do pensamento do nosso argentino favorito, comungo da sua premissa de que é possível e necessário construir uma visão crítica dos direitos humanos a partir da metodologia da pesquisa e de uma pedagogia interdisciplinar, dinâmica e comprometida com a realidade de um país profundamente desigual como o Brasil à semelhança de tantos outros países latino-americanos.

Como se pode observar, o nosso objetivo não é analisar o positivismo, o jusnaturalismo ou a teoria crítica em suas origens e autores clássicos. Ao contrário, nosso objetivo é destrinchar como o professor Eduardo Val se apropria e as ressignifica, propondo novos caminhos para uma educação emancipatória em direitos humanos, adequados à realidade de países como Brasil e Argentina.

Por fim, a partir do conjunto de ideias a ser exposto, pretende-se defender a possibilidade de outra teoria crítica para educação em direitos humanos diversa daquela do mainstream no Brasil em dois momentos. Em primeiro momento, adota-se uma perspectiva mais descritiva ou mais *by the book*, apresentando as três teorias na visão da tese de doutorado tal qual ela foi escrita em 2006. Em um segundo momento, em especial no item dedicado a teoria crítica não necessariamente marxista, parte-se da tese, mas reflete-se, de forma mais livre, sobre como essa "pedagogia crítica valziana ou manuelina" que saiu do papel para o livro da vida, para minha vida.

2. A CRISE EPISTÊMICA DO DIREITO

2.1. Do jusnaturalismo ao "jusnaturalismo de combate (ou de resistência)"

O jusnaturalismo no pensamento do professor Eduardo Val possui características ambivalentes. Por um lado, é idealista e crítico em seu apelo por legitimidade. Por outro, carece de base social e se torna metafísico.

Em primeiro lugar, o jusnaturalismo de índole idealista tende a se tornar um "jusnaturalismo de combate ou de resistência" que, não raro, revela-se nas tentativas das esquerdas de questionar o fenômeno jurídico e as instituições. Em segundo lugar, esse mesmo jusnaturalismo enfatiza a dimensão da legitimidade do fenômeno jurídico em detrimento da sua eficácia, razão pela qual em seus apelos transcendentais acabam por desconectar o direito da sociedade. Em terceiro lugar, esse idealismo e apelo à legitimidade do fenômeno jurídico que são traços marcantes do jusnaturalismo possui um outro lado da moeda: alija o direito de sua base social, reduzindo o fenômeno jurídico a uma visão caricatural e parcial que não representa a sua totalidade inserida em um momento histórico particular[5].

---

[5] VAL, Eduardo Manuel. **Ensino Jurídico no Brasil e na Argentina. Estudo Comparado**. Rio

Por isso, o jusnaturalismo, mesmo quando busca ser um "jusnaturalismo de combate (ou de resistência)", nos termos do professor Eduardo Val, tornam-se inevitavelmente na prática um arremedo de positivismo, justamente por reduzir o direito a valores transcendentais ou metafísicas. Esse olhar unilateral para o fenômeno jurídico é uma limitação metodológica que embota o olhar dos profissionais do direito, impedindo-os de construir uma prática a partir da teoria, adequada a nossa realidade social[6].

2.2. Do positivismo estéril ao postivismo de combate

Se o jusnaturalismo enfatiza a dimensão ideal ou da legitimidade do direito; o positivismo, para o prof. Eduardo Val, reduz o direito ora à sua dimensão normativa, ora à fática o que configura um "positivismo estéril", cujos dogmas e tecnicismos servem para camuflar a realidade, alegando que os operadores do direito são "escravos da lei".

Em primeiro lugar, o positivismo assenta-se na dimensão normativa ou da vigência, razão pela qual o positivismo fornece uma visão parcial ao circunscrever o direito a sua dimensão formal, dos dogmas jurídicos ou da legalidade pura e simples.

Em segundo lugar, positivismo também reduz o fenômeno jurídico a uma certeza dimensão fática ao se contentar com a eficácia global das normas e com a possibilidade de sanção ao descumprimento.

Em terceiro lugar, o positivismo insiste no mito da neutralidade e/ou da imparcialidade do direito, que o descola da realidade social, tanto quanto o jusnaturalismo em suas abstrações.

Em quarto lugar, o positivismo restringe o direito aos sistemas e as leis e princípios que o Estado recorta, formaliza e impõe, gerando um "duplo corte mutilador", segundo o professor. De lado, reduz o direito às normas e, de outro, a negação de um direito não estatal.

Definir o que é o positivismo, talvez seja uma das tarefas mais complexas, pois há uma grande tradição desta corrente, assim como o jusnaturalismo. Seus diversos autores possuem distâncias teóricas e temporais consideráveis, ao passo que dar uma definição para enquadrar todos eles não refletem necessariamente o que as correntes dominantes do positivismo defendem atualmente. Contudo, é possível encontrar um núcleo que os une como escola de pensamento, o qual será escrito a partir de dois autores principais: (i) Hans Kelsen; e (ii) Noberto Bobbio.

---

de Janeiro: tese de doutorado pela PUC-RJ, 2006, pp. 50-51.

[6] VAL, Eduardo Manuel. **Ensino Jurídico no Brasil e na Argentina. Estudo Comparado**. Rio de Janeiro: tese de doutorado pela PUC-RJ, 2006, p. 51.

Hans Kelsen é um dos maiores nomes do Direito. A repercussão de sua obra "Teoria Pura do Direito" (TPD) gera impactos até hoje, mesmo sendo de 1934 a sua primeira edição e a sua segunda edição de 1960. A primeira observação que deve ser feita, e que dificulta a correta compreensão da obra e dos debates entre positivistas e não positivistas, é o fator descritivo de sua principal obra. Kelsen está descrevendo o Direito, não havendo valorações em sua obra, como também não há prescrições do que deve ser feito[7].

A obra de Kelsen tem a pretensão de analisar cientificamente o Direito Positivo, e para isso ele necessita obviamente da mais característica marca da ciência: a neutralidade. Outras duas pretensões são a generalidade e a "pureza". A generalidade, isto é, sua obra não se limita a um ordenamento jurídico particular, seja ele nacional ou internacional, mas se propõe a fornecer uma teoria da interpretação apropriada a proporcionar um entendimento de qualquer que seja o ordenamento em questão[8].

Sua outra pretensão é a "pureza", a TPD em seu método se atém exclusivamente a uma argumentação e fundamentação jurídica. Ou seja, Kelsen propõe uma pureza metodológica, ele quer criar uma ciência jurídica que seja autônoma e não dependa de outras ciências, uma ciência não-sincrética (sem mistura), em suma, explicar o jurídico apenas pelo jurídico. [9].

Ao classificarmos o Direito como um sistema, estamos tratando da interdependência, das relações de superioridade, complementariedade de seus elementos (normas jurídicas), os quais o constituem. O Direito depende de vários elementos que atuam em conjunto para sua manutenção –

---

[7] KELSEN, Hans. **Teoria Pura do Direito.** São Paulo: Martins Fontes, 2006.

[8] KELSEN, Hans. **Teoria Pura do Direito.** São Paulo: Martins Fontes, 2006.

[9] A este respeito, cabe aqui fazer menção às explicações da Profa. Carolina Cyrillo sobre as ambições teóricas de Kelsen, bem como os entendimentos da época que o contextualizava: "Neste sentido, faz-se necessário explicar, em linhas gerais, o que Kelsen entendia por ciência. É importante esclarecer que Hans Kelsen é um homem do seu tempo e sofre a influência inegável do conhecido Ciclo de Viena que se origina de um movimento maior que é a filosofia analítica de Bertrand Russel. Portanto, é neste contexto hostil a toda forma de especulação metafísica que se deve compreender a cientificidade do projeto de Kelsen. Metafísica, no sentido que Kelsen lhe dá significa uma concepção religiosa do mundo, ou seja, não racional. Portanto, o Direito que o autor toma por base para a construção de uma teoria científica, alheia à metafísica, é concepção de direito criado e aplicado pelos homens, isto é, sobre o direito positivo, pois a idéia de justiça e o direito natural não são ciência, mas sim metafísica Dentro desta concepção a consideração sobre a justiça, por não se tratar de um conhecimento científico, é vista por Kelsen como sendo irracional. A ciência para Kelsen se define por criar seu objeto não como entidade real, mas como um todo inteligível. Contrária à política, que deve operar compondo interesses divergentes, a ciência tem por função se preocupar com o inteligível: a ciência é racional, o que significa que pertence à inteligência e não à vontade. Assim, neste contexto a ciência, que se ocupa do inteligível, dá aos fenômenos uma descrição precisa e objetiva, portanto, não contém valores". CYRILLO, Carolina. **Chaïm Perelman: Da argumentação à Justiça** – Um retorno a Aristóteles. 115p. Dissertação (Mestrado em Direito) – Centro de Ciências Jurídicas, Universidade Federal de Santa Catarina, 2005, pp. 69-70.

consequentemente, há a comutatividade entre estes elementos. Se um indivíduo é preso por homicídio (art. 121 do Código Penal), neste caso há o funcionamento de diversas normas jurídicas, como um indivíduo só pode ser condenado caso o ato esteja já previsto em lei, ou a norma que prevê a função de investigação a polícia judiciária. Dizemos que o Direito é um sistema normativo, pois os elementos constituintes desse sistema são normas jurídicas, ou seja, um enunciado próprio do Direito, que prescreve (obriga, proíbe, permite ou autoriza) uma conduta, o qual é determinado por uma autoridade competente respeitando os limites legais. É social, pois, somente regula ações/atos/condutas que exerçam impacto sobre a conduta e interesses de outros indivíduos. De modo que as condutas que não gerem este impacto não são da alçada do Direito.

E por fim, é coercitivo pois a sanção possuí duas funções vitais para o Direito. Sua função primária está em assinalar uma obrigatoriedade, e a secundária está em garantir obediência, garantindo um mínimo de eficácia. Tendo isto em vista, podemos então dizer que a sanção é o único sinal que o direito possui para dizer e mostrar o que é ou não obrigatório, ou seja, assinalando qual conduta é devida ou indevida. Entende-se por interpretação a determinação de um sentido (norma geral), com vista à aplicação em um caso concreto, isto é, com vista à produção de outra norma (norma individual)[10].

Podendo esta ser autêntica, aquela realizada por uma autoridade competente e autorizada por outra norma, a determinar um sentido e torná-la vinculante (criar uma obrigatoriedade, a nova norma), ou não autêntica, aquela realizada por um indivíduo sem a autoridade para tomar uma decisão vinculante, mesmo que possa trazer um sentido, a TPD não tratara desta segunda interpretação, pois não gera obrigatoriedade, logo não é uma norma jurídica. Kelsen faz uma clara distinção entre linguagem natural e linguagem artificial, e, baseando-se nisso, ele formulara a impossibilidade da determinação da norma. A linguagem natural sempre terá a indeterminação, pois ela deve abarcar/tratar de vários assuntos e, consequentemente, admitirá múltiplas possibilidades de escolha. Para isso, seus signos (neste caso, palavras) carregam consigo uma vagueza de significado, permitindo uma variedade interpretativa.

Por outro lado, temos a linguagem artificial, o oposto da linguagem natural. Nela, são criados termos muito específicos para tratar de uma situação muito específica, permitindo uma maior precisão. Contudo, como o Direito trata de uma multiplicidade de casos, se se utilizasse da linguagem artificial, não cumpriria sua função prática, qual seja: regular. Isto, pois, não conseguiria tratar dessa diversidade de condutas e situações ao qual se depara. Logo, toda norma é indeterminada, mesmo que pareça determinada – esta de aparente determinação, porém, quando se deparar com um caso concreto problemático, sua indeterminação será revelada[11].

---

[10] KELSEN, Hans. **Teoria Pura do Direito.** São Paulo: Martins Fontes, 2006.

Assim, podemos considerar por positivismo como sendo a corrente jusfilosófica que defende a concepção de um Direito que é produzido e identificado por fatos sociais, em que sua produção é feita por autoridades competentes/autorizadas, seguindo os limites devidos ao processo legislativo, e que, de alguma forma, defende a separação entre Direito e moral. Norberto Bobbio traça um paralelo interessante entre o jusnaturalismo e o juspositivismo que possibilita ter uma visão geral do positivismo, transversal às escolas específicas de interpretação[12].

Três Escolas de interpretação compartilham em maior ou menor medida dessas características e são percursoras do positivismo, segundo Norberto Bobbio, em sua formulação mais tradicional. São elas: (i) Escola da Exegese na França; (ii) Escola da Jurisprudência dos conceitos e interesses na Alemanha; e (iii) Escola Analítica na Inglaterra[13].

O professor Eduardo Manuel Val critica que não cabe nenhuma matriz positivista para embasar o ensino jurídico, sob pena dele se tornar "abstrato, dogmático, atemporal, ineficiente, desconectado da realidade social"[14]. Ainda assim, reconhece e compreende que o positivismo ainda é o modelo dominante do ensino jurídico, tanto no Brasil, quanto na argentina que terá como efeito pernicioso a criação de um circulo vicioso entre docente e aluno que contribui para manutenção dos valores dominantes. Impede o conhecimento da realidade e, portanto, mudanças estruturais do *status quo*.

Esse paradigma deve ser alterado, segundo o professor, a partir de uma prática discursiva e de uma postura permanentemente crítico-refletiva, que rompa epistemologicamente com o senso comum dos juristas e o imaginário social. Por exemplo, destacando que de um positivismo de centros de poder e pesquisa eurocentrados para a periferia latino-americano é insuficiente e deficiente, enquanto teoria e enquanto prática.

3. A TEORIA CRÍTICA EM QUESTÃO

3.1. Da Teoria Crítica às Teorias Críticas

Em termos gerais, a teoria crítica é uma abordagem teórico-política que se opõe à teoria tradicional. Segundo a teoria crítica, a teoria tradicional é compreendida como "cartesiana", racional e universalista, o que impede a revelação das verdadeiras funções e motivações por trás da produção de

---

[11] KELSEN, Hans. **Teoria Pura do Direito.** São Paulo: Martins Fontes, 2006.

[12] BOBBIO, Noberto. **Positivismo Jurídico.** São Paulo: Ícone, 1995.

[13] BOBBIO, Noberto. **Positivismo Jurídico.** São Paulo: Ícone, 1995.

[14] VAL, Eduardo Manuel. **Ensino Jurídico no Brasil e na Argentina. Estudo Comparado.** Rio de Janeiro: tese de doutorado pela PUC-RJ, 2006,

conhecimento. Esta concepção de teoria tradicional foi principalmente estabelecida por Max Horkheimer a partir de seus estudos iniciais[15].

Desde a publicação original de "Teoria Tradicional e Teoria Crítica" em 1937 até os dias atuais, esta corrente teórico-política desenvolvida pela "Escola" de Frankfurt tem tido ampla influência nas diversas áreas das ciências e filosofias. O enfoque marxista adotado por Horkheimer neste ensaio buscava a emancipação humana através da compreensão dialética de que a produção de conhecimento é, em sua essência, histórica, baseada na relação indissociável entre o "cientista" e o "cidadão", rejeitando a ideia de neutralidade. A respeito, Max Horkheimer afirma:

> O especialista "enquanto" cientista vê a realidade social e seus produtos como algo exterior e "enquanto" cidadão mostra o seu interesse por essa realidade através de escritos políticos, de filiação a organizações partidárias ou beneficentes e participação em eleições, sem unir ambas as coisas e algumas outras formas suas de comportamento, a não ser por meio da interpretação ideológica. Ao contrário, o pensamento crítico é motivado pela tentativa de superar realmente a tensão, de eliminar a oposição entre a consciência dos objetivos, espontaneidade e racionalidade, inerentes ao indivíduo, de um lado, e as relações do processo de trabalho, básicas para a sociedade, de outro. O pensamento crítico contém um conceito de homem que contraria a si enquanto não ocorrer esta identidade. Se é próprio do homem que seu agir seja determinado pela razão, a *práxis* social dada, que dá forma ao modo de ser (*Dasein*), é desumana, e essa desumanidade repercute sobre tudo o que ocorre na sociedade[16].

Eduardo Manuel Val tece críticas às teorias críticas puramente marxistas ou marxistas ortodoxas do Direito, as quais possuem algumas características, tais como padrões ortodoxos e uma metodologia determinista. Quanto aos padrões ortodoxos, Val afirma que essa modalidade de teoria crítica reduz o fenômeno jurídico à dimensão econômica na qual o direito é uma "instância superestrutural". Quanto ao aspecto metodológico determinista, afirma igualmente que a teoria crítica marxista tende a reduzir o direito positivo a uma forma de dominação que ignora as possibilidades sociais de dialética e de libertação. Em suas palavras,

> A teoria marxista do Direito, em seus padrões ortodoxos, também não consegue superar a visão parcial do jurídico. Seu método determinista acaba reduzindo-o a uma instância superestrutural determinada mecanicamente pela infraestrutura. Dessa forma reduz o Direito ao direito positivo esta tal e o vê exclusivamente como forma de dominação. Não se apercebe de que ele em sua dialética social

---

[15] HORKHEIMER, Max. Teoria Crítica e Teoria Tradicional. *In*: BENJAMIN, Walter; HORKHEIMER, Max; ADORNO, Theodor W.; HABERMAS, Jürgen. **Textos escolhidos.** (Coleção Os Pensadores). Trad. de José Lino Grünnewald. São Paulo: Abril Cultural, 1980, p. 123.

[16] HORKHEIMER, Max. Teoria Crítica e Teoria Tradicional. *In*: BENJAMIN, Walter; HORKHEIMER, Max; ADORNO, Theodor W.; HABERMAS, Jürgen. **Textos escolhidos.** (Coleção Os Pensadores). Trad. de José Lino Grünnewald. São Paulo: Abril Cultural, 1980, p. 132.

serve, em muitos momentos, também à libertação. Transforma-se assim em positivismo, não conseguindo superar os problemas existentes[17].

Essas duas posturas, segundo o autor argentino, são fruto de uma leitura simplista e mecanicista da obra de Karl Marx, que acaba equiparando a teoria crítica ao positivismo em sua visão parcial do direito, principalmente no que se refere aos produtos da "Escola" de Frankfurt e as raízes do "direito alternativo" no Brasil[18].

Neste sentido, destacando a dinamicidade e complexidade para a construção de uma teoria crítica do Direito e, sobretudo, dos Direitos Humanos, é possível identificar no pensamento de Val um alinhamento às ideias do espanhol Joaquín Herrera Flores, bem como às ideias de outro argentino, Luis Alberto Warat.

Joaquín Herrera Flores propõe uma revisão dos Direitos Humanos com base na concepção iniciada por Horkheimer. Herrera Flores adota uma postura teórico-política que se opõe ao neoliberalismo[19]. De acordo com o autor, para renovar a teoria dos Direitos Humanos, é necessário explorar a questão do "o quê?", "por quê?" e "para quê?" que permeiam a semântica destes direitos[20]. A perspectiva crítica, segundo Carol Proner, requer tanto um compromisso ético quanto uma posição prévia em defesa da emancipação humana, conforme apontado por Herrera Flores em sua leitura[21].

Herrera Flores destaca a complexidade da temática dos Direitos Humanos, evidenciando que as categorias e instituições por trás destes direitos são construções históricas[22]. Consequentemente, como resultado de sua natureza histórica, os Direitos Humanos são produtos culturais que apresentam duas

---

[17] VAL, Eduardo Manuel. **Ensino Jurídico no Brasil e na Argentina. Estudo Comparado**. Rio de Janeiro: tese de doutorado pela PUC-RJ, 2006, p. 52.

[18] Para o autor, por exemplo, a proposta revolucionária de Wolkmer e seus orientandos se esgotou enquanto experiência isolada no Sul do Brasil. Cf.: VAL, Eduardo Manuel. **Ensino Jurídico no Brasil e na Argentina. Estudo Comparado**. Rio de Janeiro: tese de doutorado pela PUC-RJ, 2006, p. 50. Para ver mais sobre a obra de Wolkmer, por exemplo, indica-se que se leia: WOLKMER, Antonio Carlos. **Introdução ao Pensamento Jurídico Crítico**. 3. ed. ver. São Paulo: Saraiva, 2001.

[19] HERRERA FLORES, Joaquín. **A (re)invenção dos direitos humanos**. Florianópolis: Fundação Boiteux, 2009, p. 26.

[20] HERRERA FLORES, Joaquín. **A (re)invenção dos direitos humanos**. Florianópolis: Fundação Boiteux, 2009, p. 32.

[21] PRONER, C. Reinventando los derechos humanos: el legado de Joaquín Herrera Flores. *In*: PRONER, Carol; CORREAS, Oscar (Orgs.). **Teoria Crítica dos Direitos Humanos**. Belo Horizonte: Fórum, 2011, p. 31.

[22] HERRERA FLORES, Joaquín. Hacia una visión compleja de los derechos humanos. *In*: **El vuelo de Anteo**: Derechos humanos y crítica de la razón liberal. Bilbao: Desclée De Brouwer, 2000, p. 20.

dificuldades para serem compreendidos criticamente: primeiramente, existe o universalismo destes direitos, que surge da atitude de Estados ocidentais de impor uma visão linear e racional a toda a humanidade. Em segundo lugar, há a necessidade de se comprometer com a diversidade e pluralidade de violências sofridas por diferentes grupos sociais[23].

Por sua vez, outro argentino naturalizado no Brasil, Luis Alberto Warat, centrará sua teoria crítica para se repensar, sobretudo, o ensino jurídico. Luis Alberto Warat é um pensador crítico do ensino jurídico e da produção de conhecimento no âmbito do direito. Segundo ele, o ensino jurídico é marcado por uma tradição dogmática e normativista que se baseia em uma compreensão formalista e descontextualizada do direito. Warat argumenta que esta abordagem impede a compreensão crítica dos fenômenos sociais e políticos que estão por trás da produção e aplicação do direito[24].

Além disso, Warat critica a forma como o ensino jurídico é transmitido, que se dá de maneira memorística, sem fomentar a capacidade crítica e o pensamento reflexivo dos estudantes. Ele aponta que o ensino jurídico precisa ser repensado para se tornar mais relevante e significativo, e para que os estudantes possam compreender as implicações sociais e políticas do direito[25].

Para Warat, é necessária uma mudança de paradigma no ensino jurídico, que passe a ter como objetivo formar profissionais comprometidos com a justiça social e com a compreensão crítica dos fenômenos jurídicos. Ele propõe uma abordagem interdisciplinar e contextualizada, que contemple a dimensão histórica, política e cultural do direito, e que permita aos estudantes uma formação crítica e reflexiva, capaz de responder às demandas sociais e políticas do século XXI[26].

Por fim, outro autor que vem ganhando destaque na teoria crítica contemporânea, e que podemos relacionar com a linha de pensamento crítica não marxista seguida por Eduardo Manuel Val, é o chileno Hélio Gallardo, naturalizado na Costa Rica após o seu exílio em decorrência da Ditadura de Pinochet. De acordo com ele, a expressão "direitos humanos" deve ser contextualizada e reconhecida como uma construção social que resulta da interação de grupos, nações e indivíduos. Com isso, Gallardo destaca a

---

[23] HERRERA FLORES, Joaquín. La verdad de una teoría crítica de los derechos humanos. *In:* **Los derechos humanos como productos culturales:** Crítica del humanismo abstracto. Madrid: Libros de la Catarata, 2005, pp. 31-35.

[24] WARAT, Luis Alberto. **O direito e sua linguagem**. 2. ed. Porto Alegre: Sergio Antonio Fabris Editor, 1995.

[25] WARAT, Luis Alberto; *et al.* O poder do discurso docente nas escolas de Direito. **Sequência**, Florianópolis, UFSC, a. I, n. 2, p. 146-52, 1980.

[26] WARAT, Luis Alberto. Saber crítico e senso comum teórico dos juristas. **Sequência**, Florianópolis, UFSC, n. 5, p. 48-57, jun. 1982.

importância de se considerar a particularidade da experiência dos direitos humanos, enfatizando suas relações sociais, em contraposição à abstração e universalização proposta pela teoria tradicional[27].

3.2. A Teoria Crítica de Eduardo Manuel Val

A insuficiência apresentada pelo jusnaturalismo e pelo positivismo levou à necessidade da construção de uma nova teoria do Direito, que seja efetivamente uma superação de ambas e não uma integração de olhares parciais[28]. Nesse sentido, o professor Eduardo Val propõe uma teoria crítica com dimensões epistemológicas e políticas.

Em termos epistemológicos, enfatiza-se um método de produção do conhecimento relacionado aos objetivos e estratégicas que questionem o *status quo* e a teia das relações de poder subjacentes. É preciso, por isso, pensar na formação de novos quadros que compreendam o papel do direito, da ciência jurídica dos seus métodos de análise, situando o operador com seu objeto de conhecimento. Chama-se atenção tanto para as precompreensões e o inconsciente que influem na construção, interpretação e aplicação das normas, quanto as teorias da linguagem que demoveram qualquer possibilidade de um direito univoco.

Em termos políticos ou sociais, é preciso abraçar o pluralismo e também o conflito como parte inerente ao direito, que nega a unidade de um direito estatal. Isso significa reconhecer e normalizar a existência de normas extraestatais, como reconhecem teorias críticas do direito, tais como o direito achado na rua, o direito alternativo e/ou o direito insurgente. Até por isso, o direito precisa ser interdisciplinar e dialético.

Dessa forma, o direito alternativo revela-se um movimento interessante por conglobar tanto dimensões do "instituído", quanto do "instituinte". Supera, por isso, o equívoco de equipara o direito à norma, sem menosprezar o importante papel da legislação estatal em juridicizar a vida. Oferece, portanto, uma crítica atenta às circunstâncias e reflexiva, fornecendo elementos para afastar uma "crítica inconsequente e mecanicista, que a vê simplesmente como um instrumento de dominação"[29].

---

[27] GALLARDO, Helio. **Direitos Humanos como movimento social:** Para uma compreensão popular da luta por direitos humanos. Rio de Janeiro: Faculdade Nacional de Direito, 2019, p. 117.

[28] "A realidade é que ambos são insuficientes para embasar uma verdadeira *práxis* jurídica em qualquer de suas variadas formas. A complexidade social contemporânea, principalmente nos países do terceiro mundo – como é o caso do Brasil e da Argentina – não pode ser explicada e muito menos solucionada apenas por normas estatais ou ideais transcendentes.". VAL, Eduardo Manuel. **Ensino Jurídico no Brasil e na Argentina. Estudo Comparado**. Rio de Janeiro: tese de doutorado pela PUC-RJ, 2006, p. 51.

[29] VAL, Eduardo Manuel. **Ensino Jurídico no Brasil e na Argentina. Estudo Comparado**. Rio

É preciso, por isso, uma superação epistemológica dos idealismos e formalismos de direita e de esquerda na construção e aplicação do fenômeno jurídico. Uma nova teoria crítica, segundo o prof. Eduardo Val, para tanto, deve fornecer instrumento e categorias que aproximem o direito vigente da realidade social, permitindo desvelar a dinâmica, evolução, involução, contradição inerentes à dialética social subjacente ao fenômeno jurídico.

Vale conferir as palavras do professor Eduardo Manuel Val a respeito:

> Os crônicos problemas de desenvolvimento social no qual se encontra a grande maioria da população do Brasil e da Argentina é uma realidade que necessita de saídas concretas para as quais o Direito, dentro desses parâmetros clássicos, não encontra respostas satisfatórias. No entanto, positivismo e jusnaturalismo, em seus mais diversos matizes, têm sido, no ensino jurídico brasileiro, as duas antíteses nas quais se têm centrado as discussões acadêmicas. O positivismo vem sendo o dominante praticamente desde o fim do Império, sendo o retorno ao direito natural à forma tradicional pela qual os juristas têm tentado enfrentar as sucessivas crises do Direito. Mesmo as tentativas feitas pelas esquerdas, através da teoria crítica do Direito e do jusnaturalismo de combate (ou de resistência), têm caído, invariavelmente, no positivismo, através da primeira, e no idealismo, através do segundo, não tendo conseguido superar essa dicotomia e apreender o fenômeno jurídico em sua totalidade dentro do momento histórico[30].

Mais adiante, Afirma novamente:

> O grande erro dessas teorias, em todos os seus matizes, é que através de seus métodos estáticos tentam apreender um objeto dinâmico – o Direito.
>
> O mundo é plural e o contencioso faz parte de sua realidade inevitavelmente. E dentro dele o direito positivo, como instrumento de controle social, vem perdendo rapidamente sua eficácia. Também o Direito entendido como instrumento de justiça social já não convence à sociedade que na sua maior parte se encontra numa situação de exclusão e marginalização. A justiça como ideal a ser atingido continua existindo, na maioria das vezes, apenas como recurso retórico de justificação de determinadas situações.
>
> Positivismo e jusnaturalismo estão dando seus últimos suspiros como formas explicativas, em nível jurídico, da realidade social. No entanto, no Brasil, a prática dos diversos profissionais do Direito não tem conseguido escapar a esse dualismo[31].

Isso porque nem o jusnaturalismo, nem o positivismo possuem bases empíricas efetivas, ao se assentarem acriticamente em dogmas legais elaborados, a rigor, a partir do liberalismo no século XVIII. Trata-se de uma nas palavras do professor:

de Janeiro: tese de doutorado pela PUC-RJ, 2006, p. 56.

[30] VAL, Eduardo Manuel. **Ensino Jurídico no Brasil e na Argentina. Estudo Comparado**. Rio de Janeiro: tese de doutorado pela PUC-RJ, 2006, p. 51.

[31] VAL, Eduardo Manuel. **Ensino Jurídico no Brasil e na Argentina. Estudo Comparado**. Rio de Janeiro: tese de doutorado pela PUC-RJ, 2006, pp. 51-52.

a ciência jurídica [que] está pelo menos dois séculos atrasada em relação às demais ciências. Conhecimentos fundamentais produzidos pela teoria da linguagem, pela hermenêutica, pela sociologia, pela ciência política e pela psicanálise, entre outras, não foram ainda por ela assimilados. Pelo contrário, em muitos casos são simplesmente negados em nome da lei. Afinal no Direito, como regra, vigora o princípio da verdade formal[32].

De fato, a autossuficiência do direito esvazia a possibilidade de resolver problemas complexos que transcendam a simplicidade dos Códigos e leis. Como coloca o professor Eduardo Val:

A análise interdisciplinar e a utilização dos novos instrumentos produzidos pela tecnologia, principalmente nas áreas de informática e comunicação, hoje não são apenas possibilidades a serem encaradas: são necessidades que se impõem frente à complexidade do mundo contemporâneo[33].

É, por isso, que vale chamar atenção para o que, a partir do pensamento de outro argentino que se abrasileirou, Luis Alberto Warat, Eduardo Val chama atenção ao fato de que "a função do professor deve ser a de trabalhar com os alunos de tal modo que estes e ele possam produzir discursos de singularidade, criar anticorpos, atitudes de resistência frente à força alienante do discurso institucional."[34]

Assim, em sua prática docente, o educador Eduardo Manuel Val vem realizando inúmeros projetos para o ensino crítico do Direito, sobretudo do Direito das Relações Internacionais e Direitos Humanos. Val, desde 2011, capitaneia o já identificado Laboratório de Estudos Interdisciplinares em Direito Constitucional Latino-Americano (LEICLA), que tem como objetivo geral analisar o constitucionalismo latino-americano, considerando cada país sob olhar do direito comparado e, interdisciplinarmente, contextualizando-os no tempo e no espaço. Assim, trabalha orientando alunos de graduação e pós-graduação na UFF em temas de especial relevância que são destacados, como:

i.   redemocratização;
ii. representação e participação popular;
iii. separação e equilíbrio dos Poderes;
iv. tributação;
v.   integração;
vi. relações trabalhistas;

---

[32] VAL, Eduardo Manuel. **Ensino Jurídico no Brasil e na Argentina. Estudo Comparado**. Rio de Janeiro: tese de doutorado pela PUC-RJ, 2006, p. 54.

[33] VAL, Eduardo Manuel. **Ensino Jurídico no Brasil e na Argentina. Estudo Comparado**. Rio de Janeiro: tese de doutorado pela PUC-RJ, 2006, p. 55.

[34] VAL, Eduardo Manuel. **Ensino Jurídico no Brasil e na Argentina. Estudo Comparado**. Rio de Janeiro: tese de doutorado pela PUC-RJ, 2006, p. 80.

vii.   Direito Ambiental; proteção aos Direitos Humanos; e

viii.   Relações Internacionais.

Assim, são promovidos encontros mensais, conduzindo seminários para o estudo de obras e de casos, consoante cronograma elaborado previamente, bem como apresentação de relatórios dos resultados obtidos e diversas publicações, como artigos e "casebooks". Justamente por isso, a saída do labirinto que se tornou a tricotômia do ensino – jusnaturalismo, positivismo e teoria crítica – é uma saída metodológica e pedagógica comprometida com novas formas de ensino e aprendizagem interdisciplinares que promovam transformações culturais a partir dos espaços institucionalizados (ou não), por meio de um diálogo entre o direito, a economia e a política de forma orgânica. Afinal, a melhor instituição do mundo sem indivíduos com uma formação humana e ética para valer são inúteis.

4. APONTAMENTOS FINAIS

Em desfecho, é preciso retomar a pergunta original: se e como é possível uma outra teoria crítica do direito diversa da dominante, considerando o pensamento do professor Eduardo Manuel Val?

A hipótese aventada antes de uma análise crítica detalhada da tese de doutorado do professor era que sim e, de fato, confirmou-se o sentimento inicial nessa direção. Essa "nova" teoria crítica por assim gera, digamos assim, uma mutação teoria dos conceitos clássicos da dicotomia entre jusnaturalismo e positivismo. O jusnaturalismo torna-se um jusnaturalismo de resistência numa ordem injusta a partir de princípios e valores não metafísicos contra opressões contextualizadas. O positivismo, por sua vez, adquire o viés de um positivismo de combate que reconhece a importância da ordem jurídica estatal em fornecer elementos de libertação e não apenas de dominação, sem negar a possibilidade de outros espaços de produção normativa.

Além disso, busca-se entender que a negativa desse papel de libertação da ordem jurídica por uma teoria crítica que limita-se a uma teoria marxista ortodoxa, tende reconduzir na prática os operadores do direito a uma leitura positivista e/ou jusnaturalista clássica que não fornecer saídas e instrumentos seja para conhecimento efetivo da realidade, seja para luta contra dominação.

Dessa forma, o "como" da construção de uma nova teoria crítica deve ser concreta no reconhecimento das situações de conflito e injustiças espacial e temporalmente situadas dentro e fora da perspectiva estatal, interdisciplinar valendo do diálogo com outras áreas (pedagogia, sociologia, filosofia, ciência política e economia) que negue qualquer tipo de conhecimento produzido de forma abstrata, dogmática, atemporal, ineficiente e desconectada da realidade social e uma dimensão teórico-prática que aposte em uma formação humana que permita processos de ensino-aprendizagem dedicados a uma mudança social e estrutural seja por meio da ocupação dos espaços existentes, seja por uma respeito e diálogo com os demais espaços extraestatais.

Seja qual for o viés adotado, todos devem estar comprometidos com uma sociedade verdadeiramente democrática em prol de um futuro com liberdade, paz, justiça e fraternidade ao invés de dominação do semelhante. Dessa forma, a transposição de uma teoria crítica do direito para o ensino jurídico poderia formar novos profissionais do direito – professores, magistrados, promotores, defensores, advogados públicos, etc –, que se inseriam nas instituições e na cultura jurídica elementos que possibilitem que o próprio sistema jurídico construa instrumentos para correção de suas próprias deformações. Em outras palavras, a construção de canais institucionais e de uma mentalidade por meio de uma educação para os direitos humanos que naturalize a crítica e uma prática democrática e reflexiva, que respeite as singularidades e forneça anticorpos contra autoritarismos, corporativismos e embotamento de olhares para o humano.

REFERÊNCIAS BIBLIOGRÁFICAS

BOBBIO, Noberto. **Positivismo Jurídico**. São Paulo: Ícone, 1995.

CYRILLO, Carolina. **Chaïm Perelman: Da argumentação à Justiça** – Um retorno a Aristóteles. 115p. Dissertação (Mestrado em Direito) – Centro de Ciências Jurídicas, Universidade Federal de Santa Catarina, 2005.

GALLARDO, Helio. **Direitos Humanos como movimento social:** Para uma compreensão popular da luta por direitos humanos. Rio de Janeiro: Faculdade Nacional de Direito, 2019.

HERRERA FLORES, Joaquín. **A (re)invenção dos direitos humanos.** Florianópolis: Fundação Boiteux, 2009.

HERRERA FLORES, Joaquín. La verdad de una teoría crítica de los derechos humanos. *In*: **Los derechos humanos como productos culturales:** Crítica del humanismo abstracto. Madrid: Libros de la Catarata, 2005.

HERRERA FLORES, Joaquín. Hacia una visión compleja de los derechos humanos. *In*: **El vuelo de Anteo:** Derechos humanos y crítica de la razón liberal. Bilbao: Desclée De Brouwer, 2000.

HORKHEIMER, Max. Teoria Crítica e Teoria Tradicional. *In*: BENJAMIN, Walter; HORKHEIMER, Max; ADORNO, Theodor W.; HABERMAS, Jürgen. **Textos escolhidos.** (Coleção Os Pensadores). Trad. de José Lino Grünnewald. São Paulo: Abril Cultural, 1980.

KELSEN, Hans. **Teoria Pura do Direito.** São Paulo: Martins Fontes,

2006.

PRONER, C. Reinventando los derechos humanos: el legado de Joaquín Herrera Flores. *In*: PRONER, Carol; CORREAS, Oscar (Orgs.). **Teoria Crítica dos Direitos Humanos**. Belo Horizonte: Fórum, 2011, pp. 25-44.

VAL, Eduardo Manuel. **Ensino Jurídico no Brasil e na Argentina. Estudo Comparado**. Rio de Janeiro: tese de doutorado pela PUC-RJ, 2006.

WARAT, Luis Alberto. **O direito e sua linguagem**. 2. ed. Porto Alegre: Sergio Antonio Fabris Editor, 1995.

WARAT, Luis Alberto. Saber crítico e senso comum teórico dos juristas. **Sequência**, Florianópolis, UFSC, n. 5, p. 48-57, jun. 1982.

WARAT, Luis Alberto; *et al*. O poder do discurso docente nas escolas de Direito. **Sequência**, Florianópolis, UFSC, a. I, n. 2, p. 146-52, 1980.

WOLKMER, Antonio Carlos. **Introdução ao Pensamento Jurídico Crítico**. 3. ed. ver. São Paulo: Saraiva, 2001.

A BIOLOGIA DO AMAR E O ENSINO JURÍDICO: UM DIÁLOGO VAL – MATURANA

Paulo José Pereira Carneiro Torres da Silva[35]

SÚMARIO: 1. Introdução 2. Humberto Maturana: uma epistemologia aplicada ao ensino jurídico 2.1. O afeto como instrumento de transformação da educação jurídica 3. Considerações finais

1. INTRODUÇÃO

---

[35] Professor do Programa de Mestrado e Doutorado em Direito da Universidade Estácio de Sá; Doutor em Direito Público pela (UNESA/RJ); Mestre em Direito Constitucional (PPGDC/UFF); pós-graduado em Direito Civil e Processo Civil (UNESA/RJ); Advogado e Bacharel em Direito pela Universidade Presbiteriana Mackenzie Rio. Pesquisador do Laboratório de Estudos Interdisciplinares em Constitucionalismo Latino-Americano (LEICLA) e do Observatório de Acesso à Justiça em Ibero América (OAJIA).

[36] Para que tenhamos uma ideia da importância da educação para o constituinte, utilizando uma metodologia de lexicometria básica para realizar a análise de dados textuais, podemos verificar que o termo "educação" se repete 56 vezes no texto constitucional, persistência que só é equivalida pelos termos "saúde" (67 vezes) e trabalho (99 vezes), o que denota a centralidade do tema e sua persistência no ideário do constituinte.

[37] FAORO, Raymundo. Os Donos do Poder: formação do patronato político brasileiro. 11.ed. Sao Paulo: Globo, 1997. 2v.

[38] VENÂNCIO FILHO, Alberto. Das arcadas ao bacharelismo: 150 Anos de Ensino Jurídico no Brasil. São Paulo: Perspectiva, 1977.

[39] ADORNO, Theodor Wiesengrund. Educação e Emancipação, trad. Wolfgang Leo Maar - 3. ed. - Rio de Janeiro: Paz e Terra, 2003.

[40] RODRIGUES, Horácio Wanderley. A crise do ensino jurídico de graduação no Brasil contemporâneo: indo além do senso comum. 1992. Disponível em: < https://repositorio.ufsc.br/xmlui/handle/123456789/76811> Acesso em 01/02/2023

[41] VAL, Eduardo Manuel. Reflexões Sobre a Prática e o Discurso Docente no Ensino Jurídico no Brasil e na Argentina (1985-2000) em Particular na Disciplina de Direitos Humanos. 2006. Tese de Doutorado. PUC-Rio.

[42] TORRES DA SILVA, Paulo José Pereira Carneiro. Nova crise no ensino jurídico: o necessário equilíbrio entre o afeto e a competição. Rio de Janeiro: CEEJ, 2021.

A educação é um direito fundamental reconhecido pela Carta Cidadã de 1988 em seu artigo 6º CAPUT[36] e como tal deve ser garantido em sua mais ampla função, ou seja, não apenas na transmissão de conhecimento, mas também no que se refere a formação da cidadania, de valores democráticos e da promoção social.

É preciso lembrar que o referido diploma sucede um funesto período de ditadura cívico-militar que se consolidou durante décadas, onde o déficit educacional material foi engendrado como um projeto de dominação, uma vez que um povo esclarecido é um povo consciente de seus limites e possibilidades e, por este motivo, povo menos suscetível à dominação e muito mais cioso da democracia como valor inegociável.

Assim a declaração de um direito fundamental à educação, mais do que uma obviedade, é um chamado ao rechaço de um projeto que arrasou com a democracia como um valor axiológico da nação.

Especificamente no que concerne à educação jurídica, autores como Faoro[37], Venâncio Filho[38], Adorno[39], Rodrigues[40] e Val[41] apontaram, em diferentes épocas, a centralidade do papel do bacharel em direito bem como seu *locus* no manejo do poder político da sociedade, entretanto, como diversos autores puderam constatar, é possível notar o crescente déficit de uma formação crítica dos estudantes de direito, que se veem alienados da importância que a cadeira verdadeiramente encerra.

Nos estudos realizados no âmbito de minha tese doutoral[42] - na qual analiso o atual estado do ensino jurídico no país - pude, dentre outas reflexões, demonstrar que uma significativa parte daquilo que delineamos como uma crise do ensino jurídico é, em verdade, uma crise do ensino como um todo.

Experimentamos desde a educação básica um conflito pedagógico no qual as políticas públicas e pressões pela formação de cidadãos comprometidos com o modelo político-econômico vigente - que se beneficia imensamente de uma educação tecnicista e voltada para a ocupação dos postos de trabalho mais básicos - nos impõem um modelo que ignora as experiências formativas e de aprendizagem sensíveis.

Assim, inobstante a inegável a falta de base de grande parte dos alunos que chega ao ensino superior, recusamo-nos a acreditar que a solução para o ensino jurídico passe por levantar barreiras que simplesmente impeçam o acesso destes indivíduos às esferas mais elevadas de formação, pelo contrário, pretendemos encontrar uma soluções que cuidem de promover uma aprendizagem sensível e significativa respeitando a heterogeneidade que caracteriza não somente nosso estudante, mas a nossa realidade enquanto país.

Assim, neste artigo tratarei especificamente da epistemologia proposta pelo professor Humberto Maturana e sobre como acreditamos que suas reflexões podem auxiliar na transformação do processo de aprendizagem com vistas a concretizar um projeto emancipador e significativo de ensino jurídico, principalmente no que concerne ao resgate desses estudantes oriundos dessa educação básica deficitária.

Para tanto, traçaremos um diálogo entre a epistemologia do professor Maturana em uma perspectiva dialógica com o trabalho do professor Eduardo Val (e transversalmente com o trabalho do professor Horácio Wanderley Rodrigues por se tratar, de certa forma, de um pressuposto do trabalho do professor Val), abordando a crise do ensino jurídico não somente pelo viés racional, mas sim – e principalmente - pelo viés relacional, explorando o que chamamos de "a crise do afeto na educação jurídica".

Em um primeiro momento essa abordagem pode parecer inusitada, no entanto, nos valeremos do referencial teórico desenvolvido por Humberto Maturana, sobretudo em suas obras "A árvore do Conhecimento. As bases biológicas do entendimento humano"[43] e "Emoções e linguagem na educação e na política"[44].

Por se tratar de uma pesquisa de interface entre a pedagogia e o direito, o marco teórico eleito será composto por elementos de ambas as áreas do conhecimento.

Para alcançar os objetivos perseguidos, adota-se o método qualitativo apoiado na revisão bibliográfica, aliado à análise indutiva, partindo da observação de fatos para buscar reflexões sobre as possíveis formas transformação da abordagem pedagógica do ensino jurídico a fim de colaborar com a transformação do projeto de ensino jurídico para o país.

Como resultado, espera-se demonstrar que, por se tratar de uma crise sistêmica e multifacetada, uma abordagem que descuide do aspecto relacional e humano da aprendizagem é uma abordagem, na melhor das hipóteses, insuficiente.

2. HUMBERTO MATURANA: UMA EPISTEMOLOGIA APLICADA AO ENSINO JURÍDICO

Em uma aula do curso de direito da Universidade Presbiteriana Mackenzie Rio aguardávamos a chegada do professor Eduardo Val que ao ingressar na sala se apresenta e inicia sua aula com uma provocação aos alunos: "razão ou paixão?", disse ele em uma pergunta inusitada.

---

[43] MATURANA, Humberto R; VARELLA, Francisco. A árvore do Conhecimento. As bases biológicas do entendimento humano. Tradução Jonas Pereira dos Santos. Campinas: Editora WORKSHOPSY, 1995. Disponível em: < http://materiadeapoioaotcc.pbworks.com/f/Arvore+do+Conhecimento+Maturana+e+Varela.pdf> Acesso em 01/02/2023.

[44] MATURANA, Humberto R. Emoções e linguagem na educação e na política. Belo Horizonte: Editora UFMG, 2002

Falávamos sobre o ensino de direito e o fenômeno jurídico, então o mais lógico para todos os alunos parecia ser optar pela "razão", afinal, o que teria o ensino de direito e o fenômeno jurídico a ver com a "paixão", pensamos todos. E qual não foi nossa surpresa quando ele passou a explanar brevemente sobre a aprendizagem segundo o professor Humberto Maturana e sobre como o afeto/amor, era uma importante ferramenta na mediação deste processo.

O professor Humberto Maturana, que infelizmente nos deixou em 2021, inicia sua trajetória acadêmica na Universidade do Chile no curso de Biomedicina – onde viria a se tornar professor em 1960 -, seguindo para estudar anatomia e neurofisiologia na faculdade de Biologia da University College of London sendo bolsista da Fundação Rockefeller e concluindo seu doutoramento em Biologia pela Universidade de Harvard.

O professor desenvolveu sua carreira fundamentalmente na área da Biologia, tendo fundado a Escola Matriztica de Santiago, um instituto dedicado ao que ele denominava matriz biológico-cultural da existência humana. Por este instituto ele publicou, em conjunto com Francisco Varela, algumas de suas obras mais importantes, incluindo "A árvore do conhecimento. As bases biológicas do entendimento humano"[45], obra a partir da qual consolidou uma carreira de quase 30 anos de desenvolvimento e construção de uma teoria do conhecimento e da educação.

Nesta obra o autor inicia sua fala com uma provocação que por si já chama atenção, quando ao iniciar uma de suas explicações sobre o aspecto sensorial do olho humano, ele afirma que o fará a partir de experimentações envolvendo o leitor, uma vez que ele acredita que o leitor "(...) só entenderá o que vamos dizer de modo verdadeiramente eficaz caso se sinta pessoalmente envolvido numa experiência direta, além da mera descrição"[46].

Em seguida o autor conduz algumas experimentações envolvendo o leitor como a que reproduzimos abaixo:

Círculos impressos com tinta idêntica.[47]

---

[45] MATURANA, Humberto R; VARELLA, Francisco. A árvore do Conhecimento. As bases biológicas do entendimento humano. Tradução Jonas Pereira dos Santos. Campinas: Editora WORKSHOPSY, 1995. Disponível em: < http://materiadeapoioaotcc.pbworks.com/f/Arvore+do+Conhecimento+Maturana+e+Varela.pd f> Acesso em 01/02/2023.

[46] Ibidem, p. 61

[47] Ibidem, p. 63

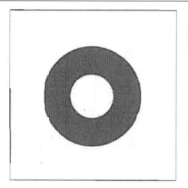 

Neste caso o autor esclarece que ambos os círculos foram impressos com a mesma tinta, sendo que o da direita parece mais rosado em função de seu contorno esverdeado, e segue explicando que a cor não é uma propriedade das coisas em específico, mas sim que ela se manifesta de forma diferente a partir do meio e que, portanto, não é dissociada da forma como a percebemos.

> Não é fácil explicar como vemos as cores, e tampouco tentaremos fornecer aqui uma explicação detalhada. Mas o essencial é que, para compreendê-lo, devemos parar de pensar que a cor dos objetos é determinada pelas características da luz que recebemos deles. Em vez disso, devemos nos concentrar em entender que a experiência da cor corresponde a uma configuração específica de estados de atividade do sistema nervoso determinados por sua estrutura. (...) Os estados de atividade neural que são desencadeados pelas diferentes perturbações em cada pessoa são determinados por sua estrutura individual, e não pelas características do agente perturbador.[48]

Para o professor, a experiência humana está amarrada à nossa própria estrutura e à nossa vivência, de maneira que não é possível separar nossa história e nossa percepção de nossas ações (biológicas ou sociais), o professor afirma que os seres humanos seriam sistemas moleculares autopoiéticos e que, portanto, possuiriam uma organização autossuficiente e retroalimentada com uma tendência a repelir o estranhamento para manter seu equilíbrio fundamental.

Há nos seres vivos, então, uma estrutura organizacional que os define como seres. Maturana e Varela[49] assumem que o traço fundamental dos seres vivos como um todo (e dos humanos em particular), é uma constante produção e reprodução de si próprios, ao que dão o nome de organização autopoiética.

---

[48] Ibidem, p. 65

[49] ROSAS, Ricardo; SEBASTIÁN, Christian. Piaget, Vigotski y Maturana : constructivismo a tres vocês. 1ª ed. 2ª reimp. Buenos Aires: Aique Grupo Editor. 2008 Disponível em: <https://www.uv.mx/rmipe/files/2016/08/Piaget-Vigotski-y-Maturana-Constructivismo-a-tres-voces.pdf> Acesso em 01/02/2023. p. 59

Essa definição recursiva da organização dos seres vivos: não se trata simplesmente de uma estrutura que explica uma fenomenologia própria, mas sim de uma estrutura que, por sua vez, determina uma estrutura e que o faz de forma sucessiva até que explica uma fenomenologia própria.[50].

Portanto, segundo a teoria fundamental de Maturana, existe uma circularidade configuracional na constituição de seus componentes, que são rigorosamente interconectados e mutuamente interdependentes, que funcionam sem qualquer "propósito" intrínseco e que se investem na manutenção de sua integridade[51].

> Portanto, na base de tudo o que diremos está essa constante consciência de que o fenômeno do conhecer não pode ser equiparado à existência de "fatos" ou objetos lá fora, que podemos captar e armazenar na cabeça. A experiência de qualquer coisa "lá fora" é validada de modo especial pela estrutura humana, que torna possível uma coisa" que surge na descrição.
>
> Tal circularidade, tal encadeamento entre ação e experiência, tal inseparabilidade entre ser de uma maneira particular e como o mundo nos parece ser, indica que todo ato de conhecer produz um mundo. Essa característica do conhecer será invariavelmente nosso problema, nosso ponto de partida e a linha mestra de tudo o que apresentaremos nas páginas seguintes. Tudo isso pode ser condensado no aforismo: Todo fazer é conhecer e todo conhecer é fazer.[52].

A partir dessa construção biológica o professor então passa a tentar romper com a fenomenologia do conhecimento fisicalista tradicional de Karl Popper, Imre Lakatos, Thomas Kuhn - que compreendem o conhecimento a partir do objeto - e passa a oferecer uma visão biologista do fenômeno se debruçando sobre o conhecedor.

Em todos os casos, as fenomenologias até então dominantes entendem que o conhecimento se dá com a observação do objeto segundo verdades universais que independem da figura do observador. De maneira oposta, Maturana parte do pressuposto de que existem dois caminhos diferentes, os quais ele denomina "objetividade sem parênteses" e "objetividade (entre parênteses)".

Na visão da objetividade sem parênteses (em geral comum às epistemologias mais clássicas), pressupõe-se existir uma realidade apriorística e independente do observador, que por sua vez desconsidera a emoção para afirmar reflexões e métodos universais para o conhecer.

---

[50] Ibidem, p. 61

[51] Aqui devemos entender integridade como uma tendência à manutenção do status quo como estratégia biológica de autopreservação.

[52] MATURANA, Humberto R; VARELLA, Francisco. A árvore do Conhecimento. As bases biológicas do entendimento humano. Tradução Jonas Pereira dos Santos. Campinas: Editora WORKSHOPSY, 1995. Disponível em: < http://materiadeapoioaotcc.pbworks.com/f/Arvore+do+Conhecimento+Maturana+e+Varela.pdf> Acesso em 01/02/2023. p. 68

Maturana entende que o homem conhece através da objetividade (entre parênteses), que leva em conta a emoção do indivíduo e seu domínio de ação, ou seja, explicar (e por consequência, conhecer) é uma reformulação da experiência mediada pelos elementos da própria experiência do observador.

Isso faz com que diferentes domínios de realidade operem segundo coerências operacionais internas próprias àquele domínio, o que, por sua vez faz com que precisemos dominar o conjunto de coerências operacionais de determinado domínio de realidade para que possamos dominá-lo, e este domínio decorre da experiência.

O conhecedor, que seria o observador padrão, é, para Maturana essa Máquina Autopoiética, com correlações internas e inserido no contexto social caracterizado pela auto-organização, ou seja, ele está constantemente produzindo a si mesmo com o objetivo de conservar essa organização.

Essa inserção no contexto social por parte do observador padrão faz com que ele esteja em uma constante dinâmica de perturbar e ser perturbado pelo meio que o cerca e, quando perturbado, o sistema passaria a tentar se reestruturar a partir de compensações internas.[53]

É exatamente neste ponto que a teoria passa a ser particularmente interessante para a educação, na medida em que o professor é um sujeito que constantemente perturba a cognição do estudante, esta perturbação cognitiva desencadearia os sistemas de compensação, o que geraria a resistência ao aprender.

> É por isso que tudo o que dissemos aqui, esse saber que sabemos, conduz a uma ética inescapável, que não podemos desprezar. Uma ética que emerge da consciência da estrutura biológica e social dos seres humanos, que brota da reflexão humana e a coloca no centro como fenômeno social constitutivo. Equivale a buscar as circunstâncias que permitem tomar consciência da situação em que estamos - qualquer que seja - e olhá-la de uma perspectiva mais abrangente e distanciada. Se sabemos que nosso mundo é sempre o mundo que construímos com outros, toda vez que nos encontrarmos em contradição ou oposição a outro ser humano com quem desejamos conviver, nossa atitude não poderá ser a de reafirmar o que vemos do nosso próprio ponto de vista, e sim a de considerar que nosso ponto de vista é resultado de um acoplamento estrutural dentro de um domínio experiencial tão válido como o de nosso oponente, ainda que o dele nos pareça menos desejável. Caberá, portanto, buscar uma perspectiva mais abrangente, de um domínio experiencial em que o outro também tenha lugar e no qual possamos, com ele, construir um mundo.[54]

---

[53] ROSAS, Ricardo; SEBASTIÁN, Christian. Piaget, Vigotski y Maturana : constructivismo a tres vocês. 1ª ed. 2ª reimp. Buenos Aires: Aique Grupo Editor. 2008 Disponível em: <https://www.uv.mx/rmipe/files/2016/08/Piaget-Vigotski-y-Maturana-Constructivismo-a-tres-voces.pdf> Acesso em 01/02/2023. p. 63

[54] MATURANA, Humberto R; VARELLA, Francisco. A árvore do Conhecimento. As bases biológicas do entendimento humano. Tradução Jonas Pereira dos Santos. Campinas: Editora WORKSHOPSY, 1995. Disponível em: < http://materiadeapoioaotcc.pbworks.com/f/Arvore+do+Conhecimento+Maturana+e+Varela.pd

Em sua epistemologia, Maturana deixa claro que a cognição decorre do encontro de perturbações no meio social, mas não em um sentido impositivo e imperativo em que um dos saberes se reveste de uma necessária verdade e, portanto, sobrepõe-se ao outro como no tradicional processo de ensino-aprendizagem, muito pelo contrário.

Em uma perspectiva congruente com a pedagogia freireana, Maturana sugere que a aprendizagem exige um compromisso ético de educar, reconhecendo que nosso saber decorre não apenas de um conhecimento obtido por uma percepção universalmente correta, mas sim de que ele resulta de um processo de acomodação estrutural próprio de nossa realidade que não só pode não coincidir com o de seu interlocutor (e geralmente não coincide, tamanha é a heterogeneidade dos seres), mas também ser igualmente válido de acordo com seus pressupostos.

> O explicar é sempre uma reformulação da experiência que se explica. Dizer "Ah, enfim você chegou!" envolve o explicar, porque o que se está dizendo é: "Aqui está você." Este "seu aparecimento" é o resultado de um processo de você ter-se movido da rua até aqui. Além disso, implica uma certa relação temporal com minhas expectativas. Então, tudo isto que está dito em "enfim você chegou" envolve uma reformulação da experiência do outro estar ali. Ou, dizer "o que acontece é que o carro estava no ponto cego" é uma reformulação da experiência deste carro ter aparecido e me ultrapassar, na prática, efetivamente na minha experiência, como tendo surgido do nada.
>
> Mas há algo mais no explicar. As explicações são reformulações da experiência, mas nem toda reformulação da experiência é uma explicação. Uma explicação é uma reformulação da experiência aceita por um observador. Todos vocês sabem que se alguém pretende explicar um fenômeno, propõe uma reformulação e eu não a aceito, ela não é uma explicação. Se propõe uma reformulação e eu aceito, essa reformulação é uma explicação. As explicações são reformulações da experiência aceitas por um observador.[55]

Este pensamento - que pode parecer particularmente inquietante sobre o olhar das ciências duras -, parece cair como uma luva para o direito, uma ciência de tantas contingências e tantas correntes que admite, com alguma frequência, que um questionamento seja respondido com algo como um "depende".

Nas ciências jurídicas estamos particularmente acostumados a não temos uma resposta universalmente correta, então esta perspectiva não nos parece particularmente difícil de ser acomodada à pedagogia jurídica, no entanto, como

---

f> Acesso em 01/02/2023. p. 262

[55] MATURANA, Humberto R. Cognição, ciência e vida cotidiana/ Humberto Maturana; organização e tradução Cristina Magro, Victor Paredes. - Belo Horizonte: Ed. UFMG, 2001. Disponível em: <http://projetosnteinoite.pbworks.com/w/file/fetch/57862773/Humberto%20Maturana%20-20Cogni%C3%A7%C3%A3o,%20Ci%C3%AAncia%20e%20Vida%20Cotidiana.pdf> Acesso em: 01/02/2023 p. 29

podemos fazer com que o outro aceite, então, a validade e adequação de um conhecimento quando transmitir este conhecimento passa por compreender que o outro pode não compartilhar de suas estruturas internas e, por este motivo, pode não ser capaz dos mesmos acoplamentos?

Aqui, então, entra o pensamento chave do trabalho do professor e que, de alguma maneira, inquieta àqueles com pensamentos mais tradicionais a respeito da ciência como um todo e da docência em especial:

> O que a biologia está mostrando, se o que dissemos neste livro está correto, é que a unicidade do ser humano, seu patrimônio exclusivo, encontra-se nessa percepção de um acoplamento socioestrutural em que a linguagem tem um papel duplo: por um lado, o de gerar as regularidades próprias do acoplamento estrutural social humano, que inclui, entre outros fenômenos, a identidade pessoal de cada um de nós; por outro, o de constituir a dinâmica recursiva do acoplamento socioestrutural.
>
> Esse acoplamento produz a reflexividade que permite o ato de mirar a partir de uma perspectiva mais abrangente, o ato de sair do que até este momento era invisível ou intransponível para ver que, como seres humanos, só temos o mundo que criamos com outros. A esse ato de ampliar nosso domínio cognitivo reflexivo, que sempre implica uma experiência nova, só podemos chegar pelo raciocínio motivado pelo encontro com o outro, pela possibilidade de olhar o outro como um igual, num ato que habitualmente chamamos de amor - ou, se não quisermos usar uma palavra tão forte, a aceitação do outro ao nosso lado na convivência. Esse é o fundamento biológico do fenômeno social: sem amor, sem a aceitação do outro ao nosso lado, não há socialização, e sem socialização não há humanidade. Tudo o que limite a aceitação do outro - seja a competição, a posse da verdade ou a certeza ideológica - destrói ou restringe a ocorrência do fenômeno social e, portanto, também o humano, porque destrói o processo biológico que o gera. Não se trata de moralizar - não estamos pregando o amor, mas apenas destacando o fato de que biologicamente, sem amor, sem a aceitação do outro, não há fenômeno social. Se ainda se convive assim, é hipocritamente, na indiferença ou ativa negação[56].

O autor sustenta que a solução para a resistência ao processo de aprendizagem passa pela ressignificação da aprendizagem pela vivência e pelo amor, porque, segundo Maturana, são estes sentimentos de pertencimento e afeto que permitem que a cognição encontre nestes sistemas autopoiéticos e resistentes um ponto de pertencimento e, consequentemente, uma consolidação.

Mais importante ainda, o autor destaca que sentimentos antitéticos ao amor como a competição, a posse da verdade ou de certezas ideológicas funcionam como freios do processo de conhecimento, já que abalam as

[56] MATURANA, Humberto R; VARELLA, Francisco. A árvore do Conhecimento. As bases biológicas do entendimento humano. Tradução Jonas Pereira dos Santos. Campinas: Editora WORKSHOPSY, 1995. Disponível em: < http://materiadeapoioaotcc.pbworks.com/f/Arvore+do+Conhecimento+Maturana+e+Varela.pdf> Acesso em 01/02/2023. p. 262-4

estruturas internas do indivíduo e fazem com que ele rechace aquele saber independente da sua validade.

Lévinas já nos advertia sobre a importância do outro na construção da inteligibilidade:

> Eu queria dizer com isto [sobre a filosofia começar na vivência, antes do discurso filosófico], sobretudo, que a ordem do sentido, que me parece primeira, é precisamente aquela que vem da relação inter-humana e que, por consequência, o Rosto, com tudo o que a análise pode revelar de sua significação, é o começo da inteligibilidade"[57]

Esta é uma conclusão substantiva e que poderia nos ajudar a compreender, por exemplo, o fenômeno social que vivemos atualmente com a proliferação das *fake news* e dos posicionamentos controvertidos acerca de determinados saberes científicos (terraplanismo, *fake news*, etc.).

Todas estas notícias e posicionamentos tem ganhado uma valoração apriorística dada a posição do espectro político social que o indivíduo se encontre, e no embate das ideias não há respeito aos saberes e antecedentes do outro, nem tampouco uma vontade de educar pela vivência experimentada ou de se deixar levar pela tentativa.

Estes indivíduos estão encapsulados em suas verdades absolutas de forma que a simples tentativa de demonstrar ou um convite a experimentar ativa todos os sistemas de defesa, fazendo com que eles se encerrem de maneira irremediável e passem a repetir suas significâncias como forma de manutenção de seu equilíbrio fundamental.

Assim, cumpre-nos passar àquilo que, provavelmente é a parte mais instigante do trabalho do professor e que se conecta com a provocação realizada no início deste tópico: como podemos romper com a barreira do equilíbrio autopoiético para gerar conhecimento e convencimento.

2.1. O afeto como instrumento de transformação da educação juridica

Não iremos aqui entrar em pormenores como os critérios de validação do pensamento científico[58] amplamente explicitados por Maturana por não ser este

---

[57] LEVINÁS, Emmanuel. Entre nós: ensaios sobre a alteridade. Petrópolis, RJ: Vozes, 1997. p. 143.

[58] Embora não seja o objeto central do trabalho, sugerimos além da leitura do texto original do professor o artigo de Marco Antonio Moreira, que sintetiza o caminho da validação das explicações científicas. Em síntese, o autor esclarece que para Maturana a explicação científica precisa atender à quatro critérios: "1. Ter o fenômeno a explicar, o qual é sempre apresentado como uma receita do que um observador deve fazer para ter a experiência que vai tratar como fenômeno a explicar. Fazer tal e tal coisa, ver isso e aquilo, medir assim e assim, controlar de tal maneira... Ou seja, a primeira condição é a apresentação da experiência (o fenômeno) a ser

o objeto do presente trabalho, concentrar-nos-emos apenas no processo de formação do aceite que cria uma aprendizagem significativa no observador, no entanto, é importante compreender que não se trata de um referencial demagógico que utiliza da categoria biológica do amor para fundamentar uma epistemologia, pelo contrário, as ideias trazidas pelo autor encontram suas provas de conceito mais substantivas da experiência humana contemporânea.

As relações sociais não permaneceram incólumes na modernidade, modificando-se seja pela intencionalidade em manter conexões mais fugazes decorrentes de uma vida líquida, como sugere Baumann[59], seja pela mudança do *locus* dessas relações sociais de um meio físico e de convivência para um meio virtual como estabelece Han[60].

Maturana e Yáñez (2009) compreendem que esta mudança cultural transformou o convívio social e, por conseguinte produziram alterações na configuração do *emocionear*[61] e agir dos indivíduos que integram aquela cultura.

---

explicada em termos daquilo que o observador-padrão deve fazer em seu domínio de experiências para experienciá-la. Assim, é o que o observador tem como experiência que constitui o que se quer explicar, não o fenômeno. Aqueles que não podem satisfazer as condições que geram a experiência não têm lugar no espaço de atividades do cientista. 2. Ter a hipótese explicativa, que é sempre a proposição de um mecanismo que, posto a funcionar, gera o fenômeno a explicar como resultado deste funcionamento na experiência do observador. Em outras palavras, a reformulação da experiência (o fenômeno) a ser explicada dada sob a forma de um mecanismo gerativo que, se realizado por um observador-padrão lhe permite ter em seu domínio de experiências a experiência a ser explicada, tal como apresentada na primeira condição. 3. Satisfazer a dedução, a partir da operação do mecanismo gerativo proposto na segunda condição, assim como de todas as coerências operacionais do âmbito de experiências do observador-padrão a ele vinculado, de outras experiências que um observador-padrão deveria ter através da aplicação daquelas coerências operacionais e das operações que deve realizar em seu domínio de experiências para tê-las. 4. A realização dessas experiências, ou seja, a experiência, por um observador padrão, das experiências (fenômenos) deduzidos na terceira condição através da realização, em seu domínio de experiências, das operações também deduzidas nessa condição." MOREIRA, Marco Antonio. A epistemologia de Maturana. Ciênc. educ. (Bauru), Bauru , v. 10, n. 3, p. 597-606, Dec. 2004 . Disponível em: <http://www.scielo.br/scielo.php?script=sci_arttext&pid=S1516-73132004000300020&lng=en&nrm=iso>. Acesso em 01/02/2023. p. 603-4

[59] BAUMAN, Zigmut. Modernidade líquida. Rio de Janeiro: Zahar, 2001.

[60] HAN, Byung-Chul. Infocracia: Digitalização e a crise da democracia. Editora Vozes, 2022.

[61] Maturana trabalha os conceitos de *emocionear e linguajear* em seu trabalho com Verden-Zoller (2004). Segundo eles, "*Linguajear* é o fluir em coordenações de coordenações comportamentais consensuais. Quando, numa conversação, muda a emoção, muda também o fluxo das coordenações de coordenações comportamentais consensuais. E vice-versa. Esse entrelaçamento do linguajar com o emocionar é consensual e se estabelece na convivência". Já "*Emocionear* é o fluxo de um domínio de ações a outro na dinâmica do viver. Ao existir na linguagem, movemo-nos de um domínio de ações a outro no fluxo do linguajar, num entrelaçamento consensual contínuo de coordenações de coordenações de comportamentos e emoções. É esse enlace do linguajar com o emocionear que chamamos de conversar, usando a etimologia latina da palavra, que significa 'dar voltas juntos'" MATURANA, Humberto; VERDEN-ZOLLER, Gerda. Amar e brincar: fundamentos perdidos do humano. São Paulo: Palas Athena, 2004. p. 262.

A contemporaneidade nos traz desafios oriundos da mudança de paradigmas relacionais, fazendo com que estejamos cada vez mais alienados do outro e, por consequência, cada vez mais afastados de nossa própria humanidade e socialidade. Mais uma vez nos socorremos de Lévinas.

> Daí [da alteridade] surge o humano como o eu do "eu penso", e a cultura como saber, indo até a consciência de si e até a identidade em si-mesma do "idêntico e do não idêntico". Descartes estende o "eu penso", derivado do "eu duvido" (que é uma peripécia do conhecer), à alma humana inteira e Kant perceberá aí a unidade da apercepção transcendental que é a reunião do que é sentido (senti) em saber. O lugar do significativo (sensé) e do inteligível manter-se-á no saber e equivalerá à intriga do espiritual em toda a cultura ocidental. Mesmo as relações do homem com outrem ou com Deus serão compreendidas como experiências coletivas ou religiosas, ou seja, como contribuições à verdade. (...)
>
> O saber seria, assim, a relação do homem com a exterioridade, a relação do Mesmo com o Outro, em que o Outro se encontra, finalmente, despojado de sua alteridade, se faz interior ao meu saber e sua transcendência se faz imanência.[62].

Antes de nos aprofundarmos ainda mais na matriz Maturânica, devemos revisitar a evolução da crise do ensino jurídico por intermédio dos trabalhos paradigmas que nos precederam e como já estabelecemos a base da epistemologia do conhecimento de Maturana convém verificar como dialogamos com o direito e com os trabalhos que nos precederam.

Em 1992, mais de 30 anos atrás, o professor Horácio Wanderley Rodrigues anunciava em sua tese uma busca por uma solução para o que denominou ser a crise estrutural do ensino jurídico, que compreenderia a crise político-ideológica liberal e a crise epistemológica do positivismo; a crise operacional do ensino jurídico, que compreenderia a questão curricular e didático pedagógica; e a crise funcional, que se referiria a inadequação da formação para o mercado de trabalho e aos problemas de identidade e legitimidade dos operadores jurídicos[63].

Embora o próprio autor compreenda a crise de seu tempo como um fenômeno multifacetado e com diversas frentes de análise, em grande parte compreende como uma crise do paradigma epistemológico e propõe a superação da matriz positivista pela ideia do Direito Alternativo.

Alguns *insights* de pesquisa trazidos pela referida tese permanecem particularmente íntegros no que concerne à crise atual (o que mostra quão pouca evolução estes mais de 30 anos efetivamente aportaram), em especial a necessidade de uma prática educacional significativa e comprometida com as necessidades sociais e a necessidade metodológica de uma abordagem

---

[62] LEVINÁS, Emmanuel. Entre nós: ensaios sobre a alteridade. Petrópolis, RJ: Vozes, 1997. p. 229-30.

[63] RODRIGUES, Horácio Wanderley. A crise do ensino jurídico de graduação no Brasil contemporâneo: indo além do senso comum. 1992. Disponível em: < https://repositorio.ufsc.br/xmlui/handle/123456789/76811> Acesso em 01/02/2023 p. 6

pedagógica mais dialética e realizada por profissionais melhor qualificados para tanto nos parece bastante atual, no entanto, em diversos outros aspectos o momento em que o trabalho foi produzido não permitiu que seu autor pudesse perceber elementos centrais, como por exemplo a mudança fundamental do mercado e das políticas institucionais que hoje a educação jurídica – especialmente no âmbito privado – fosse regida por políticas institucionais ditadas por parâmetros de eficiência financeira mais do que de eficácia do ensino.

Ademais, a tese em questão reconhece o problema da qualidade do corpo discente e entende que estes problemas, assim como o problema da quantidade de alunos em sala de aula seria um vício de base, contudo, como já dissemos anteriormente, deliberadamente não assumimos como uma posição aceitável o discurso de restrição para qualificação, de maneira que ao invés de nos concentrarmos nos problemas exógenos, decidimos voltar nosso olhar sobre as pessoas, entendendo que o processo relacional entre elas é que tem o poder verdadeiramente transformador da crise.

Em uma perspectiva mais próxima da realidade atual, quatorze anos depois da tese do professor Horácio, o professor Eduardo Manuel Val revisita o tema sob um novo prisma e, utilizando do ferramental do estudo comparado, aponta para o descolamento entre o discurso e a prática no ensino específico da disciplina de direitos humanos como uma metáfora para o próprio descolamento entre discurso e prática do ensino jurídico significativo no Brasil.

Em sua tese o professor Eduardo observa que, embora em termos de discurso o processo de redemocratização tenha tornado o ensino jurídico menos despolitizado, normativista e descontextualizado, a prática não se afasta do ensino bancário há muito denunciado por Freire:

> Nos deparamos assim com um paralelismo lógico simples: sendo a ciência jurídica neutra conseqüentemente o cientista que se dedica à pesquisa e propagação desta também o será. Esta neutralidade se traduz em uma clara opção pelo ensino unidisciplinar, coerente com a tradição positivista/normativista, descontextualizadora e dogmática. Estas características respondem a uma finalidade política de despolitização do ensino jurídico desenvolvida e consolidada nos longos períodos em que Argentina e Brasil estiveram afastados do modelo de estado democrático de direito.

> Mas quando chegamos no início da década dos 80 ao período de transição democrático, pelo menos no discurso das reformas aplicadas a legislação do ensino superior, e mais especificamente as normativas do ensino jurídico, percebe-se uma decidida tentativa de reorientação do ensino para um novo paradigma. Esse paradigma promove a interdisciplinariedade nos processos de construção do conhecimento jurídico, coerente agora com uma visão holística e sistêmica da dinâmica social que é origem e fundamento do direito.

> (...)

> Isto exige uma nova leitura dos conteúdos que são objeto de estudo como também uma nova abordagem pedagógica. Este último elemento tradicionalmente esquecido ou banalizado pelos docentes de direito vai representar um desafio ao

perfil tradicional do docente de direito que não apresenta formação pedagógica especializada e simplesmente repete a prática consuetudinária de reproduzir conhecimentos como ele em seu momento os recebeu. Assim, seguindo as categorias levantadas na obra do Paulo Freire, a cultura bancária do ensino se perpetua sem chegar a constituir uma cultura problematizadora do ensino[64].

Avançando com relação ao trabalho de seu predecessor, o professor Eduardo destaca o papel central da relação docente-discente no sucesso da aprendizagem em direito, identificando o que, na época lhe parecia uma necessidade: tornar os conteúdos mais atraentes aos estudantes.

Hoje, à luz da matriz de Maturana, podemos compreender esse fenômeno como uma necessidade de formar conexões significativas entre os interlocutores da atividade de ensino através da compreensão de seus elementos formadores (estruturas internas) e de exercícios de experimentação não reducionistas, que não tratem a descrição e a linguagem como meros instrumentos de reprodução da dogmática normativista tradicional, algo que o próprio professor, sem utilizar a matriz Maturânica, pôde deduzir com clareza:

> De valioso instrumento de contextualização e indução a análise crítica da realidade, o estudo de caso tem se transformado em instrumento de cristalização dogmática de certos padrões de interpretação de caráter processual que, em nome de sua conexão direta com o exercício profissional e sua aparentemente facilitação do tratamento quantitativo da demanda de serviços de justiça, legitimam uma série de receitas dogmáticas que se aplicam à complexa massa das relações sociais reguladas pelo direito.
>
> Nesse sentido, cabe uma atenta consideração dos argumentos críticos vertidos ao tratar do estudo de caso como recurso didático. O abuso desta técnica leva a um perigoso reducionismo da pedagogia jurídica e a um reforço revigorado da dogmática disfarçada de falso revolucionarismo transformador de uma técnica didática que por si só é insuficiente para uma mudança de paradigma no ensino jurídico, com o resultado do esquecimento de outras técnicas e recursos pedagógicos que de forma sistêmica poderiam contribuir realmente para essa mudança[65].

Consigna-se, portanto, que desde o trabalho do professor é denunciada de forma expressa a necessidade de repensar os espaços de aula como ambientes de construção coletiva, que respeitem as experiências e vivências individuais e que sejam livres de verdades dogmáticas limitantes como uma ferramenta didático-pedagógica com vistas a favorecer a construção de um saber jurídico significativo.

Entretanto, desde o ponto de vista político e institucional, é notável a resistência aos processos de transformação que transcendem o espaço do mero discurso, o que neste momento, reputamos de forma concreta a uma perspectiva

---

[64] VAL, Eduardo Manuel. Reflexões Sobre a Prática e o Discurso Docente no Ensino Jurídico no Brasil e na Argentina (1985-2000) em Particular na Disciplina de Direitos Humanos. 2006. Tese de Doutorado. PUC-Rio p. 73-4.

[65] Ibidem. p. 75-6

mercadológica utilitarista que tende a pensar a educação desde o investidor (ou desde a escassez dos recursos públicos, se estivermos falando de instituições públicas) e não desde o estudante, difundindo práticas hipercompetitivas entre os estudantes, adotando práticas gerenciais financistas para tomar decisões fundamentalmente acadêmico-pedagógicas.

3. CONSIDERAÇÕES FINAIS

Hoje, separados por diversas gerações de juristas, nos vemos reafirmando um ponto comum entre as obras que valida nossa escolha de matriz teórica.

O direito é mais do que o estudo da norma que regulamenta o comportamento humano e prescreve a sanção cominatória para o comportamento desviante, o direito é uma ferramenta na construção do indivíduo consciente de seu lugar no mundo e comprometido com a correção das distorções e das iniquidades, e assim deve ser experienciado e ensinado, assim como propõe o próprio Maturana:

> A célula inicial que funda um organismo constitui sua estrutura inicial dinâmica, aquela que irá mudando como resultado de seus próprios processos internos, num curso modulado por suas interações num meio, segundo uma dinâmica histórica na qual a única coisa que os agentes externos fazem é desencadear mudanças estruturais determinadas nessa estrutura. O resultado de tal processo é um devir de mudanças estruturais contingente com a seqüência de interações do organismo, que dura desde seu início até sua morte como num processo histórico, porque o presente do organismo surge em cada instante como uma transformação do presente do organismo nesse instante. O futuro de um organismo nunca está determinado em sua origem. É com base nessa compreensão que devemos considerar a educação e o educar[66].

A crise do ensino jurídico não é apenas uma crise de tendências de mercado, da pressa oriunda da modernidade, de regulamentação ou de formatação do ensino jurídico, é também, e especialmente, uma crise de pessoas, seus valores, suas aspirações, paixões e interrelações, e é justamente por isso que os olhares de Maturana e Val sobre a educação se fazem particularmente caros: porque permitem inverter a ordem consequencialista da crise do ensino a partir do amor.

Como uma crise macroscópica e multifacetada é preciso que envidemos esforços sensíveis em sua superação, esforços estes que carecem de uma adesão de diversos setores da sociedade, mas, especialmente, que dependem da compreensão por parte de cada um desses atores da importância da educação e do amar no fazer educacional.

---

[66] MATURANA, Humberto R. Emoções e linguagem na educação e na política. Belo Horizonte: Editora UFMG, 2002 p. 28-9

Uma pedagogia que tenha como fundamento a biologia do amar passa por compreender que tão grande quanto a variedade de realidades e histórias dos alunos em sala de aula são as formas de construir redes de conversações que criem as condições para que o aluno possa conviver no amar e na proximidade, desenvolvendo-se enquanto se transforma e transforma o outro.

REFERÊNCIAS

ADORNO, Theodor Wiesengrund. Educação e Emancipação, trad. Wolfgang Leo Maar - 3. ed. - Rio de Janeiro: Paz e Terra, 2003.

BAUMAN, Zigmut. Modernidade líquida. Rio de Janeiro: Zahar, 2001.

FAORO, Raymundo. Os Donos do Poder: formação do patronato político brasileiro. 11.ed. Sao Paulo: Globo, 1997. 2v.

HAN, Byung-Chul. Infocracia: Digitalização e a crise da democracia. Editora Vozes, 2022.

LEVINÁS, Emmanuel. Entre nós: ensaios sobre a alteridade. Petrópolis, RJ: Vozes, 1997.

MATURANA, Humberto R. Cognição, ciência e vida cotidiana/ Humberto Maturana; organização e tradução Cristina Magro, Victor Paredes. - Belo Horizonte: Ed. UFMG, 2001. Disponível em: <http://projetosntenoite.pbworks.com/w/file/fetch/57862773/Humberto%20-20Cogni%C3%A7%C3%A3o,%20Ci%C3%AAncia%20e%20Vida%20Cotidiana.pdf> Acesso em: 01/02/2023

MATURANA, Humberto R. Emoções e linguagem na educação e na política. Belo Horizonte: Editora UFMG, 2002

MATURANA, Humberto R; VARELLA, Francisco. A árvore do Conhecimento. As bases biológicas do entendimento humano. Tradução Jonas Pereira dos Santos. Campinas: Editora WORKSHOPSY, 1995. Disponível em: < http://materiadeapoioaotcc.pbworks.com/f/Arvore+do+Conhecimento+Maturana+e+Varela.pdf> Acesso em 01/02/2023.

MATURANA, Humberto; VERDEN-ZOLLER, Gerda. Amar e brincar: fundamentos perdidos do humano. São Paulo: Palas Athena, 2004.

MOREIRA, Marco Antonio. A epistemologia de Maturana. Ciênc. educ. (Bauru), Bauru , v. 10, n. 3, p. 597-606, Dec. 2004. Disponível em: <http://www.scielo.br/scielo.php?script=sci_arttext&pid=S1516-73132004000300020&lng=en&nrm=iso>. Acesso em 01/02/2023.

RODRIGUES, Horácio Wanderley. A crise do ensino jurídico de graduação no Brasil contemporâneo: indo além do senso comum. 1992. Disponível em: < https://repositorio.ufsc.br/xmlui/handle/123456789/76811> Acesso em 01/02/2023

ROSAS, Ricardo; SEBASTIÁN, Christian. Piaget, Vigotski y Maturana: constructivismo a tres vocês. 1ª ed. 2ª reimp. Buenos Aires: Aique Grupo Editor. 2008 Disponível em: <https://www.uv.mx/rmipe/files/2016/08/Piaget-Vigotski-y-Maturana-Constructivismo-a-tres-voces.pdf> Acesso em 01/02/2023.

TORRES DA SILVA, Paulo José Pereira Carneiro. Nova crise no ensino jurídico: o necessário equilíbrio entre o afeto e a competição. Rio de Janeiro: CEEJ, 2021.

VAL, Eduardo Manuel. Reflexões Sobre a Prática e o Discurso Docente no Ensino Jurídico no Brasil e na Argentina (1985-2000) em Particular na Disciplina de Direitos Humanos. 2006. Tese de Doutorado. PUC-Rio.

VENÂNCIO FILHO, Alberto. Das arcadas ao bacharelismo: 150 Anos de Ensino Jurídico no Brasil. São Paulo: Perspectiva, 1977.

PARTE II

SISTEMA INTERAMERICANO E OS DIREITOS HUMANOS

A INTERNACIONALIZAÇÃO DO DIREITO E O ACESSO À JUSTIÇA NO SISTEMA DE PROTEÇÃO REGIONAL: UM OLHAR SOBRE A COMISSÃO INTERAMERICANA DE DIREITOS HUMANOS

Christiana Sophia de Oliveira Alves[67]

SÚMARIO: 1. Introdução 2. A Comissão Interamericana de Direitos Humanos 3. Atuação contenciosa da Comissão Interamericana de Direitos Humanos 4. Considerações finais

1. INTRODUÇÃO

A proteção aos Direitos Humanos em escala global e regional é em grande medida alcançada ao longo do século XX. Percebeu-se que a proteção da pessoa humana não poderia ficar a cargo somente dos Estados, e internamente, pois, o próprio Estado poderia ser o promotor de violações aos direitos mais basilares que asseguram a condição de existência humana. A internacionalização e o diálogo entre as fontes do direito interno e internacional começa a ser mais frequente, de forma que as obrigações assumidas em âmbito internacional devem ser implementadas pelo Estado em seu ordenamento jurídico interno. Neste sentido, a doutrina jurídica costuma diferenciar os direitos fundamentais, que são aqueles previstos constitucionalmente e, os direitos humanos, previstos em instrumentos internacionais e ratificados pelos Estados.

O diálogo entre essas fontes desenvolveu-se nos últimos anos, e alguns autores argumentam que há uma constitucionalização do direito internacional, de forma que ocorre uma influência mútua em seu desenvolvimento. No âmbito do direito interno, os mecanismos de controle de constitucionalidade se desenvolveram ao longo da história do constitucionalismo de forma que a Constituição se irradiasse por todo o ordenamento jurídico e seja o parâmetro de observância, principalmente no que tange aos direitos fundamentais, para elaboração de leis e políticas públicas. Em sua obra que analisa o controle de constitucionalidade jurisdicional, já que o poder judiciário é o principal objeto de análise, Mauro Capelletti (1984) afirma que no que diz respeito ao aspecto

---

[67] Christiana Sophia de Oliveira Alves formou-se em Direito pela Faculdade Nacional de Direito da Universidade Federal do Rio de Janeiro (FND/UFRJ). Atualmente é mestranda no Programa de Pós Graduação Stricto Sensu em Direito Constitucional da Universidade Federal Fluminense (PPGDC/UFF), em Niterói/RJ, Brasil. É advogada. E-mail: christianasophia@id.uff.br.

subjetivo ou orgânico, os tipos de controle podem se distinguir segundo uma terminologia já bastante conhecida: o sistema difuso, em que o poder de controle pertence a todos os órgãos judiciários de um dado ordenamento jurídico, que o exercitam incidentalmente, na ocasião da decisão das causas de sua competência; e o sistema de controle concentrado, em que o poder de controle se concentra, ao contrário, em um único órgão do judiciário.

Após a elaboração e entrada em vigor da Convenção Americana sobre Direitos Humanos e o início dos trabalhos da Corte Interamericana de Direitos Humanos, a compatibilidade das leis e políticas públicas também se dão em relação aos Tratados de Direitos Humanos e a jurisprudência da Corte IDH. Neste sentido a doutrina, através de inspiração do direito francês, passa a falar em controle de convencionalidade, que segundo Mazzuoli (2018, p. 28) significa falar em compatibilidade vertical material das normas do direito interno com as convenções internacionais de direitos humanos em vigor no Estado. O controle de convencionalidade pode se dar em âmbito internacional, que é complementar, realizado pelas cortes internacionais, ou interno, pelos magistrados principalmente, mas também pelos demais poderes. No caso do Brasil, a Constituição Federal prevê em seu artigo 5º, §3º, incluído pela Emenda Constitucional nº 45 de 2004, pra dirimir as controvérsias jurisprudenciais e doutrinárias a possibilidade de internalização dos tratados de direitos humanos com status de emendas à constituição. A jurisprudência do Supremo Tribunal Federal entendeu que os tratados de direitos humanos que não passaram pelo rito da aprovação qualificada nas Casas do Congresso Nacional, teriam status supralegal.

Neste contexto, o sistema regional de proteção aos direitos humanos também prevê a possibilidade de denúncias através do peticionamento de casos de violações de direitos humanos para que se apure a responsabilidade internacional do Estado pela violação de direitos previstos na Convenção Americana sobre Direitos Humanos e demais tratados internacionais de proteção da pessoa humana. Dessa forma, é possível notar que o Sistema Interamericano de Direitos Humanos estabelece os padrões de proteção internacionais que devem ser observados pelos Estados-partes, mas também apura a violação de direitos humanos estabelecendo as medidas de reparação para as vítimas. A Comissão Interamericana de Direitos Humanos é o órgão central do SIDH para compreender a promoção dos direitos humanos na região e a possibilidade de peticionamento com denúncias de casos de violações aos direitos humanos.

A Comissão Interamericana de Direitos Humanos é um órgão da Organização dos Estados Americanos e também do sistema da Convenção Americana sobre Direitos Humanos, mesmo sendo peça chave dentro do SIDH, a CIDH ainda é pouco explorada nos estudos sobre direitos humanos, direito internacional e direito constitucional.

Diante do cenário colocado, o objeto de análise no presente artigo surge a partir do interesse em compreender a dinâmica de funcionamento da CIDH, buscando entender o que é esse órgão e sua atuação contenciosa, uma vez que os indivíduos não possuem acesso direto à Corte IDH, e cabe a CIDH admitir as petições a ela enviadas, assim como encaminhar com análise de mérito, os casos em que entender configurada uma violação de direitos humanos. O objetivo traçado é analisar o contexto de sua criação e como pode ser acionada para apurar e remeter possíveis casos de violação de direitos humanos.

Trata-se de investigação qualitativa, jurídico- sociológica e jurídico-diagnóstica, que se valerá das técnicas de pesquisa bibliográfica e pesquisa documental. O artigo será dividido em dois tópicos. O primeiro, irá explorar o processo de criação da CIDH. O segundo tópico irá trabalhar a função contenciosa da CIDH, introduzindo o conceito de litígio estratégico para compreender as possibilidades de acionamento do órgão por parte de vítimas de violações de direitos humanos nas Américas.

2. A COMISSÃO INTERAMERICANA DE DIREITOS HUMANOS

O estudo dos sistemas regionais de proteção aos direitos humanos requer algumas ressalvas iniciais. Conforme Antônio Augusto Cançado Trindade (2003), os instrumentos internacionais de proteção dos direitos humanos operam de modo complementar nos planos global e regional, não havendo antagonismos, ambos tendo como grande propósito almejado, a ampliação do escopo protetivo às eventuais vítimas de violações de direitos humanos.

Nas Américas, é possível analisar que o sistema protetivo evoluiu de forma gradual. Em um primeiro momento, entre 1826 e 1889, a partir do Congresso do Panamá, se instituiu uma série de encontros entre os representantes de países da região com objetivo de cooperação, principalmente para questões relativas à defesa, integridade territorial e até abolição da escravatura (HANASHIRO, 2001). Após o término da Primeira Guerra Mundial e a superação do sistema de conferências estatais, foi dado início a forma institucionalizada de condução da política internacional, que também passou a tratar do tema de direitos humanos (RAMANZINI, 2017). Naquela época, já havia uma preocupação com intervenções, principalmente dos Estados Unidos, em assuntos domésticos dos países latino-americanos, dessa forma, os primeiros esforços para cooperação em direitos humanos foram empreendidos a partir de princípios como soberania e não intervenção.

O pós-Segunda Guerra significou o grande salto de institucionalização internacional dos direitos humanos com a criação da Organização das Nações Unidas, instituída pela Carta de São Francisco, de 1948. No continente Americano, as tratativas caminhavam no mesmo sentido. Em 1945, na Conferência Interamericana de Chapultepec, realizada na Cidade do México, discutiu-se os "Problemas da Guerra e da Paz", dando início a institucionalização jurídica do que depois viria ser a Organização dos Estados Americanos.

O sistema global e o sistema interamericano surgem em um mesmo período e contexto histórico de internacionalização dos direitos humanos como resposta aos regimes totalitários que desencadearam a Segunda Guerra Mundial e aos horrores dos campos de concentração nazistas. Embora a Declaração Universal dos Direitos Humanos pretendesse ter uma universalidade, o colonialismo ainda vigente e o ocidentalismo marcados pelas ideias iluministas presentes nesse documento, excluíssem boa parte da população mundial, que posteriormente iriam se apropriar desses direitos para modificar a conformação da sociedade internacional e iniciarem os processos de descolonização. O sistema interamericano não fugiu muito às contradições entre os dispositivos jurídicos internacionais e a realidade, em que principalmente na América Latina as desigualdades sociais e as instabilidades políticas seguidas de golpes marcam todo o século XX.

Em se tratando do Sistema Interamericano, o professor Cançado Trindade (2003) faz uma síntese, por meio de uma divisão em fases, que seguem o avanço cronológico do desenvolvimento do SIDH, que será explorado com maior vagar posteriormente e com ênfase na CIDH, e afirma que a evolução do sistema de proteção pode ser identificada em cinco etapas: a primeira marcada pela mescla de instrumentos de conteúdo e efeitos jurídicos variáveis, como por exemplo, convenções e resoluções; a segunda etapa caracterizada pela atuação solitária da Comissão e expansão gradual de suas competências; a terceira se deu com a institucionalização por meio da Convenção Americana sobre Direitos Humanos; a quarta com a estruturação da Corte Interamericana de Direitos Humanos e sua construção jurisprudencial, assim como a adoção de novos instrumentos internacionais, como os protocolos adicionais à CADH; e a quinta etapa se daria com o fortalecimento do sistema interamericano de proteção.

A proteção dos direitos humanos nas Américas é composta por quatro instrumentos internacionais basilares: a Declaração Americana de Direitos e Deveres do Homem, a Carta da Organização dos Estados Americanos (OEA), a Convenção Americana sobre Direitos Humanos e o Protocolo Adicional à Convenção Americana sobre Direitos Humanos em Matéria de Direitos Econômicos, Sociais e Culturais (Protocolo de San Salvador). Segundo André de Carvalho Ramos (2019, p. 211), esses compromissos internacionais forjaram dois sistemas de proteção: o primeiro é o da Organização dos Estados Americanos, que tem sua Carta e a DADDH como norte e, o segundo seria o Sistema da CADH, que foi criada dentro da OEA.

É possível dizer que o SIDH, assim como outros sistemas de direitos humanos, caracteriza-se pela responsabilização estatal por violações de direitos humanos, embora o processamento de casos contenciosos não conte com mecanismos de coerção interestatal e as decisões sejam automonitoradas

(RAMANZINI, 2017, p. 45). Muitos dos trabalhos produzidos sobre os sistemas protetivos e as relações internacionais possuem uma perspectiva estadocêntrica, não considerando a atuação dos órgãos que compõe o SIDH como capazes de produzir mudanças no comportamento dos Estados-parte. Segundo Isabela Ramanzini (2017, p. 46) a baixa capacidade do SIDH em intervir em políticas regionais de direitos humanos seria atribuída a fatores como seu design institucional, influência dos Estados Unidos e até mesmo pela estrutura da OEA. Porém, a autora (2017) ressalta que com todos os obstáculos e até mesmo análises negativas, não impediram que a atuação do SIDH impactasse institucionalmente alguns estados, através da percepção e exploração de oportunidades para ultrapassar alguns limites institucionais e atuasse em prol de seus objetivos de promoção e defesa dos direitos humanos, ou seja, não apenas superou as dificuldades iniciais, como conseguiu avançar neste campo.

A Organização dos Estados Americanos, organização internacional, foi criada entre os meses de março e maio de 1948, em Bogotá, mediante a Carta de Bogotá, durante a 9ª Conferência Interamericana (RAMOS, 2019). A Carta que funda a OEA não tinha como objetivo a proteção aos direitos humanos e, por isso, ficou a cargo de outro documento internacional, a Declaração Americana de Direitos e Deveres do Homem, elencar o conteúdo protetivo (KOCH, 2015, p. 24). A DADDH é um instrumento *soft law*, que antecedeu a própria Declaração da ONU, exerceu papel importante antes da elaboração da CADH e, ainda hoje possui um papel relevante na proteção dos indivíduos em face de Estados que não são parte da CADH, além de expressar uma visão integral dos direitos humanos – civis, políticos, econômicos, sociais e culturais (TRINDADE, 2003, p. 33).

> A Declaração Americana foi o primeiro instrumento internacional de direitos humanos a afirmar que os Estados não criam ou concedem direitos; pelo contrário, reconhecem direitos inerentes a todos os seres humanos. Este marco legal conformou o pioneirismo normativo da região em desenvolver o ideal de proteção internacional dos direitos humanos nas Américas (RAMANZINI, 2017, p. 33).

Neste primeiro momento, é possível perceber que a intenção inicial dos Estados na OEA era meramente retórica na temática dos direitos humanos (RAMANZINI, 2017). Porém, conforme explica Camila Koch (2015, p. 25) apesar do documento ter uma natureza declaratória, seu conteúdo deixou de ter um caráter exclusivamente moral, para ter um peso jurídico. Isso se deu com a mudança no comportamento dos Estados, que passaram a utilizar a DADDH como instrumento viável para apontar violações de direitos humanos perpetradas por outros Estados da região. O relacionamento entre a OEA e o SIDH nem sempre foi colaborativo, mas é um ponto importante para a compreensão do desenvolvimento institucional e o aprimoramento dos órgãos com atribuição em direitos humanos (RAMANZINI, 2017).

O primeiro passo para o desenvolvimento do SIDH foi a criação de um órgão especializado no âmbito da OEA (RAMOS, 2019). A CIDH foi criada mediante a Resolução VIII, e não por meio de um Tratado, durante a V Reunião de Consulta dos Ministros das Relações Exteriores, em 1959, em Santiago, no Chile, e não tinha embasamento jurídico na versão original da Carta da OEA. A proposta aprovada era de que a Comissão funcionaria provisoriamente até a adoção de uma Convenção Interamericana de Direitos Humanos (RAMOS, 2019, p. 216). De acordo com Cançado Trindade, o Estatuto do órgão, datado de 1960, previa um mandato limitado à promoção dos direitos humanos, além de ocupar uma posição *sui generis* dentro do sistema regional (2003, p. 35).

Após sua criação, a Comissão passou a ter suas atribuições fortalecidas e ampliação de sua competência. Em 1962, na VIII Reunião de Consulta dos Ministros das Relações Exteriores, em Punta del Este, a resolução IX, recomendou ao Conselho da OEA que emendasse o Estatuto da Comissão Interamericana de Direitos Humanos para ampliar suas atribuições (TRINDADE, 2003, p. 35). Se inicialmente a CIDH estava limitada às tarefas de estudos das condições de direitos humanos sem muita possibilidade de interferência no comportamento dos Estados, isso foi sendo modificado, principalmente quando se propagou os tipos de atividades elaboradas pela Comissão, e os indivíduos começaram a enviar suas denúncias sobre violações de direitos humanos perpetradas pelos Estados (RAMANZINI, 2017).

É interessante notar que o contexto político mundial era o da Guerra Fria e havia grandes embates entre os blocos políticos sobre a temática dos direitos humanos, o que influenciou de forma acentuada a atuação da ONU e avanços em termos globais. Já nas Américas a situação era diversa, inclusive, houve em 1960 a aprovação da Declaração de Santiago[68] que versava sobre direitos humanos e negação das liberdades democráticas na região. Contudo, as tensões políticas na região do Caribe, com a Revolução Cubana, foram percebidas como uma ameaça externa à segurança, nesse contexto da conjuntura da época, surgiu a CIDH, que além da defesa aos direitos humanos, deveria promover a estabilidade democrática, o que também pode significar uma tentativa de minimizar as investidas do lado soviético no continente. Segundo Ramanzini (2017) havia um alinhamento com os interesses norte-americanos na região, levando ainda em consideração a incongruência de que boa parte dos países eram governados por ditaduras militares.

A recomendação realizada foi atendida em 1965, durante a II Conferência Interamericana Extraordinária, sediada no Rio de Janeiro, com a adoção da Resolução XXII, que ampliou os poderes da Comissão, para transformá-la em um instrumento de controle, com autorização para receber e examinar petições e comunicações a ela submetidas e, competência para dirigir-se a qualquer dos Estados a fim de obter informações e formular recomendações (ALVES, 2015,

---

[68] http://www.oas.org/es/cidh/mandato/Basicos/Acta-final-Quinta-reunion-Chile-1959.pdf

p. 78). Dessa forma, a CIDH passou a ter um sistema de relatórios, exames de comunicações, visitas aos Estados (com anuência), estudos e seminários. Tal expansão de atribuições ocorreu graças a um processo de interpretação extensiva e liberal (TRINDADE, 2003, p. 35).

Em seus primeiros anos de existência, a Comissão atuou como órgão de proteção e de ação no caso da República Dominicana (1965 - 1966) e no conflito entre El Salvador e Honduras (1969), ultrapassando sua atuação meramente de observação e recomendação, consolidando seu papel como órgão de ação efetiva (TRINDADE, 2003, p. 36). Todo esse processo de desenvolvimento progressivo das competências da CIDH desencadeou na elaboração do Protocolo de Buenos Aires, em 1967[69], o qual entrou em vigor em 1970, em que emendou a Carta da OEA convertendo a CIDH em órgão principal da OEA, superando a ausência de um status jurídico sólido, passando então a ter uma clara base convencional.

Neste sentido, o Estatuto e o Regulamento da Comissão preveem que se trata de um órgão autônomo da OEA, e tem como função principal promover a observância e a defesa dos direitos humanos e servir como órgão consultivo da Organização em tal matéria.[70] É formada por sete membros (comissários ou comissionados)[71], eleitos a título pessoal pela Assembleia Geral da Organização, de uma lista de candidatos propostos pelos Estados membros[72], eleitos para o mandato de quatro anos, podendo ser reeleitos apenas uma vez[73]. Cada Estado pode propor até três candidatos, nacionais do Estado que os proponha ou de qualquer outro Estado membro da Organização, porém, em caso de apresentação de lista tríplice, um dos candidatos deve ser de nacionalidade diferente no Estado que o indicou.[74] Não há menção a necessidade de formação jurídica, apenas devem ser pessoas de alta autoridade moral e reconhecido saber em matéria de direitos humanos.[75]

Conforme explica Camila Koch (2015, p. 28), é um órgão não permanente, que se reúne em curtas sessões, três vezes ao ano. Sua sede é em Washington D.C, nos Estados Unidos, e seu financiamento se dá pela OEA. Um

---

[69] Artigo 106: Haverá uma Comissão Interamericana de Direitos Humanos que terá por principal função promover o respeito e a defesa dos direitos humanos e servir como órgão consultivo da Organização em tal matéria. Uma convenção interamericana sobre direitos humanos estabelecerá a estrutura, a competência e as normas de funcionamento da referida Comissão, bem como as dos outros órgãos encarregados de tal matéria.

[70] Artigo 1º, 1 do Estatuto da Comissão Interamericana de Direitos Humanos.

[71] Artigo 2º, 1 do Estatuto da Comissão Interamericana de Direitos Humanos.

[72] Artigo 3º, 1 do Estatuto da Comissão Interamericana de Direitos Humanos.

[73] Artigo 2º, 1 do Regulamento da Comissão Interamericana de Direitos Humanos.

[74] Artigo 3º, 2 do Estatuto da Comissão Interamericana de Direitos Humanos

[75] Artigo 2º, 1 do Estatuto da Comissão Interamericana de Direitos Humanos.

dos grandes entraves para sua atuação é o financiamento. O seu orçamento possui diversos países e entidades como doadores, além do repasse de verbas realizado pela OEA. Em seu relatório financeiro anual, a CIDH afirma que a Assembleia Geral da OEA havia aprovado o orçamento ordinário de US$ 10.081.900,00 e, como resultado da mobilização de recursos, a CIDH arrecadou US$ 7.252.911,50. [76]

Um dos pontos cruciais para a institucionalização e evolução do SIDH foi a entrada em vigor da Convenção Americana de Direitos Humanos, em 1978, após a décima primeira ratificação.[77] Segundo Camila Koch (2015, p. 39), o documento internacional introduziu no SIDH um mecanismo judicial coletivo de proteção aos direitos humanos, em que a CIDH passaria a ter um novo papel adicional, aumentando suas funções. A ideia de projetar a convenção de âmbito regional começou a ser elaborada em 1965, através da Resolução XXIV, na II Conferência Extraordinária Interamericana, em que se decidiu pela preparação de um anteprojeto, posto em prática em 1969 pela Comissão Interamericana de Direitos Humanos, com texto submetido aos Estados membros da OEA para ratificação do tratado. Diferentemente da DADDH, a CADH estabelece um rol de direitos e deveres que são obrigações jurídicas internacionais para o Estado, que em caso de violação, torna-se passível da responsabilização internacional por violação de direitos humanos.

Com a entrada em vigor da CADH, a CIDH passou por um período de transição para o formato final do delineamento de suas competências. Ramanzini (2017) explica que inicialmente a criação da Corte Interamericana de Direitos Humanos foi interpretada como uma ameaça à exclusividade da CIDH em matéria de direitos humanos. Com as mudanças promovidas em seu Estatuto e Regulamento, a CIDH passou a interpretar como uma adição de atribuições conferida pela CADH, para atuar em conjunto com a Corte IDH.

Em outra medida, o professor Cançado Trindade (2003, p. 46) argumenta que o processo preparatório para a confecção da CADH teve uma especial atenção para as possíveis implicações da coexistência do novo instrumento internacional que surgia com os já existentes na temática de direitos humanos no sistema ONU. Além disso, se esclareceu como seria a transição entre o regime pré-existente e o da Convenção no que dizia respeito à Comissão. Assim, ficou estabelecido que a CIDH teria uma dualidade de funções: continuaria atuando sob as normas já existentes (ex. Carta da OEA e DADDH) e também aplicáveis aos Estados que resolvessem não ratificar a CADH e, somado a isso, atuando para exercer as competências elencadas na CADH. Na síntese de Camila Koch:

---

[76] https://www.oas.org/es/cidh/docs/anual/2021/capitulos/IA2021cap6-es.pdf

[77] Artigo 74, 2 da Convenção Americana sobre Direitos Humanos.

Com a edição da CADH, a Comissão passou a ter um papel híbrido dentro do grande Sistema Interamericano de Direitos Humanos: nasce como órgão eminentemente político dentro da estrutura da OEA e, aos poucos, ganha seu espaço enquanto órgão autônomo e independente, pronto para não mais apenas promover direitos previstos na Declaração Americana, como também para proteger os direitos contidos no novo tratado interamericano de direitos humanos (KOCH, Camila, 2015, p. 43).

O estabelecimento da Corte IDH não ocorreu de forma amistosa. A CIDH permaneceu indiferente à Corte IDH e relutou em enviar-lhes trabalhos e casos contenciosos ao tribunal (RAMANZINI, 2017, p. 65). Como até então tinha sido o único órgão responsável pela interpretação e aplicação dos instrumentos de direitos humanos na região, a CIDH por muito tempo cogitou que os Estados pudessem acionar a consultoria judicial da Corte IDH, esvaziando e até colocando em questionamento as competências da Comissão, situações as quais poderiam cercear sua autonomia e respeitabilidade perante a comunidade internacional e a própria OEA. Diante da pressão de juristas, acadêmicos e dos Estados, a CIDH gradualmente passou a atuar de forma contundente também nos casos contenciosos.

Na explicação de Flávia Piovesan (2014, p.111), o Estado ao ratificar a CADH aceita automaticamente e obrigatoriamente a competência da Comissão para examinar as comunicações previstas no Artigo 41, que de maneira ampla trazem os mecanismos políticos e promocionais que já era exercidos pela CIDH anteriormente, e o Artigo 44, que traz sua competência contenciosa, que e a de receber petições de indivíduos, coletividades ou organizações não-governamentais com denúncias de violações de direitos humanos, que após seu processamento, podem eventualmente ser remetidas à Corte Interamericana de Direitos Humanos, nos casos em que sua competência foi reconhecida pelo Estado em questão. Ademais, diferentemente do modelo europeu em que há acesso direto dos indivíduos à Corte Europeia de Direitos Humanos, no SIDH somente a CIDH e os Estados-partes podem submeter um caso à Corte IDH (PIOVESAN, 2014, p.113), o que demonstra a centralidade e importância desse órgão para todo o funcionamento do sistema regional de proteção aos direitos humanos.

3. ATUAÇÃO CONTENCIOSA DA COMISSÃO INTERAMERICANA DE DIREITOS

Com a edição da CADH, o SIDH entrou em uma nova fase de possibilidade de judicialização internacional de casos de violações de direitos humanos. Atualmente entende-se que CADH ocupa uma centralidade e emana sua força vinculante para os Estados signatários, de forma que se comprometem e devem observância aos direitos humanos previstos em seu ordenamento jurídico interno, no que atualmente é chamado de controle de convencionalidade, sendo um instrumento vivo, não apenas um *corpus juris*, mas passa a ser vista como uma constituição transnacional ou bloco de convencionalidade/constitucionalidade e, a Corte IDH funcionaria como uma Corte Constitucional Transnacional (LEGALE, 2019). Siddharta Legale (2019) aponta duas linhas argumentativas para defender a hipótese: a primeira delas seria a linguagem utilizada pela Corte IDH, parecida com os tribunais constitucionais internos, e a segunda, seria o reconhecimento pela Corte IDH em seus casos contenciosos, da existência de bloco de convencionalidade que confere supremacia à CADH em sua jurisprudência, como por exemplo, no *Caso Barrios Altos vs Peru*.[78]

No processamento de casos contenciosos, a CIDH exerce múltiplas funções: aprecia denúncias, investiga os fatos descritos, delibera sobre o encaminhamento do caso à Corte IDH e, possui a função de representar a vítima no julgamento e na supervisão do cumprimento de sentença (RAMANZINI, 2017, p. 66). Isso ocorre porque o artigo 61, 1 da CADH atribui somente à CIDH e aos Estados parte o direito de submeter um caso à jurisdição da Corte IDH. A Corte IDH já se manifestou sobre a necessidade imposta pela CADH no artigo 61.2 de esgotamento dos procedimentos perante à CIDH para conhecimento de um caso de violação de direitos humanos.

No Caso *Viviana Gallardo y otras vs. Costa Rica*, em 6 de julho de 1981, o país submeteu à Corte IDH o caso da morte de uma nacional dentro de um estabelecimento prisional, assim como lesões de suas companheiras de cela, causadas por um membro da Guarda Civil da Costa Rica. Para tanto, o Estado não apresentou a denúncia à CIDH, mas sim, submeteu o caso diretamente à Corte. Foi o primeiro caso em que um Estado moveu uma ação de responsabilidade internacional por violação de direitos humanos contra si mesmo. Porém, é interessante notar que a Corte IDH não admitiu o caso em razão do não esgotamento do procedimento perante à CIDH, mas também, trouxe contribuição interessante sobre o papel da Comissão no SIDH. No parecer do juiz Rodolfo E. Piza Escalante, é possível notar que o magistrado define a competência da CIDH como a de um Ministério Público do Sistema Interamericano.

> *La Convención, en efecto, además de otorgar a la Comisión la legitimación activa para presentar casos ante la Corte, así como para someterle consultas y de atribuirle en el **proceso una clara***

---

[78] "As leis de autoanistia conduzem à vulnerabilidade das vítimas e à perpetuação da impunidade, motivo pelo qual são manifestamente incompatíveis com a letra e o espírito da Convenção Americana. (...) Como consequência da manifesta incompatibilidade entre as leis de autoanistia e a Convenção Americana sobre Direitos Humanos, as mencionadas leis carecem de efeitos jurídicos e não podem representar um obstáculo para a investigação dos fatos deste caso, nem para a identificação e punição dos responsáveis, nem podem ter igual ou similar impacto em outros casos ocorridos no Peru relativos à violação dos direitos consagrados na Convenção Americana." Disponível em: https://www.cnj.jus.br/wp-content/uploads/2016/04/092b2fec1ad5039b26ab5f98c3f92118.pdf

función auxiliar de la justicia, a manera de ministerio público del Sistema Interamericano, llamado a comparecer en todos los casos ante el tribunal (artículo 57 de la Convención), le confiere otras atribuciones vinculadas con las funciones que corresponden a esta Corte, y que por su naturaleza se cumplen antes de que ella comience a conocer de un asunto determinado. Así, entre otras, la Comisión tiene una función investigadora de los hechos denunciados como violación de los derechos humanos consagrados en la Convención, que es necesario cumplir en todas las hipótesis, a menos que se trate de un caso de mero derecho. En efecto, aunque la Corte, como todo órgano judicial, no carece de facultades para llevar a cabo investigaciones, probanzas y actuaciones que sean pertinentes para la mejor ilustración de sus miembros a fin de lograr la exhaustiva formación de su criterio, aparece claro del sistema de la Convención que se ha querido reservar a la Comisión la fase inicial de investigación de los hechos denunciados. (...) De esta manera la Comisión es el canal a través del cual la Convención otorga al individuo el derecho de dar por sí solo el impulso inicial necesario para que se ponga en marcha el sistema internacional de protección de los derechos humanos (CORTE IDH, 1981, p. 4).

Esta função da CIDH não está imune às críticas, já que é ela quem recebe os casos e decide em única instância sobre a admissibilidade ou não de denúncia de violação de direitos humanos. O professor Antônio Augusto Cançado Trindade defende que seja reconhecido o *locus standi in judicio* das vítimas ou seus representantes perante à Corte IDH, como uma forma de contribuição a jurisdicionalização da proteção. O autor defende que uma vez levado o caso pelas vítimas até a CIDH, esgotados os procedimentos e com o caso submetido à Corte IDH, as vítimas e/ou seus representantes devem ter o direito de participação e de presença durante o processo na Corte IDH.

A jurisdicionalização do mecanismo de proteção torna-se um imperativo a partir do reconhecimento de papeis essencialmente distintos dos peticionários, a verdadeira parte demandante, e a CIDH, órgão de supervisão e auxiliar da Corte (TRINDADE, 2011, p. 40). O professor e ex-juiz da Corte IDH narra que o caso *El Amparo vs. Venezuela* foi um grande passo para a participação efetiva da vítima durante o processo jurídico internacional, quando a Corte IDH passou a dirigir questões diretamente aos representantes das vítimas. A grande modificação veio durante o XLIX período ordinário de sessões, no ano 2000, quando a participação das vítimas e dos representantes foi prevista em toda a fase processual perante a Corte IDH, por meio do Artigo 23.

Além disso, o autor defendeu e trabalhou para alterar o regulamento da Corte IDH para permitir o *locus standi in judicio* dos peticionários em todas as etapas do processo contencioso perante à Corte IDH. Os avanços para o acesso direto dos peticionários à justiça em nível internacional seriam cruciais também para que as ambiguidades quanto ao papel da CIDH cessem, e este órgão possa se concentrar na função de guardiã da correta e justa aplicação da CADH (TRINDADE, 2001, p. 42).

Ainda que existam vozes como a do professor Cançado Trindade que militou para que existisse o direito de petição individual e acesso direto dos indivíduos à Corte IDH, a modificação em tal magnitude ainda não ocorreu, uma vez que seria necessário grandes esforços para reforma da CADH, que certamente encontrará barreiras políticas por parte dos Estados membros. Por outro lado, outros autores entendem que a CIDH exerce um papel importante de filtragem de demandas no sistema de petições individuais, assim como seleciona os casos que serão enviados para a Corte IDH (KOCH, 2015, p.170). Neste aspecto, Siddartha Legale (2021) demonstra através de levantamento de dados empíricos, que a CIDH possui um acervo decisório vasto dedicado a proteção de grupos vulneráveis e, isso encontraria um paralelo ao exercício das tutelas coletivas, de competência do Ministério Público brasileiro, e das Defensorias Públicas no Brasil e em outros países da América Latina. Assim, o autor entende que de fato a atuação da CIDH poderia ser compreendida como a de um Ministério Público Transnacional.

A CIDH também adotou alterações em suas regras procedimentais. Desde o primeiro documento, elaborado em 1966[79], ocorreram alterações em 1980, 2000, 2002, 2003, 2006, 2008, 2009, 2011 e 2013[80], o qual está atualmente vigente. Possível chamar atenção para alguns pontos da reforma de 2000, que dividiu o procedimento entre admissibilidade e mérito em duas fases separadas, pela primeira vez estabeleceu mecanismos de follow-up para monitorar a implementação das recomendações da CIDH incluídas em seus relatórios de mérito ou solução amistosa, além de para os casos que seriam submetidos à Corte IDH, quando o peticionário compartilhava do mesmo interesse, a CIDH deveria enviar o caso juntamente com as considerações do peticionário. A reforma de 2009 concedeu maior prazo para o envio de considerações dos peticionários e do Estado para o relatório de mérito, traz previsão de arquivamento, esclarece as funções dos grupos de trabalho para admissibilidade e modifica a forma em que a CIDH remete o caso para a Corte IDH. Após a mudança, a CIDH passou a enviar apenas o relatório de mérito, as observações sobre a resposta do Estado e, as razões para submissão do caso à Corte IDH. Segundo Dulitzky (2013) a compactação do processo teria como objetivo diminuir a quantidade de funções atribuídas à CIDH, de forma que pudesse atuar com mais celeridade e com mais recursos humanos e financeiros nos casos recebidos.

Através desse panorama, levando em consideração a possibilidade e o mecanismo de acesso à justiça no contexto regional através da CIDH, é possível concluir que o litígio estratégico é encorajado, principalmente por dois fatores: o alto custo de manutenção de um caso e o filtro exercido pela CIDH em sua análise de admissibilidade das petições individuais recebidas (KOCH, 2015, p. 171), o litígio estratégico é imprescindível para acesso ao SIDH (KOCH, 2015, p. 155). Litígio estratégico pode ser compreendido como o uso do judiciário e de casos paradigmáticos para alcançar mudanças sociais (CARDOSO, 2011, p. 366). O número de casos enviados para a Corte IDH é inferior ao número de petições recebidas pela CIDH, e é por este motivo que as vítimas e seus representantes

---

[79] https://www.oas.org/es/cidh/mandato/reglamentos_anteriores.asp

[80] https://www.oas.org/es/cidh/decisiones/pdf/Resolucion1-2013esp.pdf

buscam atuar de forma estratégica para ultrapassar o filtro negativo (KOCH, 2015). A autora explica que em razão da falta de recursos somadas ao alto custo do litígio no SIDH, é essencial que os casos sejam escolhidos pelas ONGs (ou demais peticionários legitimados para acionar a CIDH), com base no custo benefício e na possibilidade de passar pelo crivo da admissibilidade da CIDH, dessa forma, os casos que chegam superam a violação de direitos humanos sofridos por um indivíduo para refletirem uma prática que deve ser alterada no país ou na região.

A litigância transnacional engloba as disputas entre os Estados, entre indivíduos e Estados através de suas fronteiras nacionais (SANTOS, 2007, p. 27). O ativismo jurídico transnacional pode ser definido como um tipo de ativismo focado na ação legal engajada, através das cortes internacionais ou instituições quase judiciais para o fortalecimento de demandas da sociedade (SANTOS, 2007, p. 28). Os objetivos podem variar desde a reparação de uma violação de direitos humanos e a respectiva observância de tratados internacionais, a pressão internacional até a mudança de políticas públicas. Uma vez que indivíduos e ONGs somente podem apresentar denúncias à CIDH, o ativismo jurídico transnacional está diretamente ligado a este órgão (SANTOS, 2007, p. 36).

Cecília MacDowell Santos faz uma síntese interessante sobre o papel do direito como instrumento de mudança social no mundo globalizado. Para a autora, a abordagem política e crítica do direito e globalização baseia-se em estudos de sociologia jurídica sobre o direito visto como um instrumento de "conflito social" e como tática do movimento social" (2007, p. 31). Dessa forma, a mobilização jurídica transnacional atrelada aos movimentos sociais traria uma alternativa à globalização neoliberal e poderia ser utilizada como um instrumento de emancipação social (SANTOS, 2007). A utilização da palavra ativismo jurídico destacaria a ação dos atores envolvidos e enfatizaria um movimento que abarca uma diversidade de lutas jurídicas, sociais e políticas, mas, para autora, nem sempre esses movimentos terão um papel de confronto direto com o modelo neoliberal, o que não significa dizer que não seja engajado em lutas por mudanças sociais e pela proteção aos direitos humanos (SANTOS, 2007).

O ativismo em direitos humanos no SIDH possui caráter transnacional, fruto de uma crescente atuação das redes transnacionais de *advocacy*, engajadas em uma rede de troca de expertise em litigância estratégica, formadas principalmente pelas organizações não governamentais e entidades da sociedade civil (MAIA; LIMA, 2017). Esse mecanismo, assim como os outros regimes regionais, possui uma característica particular que o diferencia do regime global de direitos humanos: a permeabilidade à atuação direta da sociedade civil nas denúncias (MAIA; LIMA, 2017, p. 1422).

Evorah Cardoso (2011) trabalha com a ideia do ciclo de vida do litígio estratégico no sistema interamericano. A autora entende que o litígio estratégico possui quatro fases. A primeira delas ocorre internamente, em grande medida com os trabalhos realizados pelas ONGs que litigam no SIDH e selecionam os casos capazes de produzir impacto e mudanças sociais. A segunda fase é central pra o tema debatido neste trabalho, e ocorre no âmbito da CIDH, com seu processamento interno e filtros negativos das demandas propostas pelos peticionários. Em última medida, é a CIDH que molda a jurisprudência da Corte IDH, ao selecionar os casos que serão julgados (CARDOSO, 2011, p. 373). A terceira fase se daria com a intervenção dos atores sociais traçando diferentes estratégias durante a fase contenciosa junto à Corte IDH, graças a modificação do regulamento da Corte IDH que passou a permitir a participação da vítima ou seus representantes em toda a fase contenciosa. A última fase seria a de implementação dos órgãos em âmbito interno das recomendações da CIDH e decisões da Corte IDH.

Aprofundando a análise na segunda fase, perante a CIDH, é válido salientar que se trata de um órgão politizado e não é possível saber ao certo quais são os critérios adotados para admitir ou não uma petição (CARDOSO, 2011). Camila Koch (2015) traz alguns elementos que podem explicar tal postura da CIDH: a falta de recursos, que se reflete indiretamente na baixa quantidade de casos julgados pela Corte IDH e a falta de transparência da CIDH nos critérios adotados para o envio e na própria tramitação interna; a força dos Estados da OEA na estrutura do órgão, uma vez que são dos Estados a indicação e aprovação dos comissionados, além da decisão sobre orçamento e eventuais doações. Apesar de parte se explicar pela falta de recursos, é preocupante o quanto a politização desse órgão influencia negativamente a prestação jurisdicional interamericana, já que o filtro negativo pode ser considerado uma barreira para boa parte das vítimas que tentar acessar o SIDH (KOCH, 2015, p. 157).

A CIDH atua também de acordo com interesses próprios intrinsecamente ligados à sua estrutura material e humana, de forma a otimizar os recursos que possui (KOCH, 2015, p. 172). Camila Koch (2015) conclui sua pesquisa afirmando que o fato de a CIDH motivar a remessa dos casos para a Corte IDH deu um grau de transparência ao órgão, porém, os dados publicados pela CIDH confirmam uma alta seletividade no trato das petições individuais recebidas, e, que para além dos critérios de admissibilidade previstos na CADH, é notável que existe implicitamente um grau de impacto, interesse e exemplares (formar ou consolidar jurisprudência).

A literatura demonstra que o acesso de indivíduos ao SIDH não é plenamente democrático, pelos motivos já citados, mas é possível também cogitar a ausência de *expertise* de outros atores sociais para compreender e mobilizar o SIDH. Há uma grande concentração de casos levados à CIDH por ONGs, conforme explica Siddharta Legale (2021), realizando um recorte em relação aos casos brasileiros na CIDH, os *repeated players*, considerando esses os que levaram mais de três casos ao órgão constata que três ONGs possuem mais de dez casos: CEJIL, Justiça Global e Pastoral da Terra. Segundo Koch (2015, p. 113) as ONGs "dominam" esse campo em razão de fatores como disponibilidade de recursos, conhecimento das regras dos procedimentos da CIDH e Corte IDH, conhecimento de estratégias do litígio atrela à cooperação com organizações locais. Para além disso, Legale (2021) critica o fato de que instituições como a Defensoria Pública, o Ministério Público e OAB não sejam mais proativas nesse campo.

Assim, é possível concordar com Cardoso (2011, p. 375), ao afirmar que quanto maior a participação de atores não estatais no sistema interamericano, melhor é seu funcionamento. A possibilidade de uma pluralidade maior de atores sociais acessando o SIDH por meio da CIDH poderia permitir uma maior pluralidade de temas relevantes para a região, uma consolidação desse espaço também como ambiente de debate por aperfeiçoamento de políticas públicas interamericanas de direitos humanos e de conexões com as práticas internas dos Estados. Dessa forma, seria possível vislumbrar uma amplificação da potencialidade transformadora do SIDH para promover avanços em matéria de direitos humanos na região, que enfrenta desafios do século XXI, mas marcada por muitas feridas do passado para ainda serem cicatrizadas.

4. CONSIDERAÇÕES FINAIS

O diálogo de fontes no campo de direito é um fenômeno que ganha força a partir dos tratados internacionais de direitos humanos, que influenciam diretamente a política e o ordenamento jurídico interno dos Estados. Se por um lado o controle de convencionalidade permite que se faça uma compatibilização da legislação interna à luz do direito internacional, impedindo que se tenha violações frontais a texto da CADH e demais tratados, assim como a jurisprudência da Corte IDH, por outro, ocorrida uma violação aos direitos humanos, a vítima tem a possibilidade de enviar uma petição à CIDH, para que se apure o evento e em sua comprovação, elabora-se um relatório de mérito com possível envio para a Corte IDH julgar a responsabilidade internacional do estado por violação de direitos humanos.

A Comissão Interamericana de Direitos Humanos é um dos principais órgãos do Sistema Interamericano de Direitos Humanos, com funções perante a OEA e também funções conferidas pela CADH, porém, ainda é pouco estudada, em especial no Brasil, com poucas obras de referência em língua portuguesa. A CIDH surge em um contexto complexo nas Américas, por meio de um instrumento jurídico frágil e exercendo funções limitadas, mas que vão se expandindo com a consolidação do órgão como um guardião dos direitos humanos.

O acesso à CIDH através do litígio estratégico se mostra como uma estratégia para acessar o SIDH, uma vez que indivíduos não podem peticionar diretamente à Corte IDH. A CIDH analisa a admissibilidade da petição e o mérito da denúncia. Contudo, alguns autores defendem que deveria ocorrer uma reforma no SIDH para que os indivíduos pudessem acessar diretamente à justiça internacional, concentrando seus esforços para atuar como guardiã da CADH. Outros entendem que o órgão atua como um Ministério Público Transnacional, apresentando os casos perante à Corte IDH.

Mesmo com desafios e limitações, a atuação da CIDH se mostra essencial para o funcionamento do SIDH. Contudo, é necessário refletir sobre a transparência deste órgão, principalmente com relação à publicidade e andamento dos casos, mas também com o grande lapso temporal pelos quais os processos permanecem sob sua análise. Em que pese seu baixo orçamento e grande quantidade de casos recebidos, para que a CIDH permaneça exercendo sua função, é possível dizer que se faz necessário uma remodelação para que seja verdadeiramente possível o acesso à justiça e a reparação em casos em que inúmeros direitos já foram violados.

REFERÊNCIAS BIBLIOGRÁFICAS

ALVES, José Augusto Lindgren. **Os direitos humanos como tema global**. São Paulo: Editora Perspectiva, 2015.

BRASIL. Constituição de 1988. **Constituição da República Federativa do Brasil**. Promulgada em 5 de outubro de 1988. Disponível em: http://www.planalto.gov.br/ccivil_03/constituicao/constituicao.htm. Acesso em: out. 2022.

CAPPELLETTI, Mauro. **O Controle de Constitucionalidade das Leis no Direito Comparado**. Porto Alegre: Sergio Antonio Fabris, 1984.

CARDOSO, Evorah. Ciclo de vida do litígio estratégico no Sistema Interamericano de Direitos Humanos: dificuldades e oportunidades para atores não estatais. **Revista Electrónica del Instituto de Investigaciones Ambrosio L. Gioja**. Buenos Aires. n. especial, ano v, 2011, p. 363 - 378.

CARDOSO, Evorah Lusci **Costa**. **Litígio estratégico e Sistema Interamericano de Direitos Humanos**. Belo Horizonte: Editora Fórum, 2012.

CARTA da Organização dos Estados Americanos. Disponível em: https://www.cidh.oas.org/basicos/portugues/q.carta.oea.htm. Acesso em: out. 2022.

CAVALLARO, James L.; BREWER, Stephanie Erin. O papel da litigância para a justiça social no sistema interamericano. **Revista Internacional de Direitos Humanos**. São Paulo. n. 8, ano 5, jun 2008, p. 84 – 92.

CONVENÇÃO Americana sobre Direitos Humanos. 22 novembro 1969. Disponível em: https://www.cidh.oas.org/basicos/portugues/c.convencao_americana.htm. Acesso em: out. 2022.

DECLARAÇÃO Americana dos Direitos e Deveres do Homem. 1948. Disponível em: https://www.cidh.oas.org/basicos/portugues/b.declaracao_americana.htm. Acesso em: out. 2022.

DULITIZKY, Ariel. Too Little, too late: the pace of adjudication of the Inter-American Commission on Human Rights. **Loyola of Los Angeles International and Comparative Law Review**. rev. 131, 2013.

ESTATUTO da Comissão Interamericana de Direitos Humanos. Disponível em: https://www.cidh.oas.org/basicos/portugues/t.Estatuto.CIDH.htm. Acesso em: out. 2022.

HANASHIRO, Olaya Sílvia Machado Portella. **O Sistema Interamericano de Proteção aos Direitos Humanos**. São Paulo: Editora da Universidade de São Paulo, 2001.

KOCH, Camila de Oliveira. Critérios de judicialização de casos pela Comissão Interamericana de Direitos Humanos. 2015. 207 f. Dissertação (Mestrado em Direito) – Universidade de São Paulo, São Paulo, 2015.

LEGALE, Siddharta. A Comissão Interamericana de Direitos Humanos como Ministério Público Transnacional? Entre a análise empírica e uma visão impressionista. In: PIOVESAN, Flávia; LEGALE, Siddharta (Orgs.). **Os casos do Brasil na Comissão Interamericana**. Rio de Janeiro: NIDH – UFRJ, 2021.

LEGALE, Siddharta. La Constitución Interamericana: Los 50 Años de la Convención Americana sobre Derechos Humanos en la Jurisprudencia de la Corte Interamericana de Derechos Humanos. In: OEA. (Org.). **Curso de Direito Internacional XLVI**. 1ª ed. Rio de Janeiro: OEA, 2019, v. 1, p. 121-171.

MAIA, Marrielle; LIMA, Rodrigo Assis. O ativismo de Direitos Humanos brasileiro nos relatórios da Comissão Interamericana de Direitos Humanos (1970 – 2015). **Revista Direito e Práxis**. Rio de Janeiro, vol. 8, n. 2, 2017, p. 1419 -1454.

MAZZUOLI, Valerio de Oliveira. **Controle jurisdicional da convencionalidade das leis**. 5ª ed. Rio de Janeiro: Editora Forense, 2018.

PIOVESAN, Flávia; FACHIN, Melina Girardi; MAZZUOLI, Valerio de Oliveira. **Comentários à Convenção Americana sobre Direitos Humanos**. Rio de Janeiro: Editora Forense, 2019.

PIOVESAN, Flávia. **Direitos humanos e justiça internacional**. 9ª ed. São Paulo: Editora Saraiva, 2019.

PIOVESAN, Flávia. Ius constitutionale commune latino-americano em Direitos Humanos e o Sistema Interamericano: perspectivas e desafios. **Revista Direito Práxis**. Rio de Janeiro. vol.8 no.2, 2017.

RAMANZINI, Isabela Gerbelli Garbin. O Sistema Interamericano de Direitos Humanos: trajetória institucional e atuação da Comissão Interamericana de

Direitos Humanos. In: MAIA, Marrielle; MACIEL, Débora Alves; KOERNER, Andrei (org.). **Os Estados Unidos e a Comissão Interamericana de Direitos Humanos**: denúncias, interações, mobilizações. Brasília: FUNAG, 2017.

RAMOS, André de Carvalho. **Curso de direitos humanos**. 6ª ed. São Paulo: Editora Saraiva, 2019.

RAMOS, André de Carvalho. **Processo internacional de Direitos Humanos**. 6ª ed. São Paulo: Editora Saraiva, 2019.

REGULAMENTO da Comissão Interamericana de Direitos Humanos. Disponível em: http://www.cidh.org/basicos/portugues/u.regulamento.cidh.htm. Acesso em: out. 2022.

REGULAMENTO da Corte Interamericana de Direitos Humanos. Disponível em: https://www.corteidh.or.cr/sitios/reglamento/nov_2009_por.pdf. Acesso em: out. 2022.

RODRIGUÉZ-PINZÓN, Diego. La Comisión Interamericana de Derechos Humanos. In: CORAO, Carlos Ayala; MARTÍN, Claudia; RODRIGUÉZ-PINZÓN, Diego. (org.). **Manual sobre derecho internacional de los derechos humanos: teoría y práctica**. Venezuela: Ed. Universidad Católica Andrés Bello, 2008.

SANTOS, Cecília MacDowell. Ativismo jurídico transnacional e o Estado: reflexões sobre os casos apresentados contra o Brasil na Comissão Interamericana de Direitos Humanos. **Revista Internacional de Direitos Humanos**. São Paulo. n. 7, ano 4, 2009, p. 27 – 57.

TRINDADE, Antonio Augusto Cançado. **The access of indivuduals to international justice**. Oxford University Press, 2011.

TRINDADE, Antonio Augusto Cançado. **Tratado de Direitos Humanos**. vol. III. Porto Alegre: Sergio Antonio Fabris Edito, 2003.

VAL, Eduardo. A Declaração Universal dos Direitos Humanos e seu Espelho: a Declaração Americana de Direitos Humanos e seus Reflexos no Constitucionalismo na América Latina. In: PRONER, Carol; OLASOLO, Héctor; DURÁN, Carlos Villán; RICOBOM, Gisele; BACK, Charlotth (Coord). **70º Aniversário de la declaración universal de derechos humanos: la protección internacional de los derechos humanos em cuestión**. Valencia: Tirant Lo Blanch, 2018.

O DIÁLOGO ENTRE O PODER JUDICIÁRIO DE GOIÁS E A CORTE INTERAMERICANA DE DIREITOS HUMANOS – UMA PESQUISA SOB A ORIENTAÇÃO DO PROF. EDUARDO MANUEL VAL

Ana Beatriz G. M. Caser[81]

> **SUMÁRIO:** 1. Introdução. 2. O poder judiciário de goiás e os direitos humanos. 3. Resultados das pesquisas quantitativas e qualitativas de primeiro grau. 3.1. Utilização da jurisprudência da corte idh pelo tjgo. 3.2. O TJGO e a jurisprudência da corte idh. 4. Considerações finais.

1. INTRODUÇÃO

O presente estudo tem como objetivo analisar, através da pesquisa de jurisprudência do Poder Judiciário goiano, a relação entre os direitos fundamentais entregues aos jurisdicionados goianos e as decisões da Corte IDH. Essa observação é realizada com o objetivo de identificar se no período entre os anos de 2008 e 2020 acontece alguma espécie de diálogo entre esses dois Tribunais.

A rigor, a tentativa desse artigo é de se aproximar da realidade goiana no que diz respeito aos direitos fundamentais. Assim, num movimento da legalidade para a realidade, procura-se enxergar o que foi entregue pelo Judiciário estadual, em termos de tutela de direitos fundamentais, aos jurisdicionados goianos.

Contudo, antecede a pesquisa de jurisprudência uma investigação sobre ações e projetos que o TJGO desenvolveu, ao longo desse recorte temporal, o que é apresentado no tópico 2.

A matéria de fundo desse objetivo é perceber as condições em que se tem desenvolvido o constitucionalismo em Goiás nesse período temporal de 13 anos. O foco analítico é identificar se há alguma espécie de diálogo que aponte para a capacidade do sistema judiciário goiano em receber e doar informações

---

[81] Servidora do Tribunal de Justiça do Estado de Goiás, Doutora em Direito Público pela Unesa. Mestre em Direito e Relações Internacionais e Bacharel em Direito pela PUCGO. Email: abgmcaser@tjgo.jus.br

constitucionais com o sistema constitucional interamericano, tido, neste estudo, como referência analítica em termos de prática de direitos humanos.

Para alcançar o objetivo proposto a pesquisa mobiliza algumas ideias principais. A primeira ideia é que a Constituição Federal de 1988 desenhou um Estado Democrático de Direito pautado pela institucionalização dos direitos humanos, e assim, tornou o Poder Judiciário brasileiro uma arena pública importante para a defesa desses mesmos direitos. Desse aspecto, tira-se, também, a segunda ideia-base deste artigo: o movimento constitucional de 1988 levou ao aprofundamento da relação do Estado brasileiro com o sistema regional de proteção aos direitos humanos, resultando, inclusive, na aceitação da competência contenciosa da Corte IDH, em 1989.

Assim, a consagração de direitos, que nenhuma outra Constituição brasileira tinha consagrado, inaugurou um modelo constitucional em bases mais consistentes, levando inclusive, do ponto de vista da internacionalização dos direitos humanos, ao compromisso expresso do Estado brasileiro, no cenário internacional, com a promoção e a efetividade desses direitos, de modo a consolidar a cidadania plena no país.

A Corte IDH tem reiterado, ao longo dos anos, que os tratados internacionais de direitos humanos têm natureza especial, porque seu fim e objeto é a proteção dos indivíduos. Dessa forma, a interpretação das normas deve ser feita segundo um ângulo que melhor proteja o ser humano e deve-se estar atento a criação de um modelo baseado em valores que o SIDH quer resguardar.

Exemplo disso está na OC nº 26/2020, onde a Corte apresenta a ideia de que os valores a serem perseguidos pelo SIDH se traduzem na instalação de uma ordem legal em que todos os Estados se comprometem, não com os outros Estados da região, mas com as pessoas sob sua jurisdição e que a consequência desse compromisso é aceitar o controle judicial complementar e coadjuvante por parte deste Tribunal interamericano.

Assim, a Corte IDH, ao longo dos anos, tem impulsionado uma justiça interamericana mais efetiva, pois suas decisões têm irradiado efeitos positivos nas dobraduras dos sistemas jurídicos nacionais. Tais efeitos podem ser percebidos no movimento, cada vez mais constante, dos órgãos judiciários internos de se comprometerem em realizar os estândares de direitos humanos traçados pelo Sistema Interamericano de Direitos Humanos (SIDH)[82].

Essa parece ser essa uma das razões que motiva a Corte IDH a capilarizar o seu procedimento, permitindo e incentivando que o maior número de pessoas

---

[82] Em junho de 2020, o Poder Judiciário do Mato Grosso publicou um provimento recomendando que os magistrados de primeira instância passassem a utilizar, sempre que possível, a jurisprudência da Corte IDH. O documento pode ser acessado no seguinte link: http://www.tjmt.jus.br/intranet.arq/downloads/Imprensa/NoticiaImprensa/file/19%20-%20Provimento%20n_%2020%20-%2005_06_2020%20%20aplicabilidade%20dos%20tratados%20de%20direitos%20humanos%20(1).pdf

participe como interventor dos procedimentos contenciosos e consultivos. Esse modo de proceder tem ligação direta com uma hipótese que motiva a escrita deste trabalho, qual seja: *a jurisprudência da Corte IDH se desenvolve segundo uma lógica sistêmica.*

Uma terceira ideia é que o Poder Judiciário nacional tem relevante responsabilidade quanto à legitimidade do sistema constitucional de proteção aos direitos fundamentais, inaugurado em 1988, a qual pode ser avaliada pela sua capacidade de institucionalizar os procedimentos adequados para a realização desses direitos.

Neste sentido, um indicador dessa situação é investigar as decisões proferidas pelo Poder Judiciário, uma vez que elas são a expressão mais evidente da atividade-fim desenvolvida por este poder. Contudo, também se mostra importante, fazer um levantamento das ações e projetos voltados à promoção dos direitos humanos, que o sistema de justiça pesquisado tem adotado.

Por essas razões, é que a pesquisa analisa se existe compatibilidade hermenêutica entre a jurisprudência do TJGO, que verse sobre matéria afeta aos direitos fundamentais, e as decisões da Corte IDH.

Por esse ângulo, o artigo é divido em três tópicos. O primeiro deles aborda a relação entre a atividade do Judiciário goiano e os direitos humanos descrevendo o que foi encontrado sobre o assunto em bancos de dados disponíveis. A busca será realizada no website do TJGO e tem por objetivo encontrar ações, projetos e políticas pensadas a partir da ideia de efetividade desses direitos.

O segundo tópico, realiza uma pesquisa empírica que investiga a jurisprudência de primeiro grau do TJGO a fim de identificar se, entre os anos de 2008 e 2020, foi utilizado parâmetros normativos e hermenêuticos da Corte IDH, e, se utilizados, identificar se ocorreu um uso de forma submissa, decorativa, resistente ou dialógica (ARAÚJO, 2017).

Por fim, o último tópico, menciona alguns fatores que podem explicar as determinações do não uso da jurisprudência da Corte IDH pelo TJGO. Parte-se da ideia de que o funcionamento das instituições sofre influências históricas, políticas e sociais, que refletem no comportamento atual do Judiciário goiano com relação a matérias afetas aos direitos fundamentais.

2. O PODER JUDICIÁRIO DE GOIÁS E OS DIREITOS HUMANOS

O Estado Democrático de Direito, pautado pela institucionalização dos direitos humanos, valorizou o sistema legal de proteção aos direitos e garantias fundamentais e, assim, ofereceu condições reais para que o Poder Judiciário brasileiro se constituísse como instância de efetividade dos direitos fundamentais. O que aconteceu, a partir daí, é que a opção pela legalidade e pela democracia propiciou uma estreita relação entre o sistema legal e o sistema de justiça.

Sadek (2002, p. 237), conceitua sistema de justiça como "[...] o conjunto de instituições estatais encarregadas de garantir os preceitos constitucionais, de aplicar a lei e de distribuir justiça". Assim, esses dois sistemas não devem serem confundidos. Enquanto o sistema legal diz respeito ao Estado que deve obediência aos preceitos legais, formulados segundo uma concepção de valorização do ser humano-cidadão, o sistema de justiça representa as instituições formatadas para fazer funcionar esse sistema legal.

A autora destaca que "transcorridas quase três décadas da vigência da Constituição de 1988, são, ainda hoje, significativas as barreiras e as dificuldades para a realização dos direitos e, em decorrência, há obstáculos na construção da cidadania" (SADEK, 2014, p. 57).

Desse modo, conforme vem sendo destacado, o foco analítico deste estudo recai sobre uma fração do sistema de justiça nacional, o Poder Judiciário goiano. Aqui analisa-se como este poder tem se organizado com relação a questões afetas aos direitos fundamentais. Nesse primeiro tópico, a investigação recai sobre o seu alinhamento institucional específico com esses direitos, segundo a ideia de que o papel do Judiciário é proteger e promover os direitos humanos dos cidadãos e que a efetividade dos direitos fundamentais se inicia na interface que este Poder desenvolve para se comunicar com o cidadão usuário do sistema de justiça.

Isso é importante, pois permite visualizar o panorama que está desenhado no interior dessa localidade nacional, a respeito do assunto, permitindo averiguar se o discurso de que está comprometido com a realização da justiça se materializa em práticas que elegem o ser humano como prioridade. A ideia é olhar para o que se tem feito, na prática, com uma institucionalidade que deve, por previsão constitucional, ser pautada por direitos humanos - lembrando que o Judiciário deve ser constantemente fortalecido como *locus* de distribuição de justiça e de efetiva proteção de direitos.

Piovesan (2014) aponta sete desafios do Judiciário para servir de instrumento de distribuição de justiça e de efetiva proteção de direitos: a ampliação e a democratização do acesso à justiça; redução da distância entre a população e o Poder Judiciário; otimização da litigância como uma estratégia jurídico-política de proteção aos direitos humanos; democratização dos órgãos do Poder Judiciário e fortalecimento do controle social quanto à composição de seus órgãos de cúpula; sistematização dos dados estatísticos para aprimorar a prestação jurisdicional e o acesso à justiça; assegurar a observância dos standards jurisdicionais da Corte IDH no âmbito federativo brasileiro e, por fim, encorajar a aplicação dos instrumentos internacionais de proteção aos direitos humanos.

Sadek (2014) complementa essas ideias, refletindo que a garantia do acesso à justiça se inicia com o acesso à informação sobre como se dá o ingresso na Justiça visando a obtenção de algum direito. Essa ideia chama a atenção para outros dois desafios que devem ser enfrentados pelo Judiciário na relação que ele desenvolve com o jurisdicionado: os desafios informativo e educativo.

Uma visualização inicial sobre como o Judiciário goiano tem enfrentado esses desafios pode ser obtida consultando o documento Relatório Índice de Acesso à Justiça[83], publicado, pela primeira vez, em fevereiro de 2021, pelo CNJ, órgão que exerce controle sobre a atuação do Judiciário.

O *Relatório Índice de Acesso à Justiça* reúne dados de todos os Tribunais do país para mensurar o acesso à justiça pela população brasileira. O Índice de Acesso à Justiça (IAJ[84]) traduz múltiplas dimensões ligadas ao universo social e jurídico, constituindo-se numa ferramenta desenvolvida a partir da perspectiva que o acesso à justiça não depende exclusivamente de fatores ligados ao desempenho do Judiciário, mas que ao ter conhecimento do desempenho populacional frente a todos esses componentes, o Poder poderá agir de modo estratégico na elaboração de políticas públicas judiciárias, visando   contribuir positivamente para a melhoria desses índices.

Dessa forma, são considerados dois componentes para o cálculo do IAJ: o capital humano e o capital institucional. O primeiro é dividido em dois outros componentes que são a cidadania e a população; o segundo, está ligado aos aspectos estruturais do Judiciário. Ou seja, enquanto o primeiro componente leva em conta questões como o conhecimento da população quanto a direitos e deveres, vulnerabilidade social, acesso à serviços públicos, além de aspectos específicos populacionais como densidade demográfica, PIB per capita, sexo, idade e escolaridade, dentre outros, o segundo tem em conta dimensões específicas da instituição Judiciário.

Desse modo, as variáveis consideradas no cálculo do IAJ, quanto ao capital institucional judiciário, são as seguintes: padrão de resolução de conflitos, distribuição e acesso à serviços públicos judiciários, renovação tecnológica[85].

O Relatório mencionado aponta que a Justiça Estadual brasileira apresenta resultados inferiores dentre todas as Justiças, sendo que o *score* alcançado por essa Justiça, apenas em termos de capital institucional judiciário, é o mais baixo dentre todas as dimensões reunidas pelo IAJ, apresentando um resultado geral de 0,490, ou seja, a instituição do Judiciário Estadual brasileiro, de modo geral, poderia prestar serviços ao público com maior agilidade, além de

---

[83] O Relatório Índice de Acesso à Justiça, publicado pelo Conselho Nacional de Justiça, pode ser acessado neste link: https://www.cnj.jus.br/wp-content/uploads/2021/02/Relatorio_Indice-de-Acesso-a-Justica_LIODS_22-2-2021.pdf

[84] A padronização garante que o índice varie no intervalo de 0 a 1, permitindo uma comparação entre as Unidades Judiciárias (Tribunais).

[85] Cada uma dessas três dimensões que se referem ao Capital Institucional Judiciário é subdividida em vários indicadores / variáveis que podem ser consultadas na pág. 11 do Relatório Índice de Acesso à Justiça.

oferecer estruturas físicas mais acessíveis e aumentar o investimento tecnológico a fim de melhorar a comunicação e o atendimento ao público por meio de canais digitais.

Especificamente, quanto ao TJGO, o índice geral[86] medido, no ano de 2019, foi de 0,658. Se considerarmos apenas o capital institucional judiciário o índice do TJGO cai para 0,530.

Observa-se que o IAJ, obtido pelo Judiciário goiano, é pouco maior do que a média nacional, o que significa que em termos de acesso físico ao tribunal, varas e comarcas para protocolar um processo ou comparecer a uma audiência, por exemplo, bem como a disponibilidade de profissionais como magistrados e servidores da justiça, dentre outros aspectos, pode melhorar, demonstrando que o TJGO pode avançar no quesito direitos humanos, fortalecendo o Judiciário como garantia e instrumento de distribuição de justiça e de efetiva proteção de direitos para a população goiana (PIOVESAN, 2014).

A partir dessa afirmação geral, a pesquisa avança para um olhar mais próximo do TJGO, recorrendo a investigação sobre os desafios do acesso à justiça elencados acima, com o recorte de direitos humanos, a partir das informações que o Tribunal publica no website institucional[87]. Para fazer essa análise a pesquisa tem em perspectiva os nove desafios mencionados acima e, como modelo de análise dos resultados encontrados no TJGO, elege o método comparativo com outros três Tribunais estaduais, escolhidos segundo dois critérios principais.

O primeiro critério é a escolha dos Tribunais estaduais que tiveram o maior e o menor IAJ em capital institucional judiciário. Eles são, respectivamente, o Tribunal de Justiça do Pará (TJPA), que obteve o maior IAJ no componente analisado, que foi de 0,837 e o Tribunal de Justiça de Rondônia (TJRO) que zerou o IAJ (0,000), no quesito elegido (capital institucional judiciário).

Um terceiro Tribunal estadual, escolhido para a análise do método comparativo entre os Tribunais, é o Tribunal de Justiça do Mato Grosso (TJMT). Essa escolha se dá, em razão dele ter publicado, em junho de 2020, um provimento recomendando que os magistrados de primeira instância passassem a utilizar, sempre que possível, a jurisprudência da Corte IDH[88].

Embora, o IAJ do TJMT seja 0,324, pode-se, em razão do mencionado provimento, afirmar que ele tem enfrentado o desafio de encorajar a aplicação dos instrumentos internacionais de proteção aos direitos humanos.

---

[86] Ou seja, somando-se os resultados de todos os componentes: cidadania, população e judiciário.

[87] O link para acessar o site é: https://www.tjgo.jus.br/

[88] A pesquisa não localizou, até julho de 2021, em outros Tribunais Estaduais, a existência de orientações semelhantes a essa do TJMT.

A análise a seguir utilizará, então, três parâmetros comparativos entre os Tribunais eleitos. O primeiro deles é averiguar a descrição do alinhamento institucional[89] de cada um destes quatro Tribunais (TJGO, TJPA, TJRO e TJMT) a fim de verificar se utilizam, quando definem sua missão, visão e valores, o termo "direitos humanos", por estar diretamente ligado ao assunto pesquisado.

Esse parâmetro permite sondar o enfrentamento de pelo menos seis dos nove desafios mencionados acima: de informar; de educar; de ampliar a democratização ao acesso; de reduzir a distância entre a população e o Poder Judiciário; de fortalecer o controle social quanto à composição de seus órgãos de cúpula e sistematizar os dados estatísticos para aprimorar a prestação jurisdicional e o acesso à Justiça.

O segundo parâmetro comparativo investiga se o Tribunal se preocupou em criar, na página principal do website, um campo específico reunindo todos os serviços prestados pelo Poder aos jurisdicionados, facilitando ao cidadão comum a busca e o acesso por serviços judiciários.

Essa análise tem a ver com os desafios de informar, educar, ampliar e democratizar o acesso, reduzir a distância entre a população e o Judiciário e otimizar a litigância como estratégia jurídico-política de proteção aos direitos humanos.

O terceiro parâmetro comparativo será verificar no campo "busca de notícias" dos websites, quantas vezes aparece o termo "direitos humanos" em notícias publicadas por esses Tribunais entre os anos de 2008 e 2020.

Considerando que a publicação de notícias tem o condão de formatar uma imagem sobre o órgão que a comunica, então, o volume encontrado neste parâmetro fornece indícios sobre o engajamento do Poder Judiciário com os direitos humanos. Numa pesquisa específica, poder-se-ia investigar o teor das notícias. Contudo, neste momento, o objetivo é apenas quantificar esse dado.

Quanto ao primeiro parâmetro[90], verificou-se que nenhum dos quatro Tribunais pesquisados utilizam, ao definirem missão, visão e valores os termos de referência mencionados acima. Contudo, há um diferencial importante entre o modo de apresentação desse parâmetro entre esses Tribunais. Enquanto o TJGO, define esses aspectos de modo objetivo e atemporal, o TJPA criou um

---

[89] O alinhamento estratégico definido por cada Tribunal, serve para orientar a gestão institucional do Poder, comunicando aos seus servidores e ao público, em geral, quais são os objetivos e os valores a serem perseguidos pela instituição.

[90] Acesso às descrições dos Tribunais pesquisados quanto ao alinhamento estratégico podem ser acessadas nos seguintes links: https://www.tjgo.jus.br/index.php/institucional-menusuperior/apresentacao-do-tjgo, https://www.tjpa.jus.br/PortalExterno/hotsite/planejamento-estrategico/ e http://www.tjmt.jus.br/Institucional/C/4042/#.YWBWeNrMI2w.

portal dentro do site, em que reúne todos os conteúdos, documentos, instrumentos, projetos e pesquisas voltados ao cumprimento de sua missão e visão. Além disso, estabelece um período, 2021-2026, em que esses objetivos devem ser alcançados pelo TJPA.

Dessa forma, embora não utilize os termos de busca elencados para esse primeiro parâmetro pesquisado, na definição específica de sua missão e visão, o TJPA tem comissões e comitês com recorte de direitos humanos, como, por exemplo, a Comissão de Ações Judiciais de Direitos Humanos e Repercussão Social[91], cujos links de acesso estão todos reunidos numa mesma página do website, facilitando a visualização da estrutura institucional e dos objetivos de longo, médio e curto prazo do TJPA e, consequentemente, o acesso a todas essas informações pelos usuários do sistema de justiça.

Esse tipo de apresentação do alinhamento estratégico não foi encontrado no site do TJGO. Isso não significa que a instituição não tenha projetos, ações e programas estruturados a partir da missão, visão e valores que objetiva alcançar.

O que se pode afirmar é que em comparação ao TJPA e até o ano pesquisado, 2020, o TJGO apresentava essas informações de maneira dispersa no website, uma vez que as informações sobre o tema não estavam reunidas de modo a facilitar o acesso do público usuário do sistema de justiça através da internet.

Destaca-se que, desde 2019, o TJGO está totalmente informatizado, não tendo nenhum processo ativo físico, apenas processos eletrônicos são manejados no Judiciário estadual goiano. Isso sinaliza que a demanda dos usuários do sistema, que recorrem ao website do Tribunal, para acessar os serviços por ele oferecidos, é alta o que impulsiona a necessidade para que informações sobre a sua missão, visão e valores e os projetos, ações e documentos daí originados sejam evidenciados da maneira mais clara e objetiva possível[92], com o intuito de melhorar o seu desempenho no cumprimento de sua tarefa educativa e, também, no desafio de informar, ampliar e democratizar o acesso às informações e serviços.

Em tempos de pandemia pela COVID-19, momento durante o qual as pessoas ficaram impedidas de adentrarem às unidades físicas judiciárias, esse aspecto, uma vez manifestado por uma interface digital que comunica de uma maneira mais transparente e acessível os serviços judiciários para o público em geral, torna-se um indicativo de que o direito de acesso à justiça pode ser, no ~~quesito acesso informatizado mel~~horado, até o ano pesquisado.

[91] Os dados relativos aos trabalhos dessa comissão podem ser acessados no link: https://www.tjpa.jus.br/PortalExterno/institucional/Comissao-de-Acoes-Judiciais-de-Direitos-Humanos-e-Repercussao-Social/404252-ato-constitutivo-e-composicao.xhtml

[92] Conforme explicado no capítulo 3, item 3.2, a biblioteca do Poder Judiciário do Estado de Goiás encontra-se desativada desde 2018, quando se iniciaram as obras de reforma do prédio onde funciona a Justiça de segundo grau, restando como forma de consulta de documentos e projetos apenas as informações disponíveis no site.

Quanto ao segundo parâmetro investigado, que é a disponibilidade de um campo específico reunindo todos os serviços prestados pelo Poder aos jurisdicionados, facilitando, ao cidadão, a busca e o acesso por documentos, serviços, projetos e ações do Judiciário, os resultados encontrados acompanham a percepção levantada na análise do primeiro parâmetro.

No site do TJGO não encontramos a reunião, num campo específico, onde o usuário, que busca um serviço no site, possa clicar e visualizar todas as opções. O que existe é o campo "Serviço de Informação ao Cidadão" que ao clicar remete para uma página em que as informações e serviços ofertados têm a ver com denúncias e reclamações que podem ser encaminhadas à ouvidoria do Tribunal. Desse modo, o cidadão que busca algum serviço ou informação no website do TJGO precisaria ser orientado, de modo específico, sobre como fazer para acessar o serviço que procura no website.

Este tipo de situação pode ser administrada pensando na facilitação do acesso às informações, sobretudo, para as pessoas mais carentes economicamente, pois, aparentemente, elas possuem mais dificuldade de contactar um profissional da área jurídica que esteja acostumado a utilizar o site para orientá-lo sobre os assuntos que precisa acessar.

Conclui-se que o modo como o website do TJGO oferta os serviços judiciários, pode, a depender do público, dificultar o acesso às informações e serviços que são disponibilizados por meio eletrônico.

A pesquisa sugere que a clareza sobre essas informações, com uma interface mais objetiva e intuitiva, pode contribuir para reduzir a distância digital entre a população e o TJGO. A título de exemplo, o acesso ao link "cidadão", que é facilmente identificado na página da web do TJPA[93], oferece 32 títulos aos quais o cidadão pode buscar as informações que procura.

Se cruzarmos essa informação com os dados relativos ao componente "capital população", apresentados no Relatório Índice de Acesso à Justiça, cuja uma das variáveis é a taxa de escolarização, essa dificuldade de acesso aos serviços, via website, se torna ainda mais problemática para os cidadãos goianienses. No quesito mencionado o valor do IAJ para o TJGO é de 0,646.

Lembra-se que para a adequada interpretação desses dados é preciso levar em conta que a pesquisa não localizou dados recentes[94] sobre o acesso à internet e à informatização da população do Estado de Goiás e que o Relatório do CNJ, não se preocupou em considerar essa variável no cálculo do IAJ. Imagina-se que

---

[93] O link do "cidadão" disponível pelo TJPA em seu website pode ser acesso aqui: https://www.tjpa.jus.br/PortalExterno/

[94] Levantamento do Instituto Brasileiro de Geografia e Estatística (IBGE), referente ao ano de 2018, apresentou um percentual de 18,3% de pessoas, na cidade de Goiânia, que não tinham internet em casa. O levantamento restringiu-se a capital do Estado, Goiânia.

essa informação poderia revelar uma situação mais real acerca do acesso digital da população de média e baixa renda do Estado de Goiás.

Assim, conclui-se desse parâmetro de análise, que a falta de informação clara sobre como proceder diante da agressão a um direito é o primeiro desafio que o cidadão enfrenta ao recorrer ao sistema de justiça.

Neste tópico o objetivo foi analisar o número de vezes que o termo "direitos humanos" aparece no campo de buscas do website de cada Tribunal, entre os anos de 2008 e 2020. Este é o último parâmetro que esse tópico elegeu para fazer a comparações entre os Tribunais, quanto aos desafios institucionais, que uma vez enfrentados, promovem, na prática, a formulação de uma política de direitos humanos.

Os resultados dessa busca relativos ao TJRO não serão apresentados, pois a forma como o website oferece a possibilidade de pesquisar o termo "direitos humanos" não permite selecionar o intervalo entre os anos de 2008 e 2020. Contudo, os resultados dos outros três Tribunais, estão no quadro abaixo.

Quadro 13: Número de vezes que o web site do Tribunal estadual reporta notícias publicadas entre os anos de 2008 e 2020 contendo o termo "direitos humanos"

Tribunal	"direitos humanos"
TJGO	20
TJPA	832
TJMT	619

Fonte: www.tjgo.jus.br

A diferença dos resultados entre o TJPA e TJMT com o TJGO parece confirmar, ao menos em termos de notícias referentes aos assuntos que permeiam o dia a dia desses tribunais, um engajamento com questões relativas aos direitos humanos consideravelmente mais relevante nos dois Tribunais comparados ao TJGO.

Não foi possível encontrar dados específicos explicando como se dá a escolha das notícias que são publicadas no site do Judiciário goiano. Contudo, sabe-se que as notícias objetivam retratar o que está acontecendo de mais relevante na instituição e que essas publicações tem o condão de consolidar, ao longo do tempo, uma imagem sobre ela.

Assim, constatando que as publicações no website do TJGO, entre os anos pesquisados, reportando o termo "direitos humanos" é inferior a média de 2 menções por ano, então, poder-se-ia levantar a hipótese de que o TJGO pode melhorar, na veiculação das notícias e matérias jornalísticas que produz, a menção ao termo pesquisado.

Importante destacar que notícia publicada em 17 de novembro de 2020, no website do TJGO, chama a atenção em razão do título: "Promoção e defesa dos direitos humanos agora é política institucional do TJGO"[95]. A publicação dessa notícia se deveu a aprovação pelo Órgão Especial, em 11 de novembro de 2020, para instituição de uma Política de Promoção e Defesa dos Direitos Humanos no âmbito do Poder Judiciário do Estado de Goiás, que objetiva criar Comitês temáticos de direitos humanos na estrutura do Tribunal.

A notícia traz a seguinte declaração do então Presidente do TJGO:

> "Essa resolução é um marco para o Judiciário goiano. Representa nossa preocupação e defesa de questões globais com os Objetivos de Desenvolvimento Sustentável e, muito mais, nosso compromisso em estabelecer um diálogo interinstitucional constante com as entidades públicas e privadas para garantir e promover os direitos fundamentais do cidadão", reflete o presidente do TJGO, desembargador Walter Carlos Lemes (TJGO, 2020, WEBSITE).

A criação da política de promoção e defesa dos direitos humanos, com criação dos Comitês temáticos ligados ao tema, informa sobre a preocupação do Poder Judiciário goiano com o assunto e sinaliza para uma comunicação pública alinhada com o objetivo de garantir e promover os direitos fundamentais, o que deve influenciar na comunicação com o público em geral.

Inclusive é importante destacar que, no website do TJGO, encontramos, embora de modo disperso, projetos e ações que, de fato, estão ligadas a promoção dos direitos humanos.

Como exemplos, tem-se dentro *do Núcleo Permanente de Métodos Consensuais de Solução de Conflitos* – NEPUMEC, criado em 2013, seis projetos que enfrentam o desafio de reduzir a distância entre a população e o Poder Judiciário, bem como otimizar a litigância como uma estratégia jurídico-política de proteção aos direitos humanos, são eles os projetos: Justiça Móvel de Trânsito, Mediar é Divino, Oficina de Pais, Justiça Restaurativa, Roda de Conversa e a Semana Nacional de Conciliação que apresenta resultados positivos todos os anos.

Outro exemplo de política que vem promovendo os direitos humanos dentro do TJGO foi a criação, em 2018, da Coordenadoria da Mulher em Situação de Violência Doméstica, que, dentre outras ações[96], tem obtido resultados positivos no projeto "Semana Nacional da Justiça pela Paz em Casa".

---

[95] A notícia pode ser acessada aqui: https://www.tjgo.jus.br/index.php/institucional/centro-de-comunicacao-social/20-destaque/20788-promocao-e-defesa-dos-direitos-humanos-agora-e-politica-institucional-do-tjgo

A fim de amplificar a comunicação com o público em geral, no que se refere ao tema desse artigo, a pesquisa sugere s realização de outras ações envolvendo a sociedade civil pelo TJGO, como, por exemplo, a realização de audiências públicas ou consultas abertas ao público em geral, para discutir assuntos de interesse coletivo e individual voltados para a temática direitos humanos.

Obviamente que a efetividade dos direitos fundamentais não se restringe ao modo como um Tribunal comunica o seu alinhamento com esses direitos, mas sim como os efetiva na prática, contudo o discurso de que se é um órgão comprometido com esses direitos faz a diferença, pois contribui para o enfrentamento do desafio de informar e educar as pessoas sobre seus direitos.

Sadek (2014) trabalhando com a temática do acesso à justiça e seus obstáculos, destaca uma distorção que tem a ver com esse aspecto. Ela analisa a variável da quantidade de demandas que ingressam na justiça e percebe que o alto número de ações que ingressam no Judiciário brasileiro não indica a existência de uma difundida busca por direitos. Na verdade, os maiores litigantes são o setor público federal, estadual e municipal, bancos e empresas prestadoras de serviços:

> Sobra pouco espaço para a instituição cumprir suas atribuições constitucionais relacionadas à garantia dos direitos e à composição dos conflitos de interesses. Ademais, a demanda por direitos, longe de ser universal, provém de setores privilegiados da sociedade. Em consequência, dado o volume de processos e o perfil dos que postulam judicialmente, a instituição sofre de inchaço, cuja dilatação, além de dificultar sua atuação, contribui para a construção de uma imagem negativa junto à população. Em outras palavras, a porta de entrada atrai um tipo de litigante e desencoraja ou se fecha para a grande massa de indivíduos incapazes de manejar instrumentos de efetivação de seus direitos. (SADEK, 2014, p. 60).

Assim, acredita-se que o diálogo do Poder Judiciário começa pela forma como ele se apresenta, através de seus canais de comunicação, com a população em geral.

Em síntese, o objetivo deste tópico foi obter um panorama geral sobre o desempenho que o TJGO alcança institucionalmente e como ele se apresenta, virtualmente, para a sociedade, atualmente. Isso foi realizado investigando se há uma preocupação motivada pela proteção e promoção dos direitos humanos. Ressalva-se que essa análise foi realizada apenas com base nas informações disponíveis no website do TJGO, como apresentado acima.

No próximo tópico, o objetivo é analisar a compatibilidade hermenêutica entre a jurisprudência do TJGO que verse sobre matéria afeta aos direitos fundamentais e as decisões da Corte IDH.

---

[96] A Coordenadoria da Mulher do TJGO desenvolve outros dois projetos: Educação e Justiça: Lei Maria da Penha na Escola e o Programa Rede Mulher em Paz. Acesso aqui: https://www.tjgo.jus.br/

3. RESULTADOS DAS PESQUISAS QUANTITATIVAS E QUALITATIVAS DE PRIMEIRO GRAU

3.1. Utilização da jurisprudência da Corte IDH pelo TJGO

Esse tópico analisa se o Poder Judiciário do Estado de Goiás tem dialogado, na fundamentação de suas decisões que versam sobre direitos fundamentais, com a jurisprudência da Corte IDH.

Conforme explicado na introdução desse trabalho, o objetivo deste tópico é selecionar os julgamentos do Tribunal de Justiça do Estado de Goiás, de primeira instância, entre os anos de 2008 e 2020, que versam sobre matérias afetas aos direitos fundamentais, para aferir se eles dialogam com a jurisprudência da Corte especializada em julgar graves violações de direitos humanos no continente interamericano.

Esse cruzamento de decisões, a fim de averiguar a existência de um diálogo, é fruto da ideia de que a capacidade do Judiciário em utilizar referências jurisprudenciais da Corte IDH é uma ferramenta útil a auxiliar os juízes quando lidam com causas semelhantes as que já foram julgadas pela Corte transnacional. É, neste entrelaçar, que acontece a mencionada fertilização cruzada de ideias, capaz de enriquecer a compreensão do Judiciário a respeito da matéria objeto da lide.

A importância dessa análise é fornecer indícios a respeito tanto da capacidade do Judiciário Estadual goiano em desenvolver uma racionalidade transnacional que aumenta o nível de legitimidade doméstica das decisões judiciais em matéria afeta aos direitos fundamentais, quanto oferecer uma imagem sobre o sistema constitucional praticado no Estado, pois "[...] a citação de uma decisão estrangeira, abre um leque de opções à corte e convida a uma mudança de consciência da jurisdição local, com o reconhecimento das relações no sistema transnacional" (ARAÚJO, 2017, p. 244).

Observa-se que a inclinação doméstica em aceitar as razões utilizadas na jurisdição internacional, quando julga casos semelhantes, reforça a ideia de equidade, subjacente a ideia de justiça, além de contribuir para a coerência do sistema de justiça doméstico numa sociedade cada vez mais interligada mundialmente.

A ideia-base é a de que a construção de um *locus*, para a atuação da jurisdição de garantias, forjado a partir da expansão das fronteiras locais e domésticas, revela-se proveitoso para a legitimidade das decisões judiciais, pois demonstra um esforço cognitivo-dialógico do Judiciário nacional em dar ao caso concreto a melhor solução possível.

O objetivo mais relevante deste tópico é identificar a forma como decidem os magistrados quando se deparam como situações que violam direitos humanos, avaliando se existe alguma espécie de diálogo com as decisões[97] da Corte IDH.

A investigação será orientada para identificar na jurisprudência de primeiro grau do TJGO a utilização de parâmetros normativos e hermenêuticos da Corte IDH segundo um dos modelos esboçados por Araújo (2017), se de forma submissa, decorativa, resistente ou dialógica.

Ao estudar os diálogos transnacionais, Araújo (2017) afirma:

> Assim, pode-se afirmar que, em uma sociedade pluralista, marcada por uma multiplicidade de concepções de vida, a legitimidade das cortes depende de que o procedimento decisório envolva a devida reflexão de visões que possam ser compartilhadas, com base em um acordo racional, bem-informado e voluntário, na projeção conceitual de um sistema que permita que as decisões judiciais sejam desenvolvidas de forma coerente com outras instituições, a partir de uma visão de previsibilidade e equidade. (ARAÚJO, 2017, p. 193).

Outro argumento, utilizado por esse autor, é de que uma dinâmica dialógica embasada na razão e na reflexão bem informada entre cortes transnacionais confere legitimidade às decisões proferidas numa sociedade pluralista e complexa e com visões de mundo heterogêneas, na qual não se tem uma unidade sobre a forma como efetivar, na base dessa sociedade, os direitos fundamentais. (ARAÚJO, 2017).

A ideia é pensar em redes de cooperação (Araújo, 2017), defendendo que as práticas institucionais locais devem ter em conta as decisões das cortes transnacionais, pois isso amplia a legitimidade das decisões domésticas e projeta um sistema internacional cosmopolita em que a deliberação é viabilizada pelo diálogo entre as decisões locais e as transnacionais.

Assim, os modelos para analisar o grau de adesão das decisões do TJGO às decisões da Corte IDH são os quatro apontados acima. O modelo submisso representa a construção de uma relação que denota sujeição e obediência, dessa forma, haveria uma hierarquia ao modelo de referência, sem espaço para a reflexão e para a prática argumentativa da jurisdição de garantias, pelo que deixa de demonstrar, de forma racional, a legitimidade da decisão. O argumento utilizado no modelo submisso é a própria jurisprudência.

Já o modelo decorativo constitui-se num recurso que utiliza uma jurisprudência transnacional qualquer, sem preocupação com a coerência entre o assunto em demanda e o assunto que consta na jurisprudência. A menção ao texto estrangeiro serve apenas para demonstrar conhecimento do cenário mencionado.

Tanto no modelo submisso, quanto no decorativo não há a preocupação com o desenvolvimento de argumentos e de ideias.

O terceiro modelo, o de resistência, é identificado nas situações em que existe a preocupação em desenvolver ideias e argumentos com o objetivo de

---

[97] O termo decisão aqui é usado no sentido genérico para corresponder tanto a uma sentença da Corte IDH quanto a uma opinião consultiva.

rechaçar a jurisprudência estrangeira na tentativa de provar seu descompasso com a jurisdição de garantias nacional. Esse modelo demonstra sua intenção clara em não dialogar com o cenário internacional, o modelo utiliza argumentos de autorreferência, para demonstrar a incompatibilidade entre os dois sistemas. Em geral, um dos argumentos de defesa desse modelo será a ideia clássica de soberania, conforme abordado no capítulo 1 deste trabalho.

Por fim, o modelo dialógico é a proposta da teoria do constitucionalismo sistêmico. Nele há a interlocução entre os dois sistemas, num ir e vir de argumentos que se entrelaçam com o intuito de encontrar a melhor solução ao problema enfrentado. É um modelo que se abre também para olhar os argumentos de outros atores fazendo com que a jurisdição de garantias seja fruto de uma rede complexa de interlocutores com o objetivo de implementar um grau mais elevado de proteção quando se trata de direitos fundamentais.

Nesse aspecto, a decisão é um processo mediado pelo diálogo, num fazer necessariamente plural e referente, porque acontece entre um locutor e um (ou vários) interlocutor.

Assim, a pesquisa de jurisprudência começa apresentando os resultados quantitativos da busca realizada no website para, em seguida, fazer uma análise qualitativa do que foi encontrado, segundo os modelos: submisso, decorativo, resistente e dialógico. Antes, no entanto, é preciso fornecer explicações sobre o contexto e referências utilizadas na busca.

A primeira informação relevante é que a pesquisa de jurisprudência foi realizada no website do TJGO. Neste local há a possibilidade de busca em cinco campos, a saber: "atos de 1º grau"; "atos de 2º grau"; "jurisprudência", "jurisprudência juizados" e "súmulas". Há uma especificidade sobre o campo "jurisprudência" que reporta resultados apenas de 2º grau e o campo referente aos juizados foi descartado.

A pesquisa considerou alguns termos prioritários, para que se fizesse a busca, com o fim de cumprir com o objetivo estabelecido, que é a averiguação da espécie de diálogo que se vem travando entre o Tribunal de Justiça do Estado de Goiás e a Corte IDH em matéria de direitos humanos. Assim, considerando aspectos centrais da pesquisa, elencou-se os seguintes termos de busca, como fundamentais no propósito buscado: "convenção americana", "convenção interamericana", "direitos humanos" e "Corte Interamericana"[98].

Pesquisa quantitativa "atos de 1º grau"

A primeira parte da pesquisa, foi realizada no campo "atos de 1º grau"[99], com os critérios de busca mencionados acima ("convenção americana",

---

[98] Deixa-se registrado que foi realizada a pesquisa para os termos "constitucionalismo sistêmico", "policontextualidade", "transconstitucionalismo" e "interconstitucionalismo", porém nenhum resultado foi encontrado nas pesquisas realizadas nos campos disponíveis no website.

"convenção interamericana", "direitos humanos" e "Corte Interamericana de Direitos Humanos"). Os resultados quantitativos preliminares, compreendendo o recorte temporal da pesquisa, são apresentados no quadro seguinte[100]:

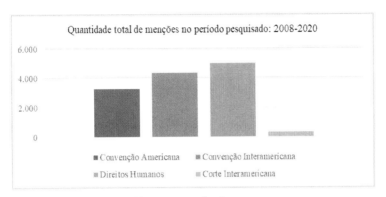

Fonte: www.tjgo.jus.go

O maior resultado encontrado nos termos de busca inseridos na tabela acima foi para o termo "direitos humanos", com 4.999 resultados, entre os anos de 2008 e 2020. Uma média aritmética desse total pelo número de anos pesquisado dá um resultado de 384 decisões por ano, do TJGO, em que aparece o termo "direitos humanos". A pesquisa não conseguiu obter informações sobre a quantidade de ações que tramitam no judiciário estadual tratando de assunto afeto aos direitos fundamentais, o único dado obtido, que consta dos relatórios Justiça em Números dos anos pesquisados, aponta apenas uma média total anual de 2 milhões de processos no TJGO.

Ainda sobre o termo de busca "direitos humanos", embora a pesquisa tenha reportado mais de sessenta mil decisões, verificou-se, manualmente, que menos de cinco mil faziam referência ao conceito de direitos humanos como o direito afeto à dignidade reconhecido no cenário internacional por algum instrumento jurídico internacional.

Esse resultado expressa os limites da pesquisa de jurisprudência uma vez que não encontramos um meio de qualificar os dados reportados para que pudessem ser classificados como matéria tratada no âmbito do SIDH, pois a pesquisa encontrou dificuldade em localizar resultados com o termo "Corte Interamericana", pois toda decisão em que havia a palavra "corte" seja na classe

---

[99] O período de busca, 2008-2020, no campo "atos de 1º grau", é dividido em dois: o primeiro período da atualidade até março de 2014 e um segundo período de março de 2014 para os anos anteriores.

[100] O número bruto de resultados reportados foram: "Convenção americana" = 3.263; "Convenção Interamericana" = 4.345; "Direitos Humanos" = 4.999 e "Corte Interamericana" = 315 resultados.

gramatical de verbo (cortar) ou de substantivo feminino (Corte Especial, por exemplo) ou substantivo próprio significando o sobrenome Corte, a pesquisa apresentou como resultado. Contudo, a palavra "interamericana", que compõe o termo, melhorou o recorte da seleção e o resultado bruto somaram 315 decisões, que por sua vez foram verificadas manualmente para encontrar o resultado cuja referência era especificamente à Corte IDH.

As menções à Corte IDH são menores do que o resultado bruto, pois na verdade dos 315 resultados reportados na pesquisa, após a verificação manual, foram localizadas apenas 89 decisões de primeiro grau fazendo referência específica à Corte IDH, ao longo dos 13 anos em que se restringe a pesquisa. Abaixo está o número de vezes que a pesquisa manual reportou decisões que mencionam o termo de busca "Corte Interamericana", por ano:

Fonte: www.tjgo.jus.go

Ainda na pesquisa de "atos de 1º grau", refez-se a pesquisa para encontrar resultados por ano, assim introduziu-se o termo "Convenção Americana" + "ano" e "Convenção Interamericana" + ano, tendo obtido os seguintes resultados[101]:

---

[101] Todos os dados desse tópico foram em setembro de 2020.

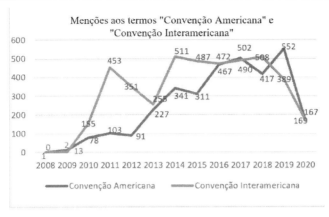

Fonte: www.tjgo.jus.br

De modo geral, o aumento das referências pesquisadas, conforme demonstra o gráfico acima, coincide com importantes discussões jurídicas que mobilizaram o Judiciário nacional, a partir de 2006.

O primeiro assunto originou-se do caso Maria da Penha. A decisão da Corte IDH proferida em 2001, condenando o Estado brasileiro por negligência e omissão em relação à violência doméstica praticada contra Maria da Penha, impulsionou, no Brasil, o combate à violência doméstica e familiar contra a mulher, com a criação de institucionalidades como juizados especializados e delegacias de atendimento específico para esses crimes.

A pesquisa não pôde aprofundar no tema da violência doméstica, contudo encontrou indícios de que as decisões, envolvendo esse assunto, costumam citar reiteradamente a CADH e as Convenções Interamericanas sobre a Eliminação de Todas as Formas de Violência contra a Mulher e para Prevenir, Punir e Erradicar a Violência contra a Mulher o que parece ter elevado, consideravelmente, o número de vezes que os termos de busca "Convenção Americana" e "Convenção Interamericana" aparecem no resultado da pesquisa.

O segundo assunto versou sobre a prisão do depositário infiel, considerada inconstitucional, a partir de 2008, pelo STF, quando finalmente essa Corte adota o entendimento de que os Tratados internacionais ratificados pelo Brasil teriam, ao menos, o status de supralegalidade, fazendo aumentar o resultado da pesquisa a partir dos anos 2009-2010.

Dessa forma, o resultado a que se chega com a pesquisa quantitativa é de que as modificações no entendimento do Judiciário goiano, afetas a questões de direitos fundamentais, pelo menos até o ano de 2020, estiveram mais atreladas a inovações legislativas, como é o caso da Lei Maria da Penha (Lei nº 11.340 de 2006), ou foram motivadas por uma mudança no entendimento do STF que acabou repercutindo na prestação jurisdicional, como no caso da declaração de inconstitucionalidade da prisão civil do depositário infiel.

Conclui-se, inicialmente, que a interação do TJGO com o SIDH é motivada por fatores exógenos. Considerando o volume de processos e assuntos sobre os quais julga o TJGO, as menções à Corte IDH são quase inexpressivas, a ponto de indicar que para o período pesquisado e segundo os critérios utilizados não é possível afirmar que o judiciário goiano orienta seu sistema de proteção aos direitos fundamentais a partir de um cenário sistêmico que interage com a proteção interamericana ofertada aos direitos humanos.

Nessa primeira parte da pesquisa empírica, não foi possível classificar os resultados encontrados segundo os modelos submisso, decorativo, resistente e dialógico, pois essa classificação demanda uma análise qualitativa, o que será feito a seguir.

Pesquisa qualitativa

A fim de investigar a qualidade e o nível das referências reportadas em decisões ou sentenças com os critérios das pesquisas realizadas em primeira instância, definiu-se dois métodos para a realização de uma pesquisa qualitativa.

Quanto à pesquisa qualitativa do campo "atos de 1º grau" far-se-á a leitura apurada e criteriosa apenas das decisões que mencionam o termo "Corte Interamericana".

O objetivo é averiguar quais são os assuntos tratados por essas decisões e como elas se relacionam com normas, convenções ou decisões do SIDH, classificando o tipo de diálogo que desenvolvem com a Corte IDH.

"Atos de 1º grau" – "Corte Interamericana"

Conforme demonstrado acima, foram 89 resultados de "atos de 1º grau" com o termo "Corte Interamericana". Todas essas decisões foram examinadas e os resultados qualitativos são explicados abaixo.

Os anos de 2008, 2009, 2010, 2012, 2013, 2014 e 2020 não reportaram decisões com o termo de referência dessa análise. Desse modo, a pesquisa depara-se com um silêncio quando se trata de menções à Corte IDH pelo TJGO nos primeiros sete anos do recorte temporal da pesquisa.

Durante todo esse período foi encontrada apenas uma referência à Corte IDH. Trata-se de uma decisão do ano de 2011 (autos nº 443207-28.2009), em que o magistrado apenas cita, ao reconhecer a alegação de coisa julgada, que, dentre outros exemplos de possibilidade de revisão de matéria transitada em julgado, há a possibilidade de requerimento à Corte IDH quando coisa julgada for contrária a direito previsto na CADH. Trata-se de um uso meramente decorativo da CADH.

Entre os anos de 2015 e 2019 observa-se um movimento de referências à Corte IDH um pouco mais expressivo, contudo, a leitura das decisões revela tratar-se, basicamente, de três assuntos recorrentes: prisão cautelar, crime de desacato e audiência de custódia.

Outros três assuntos aparecem isolados com apenas uma decisão mencionando cada caso: competência para julgamento de crime ocorrido durante a ditadura militar (autos n° 201403255231), condições de um presídio do interior (autos n° 210602253379), alegação de inépcia da denúncia (autos n° 201601489980).

Em uma outra decisão (autos n° 201202196831), julgada em 2016, identificou-se um equívoco material, por parte do magistrado, que ao declarar a inconstitucionalidade do art. 305 do Código de Trânsito Brasileiro (CTB), utiliza, como um dos fundamentos da sentença, o art. 8°, II, "g" da CADH, que anuncia o direito de a pessoa não ser obrigada a produzir prova contra si mesma. Ao fazê-lo, o magistrado utiliza como sinônimo da CADH a Corte IDH.

As decisões que versam sobre a matéria "pedido de revogação da prisão cautelar", argumentam sobre a necessidade de aplicação do princípio da proporcionalidade, trazendo a baila o item 122 da sentença proferida pela Corte IDH no caso Barreto Leiva vs. Venezuela[102].

Nos autos n° 201503044836 a magistrada desenvolve o argumento situando o princípio da proporcionalidade dentre os direitos fundamentais, argumentando que a natureza cautelar da prisão não pode ser mais gravosa do que a pena em si, de modo que, se não cabe prisão com o advento de uma sentença condenatória, então não se justifica uma prisão cautelar.

Neste caso, há o desenvolvimento dos argumentos lançados na sentença com o fim de demonstrar como o princípio da proporcionalidade orienta o papel do Estado quando desenvolve a persecução penal. Pode-se afirmar que a citação do caso julgado pela Corte IDH serviu, neste caso, para reforçar o argumento do papel constitucional do Estado, demonstrando que o raciocínio desenvolvido, na sentença, acompanha a mesma lógica consubstanciada pelo cenário interamericano. A leitura da sentença revela uma capacidade dialógica de argumentação com a Corte IDH, apresentando uma relação com a parte dispositiva da decisão.

Contudo, as decisões posteriores, versando sobre o mesmo assunto, repetem os mesmos argumentos ou apenas citam o item 122 do caso julgado pela Corte IDH, não apresentando novidades a serem mencionadas, de modo

---

[102] Corte IDH, caso Barreto Leiva vs. Venezuela (novembro de 2009): 122. La prisión preventiva se halla limitada, asimismo, por el princípio de proporcionalidad, en virtud del cual una persona considerada inocente no debe recibir igual o peor trato que una persona condenada. El Estado debe evitar que la medida de coerción procesal sea igual o más gravosa para el imputado que la pena que se espera en caso de condena. Esto quiere decir que no se debe autorizar la privación cautelar de la libertad, en supuestos en los que no sería posible aplicar pena de prisión, y que aquélla debe cesar cuando se há excedido la duración razonable entre la medida cautelar y el fin perseguido, de tal forma que el sacrifício inherente a la restricción del derecho a la libertad no resulte exagerado o desmedido frente a las ventajes que se obtienen mediante tal restricción.

que a decisão acima é exemplar de uma argumentação dialógica com a Corte IDH, quando se trata do tema "revogação de prisão cautelar".

O segundo assunto, versa sobre o crime de desacato. Argumentando que a criminalização do desacato tem origem histórica em modelos autoritários de direito penal e que, geralmente, seu uso serve de instrumento de abuso do poder, pelas autoridades estatais, em face às liberdades individuais. O magistrado, no processo nº 201601809322, proferiu decisão deixando de receber a denúncia pelo crime de desacato, por considera-lo além de inconstitucional, inconvencional, por infringir o art. 13 da CADH.

Na decisão, o juiz declara:

> Portanto, cumpre ao julgador afastar a aplicação de normas jurídicas de caráter legal que contrariem tratados internacionais versando sobre Direitos Humanos, destacando-se, em especial, a Convenção Americana de Direitos Humanos de 1969 (Pacto de São José da Costa Rica), o Pacto Internacional sobre Direitos Civis e Políticos de 1966 e o Pacto Internacional dos Direitos Econômicos, Sociais e Culturais de 1966 (PIDESC), bem como as orientações expedidas pelos denominados "treaty bodies" – Comissão Interamericana de Direitos Humanos e Conselho de Direitos Humanos das Nações Unidas, dentre outros – e a jurisprudência das instâncias judiciárias internacionais de âmbito americano e global – Corte Interamericana de Direitos Humanos e Tribunal Internacional de Justiça da Organização das Nações Unidas, respectivamente (TJGO, PROCESSO nº 201601809322).

Outras quatro decisões sobre a inconstitucionalidade e a inconvencionalidade do crime de desacato são encontradas utilizando os mesmos argumentos acima. As decisões sobre esse assunto utilizam um argumento que está relacionado com a proteção interamericana dos direitos humanos e é a única decisão, reportada pela pesquisa qualitativa, que reconhece a necessidade de se fazer o controle de convencionalidade das normas nacionais. Nenhuma outra decisão analisada, pelos critérios dessa pesquisa qualitativa, menciona a ideia de controle de convencionalidade[103].

A argumentação desenvolvida, nas decisões encontradas sobre o crime de desacato, oferece indícios de uma perspectiva mais elaborada sobre o funcionamento da jurisdição de garantias dos direitos humanos. Contudo, o fato dessa decisão ser isolada na jurisprudência do TJGO, pois a pesquisa não localizou, pelo critério de busca aplicado, outras decisões discutindo outros assuntos, é um indicativo de que não há uma continuidade de diálogo com a Corte IDH, tratando-se, ao que tudo indicou, realmente de um caso isolado.

Outro aspecto, sobre esse assunto, que merece ser apontado é que, no ano de 2020, o STF declarou constitucional o crime de desacato, previsto no art. 331 do Código Penal brasileiro, mesmo diante da previsão do art. 13 da CADH

---

[103] Por curiosidade, lançou-se no campo de busca "atos de 1º grau" o termo "controle de convencionalidade", sendo reportados 461 resultados.

e de decisões da Corte IDH[104] de que a previsão do crime de desacato, pelas legislações penais nacionais, agride a democracia, pois coloca em risco a liberdade de expressão.

O Min. Luis Roberto Barroso, defendendo o acerto da decisão tomada pelo plenário do STF em 2020, manifestou que as decisões da Corte IDH, versando sobre o crime de desacato, não se referiam diretamente ao Brasil, ignorando o fato de que as decisões proferidas pelo órgão interamericano vinculam todos os países que aderiram a sua jurisdição, ainda que não estejam no polo passivo da ação. Não é por outra razão que a Corte IDH determina que aos países seja encaminhada cópia de todas as sentenças que profere, para conhecimento de todos os que participam do sistema.

O terceiro assunto mais recorrente, nas 89 decisões encontradas na pesquisa "atos de 1° grau", tem seu conteúdo repetido em cerca de 25 processos julgados por um mesmo magistrado. Trata-se da obrigatoriedade de realização da audiência de custódia no prazo de 24 horas do flagrante.

No processo n° 201602154630, a decisão proferida em 2016, argumenta, ao longo de 12 laudas, sobre a inconstitucionalidade do ato administrativo – Resolução n° 35 de 2015, do TJGO, que orientou os magistrados goianos sobre a realização da audiência de custódia, por violação do procedimento legislativo previsto na Constituição Federal de 1988 e no art. 5° da CADH.

Mesmo diante das ações julgadas, em 2015, pelo STF (ADI 5240/SP e ADPF 3470), reconhecendo a natureza meramente reguladora do ato administrativo que o Tribunal de Justiça de São Paulo havia adotado para a audiência de custódia e reconhecendo, ainda, que ela é instrumento importante da política pública voltada para a melhoria do sistema carcerário nacional, o quarto maior do mundo, o magistrado goiano defende que a resolução, publicada pelo TJGO, viola o processo legislativo e ofende o princípio da proporcionalidade.

Um dos argumentos utilizados é que, ao invés de se combater a superlotação, com a substituição, sempre que possível, de penas de encarceramento por penas alternativas, o Estado brasileiro deveria criar mais vagas no sistema prisional e advoga pela inversão da atenção do Estado para a vítima ao invés do criminoso, com as seguintes palavras:

> A estas alturas, convém a indagação: será que alguém algum dia se preocupará em normatizar eventual audiência de acolhida das vítimas ou seus familiares, logo após a prática do crime, para diminuir-lhes o sofrimento, com o oferecimento dos serviços de saúde, assistência social e custeio do Estado? O foco exclusivo na figura do preso compromete sobremodo a alardeada nobreza da novel medida, porque enxerga de forma míope e desequilibrada o fenômeno do crime. A vítima e as testemunhas que colaboram com a produção da prova não podem mais ficar sempre à margem das atenções primeiras do Estado! (TJGO, PROCESSO 201602154630).

---

[104] Casos em que a Corte IDH já se manifestou sobre o crime de desacato: Mémoli vs. Argentina, Palamara Iribarne vs Chile e Kimel vs Argentina.

Na decisão, ao apontar que a audiência de custódia violaria o princípio da proporcionalidade, o juiz enumera que ela não favorece o controle judicial de legalidade da prisão cautelar e o cumprimento de obrigações internacionais; não combate à superlotação e não seria medida inibidora de atos de tortura ou de maus-tratos. Ainda escreve, sem apresentar dados, que, no Brasil, não mais existe prisões irregulares. Ao fim, reconhece a inconstitucionalidade da resolução do TJGO, que implementou as audiências de custódia no Estado.

Todos os argumentos, utilizados nas 25 decisões mencionadas, são contrários ao voto do relator, Min. Luiz Fux, proferido na ADI 5240/SP, em 2015. Curioso mencionar que, neste caso, em voto concordante, o Min. Luís Roberto Barroso, anuncia algo diferente do que defendeu em 2020, no caso do crime de desacato. Ele declarou:

> Portanto, penso - até li um trabalho recentemente do Professor Daniel Sarmento sobre esse ponto - que a questão não é propriamente de hierarquização, e sim de diálogos institucionais em busca do melhor argumento e da melhor forma de se defenderem os Direitos Humanos. E o entendimento que tem prevalecido no Direito europeu é o de que não há propriamente hierarquia, mas deve prevalecer a cláusula que proteja mais adequadamente os direitos [...] (ADI 5240, VOTO MIN. LUÍS ROBERTO BARROSO).

E continua:

> Não tenho dúvida de que compete, Presidente, ao Supremo Tribunal Federal definir o que que vale internamente no Brasil. Porém, essa definição, no mundo contemporâneo, é feita em um diálogo institucional com as Cortes internacionais, não apenas a Corte Interamericana de Direitos Humanos, a cujo sistema nós pertencemos, como todas as Cortes internacionais de Direitos Humanos. (ADI 5240, VOTO MIN. LUÍS ROBERTO BARROSO).

A decisão do TJGO sobre a audiência de custódia, parece revelar uma postura hermética com relação ao SIDH como um todo, podendo ser classificado como uma postura de resistência ao diálogo com a Corte IDH. Contudo, do mesmo modo da decisão que tratou sobre o crime de desacato, essa também se mostrou, embora insistentemente repetida nos anos de 2016, 2017 e 2018, tratar-se de um caso isolado produzido por apenas um magistrado do TJGO.

De modo geral, o que a análise qualitativa das decisões de primeira instância demonstrou, foi que o que existe de fato com relação a jurisprudência do TJGO e a Corte IDH é ausência. Ou seja, a primeira instância do TJGO não parece dialogar ainda com a Corte IDH.

Reitera-se que, embora tenha pesquisado, na parte qualitativa das decisões de primeira instância, um grupo específico de decisões (apenas as que mencionam a Corte IDH), foi possível perceber, pela pesquisa quantitativa, que os casos de maior menção aos termos de busca dizem respeito a violência doméstica e familiar contra à mulher, que a partir da edição da Lei 11.340, de 2006, promoveu uma série de políticas públicas judiciais e judiciárias a fim de dar cumprimento à lei.

Conclui-se, então, que essa parte da pesquisa demonstrou que o TJGO pode desenvolver todo um potencial dialético, incorporado pela Constituição brasileira de 1988, com relação à compreensão e busca de soluções para os problemas afetos aos direitos fundamentais.

Por fim, cumpre mencionar que a pesquisa qualitativa de "atos de 1º grau" tem todo um potencial de desenvolvimento de uma relação dialógica com a jurisprudência da Corte Interamericana de Direitos Humanos e que pode desenvolver uma visão sistêmica a compor a compreensão sobre o campo afeto aos direitos fundamentais e aos direitos humanos.

3.2. O TJGO E A JURISPRUDÊNCIA DA CORTE IDH

A realidade social, que existe por detrás do funcionamento das instituições estatais, conta sobre a atividade concreta que ela acaba desempenhando. Assim, para compreender a razão, segundo a qual o Poder Judiciário é na realidade exercido, é preciso observar dois fatores correlacionados: a estrutura concreta sobre a qual se desenvolve a instituição e os valores éticos que se manifestam coletivamente na sociedade (COMPARATO, 2015).

O fato é que a formatação e a atuação do Judiciário nacional e goiano no contexto dos direitos fundamentais é, ainda hoje, influenciada por elementos estruturais manifestados na política e na sociedade brasileira.

Sendo herdeiro do liberalismo europeu, enquanto filosofia política, o Brasil acaba por construir uma liberdade e uma igualdade seletivas, pois direcionadas apenas aos atores privilegiados do cenário nacional. É neste ambiente que vai se formatando a organização do Estado por meio de práticas excessivamente burocratizadas e centralizadoras, que cristalizam valores, crenças e práticas dissociadas do interesse da maioria, ou seja, um liberalismo dissociado de práticas democráticas (WOLKER, 2019).

Obviamente, que o processo de codificação das leis no país, sofre a influência desse cenário. Assim, embora as leis nasçam iluminadas pelos princípios da proporcionalidade, da legalidade e pessoalidade e os textos consagrem os direitos da liberdade, igualdade e propriedade, consagravam, também, a exclusão da grande maioria da participação política, por razões censitárias ou de analfabetismo.

Basta perceber que até a Constituição de 1988, todas as outras constituições brasileiras ignoraram as condições sociais, econômica e política dos índios e dos pretos africanos.

Essa postura excludente e autoritária, gera uma contradição histórica entre as leis civis e penais do país, pois enquanto a codificação civil ignora a população excluída do acesso aos bens materiais, a lei penal não os esquece e sob a desculpa da ordem e do progresso insculpe um texto punitivista e marginalizante. (WOLKMER, 2019).

É a partir deste cenário que a Justiça no país se estrutura. Carvalho (2001), aponta como a magistratura burocrática e elitista, teve um papel importante na consolidação da institucionalidade brasileira, desde o período imperial, perfazendo-se como uma expressão do poder estatal e como instrumento de segurança desse sistema, resolvendo os conflitos de interesses entre as elites dominantes.

Com o Judiciário goiano não foi diferente. Desde sua formação, iniciada em 1874, sua atuação esteve atrelada aos desígnios de uma estrutura de poder marcada por interesses de um grupo específico que, ainda hoje, detém grande parcela de poder político. Essa condição ainda perdura em muitos aspectos, mesmo com o Estado Democrático de Direito, esboçado em 1988.

O Estado de Goiás foi marcado pelo fenômeno coronelístico, que foi, até pelo menos a redemocratização, um poder político comprometido com o latifúndio agropecuarista, o que promoveu, ao longo do tempo, mais concentração de terras nas mãos de poucos e menos condições sociais e políticas de desenvolvimento da cidadania (ASSIS, 2009).

Segundo os historiadores, o coronelismo, em Goiás, afeta a formação da cidadania, por duas razões conjuntas. A primeira delas é por uma questão de ilegitimidade de um sistema político atrelado aos interesses de coronéis, que afeta a própria construção do sujeito titular de direitos na sociedade.

Como a cidadania representa um "conjunto de direitos e deveres por meio dos quais os membros de uma sociedade constroem e reconhecem a legitimidade dos órgãos governamentais que exercem autoridade sobre eles" (THRONHILL, 2021, p. 34), num modelo político-social experenciado sem a participação igualitária dos membros da população, a legitimidade do sistema político não convence os que se submetem a ele.

O déficit na formação da cidadania ocorre, ainda, por que a expressão do sujeito cidadão depende da formulação de mecanismos de integração social, que numa sociedade capitalista não depende apenas da efetiva participação política, mas também do acesso aos bens materiais através de políticas públicas que promovam emprego e renda.

Embora não se tenha encontrado dados sobre a distribuição de renda em Goiás, Palacín (2008), reúne dados da economia que podem corroborar essa afirmação. Para se ter uma ideia, o setor primário da economia goiana, até a década de 1960, sofreu incrementos em comparação com os setores secundários e terciários. Dados econômicos, deste período, dão conta que, em 1960, a população goiana economicamente ativa, 83,69%, ocupava o setor primário em atividades rudimentares, 4,17% no setor secundário e 12,14% no terciário.

O historiador goiano, afirma que a indústria, ainda incipiente nesta época, não promoveu uma distribuição de renda, porque era pouco desenvolvida, de baixo nível-técnico e sem mão-de-obra especializada. Um Estado, cuja política já era atrelada aos interesses do latifúndio, mantém até pelo menos 1960, uma economia baseada no campo, exportando a matéria-prima sem elaboração, impedindo tanto o desenvolvimento da indústria, quanto as oportunidades de emprego e distribuição de renda.

De modo geral, essa situação de vínculo entre o sistema político e os agentes privados, gera, em todo o país, consequências tanto na compreensão coletiva sobre o exercício do poder, quanto na evolução da formação das institucionalidades e seu modo de funcionamento. Essas situações se interligam prejudicando a capacidade coletiva de perceber a relação e a separação entre o privado e o público e consolidam a ideia de que as esferas de poder servem para atender aos interesses daqueles grupos que, de fato, detêm o poder.

Desse modo, surge o espaço para que as estruturas estatais sejam criadas e recriadas segundo uma lógica burocrática, patrimonialista, conservadora e autoritária e, no caso de Goiás, com traços profundamente coronelísticos.

Esse quadro, prejudica de uma maneira, muito especial, a jurisdição de garantias, cuja tarefa é promover e proteger os direitos fundamentais.

Como descreve Hunt (2009), o reconhecimento dos direitos humanos (direitos fundamentais no cenário interno dos Estados-nações) tem a ver com as injustiças políticas. Contudo, conforme iam sendo declarados pelas Constituições dos Estados, a partir da formação dos Estados Modernos, esses direitos iam sendo percebidos como uma abstração metafísica, porque a realidade não dava conta daquilo que o texto consagrava como direito.

A ideia de que todos nascem livres e iguais, que 150 anos depois seria insculpida na Declaração Universal dos Direitos Humanos, de 1948, ocorreu apenas quatro anos, após o mundo presenciar as barbáries da guerra promovida pela Alemanha nazista. As sociedades, apesar de horrorizadas, demoram para tecer condições de absorver essas ideias na vivência cotidiana, porque as transformações culturais demandam tempo. Apenas para se ter uma ideia, o ódio que se inscreveu no tecido social alemão e que engendra uma guerra de extermínio, durou mais de um milênio para ser construído (REES, 2018[105]).

Douzinas (2009), crítica a importação e o reconhecimento dos direitos individuais sem a reflexão sobre o sujeito de direito, pois isso acaba fazendo com que eles se tornem apenas direitos abstratos vagando pela sociedade. O fato é

---

[105] O historiador e documentarista britânico, Laurence Rees, conta no livro 'O Holocausto: uma nova história', lançado em 2018, como o maior crime da história foi possível a partir de uma sucessão de acontecimentos que se iniciaram com o antissemitismo na Idade Média e alimentaram, no seio da sociedade alemã, um ódio não só aos judeus.

que os direitos não dependem apenas de positivação, mas, sobretudo, de fatores culturais e sociais que criem condições de compreensão a respeito da individualidade e da titularização efetiva desses direitos.

Por essa razão, é fundamental realizar uma crítica sobre os direitos e o sujeito de direito, pois ela leva a compreensão de que os direitos não são nem objetivos, no sentido de terem uma fonte externa independente e nem subjetivos, como se fossem uma criação inventiva ou uma condição metafísica do ser humano. Os direitos devem ser entendidos, na verdade, como um compromisso político e social de longo prazo.

Porém, essas condições só podem ser travadas na concretude da vida, na construção diária de reconhecimento do outro como sujeito de direitos e no desenvolvimento de mecanismos legais, políticos e sociais que possam garantir a efetividade deles, pois o direito dos direitos fundamentais não é uma técnica que funciona por si mesma (FLORES, 2009).

Quando se debruça sobre as condições históricas em que se desenvolvem as institucionalidades nacionais, fica claro que, além daqueles elementos (burocracia, patrimonialismo, conservadorismo, autoritarismo e o coronelismo), que contribuíram para acoplar o privado com o público, temos, no Brasil, o agravante de quase quatrocentos anos de escravidão disseminada pela sociedade.

Essa realidade escravocrata, ao lado de um poder político autoritário e conservador, vai forjando valores e crenças que se performam nas estruturas sociais, legais e funcionais do Estado.

Nas estruturas sociais esses valores e crenças se consolidam em forma de preconceito contra o preto e o pobre, os excluindo das oportunidades de acesso aos direitos; já nas estruturas legais, ocorre a criação de um sistema legal conivente com o escravizador e nas estruturas funcionais do Estado, isso se revela na atuação voltada aos interesses dos agentes privados que ditam o poder, juntamente dos que ocupam a cúpula da estrutura estatal.

Tudo isso afeta o ideal da igualdade elevando, à condição de normalidade, a enorme desigualdade que assola o país. Disso resulta, ainda, numa soberania popular percebida de modo retórico e numa tolerância com os preconceitos, que avançam contra todas as minorias, além do abuso do poder público praticado em parceria por agentes privados e públicos (COMPARTO, 2015).

Neste país afeto aos mitos, a historiadora Schwarcz (2020), desconstruindo a falácia do mito da democracia racial, afirma que o maior legado da escravidão, no Brasil, não foi a mestiçagem a unificar o país, mas sim a consolidação de uma profunda e estranhada desigualdade social.

Essa estranhada desigualdade afetou de uma maneira muito marcante a construção da cidadania no país. Na percepção dessa pesquisa, afirma-se que, no Brasil, a fonte central de legitimidade constitucional, o cidadão, ainda precisa ser construída e contaminar, de fato, a estrutura política para que os direitos deixem de ser apenas ilusões discursivas.

Outro aspecto importante que pode ser observado é que o modo como os atores e as instituições do sistema de justiça atua fornece indícios sobre a capacidade de adaptação desse sistema em sintonia com as diretrizes constitucionais a partir de 1988.

Neste sentido, um breve olhar sobre a atuação dos atores ganha relevância. Assim, um estudo do ano de 2010 sobre a formação dos intelectuais de Direito formados em Goiás no terceiro quartel do século XX, e que atuavam tanto no sistema de justiça como profissionais, quanto no sistema educacional, como professores dos cursos de Direito da capital, menciona que para a maioria dos entrevistados, um total de 22, dentre eles, 7 juízes, a formação acadêmica deles, que ocorreu ou na Universidade Federal de Goiás (UFG) ou na Universidade Católica de Goiás (UCG), não foi pautada por reflexões críticas quanto ao papel do sujeito social como agente político-transformado da sociedade em que estão inseridos.

O autor da pesquisa, Ferreira (2010), informa que, na formulação e na execução dos projetos acadêmicos dos cursos de Direito, das duas maiores Universidades do Estado à época, a concepção que orientava a política educacional no Direito era acadêmico-positivista, adotando uma concepção de mundo dogmática-codificada, com destaque para as abstrações do Direito a fim de formar profissionais capazes de atuar no mercado e na estrutura burocrática do Estado, "limitando a formulação de uma visão política do papel social do intelectual do Direito como jurista e jurista-professor" (FERREIRA, 2010, p. 179)[106].

Esse modelo de desenho pedagógico de curso jurídico em Goiás, corresponde ao modelo apontado por Wolkmer (2019), como o modelo de legalidade que pautou a formação da ordem jurídica no país: normas jurídicas positivas extremamente formalistas-legalistas, centralizadoras e individualistas. Ou seja, o Direito, que surgiu na formação do Estado nacional, foi do ponto de vista ideológico, tanto no campo da legalidade, quanto da formação dos seus atores, conservador e liberal-patrimonialista.

A pesquisa não localizou análises recentes sobre a formação desses profissionais em Goiás. Contudo, foi possível verificar que dos atuais 379 magistrados do Judiciário goiano, 129 deles[107] iniciaram o exercício da função jurisdicional ainda no século passado, antes do ano 2000. Esse dado aponta para uma questão importante relacionada ao objeto pesquisado neste artigo, o de que na graduação desses profissionais, de modo geral, conforme se pôde observar

---

[106] O atual projeto pedagógico de uma das universidades referenciadas na pesquisa de 2010, a UFG, foi atualizado em 2014. O link para acessar o documento: https://files.cercomp.ufg.br/weby/up/12/o/PPC_FD_UFG_VERS%C3%83O_FINAL_ATUA LIZADA_em_16_de_novembro_de_2015_%281%29_%281%29.pdf?1536939635).

[107] Informação disponível no link: https://www.tjgo.jus.br/index.php/institucional/comarcas

pela busca das grades curriculares, que a cadeira de direitos humanos ou não era oferecida pela faculdade ou era oferecida como matéria optativa.

Val (2018) faz uma relevante observação relacionada a esse aspecto, quanto à importância que os cursos jurídicos nacionais, pelo menos até o ano fim dessa pesquisa, 2020, dá à cadeira de direitos humanos, chamando a atenção para o equívoco da disciplina aparecer, de modo geral, nas grades curriculares como optativas, o que negligencia o protagonismo da matéria ao considerar que o continente americano sofreu longos períodos de exceção.

O certo é que a nova Constituição, lançou a base legal para transformar a mentalidade daqueles que atuam no sistema de justiça ao escolher organizar o Estado com base em um constitucionalismo de direitos, porém para mudar a realidade não basta uma nova formatação legal do Estado, é preciso que os fatores reais de poder, tanto políticos, quanto sociais, econômicos, culturais e educacionais, também sejam transformados sob o influxo desses novos valores.

Conforme se pode extrair da Constituição de 1988, o Judiciário goiano deve seguir fomentando um caminho institucional comprometido efetivamente com a realização dos direitos fundamentais, pois sem a contribuição do Judiciário, a sociedade não verá consolidada a democracia.

4. CONSIDERAÇÕES FINAIS

Mesmo com a redemocratização, criando um constitucionalismo baseado em direitos, o país constata um déficit democrático expresso nos números do Judiciário nacional, ainda que se possa, também, constatar um esforço institucional, ano após ano, voltado para a melhoria desses resultados. A própria criação do CNJ, com a reforma do Judiciário, feita pela EC n° 104 de 2004, é um indicativo da intenção em qualificar a prestação jurisdicional no país.

Ainda assim, o compromisso do Estado brasileiro com os direitos fundamentais é um desafio de longa data, cujo horizonte ainda não se desenhou por completo, o que é próprio da natureza expansiva dos direitos humanos, mas é também um desafio da sociedade civil, pois o exercício da cidadania doméstica precisaria ser suficiente para desestabilizar as forças políticas a ponto de mudar o rumo da história (THORNHILL, 2021).

Ao analisar a perspectiva nacional dos direitos fundamentais com o cenário internacional dos direitos humanos, essa situação se agrava. Pois se ainda é preciso avançar em termos de cidadania doméstica, a visão nacional sobre um cidadão internacional é ainda mais embotada.

Tanto a obtenção de dados sobre o acesso à justiça no Judiciário goiano, quanto a verificação, pela pesquisa empírica, de uma certa hostilidade à jurisprudência internacional, quisa empírica, apresentada no tópico anterior, é um indicativo de que as novas premissas constitucionais lançadas em 1988 ainda não deram forma adequada à cidadania nacional, muito menos à ideia de cidadania internacional.

De qualquer modo, a mensagem constitucional de que o processo de democratização nacional está vinculado a efetividade dos direitos fundamentais, que, por sua vez, se liga aos sistemas regional e global de proteção aos direitos humanos, que ao longo do tempo têm desenvolvido procedimentos garantidores e reparadores desses direitos, garante, quando não de modo efetivo, ao menos de modo abstrato, que o cidadão doméstico é, também, um cidadão internacional.

Analisando globalmente essa situação Thornhill (2021) afirma que

> O período que teve início em 1945 assistiu à promulgação de um série de declarações e convenções de direitos humanos, tanto em nível global como em nível regional, que impactaram de foram distinta nas diferentes sociedades nacionais. Neste corpus emergente da legislação dos direitos humanos, destaca-se o fato de que os direitos humanos foram concebidos, em essência, como direitos pertencentes a determinados indivíduos, de modo que cada sujeito humano apareceu, ainda que abstratamente, como detentor de direitos estabelecidos no Direito Internacional (THORNHILL, 2021, p. 268).

Desse modo, a pesquisa realizada teve em conta a relação estreita entre a cidadania doméstica e a internacional e o Judiciário, pois para a densificação dos direitos precursores dessas cidadanias é fundamental que na judicialização deles, o sistema judiciário desenvolva uma expertise capaz de reconhecer a proteção ofertada tanto pelo sistema constitucional nacional à esses direitos, quanto pelo internacional de proteção aos direitos humanos.

Thornhill (2021) justifica essa ideia afirmando que:

> [...] a legislação dos direitos humanos teve um impacto pacificador profundo na democracia nacional. Isso ocorreu de forma diversa, com grandes variações de país a país. Entretanto, é difícil encontrar países em processos de democratização no final do século XX que não tenham sido fortemente marcados pela legislação internacional dos direitos humanos (THRONHILL, 2021, p. 270).

Essa tarefa não é simples, mas é necessária do ponto de vista democrático, pois a construção efetiva da cidadania, depende, também, da capacidade do Poder Judiciário de distribuir justiça para todos na sociedade.

Acredita-se que essa tarefa pode ser alcançada, dentre outras medidas, pela via do reconhecimento da jurisprudência internacional dos direitos humanos pelos tribunais nacionais em todas as esferas do Poder Judiciário

Ademais, a visibilidade que a prestação jurisdicional consubstanciada nas decisões e sentenças entregues ao cidadão expressa, exerce um papel informativo e educativo relevante não apenas para os profissionais e estudantes da área jurídica, mas também para os cidadãos, quando intimados das sentenças. Toda a sociedade se beneficia da entrega jurisdicional adequada aos direitos fundamentais e aos direitos humanos.

A esses fatores soma-se a importância de se construir uma comunicação aberta com outros sistemas judiciais, sociais e políticos, para que ao transmitir e receber informações, elas contribuam para a melhor solução das demandas de direitos fundamentais que são judicializadas em Goiás, pois isso, segundo as referências utilizadas nessa pesquisa, contribuiria para a construção da cidadania.

Esse caminho pode ser trilhado, pelo Poder Judiciário goiano, a partir de uma comunicação preocupada em informar o cidadão goiano sobre o papel do Judiciário estadual, quanto a promoção e proteção dos direitos fundamentais.

Ao fim da pesquisa, pode-se afirmar que algumas ações podem contribuir nesse desafio. Aponta-se que a divulgação de dados e resultados sobre o acesso à justiça, o desenvolvimento de uma interface digital voltada ao cidadãos goianos, a divulgação sobre quais são as ações e os programas de atendimento ao público em geral que o TJGO desenvolve, o direcionamento de uma política pública judiciária voltada para a promoção dos direitos humanos, a produção de atos normativos e projetos de educação continuada orientando aos servidores e magistrados que conheçam e utilizem as normas internacionais regional e global de proteção aos direitos humanos são algumas das medidas que podem contribuir para melhorar o vínculo entre Poder Judiciário goiano, sociedade e direitos humanos.

Referências

BARROSO, Luiz Roberto. **Contramajoritário, Representativo e Iluminista: os papeis dos tribunais constitucionais nas democracias contemporâneas.** Rev. Direito e Práx. 9 (4), out, 2018 https://www.scielo.br/j/rdp/a/8FdmCG5b5vHMvTDHZyVvChh/?lang=e n. Acesso em 02 de setembro de 2020.

CAMPOS, Francisco Itami. **Coronelismo em Goiás.** Goiânia: Edt. Vieira, 2013.

CAMPOS, Itami F; DOS SANTOS, Henrique Marcelo. **Goiás Contemporâneo, Avanços, Desafios,** v. 15 n. 2 (2016): Revista Jurídica, Julho – Dezembro, Anápolis/GO, UniEVANGÉLICA Disponível em: http://periodicos.unievangelica.edu.br/index.php/revistajuridica/article/vie w/1959/174 3 Acesso em 22 de abril de 2021.

CNJ. Relatório Índice de Acesso à Justiça https://www.cnj.jus.br/wp-content/uploads/2021/02/Relatorio_Indice-de-Acesso-a-Justica_LIODS_22-2-2021.pdf .

COMPARATO, Fábio Konder. **O Poder Judiciário no Brasil.** Link: http://www.ihu.unisinos.br/images/stories/cadernos/ideias/222cadernosih uideias.pdf. Acesso em 15 de janeiro de 2021.

CONPEDI, 2017, p. 83-108. Disponível em: https://www.conpedi.org.br/publicacoes/c7yrg601/lcnv2140/Nm4OSI V1Hk28X37.pdf

CONSELHO NACIONAL DE JUSTIÇA (CNJ). Relatório Índice de Acesso à Justiça. Disponível em: https://www.cnj.jus.br/wp-content/uploads/2021/02/Relatorio_Indice-de-Acesso-a-Justica_LIODS_22-2-2021.pdf. Acesso em: 20 out. 2020.

DOUZINAS, Costa. **O fim dos direitos humanos.** São Leopoldo: Unisinos, 2009.

HUNT, Lynn. **A Invenção dos Direitos Humanos – Uma história.** Trad. Rosaura Eichenberg. São Paulo: Companhia das Letras, 2009.

LEAL, Victor Nunes. **Coronelismo, enxada e voto – o município e o regime representativo no Brasil.** São Paulo: Companhia das Letras, 2012.

LEGALE, Siddharta; MARTINS DE ARAUJO, Luís Claudio; DESCHAMPS, Luiza. **O diálogo entre o STF e a Corte IDH: uma análise a partir do pensamento do Marcelo Neves.** Disponível: https://1drv.ms/b/s!AjjfhLgX2CTrgeJqfhA_ApZ5yIuQTQ?e= KvjhyE

LEGALE, Siddharta. **A Corte Interamericana de Direitos Humanos como Tribunal Constitucional.** 2º edição Rio de Janeiro: Lumen Juris, 2020.

LEGALE, Siddharta. MARTINS DE ARAÚJO, Luís Cláudio Martins (Orgs). **Direitos Humanos na prática interamericana.** Rio de Janeiro: Lumen juris, 2019.

LEGALE, Siddharta; GUERRA, Sidney; VAL, Eduardo Manuel; VASCONCELOS, Raphael. **Comentários à Convenção Americana de Direitos Humanos – Pacto de São José da Costa Rica.** Curitiba: instituto Memória, 2019.

LEGALE, Siddharta; VAL, Eduardo Manuel . As "mutações convencionais?" do acesso à Justiça Internacional e a Corte Interamericana de Direitos Humanos. *In*: VAL, Eduardo Manuel; BONILLA, Haideer Miranda (org.). **Direitos humanos, direito internacional e direito constitucional: judicialização, processo e sistemas de proteção I.** 1ed.Florianopolis:

MARTINS DE ARAÚJO, Luís Cláudio. **Constitucionalismo transfronteiriço, Direito Humanos e Direitos Fundamentais.** Rio de Janeiro: Lumen Jures, 2017.

PALACÍN, Luis, MORAES, Maria Augusta de S. **História de Goiás.** Goiânia: Edt. UFG, 2008.

PIOVESAN, Flávia. **Poder Judiciário e direitos humanos.** REVISTA USP • São Paulo • n. 101 • p. 99-112 • março/abril/maio 2014.

. **A proteção dos direitos humanos no sistema constitucional brasileiro.** Disponível em: http://www.pge.sp.gov.br/centrodeestudos/revistaspge/revista5/5rev4.htm. Acesso em 02 de junho de 2021.

SADEK, Maria Tereza. **Estudos sobre o sistema de Justiça.** http://anpocs.org/index.php/o-que-ler-1970-2002/volume-iv/662-estudos-sobre-o-sistema-de-justica/file

_____. **Acesso à Justiça: um direito e seus obstáculos.** 2014 https://www.revistas.usp.br/revusp/article/view/87814/90736

SCHWARCZ, Lilia Moritz. Starling, Heloisa Murgel. **Brasil: uma biografia.** São Paulo: Companhia das Letras, 2015.

. **Sobre o autoritarismo brasileiro**. São Paulo: Companhia das Letras, 2019.

THORNHILL, Chris. **Crise Democrática e Direito Constitucional Global**. São Paulo: Ed. Contracorrente. 2021

TRIBUNAL DE JUSTIÇA DE GOIÁS. **Plano Estratégico 2015-2020**. Disponível em <http://docs.tjgo.jus.br/institucional/gestaoestrategica/PE_2015_2020.pdf >.Acesso em 15 de junho de 2021.

VAL, Eduardo Manuel. **Pedagogia para os direitos humanos. Disponível em: https://www.youtube.com/watch?v=TVnpqT1vVgM**, entrevista veiculada em 01 de agosto 2018. Acesso em 31 de janeiro de 2023.

WOLKMER, Antônio Carlos. CORREAS, Oscar. (org.) **Crítica jurídica na América Latina**. Florianópolis, 2013.

WOLKMER, Antônio Carlos. **História do Direito – Tradição no Ocidente e no Brasil.** São Paulo: Alfa Ômega, 2001.

DIÁLOGO DE CORTES: UMA LEITURA SOBRE O DIÁLOGO ENTRE JUIZ NACIONAL E CORTE INTERNACIONAL DE DIREITOS HUMANOS A CUJA JURISIDIÇÃO O ESTADO SE SUBMETE

Marina Löwenkron De Martino Tostes

SÚMARIO: 1. Introdução 2. Diálogo de cortes entre juiz nacional e Corte IDH a cuja jurisdição o estado se submete 3. Precedentes da Corte IDH sobre controle de convencionalidade 4. Conclusão

1. INTRODUÇÃO

Com o crescente processo de globalização, observa-se um fenômeno também crescente de intensificação do intercâmbio múltiplo entre Cortes (ARAÚJO, 2017), de modo que decisões não vinculantes de tribunais estrangeiros ou internacionais são comumente citadas como fundamentação das decisões que trate de questões jurídicas convergentes, sobretudo na análise de abrangência e interpretação de determinados direitos fundamentais.

Marcelo Neves, que chama o fenômeno de Transconstitucionalismo, assim o analisa:

> (...) o transconstitucionalismo implica o reconhecimento de que as diversas ordens jurídicas entrelaçadas na solução de um problema-caso constitucional – a saber, de direitos fundamentais ou humanos e de organização legítima do poder –, que lhes seja concomitantemente relevante, devem buscar formas transversais de articulação para a solução do problema, cada uma delas observando a outra, para compreender os seus próprios limites e possibilidades de contribuir para solucioná-lo. Sua identidade é reconstruída, dessa maneira, enquanto leva a sério a alteridade, a observação do outro. Isso me parece frutífero e enriquecedor da própria identidade porque todo observador tem um limite de visão no 'ponto cego', aquele que o observador não pode ver em virtude da sua posição ou perspectiva de observação (VON FOERSTER, 1981, p. 288-309). Mas, se é verdade, considerando a diversidade de perspectivas de observação de alter e ego, que 'eu vejo o que tu não vês' (LUHMANN, 1990, p. 228-234), cabe acrescentar que o 'ponto cego' de um observador pode ser visto pelo outro. Nesse sentido, pode-se afirmar que o transconstitucionalismo implica o reconhecimento dos limites de observação de uma determinada ordem, que admite a alternativa: o ponto cego, o outro pode ver. (NEVES, 2014, p. 211)

O objetivo do presente estudo é analisar o diálogo de cortes entre juiz nacional e Corte Internacional de Direitos Humanos a cuja jurisdição o Estado se submete. Assim, a questão problema que guia o estudo é se Estado teria discricionariedade ou obrigação de estabelecer o diálogo nos julgamentos internos quando houver precedente acerca do tema em Corte Internacional de Direitos Humanos a cuja jurisdição contenciosa se submeta.

Para tanto, se dividirá o artigo na presente introdução, seguida de três capítulos e conclusão. No primeiro capítulo, se abordará a temática acerca da jurisdição de garantias e da jurisdição de direitos humanos, no processo de internacionalização dos direitos humanos, bem como da releitura da visão tradicional de soberania do Estado.

O segundo capítulo tratará do diálogo de Cortes e das especiais características de que se reveste na hipótese do diálogo entre juiz nacional e corte internacional de direitos humanos ao qual o Estado se submete.

Na terceira parte, se analisará a jurisprudência da Corte Interamericana de Direitos Humanos pertinente ao tema, sob a ótica do controle de convencionalidade. Em outras palavras, se verificará como os juízes internacionais enxergam a obrigação do Estado, nclusive Estado-juiz, de analisar o entendimento da Corte internacional no âmbito das suas decisões internas.

Por fim, se concluirá que o diálogo com a jurisprudência da Corte Internacional a cuja jurisdição se submete o Estado é uma obrigação do juiz nacional, sob pena de configuração de responsabilidade internacional do Estado.

1 - Jurisdição de garantias e jurisdição de direitos humanos: redefinição da soberania após o processo de internacionalização dos direitos humanos

Após o fim da segunda Guerra mundial, o mundo jurídico, perplexo com a insuficiência do direito positivo interno para evitar as gravíssimas violações de direitos humanos ocorridas no período, reviu a noção de soberania para constatar a necessidade de desenvolvimento de um sistema supranacional de proteção dos direitos humanos.

Conforme analisa Piovesan, a concepção contemporânea dos direitos humanos, introduzida com o advento da Declaração Universal de 1948 e reiterada pela Declaração de Direitos Humanos de Viena de 1993, tem origens nesse contexto histórico:

> Esta concepção é fruto do movimento de internacionalização dos direitos humanos, que constitui um movimento extremamente recente na história, surgindo, a partir do pós-guerra, como resposta às atrocidades e aos horrores cometidos durante o nazismo. Apresentando o Estado como o grande violador de direitos humanos, a era Hitler foi marcada pela lógica da destruição e descartabilidade da pessoa humana, que resultou no envio de 18 milhões de pessoas a campos de concentração, com a morte de 11 milhões, sendo 6 milhões de judeus, além de comunistas, homossexuais, ciganos… O legado do nazismo foi condicionar a titularidade de direitos, ou seja, a condição de sujeito de direitos, à pertinência a determinada raça - a raça pura ariana. No dizer de Ignacy Sachs, o século XX foi marcado por duas guerras mundiais e pelo horror absoluto do genocídio concebido como projeto político e industrial7 . É neste cenário que se desenha o esforço de reconstrução dos direitos humanos, como paradigma e

referencial ético a orientar a ordem internacional contemporânea. Ao cristalizar a lógica da barbárie, da destruição e da descartabilidade da pessoa humana, a Segunda Guerra Mundial simbolizou a ruptura com relação aos direitos humanos, significando o Pós Guerra a esperança de reconstrução destes mesmos direitos. (PIOVESAN, 2006, p. 6)

Nesse cenário, nascem os sistemas internacionais de proteção dos direitos humanos tanto no âmbito europeu como no interamericano. Especial interesse para o presente estudo, o sistema interamericano surge em um contexto peculiar de autoritarismo em diversos Estados no continente, o que implicava em violações sistemáticas de direitos humanos:

> (...) o sistema regional interamericano tem em sua origem o paradoxo de nascer em um ambiente acentuadamente autoritário, que não permitia qualquer associação direta e imediata entre Democracia, Estado de Direito e Direitos Humanos. Ademais, neste contexto, os direitos humanos eram tradicionalmente concebidos como uma agenda contra o Estado (PIOVESAN, 2012, p. 73)

Assim, se antes já existiam nas ordens jurídicas internas mecanismos de controle judicial das violações de direitos pelos juízes nacionais – a chamada jurisdição de garantias, a internacionalização dos direitos humanos e o surgimento dos sistemas regionais de proteção cria a chamada jurisdição de direitos humanos.

Sobre os conceitos, aponta-se:

> A jurisdição de garantias, por meio das Cortes, tem como objetivo a tutela dos direitos fundamentais e dos direitos humanos. Para tanto, poderá se desenvolver por meio da jurisdição constitucional (com o controle de constitucionalidade exercido por Cortes como o Supremo Tribunal Federal no Brasil) e com a jurisdição de Direitos Humanos exercida por Cortes Internacionais na interpretação do Direito Internacional (e, em alguns casos, de Direito Comunitário). (AGUIAR FILHO, LIZIERO E DEL MASSO, 2022, p. 312)

Assim, a solução dos problemas jurídicos relativos a direitos fundamentais no plano interno deixa de se dar de forma auto-referencial exclusivamente, isto é, com base apenas nas leis e decisões judiciais internas e passa a se dar de forma dialógica, considerando-se os compromissos assumidos no plano internacional pelo Estado, assim como a forma pela qual outras Cortes, estrangeiras ou internacionais, estão interpretando situações jurídicas similares.

Como apontou Neves:

> Uma transformação profunda tem ocorrido, nas condições hodiernas da sociedade mundial, no sentido da superação do constitucionalismo provinciano ou paroquial pelo transconstitucionalismo. Essa transformação deve ser levada a sério, inclusive na América Latina. O Estado deixou de ser um locus privilegiado de solução de problemas constitucionais. Embora fundamental e indispensável, é apenas um dos diversos loci em cooperação e concorrência na busca do tratamento desses problemas. A integração sistêmica cada vez maior da sociedade mundial levou à desterritorialização de problemas-caso jurídico-constitucionais, que, por assim dizer, se emanciparam do Estado. (NEVES, 2014, p. 211)

Prossegue o autor analisando as especificidades do transconstitucionalismo envolvendo ordem internacional e ordem estatal, em especial Estado parte e Sistema Interamericano:

> Uma experiência relevante de transconstitucionalismo entre ordem internacional e ordem estatal vem-se desenvolvendo na relação entre o "Sistema Interamericano de Direitos Humanos", instituído pela Convenção Americana de Direitos Humanos (CADH), e as ordens constitucionais dos respectivos Estados signatários que a ratificaram2.. Nesse contexto, não se trata simplesmente da imposição de decisões da Corte Interamericana de Direitos Humanos (CorteIDH), criada e estruturada pelo Capítulo VIII (arts. 52 a 69) da CADH, aos tribunais nacionais com competências constitucionais. Esses também reveem a sua jurisprudência à luz das decisões da Corte. Tanto do lado da CorteIDH quanto da parte das cortes estatais tem havido uma disposição de "diálogo" em questões constitucionais comuns referentes à proteção dos direitos humanos, de tal maneira que se amplia a aplicação do direito convencional pelos tribunais domésticos (CARAZOORTIZ, 2009, p. 273 et seq.; BURGORGUE--LARSEN, 2009, p. 309 et seq.). (NEVES, 2014, p. 194-195)

O objeto do presente estudo se situa na relação entre jurisdição de garantias e jurisdição de direitos humanos, especificamente no diálogo dos juízes nacionais com os precedentes internacionais nas matérias que analisam em âmbito interno. Mas para melhor compreender a questão é necessário situar a mudança que o surgimento dos sistemas internacionais promoveu na concepção tradicional de soberania do Estado.

Piovesan aponta que tradicionalmente, a cultura jurídica latino-americana adotava um paradigma jurídico fundado em três características essenciais: i)pirâmide com a Constituição no ápice do sistema jurídico, endógeno e auto-referencial; ii) o hermetismo de um Direito purificado, com ênfase no ângulo interno da ordem jurídica e na dimensão estritamente normativa; iii) o *State approach (State centered perspective)*, sob um prisma que abarca como conceitos estruturais e fundantes a soberania do Estado no âmbito externo e a segurança nacional no âmbito interno, tendo como fonte inspiradora a *"lente ex parte principe"*, radicada no Estado e nos deveres dos súditos (PIOVESAN, 2012).

Esse paradigma, contudo, está em crise e tem sido substituído por um novo paradigma, segundo a autora, pautado igualmente em três características essenciais: i) substituição da pirâmide por um trapézio com a Constituição e os tratados internacionais de direitos humanos no ápice da ordem jurídica (com repúdio a um sistema jurídico endógeno e auto-referencial); ii) crescente abertura do Direito, marcado pelo diálogo do ângulo interno com o ângulo externo; iii) *o human rights approach (human centered approach)* (PIOVESAN, 2012).

Conclui a autora que:

> Esta transição paradigmática, marcada pela crise do paradigma tradicional e pela emergência de um novo paradigma jurídico, surge como o contexto a fomentar o controle de convencionalidade e o diálogo entre jurisdições no espaço interamericano – o que permite avançar para o horizonte de pavimentação de um ius commune latino-americano (PIOVESAN, 2012, p. 72)

Portanto, é premissa para o fortalecimento do que autora denomina *ius commune* latino-americano, a revisão da noção de soberania tradicional e do paradigma clássico do Estado-nação, que pressupõe um Estado emsimesmado e auto-referencial. Nesse sentido, aponta-se:

> A superação do paradigma clássico do Estado-Nação da soberania como poder absoluto e perpétuo ocorre a partir da intensificação do intercâmbio múltiplo entre Cortes na jurisdição mundial, devem ser investigadas as condições necessárias para a compreensão da cooperação internacional na sociedade global, por meio de um diálogo pluralista e participativo entre instituições locais e transnacionais, especialmente no que toca à jurisdição de garantias. (LEGALE, MARTINS DE ARAÚJO E DESCHAMPS, 2020, p. 6)

Assim, os precedentes ganham nova força na relação entre jurisdição interna e jurisdição internacional de direitos humanos, impondo-se a análise detida das razões de decidir e dos parâmetros de proteção internacional.

Nesse sentido, observa-se que:

> "Precedentes transnacionais devem ser compreendidos juntamente com o desenvolvimento da ideia de ratio decidendi ou de holding em decisões judiciais, com base no entendimento jurídico que justifica determinada decisão adotada por determinada Corte enquanto premissa necessária ou adequada para decidir com fundamento em razões invocadas pela maioria13. Para se identificar uma razão de decidir é necessário, conforme Barroso e Mello14: i) fatos relevantes; ii) a questão jurídica colocada em juízo; iii) fundamentos da decisão; e iv) solução determinada pela Corte em questão.
>
> A ideia de razões de decidir é amplificada com o diálogo entre Cortes Constitucionais e Cortes Internacionais sobre Direitos Humanos. A exemplo do Brasil, entre o STF e a CIDH. Assim, a rediscussão do que significa a soberania no mundo atual e trazida a lume por meio de uma argumentação transversal entre Cortes, bem como o estabelecimento de pontos de contato entre o Direito Internacional e o Direito Nacional, como um modo de conceber a intersecção entre esses dois âmbitos de ordem jurídica e avançar além das formas de se explicar as relações entre tais ordenamentos, provindos do período entre o final do Século XIX e primeira metade do Século XX1" AGUIAR FILHO, LIZIERO E DEL MASSO, 2022, P. 2013

O impacto das razões de decidir que formam os parâmetros internacionais de proteção dos direitos humanos nas decisões internas é o que será analisado nos pontos que seguem.

2. DIÁLOGO DE CORTES ENTRE JUIZ NACIONAL E CORTE INTERNACIONAL DE DIREITOS HUMANOS A CUJA JURISDIÇÃO O ESTADO SE SUBMETE

A ideia do transconstitucionalismo parte da premissa que a visão plural sobre diferentes ângulos e modelos de racionalidade ajudam o intérprete a solucionar "pontos cegos" e a construir racionalidades transversais por meio das "conversações constitucionais".

Nesse sentido, sustenta-se que:

> O ponto central do transconstitucionalismo é, em síntese, que qualquer ordenamento jurídico ou modelo de racionalidade possui pontos cegos, de modo que é necessário construir "pontes de transição" por meio de uma "racionalidade transversal" ou de "conversações constitucionais" entre os planos locais, estatais, transnacionais, internacionais ou supranacionais para melhorar a qualidade das decisões. Por meio do diálogo entre os diversos planos estatais, interestatais e não estatais procura-se estabelecer justamente esse modelo de racionalidade transversal, que busca, por meio desse olhar de outra ordem jurídica, encontrar soluções melhores para os problemas constitucionais semelhante. (LEGALE, MARTINS DE ARAÚJO E DESCHAMPS, 2020, p. 3)

No entanto, quando se está diante de um diálogo entre juiz nacional e sistema regional de proteção de direitos humanos, entende-se que a questão de se reveste de peculiaridades que precisam ser melhor analisadas.

Sobre o tema, leciona-se:

> (...) quando o STF se reporta à jurisprudência da Corte IDH, o diálogo entre a ordem nacional e a regional – uma das tônicas do transconstitucionalismo – adquire outro grau de complexidade. A começar pela vinculação do Estado brasileiro a Convenção Americana de Direitos Humanos de 1969, ratificada pelo Brasil em 1992, assim como o aceite a jurisdição desta Corte em 1998, ainda cabe destacar que este tratado prevê que suas sentenças são definitivas e inapeláveis. Em segundo lugar, a Corte IDH, que é considerada a intérprete autêntica do tratado, desenvolveu toda uma teoria do controle de convencionalidade, segundo a qual as interpretações das suas opiniões consultivas e a coisa julgada interpretada dos casos contenciosos fixados para um país vinculam os demais. O descumprimento pode ensejar responsabilidade internacional do Estado (LEGALE, MARTINS DE ARAÚJO E DESCHAMPS, 2020, p. 9)

Como apontado pelos autores, verifica-se que a Corte tem entendimento de que o desrespeito pelo Estado parte dos parâmetros de proteção, segundo sua própria interpretação fixada em casos contenciosos ou opiniões consultivas, gera a responsabilidade internacional do Estado. É dizer, a não observância dos *standards* internacionais de proteção pelo Estado-juiz arrisca gerar a responsabilidade internacional do Estado, como se verá adiante pela análise de opiniões consultivas e julgados da Corte Interamericana de Direitos Humanos.

Como aponta André de Carvalho Ramos, "não seria razoável, por exemplo, ao julgar a aplicação de determinado artigo da Convenção Americana de Direitos Humanos, o STF optasse por interpretação não acolhida pela própria Corte Interamericana de Direitos Humanos, abrindo a possibilidade e eventual sentença desta Corte contra o Brasil" (RAMOS, 2009).

Para Legale, a Corte Interamericana de Direitos Humanos funciona como verdadeira Corte Constitucional. Apresenta o autor, em apertada síntese, para tanto três fundamentos: i) o primeiro, de ordem normativa, é o de que a Corte integra a jurisdição do Estado brasileiro, por força do artigo 4°, parágrafo único, da CRFB/88, art. 5°, § 2° e 3° e art. 7°, II do ADCT e o Decreto Legislativo n° 89/98, bem como art. 62 do Pacto de San José da Costa Rica e art. 1° do Regulamento da Corte IDH, interpretado como recomenda os artigos 31 e 32 da Convenção de Viena sobre Direito dos Tratados; ii) o segundo, de ordem teleológica, que considera os princípios da proporcionalidade, da dignidade da pessoa humana, as normas *jus cogens,* a margem de apreciação nacional e o controle de convencionalidade como elementos que contribuíram para o processo de constitucionalização do sistema interamericano de direitos humanos; iii) o terceiro, por interpretação histórico-evolutiva, que reconhece que a Convenção Americana de Direitos Humanos passou a se comportar como bloco de convencionalidade e a Corte passou a ser vista pelos Estados como Tribunal Constitucional (LEGALE, 2020).

Em outros termos, pode-se também qualificar os juízes internos como "juízes interamericanos", nos seguintes termos:

> No atual cenário, em que todo juiz ou tribunal é obrigado a respeitar os tratados de direitos humanos dentro dos padrões interpretados pelas opiniões consultivas e sentenças dessa Corte, tais instâncias tornam-se, em certa medida, também tribunais e juizes interamericanos. (...)
>
> Essa expansão guardaria sinergia com a recente Recomendação do Conselho Nacional de Justiça (CNJ), que determinou aos órgãos do Poder Judiciário que observem tratados sobre Direitos Humanos em vigor no Brasil e que motivem suas decisões com a jurisprudência da Corte Interamericana de Direitos Humanos (CIDH), devido à necessidade de controle de convencionalidade das leis nacionais.
>
> (...)
>
> Veja-se que o CPC se destina, a partir do art. 926, a prescrever a importância da uniformização da jurisprudência, de modo a mantê-la estável e coerente. De fato, o art. 927 enumera alguns elementos de caráter precedencial a serem obervados pelos juízes em suas decisões. Ainda que entre os quais não estejam os precedentes dos tribunais internacionais, a aderência do Brasil à Corte IDH (Decreto Legislativo n° 89/1998) os obriga à observância.
>
> Desse modo, não somente na prática forense, mas no próprio ensino do Processo Civil, o estudo dos precedentes deve também observar, sempre que necessário, decisões da Corte IDH, uma vez que é uma faceta da integração do Direito brasileiro com o Sistema Interamericano de Direitos Humanos, de colaboração comum entre os países da América, para o respeito e proteção dos direitos dos cidadãos mesmo em processos que não sejam de natureza criminal, como os regidos pelo CPC. (AGUIAR FILHO, LIZIERO E DEL MASSO, 2022, p. 311-318)

Esse reconhecimento corrobora o argumento de que os juízes nacionais têm o dever de analisar os parâmetros de proteção estabelecidos pela Corte, adotando a interpretação que melhor proteja os direitos humanos no caso concreto, de acordo com o princípio *pro homine.*

Entende-se que esse entendimento, contribui para o fortalecimento do sistema de proteção e maior integração das instituições democráticas nacionais e internacionais na defesa dos direitos humanos. Sobre o tema, sustenta Piovesan:

> Ao exercer o controle da convencionalidade, conclui-se que a Corte Interamericana, por meio de sua jurisprudência, permitiu a desestabilização dos regimes ditatoriais na região latinoamericana; exigiu justiça e o fim da impunidade nas transições democráticas; e agora demanda o fortalecimento das instituições democráticas com o necessário combate às violações de direitos humanos e proteção aos grupos mais vulneráveis. (PIOVESAN, 2012, p. 82)

Sob essa perspectiva, importa analisar o posicionamento da Corte Interamericana de Direitos Humanos relativa a matéria.

3- PRECEDENTES DA CORTE IDH SOBRE CONTROLE DE CONVENCIONALIDADE

A questão da relação entre os julgamentos da Corte Interamericana de Direitos Humanos e os julgamentos internos foi analisada pela própria Corte ao tratar do tema do controle de convencionalidade. Embora nem todas as hipóteses de Diálogo de Cortes se dê no contexto do controle de convencionalidade de leis e atos normativos e sua conformidade com os instrumentos internacionais, segundo a interpretação da Corte Interamericana, é certo que ao enfrentar o tema a Corte se posiciona sobre a relação que o juiz interno deve ter com a jurisprudência internacional nos Estado que se submetem à sua sistemática.

A Corte Interamericana, desde a década de 80 foi firmando o seu posicionamento sobre a possibilidade de realizar o controle de compatibilidade entre leis internas e as normas convencionais às quais os Estados voluntariamente se obrigam.

Sobre o controle feito pela Corte (controle concentrado de convencionalidade), um dos antecedentes fora a Opinião Consultiva n° 6/86. Ao analisar o significado do termo lei no artigo 30 da Convenção Americana de Direitos Humanos, a Corte determinou que:

> *"That the word 'laws' in Article 30 of the Convention means a general norm tied to the general welfare, passed by democratically elected legislative bodies established by the Constitution, and formulated according to hte procedures set forth by the constitutions of the States Parties for that purpose."*
>
> (CORTE IDH, 1986)

Ou seja, a Corte entendeu que o procedimento legislativo de um Estado não impede que uma lei aprovada pelo Parlamento chegue a ser violadora de direitos humanos, demandando algum regime de controle posterior.

Posteriormente, na Opinião Consultiva n° 13/93, a Corte Interamericana de Direitos Humanos analisou se a Comissão Interamericana era competente para avaliar a compatibilidade de normas de direito interno com a Convenção Americana de Direitos Humanos. Entendeu a Corte que a conformidade da produção legislativa com a Constituição não afasta a possibilidade de afrontarem a Convenção. Assim, concluiu que *"La Corte entende la expresión 'regularidad jurídica de leyes internas, adoptadas de acuerdo com la Constitución, como referida, em términos generales, a la conformidade de las mismas com el ordenamento jurídico interno e internacional."* (CORTE IDH, 1993).

Após, na Opinião Consultiva n° 14/94, a Corte reconheceu que a produção de leis que contrariem os compromissos assumidos pelo Estado parte ao ratificar a Convenção Americana de Direitos Humanos enseja a responsabilidade internacional do Estado, conforme arts. 1 e 2 da do Pacto de San José da Costa Rica. Nesse sentido, consignou que:

> Que la expedición de una ley manifiestamente contraria a las obligaciones asumidas por un Estado al ratificar o adherir a la Convención, constituye una violación de ésta y, en el caso de que esa violación afecte derechos y libertades protegidos respecto de individuos determinados, genera la responsabilidad internacional de tal Estado. (CORTE IDH, 1994).

Por fim, ainda quanto ao controle concentrado de convencionalidade, se destacou o voto dissidente do juiz Cançado Trindade no julgamento do caso El Amparo vs. Venezuela, no qual entendeu que caberia o controle de lei em tese, ainda que não se tenha reconhecido efeitos violadores pela aplicação concreta da lei no caso posto a julgamento.

> 2. *El señalamiento por la Corte de que lo dispuesto en el artículo 54(2) y (3) del Código de Justicia Militar[1] "no ha sido aplicado en el presente caso" (párrafo 58), no la priva de su competencia para proceder a la determinación de la incompatibilidad o no de aquellas disposiciones legales[2] con la Convención Americana sobre Derechos Humanos. En mi entendimiento, la propia existencia de una disposición legal puede per se crear una situación que afecta directamente los derechos protegidos por la Convención Americana. Una ley puede ciertamente violar estos derechos en razón de su propia existencia, y, en la ausencia de una medida de aplicación o ejecución, por la amenaza real a la(s) persona(s), representada por la situación creada por dicha ley.*
>
> 3. *No me parece necesario esperar la ocurrencia de un daño (material o moral) para que una ley pueda ser impugnada; puede serlo sin que esto represente un examen o determinación in abstracto de su incompatibilidad con la Convención. Si fuera necesario aguardar la aplicación*

---

[1] . El artículo 54 del Código de Justicia Militar otorga al Presidente de la República, como "funcionario de justicia militar", las atribuciones de ordenar que "no se abra juicio militar en casos determinados, cuando así lo estime conveniente" a los intereses nacionales (inciso 2), y de ordenar "el sobreseimiento de los juicios militares, cuando así lo juzgue conveniente, en cualquier estado de la causa" (inciso 3).

[2] . Y los reglamentos e instrucciones castrenses.

efectiva de una ley ocasionando un daño, no habría como sostener el deber de prevención. Una ley puede, por su propia existencia y en la ausencia de medidas de ejecución, afectar los derechos protegidos en la medida en que, por ejemplo, por su vigencia priva a las víctimas o a sus familiares de un recurso efectivo ante los jueces o tribunales nacionales competentes, independientes

e imparciales, así como de las garantías judiciales plenas (en los términos de los artículos 25 y 8 de la Convención Americana). (CORTE IDH, 1996)

Além do entendimento sobre o controle concentrado, a Corte também formou jurisprudência sobre o controle difuso de convencionalidade, isto é, aquele que deve ser realizado pelos juízes nacionais.

No julgamento do caso Almonacid Arellano vs Chile (2006), a Corte realizou a formulação expressa do controle de convencionalidade. A Corte reconheceu a responsabilidade do Estado chileno por falta de investigação e sanção dos responsáveis pela execução extrajudicial do Senhor Almonacid Arellano. O caso versava sobre a aplicação do Decreto Lei n° 2191, que concedia anistia dos responsáveis por crimes cometidos na ditadura militar chilena. Ao julgar o caso, a Corte reconheceu que a responsabilidade do Estado deriva da produção da lei e também de sua aplicação pelos tribunais nacionais, que possuem a obrigação de consertar erros do legislativo, deixando de aplicar leis contrárias à Convenção Americana de Direitos Humanos.

Os juízes da Corte afirmaram que a boa fé impede alegação de normas de direito interno para não cumprir o compromisso internacional. Trata-se de obrigações extraídas do art. 1.1 e 2 c/c art. 8 e 25, todos da Convenção Americana de Direitos Humanos:

> *"124. La Corte es consciente que los jueces y tribunales internos están sujetos al imperio de la ley y, por ello, están obligados a aplicar las disposiciones vigentes en el ordenamiento jurídico. Pero cuando un Estado ha ratificado un tratado internacional como la Convención Americana, sus jueces, como parte del aparato del Estado, también están sometidos a ella, lo que les obliga a velar porque los efectos de las disposiciones de la Convención no se vean mermadas por la aplicación de leyes contrarias a su objeto y fin, y que desde un inicio carecen de efectos jurídicos. En otras palabras, el Poder Judicial debe ejercer una especie de "control de convencionalidad" entre las normas jurídicas internas que aplican en los casos concretos y la Convención Americana sobre Derechos Humanos. En esta tarea, el Poder Judicial debe tener en cuenta no solamente el tratado, sino también la interpretación que del mismo ha hecho la Corte Interamericana, intérprete última de la Convención Americana." (CORTE IDH, 2006)*

Já no julgamento do Caso Trabajadores Cesados del Congreso vs. Perú (2006), a Corte formula que os órgãos do Poder Judiciário devem exercer não só controle de constitucionalidade como de convencionalidade de ofício entre as normas internas e a Convenção Americana de Direitos Humanos, resguardadas as repartições internas de competência. Destaca-se a seguinte passagem da sentença:

> 128. Cuando un Estado ha ratificado un tratado internacional como la Convención Americana, sus jueces también están sometidos a ella, lo que les obliga a velar porque el efecto útil de la Convención no se vea mermado o anulado por la aplicación de leyes contrarias a sus disposiciones, objeto y fin. En

otras palabras, los órganos del Poder Judicial deben ejercer no sólo un control de constitucionalidad, sino también "de convencionalidad"77 ex officio entre las normas internas y la Convención Americana, evidentemente en el marco de sus respectivas competencias y de las regulaciones procesales correspondientes. Esta función no debe quedar limitada exclusivamente por las manifestaciones o actos de los accionantes en cada caso concreto, aunque tampoco implica que ese control deba ejercerse siempre, sin considerar otros presupuestos formales y materiales de admisibilidad y procedencia de ese tipo de acciones. (CORTE IDH, 2006)

Mais adiante, na sentença do Caso Radilla Pacheco vs. México (2009), quando julgou o caso do desaparecimento forçado do Sr. Radilla Pacheco, a Corte seguiu aprofundando seu posicionamento sobre a matéria. No enfrentamento do caso, a Comissão Interamericana de Direitos Humanos pediu à Corte que ordenasse a reforma do art. 13 da Constituição Política do México pela interpretação dado ao artigo, a qual contrariava o Pacto de San José da Costa Rica, no tocante ao julgamento de militares em foro militar por violação de DH contra a população.

Nesse caso, a Corte entendeu que o artigo da Constituição Mexicana não violava a Convenção, mas que a interpretação dada pelos juízes e Tribunais locais precisava se conformar à Convenção, uma vez que juízes, como parte do aparato do Estado, ficam obrigados pelos compromissos assumidos internacionalmente pelo Estado ao firmar os tratados internacionais de direitos humanos, e, por isso, devem exercer o controle de convencionalidade de ofício para reconhecer que leis violadoras da desses tratados carecem de efeitos jurídicos. Nesta tarefa, os juízes devem levar em conta não só o texto da convenção, como também a interpretação que a Corte Interamericana de Direitos Humanos faz dela, por se constituir sua "intérprete última".

Destaca-se o seguinte trecho da decisão, abaixo transcrito:

339. En relación con las prácticas judiciales, este Tribunal ha establecido en su jurisprudencia que es consciente de que los jueces y tribunales internos están sujetos al imperio de la ley y, por ello, están obligados a aplicar las disposiciones vigentes en el ordenamiento jurídico320. Pero cuando un Estado ha ratificado un tratado internacional como la Convención Americana, sus jueces, como parte del aparato del Estado, también están sometidos a ella, lo que les obliga a velar porque los efectos de las disposiciones de la Convención no se vean mermados por la aplicación de leyes contrarias a su objeto y fin, que desde un inicio carecen de efectos jurídicos. En otras palabras, el Poder Judicial debe ejercer un "control de convencionalidad" ex officio entre las normas internas y la Convención Americana, evidentemente en el marco de sus respectivas competencias y de las regulaciones procesales correspondientes. En esta tarea, el Poder Judicial debe tener en cuenta no solamente el tratado, sino también la interpretación que del mismo ha hecho la Corte Interamericana, intérprete última de la Convención Americana321 (CORTE IDH, 2009)

Assim, fica claro o posicionamento da Corte quanto à compreensão de que é dever do juiz nacional realizar o controle de convencionalidade, utilizando-se, para tanto, não só do texto da Convenção Americana, como também da interpretação que a Corte Interamericana confere ao texto, como parâmetro para o controle.

Ressalta-se, aqui, o julgamento do Caso Gudiel Álvare e outros (Diário Militar) vs. Guatemala (2012), quando a Corte firmou que o parâmetro do controle de convencionalidade é tanto o Pacto de San José da Costa Rica, como as demais normas do sistema interamericano que outorgam competência contenciosa à Corte, assim como a jurisprudência da Corte, não restrita aos casos em que o Estado tenha sido parte.

No julgamento do referido caso, expressamente se afirmou que:

> *330. Asimismo, este Tribunal ha establecido en su jurisprudencia que, cuando un Estado es parte de tratados internacionales como la Convención Americana sobre Derechos Humanos, la Convención Interamericana sobre Desaparición Forzada, la Convención Interamericana para Prevenir y Sancionar la Tortura y la Convención Belém do Pará, dichos tratados obligan a todos sus órganos, incluido el poder judicial, cuyos miembros deben velar por que los efectos de las disposiciones de dichos tratados no se vean mermados por la aplicación de normas o interpretaciones contrarias a su objeto y fin. Los jueces y órganos vinculados a la administración de justicia en todos los niveles están en la obligación de ejercer ex officio un "control de convencionalidad" entre las normas internas y los tratados de derechos humanos de los cuales es Parte el Estado, evidentemente en el marco de sus respectivas competencias y de las regulaciones procesales correspondientes. En esta tarea, los jueces y órganos vinculados a la administración de justicia, como el ministerio público, deben tener en cuenta no solamente la Convención Americana y demás instrumentos interamericanos, sino también la interpretación que de estos ha hecho la Corte Interamericana (CORTE IDH, 2012)* [108]

Desse julgamento, se evidencia tanto o parâmetro, como que a eficácia da decisão da Corte que forma um standard não se esgota nos efeitos interpartes. O precedente produz efeitos, ao menos de enfrentar o parâmetro no julgamento do caso, para os Estados que não sofrem os efeitos diretos da coisa julgada internacional. Em outros termos, a decisão evidencia que a Corte entende que os juízes nacionais possuem o ônus de enfrentar o padrão de proteção estabelecido pela Corte, ao interpretar as normas dos tratados internacionais de direitos humanos que lhe conferem competência contenciosa.

4. CONCLUSÃO

Retomando o que foi analisado, pode-se em breve síntese concluir que o transconstitucionalismo que se coloca como forma de integração entre Cortes na ordem jurídica global, quando envolve juiz nacional e Corte de direitos humanos a qual o Estado se vincula não se traduz meramente na amplificação dos pontos vistas, como faculdade do julgador para melhor desenvolver a *ratio decidendi* em matéria de direito fundamental.

Do contrário, com o processo de internacionalização dos direitos humanos e o surgimento de Cortes a cuja jurisdição contenciosa os Estados

---

[108] A Corte cita como precedentes para fundamentar esse entendimento o *Caso Almonacid Arellano y otros Vs. Chile, §124, e o Caso Masacres de el Mozote y lugares aledaños Vs. El Salvador, §.318.*

voluntariamente se submetem, tem-se para estes Estados, aí incluído o Estado-
juiz, o dever de cumprir de boa-fé os compromissos internacionalmente
assumidos, sob pena de responsabilização internacional do Estado. Essa releitura
da visão tradicional de soberania, coloca os tratados internacionais de direitos
humanos, juntamente com as Constituições nacionais, no ápice da ordem
jurídica, substituindo o modelo piramidal por um modelo de trapézio.

Nessa nova sistemática, pode-se afirmar que as cortes internacionais,
notadamente a Corte Interamericana de Direitos Humanos, se compreendem
como as instâncias autorizadas a dar a "última interpretação" sobre os tratados
internacionais que lhe conferem competência contenciosa. Assim, observa-se a
formação de parâmetros de interpretação de direitos que são de observância
obrigatória para os Estados-parte, sob pena de responsabilização internacional.

Assim, sustenta-se que a Corte Interamericana, ao desenvolver seu
posicionamento sobre o controle de convencionalidade, firmou posição no
sentido de enxergar uma obrigação dos juízes nacionais de realizar o controle de
convencionalidade difuso de ofício. Soma-se a isso o entendimento de que as
opiniões consultivas e julgamentos contenciosos da Corte são utilizados como
parâmetro para controle, tal qual visto nos julgados e opiniões consultivas acima
destacados.

Desse posicionamento, pode-se extrair que a Corte Interamericana
entende que o juiz nacional possui verdadeiro dever – e não mera faculdade – de
realizar o diálogo de Cortes ao julgar caso que envolva parâmetros de proteção já
delineados pela jurisprudência ou opiniões consultivas da Corte Interamericana
de Direitos Humanos, ao interpretar normas cogentes previstas em tratados que
lhe conferem competência contenciosa.

Note-se aqui que não se está a defender que o Diálogo importe em mera
submissão ao posicionamento da Corte pelo juiz nacional, uma vez que o juiz
nacional deve sempre avaliar, de acordo com o princípio *pro persona*, qual a
interpretação que garante a primazia da norma/intepretação mais favorável à
pessoa humana no caso concreto. Isso não obstante, entende-se que a existência
de precedente sobre a matéria no sistema internacional de direitos humanos ao
qual o Estado se vincule gera para o juiz nacional um ônus argumentativo de
enfrentar o precedente, com ele dialogando, seja para julgar conforme à ele ou
fundamentar decisão em sentido diverso, pelos motivos que sempre devem estar
vinculados à melhor tutela da dignidade humana.

Assim, conclui-se que o diálogo de Corte é um dever do juiz nacional
quando enfrenta situação cujos contornos jurídicos protetivos já tenham sido
apreciados por Corte Internacional a cuja jurisdição contenciosa o Estado se
submete, sob pena de arriscar a responsabilização internacional por ato do
Estado-juiz, seja por ação – julgamento em sentido diverso e não fundamentado
– seja por omissão - não enfrentamento do precedente quando a situação assim
demandava.

REFERÊNCIAS BIBLIOGRÁFICAS

ARAUJO, Luis Claudio Martins de. Constitucionalismo Transfronteiriço, Direitos Humanos e Direitos Fundamentais: a consistência argumentativa da jurisdição de garantias nos diálogos transnacionais. **Rio de Janeiro: Lumen Juris**, 2017.

Corte IDH. Ciertas atribuciones de la Comisión Interamericana de Derechos Humanos (Arts. 41, 42, 44, 46, 47, 50 y 51 de la Convención Americana sobre Derechos Humanos). Opinión Consultiva OC-13/93 de 16 de julio de 1993. Serie A No. 13, disponível em: chrome-extension://efaidnbmnnnibpcajpcglclefindmkaj/https://www.corteidh.or.cr/docs/opiniones/seriea_13_esp.pdf. Acessado em: 02 de fevereiro 2023.

Corte IDH. Responsabilidad internacional por expedición y aplicación de leyes violatorias de la Convención (Arts. 1 y 2 Convención Americana sobre Derechos Humanos). Opinión Consultiva OC-14/94 de 9 de diciembre de 1994. Serie A No. 14., disponível em https://www.corteidh.or.cr/docs/opiniones/seriea_14_esp.pdf, acessado em 03/02/2022.

Corte IDH. Caso El Amparo Vs. Venezuela. Reparaciones y Costas. Sentencia de 14 de septiembre de 1996. Serie C No. 28., disponível em https://www.corteidh.or.cr/casos_sentencias.cfm, acessado em 03/02/2022.

Corte IDH. Caso Almonacid Arellano y otros Vs. Chile. Excepciones Preliminares, Fondo, Reparaciones y Costas. Sentencia de 26 de septiembre de 2006. Serie C No. 154., disponível em https://www.corteidh.or.cr/docs/casos/articulos/seriec_154_esp.pdf, acessado em 03/02/2022.

Corte IDH. Caso Trabajadores Cesados del Congreso (Aguado Alfaro y otros) Vs. Perú. Excepciones Preliminares, Fondo, Reparaciones y Costas. Sentencia de 24 de noviembre de 2006. Serie C No. 158., disponível em https://www.corteidh.or.cr/docs/casos/articulos/seriec_158_esp.pdf, acessado em 03/02/2022.

Corte IDH. Caso Radilla Pacheco Vs. México. Excepciones Preliminares, Fondo, Reparaciones y Costas. Sentencia de 23 de noviembre de 2009. Serie C No. 209., disponível em https://www.corteidh.or.cr/docs/casos/articulos/seriec_209_esp.pdf, acessado em 03/02/2023.

Corte IDH. Caso Gudiel Álvarez y otros ("Diario Militar") Vs. Guatemala. Fondo, Reparaciones y Costas. Sentencia de 20 noviembre de 2012. Serie C No. 253., disponível em https://www.corteidh.or.cr/docs/casos/articulos/seriec_253_esp1.pdf, acessado em 03/02/2022.

DE ANDRADE AGUIAR FILHO, Valfredo; DA SILVA LIZIERO, Leonam Baesso; DEL MASSO, Fabiano Dolenc. Diálogo entre cortes e precedentes no Processo Civil Brasileiro: integração da jurisprudência da Corte Interamericana de Direitos Humanos em tribunais superiores e subnacionais. **Revista Jurídica Cesumar-Mestrado**, v. 22, n. 2, p. 309-320, 2022.

LEGALE, Siddharta. **A corte interamericana de direitos humanos como tribunal constitucional: exposição e análise crítica dos principais casos.** Lumen Juris, 2020.

LEGALE, Siddharta; MARTINS DE ARAUJO, Luis Claudio; DESCHAMPS, Luiza. O Diálogo entre a Corte IDH e o STF: uma análise a partir do pensamento de Marcelo Neves. In: ALLAIN TEIXEIRA, João Paulo; LIZIERO, Leonam. Direito e Sociedade, Vol. 4: Marcelo Neves como intérprete da sociedade global. **Andradina: Meraki**, 2020.

NEVES, Marcelo. Do diálogo entre as cortes supremas e a Corte Interamericana de Direitos Humanos ao transconstitucionalismo na América Latina. **Revista de informação legislativa**, v. 51, n. 201, p. 193-214, 2014.

PIOVESAN, Flávia. Direitos humanos: desafios da ordem internacional contemporânea. **Direitos humanos**, v. 1, p. 1, 2006.

_____. Direitos humanos e diálogo entre jurisdições. **Revista brasileira de direito constitucional,** v. 19, n. 1, 2012.

RAMOS, André de Carvalho. O diálogo das cortes: o Supremo Tribunal Federal e a Corte Interamericana de Direitos Humanos. **O STF e o direito internacional dos direitos humanos,** 2009.

RIGHTS, Inter-American Court of. The world "Laws" in article 30 of the American Convention of Human Rights. **Advisory Opinion OC-06/86 of May 9, 1986.** Disponível em: <http://www.corteidh.or.cr/docs/opiniones/seriea_06_ing.pdf>. Acesso em: 02 de fevereiro de 2023.

DIÁLOGOS INTERJURISDICIONAIS ENTRE A CORTE INTERAMERICANA E O SUPREMO TRIBUNAL FEDERAL: RESPEITÁVEL PÚBLICO OU O RESPEITO AOS DIREITOS HUMANOS?

Thiago Aleluia Ferreira de Oliveira

SÚMARIO: 1. Introdução 2 Controle de convencionalidade e a permeabilidade das ordens jurídicas 3 A práxis do STF no controle de convencionalidade 3.1 Prisão do depositário infiel 3.2 Lei de anistia 3.3 Obrigatoriedade de audiência de custódia 3.4 Convencionalidade do crime de desacato 3.5 Diálogo como instrumento de equilíbrio entre o respeito ao público e aos direitos humanos. 4. Conclusão

1. INTRODUÇÃO

Desde a Segunda Guerra Mundial, a proteção dos Direitos Humanos tem sido uma prioridade para a maioria dos Estados. A comunidade internacional, motivada pelas atrocidades ocorridas durante o conflito, com a morte de milhões de pessoas, estabeleceu, em 1945, como meta a proteção das gerações futuras contra as devastações da guerra, através de um sistema de segurança coletiva, a cargo da ONU. Nesse intento, os Estados-Membros deveriam trabalhar juntos em todas as áreas da vida internacional, para prevenir violações graves dos Direitos Humanos e promover a troca de experiências bem-sucedidas nesta área.

A partir de então, foi estabelecido um sistema universal de proteção, baseado na dignidade humana, paradigma ético a orientar a ordem internacional e os sistemas regionais de proteção (europeu, interamericano e africano). Isso resulta em um novo conjunto de valores, em que o ser humano figura como foco e centro.

Como forma de reforço ao compromisso assumido na esfera internacional, os Estados aumentaram a adesão a tratados internacionais sobre direitos humanos com a incorporação dessas normas ao seu ordenamento doméstico.

Nesse contexto, problemas envolvendo direitos humanos ou fundamentais tornam-se concomitantemente relevantes para mais de uma ordem jurídica (estatal, regional, supranacional ou internacional), de modo que a busca por soluções unicamente em uma dessas esferas já não pode ser considerada como eficaz na resolução de dilemas de tão elevada monta.

A partir desse enfoque, Cortes locais são instadas a lidar com demandas que ultrapassam fronteiras da atuação de entes estatais, num cenário de controvérsias e conflitos que recomendam uma conversação, uma troca de experiências entre ordenamentos jurídicos distintos. Com as transformações na arquitetura global em matéria de direitos humanos, cada vez mais a jurisdição constitucional enfrenta a exigência do diálogo com as demais ordens jurídicas do sistema internacional, em uma profícua fertilização cruzada de ideias, em que a análise das abordagens externas a temas semelhantes, enriquece a compreensão das cortes acerca da questão.

Como resultado, os juízes nacionais e os defensores da Constituição passam a ter uma responsabilidade ainda maior na proteção dos direitos humanos, levando em conta a perspectiva internacional. Além disso, a Constituição e as fontes do Direito Internacional, especialmente as relacionadas aos direitos humanos, tornam-se bússolas a balizar a interpretação e aplicação das normas jurídicas.

Essa relação dialógica entre as ordens jurídicas no sistema interamericano materializa-se nos diálogos entre a Corte Interamericana e os Tribunais Constitucionais, aos quais compete contribuir para concretizar os direitos protegidos nos tratados internacionais de direitos humanos, com destaque ao Pacto de San José da Costa Rica, através da via do denominado Controle de Convencionalidade.

Em face do exposto e principalmente da evidência de lacunas em estudos sistemáticos referentes ao tema, particularmente no que tange aos diálogos interjurisdicionais na proteção dos Direitos Humanos, busca-se, em um primeiro momento, analisar, na perspectiva doutrinária brasileira e estrangeira, sobretudo, com base no escólio do professor Eduardo Manuel Val, homenageado nessa coletânea, o controle jurisdicional de convencionalidade, seus antecedentes e protagonistas, bem como sua perspectiva dialógica na proteção dos direitos humanos.

Em um segundo momento, afirmadas as bases teóricas, adentra-se no objetivo específico deste trabalho, no sentido de examinar a práxis do controle de convencionalidade das normas internacionais de direitos humanos pelo Supremo Tribunal Federal, com recorte de 1998 – ano da ratificação da jurisdição da Corte Interamericana - até junho de 2020, com ênfase aos diálogos interjurisdicionais entre esses tribunais, ao passo em que se discutirá se as decisões proferidas estão servindo tanto ao "respeitável público" do judiciário, quanto ao respeito aos direitos humanos.

O período pesquisado é marcado pela consolidação da doutrina do controle de convencionalidade na Corte Interamericana e no Supremo Tribunal Federal, bem como pela ocorrência de casos emblemáticos no tocante ao tema.

Do ponto de vista metodológico, trata-se de estudo de caso com pesquisa quantitativa e qualitativa, cujas fontes principais são constituídas por legislação nacional e estrangeira, da doutrina pátria e alienígena sobre os temas dominantes na investigação das possibilidades do Controle de Convencionalidade na efetividade dos Direitos Humanos, bem como análise de julgados da Suprema Corte, no que concerne ao objeto da pesquisa, até 2020.

Pretende-se igualmente que o estudo fomente outras pesquisas e propicie subsídios a oportunas reflexões alusivas à concretização dos Direitos Humanos na América Latina, o que certamente estimulará conquistas no plano formal e da concretização da garantia de plenitude do respeito à dignidade humana em todas as suas dimensões.

2 CONTROLE DE CONVENCIONALIDADE E A PERMEABILIDADE DAS ORDENS JURÍDICAS

A internacionalização dos direitos humanos deu origem a um sistema de proteção universal, com fundamento na primazia do valor da dignidade humana.[109] Nesse movimento, formaram-se os sistemas regionais de proteção (europeu, interamericano e africano) e múltiplos instrumentos normativos.

Corroborando a tese de que a proteção dos direitos humanos transcende o domínio estatal, estruturaram-se distintos organismos jurisdicionais supranacionais, com destaque aos tribunais regionais de proteção dos direitos humanos, como a Corte Interamericana.

Esse fenômeno, desde muito tempo, é analisado por Cappelleti[110], que faz referência à dimensão transnacional da jurisdição constitucional, que se contrapõe à tradicional concepção exclusiva de soberania dos Estados nacionais, ao analisar, sobretudo, a Convenção Europeia de Direitos Humanos, que entabulou, de forma pioneira, a Comissão e Corte Europeia de Direitos Humanos, como órgãos jurisdicionais supranacionais.

A partir desse delineamento, a busca de efetividade desses direitos passou a compor a agenda dos Estados. Conforme o escólio doutrinário de Norberto Bobbio, "o problema fundamental em relação aos direitos do homem, hoje, não é tanto o de justificá-los, mas o de protegê-los"[111].

---

[109] VAL, Eduardo Manuel; LEGALE, Siddharta F. A Dignidade da Pessoa Humana e a Jurisprudência da Corte Interamericana de Direitos Humanos. DIREITOS FUNDAMENTAIS & JUSTIÇA, v. 36, p. 176, 2017.

[110] CAPPELLETTI, Mauro. *La Justicia Constitucional (Estudios de Derecho Comparado)*, México, UNAM, 1987, p. 239.

É nesse contexto que emerge o controle judicial de convencionalidade, na esfera do sistema regional de proteção de direitos humanos americano, como instrumento eficaz para o respeito, a salvaguarda e concretização dos direitos descritos no Pacto de San José da Costa Rica[112], fruto da construção pretoriana da Corte Interamericana.

Por meio desse controle, as normas locais devem guardar compatibilidade com as normas internacionais[113], possibilitando a coesão da ordem pública internacional, sob o critério dos direitos humanos.

Edouard Dubout[114] aponta que uma das finalidades desse controle é blindar o Estado de potenciais demandas ante a jurisdição internacional, por descumprimento ou violação a direitos dispostos em acordos ou tratados internacionais por ele ratificados.

Referindo-se ao espectro do continente interamericano, Susana Albanese[115] leciona que o controle de convencionalidade constitui garantia da aplicação harmônica do direito vigente, na seara das fontes internas, internacionais ou supranacionais. Se bem instrumentalizada, segundo Sagues[116], tal ferramenta contribui para assegurar a prevalência do ordenamento jurídico internacional de direitos humanos e edificar um *ius commune* nessa matéria.

Não obstante o seu notável desenvolvimento no continente americano, foi na França, especificamente na década de 1970, que ocorreu a primeira utilização da expressão *controle de convencionalidade*[117]. Precisamente, na decisão 74-

---

[111] BOBBIO, Norberto, *Era dos Direitos*, trad. Carlos Nelson Coutinho, Rio de Janeiro, Campus, 1988.p.25.

[112] SAGÜES, Nestor Pedro. *Obligaciones internacionales y control de convencionalidad. Estudios Constitucionales*, ano 8, n. 1, p. 118, 2010. Disponível em: < <http://www.cecoch.cl/docs/pdf/revista_ano8_1_2010/articulo_4.pdf>. Acesso em: 15 de janeiro de 2023.

[113] RAMOS, André de Carvalho.*Tratados internacionais: novos espaços de atuação do Ministério Público.* Boletim Científico da Escola Superior do Ministério Público da União, Brasília, ano 2, n. 7, p. 86, abr./jun. 2003.

[114] DUBOUT, Edouard: *De la primauté "imposée" à la primauté "consentie" – Les incidences de l'inscription du principe de primauté dans le traité établissant une Constitution pour l'Europe, Docteur en Droit public*, CREDHO-Rouen, p. 18. Disponible en: <http://www.afdc.fr/congresmtp/textes3/DUBOUT.pdf>. Acesso em 15 de janeiro de 2023.

[115] ALBANESE, Susana. *La internacionalización del derecho constitucional y la constitucionalización del derecho internacional*. In: ALBANESE, Susana (coord.). El control de convencionalidad. Buenos Aires: Ediar, 2008. p. 15.

[116] SAGUES, Nestor Pedro. *El control de convencionalidad em el sistemainteramericano, y sus anticipos em elámbito de losderechos económico-sociales: concordâncias e diferencias com el sistema europeo.* Disponível em: <http://www.juridicas.unam.mx>. Acesso em 15 de janeiro de 2023. p.406.

[117] É importante ressaltar, segundo Sagues, que o controle de convencionalidade já tem sido realizado há certo tempo pelo Tribunal de Justiça das Comunidades Europeias (hoje, Tribunal de Justiça da União Europeia), situado em Luxemburgo, como no caso *Van Gend en Loos,* em 1963,

54 DC de 15 de janeiro de 1975[118], em que se questionava se uma lei vigente, relativa à interrupção voluntária da gravidez (*Interruption Volontaire de Grossesse*) estaria em desconformidade com a garantia do "direito à vida", tal como disposto no art. 2º da Convenção Europeia de Direitos Humanos.

Em paralelo, não se pode ignorar que o conceito de controle de convencionalidade exercida por órgãos jurisdicionais internos foi particularmente desenvolvido pela Corte Interamericana de Direitos Humanos.

Na linha histórica, ganha destaque o caso Barrios Alto vs, Peru[119], julgado em 2001, que envolveu a análise da compatibilidade das leis de anistia, que exonerava a responsabilidade dos militares, policiais e civis, atuantes como uma espécie de "esquadrão da morte" através da eliminação dos opositores do governo, em cotejo à Convenção Americana de Direitos Humanos.

É considerado o primeiro julgado de uma corte internacional que assevera que uma lei nacional de um Estado que contrarie o Direito Internacional dos Direitos Humanos, o Direito Internacional e ainda o Corpus Iuris Interamericano carece de validade (carece de efeitos jurídicos) [120].

Posteriormente, cabe destacar os casos *Tibi vs. Equador* e do caso *Myrna vs. Guatemala*, em que houve a citação do controle de convencionalidade em voto singular apenas do juiz Sérgio Garcia Ramirez, constituindo, segundo Nestor Pedro Sagues[121], as vigas fundamentais para a edificação do controle de convencionalidade na Corte Interamericana.

Porém, no caso *Almonacid Arellano e outros vs. Chile*[122], em 26 de setembro de 2006, o controle de convencionalidade passou a ser incorporado ao corpo da

---

Costa v. ENEL (1964) e y Simmenthal (1968). Nessa última decisão, firmou-se o entendimento de que os juízes ordinários estariam obrigados a garantir a plena eficácia das leis comunitárias, negando a aplicação de normas que lhes sejam contrárias. SAGUES, Nestor Pedro. *El control de convencionalid em el sistema interamericano, y sus anticipos en el âmbito de los derechos económico-sociales: concordâncias e diferencias com el sistema europeo.* Disponível em: <http://www.juridicas.unam.mx>. Acesso em 15 de junho de 2015.

[118] Conseil Constitutionnel: Décision nº 74-54 DC du 15 janvier 1975. *Loi relative à l'interruption volontaire de la grossesse*; Dubout, Edouard: "De la primauté 'imposée' à la primauté 'consentie' – Les incidences de l'inscription du principe de primauté dans le traité établissant une Constitution pour l'Europe", Docteur en Droit public, CREDHORouen, p. 17. Disponível em: <http://www.afdc.fr/congresmtp/textes3/DUBOUT.pdf>. Acesso em 10 de janeiro de 2023.

[119] CORTE IDH. *Caso Barrios Altos Vs. Peru.* Fondo. Sentencia de 14 de marzo de 2001b. Serie C No. 75.

[120] SALDANHA, Jânia Maria Lopes; VIEIRA, Lucas Pacheco. Modelos de controle de convencionalidade sob uma perspectiva otimizadora. *Libertas: Revista de Pesquisa em Direito,* Outro Preto, v. 1, n. 1, p.6, jun. 2014. Disponível em: <http://www.libertas.ufop.br/Volume1/n1/vol1n1-8.pdf>. Acesso em: 15 de janeiro de 2023.

[121] SAGUES, Nestor Pedro. *El control de convencionalidad en el sistema interamericano, y sus anticipos en elâmbito de losderechos económico-sociales: concordâncias e diferencias com el sistema europeo.* Disponível em: <http://www.juridicas.unam.mx>. Acesso em 15 de janeiro de 2023.

sentença proferida pelo pleno da Corte Interamericana de Direitos Humanos. Inaugurou-se, assim, formalmente, dentro do marco de vigência da Convenção Americana de Direitos Humanos (Pacto de San Jose de Costa Rica), a doutrina do Controle de Convencionalidade em plagas americanas.

Nesse julgado, após a Corte afiançar que os juízes e tribunais internos estão sujeitos ao império da lei e, portanto, obrigados a aplicar as disposições vigentes do ordenamento jurídico de cada país, assentou o entendimento de que, quando um Estado ratifica um tratado internacional, como a Convenção Americana de Direitos Humanos, tais juízes, como integrantes aparato estatal, também estão a ela submetidos, obrigados a velar por todos os efeitos das disposições da Convenção.

Revela-se, assim, o papel da Convenção como estandarte hermenêutico a ser respeitado e protegido pelos órgãos jurisdicionais ordinários, convertendo-se os juízes nacionais em verdadeiros "guardiões" da convencionalidade[123], o que caracteriza o chamado controle difuso de convencionalidade.

O controle de convencionalidade pode ser exercido pela Corte Interamericana como pelos juízes nacionais, dando origem à dupla abordagem: controle de convencionalidade em sede internacional (externo) e controle de convencionalidade em sede nacional (interno).[124]

Entre os protagonistas do controle de convencionalidade no âmbito interno, merecem destaque os juízes nacionais. Como observa Jânia Maria[125], o verdadeiro *front* da batalha pela efetivação dos direitos humanos é a jurisdição nacional, onde se discute e decide sobre boa parte das demandas referentes à violação desses direitos.

No exame dos casos concretos, cumpre a cada julgador zelar pela eficácia dos instrumentos internacionais, impedindo que seu limite seja diminuído ou anulado mediante aplicação de leis contrárias a suas disposições, objeto e fim, ou em dissonância com padrões internacionais de proteção aos direitos humanos[126].

---

[122] Corte IDH. Caso *Almonacid Arellano y otros Vs. Chile*. Excepciones Preliminares, Fondo, Reparaciones y Costas. Sentencia de 26 de septiembre de 2006. Serie C No. 154. http://www.corteidh.or.cr/docs/casos/articulos/seriec_154_esp.pdf. Acesso em: 15 de janeiro de 2023.

[123] MAC GREGOR, Eduardo Ferrer. *El control difuso de convencionalidad en el Estado constitucional*, en Fix-Zamudio, Héctor y Valadés, Diego (coords.), Formación y perspectiva del Estado Mexicano, México, El Colegio Nacional-UNAM, 2010, p. 186.

[124] Idem. *Obligaciones internacionales y control de convencionalidad*. Estudios constitucionales, Santiago de Chile, Centro de Estudios Constitucionales de Chile, Universidad de Talca, año 8 núm. 1, 2010, p.120.

[125] Justifica essa conclusão, em virtude do baixo volume de processos da Corte Interamericana, devido ao seu caráter subsidiário, em cotejo com o número violações em apreciação pelos juízes nacionais.

[126]Corte IDH. *Caso Almonacid Arellano y otros Vs. Chile*. Excepciones Preliminares, Fondo, Reparaciones y Costas. Sentencia de 26 de septiembre de 2006. Serie C No 154, párrafo 124.

Desse modo, no labor do controle de convencionalidade, em sede interna (difuso), os juízes nacionais assumem protagonismo como juízes internacionais de direitos humanos, operando como liames, na dinâmica de interação entre o direito interno e o direito internacional.

Quanto ao controle externo, trata-se de atividade de fiscalização dos atos e condutas dos Estados, em confronto com seus compromissos internacionais[127], incumbida a um tribunal internacional ou supranacional. No caso do sistema interamericano de proteção de direitos humanos, esse Tribunal é a Corte Interamericana de Direitos Humanos, intérprete suprema da Convenção Americana de Direitos Humanos, dotada de jurisdição vinculante. Suas decisões constituem obrigações de resultado para os Estados-Parte, bem como, para cada organismo estatal e agentes que o compõem, incluindo os seus juízes[128].

Em outras palavras, o controle de convencionalidade, em sede internacional, é o mecanismo de que se utiliza a Corte Interamericana de Direitos Humanos, de forma concentrada, seja em sede consultiva, ou contenciosa. O propósito é avaliar a compatibilidade do direito interno ou dos atos dos agentes de um Estado-parte, através uma sentença judicial que – determinando o sentido e alcance das disposições convencionais - ordena a modificação, supressão ou revogação de normas do direito interno e práticas de agentes estatais contrários aos direitos e garantias fundamentais asseguradas na Convenção Americana de Direitos Humanos e nos tratados e demais convenções integrantes do sistema interamericano (*corpus iuris* americano), para garantir efetivamente o exercício dos direitos humanos.

Desta forma, todo ordenamento jurídico interno é subordinado aos direitos assegurados convencionalmente. Este é o compromisso assumido pelos Estados ao ratificar a Convenção Americana de Direitos Humanos e aceitar a jurisdição vinculante da Corte.

Sobre o tema, Sagues[129] assinala que o Estado que não estiver disposto a pagar esse preço para se juntar ao processo integrativo no âmbito dos direitos humanos, restar-lhe-á a saída honrosa (se deseja enfrentar o custo jurídico e político dessa medida), de denunciar o Pacto de San José da Costa Rica e seguir o todo o trâmite da retirada. O que não é correto é ratificar o Pacto e depois

---

[127] RAMOS. André de Carvalho. *Teoria Geral dos Direitos Humanos na Ordem Internacional.* 2ed. 2012. São Paulo, p.152.

[128] ALCALÁ, Humberto Nogueira. *Diálogo Interjurisdiccional, Control de Convencionalidad y Jurisprudencia del Tribunal Constitucional en Período 2006-2011.* Estudios constitucionales vol.10 no.2 Santiago, 2012. p.58. Disponível em: < http://dx.doi.org/10.4067/S0718-52002012000200003>. Acesso em: 16 de janeiro de 2023.

[129] SAGÜES, Nestor Pedro. Obligaciones internacionales y control de convencionalidad. *Estudios Constitucionales*, ano 8, n. 1, p. 125, 2010. Disponível em: http://www.cecoch.cl/docs/pdf/revista_ano8_1_2010/articulo_4.pdf. Acesso em: 16 de janeiro de 2023

argumentar que não cumpre alguma cláusula, porque não está em consonância com sua Constituição.

Não se pode olvidar que o controle jurisdicional desenvolvido pela Corte Interamericana é subsidiário e complementar, que se inicia quando todos os controles jurisdicionais nacionais tenham falhado e não exista alternativa, senão recorrer ao amparo interamericano para obter a proteção de um direito ameaçado ou violado.

As raízes do controle de convencionalidade, em sede internacional, remontam à gênese da Corte Interamericana, não se originando apenas do caso *Almonacid Arellano y otros vs. Chile* em 2006, no qual somente se firmou a terminologia. Tal controle é da essência dos órgãos internacionais competentes, como é o caso da Corte Interamericana.

Dessa forma, a competência da Corte possui dupla função: por um lado, resolver pretensões concretas acerca de direitos e liberdades, em relação à responsabilidade internacional por violação à Convenção Americana e outros instrumentos em que pode resultar em uma sentença condenatória com efeitos de coisa julgada. Doutro lado, estabelece critérios gerais que fixam o conteúdo e o alcance dos direitos humanos consagrados na Convenção; ou seja, a resolução de casos submetidos a sua apreciação produz efeitos jurisprudenciais de "coisa interpretada"[130].

A Corte Interamericana de Direitos Humanos, desde o começo de seu funcionamento, tem construído um acervo decisório deveras relevante para os Estados do continente americano, tanto mediante suas sentenças em casos contenciosos, como por meio das opiniões consultivas, das medidas provisórias e dos relatórios acerca do cumprimento de sentenças que já prolatou, que constituem, em conjunto, um corpo de decisões perfeitamente exportável a nortear outras situações análogas às que produziram suas interpretações.

Dentre os principais assuntos que já consolidou seu entendimento, merecem relevo os seguintes: direito à vida (art. 4º, CADH)[131]; direito à integridade pessoal (art. 5º, CADH)[132]; direito à liberdade pessoal (art. 7º CADH)[133];

---

[130]MAC-GREGOR, Eduardo Ferrer. *El control de convencionalidad de la jurisprudencia constitucional.* p.5. Disponível em: <http://congreso.pucp.edu.pe/derechoconstitucional2009/ponencias.html>. Acesso em 16 de janeiro de 2023.

[131] CORTE IDH. *Caso Ximenes Lopes vs. Brasil.* Mérito, Reparações e Custas. Sentença de 04 de julho de 2006, Série C, nº 149; CORTE IDH. Caso Gomes Lund e outros ("Guerrilha do Araguaia") vs. Brasil. Exceções Preliminares, Mérito, Reparações e Custas. Sentença de 24 de novembro de 2010. Série C, nº 219.

[132] CORTE IDH. *Caso Ximenes Lopes vs. Brasil.* Mérito, Reparações e Custas. Sentença de 04 de julho de 2006, Série C, nº 149; CORTE IDH. *Caso Castillo Páez vs. Peru.* Reparaciones y Costas. Sentencia de 27 de noviembre de 1998. Serie C, nº. 43.

[133] CORTE IDH. *Caso Ximenes Lopes vs. Brasil.* Mérito, Reparações e Custas. Sentença de 04 de julho de 2006, Série C, nº 149; CORTE IDH. *Caso Castillo Páez vs. Peru.* Reparaciones y Costas. Sentencia de 27 de noviembre de 1998. Serie C, nº. 43.

devido processo convencional e garantias e proteções judiciais (art. 8º e art. 25, CADH)[134]; liberdade de pensamento e de expressão (art. 13, CADH)[135]; direito à reunião (art. 15, CADH)[136]; liberdade de associação (art. 16, CADH)[137]; proteção da família (art. 17, CADH)[138]; direito ao nome (art. 18, CADH)[139]; direitos da criança (art. 19, CADH)[140]; direito à nacionalidade (art. 20, CADH)[141]; direito à propriedade de terra por parte dos indígenas (art. 22, CADH e sobre seus direitos políticos, respeitados seus usos e costumes (art. 23, CADH)[142].

As medidas de reparação determinadas pela Corte voltam-se à vítima e ao Estado agressor, mas também se projetam sobre toda a sociedade interamericana, servindo de bússola a orientar as ações dos demais Estados-parte em suas políticas públicas.

Gradativamente, esse acervo decisório internacional decorrente das atividades da Corte começa a formar um verdadeiro *corpus iuris* que deve servir de guia para as decisões em nível doméstico pelos tribunais nacionais, evitando que os Estados sejam demandados e responsabilizados internacionalmente por ação ou omissão, além de prevenir, no cenário interno, futuras violações aos direitos humanos [143].

Embora exista certa discussão acerca da aplicação do princípio *stare decisis*[144] no direito internacional em geral, à vista da concepção restrita das fontes formais

---

[134] CORTE IDH. *Caso Mémoli vs. Argentina*. Excepciones Preliminares, Fondo, Reparaciones y Costas. Sentencia de 22 de agosto de 2013. Serie C, nº 265

[135] Id.

[136] CORTE IDH. *Caso Baena Ricardo y otros vs. Panamá*. Fondo, Reparaciones y Costas. Sentencia de 02 de febrero de 2001. Serie C, nº 72.

[137] Id.

[138] CORTE IDH. *Caso Forneron e hija vs. Argentina*. Fondo, Reparaciones y Costas. Sentencia de 27 de abril de 2012 Serie C, nº 242.

[139] CORTE IDH. *Caso de las Hermanas Serrano Cruz vs. El Salvador*. Fondo, Reparaciones y Costas. Sentencia de 1 de marzo de 2005. Serie C, nº 120.

[140] CORTE IDH. *Caso Fornecon y hija vs. Argentina*. Fondo, Reparaciones y Costas. Sentencia de 27 de abril de 2012, Serie C, nº 242.

[141] CORTE IDH. *Caso Ivcher Bronstein vs. Peru*. Fondo, Reparaciones y Costas. Sentencia de 6 de febrero de 2001. Serie C, nº 74.

[142] CORTE IDH. *Caso Pueblo Indígena Kichwa de Sarayaku vs. Ecuador*. Fondo y reparaciones. Sentencia de 27 de junio de 2012. Serie C, nº 245.

[143] BUERGENTHAL, Thomas. *La jurisprudencia internacional en el derecho interno*. In: La Corte y el Sistema Interamericano de Derechos Humanos: edición conmemorativa de los quince años de la instalación de la Corte Interamericana de Derechos Humanos, de los veinticinco años de la firma del Pacto de San José de Costa Rica y de los treinta y cinco años de la creación de la Comisión Interamericana de Derechos Humanos. San José, C.R.: Rafael Nieto Navia Editor, 1994, p.67-85.

do art. 38 do Estatuto da Corte Internacional de Justiça, é inegável a autoridade extrínseca persuasória da sentença precedente para além dos limites das partes[145]. Quanto maior o número de decisões da Corte IDH que integrem a engrenagem institucional do sistema doméstico, mais eficaz será o sistema interamericano[146].

Contudo, na seara dos direitos humanos, a vinculação entre os tribunais internos e internacionais deve ser de cooperação e não de hierarquia, sob pena de criar empecilhos a um possível diálogo entre eles, pois apenas uma falaria e as demais escutariam e obrigatoriamente, consentiriam, consistindo, na realidade, em um evidente monólogo[147].

O diálogo interjurisdicional implica em uma rede de trabalho que não é estruturada por uma concepção de hierarquia, com escalonamento de fontes do direito.

Nessa ótica, na operacionalização do controle de convencionalidade, deve-se privilegiar a permeabilidade das ordens jurídicas internacionais e nacionais, de modo a possibilitar sua interação harmônica, dialógica, através da noção de acoplamento estrutural[148] ou de entrelaçamento transversal[149] dos ordenamentos, na busca pela otimização da proteção dos indivíduos[150].

---

[144] Há doutrina de escol, como o professor Eduardo Val, que defende o Stare decisis no âmbito da Corte Interamericana. Cf. VAL, Eduardo Manuel; GOMES, E. P. G. F.; RAMIRES, R. L. C. F. CORTE INTERAMERICANA DE DIREITOS HUMANOS E OS TRIBUNAIS BRASILEIROS NO CONTROLE DIFUSO DE CONVENCIONALIDADE: O RECONHECIMENTO E CUMPRIMENTO DAS DECISÕES INTERNACIONAIS NO BRASIL. In: Siddharta Legale; José Ribas Vieira; Margarida Lacombe. (Org.). Jurisdição constitucional e direito constitucional internacional. 1ed.Belo Horizonte: Fórum, 2016, v. 1, p. 178-202.

[145] BRANT. Leonardo Nemer Caldeira. *A autoridade da coisa julgada no direito internacional público*, Rio de Janeiro, Foresen, 2002, pp.95-96, 182-184.

[146] CARDOSO, Evorah Lusci Costa. Ciclo de vida do litígio estratégico no Sistema Interamericano de Direitos Humanos: dificuldades e oportunidades para atores não estatais. In: *Revista Electrónica del Instituto de Investigaciones "Ambrosio L. Gioja"*, Año V, Número Especial, 2011. p.86

[147] VÍTOLO, Alfredo M. Una novedosa categoría jurídica: el «querer ser». Acerca del pretendido carácter normativo erga omnes de la jurisprudência de la Corte Interamericana de Derechos Humanos. Las dos caras del «control de convencionalidad» *Pensamiento Constitucional*, n° 18, 2013, p. 357-380.

[148] Conforme a doutrina de Luhmann, os acoplamentos estruturais constituem numa relação duradoura, estável e concentrada de vínculo estrutural dos sistemas autopoiéticos, em que, um sistema oferece ao outro uma complexidade específica a ser estruturada, sem, no entanto, intervir no plano das operações. (LUHMANN, N. *La sociedad de la sociedad*. Ciudad de México: Herder, 2007, p.355). Segundo Marcelo Neves, a Constituição em sentido moderno *"atua como acoplamento estrutural entre esses dois sistemas funcionais da sociedade moderna"* (NEVES, Marcelo. Transconstitucionalismo. São Paulo: Editora WMF Martins Fontes, 2009, p.56-57).

[149] Conceito utilizado pelo autor Marcelo Neves para desenvolver sua tese de doutoramento sobre transconstitucionalismo, que, em suas palavras, consiste no "consiste no "entrelaçamento de ordens jurídicas diversas, tanto estatais como transnacionais, internacionais e supranacionais, em torno dos mesmos problemas de natureza constitucional". (NEVES, Marcelo.

Sistematizando o tema, Aguilar Cavalho[151] explica que essa relação dialógica se efetiva de dois modos: *abajo-arriba*, em que os tribunais nacionais utilizando as decisões da Corte IDH, bem como *arriba-abajo*, quando a própria Corte faz deferência às decisões domésticas, como se vê, por exemplo, no caso Atala Riffo y ninas v. Chile em 2012[152].

Contesse[153] perfilha de ótica idêntica, enxergando, no controle de convencionalidade, a oportunidade de a Corte Interamericana servir como amplificadora das melhores interpretações de direitos humanos da região não apenas liderando, mas seguindo processos de decisões constitucionais, deixando espaço para deferência.

Sob esse ângulo, não há sobreposição de tribunais nem de normas constitucionais e convencionais; eis que se privilegia alternativa harmonizadora, com ênfase à primazia do que for mais favorável à tutela dos direitos em razão do princípio *pro homine*, previsto no art. 29, alínea b, da Convenção Americana de Direitos Humanos.

O conteúdo do princípio (geral) do direito internacional *pro homine* confere prevalência à norma que casuisticamente tutele melhor os interesses da pessoa em demanda[154]. O que se pretende é, no caso concreto, assegurar ao ser humano a aplicação do preceito mais protetivo aos direitos.

Transconstitucionalismo. São Paulo: Editora WMF Martins Fontes, 2009, p.56-57). Para o autor, O modelo transconstitucional rompe com o dilema "monismo/pluralismo". A pluralidade de ordens jurídicas implica, na perspectiva do transconstitucionalismo, a relação complementar entre identidade e alteridade (NEVES, 2009, p. XXV).

[150] Para Marcelo Neves (2009, p. 264): O caminho mais adequado em matéria de direitos humanos parece ser o "modelo de articulação", ou melhor, de entrelaçamento transversal entre ordens jurídicas, de tal maneira que todas se apresentem capazes de reconstruírem-se permanentemente mediante o aprendizado com as experiências de ordens jurídicas interessadas concomitantemente na solução dos mesmos problemas jurídicos constitucionais de direitos fundamentais ou direitos humanos.

[151] AGUILAR CAVALLO. Gonzalo. *El Rol del Diálogo Judicial en la Construcción de um Derecho Común de los Derechos Humanos.* In: MAZZUOLI, Valerio de Oliveira; GOMES, Eduardo Biacchi (orgs). Direito da Integração Regional: diálogo entre jurisdições na América Latina. São Paulo: Saraiva, 2015, p.515.

[152] Nesse caso, em que se discutiu o direito de uma mãe, homossexual, ter a guarda de suas três filhas, após divórcio com seu ex-marido, a Corte IDH utilizou de precedentes de países sujeitos à sua jurisdição, Colômbia e México, para invalidar a decisão judicial do Poder Judiciário chileno. Cf. CORTE IDH. *Caso Atala Riffo y Niñas vs. Chile.* Fondo, Reparaciones y Costas. Sentencia del 24 de febrero de 2012. Serie C, nº 239.

[153] CONTESSE, Jorge. The Last Word? Control of Conventionality and the Possibility of Conversations with the Inter-American Court of Human Rights. *Yale Law School.* 2012. Disponível em: <http://www.law.yale.edu/documents/pdf/sela/SELA13_Contesse_CV_Eng_20130514.pdf. p. 01-28, acesso em 12 de janeiro de 2023.

[154] Cf. Valerio de Oliveira Mazzuoli. *Tratados internacionais de Direitos Humanos e Direito Interno,* cit.,

Em lição sobre a temática, Mônica Pinto[155] sustenta que o princípio *pro homine*, também conhecido como *favor persona* ou *pro persona* é um critério hermenêutico que exige que se interpretem os direitos humanos de maneira mais extensiva, no tocante à proteção, participação, e, de outra banda, de forma restritiva, quando envolverem eventuais restrições a direito.

Para Cláudio Cerqueira[156], o *pro persona* constitui um princípio geral do Direito Internacional dos Direitos Humanos e deve ser aplicado, ainda que esteja previsto expressamente no tratado que se disputa sua aplicação, considerando que o principal escopo dos tratados é assegurar a proteção do indivíduo e que o DIDH possui caráter de garantia mínima ao ser humano, compreende-se, portanto, tal princípio como princípio geral desse ramo.

Acerca do tema, Paola Acosta[157] assinala que a América Latina tem plagas férteis para materializar o indigitado diálogo devido a dois decisivos fatores. Primeiro, há que se destacar o cenário jurídico ocorrido nos últimos anos, impulsionador de uma nova fase do constitucionalismo, com forte permeabilidade às normas internacionais em prol da promoção cooperativa dos direitos humanos, bem como o fortalecimento do sistema interamericano. Em segundo, houve o amadurecimento de ferramentas judiciais para aferir a compatibilidade dos atos e normativos internos em face dos tratados de direitos humanos, como é o caso do controle de convencionalidade.

Ademais, cumpre registrar que a Corte IDH alterou sua dinâmica institucional com os Estados-parte, não mais se limitando a emanar contra ele ordens como um único bloco (*black-box mode*), na medida em que passou a encampar relação direta com os poderes constituídos domésticos, como o Poder Judiciário[158].

---

p.150.

p.151.

[155] PINTO, MONICA. *El princípio pro homine. Criterios de hermenêutica y pautas para La regulación de los derechos humanos.* In: La aplicación de los tratados de derechos humanos por los tribunales locales. Editorial del Puerto, Buenos Aires, Ediar, Centro de Estudios Legales y Sociales, 1977, p.163.

[156] BASTOS NETTO, Cláudio Cerqueira. Princípio pro persona: conceito, aplicação e análise de casos da Corte Interamericana de Direitos Humanos. Dissertação (Mestrado em Direito) – Universidade do Estado do Rio de Janeiro, 2017, p.38-44.

[157] ACOSTA ALVARADO, Paola Andrea. *Diálogo Judicial, Pluralismo Constitucional y Constitucionalismo Multinível: el ejemplo Colombiano.* In. ARCARO CONCI, Luiz Guilherme; FIGUEIREDO, Marcelo (Coords); GERBER, Konstantin (Org). A jurisprudência e o diálogo entre tribunais: a proteção dos direitos humanos em um cenário de constitucionalismo multinível. Rio de Janeiro: Lumen Juris, 2016, p.283.

[158] GÓNGORA MERA. Manuel Eduardo. *Diálogos jurisprudenciales entre la Corte Interamericana de Derechos humanos y la Corte Constitucional de Colombia: una visión coevolutiva de la convergencia de estándares sobre derechos de las víctimas.* In: Armin von Bogdandy, Eduardo Ferrer Mac-Gregory y Mariela Mozales Antoniazzi (coords). La justicia constitucional y su internationalization. ¿Hacia un ius constitucionale commune en América Latina?. México, IIJ-UNAM, IIDC, 2010, p.403-404.

De fato, o diálogo vertical tem se tornado uma realidade nas cortes e tribunais latino-americanos, sobretudo, na matéria de direitos humanos.

Por esse prisma, Flávia Piovesan[159] identifica algumas experiências da prática de diálogo jurisprudencial pelas Cortes latino-americanas da prática: a) caso julgado pelo Tribunal Constitucional da Bolívia, em maio de 2004 (defende a aplicação das normas e da jurisprudência interamericana de direitos humanos na esfera interno); b) caso julgado pelo Tribunal Constitucional do Peru, em março de 2004 (frisa o sistema normativo e jurisprudencial internacional em direitos humanos e seu valor na interpretação dos direitos constitucionais); e c) caso julgado pela Corte Suprema da Justiça da Argentina, em julho de 1992 (destaca a obrigatoriedade das normas internacionais de direitos humanos no sistema de fontes do ordenamento jurídico).

A partir dessa evolução em que se demonstra que importantes tribunais nacionais do continente americano têm se nutrido cada vez mais dos standards decisórios da Corte em seus julgados internos, considerou-se imperioso, nesse artigo, analisar se a Suprema Corte Brasileira também vem aplicando os ditames desse órgão jurisdicional internacional quanto à proteção dos direitos humanos, mediante o controle de convencionalidade.

3 A PRÁXIS DO SUPREMO TRIBUNAL FEDERAL NO CONTROLE DE CONVENCIONALIDADE

Nessa etapa da investigação, a referência para coleta de dados ateve-se às expressões "Controle de Convencionalidade" e "Corte Interamericana de Direitos Humanos", no sistema de pesquisa do banco de jurisprudência do site do Supremo Tribunal Federal[160], com recorte de 1998 – ano da ratificação da jurisdição da Corte Interamericana - até junho de 2020. O período de levantamento foi de agosto/2020 a julho/2021.

Segundo pesquisas similares, empreendidas por Flávia Piovesan[161] e Virgílio Afonso[162], até 2009, havia duas decisões do Supremo Tribunal Federal

---

[159] PIOVESAN, Flávia. Diálogo no Sistema Interamericano de Direitos Humanos: desafios da reforma. In: *Campo Jurídico*, v. 1, n. 1, p. 84 2013. Disponível em:<http://fasb.edu.br/revista/index.php/campojuridico/article/view/11/14>. Acesso em 20 de janeiro de 2023.

[160] http://www.stf.jus.br/portal/jurisprudencia/pesquisarJurisprudencia.asp.

[161] PIOVESAN, Flávia. Direitos Humanos e Diálogo entre Jurisdições. *Revista Brasileira de Direito Constitucional* – RBDC. Jan./jun., 2012. p. 87. Disponível em:< http://www.esdc.com.br/RBDC/RBDC-19/RBDC-19-067-Artigo_Flavia_Piovesan_(Direitos_Humanos_e_Dialogo_entre_Jurisdicoes).pdf>. Acesso: 10 de janeiro de 2023.

[162] SILVA. Virgílio Afonso. Integração e diálogo constitucional na América do Sul. in Armin von

que guardaram coerência com a jurisprudência da Corte Interamericana: a) relativa ao direito do estrangeiro detido de ser informado sobre a assistência consular como parte do devido processual legal; b) quanto ao fim da exigência de diploma para a profissão de jornalista; não obstante o Brasil ter ratificado a Convenção Americana de Direitos Humanos em 1998 e ter reconhecido a jurisdição da Corte IDH em 1998.

Com esses parâmetros, na atualidade, localizaram-se 85 resultados, no entanto, boa parte são de decisões em que há mera referência aos termos indicados sem o compromisso com a exegese da Corte IDH na proteção de direitos humanos ou apenas na qualidade de *obiter dictum*[163].

Metodologicamente, para melhor exposição do papel da Suprema Corte na adoção standards produzidos pela Corte Interamericana, a discussão será categorizada em quatro temas: a) depositório infiel; b) lei de anistia; c) audiência de custódia; d) crime de desacato.

3.1 prisão do depositário infiel

Desde 1984, o Supremo Tribunal Federal havia firmado o entendimento no sentido da constitucionalidade da prisão civil do depositário infiel. A Súmula 619 previa: "a prisão do depositário judicial pode ser decretada no próprio processo em que se constituiu o encargo, independentemente da propositura de ação de depósito" (STF, 1984). Em 1988, a Constituição brasileira, em reforço, dispôs, no artigo 5º, inciso LXVII, que "não haverá prisão civil por dívida, salvo a do responsável pelo inadimplemento voluntário e inescusável de obrigação alimentícia e a do depositário infiel".

Já, em 23 de novembro de 2015, instaurou-se cizânia em torno da compatibilidade da prisão civil do depositário com a Convenção Americana de Direitos Humanos, no julgamento do HC 72.131. Na oportunidade, manteve-se entendimento defendido até então, principalmente a partir do RE n. 80.004/SE, de que os diplomas normativos de caráter internacional ingressavam no ordenamento jurídico interno, com *status* de legislação ordinária. Dessa forma, a disposição de prisão civil, por estar inserta na Constituição, teria primazia, internamente, em relação ao Pacto de São José.

Em suma, as principais argumentações levadas à Suprema Corte foram as seguintes: (i) a natureza constitucional dos tratados internacionais de direitos humanos geraria menoscabo à soberania brasileira; (ii) a natureza legal desses tratados permitiria serem objeto de controle de constitucionalidade; (iii) os

---

Bogdandy / Flávia Piovesan / Mariela Morales Antoniazzi (orgs.), *Direitos humanos, democracia e integração jurídica na América do Sul*, Rio de Janeiro: Lumen Juris, 2010, p. 528.

[163] Trata-se de um "dito de passagem" ou fundamentação complementar do raciocínio contido na razão de decidir. CRAMER, Ronaldo. *Precedentes judiciais: teoria e dinâmica*. Rio de Janeiro: Forense, 2016. p. 107.

tratados internacionais não poderiam obrigar o Congresso Nacional a legislar e não implicariam emendas constitucionais.

Essas alegações sugerem que a Suprema Corte compreendia o ordenamento internacional sob perspectiva interna, submetendo as Convenções de direito internacional à força normativa da Carta Política brasileira.

O tema, mais uma vez, chegou ao STF, no RE 206.482, julgado em 27/05/1998, que, aperfeiçoando entendimento anterior, aduziu que a Convenção Americana de Direitos Humanos que proibia o encarceramento do depositário infiel seria lei geral, não revogando leis especiais sobre prisão civil por dívida. Acrescenta que o parágrafo 2º da Constituição que prevê a aplicação imediata dos direitos humanos previstos em tratados, não se aplicaria àqueles posteriores à Lei Fundamental de 1988, uma vez que não pode operar como uma emenda constitucional.

Todavia, o STF modificou a jurisprudência em relação ao tema no RE 466.343, julgado em 3 de dezembro de 2008. Em decisão histórica, liderada pelo Ministro Gilmar Mendes, asseverou que a prisão civil não se coadunava com os valores assegurados pelo Estado Constitucional, que compartilha com as demais entidades soberanas, em contextos internacionais e supranacionais, o dever de efetiva proteção dos direitos humanos. Nesse sentido, reconheceu o status supralegal aos tratados de direitos humanos, no caso, a Convenção Americana de Direitos Humanos, afastando o art. 652 do Código Civil de 2002, que possibilitava a prisão civil do depositário infiel.

A Ministra Carmen Lúcia e os Ministros Ricardo Lewandowski, Joaquim Barbosa, Carlos Ayres Britto e Marco Aurélio acompanharam o voto do ministro Gilmar Mendes.

Há que se destacar o voto vencido do Ministro Celso Mello por trazer novo debate ao plenário, indicando que a normativa prevista nos tratados internacionais de direitos humanos teria muito maior razão, caso lhe fosse atribuída hierarquia constitucional, como defendem alguns autores.

O Ministro sustenta um sistema misto no tocante à disciplina dos tratados de direitos humanos, categorizando-os em: (a) os tratados internacionais de conteúdo estranho à proteção de direitos humanos possuem status de lei; (b) em relação aos tratados que cuidam do tema, há duas situações: (b.1) aqueles celebrados ou aderidos pelo Brasil anteriormente à promulgação da EC n.º 45/2004, possuem caráter materialmente constitucional e integram o bloco de constitucionalidade brasileiro; e, (b.2) os que venham a ser incorporados posteriormente à promulgação da EC n.º 45/2004, se observarem o rito qualificado do § 3º do art. 5º da Carta, possuirão caráter material e formalmente constitucional.

Contudo, como exposto, prevaleceu, na Corte Constitucional, por apertada maioria de cinco votos contra quatro, a orientação do Ministro Gilmar

Mendes pela supralegalidade dos tratados de direitos humanos, não incorporados no direito interno na forma do art. 5°, §3°.

A despeito da posição do STF em conceder status privilegiado aos instrumentos internacionais, expressa no voto-vista do Min. Gilmar Mendes, tal entendimento ainda parece tímido, quando se leva em conta, segundo Eduardo Val, a tendência de outros países da América Latina como Argentina e Chile, na abertura e permeabilidade de sua jurisprudência aos parâmetros e interpretações de organismos internacionais, como da Corte Interamericana de Direitos Humanos, operacionalizando-se, de forma efetiva, o Controle de Convencionalidade[164]. Logo, há muito o que se avançar nessa matéria.

3.2 Lei de anistia

No contexto da discussão política alusiva à ditadura militar brasileira, o Conselho Federal da Ordem dos Advogados do Brasil (CFOAB) propôs, em 21 de outubro de 2008 ao Supremo Tribunal Federal (STF), a ADPF 153, em face da lei de Anistia de 1979 (Lei 6.683/79).

Em abril de 2010, o STF finalizou a apreciação da ação, julgando o pleito improcedente, passando à margem do corpo normativo internacional dos direitos humanos tampouco a jurisprudência internacional. No tema em tela, são elucidativos os julgados dos casos Barrios Altos vs. Peru, *La Cantuta vs. Peru, Goiburú y otros vs. Paraguay, Almonacid Arellano y otors vs. Chile*, em que a Corte Interamericana reconheceu incompatibilidade das leis de anistia com as obrigações convencionais dos Estados.

Na transição para o regime democrático no Brasil e em diversos Estados latino-americanos, os governos militares tentaram camuflar as violações de direitos humanos ocorridas naquele período, com a adoção de instrumentos como a anistia e as cláusulas de exclusão da apreciação judicial. Essas alegações chegaram ao conhecimento do Tribunal Interamericano e sofreram o devido reproche, com a consequente invalidade dos atos anistiados.

De certo modo, o Direito Internacional dos Direitos Humanos reconheceu a existência de obrigação da identificação dos agentes responsáveis pela violação dos direitos protegidos, com a devida persecução criminal e o consequente afastamento da função pública que porventura ocupem. Essas obrigações buscaram o combate à impunidade e o desestímulo a novas condutas atrozes.

---

[164] Nesse sentido, destacam-se os casos: Ekmekdjian c/ Sofovich, 1992; Mazzeo, Julio Lilo s/ recurso de casación e inconstitucionalidade, 2009, no tocante à Corte Argentina e os *roles* 1130, 1361 de 2009 e 567 de 2010, em relação ao Tribunal Constitucional do Chile. VAL, Eduardo Manuel; OLIVEIRA, Thiago Aleluia Ferreira de. O controle jurisdicional de convencionalidade: a práxis dos Tribunais Constitucionais do Chile e Brasil. *Justiça e Cidadania na América Latina: debates no século XXI*. 1ed.Capivari de Baixo: Fucap, 2016, v. 1, p. 121-139.

Voltando ao Brasil, a Lei de Anistia nacional é ambivalente, abrangendo os crimes políticos praticados por cidadãos e as violações de direitos humanos praticadas por funcionários do Estado contra seus cidadãos, considerados, à época, subversivos. A obrigação internacional de punir e investigar foi deixada de lado pelas leis de reconciliação nacional.

Diante dessas considerações, em julgamento da ADPF 153, de relatoria do Ministro Eros Grau, a Suprema Corte, inicialmente, entendeu que a Lei de Anistia brasileira não violava o artigo 5º, caput, III e XXXIII, da Constituição da República, relativos à proibição de tortura e do acesso a informações de órgãos públicos, de interesse particular, coletivo ou geral, além dos princípios democrático e republicano.

Por outro lado, esclarece que o caráter bilateral da anistia ampla e geral deve ser interpretado segundo as circunstâncias históricas em que foi elaborada. Sob esse enfoque, o Tribunal rechaça a utilização do princípio da dignidade da pessoa humana, para invalidar a conexão criminal que aproveitaria aos agentes políticos que perpetraram crimes comuns contra os opositores do regime militar.

Em outra passagem, apesar de reconhecer a existência de diversos julgados da Corte Interamericana, a Corte excelsa, através do voto do Ministro Celso de Melo, elucida que esses julgados não podem ser aplicados à anistia brasileira, devido ao seu caráter bilateral, que estendeu os seus efeitos tanto aos agentes estatais quanto aos opositores do regime militar. Argumentou ainda que a Convenção da ONU contra a tortura e a Lei 9.455/97 não podem ser aplicados aos crimes cometidos naquele período.

No caso em análise, parece evidente o uso doméstico deturpado de tratados e demais normas internacionais, sem qualquer conexão com a interpretação internacional.

Frise-se que, nenhum dos Ministros do STF, inclusive os autores dos votos dissidentes[165], se ateve à necessidade de realização de controle de convencionalidade, eis que, mesmo nesses casos, os argumentos se afastam de direito internacional para conduzir à procedência da ADPF. No caso, pode-se inferir que a mais alta corte brasileira desconsiderou as obrigações internacionais impostas ao Estado brasileiro.

É oportuno sublinhar que, posteriormente a esse julgamento, em 24 de novembro de 2010, o Brasil foi condenado no caso *Julia Gomes Lund e outros*, em decisão proferida pela Corte Interamericana também sobre a aplicabilidade da Lei da Anistia, no caso, em relação aos participantes da *Guerrilha do Araguaia*.

---

[165] O Ministro Ricardo Lewandowski inaugurou a divergência, julgando procedente em parte o pedido, conferindo interpretação conforme ao art. 1º da Lei 6.683/79, de maneira a não considerar que os agentes estatais estão automaticamente englobados pela Lei de Anistia, uma vez que há certos crimes que são, pelo seu caráter, absolutamente incompatíveis com qualquer ideia de criminalidade política pura ou por conexão. O Ministro Ayres Brito seguiu o seu voto.

Para a Corte IDH, não importa se a Lei de Anistia brasileira foi bilateral ou geral, não configurando "auto-anistia", uma vez que a incompatibilidade dessas leis com a Convenção Americana, nos casos de graves violações de direitos humanos, deriva do aspecto material na medida em que vilipendiam direitos consagrados nos artigos 8 e 25, além do dever de adotar disposições internas, e não de uma questão formal (parágrafo 175).

Segundo Eduardo Val, essa ADPF representou uma oportunidade perdida na proteção dos direitos humanos, na medida em que fez tábula rasa dos estandartes hermenêutico extraídos do acervo decisório da Corte IDH.[166]

3.3 Obrigatoriedade de audiência de custódia

O primeiro caso a ser analisado é a Ação Direta de Inconstitucionalidade 5.240/SP em agosto de 2015, movida pela Associação dos Delegados de Polícia do Brasil – ADEPOL/BRASIL, contra todos os dispositivos do Provimento Conjunto nº 03/2015, da Presidência do Tribunal de Justiça e da Corregedoria-Geral de Justiça do Estado de São Paulo, que disciplinou as audiências de custódia na esfera daquele Tribunal.

Vale lembrar que o Projeto Audiência de Custódia foi lançado pelo CNJ em São Paulo em 06 de fevereiro de 2015, concretizando o disposto no Pacto de São José da Costa Rica, especificamente, no art. 9º, item 3[167], o qual fora ratificado e promulgado pelo Brasil em 06 de julho de 1992. Trata-se da obrigatoriedade da apresentação do acusado a um juiz imediatamente após sua prisão.

Nesse ponto, vale lembrar que, no teatro penal brasileiro a prisão sempre foi a protagonista, a atriz principal, e não a coadjuvante. Não divide o palco; no máximo, permite que algumas cautelares diversas dela façam uma figuração, um jogo de cena, e isso apenas para manter tudo como sempre esteve[168]. Apresenta-se como um verdadeiro filtro de racionalidade para o sistema prisional, coibindo tortura ou de maus-tratos, entre outras irregularidades.

---

[166]VAL, Eduardo Manuel; OLIVEIRA, Thiago Aleluia Ferreira de. O controle jurisdicional de convencionalidade: a práxis dos Tribunais Constitucionais do Chile e Brasil. *Justiça e Cidadania na América Latina: debates no século XXI*. 1ed.Capivari de Baixo: Fucap, 2016, v. 1, p. 130.

[167] 3. Qualquer pessoa presa ou encarcerada em virtude de infração penal deverá ser conduzida, sem demora, à presença do juiz ou de outra autoridade habilitada por lei a exercer funções judiciais e terá o direito de ser julgada em prazo razoável ou de ser posta em liberdade. A prisão preventiva de pessoas que aguardam julgamento não deverá constituir a regra geral, mas a soltura poderá estar condicionada a garantias que assegurem o comparecimento da pessoa em questão à audiência, a todos os atos do processo e, se necessário for, para a execução da sentença

[168] OLIVEIRA, Thiago Aleluia Ferreira de. Audiência de custódia, um direito internacionalmente respeitado. *Revista Científica Eletrônica "Amazon's Research and Environmental Law"*, v. 4, n.3, 2016, p.62. Disponível em: < http://www.faar.edu.br/portal/revistas/ojs/index.php/arel-faar/article/view/199>. Acesso em: 08 de janeiro de 2023.

No julgamento, ao prescrutar o provimento em questão, ficou entendido que esse ato normativo apenas explicitava as disposições já previstas na CADH e no CPP, permitindo, assim, uma compreensão clara e sistemática a assegurar seu fiel cumprimento[169].

Nessa ótica, ao não observar a exorbitância das aludidas normas regulamentares no tocante à lei, que é seu fundamento de validade, concluíram pela inviabilidade do controle da sua constitucionalidade, compreendendo que eventual insurreição entre o regulamento e a lei estaria no plano da legalidade.

Na oportunidade, o termo "controle de convencionalidade" apareceu nos votos e debates dos ministros Teori Zavascki, Gilmar Mendes e Roberto Barroso. Teori Zavascki deflagrou um debate acerca da hierarquia das normas de direitos humanos constantes em tratados internacionais, asseverando que, ainda que se conferisse, conforme jurisprudência do STF, natureza supralegal (e não constitucional) a essas normas, seria cabível a realização do controle de convencionalidade para verificar a compatibilidade entre uma norma supralegal e outra legal, no caso, as regras de regência constantes no CPP e a CADH.

O ministro Gilmar Mendes mencionou a importância da discussão no que tange ao controle de convencionalidade, mencionando que a Suprema Corte deve elucidar o modo como irá enfrentar o instituto a partir de sua própria jurisprudência, sugerindo, ao final, a leitura da Constituição brasileira à luz da normativa constante da CADH. Por sua vez, em manifestação, o ministro Barroso enfatizou que aceitar o cabimento do controle de convencionalidade pelo STF seria uma evolução

A decisão do STF deu-se por maioria e, nos termos do voto do relator, para conhecer, em parte a ação e, na parte conhecida, julgar pela improcedência do pedido. Somente o ministro Marco Aurélio foi voto vencido, julgando preliminarmente extinta a ação e, no mérito, procedente o pedido formulado.

Conquanto o tema "controle de convencionalidade" não tenha sido aprofundado nos votos dos ministros, mas houve a sua operacionalização no átimo em que foi aferida a legalidade entre o provimento objurgado e as normas convencionais e processuais.

Vale presente ainda a medida cautelar na Arguição de Descumprimento de Preceito Fundamental 347/DF[170], julgada em 9 de setembro de 2015, em que se debateu, dentre outros temas, a mesma cizânia acerca da audiência de custódia.

O ministro relator, Marco Aurélio, em seu voto, destacou as intervenções da Corte Interamericana de Direitos Humanos e a condenação do Brasil a adotar

---

[169] SETENTA, Maria do Carmo Goulart Martins. Controle difuso de convencionalidade: casos de atuação da Defensoria Pública da União. *REVISTA DA DEFENSORIA PÚBLICA DA UNIÃO*, v. 01, 2020, p.196.

[170] STF. Plenário. ADPF 347 MC/DF, Rel. Min. Marco Aurélio, julgado em 9/9/2015

medidas que resolvem as situações de risco e a proteção à vida e à integridade pessoal, psíquica e moral de indivíduos com sua liberdade restrita no sistema prisional.

Diante dessa premissa, o mesmo ministro sublinhou que a situação carcerária brasileira gera a violação sistêmica aos direitos de fundamentais previstos Constituição além de menosprezar os tratados direitos humanos ratificados como o Pacto dos Direitos Civis e Políticos, a Convenção contra a Tortura e outros Tratamentos e Penas Cruéis, Desumanos e Degradantes, além da Convenção Interamericana de Direitos Humanos.

De igual sorte, o ministro Fachin corroborou a necessidade de dar efetividade aos compromissos internacionais firmados pela República Federativa do Brasil e aos direitos instituídos democraticamente pelo Legislativo nacional. Já Barroso, Zavascki, Weber, Fux, Carmen Lúcia, Celso de Mello e Lewandowski repetiram, com pouca variação, os argumentos defendidos por Marco Aurélio.

Em conclusão, o plenário considerou a situação prisional no país um "estado de coisas inconstitucional"[171], devido à violação massiva de direitos fundamentais da população prisional, por omissão do poder público.

Essa ideia surgiu na Corte Constitucional da Colômbia, em 1997, com a chamada "Sentencia de Unificación[172], diante do reconhecimento de graves e contínuas lesões a direitos fundamentais, tendo como finalidade a elaboração de mecanismos eficientes destinados à superação de reprovável quadro instalado por conta estatais.

Como medidas, o STF determinou que a União liberasse, sem qualquer tipo de limitação, o saldo acumulado do Fundo Penitenciário Nacional (FUNPEN) para utilização na finalidade para a qual foi criado, proibindo a realização de novos contingenciamentos, bem como obrigou os juízes e tribunais brasileiros a implementarem, no prazo máximo de 90 dias, as audiências de custódia, dentre outras.

Por óbvio, constituiu um relevante julgado que concretizou um direito básico previsto na Convenção Americana de Direitos Humanos desde a sua origem, audiência de custódia, o qual nem deveria ter passado por toda essa celeuma, por ser um direito tão cristalino.

No entanto, poderia ter avançado mais mencionando casos emblemáticos como Urso Branco[173] em que a Corte Interamericana determinou medidas

---

[171] Cf. CAMPOS, Carlos Alexandre de Azevedo. Estado de Coisas Inconstitucional. 2. ed. Salvador: Jus Podivm, 2019.

[172] No entanto, existe notícia da utilização anterior da expressão pela Corte Peruana.

[173] RESOLUÇÃO DA CORTE INTERAMERICANA DE DIREITOS HUMANOS. Medidas Provisórias a Respeito da República Federativa do Brasil. De 21 de setembro de 2005. Disponível em: http://www.corteidh.or.cr/docs/medidas/urso_se_05_portugues.pdf. Acesso em: 30 de janeiro de 2023.

provisórias por meio de resolução, em virtude da não cessação das violações dos direitos humanos dos detentos na Casa de Detenção José Mário Alves, conhecida como Presídio Urso Branco. Há outros casos também que abordam essa temática, Castillo Petruzzi y otros[174] Vs. Perú e Neira Alegría y otros Vs. Peru[175], que, da mesma forma, não tiveram referência.

3.4 Convencionalidade do crime de desacato

De início, vale registrar que a controvérsia em torno desse tema já trafegava nos Tribunais há algum tempo, caminho que merece ser detalhado para que se entenda melhor o contexto da decisão do STF.

Em 15 de dezembro de 2016, a 5ª Turma do STJ, ao julgar o Recurso Especial (REsp.) 1.640.084-SP, adotou o entendimento do relator Min. Ribeiro Dantas, no sentido de que o crime de desacato seria inconvencional. Esse julgado pode ser considerado de grande importância no que se refere à concretização do Direito Internacional dos Direitos Humanos (DIDH) na esfera doméstica, em claro exercício de controle de convencionalidade

Em seu voto, o relator levou em consideração os artigos preliminares da CADH que contemplam a obrigação de respeitar os direitos, bem como o dever de adotar as disposições de direito interno, enfatizando que compete ao Estado encampar medidas legislativas ou de outro caráter para solucionar eventuais antinomias normativas e tornar efetivos os direitos e liberdades reconhecidos no Sistema Interamericano[176].

Ademais, trouxe à baila que o Superior Tribunal de Justiça e o Supremo Tribunal Federal já reconheceram o caráter supralegal dos tratados internacionais de direitos humanos. Sob essa perspectiva, havendo conflito entre norma interna e a CADH, há invalidação do direito estatal por incompatibilidade, no caso entre o art. 331 do Código Penal e o art. 13 da CADH.

Para tanto, reforça seu entendimento colacionando decisões da Corte Interamericana de Direitos Humanos em que reconhecem a imperiosidade da realização do controle difuso de convencionalidade por todos os juízes e que a imputação do crime de desacato viola o direito à liberdade de expressão, como, respectivamente, nos casos "Almonacid Arellano" e "Palamara Iribarne".

---

[174] CORTE IDH. *Caso Castillo Petruzzi y otros Vs. Perú*. Sentença de 30 de maio de 1999.

[175] CORTE IDH. *Caso Neira Alegría y otros Vs.Perú*. Sentença de 09 de janeiro de 1995.

[176] GUERRA, Sidney. Avanços e Retrocessos sobre o controle de convencionalidade na ordem jurídica brasileira: uma análise do posicionamento do Superior Tribunal de Justiça. Revista de Direito Constitucional Internacional e Comparado, v. 2, p.81.

Posteriormente, a matéria voltou a ser debatida na Terceira Seção do Superior Tribunal de Justiça, que, por maioria, entendeu pela tipicidade do crime de desacato e determinou o prosseguimento da ação penal.

O votou vencedor do relator ministro Antônio Saldanha entendeu que o crime desacato não pode ter sua tipificação elidida, tendo em vista a ausência de força vinculante às recomendações expedidas pelos órgãos jurisdicionais do Sistema Interamericano. Aduzindo que, não obstante a existência de decisão da Corte (IDH) sobre a preservação dos direitos humanos, essa circunstância, por si só, não seria suficiente a afastar a deliberação do Brasil acerca da aplicação de eventual julgado no seu âmbito doméstico, em razão da soberania ínsita ao Estado.

Sem embargo, invocar a soberania estatal para adotar posicionamento que não leva em consideração o atual estágio da proteção dos Direitos humanos, nem as regras e seus princípios, como por exemplo o *pro homine,* constitui, no conceito de Sarmento, um provincianismo constitucional.

Em 2018, o assunto agora alça à Suprema Corte, no HC 141.949/DF, de relatoria do ministro Gilmar Mendes, bem como do HC 145.882- AgR/BA, de relatoria do ministro Roberto Barroso, ficando assentado a recepção desse crime pela Constituição Federal de 1988, bem como sua compatibilidade com o disposto no art. 13 do Pacto de São José da Costa Rica.

Em 2020, a discussão volta à Corte, na ADPF 496, de relatoria do ministro Barroso, cujo acordão será objeto de análise por ser mais rico de fundamentação.

Em seu voto vencedor, o ministro Barroso afirma que o texto expresso da Convenção nem a jurisprudência da Corte proíbem que os Estados-Partes se utilizem de normas penais para a proteção da honra e do adequado funcionamento da Administração Pública, contanto que seja de forma proporcional e justificada.

Ao revés, segundo o ministro, há jurisprudência da Corte Interamericana de Direitos Humanos e do Supremo Tribunal Federal que reconhecem que a liberdade de expressão não é um direito absoluto e, em casos de grave abuso, sendo legítima a utilização do direito penal para a proteção de outros interesses e direitos relevantes.

Para ele, não se trata de atribuir um tratamento privilegiado ao funcionário público, mas sim de proteger a função pública exercida pelo funcionário, assegurando que ele não será menosprezado ou humilhado enquanto desempenha os deveres ínsitos ao seu ofício público. Ademais, aduz que não há nenhuma decisão da Corte Interamericana envolvendo especificamente o art. 331 do Código Penal Brasileiro, logo a jurisprudência colocada como paradigma é inaplicável ao caso em questão.

A despeito de toda rica formulação jurídica apresentada pelo relator, o ponto central relaciona-se ao diálogo existente entre o Direito internacional e o

Direito interno, balizado pelo princípio *pro homine,* o qual não ocorrera no caso concreto.

Não obstante, por maioria, plenário acolheu o voto do relator, mantendo a tipicidade do crime de desacato. Ficaram vencidos os ministros Luiz Edson Fachin e Rosa Weber.

Nesse ponto, merece relevo o voto do Fachin pela profundidade e sua experiência no Direito Internacional dos Direitos Humanos. Logo de início, já deixa claro que partilha do entendimento de que os tratados de direitos humanos têm, nos termos do art. 5º, da CF/88, hierarquia constitucional, oportunidade em que sublinha o disposto no art. 7º do ADCT que prevê o dever de a República Federativa do Brasil propugnar pela criação de um tribunal internacional de direitos humanos.

Sob essa linha, o aludido ministro explica que esse é o motivo da vinculação dos países à jurisprudência de Direitos Humanos, que não decorre somente dos casos em que o país seja condenado, mas de todos os julgados do tribunal. Fortes nessas razões, acrescenta que o fato de a corte jamais ter se manifestado sobre a compatibilidade do art. 331 do Código Penal com a CADH não isenta o Estado Brasileiro de fazê-lo, como expressamente prevê o caso Almonacid[177] em que se consolidou a ideia de que o "Poder Judiciário deve exercer uma espécie de controle de convencionalidade entre as normas jurídicas internas que aplicam os casos concretos e a Convenção Americana de Direitos Humanos".

Em reforço de seus argumentos, traz messe de julgados da Corte Interamericana em que foi afirmada a relevância do direito à liberdade de expressão como, por exemplo, no caso " Caso Kimel v. Argentina".[178]

Em palavras finais, Fachin conclui que, seja por ofender os tratados internacionais, seja por ofender diretamente o próprio texto constitucional, o crime é ilegítimo. Seu efeito é provocar o que define como *chilling effect,* evitando, desta forma, que o uso legítimo da liberdade de expressão seja realizado por receio de que as sanções possam ser aplicadas, mesmo sem base legal para isso.

O controle de convencionalidade dos dispositivos que tipificam o desacato nos países da região constitui uma discussão histórica, inserida no marco dos regimes ditatoriais latino-americanos, que foram responsáveis por um quadro sistemático de violações à liberdade de expressão.

Não é de hoje que a Comissão Interamericana de Direitos Humanos (CIDH) decide que a criminalização do desacato contraria o artigo 13 do Pacto de São José da Costa Rica. Há mais de vinte anos, a CIDH[179] já entendia que as

---

[177] CORTE IDH. *Caso Almonacid Arellano y otros Vs. Chile. Excepciones Preliminares, Fondo, Reparaciones y Costas.* Sentencia de 26 de septiembre de 2006. Serie C No. 154, Par.124.

[178] CORTE IDH. *Caso Kimel v. Argentina.* Sentença, 02/05/2008. Série C, nº 177.

leis de desacato tão somente se prestam a permitir o abuso, calar ideias e pautas consideradas não convenientes pelo establishment. A Comissão vê no crime do desacato uma forma de proporcionar um nível mais elevado de tutela aos agentes estatais do que aos particulares.

Sem contar os inúmeros julgados da Corte Interamericana, só para citar alguns: Última Tentação de Cristo, Ivcher Bronstein v. Peru, Herrera Ulloa v. Costa Rica, Ricardo Canese v. Paraguai, Palamara Iribarne v. Chile, Claude Reyes e outros v. Chile, Kimel v. Argentina, Tristán Donoso v. Panamá, Ríos e outros v. Venezuela, Perozo e outros v. Venezuela; Usón´ro Ramírez v. Venezuela, Manuel Cepeda Vargas v. Colômbia, Gomes Lund e outros v. Brasil, Fontevecchia D'Amico v. Argentina, González Medina e Familiares v. República Dominicana, Vélez Restrepo e Familiares v. Colombia, Uzcátegui e outros v. Venezuela, Mémoli v. Argentina.

3.5 Diálogo como instrumento de equilíbrio entre o respeito ao público e aos direitos humanos.

Como visto, o diálogo entre Cortes domésticas e internacionais é uma ferramenta importante para prevenir conflitos desnecessários, que podem levar a insegurança jurídica, a responsabilização internacional do Estado e prejudicar sua imagem na comunidade global.

Da análise dos julgados, observa-se, entretanto, que o Brasil apresenta certa resiliência a firmar diálogos de forma integral com a Corte Interamericana de Direitos Humanos–muito embora, por vezes, haja implementado de alguma forma os seus mandamentos, sem, contudo, se guiar, de forma expressa pelo princípio *pro homine*.

Nesse cenário, parece claro o uso do chamado truque do ilusionista, expressão cunhada por André Ramos[180], em que o Estado descumpre obrigação internacional, alegando sua interpretação com base na concepção nacional, o que inaugura os chamados "tratados internacionais nacionais"[181].

Em resumo, a lógica do referido truque é de que o Estado reconhece a importância dos tratados sobre direitos universalmente reconhecidos; contudo, temendo sua responsabilização pela inaceitável atuação, alega que não há que se falar em violação dos direitos dispostos nesses documentos, uma vez que não

---

[179] CIDH. *Relatório sobre a compatibilidade entre as leis de desacato e a Convenção Americana sobre Direitos Humanos*, OEA/Ser. L/V/II.88, doc. 9 rev., 17 de fevereiro de 1995, 197-212.

[180] RAMOS, André de Carvalho. Responsabilidade Internacional do Estado por Violação de Direitos Humanos. *Revista CEJ (Brasília)*, Brasília, v. 29, 2005, p. 53-63.

[181] RAMOS, André de Carvalho. Pluralidade das ordens jurídicas: uma nova perspectiva na relação entre o Direito Internacional e o Direito Constitucional. *Revista da Faculdade de Direito, Universidade de São Paulo*, [S.l.], p. 511, jan. 2012. Disponível em: <http://www.revistas.usp.br/rfdusp/article/view/67955>. Acesso em: 10 de janeiro de 2023.

foram descumpridos, somente lhes foi conferida interpretação lastreada na concepção nacional, consolidando a dicotomia: universalismo no texto *versus* localismo na interpretação.

Como se sabe, em toda peça teatral, shows de mágica e de ilusionismo, é natural que o espetáculo seja montado para agradar o "respeitável público", conceito que remonta à época do teatro clássico, quando a plateia era composta por membros da sociedade de alto escalão, a quem os atores se dirigiam de forma respeitosa antes de começar a apresentação[182]. Desde então, a expressão tornou-se uma forma de reconhecimento formal e respeitoso para o público em geral, e é usada em diferentes contextos para se referir a um grupo de pessoas reunidas para assistir a um evento ou performance.

Da mesma forma, os tribunais também possuem seu respeitável público. Para o pesquisador Felipe de Melo Fonte[183], os julgamentos, inclusive, tornaram-se um espetáculo à parte, a partir do advento da TV Justiça, com o televisionamento das sessões plenárias no STF. Segundo ele, a quantidade de decisões individuais dos ministros mais que dobrou desde o início das transmissões, com votos mais longos, extensos debates, em um verdadeiro espetáculo de eloquência e conteúdo jurídico para os telespectadores, isto é, o que denomino de "respeitável público" do judiciário, transformando o tribunal em um efetivo protagonista do processo político brasileiro.

Embora seja muito complicado atribuir a um único fator o aumento no tamanho dos votos e a queda nas decisões colegiadas do Supremo, é inegável a importância do televisionamento das sessões deliberativas de tribunais para robustecer a legitimidade democrática desse poder, cujos membros, na maior parte do mundo, não são eleitos pelo povo.

Além disso, na interface entre o cidadão e as decisões judiciais quase sempre existiu um filtro, ora a mídia, ora os advogados, ressalvadas as pouquíssimas exceções em que se reconhece a capacidade postulatória no cidadão, com a TV Justiça, é possível que qualquer cidadão que possua acesso à internet ou TV a cabo acompanhe, em tempo real, o desenrolar dos trabalhos, tornando-os imediatamente responsivos a qualquer julgamento, sobretudo aqueles dotados de maior relevância.

Entretanto, mais do informar e entreter o respeitável público, não se pode perder de vista que o respeito aos direitos humanos deve ser o fio condutor em todos os julgamentos no âmbito do Judiciário. A efetividade do corpus iuris interamericano de direitos humanos depende fundamentalmente de que os juízes

[182] FREIRE, V. *Respeitável público: uma reflexão sobre a relação entre o teatro de grupo paulistano e o público não especializado.* 2018. Dissertação (Mestrado em Estudos Culturais) – Escola de Artes, Ciências e Humanidades, Universidade de São Paulo, São Paulo, 2018.

[183] FONTE, Felipe de Melo. *Jurisdição constitucional e participação popular: o Supremo Tribunal Federal da era da TV Justiça.* Rio de Janeiro: Lumens Juris Direito, 2016.

nacionais em todos os níveis se comprometam com o novo mister de juízes interamericanos.

No caso do STF, há uma aleatoriedade na adoção dos ditames preconizados pela Corte Interamericana, os quais são utilizados meramente como apoios unilaterais ao que se pretende decidir, sem o devido balizamento na aplicação da norma mais protetiva aos direitos humanos, adotando-se a chamada metodologia da bricolagem[184]. Nessa perspectiva, por vezes, os julgados direcionados ao respeitável público coincidem com uma salvaguarda mais ampla dos direitos humanos, outras vezes, seguem um caminho totalmente diverso.

4. CONCLUSÃO

Desde o segundo pós-guerra, observa-se uma tendência crescente de cooperação entre os Estados em todas as áreas da vida internacional e relativização da soberania, com o escopo de evitar fortes violações aos direitos humanos e promover o intercâmbio de experiências exitosas nessa área.

Como corolário dessa importante iniciativa, decorreram outros instrumentos legais, com destaque a tratados celebrados entre países, os quais se comprometeram a dar efetividade aos direitos, sempre na senda da dignidade da pessoa humana.

Nesse ambiente, adquire particular relevo o controle judicial de convencionalidade, como instrumento eficaz para o respeito, a garantia e efetivação dos direitos descritos nos tratados internacionais de direitos humanos, com destaque ao Pacto de San José da Costa Rica, segundo o qual as normas locais devem guardar compatibilidade com a ordem humanitária internacional.

A implementação desse controle pelos Estados jurisdicionados tende a variar, conforme o grau de incorporação dos valores da internacionalização dos Direitos Humanos e com o regime atribuído aos Tratados nessa seara. A América Latina passa por processo próprio de integração por intermédio dos direitos humanos, em que é exigido do Poder Judiciário dos estados nacionais um diálogo com outras estruturas judiciais de estados outros, e, mais ainda, com a Corte Interamericana de Direitos Humanos.

Nesse contexto, procedeu-se à pesquisa na jurisprudência da Suprema Corte brasileira, notadamente sobre o cumprimento das obrigações internacionais e o efetivo controle de convencionalidade nesse país.

Em que pese a abertura promovida pelo constituinte de 1988, o Brasil, através de seu órgão máximo de Justiça, o Supremo Tribunal Federal, nem

---

[184] Meras referências que operam no campo numérico (mais citações, mais pesquisa, mais erudição) Cf. CONCI, Luiz Guilherme Arcaro; GERBER, Konstantin. Diálogo entre Corte Interamericana de Direitos Humanos e o Supremo Tribunal Federal: controle de convencionalidade concomitante ao controle de constitucionalidade? In: GERBER, Konstantin (Org.). A jurisprudência e o diálogo entre tribunais. Rio de Janeiro: Lumen Juris, 2016, p. 236.

sempre foi permeável a realização de diálogos com a Corte Interamericana, há uma aleatoriedade na aplicação dos estandartes hermenêuticos fixados por esse órgão internacional e um uso deturpado de tratados, praticando o denominado *truque de ilusionismo.*

A jurisprudência estudada, ora transita em períodos de "delírios humanistas" na efetivação de um controle de convencionalidade dialógico, como nos casos estudados nesse trabalho, da prisão civil do depositário infiel, da audiência de custódia, ora transita em momentos de "delírios de soberania nacional", como naqueles envolvendo a lei de anistia e o crime de desacato, os quais, apesar de ostentarem votos eloquentes e didáticos para o respeitável público do judiciário, declinaram da preocupação em aplicar a norma com maior espectro de proteção aos direitos humanos, mediante um escorreito controle de convencionalidade. Como diz o emérito professor Eduardo Val[185], o STF tem passado ao largo dos compromissos internacionais, desperdiçando a oportunidade de ser um grande exponente em matéria de direitos humanos no continente americano.

Portanto, revela-se imprescindível uma mudança de paradigma no Judiciário nacional, no sentido de privilegiar uma interação harmônica e dialógica entre as ordens jurídicas, através do Controle de Convencionalidade, a partir das balizas do princípio *pro homine,* potencializando, assim, a proteção dos direitos humanos e o fortalecimento do regime democrático. Afinal, não há direitos humanos sem democracia, tampouco democracia sem direitos humanos.

BIBLIOGRAFIA

ACOSTA ALVARADO, Paola Andrea. *Diálogo Judicial, Pluralismo Constitucional y Constitucionalismo Multinível: el ejemplo Colombiano.* In. ARCARO CONCI, Luiz Guilherme; FIGUEIREDO, Marcelo (Coords); GERBER, Konstantin (Org). A jurisprudência e o diálogo entre tribunais: a proteção dos direitos humanos em um cenário de constitucionalismo multinível. Rio de Janeiro: Lumen Juris, 2016.

AGUILAR CAVALLO. Gonzalo. *El Rol del Diálogo Judicial en la Construcción de um Derecho Común de los Derechos Humanos.* In: MAZZUOLI, Valerio de Oliveira; GOMES, Eduardo Biacchi (orgs). Direito da Integração Regional: diálogo entre jurisdições na América Latina. São Paulo: Saraiva, 2015.

---

[185] VAL, Eduardo Manuel; OLIVEIRA, Thiago Aleluia Ferreira de. O controle jurisdicional de convencionalidade: a práxis dos Tribunais Constitucionais do Chile e Brasil. *Justiça e Cidadania na América Latina: debates no século XXI.* 1ed.Capivari de Baixo: Fucap, 2016, v. 1, p. 130.

ALBANESE, Susana. *La internacionalización del derecho constitucional y la constitucionalización del derecho internacional.* In: ALBANESE, Susana (coord.). El control de convencionalidad. Buenos Aires: Ediar, 2008.

ALCALÁ, Humberto Nogueira. *Diálogo Interjurisdiccional, Control de Convencionalidad y Jurisprudencia del Tribunal Constitucional en Período 2006-2011.* Estudios constitucionales vol.10 no.2 Santiago, 2012. p.58. Disponível em: < http://dx.doi.org/10.4067/S0718-52002012000200003>. Acesso em: 16 de janeiro de 2023.

BASTOS NETTO, Cláudio Cerqueira. *Princípio pro persona: conceito, aplicação e análise de casos da Corte Interamericana de Direitos Humanos.* Dissertação (Mestrado em Direito) – Universidade do Estado do Rio de Janeiro, 2017, p.38-44.

BOBBIO, Norberto, *Era dos Direitos*, trad. Carlos Nelson Coutinho, Rio de Janeiro, Campus, 1988.

BRANT. Leonardo Nemer Caldeira. *A autoridade da coisa julgada no direito internacional público*, Rio de Janeiro, Foresen, 2002, pp.95-96, 182-184.

BUERGENTHAL, Thomas. *La jurisprudencia internacional en el derecho interno.* In: La Corte y el Sistema Interamericano de Derechos Humanos: edición conmemorativa de los quince años de la instalación de la Corte Interamericana de Derechos Humanos, de los veinticinco de la firma del Pacto de San José de Costa Rica y de los treinta y cinco de la creación de la Comisión Interamericana de Derechos Humanos. San José, C.R.: Rafael Nieto Navia Editor, 1994, p.67-85.

CAMPOS, Carlos Alexandre de Azevedo. *Estado de Coisas Inconstitucional.* 2. ed. Salvador: Jus Podivm, 2019.

CAPPELLETTI, Mauro. *La Justicia Constitucional (Estudios de Derecho Comparado)*, México, UNAM, 1987.

CARDOSO, Evorah Lusci Costa. Ciclo de vida do litígio estratégico no Sistema Interamericano de Direitos Humanos: dificuldades e oportunidades para atores não estatais. In: *Revista Electrónica del Instituto de Investigaciones "Ambrosio L. Gioja"*, Año V, Número Especial, 2011.

CONCI, Luiz Guilherme Arcaro; GERBER, Konstantin. Diálogo entre Corte Interamericana de Direitos Humanos e o Supremo Tribunal Federal: controle de convencionalidade concomitante ao controle de constitucionalidade? In: GERBER, Konstantin (Org.). A jurisprudência e o diálogo entre tribunais. Rio de Janeiro: Lumen Juris, 2016.

CONTESSE, Jorge. The Last Word? Control of Conventionality and the Possibility of Conversations with the Inter-American Court of Human Rights. *Yale Law School.* 2012. Disponível em: <http://www.law.yale.edu/documents/pdf/sela/SELA13_Contesse_CV_Eng_20130514.pdf. p. 01-28, acesso em 12 de janeiro de 2023.

DUBOUT, Edouard: *De la primauté "imposée" à la primauté "consentie" – Les incidences de l'inscription du principe de primauté dans le traité établissant une Constitution pour l'Europe, Docteur en Droit public*, CREDHO-Rouen, p. 18. Disponible en: <http://www.afdc.fr/congresmtp/textes3/DUBOUT.pdf>. Acesso em 15 de janeiro de 2023.

FONTE, Felipe de Melo. *Jurisdição constitucional e participação popular: o Supremo Tribunal Federal da era da TV Justiça*. Rio de Janeiro: Lumens Juris Direito, 2016.

FREIRE, V. *Respeitável público: uma reflexão sobre a relação entre o teatro de grupo paulistano e o público não especializado*. 2018. Dissertação (Mestrado em Estudos Culturais) – Escola de Artes, Ciências e Humanidades, Universidade de São Paulo, São Paulo, 2018.

GÓNGORA MERA. Manuel Eduardo. *Diálogos jurisprudenciales entre la Corte Interamericana de Derechos humanos y la Corte Constitucional de Colombia: una visión coevolutiva de la convergencia de estándares sobre derechos de las víctimas*. In: Armin von Bogdandy, Eduardo Ferrer Mac-Gregory y Mariela Mozales Antoniazzi (coords). La justicia constitucional y su internationalization. ¿Hacia un ius constitucionale commune em América Latina?. México, IIJ-UNAM, IIDC, 2010, p.403-404.

GUERRA, Sidney. Avanços e Retrocessos sobre o controle de convencionalidade na ordem jurídica brasileira: uma análise do posicionamento do Superior Tribunal de Justiça. *Revista de Direito Constitucional Internacional* e Comparado, v. 2, p.81.

MAC GREGOR, Eduardo Ferrer. *El control difuso de convencionalidad en el Estado constitucional*, en Fix-Zamudio, Héctor y Valadés, Diego (coords.), Formación y perspectiva del Estado Mexicano, México, El Colegio Nacional-UNAM, 2010.

MAC-GREGOR, Eduardo Ferrer. *El control de convencionalidad de la jurisprudencia constitucional*. p.5. Disponível em: <http://congreso.pucp.edu.pe/derechoconstitucional2009/ponencias.html> . Acesso em 16 de janeiro de 2023.

OLIVEIRA, Thiago Aleluia Ferreira de. Audiência de custódia, um direito internacionalmente respeitado. *Revista Científica Eletrônica "Amazon's Research and Environmental Law"*, v. 4, n.3, 2016, p.62. Disponível em: < http://www.faar.edu.br/portal/revistas/ojs/index.php/arel-faar/article/view/199>. Acesso em: 08 de janeiro de 2023.

PINTO, MONICA. *El principio pro homine. Criterios de hermenêutica y pautas para La regulación de los derechos humanos*. In: La aplicación de los tratados de derechos humanos por los tribunales locales. Editorial del Puerto, Buenos Aires, Ediar, Centro de Estudios Legales y Sociales, 1977.

PIOVESAN, Flávia. Direitos Humanos e Diálogo entre Jurisdições. *Revista Brasileira de Direito Constitucional* – RBDC. Jan./jun., 2012. p. 87. Disponível em:< http://www.esdc.com.br/RBDC/RBDC-19/RBDC-19-067-Artigo_Flavia_Piovesan_(Direitos_Humanos_e_Dialogo_entre_Jurisdicoes). pdf>. Acesso: 10 de janeiro de 2023.

_____. Diálogo no Sistema Interamericano de Direitos Humanos: desafios da reforma. In: *Campo Jurídico,* v. 1, n. 1, p. 84 2013. Disponível em:<http://fasb.edu.br/revista/index.php/campojuridico/article/view/11/ 14>. Acesso em 20 de janeiro de 2023.

RAMOS, André de Carvalho. Pluralidade das ordens jurídicas: uma nova perspectiva na relação entre o Direito Internacional e o Direito Constitucional. **Revista da Faculdade de Direito, Universidade de São Paulo,** [S.l.], p. 511, jan. 2012. Disponível em: <http://www.revistas.usp.br/rfdusp/article/view/67955>. Acesso em: 10 de janeiro de 2023.

_____. Responsabilidade Internacional do Estado por Violação de Direitos Humanos. *Revista CEJ (Brasília)*, Brasília, v. 29, 2005, p. 53-63.

_____. *Tratados internacionais: novos espaços de atuação do Ministério Público.* Boletim Científico da Escola Superior do Ministério Público da União, Brasília, ano 2, n. 7, p. 86, abr./jun. 2003.

_____. *Teoria Geral dos Direitos Humanos na Ordem Internacional.* 2ed. 2012. São Paulo.

SAGUES, Nestor Pedro. *El control de convencionalidad em el sistemainteramericano, y sus anticipos em elámbito de losderechos económico-sociales: concordâncias e diferencias com el sistema europeo.* Disponível em: <http://www.juridicas.unam.mx>. Acesso em 15 de janeiro de 2023.

_____. *Obligaciones internacionales y control de convencionalidad. Estudios Constitucionales,* ano 8, n. 1, p. 118, 2010. Disponível em: < <http://www.cecoch.cl/docs/pdf/revista_ano8_1_2010/articulo_4.pdf>. Acesso em: 15 de janeiro de 2023.

SALDANHA, Jânia Maria Lopes; VIEIRA, Lucas Pacheco. Modelos de controle de convencionalidade sob uma perspectiva otimizadora. **Libertas: Revista de Pesquisa em Direito,** Outro Preto, v. 1, n. 1, p.6, jun. 2014. Disponível em: <http://www.libertas.ufop.br/Volume1/n1/vol1n1-8.pdf>. Acesso em: 15 de janeiro de 2023.

SETENTA, Maria do Carmo Goulart Martins. Controle difuso de convencionalidade: casos de atuação da Defensoria Pública da União. *REVISTA DA DEFENSORIA PÚBLICA DA UNIÃO,* v. 01, 2020.

SILVA. Virgílio Afonso. Integração e diálogo constitucional na América do Sul. in Armin von Bogdandy / Flávia Piovesan / Mariela Morales Antoniazzi (orgs.), *Direitos humanos, democracia e integração jurídica na América do Sul,* Rio de Janeiro: Lumen Juris, 2010.

VAL, Eduardo Manuel; LEGALE, Siddharta F. A Dignidade da Pessoa Humana e a Jurisprudência da Corte Interamericana de Direitos Humanos. DIREITOS FUNDAMENTAIS & JUSTIÇA, v. 36, p. 176, 2017.

_____; GOMES, E. P. G. F.; RAMIRES, R. L. C. F. CORTE INTERAMERICANA DE DIREITOS HUMANOS E OS TRIBUNAIS BRASILEIROS NO CONTROLE DIFUSO DE CONVENCIONALIDADE: O RECONHECIMENTO E CUMPRIMENTO DAS DECISÕES INTERNACIONAIS NO BRASIL. In: Siddharta Legale; José Ribas Vieira; Margarida Lacombe. (Org.). Jurisdição constitucional e direito constitucional internacional. 1ed.Belo Horizonte: Fórum, 2016, v. 1, p. 178-202.

_____ OLIVEIRA. Thiago Aleluia Ferreira de. O controle jurisdicional de convencionalidade: a práxis dos Tribunais Constitucionais do Chile e Brasil. *Justiça e Cidadania na América Latina: debates no século XXI.* 1ed.Capivari de Baixo: Fucap, 2016, v. 1, p. 121-139.

VÍTOLO, Alfredo M. Una novedosa categoría jurídica: el «querer ser». Acerca del pretendido carácter normativo erga omnes de la jurisprudência de la Corte Interamericana de Derechos Humanos. Las dos caras del «control de convencionalidad» *Pensamiento Constitucional*, n° 18, 2013.

PARTE III

DIREITOS HUMANOS EM ESPÉCIE

A DIMENSÃO DA RAZOÁVEL DURAÇÃO DO PROCESSO NA PERSPECTIVA DA JURISPRUDÊNCIA DA CORTE INTERAMERICANA DE DIREITOS HUMANOS E SUA INFLUÊNCIA NO DIREITO BRASILEIRO

Nivea Corcino Locatelli Braga[186]

> **SÚMARIO:** 1. Introdução 1.1. Considerações iniciais sobre a razoável duração do processo no âmbito constitucional e no âmbito da Convenção Americana de Direitos Humanos 2. Primeira sentença proferida pela Corte IDH condenando o estado brasileiro: caso Ximenes Lopes versus Brasil 2.1. O reconhecimento pelo Superior Tribunal de Justiça da problemática das dilações processuais indevidas com referência à Corte IDH 2.2. O Código de Processo Civil de 2015 e as preocupações do legislador infraconstitucional com a razoável duração do processo 3. Síntese das justificativas e de bibliografia 4. Considerações finais

1. INTRODUÇÃO

1.1. Considerações iniciais sobre a razoável duração do processo no âmbito constitucional e no âmbito da Convenção Americana de Direitos Humanos

A garantia constitucional da razoável duração do processo é uma exigência da jurisdição contemporânea que tem desafiado o Poder Judiciário brasileiro de forma recorrente, desde a primeira instância, permeando os tribunais, abrangendo inclusive os tribunais superiores, como oSupremo Tribunal Federal e o Superior Tribunal de Justiça seja no julgamento das ações de competência originária ou nos recursos das respectivas competências nos termos preconizados no artigo 102, I, II, III e no art. 105, I, II e III da Constituição da República Federativa do Brasil[187] respectivamente.

---

[186] Doutora em Direito Público e Evolução Social (Bolsa Capes) UNESA. Pós-Doutoranda em Direito Processual pela Universidade do Estado do Rio de Janeiro. Integrante da Diretoria da Comissão de Celeridade Processual da OAB Nacional. Integrante da Diretoria de Valorização da Advocacia OAB/RJ. Professora de Direito Processual Civil. E-mail: nivea.locatelli@hotmail.com

Nesse cenário, a busca pelo acesso à justiça e da prestação jurisdicional em tempo razoável tem sido uma constante pauta corroborada pelos advogados, defensores públicos, promotores de justiça, procuradores e demais operadores do direito.

No seara do direito pátrio, cabe ressaltar que a garantia da razoável duração do processo não foi estabelecida de forma expressa quando da promulgação em 05 de outubro de 1988 da Constituição da República Federativa do Brasil, fato é, que a mesma foi fixada com a inserção da Emenda Constitucional n.° 45 de 30 de dezembro de 2004, que dentre as inúmeras mudanças e alterações no texto constitucional instituiu a reforma do Poder Judiciário, bem como inseriu o inciso LXXVIII no artigo 5° da Carta Magna[188] ao assegurar a todos, no âmbito judicial e administrativo a razoável duração do processo e os meios que garantam a celeridade de sua tramitação.

Assim, o primeiro artigo da EC n.°45/2004 se destinou a introduzir como garantia fundamental e constitucional a razoável duração do processo, o fazendo por meio da inclusão do LXXVIII no rol do art. 5°.

Nesse contexto, é preciso registrar que a garantia constitucional da razoável duração do processo foi imediatamente seguida pela inclusão § 3° ao art. 5° que atribuiu equivalência às emendas constitucionais, aos tratados e convenções internacionais sobre direitos humanos desde que aprovados, em cada Casa do Congresso Nacional, em dois turnos, por três quintos dos votos dos respectivos membros, consagrando dessa forma a importância dos instrumentos internacionais.

Nesse giro é preciso deixar claro que a razoável duração do processo não se restringe aos aspectos formalísticos do direito pátrio, já que a mesma tem sido garantida e tutelada em inúmeras Convenções Internacionais, como é o caso da Convenção Americana de Direitos Humanos, conhecida como Pacto de San José da Costa Rica, Assinada na Conferência Especializada Interamericana sobre Direitos Humanos, San José, Costa Rica, em 22 de novembro de 1969.

Devido a sua importância no exercício da jurisdição, a citada garantia foi estatuída em três oportunidades distintas na Convenção Americana dos Direitos Humanos. Assim no art. 7.5 que trata do Direito à liberdade pessoal[189] foi assegurado a toda pessoa privada de liberdade o direito de ser julgada em prazo

---

[187] BRASIL. *Constituição da República Federativa do Brasil, de 05 de outubro de 1988*. Portal da Legislação. Disponível em:< http://www.planalto.gov.br/ccivil_03/constituicao/constituicao.htm>. Acesso em: 27 de janeiro de 2023.

[188] BRASIL. *Constituição da República Federativa do Brasil, de 05 de outubro de 1988*. Portal da Legislação. Disponível em:< http://www.planalto.gov.br/ccivil_03/constituicao/constituicao.htm>. Acesso em: 27 de janeiro de 2023.

[189] BRASIL, Senado Federal. *Convenção Americana de Direitos Humanos*. 4ª ed. Brasília: Senado Federal, Coordenação de Edições Técnicas, 2013.

razoável, após ser conduzida à presença de um juiz. Mais adiante no art. 8.1 que trata das garantias judiciais foi estabelecido que toda pessoa possui o direito de ser ouvida por um juiz ou tribunal competente dentro de um prazo razoável. Posteriormente foi fixado pelo art. 48.1 do instrumento internacional o fornecimento de informações pelo Estado-parte igualmente em tempo razoável.

Essa tripla garantia reforça a importância do fator tempo na tramitação de um processo judicial, além de por em relevo algumas características desse direito.

Porém, é importante ressaltar que, mesmo já estando prevista na Convenção Americana de Direitos Humanos desde 1969 e na Carta Magna de forma explícita desde 2004, a concretização da garantia a um processo sem dilações indevidas ainda tem sido um desafio no Brasil, desafio este expressamente reconhecido pelo Poder Judiciário, especialmente pelo Conselho Nacional de Justiça através de pesquisa empírica realizada contida no Relatório Justiça em números publicado em 2019 ao constatar que:

> Em geral, o tempo médio do acervo (processos pendentes) é maior que o tempo da baixa, com poucos casos de inversão desse resultado. As maiores faixas de duração estão concentradas no tempo do processo pendente, em específico na fase de execução da Justiça Federal (8 anos e 1 mês) e da Justiça Estadual (6 anos e 2 meses). As execuções penais foram excluídas do cômputo, uma vez que os processos desse tipo são mantidos no acervo até que as penas sejam cumpridas[190].

Ora, o trecho transcrito apesar de se referir à fase de execução e à não fase de conhecimento deixa claro que o problema da lentidão processual no país que produz como efeito o distanciamento do jurisdicionado a garantia de obter em tempo razoável a prestação jurisdicional.

Nesse sentido se constata que a previsão do direito à razoável duração do processo no âmbito da Convenção Americana de Direitos Humanos não foi suficiente para impulsionar o Poder Judiciário brasileiro. Para tanto, o Constituinte Reformador procurou incorporar essa garantia no bojo da Carta Magna, outorgando-lhe uma roupagem constitucional no aspecto formalístico e material, e mesmo assim nos dias atuais esse é um desafio encontrado no Brasil.

Em outras palavras, o direito ao processo sem dilações indevidas constituiu um corolário do devido processo legal, observando ainda o princípio da inafastabilidade da prestação jurisdicional, contido no art. 5º XXXV da Carta Maior.

Diante da notória lentidão que assola a justiça no Brasil e como forma de superar esse obstáculo, as sentenças proferidas pela Corte IDH deverão servir de paradigma para viabilizar uma ação positiva de impulso para influenciar o Poder Judiciário brasileiro na garantia de efetivação da prestação jurisdicional em tempo razoável.

---

[190] BRASIL. Conselho Nacional de Justiça. *Justiça em números 2019*. Brasília: CNJ. 2019, p. 148.

Nesse contexto o problema da pesquisa é saber se as decisões da Corte IDH são utilizadas pelo STJ como base hermenêutica de interpretação para a prolação de suas decisões no que diz respeito à garantia da razoável duração do processo.

2. PRIMEIRA SENTENÇA PROFERIDA PELA CORTE INTERAMERICANA DE DIREITOS HUMANOS CONDENANDO O ESTADO BRASILEIRO: CASO XIMENES LOPES *VERSUS* BRASIL

Nesse item inicialmente descritivo se analisa a primeira condenação do Estado brasileiro pela Corte IDH abordando dentre outros assuntos, a temática da razoável duração do processo. Embora, não se trate de caso unicamente ligado ao direito processual civil esse exame se mostrou relevante por oferecer os contornos da responsabilidade do país e dos elementos caracterizadores sopesados pela Corte.

Trata-se do caso Ximenes Lopes *versus* Brasil[191] apresentado pela Comissão Interamericana de Direitos Humanos, em 1° de outubro de 2004 tendo por fundamento a violação aos artigos 50 e 61 da Convenção Americana de Direitos Humanos. O caso contra a República Federativa do Brasil foi submetido à Corte, a qual se originou na denúncia n° 12.237, recebida na Secretaria da Comissão em 22 de novembro de 1999.

A Comissão apresentou a demanda para que a Corte decidisse se o Estado brasileiro era responsável pela violação dos direitos consagrados nos artigos 4, 5, 8 e 25 que tutelam respectivamente o: direito à vida, direito à integridade pessoal, garantias judiciais e a proteção judicial) da Convenção Americana, com relação à obrigação estabelecida no art. 1.1, obrigação de respeitar os direitos, em desfavor do senhor Damião Ximenes Lopes, portador de deficiência mental, pelas supostas condições desumanas e degradantes da sua hospitalização; pelos alegados golpes e ataques contra a integridade pessoal de que se alega ter sido vítima perpetrados pelos funcionários da Casa de Repouso Guararapes, por sua morte enquanto estava submetido a tratamento psiquiátrico; bem como pela suposta falta de investigação e garantias judiciais que caracterizam o caso[192].

---

[191] CORTE IDH. *Caso Ximenes Lopes versus Brasil*. Fundo, reparação e custas. Sentença de 04 de julho de 2006. Série C. n. 149. Disponível em:< https://www.corteidh.or.cr/docs/casos/articulos/seriec_149_por.pdf > Acesso em: 16 de janeiro de 2023.

[192] CORTE IDH. *Caso Ximenes Lopes versus Brasil*. Fundo, reparação e custas. Sentença de 04 de julho de 2006. Série C. n. 149. Disponível em:< https://www.corteidh.or.cr/docs/casos/articulos/seriec_149_por.pdf > Acesso em: 16 de janeiro de 2023.

No caso, a suposta vítima foi internada no dia 1 de outubro de 1999 para receber tratamento psiquiátrico na Casa de Repouso Guararapes, instituição privada, que atuava no âmbito do Sistema Único de Saúde (SUS) e faleceu três dias após sua internação, mais especificamente em 04 de outubro de 1999.

Diante dos fatos ocorridos, apenas em 27 de março de 2000, o representante do Ministério Público apresentou à Terceira Vara da Comarca de Sobral acusação criminal contra Sérgio Antunes Ferreira Gomes, Carlos Alberto Rodrigues dos Santos, André Tavares do Nascimento e Maria Salete Moraes de Mesquita, como incursos no delito de maus-tratos seguido de morte na Casa de Repouso Guararapes, tipificado no artigo 136 do Código Penal.

Assim, a citação dos acusados para fins de interrogatório foi realizada em 10 de abril de 2000 e culminou com o interrogatório ocorrido em 24 de abril de 2000, perante a Terceira Vara da Comarca de Sobral, os procedimentos próprios do rito foram praticados até que a partir de 24 de maio de 2000 e por cerca de dois anos, a citada vara limitou-se a realizar audiências, muitas delas adiadas e interrompidas por diferentes motivos, como por exemplo: impossibilidade de comparecimento da juíza, avançado da hora, força maior, falta de intimação ao acusado.

Nessa sistemática, no dia 17 de junho de 2004, o juízo competente, depois de salientar que os trabalhos na Comarca se encontravam atrasados em virtude do volume de serviço e de afirmar que ele após passar 90 dias afastado de suas funções por férias e licença médica, recebeu o aditamento da denúncia e determinou a citação dos novos réus, bem como sua intimação para que prestassem declaração.

Ato seguinte em 14 de fevereiro de 2005, a Secretaria do juízo competente remeteu os autos conclusos ao juiz. Em suma, o processo penal pela morte do senhor Damião Ximenes Lopes permaneceu à espera da prolação de uma decisão interlocutória que resolvesse o pleito de suspensão da apresentação de alegações finais até a data de prolação da sentença pela Corte IDH, o que significa dizer que, o procedimento penal teve início em 27 de março de 2000 com a interposição da denúncia pelo Ministério Público até a data de ainda não foi finalizado, já que não foi proferida sentença em primeira instância.

Outro ponto que merece destaque e que deve ser ressaltado na pesquisa foi o ajuizamento da Ação de Indenização por Danos Morais em 06 de julho de 2000, pela genitora do falecido, a qual foi distribuída para a 5ª Vara Cível tendo como réus em litisconsórcio passivo facultativo a Casa de Repouso Guararapes, Sérgio Antunes Ferreira Gomes e Francisco Ivo de Vasconcelos.

Em 20 de junho de 2001, a 5ª Vara Cível, ordenou, como prova pericial, a realização da exumação do cadáver da suposta vítima, e no relatório conclusivo foi mencionada mais uma vez, a morte real de causa indeterminada.

Para melhor apurar os fatos em 15 de agosto de 2003, a 5ª Vara Cível solicitou à 5ª Vara Criminal informação pormenorizada sobre a ação penal apurando a morte do senhor Damião Ximenes Lopes, em 19 de agosto de 2003, o juízo criminal informou que o processo se encontrava na fase de alegações finais pelas partes. Assim, em 29 de agosto de 2003, a 5ª Vara Cível resolveu suspender o processo civil pelo prazo máximo de um ano para esperar a resolução da ação penal. Como houve, no processo criminal o aditamento da denúncia pelo Ministério Público o processo cível permaneceu sem prolação de sentença.

É preciso entender quais os elementos e critérios adotados pela Corte nesse caso emblemático, assim nesta oportunidade serão apresentadas as considerações exaradas pelos juízes[193] que participaram do julgamento, como parte integrante da fundamentação e da acepção dos fatos ocorridos.

Inicialmente foi citado *ipsi literis*, o preconizado no art. 8.1 da Convenção Americana que estabelece o direito de toda pessoa a ser ouvida dentro de um prazo razoável, com as devidas garantias por um juiz ou tribunal competente, independente e imparcial, *"na apuração de qualquer acusação penal formulada contra ela, ou para que se determinem seus direitos ou obrigações de natureza civil, trabalhista, fiscal ou de qualquer outra natureza[194]"*.

Como encadeamento lógico na fundamentação seguinte foi citado o art. 25 da Convenção Americana ao assegurar que:

> *"Toda pessoa tem direito a um recurso simples e rápido ou a qualquer outro recurso efetivo, perante os juízes ou tribunais competentes, que a proteja contra atos que violem seus direitos fundamentais reconhecidos pela constituição, pela lei ou pela presente Convenção, mesmo quando tal violação seja cometida por pessoas que estejam atuando no exercício de suas funções oficiais.[195]"*

A Corte de forma clara reconheceu a violação às Garantias judiciais inseridas no art. 8° e a violação a Proteção Judicial contida no art. 25 da Convenção Americana, já que a prestação jurisdicional não foi prestada a contento, devido à demora excessiva na investigação criminal, na tramitação dos processos, inclusive da Ação de Reparação por Danos Morais e dos respectivos julgamentos.

E prosseguiu aduzindo que os órgãos que deveriam outorgar a Proteção Judicial violaram direito fundamental ao retardar o julgamento de ambos os processos.

[193] Participaram do julgamento os juízes: Sergio García Ramírez (Presidente); Alirio Abreu Burelli (Vice-Presidente); Antônio Augusto Cançado Trindade (Juiz); Cecilia Medina Quiroga (Juíza); Manuel E. Ventura Robles (Juiz); e Diego García-Sayán (Juiz).

[194] BRASIL, Senado Federal. *Convenção Americana de Direitos Humanos*. 4ª ed. Brasília: Senado Federal, Coordenação de Edições Técnicas, 2013.

[195] BRASIL, Senado Federal. *Convenção Americana de Direitos Humanos*. 4ª ed. Brasília: Senado Federal, Coordenação de Edições Técnicas, 2013.

No caso em comento, a Corte reconheceu o retardamento da prestação jurisdicional em desfavor dos familiares do falecido, aduzindo que o processo penal que se iniciou para investigar, identificar e sancionar os responsáveis pelos maus-tratos e pela morte do senhor Damião Ximenes Lopes ainda estava pendente quando já havia decorrido mais de seis anos da data dos fatos, ausente ainda a sentença de primeira instância.

É interessante notar que nesse julgado a Corte declarou expressamente que não havia também sentença prolatada na Ação Civil de reparação com pleito de compensação pelos danos, aduzindo assim um retardamento no julgamento tanto na esfera cível quanto na esfera penal, abarcando nesta a atividade investigativa.

Nesse cenário a Corte Interamericana julgou coerente e oportuno examinar tanto as diligências próprias da investigação policial, bem como as realizadas no processo penal e as adotadas ou omitidas na Ação de Reparação de danos na esfera cível que tramitavam no âmbito interno do Estado-parte brasileiro.

Assim, para o exame a Corte estabeleceu como ponto de partida a verificação dos procedimentos investigativos, penais e cíveis foram feitos nos termos preconizados nos artigos 8° e 25 da Convenção Americana, com relação aos familiares do falecido.

Outro ponto de análise que coube a Corte foi constatar se os procedimentos foram desenvolvidos com respeito às garantias judiciais, em um prazo razoável, e se ofereceram um recurso efetivo para assegurar os direitos de acesso à justiça, de conhecimento da verdade dos fatos e de reparação aos familiares.

O Tribunal recordou ser princípio básico do direito da responsabilidade internacional do Estado, amparado no Direito Internacional dos Direitos Humanos, a responsabilização internacional do Estado por atos ou omissões de quaisquer de seus poderes ou órgãos em violação dos direitos internacionalmente consagrados, nos termos estabelecidos no art. 1.1, 8° e 25 da Convenção.

Assim, entendeu que o Estado brasileiro deixou de proporcionar recursos judiciais efetivos às vítimas de violações dos direitos humanos e não observou as regras do devido processo legal insertas no art. 8.1 da Convenção Americana, deixou de garantir o livre e pleno exercício dos direitos reconhecidos pela Convenção às pessoas que estão sob sua jurisdição.

Na seara do processo penal a Corte entendeu que o prazo razoável disposto no art. 8.1 da Convenção começa quando se apresenta o primeiro ato de procedimento contra determinada pessoa como provável responsável por determinado delito e termina quando se profere sentença definitiva.

Nessa lógica, para examinar se o prazo foi razoável, nos termos do artigo 8.1 da Convenção, a Corte levou em consideração três elementos: a) a complexidade do assunto; b) a atividade processual do interessado; e c) a conduta das autoridades judiciais.

No caso *sub judice,* o prazo em que se desenvolveu o procedimento penal não foi razoável, já que o processo se arrastou por mais de 75 meses desde o seu início, sem que fosse proferida sentença de primeira instância e sem que fossem apresentadas razões plausíveis para justificar esta demora.

Na análise dos elementos fixados pela Corte acima descritos esta entendeu não haver complexidade do caso por se tratar de uma única vítima, pontuou as diversas atividades processuais proativas realizadas pelos interessados (familiares do falecido) e a conduta omissiva e retardatária do Poder Judiciário brasileiro.

Assim, o retardamento no julgamento da ação criminal trouxe de forma reflexa, repercussões para a reparação civil pelos danos ocasionados por um ato ilícito, por estar atrelada ao reconhecimento do crime. Por esta razão, na ação civil de reparação de danos não foi proferida sentença em primeiro grau de jurisdição, ou seja, o retardo na prestação jurisdicional na ordem penal impediu que as familiares da vítima, obtivessem compensação civil.

No julgamento a Corte concluiu que o Estado brasileiro não proporcionou aos familiares da vítima um recurso efetivo para garantir o acesso à justiça, bem como a determinação da verdade dos fatos, a investigação, identificação, a eventual punição dos responsáveis e a reparação das violações descritas e reconheceu a responsabilidade pela violação dos direitos às garantias judiciais e à proteção judicial consagrados nos artigos 8.1 e 25.1 da Convenção Americana, em relação com o art.1.1. Fixou também danos materiais para os familiares da vítima.

Em voto o juiz da Corte Antônio Augusto Cançado Trindade, pontuou as dimensões éticas e jurídicas do comportamento processual do caso em exame, ao asseverar:

> "a) a centralidade do sofrimento das vítimas no Direito Internacional dos Direitos Humanos; b) o reconhecimento de responsabilidade internacional pelo Estado demandado; c) o direito de acesso à justiça lato sensu na indissociabilidade entre os artigos 25 e 8 da Convenção Americana; d) o direito de acesso à justiça como direito à pronta prestação jurisdicional; e) a aplicabilidade direta da Convenção Americana no direito interno e as garantias de não-repetição dos fatos lesivos; e f) a necessidade de ampliação do conteúdo material do jus cogens. [196]"

Nos termos do voto transcrito constata-se que a Corte tem por escopo cumprir o dever de prestação jurisdicional efetiva dentro de um prazo razoável respeitando o disposto na Convenção Americana, em contraste com o ocorrido

---

[196] CORTE IDH. *Caso Ximenes Lopes versus Brasil.* Fundo, reparação e custas. Voto proferido por Antônio Augusto Cançado Trindade na Sentença de 04 de julho de 2006. Série C. n. 149. Disponível em:< https://www.corteidh.or.cr/docs/casos/articulos/seriec_149_por.pdf > Acesso em: 16 de janeiro de 2023.

no plano do direito interno, - o que vem ressaltar a relevância da jurisdição internacional.

Nessa toada, o acesso à justiça *lato sensu* tem sido consagrado há anos no seio da jurisprudência da Corte, que o faz interpretando e conjugando de forma indissociável os princípios e direitos inseridos nos artigos 8º e 25 da Convenção Americana de Direitos Humanos.

Vale citar a posição de Cançado Trindade:

> "A respeito, em meu recente e extenso Voto Separado no caso do Massacre de Pueblo Bello versus Colômbia (Sentença de 31.01.2006), abordei, em seqüência lógica, o amplo alcance do dever geral de garantia (artigo 1(1) da Convenção Americana) e as obrigações *erga omnes* de proteção (pars. 2- 13), a gênese, ontologia e hermenêutica dos artigos 25 e 8 da Convenção Americana (pars. 14-21), a irrelevância da alegação de dificuldades de direito interno (pars. 22-23), o direito a um recurso efetivo na construção jurisprudencial da Corte Interamericana (pars. 24-27); em seguida, examinei a indissociabilidade entre o acesso à justiça (direito a um recurso efetivo) e as garantias do devido processo legal (artigos 25 e 8 da Convenção Americana) (pars. 28-34), e concluí que tal indissociabilidade, consagrada na jurisprudencia constante da Corte até o presente (pars. 35-43), constitui "um patrimônio jurídico do sistema interamericano de proteção e dos povos de nossa região", razão pela qual "me oponho firmemente a qualquer tentativa de desconstruí-lo.[197]"

Não se pode permitir que o retardo na prestação jurisdicional ocorra. Essa omissão vai de encontro à busca da celeridade que se faz cada vez mais presente na jurisdição contemporânea, haja vista que, o critério determinativo da função jurisdicional desloca-se cada vez mais rumo à concretização da justiça e celeridade com observância do devido processo legal[198].

Desta forma se verifica a preocupação da Corte com a temática do acesso à justiça, dos recursos efetivos e da garantia da razoável duração do processo assegurando os direitos consagrados nos artigos 8º e 25 da Declaração Americana nos casos que lhe são submetidos para julgamento, o que representa um avanço jurisprudencial substancial.

2.1. O reconhecimento pelo Superior Tribunal de Justiça da problemática das dilações processuais indevidas com referência à Corte IDH

---

[197] CORTE IDH. *Caso Ximenes Lopes versus Brasil.* Fundo, reparação e custas. Voto proferido por Antônio Augusto Cançado Trindade na Sentença de 04 de julho de 2006. Série C. n. 149. Disponível em:< https://www.corteidh.or.cr/docs/casos/articulos/seriec_149_por.pdf > Acesso em: 16 de janeiro de 2023.

[198] MANCUSO, Rodolfo de Camargo. *A resolução dos conflitos e a função judicial no Contemporâneo Estado de Direito.* São Paulo: Revista dos Tribunais, 2009, p. 313.

Para a realização da pesquisa jurisprudencial foram inseridas no campo destinado a "pesquisa de jurisprudência do STJ" as palavras-chave: *"Corte; Interamericana; Direitos; Humanos; Razoável; Duração; Processo"* e foram encontrados no sítio oficial do STJ quatro acórdãos assim identificados: (i) AgRg no HC 708653 –PE. Agravo Regimental no *Habeas Corpus* 2021/0378350-0, tendo como Relator o Ministro Reynaldo Soares da Fonseca, como órgão julgador a quinta turma, data de julgamento: 15/03/2022 e publicação no DJe em 18/03/2022; (ii) HC 419623- PE, *Habeas Corpus* 20170260065-4. Relator Ministro Rogerio Schietti Cruz, órgão julgador a sexta turma, data de julgamento: 25/09/2018 e publicação no DJe em 09/10/2018; (iii) REsp 1383776-AM, Recurso Especial 20130140568-8, Relator OG Fernandes, órgão julgador a segunda turma, data de julgamento: 06/09/2018 e publicação no DJe em 17/09/2018; (iv) IDC 5 – PE, Incidente de Deslocamento de Competência 20140101401-7, Relator Ministro Rogerio Schietti Cruz, órgão julgador a terceira seção, data de julgamento: 13/08/2014 e publicação no DJe em 01/09/2014[199].

Nota-se que, nos processos (i), (ii) e (iv) foram analisadas questões atinentes a razoável duração do processo na seara do Direito Processual Penal fazendo uma conjugação com a jurisprudência emanada da Corte IDH no tocante à temática tratada.

Entretanto, devido à linha de pesquisa correlata será examinado na presente pesquisa a decisão (iii) emanada no Recurso Especial 20130140568-8, de relatoria do Ministro OG Fernandes da segunda turma julgado em 06/09/2018, publicado em 17/09/2018, tendo como recorrente Mila Maria Braga Braz, como recorrido o Estado do Amazonas, por se tratar de julgamento envolvendo a demora na determinação do despacho de citação em Ação de Execução de Alimentos, cujo rito estava contido no art. 733 do CPC de 1973.

Necessária, portanto, uma descrição sumária do caso para a devida contextualização e entendimento. As duas filhas menores devidamente representadas pela recorrente ajuizaram em primeira instância no dia 2/11/2004 Ação de Execução de prestação alimentícia. Ocorre que, o despacho de citação do executado (devedor) só foi proferido em 3/5/2007. Nessa senda, a recorrente ajuizou em face do Estado do Amazonas Ação de Indenização por Danos Morais ao aduzir a excessiva delonga no necessário impulso oficial ao processo acarretando o dever de indenizar do Estado em prol de suas filhas menores que ficaram privadas do recebimento da verba alimentar consubstanciada na pensão alimentícia que lhes era devida por longo e injustificável prazo. Na Ação Indenizatória o magistrado de piso julgou parcialmente procedente o pedido para condenar o Estado do Amazonas a

---

[199]BRASIL, Superior Tribunal de Justiça. *Recurso Especial n.° 20130140568-8,* relatoria do Ministro OG Fernandes da segunda turma, julgado em 06/09/2018, publicado em 17/09/2018. Disponível em: <
https://processo.stj.jus.br/processo/pesquisa/?aplicacao=processos.ea&tipoPesquisa=tipoPesquisaGenerica&termo=REsp%201383776> Acesso em: 27 de janeiro de 2023.

indenizar as crianças no valor de 30 (trinta) salários mínimos. . Em virtude da condenação foi interposto pelo réu o Recurso de Apelação que por sua vez foi conhecido e provido pelo Tribunal de Justiça do Estado do Amazonas para cassar a sentença de primeiro grau e julgar improcedente o pleito autoral, em acórdão fundamentado na premissa de que a *"simples demora em virtude de situações normais ao trâmite dos processos, tais como excesso de serviço ou de recursos não caracteriza ato ilícito apto a caracterizar danos morais[200]".*

Cabe ainda consignar que o despacho de citação só foi proferido após os inúmeros pleitos protocolizados pela recorrente tanto no juízo de origem quanto aos endereçados ao Presidente do Tribunal de Justiça do Estado do Amazonas no sentido de requerer providências para o andamento do feito.

Nesse particular, com o objetivo de reformar o acórdão exarado foi interposto o Recurso Especial tendo como fundamentação a existência de violação do disposto nos arts. 125, II e IV, 133, II e parágrafo único, 141, V, 189, II, 198, 262, 575, II, do Código de Processo Civil de 1973 (Diploma vigente e aplicável à época dos fatos); 35, II e III, 49, II, e parágrafo único, da Lei Orgânica da Magistratura Nacional; 1° e 13 da Lei n. 5.478/1965.

Nesse intento, a recorrente alegou que o magistrado de primeiro grau não velou pela rápida solução do litígio, já que o juiz retardou, sem justo motivo a prolação do despacho citatório, providência que deveria ordenar de ofício, ou a requerimento da parte, em nítido descumprimento do disposto no Art. 189 do CPC de 73, ou seja, arguiu que o juiz excedeu de modo injustificado o prazo para ordenar a simples citação do executado devedor da verba alimentar, especialmente em face do rito especial da ação alimentar.

Cabe ressaltar que, a decisão foi proferida utilizando o CPC de 1973, em cumprimento a regra de direito intertemporal contida no art. 1.046 § 1° CPC atual.

No julgamento do Recurso Especial o ministro relator no exame da admissão do recurso preliminarmente ressaltou que não se tratava de reexame dos fatos ou de reexame de provas no julgamento, já que a situação fática e probatória restou fixada nas instâncias ordinárias, sendo inconteste o fato da propositura da Ação de Execução ter ocorrido em 2/11/2004 e o despacho de citação do executado ter sido exarado em 3/5/2007. Igualmente asseverou que não havia discussão sobre as diversas petições protocoladas pelas exequentes no intuito de outorgar o prosseguimento do feito, sendo, portanto, inaplicável o verbete da Súmula 07 do STJ. Em suma o relator entendeu na análise de Recurso Especial que não se estava pleiteando *"incursão na seara fática da causa, mas tão*

---

[200] BRASIL, Superior Tribunal de Justiça. *Recurso Especial n.° 20130140568-8,* relatoria do Ministro OG Fernandes da segunda turma, julgado em 06/09/2018, publicado em 17/09/2018. Disponível em: <
https://processo.stj.jus.br/processo/pesquisa/?aplicacao=processos.ea&tipoPesquisa=tipoPesquisaGenerica&termo=REsp%201383776> Acesso em: 27 de janeiro de 2023.

somente revaloração jurídica dos fatos (...) é de se reconhecer que se revestem de plausibilidade e maior coerência com a situação retratada nos autos[201]*."* Firme na fundamentação elencada, após o juízo positivo de admissibilidade do recurso passou ao exame do mérito.

Decerto, ainda, na parte meritória o ministro entendeu pela presença da responsabilidade civil do Estado e aduziu a primeira sentença condenatória contra o Estado brasileiro proferida pela Corte IDH no caso Ximenes Lopes *versus* Brasil em que o Estado brasileiro foi condenado a indenizar os pais e os irmãos de Damião Ximenes Lopes em mais de US$130 mil, mediante pagamento direto aos beneficiários, além de sanções não pecuniárias diversas, dispondo a Corte que o Estado deve, dentre outras obrigações: garantir, em um prazo razoável, que o processo interno para investigar e julgar os responsáveis pelos fatos do caso surta os devidos.

Ainda no voto o ministro relator aduziu a prolação de outra sentença condenatória contra o Brasil em 23 de setembro de 2009 pela não entrega da prestação jurisdicional em tempo razoável, como, por exemplo, no caso Garibaldi *versus* Brasil[202].

Acompanhando o voto o relator, a Turma, por unanimidade, deu provimento ao recurso, esclarecendo que participaram do julgamento os Srs. Ministros Mauro Campbell Marques, Assusete Magalhães, Francisco Falcão (Presidente) e Herman Benjamin.

Constata-se que a decisão proferida pelo STJ entendeu que não é mais aceitável nos dias atuais que se negue ao jurisdicionado a tramitação do processo em tempo razoável, com base na Constituição, nas leis brasileiras e nas reiteradas condenações do Brasil perante a Corte Interamericana de Direitos Humanos.

2.2. O Código de Processo Civil de 2015 e as preocupações do legislador infraconstitucional com a razoável duração do processo

O Código de Processo Civil vigente em sua parte inicial, mais precisamente na parte geral, livro I, no título único, no capítulo I foi estruturado de modo a evidenciar as normas fundamentais do processo civil.

Nesse sentido permeado por forte simbologia o art. 1 ° do CPC determina de forma inaugural e expressa que *"o processo civil será ordenado, disciplinado e*

---

[201] BRASIL, Superior Tribunal de Justiça. *Recurso Especial n.° 20130140568-8,* relatoria do Ministro OG Fernandes da segunda turma, julgado em 06/09/2018, publicado em 17/09/2018. Disponível em: < https://processo.stj.jus.br/processo/pesquisa/?aplicacao=processos.ea&tipoPesquisa=tipoPesquisaGenerica&termo=REsp%201383776> Acesso em: 27 de janeiro de 2023.

[202] CORTE IDH. *Caso Garibaldi versus Brasil.* Exceções preliminares, mérito, reparação e custas. Disponível em:< https://www.corteidh.or.cr/docs/casos/articulos/seriec_203_por.pdf> Acesso em: 16 de janeiro de 2023.

interpretado conforme os valores e as normas fundamentais estabelecidos na Constituição da República Federativa do Brasil[203]*.*" o que evidencia a constitucionalização do Direito Processual como uma substancial preocupação do legislador infraconstitucional pátrio como forma de registrar a força normativa da Constituição, calcado nas características do Direito contemporâneo.

Para Cândido Rangel Dinarmarco trata-se na verdade de *"condensação metodológica e sistemática dos princípios constitucionais do processo"* e prossegue o doutrinador advertindo não tratar-se o direito processual constitucional de um ramo autônomo, e sim de uma colocação científica com o intuito de examinar o processo em suas relações com os valores humanos, políticos, econômicos e culturais de um Estado Democrático de Direito[204].

Em verdade, a concepção de devido processo legal deve ser entendida a partir da garantia de matriz constitucional do processo sem dilações indevidas, *"porquanto justiça tardia não é verdadeira justiça."* É sabido que *"o decurso do tempo é muitas vezes causador do perecimento de direitos ou de insuportáveis angústias pela espera de uma tutela jurisdicional."* [205]

No que diz respeito à razoável duração do processo, o CPC no art. 4º e no art. 6º estabeleceu que as *"partes têm o direito de obter em prazo razoável a solução integral do mérito, incluída a atividade satisfativa"* e ao disciplinar o princípio da cooperação processual asseverou que os sujeitos do processo devem cooperar para que se obtenha, em tempo razoável, decisão de mérito justa e efetiva. E mais adiante, no título IV, capítulo I que trata dos poderes, deveres e responsabilidades do juiz preconizou no art. 139, II que o magistrado deve velar pela duração razoável do processo.

Outro ponto que merece destaque é o princípio da instrumentalidade do processo. Nesse toada, a abalizada doutrina pátria ensina que *"o processo é o meio de culto das liberdades públicas mediante defesa dos indivíduos e das entidades em que se agrupam contra os demandados do Estado."* [206]

Nesse aspecto, outro elemento importante é que o processo deve ser entendido a partir de seus escopos, de suas finalidades, as quais permitirão ao intérprete definir as premissas e juízos a partir da análise do caso concreto e do raciocínio hermenêutico que deve também ser realizado pelo julgador.

Para Cândido Rangel Dinamarco "o processo civil de resultados possui íntima aderência à missão social do processo e à teoria geral do processo civil".

---

[203] BRASIL, *Código de Processo Civil.* Disponível em< https://www.planalto.gov.br/ccivil_03/_ato2015-2018/2015/lei/l13105.htm > Acesso em: 20 de janeiro de 2023.

[204] DINARMARCO, Cândido Rangel; Gustavo Henrique Righi Ivahy Badaró; Bruno Vasconcelos Carrilho Lopes. *Teoria Geral do Processo.* 32ª ed. rev. e ampl. São Paulo: Malheiros, 2020, p. 66.

[205] DINARMARCO, Cândido Rangel. Op. cit., p. 84.

[206] DINARMARCO, Cândido Rangel. Op. cit., p. 66

Essa premissa "consiste este postulado na consciência de que o valor de todo o sistema processual reside na capacidade, que tenha, de propiciar ao sujeito que tiver razão, uma situação melhor do que aquela em que se encontrava antes do processo." [207]

Nessa esteira, o doutrinador Paulo Cezar Pinheiro Carneiro assevera que: o exercício adequado da atividade jurisdicional pressupõe que o Estado possa oferecer a tutela definitiva ou mesmo o cumprimento da obrigação objeto do processo de execução, de forma efetiva, rápida, equilibrada e proveitosa[208]."De que adianta oportunizar o "acesso à justiça" e permitir que o Estado-juiz que tem a missão de garantir a prestação jurisdicional efetiva o faça de forma demorada? Esse não é o escopo da jurisdição.

Aliás, para Luiz Fux, presidente da Comissão de Juristas[209] encarregada de elaborar Anteprojeto do Novo Código de Processo Civil, pelo Ato n.º 379 de 2009 emanado pelo Presidente do Senado Federal, o Código "teve como ideologia norteadora dos trabalhos a de conferir maior celeridade à prestação jurisdicional, no afã de cumprir a promessa constitucional da duração razoável do processo." [210]

Nesse toada, a cláusula pétrea constitucional da inafastabilidade do controle jurisdicional contida no inciso XXXV do art. 5º da Carta Maior deve ser exercida de forma a prestar ao jurisdicionado "uma resposta justa e tempestiva."

É certo que as reformas empreendidas a partir da década de 1990, tanto no âmbito processual quanto no âmbito constitucional não tiveram o condão de afastar a grande celeuma contemporânea do retardo na prestação da jurisdição no Brasil. Assim, com o intuito de rechaçar ou minimizar a irrazoável duração do processo[211] e o problema latente da morosidade da justiça é que a Comissão trabalhou.

O CPC vigente foi projetado mediante o reavivamento das advertências constantes nas declarações universais de Direitos Humanos, "de que um país que ostenta uma justiça morosa também ostenta uma justiça inacessível"[212].

---

[207] DINARMARCO, Cândido Rangel. Op. cit., p. 32.

[208] CARNEIRO, Paulo Cezar Pinheiro. *O Novo Processo Civil Brasileiro*. 2ª ed. Rio de Janeiro: Forense, 2021, p. 241.

[209] Cabe o registro que a Comissão de Juristas foi composta pelos professores Luiz Fux (Presidente), Teresa Arruda Alvim Wambier (Relatora), Adroaldo Furtado Fabrício, Humberto Theodoro Júnior, Paulo Cezar Pinheiro Carneiro, José Roberto dos Santos Bedaque, José Miguel Garcia Medina, Bruno Dantas, Jansen Fialho de Almeida, Benedito Cerezzo Pereira Filho, Marcus Vinícius Furtado Coelho e Elpídio Donizetti.

[210] FUX, Luiz. *O novo processo civil brasileiro (direito em expectativa) Reflexões acerca do projeto do novo código de processo civil. Coordenador Luiz Fux*. Rio de Janeiro: Forense, 2011, p. 1.

[211] CAPPELLETTI, Mauro. *Aspectos sociales y políticos del procedimiento civil*. In: Proceso, ideologias, sociedad. Buenos Aires: EJEA, 1974, p. 33.

O Presidente da Comissão de Juristas pontuou que:

> A ideia de que 37 (trinta e sete) anos depois do código de 1973, impunha-se a elaborar um novo ordenamento, atenta aos novos reclamos eclipsados na cláusula constitucional da duração razoável dos processos, a Comissão, à luz desse ideário maior entendeu erigir nóveis institutos e abolir outros que se revelaram ineficientes ao longo do tempo, com escopo final de atingir a meta daquilo que a genialidade do processualista denominou uma árdua tarefa para os juízes: "Fazer bem e depressa." [213]

Sobre as mutações que vem atingindo o processo, Barbosa Moreira[214] já destacava que "se toma consciência cada vez mais clara da função de instrumento do processo e da necessidade de fazê-lo desempenhar de maneira efetiva o papel que lhe toca".

Ora, um dos problemas contemporâneos do processo é a sua duração, fenômeno esse que como já dito anteriormente não é exclusivo do Brasil, aliás o doutrinador Italiano Vicenzo Vigoriti[215] já alertava nesse sentido.

Conforme ensina Cândido Rangel Dinamarco: "as significativas inovações legislativas ocorridas nas últimas décadas (...) põem o observador atento no epicentro de acontecimentos razoavelmente definidos e analisados, com a possibilidade de identificar os rumos de uma evolução possível e já insinuada.[216]"

Com o processo de fortalecimento do Estado Democrático de Direito no Brasil e sob a inspiração da premissa justiça tardia não é justiça, expressos no ideal de segurança jurídica e na jurisdição regular e efetiva que deve ser prestada em tempo razoável[217] é que se desenvolverá a presente pesquisa.

3. SÍNTESE DAS JUSTIFICATIVAS E DE BIBLIOGRAFIA

Nesse passo, a pesquisa em desenvolvimento vislumbrou os seguintes desafios: (i) evidenciar quais os critérios utilizados pela Corte IDH para definir

---

[212] FUX, Luiz. Op. cit., p. 3.

[213] FUX, Luiz. Op. cit., p. 3.

[214] BARBOSA MOREIRA, José Carlos. Tendências contemporâneas no direito processual civil. In: *Temas de direito processual.* Terceira série. São Paulo: Saraiva, 1984, p. 2.

[215] VIGORITI, Vicenzo. *Durata del giusto processo.* Milano: Giuffrè, 2002.

[216] DINAMARCO, Cândido Rangel. O futuro do processo civil brasileiro. *In: Fundamentos do processo civil moderno,* t. II. São Paulo: Malheiros, 2000, p. 726.

[217] NÓBREGA, Guilherme Pupe da. O CPC/2015 e a Tutela Provisória de Urgência Antecipada. *In: Processo Civil em Debate.* Organizado por Janete Ricken Lopes de Barros e Guilherme Pupe da Nóbrega. IDP. Brasília: 2015, p 59. Disponível: http://www.idp.org.br/component/docman/doc_download/906direito-processual-civil. Acesso em: 23 de janeiro de 2023.

com maior grau de objetividade quais os parâmetros empregados para definir o tempo razoável de duração de um processo, com a utilização das sentenças proferidas pela Corte e da doutrina internacionalista de Antônio Augusto Cançado Trindade (TRINDADE, Antônio Augusto Cançado. *Tratado de Direito Internacional dos Direitos Humanos*, Volume I, 2ª ed., Porto Alegre, Sérgio Antônio Fabris Editor, 2003.)

Outro desafio foi o de (ii) compreender, portanto, a essencialidade da acepção do conceito da razoável de duração do processo; já que "os tempos hodiernos reclamam por uma justiça acessível ao povo que conceda ao cidadão uma resposta justa e tempestiva" (FUX, Luiz. *O novo processo civil brasileiro (direito em expectativa) Reflexões acerca do projeto do novo código de processo civil. Coordenador Luiz Fux.* Rio de Janeiro: Forense, 2011, p.2).

E nesse sentido (iii) comprovou como o STJ aplica e incorpora as sentenças proferidas pela Corte IDH com ênfase no Direito Processual Civil.

4. CONSIDERAÇÕES FINAIS

A presente pesquisa, por óbvio não teve nenhuma pretensão de esgotar o assunto e nem tampouco de trazer conclusões integrais sobre a complexa temática tratada.

Nessa toada, o estudo iniciou uma análise que certamente revelou especificidades, aliás como ensinava Kazuo Watanabe, torna-se imprescindível destacar que empreitadas ambiciosas requerem, antes de qualquer coisa, uma nova postura mental"[218].

Tem-se, a importante tarefa de propiciar uma leitura da garantia constitucional da razoável duração do processo para além do direito processual civil brasileiro o compatibilizando com as diretrizes próprias e com os postulados do Direito Internacional, especialmente das diretrizes contidas na Declaração Americana de Direitos Humanos.

Fincadas essas premissas, tem-se, assim a pretensão de alertar ao leitor acerca da necessidade de entender o Direito Internacional Público como um importante vetor para viabilizar a hermenêutica de entendimento e de interpretação da garantia da razoável duração do processo.

Dessa forma, conclui-se que, a concepção clássica e hermética de processo civil deve se acoplar e dar lugar à acepção do direito internacional dos direitos humanos.

O formalismo que permeia interpretações doutrinárias e jurisprudenciais e que acabam por sufocar o direito material do jurisdicionado precisam dar lugar a

---

[218] Kazuo Watanabe assevera que *"a problemática do acesso à justiça não pode ser estudada nos acanhados limites do acesso aos órgãos jurisdicionais já existentes"*. WATANABE, Kazuo. Acesso à justiça e sociedade moderna. In: *Participação e processo.* São Paulo: Revista dos Tribunais, 1988, p. 128.

uma nova forma de interpretação e de aplicação do processo civil numa perspectiva de respeito aos postulados contidos nas Convenções e Tratados internacionais dos quais o Brasil é signatário.

É imperioso reconhecer que muitos desafios se encontram no caminho. Um desses diz respeito à soberania do país e aos precedentes advindos dos tribunais superiores. Entretanto, é preciso também perquirir acerca de um controle de convencionalidade das decisões proferidas pelo Estado brasileiro.

Nessa esteira, notadamente cabe trazer a tona que a EC n.°45/2004 não teve o condão de facilitar ou de pacificar a recepção de Tratados Internacionais de Direitos Humanos pelo ordenamento jurídico interno, ao revés, após sua promulgação tornou-se possível que tratados com essa mesma natureza coexistam no país em graus de hierarquia categoricamente distintos, olvidando-se do fato de que o fio condutor que recomenda a necessidade da recepção sob um estrato hierárquico substancial não é o aspecto formalístico da norma, mas sim a sua natureza protetiva dos Direitos Humanos.[219]

O processo de transnacionalização global atual por óbvio traz consequências que exigem a modificação do conceito de soberania[220], notadamente diante das crescentes violações aos direitos humanos dos grupos vulneráveis que reivindicam o lugar para a consagração de uma soberania compartilhada em uma ambiência internacionalista.

Ademais, o Estado Democrático de Direito não comporta uma concepção unicamente fundada no Estado, como um fim em si mesmo, assim, na democracia todos os indivíduos, detêm uma parte da soberania[221].

Nesse compasso não há mais espaço para a retórica simplista e universalista dos direitos humanos, urge seu reconhecimento e proteção, como uma verdade prática, para fundamentar a legitimação do Estado brasileiro, tanto em âmbito interno, quanto em âmbito externo, perante a comunidade internacional.

Através da pesquisa, fruto de uma vigilância epistemológica, constatou-se que a jurisprudência brasileira, especialmente daquela advinda do Superior Tribunal de Justiça não aplica a gramática decisória advinda da Corte IDH em

---

[219] VAL, Eduardo Manuel; SILVA, Paulo José Pereira Carneiro Torres da. *Reforma Constitucional para ratificação de tratados internacionais de Direitos Humanos: o fracasso da emenda constitucional 45/2004.* In: Revista Internacional Consinter de Direito, n° V, 2° semestre de 2017, p. 155 a 160. A expressão densidade constitucional forte é utilizada pelos citados autores quando se referem ao rito estatuído da EC 45/2004.

[220] VAL, Eduardo Manuel; LIMA, Simone Alvarez. Soberania e Nacionalidade: *As diferentes condutas dos Estados diante da apatridia na América Latina.* Scientia Iuris, Londrina, v. 21, n. 3, p.43-69, nov. 2017.

[221] BOBBIO, **op. cit.**, 2004, p. 47.

sua acepção principiológica e estrutural, no que se refere a razoável duração do processo.

REFERÊNCIAS BIBLIOGRÁFICAS:

BARBOSA MOREIRA, José Carlos. Tendências contemporâneas no direito processual civil. In: *Temas de direito processual*. Terceira série. São Paulo: Saraiva, 1984.

BOBBIO, Norberto. *A era dos direitos*. Tradução Carlos Nelson Coutinho; apresentação de Celso Lafer. Nova ed. 7ª reimpressão, Rio de Janeiro: Elsevier, 2004.

CARNEIRO, Paulo Cezar Pinheiro. *O Novo Processo Civil Brasileiro*. 2ª ed. Rio de Janeiro: Forense, 2021.

CAPPELLETTI, Mauro. *Aspectos sociales y políticos del procedimiento civil*. In: Proceso, ideologias, sociedad. Buenos Aires: EJEA, 1974.

CORTE IDH. *Caso Garibaldi versus Brasil*. Exceções preliminares, mérito, reparação e custas. Disponível em:< https://www.corteidh.or.cr/docs/casos/articulos/seriec_203_por.pdf> Acesso em: 16 de janeiro de 2023.

CORTE IDH. *Caso Ximenes Lopes versus Brasil*. Fundo, reparação e custas. Sentença de 04 de julho de 2006. Série C. n. 149. Disponível em:< https://www.corteidh.or.cr/docs/casos/articulos/seriec_149_por.pdf > Acesso em 16 de janeiro de 2023.

CORTE IDH. *Caso Ximenes Lopes versus Brasil*. Fundo, reparação e custas. Voto proferido por Antônio Augusto Cançado Trindade na Sentença de 04 de julho de 2006. Série C. n. 149. Disponível em:< https://www.corteidh.or.cr/docs/casos/articulos/seriec_149_por.pdf > Acesso em: 16 de janeiro de 2023.

DINAMARCO, Cândido Rangel. O futuro do processo civil brasileiro. *In: Fundamentos do processo civil moderno*, t. II. São Paulo: Malheiros, 2000.

_____. Gustavo Henrique Righi Ivahy Badaró; Bruno Vasconcelos Carrilho Lopes. *Teoria Geral do Processo*. 32ª ed. rev. e ampl. São Paulo: Malheiros, 2020.

FUX, Luiz. *O novo processo civil brasileiro (direito em expectativa) Reflexões acerca do projeto do novo código de processo civil. Coordenador Luiz Fux.* Rio de Janeiro: Forense, 2011.

MANCUSO, Rodolfo de Camargo. *A resolução dos conflitos e a função judicial no Contemporâneo Estado de Direito.* São Paulo: Revista dos Tribunais, 2009.

NÓBREGA, Guilherme Pupe da. *O CPC/2015 e a Tutela Provisória de Urgência Antecipada. In: Processo Civil em Debate.* Organizado por Janete Ricken Lopes de Barros e Guilherme Pupe da Nóbrega. IDP. Brasília: 2015, p 59. Disponível:

http://www.idp.org.br/component/docman/doc_download/906direito-processual-civil.
Acesso em: 23 de janeiro de 2023.

TRINDADE, Antônio Augusto Cançado. *Tratado de Direito Internacional dos Direitos Humanos*, Volume I, 2ª ed., Porto Alegre, Sérgio Antônio Fabris Editor, 2003.

VAL, Eduardo Manuel; SILVA, Paulo José Pereira Carneiro Torres da. *Reforma Constitucional para ratificação de tratados internacionais de Direitos Humanos: o fracasso da emenda constitucional 45/2004*. In: Revista Internacional Consinter de Direito, nº V, 2º semestre de 2017.

_____. LIMA, Simone Alvarez. Soberania e Nacionalidade: *As diferentes condutas dos Estados diante da apatridia na América Latina*. Scientia Iuris, Londrina, v. 21, n. 3, p.43-69, nov. 2017.

VIGORITI, Vicenzo. *Durata del giusto processo*. Milano: Giuffrè, 2002.

WATANABE, Kazuo. Acesso à justiça e sociedade moderna. *In: Participação e processo*. São Paulo: Revista dos Tribunais, 1988.

O PRINCÍPIO DA PROPORCIONALIDADE E A LEI DO PLANEJAMENTO FAMILIAR: A SUPERAÇÃO DE UMA ESPERA DESNECESSÁRIA PELA LAQUEADURA TUBÁRIA.

Ivo Basílio da Costa Júnior[222]

SÚMARIO: 1. Introdução 2. Desenvolvimento 2.1. O planejamento familiar no Brasil 2.1.1. Histórico 2.1.2. Princípios fundantes do planejamento familiar 2.1.3. O planejamento familiar como direito fundamental 2.1.4. Conceito de planejamento familiar 2.1.5. A esterilização voluntária 2.2. Dimensões (e não gerações) dos direitos fundamentais 2.2.1. O princípio da proporcionalidade 2.2.2. O nascimento do princípio da proporcionalidade 2.2.3. Definição de princípio da proporcionalidade 2.2.4. A dupla face do princípio da proporcionalidade 2.3. O princípio proporcionalidade e a lei do planejamento familiar 2.3.1. Lei do Planejamento familiar: o que estava em vigor antes da Lei 14.443/2022 2.3.2. Lei do Planejamento familiar: as novas mudanças introduzidas pela Lei 14.443/2022 3. Considerações finais

1. INTRODUÇÃO

A esterilização feminina voluntária, por meio da laqueadura tubária, há várias décadas tem sido utilizada, tanto no setor privado, como setor público de saúde do Brasil, como meio de controle da fecundidade. Porém, até o ano de 1996, tal procedimento permaneceu na ilegalidade, acontecendo em um cenário de suposta clandestinidade, pois não existia regulamentação específica para sua prática.[223]

---

[222] Médico e advogado. Mestre em Obstetrícia pela UFRJ. Doutor em Direito Público pela UNESA. Médico da UFRJ. Coordenador do Comitê de Ética em Pesquisa da Maternidade Escola da UFRJ. Membro dos Grupos de Trabalho de Bioética e de Direito Médico do Conselho Regional de Medicina do Estado do Rio de Janeiro. Membro da Comissão de Direito Médico e da Saúde da 57ª Subseção – Barra da Tijuca, da Ordem dos Advogados do Brasil do Estado do Rio de Janeiro.

[223] BERQUÓ, Elza; CAVENAGHI, Suzana. Direitos reprodutivos de mulheres e homens face à nova legislação brasileira sobre esterilização voluntária. *Caderno de Saúde Pública*. Rio de Janeiro, v.19, sup.2, p. 441-453, 2003.

A despeito da inexistência de qualquer lei específica que proibisse a realização da esterilização voluntária, a sua prática não era permitida, com base no Código Penal Brasileiro[224], Artigo 129, Parágrafo 2º, inciso III, o qual diz que a perda ou inutilização de membro, sentido ou função do corpo é considerada lesão corporal de natureza grave. A esterilização voluntária era, portanto, interpretada como ofensa criminal, desde que resulta em perda ou inutilização da função reprodutiva, e sua prática carregava consigo uma penalidade de dois a oito anos de reclusão.

Nesse cenário, existiram várias distorções, principalmente em relação à laqueadura, tais como a realização concomitante e indiscriminada de cesarianas, cobrança de honorários "por fora", e mulheres laqueadas muito jovens.[225]

"Operar para ligar" era prática corriqueira, já que, tanto no sistema público, como privado de saúde, a esterilização não era permitida, não havendo, portanto, autorização para pagamento da cirurgia de laqueadura tubária. No entanto, é de notório e amplo conhecimento que várias cirurgias eram de fato realizadas durante partos por cesariana e, fora do parto, muitas eram registradas como outros procedimentos médicos.

A ilegalidade associada à sua realização e a alta demanda pela esterilização explicam, em grande parte, porque a laqueadura tubária era, e ainda é, tão frequentemente praticada durante a cesariana, principalmente no setor privado. Este fato é muitas vezes citado como uma das causas da alta taxa de partos cirúrgicos realizados no Brasil, e a alta e direta associação entre partos por cesariana e esterilização feminina. Como forma de justificar e cobrir os custos da esterilização, ocorreu uma acentuada desigualdade no acesso à esterilização entre pacientes do setor público e privado, bem como muitos cesarianas realizadas de forma desnecessária.[226]

A motivação para legalizar a esterilização nasceu de um desejo de igualar o acesso ao processo enquanto, ao mesmo tempo, reduziria o número de cesarianas realizadas exclusivamente para o propósito de fazer uma ligadura de trompas.

Outra preocupação que levou, tanto à ação para legalizar, como para regulamentar a esterilização, foi a falta de alternativa de métodos de

---

[224] BRASIL. Decreto-Lei 2.848, de 07 de dezembro de 1940. Código Penal. *Diário Oficial da União*, Rio de Janeiro, 31 dez. 1940. Disponível em: <http://www.planalto.gov.br/ccivil_03/decreto-lei/Del2848compilado.htm>. Acesso em 10 jan. 2023.

[225] OSIS, Maria José Duarte *et al*. Atendimento à demanda pela esterilização cirúrgica na Região Metropolitana de Campinas, São Paulo, Brasil: percepção de gestores e profissionais dos serviços públicos de saúde. *Caderno de Saúde Pública*. Rio de Janeiro, v.25, n.3, p. 625-634, 2009.

[226] BERQUÓ, Elza; CAVENAGHI, Suzana. Direitos reprodutivos de mulheres e homens face à nova legislação brasileira sobre esterilização voluntária. *Caderno de Saúde Pública*. Rio de Janeiro, v.19, sup.2, p. 441-453, 2003.

contracepção para os casais que não desejavam uma gravidez, bem como um número crescente de pacientes em clínicas de fertilidade que buscavam reverter os procedimentos de esterilização.

Finalmente, havia a esperança de que a regulamentação viria para reduzir os abusos, tais como as demandas por parte dos empregadores de que as empregadas apresentassem comprovantes de esterilização, bem como *"pagamentos por fora"* para a esterilização por médicos de hospitais públicos, assim como o uso da esterilização para fins eleitorais, com um número significativo de esterilizações fornecidas ou organizadas por políticos em troca de votos.[227]

Com a promulgação da Lei 9.263 – Lei do Planejamento Familiar[228] – em 12 de janeiro de 1996, tentou-se dar um "basta" e corrigir tais distorções, sendo que 1997, a esterilização voluntária feminina e masculina foi regulamentada pela Portaria 144 do Ministério da Saúde (MS).[229] Tal Portaria criou um código de procedimento cirúrgico que permitia que o sistema público de saúde pagasse pela realização da laqueadura tubária, e regulamentou o código para vasectomia.

De acordo com o art. 10, incisos I e II da Lei 9.263/96, a pessoa que solicitava a esterilização deveria ter capacidade civil plena e ser maior de 25 anos, ou ter, pelo menos, dois filhos vivos. A cirurgia só poderia ser realizada depois de decorridos, no mínimo, sessenta dias a partir da solicitação. E durante esse período, deveriam ser providas sessões de orientação, incluindo aconselhamento por uma equipe multidisciplinar, para desencorajar a esterilização precoce. Também não poderia mais ser realizada no momento de um parto ou aborto, exceto quando houvesse necessidade comprovada, em virtude de cesarianas sucessivas anteriores.

Porém, em fevereiro de 1999, houve uma mudança significativa na regulamentação da Lei 9.263/96, por meio da Portaria 048 de 11 de fevereiro de 1999, do Ministério da Saúde.[230] A maior modificação apresentada nesta portaria

---

[227] POTTER, Joseph *et al*. Frustated demand for postpartum female sterilization in Brazil. *Contraception*. v. 67, p. 385-390, 2003.

[228] BRASIL. Lei nº 9.263, de 12 de janeiro de 1996. Regula o § 7º do art. 226 da Constituição Federal, que trata do planejamento familiar, estabelece penalidades e dá outras providências. *Diário Oficial da União*, Poder Executivo, Brasília, DF, 15 jan. 1996. Disponível em: <https://www.planalto.gov.br/ccivil_03/ leis/l9263.htm>. Acesso em: 10 jan. 2023.

[229] MINISTÉRIO DA SAÚDE. *Portaria nº. 144 de 20 de novembro de 1997*. Dispõe sobre normas gerais para o planejamento familiar. Disponível em: <http://www.mpgo.mp.br/portal/arquivos/2013/06/12/14_20_50_472_portaria_144___minist erio_da_saude___planejamento_familiar.pdf>. *Acesso em 10 jan. 2023*.

[230] MINISTÉRIO DA SAÚDE. Portaria nº. 48 de 11 de fevereiro de 1999. Regula o parágrafo 7º da Constituição Federal, que trata do planejamento familiar, estabelece penalidades e dá outras providências. Disponível em: <https://bvsms.saude.gov.br/bvs/saudelegis/sas /1999/prt0048_11_02_1999.html>. *Acesso em 10 jan. 2023*.

foi a proibição da realização da laqueadura tubária durante o período do parto ou aborto até 42 dias depois destes, exceto em casos de cesarianas sucessivas anteriores, e em casos em que a exposição a outro ato cirúrgico representasse risco de vida para a mulher.

Vale notar que nenhuma das Portarias de regulamentação da Lei 9.263/96 especifica o número de cesarianas sucessivas a partir da qual a esterilização feminina seria permitida no momento do parto, mas é de comum conhecimento que três cesarianas sucessivas servem como parâmetro, ou seja, duas cesarianas sucessivas anteriores viabilizam a realização da laqueadura durante um terceiro parto por cesariana.

Esse cenário de aparente segurança para impedir a esterilização precoce, e principalmente tornando possível a laqueadura tubária somente após 42 dias pós-parto, acabou por violar o princípio da proporcionalidade, já que as mulheres sem acesso à medicina privada não conseguiam realizar a laqueadura tubária, pois voltar 42 dias pós-parto para ligar, dentro do Sistema Único de Saúde (SUS) era praticamente inviável, devido à falta de serviços e estruturas para realizar a laqueadura tubária no período pós-parto. Porém, com a entrada em vigor, a partir de 03/03/2023, da Lei 14.443, de 02 de setembro de 2022[231], finalmente houve a correção das falhas até então presentes.

Sendo assim, o objetivo do presente estudo é analisar a proibição da laqueadura tubária antes de decorrido o intervalo de 42 dias pós-parto, à luz do Princípio da Proporcionalidade, e realizar uma reflexão sobre a dimensão do problema, apontando as falhas que estavam presentes, e que agora foram corrigidas pela nova Lei.

2. DESENVOLVIMENTO

2.1. O planejamento familiar no Brasil

2.1.1. Histórico

No Brasil, o tema planejamento familiar sempre foi alvo de grandes polêmicas. Ao longo dos anos 70 o debate em torno do controle demográfico no Brasil encontrava-se acirrado e polarizado. A fragilidade política com que o

---

[231] BRASIL. *Lei 14.443, de 02 de setembro de 2022*. Altera a Lei n° 9.263, de 12 de janeiro de 1996, para determinar prazo para oferecimento de métodos e técnicas contraceptivas e disciplinar condições para esterilização no âmbito do planejamento familiar. *Diário Oficial da União*, Poder Executivo, Brasília, DF, 05 set. 2022. Disponível em: <https://www2.camara.leg.br/legin/fed/lei/2022/lei-14443-2-setembro-2022-793189-publicacaooriginal-166038-pl.html. Acesso em: 10 jan. 2023.

Ministério da Saúde enfrentava o tema do planejamento familiar criou um vácuo institucional do Estado e favoreceu a ação das instituições de cunho controlista, que agiam de forma desordenada em todo o território nacional. Dentre essas, destacavam-se a Sociedade Civil de Bem-Estar Familiar no Brasil (BENFAM) e o Centro de Pesquisas de Assistência Integrada à Mulher e à Criança (CPAIMC).

No início dos anos 80 chega ao Brasil o movimento feminista, importado da Europa e Estados Unidos, deflagrando uma grande reação contra o discurso militar a respeito do controle demográfico. As feministas, mesmo pouco numerosas e concentradas em poucas cidades brasileiras, introduziram no debate posições firmes sobre as suas aspirações.

Cabe destacar que, desde os anos 60, as mulheres brasileiras vinham processando a ruptura com o clássico e exclusivo papel social que lhes era atribuído pela maternidade, introduzindo-se no mercado de trabalho e ampliando suas aspirações de cidadania. Controlar a fecundidade e praticar a anticoncepção passaram a ser aspirações das mulheres, assim como a vivência plena da sexualidade, desvinculando a maternidade do desejo e da vida sexual. Essa conjuntura implicou a necessidade de políticas que permitissem o acesso aos métodos contraceptivos.

Em 1983, em meio a interesses em jogo na questão populacional, o governo brasileiro mobilizou-se por meio do enfrentamento da questão do planejamento familiar e suas repercussões para o âmbito da Saúde. O Ministério da Saúde foi convocado a apresentar uma proposta de política concreta sobre o tema, e formulou o Programa de Assistência Integral à Saúde da Mulher (PAISM).

Anos mais tarde, o Movimento da Reforma Sanitária contabilizaria sua grande conquista ao inscrever na Constituição Federal a saúde como direito do cidadão e o dever do Estado. O planejamento familiar, por sua vez, foi definido na Carta Magna, como de livre arbítrio das pessoas envolvidas.[232]

As Constituições anteriores não previram explicitamente o *"planejamento familiar"*. A Constituição Federal de 1946, em seu art. 164 estipulou que *"É obrigatória, em todo o território nacional, a assistência à maternidade, à infância e à adolescência. A Lei instituirá o amparo de famílias de prole numerosa"*. A Constituição Federal de 1937 estabeleceu no art. 124 que *"A família, constituída pelo casamento indissolúvel, está sob a proteção especial do Estado. Às famílias numerosas serão atribuídas compensações na proporção de seus encargos"*. No art. 127, foi previsto que *"Aos pais miseráveis assiste o direito de invocar o auxílio e proteção do Estado para a subsistência e educação de sua prole"*.

---

[232] COSTA, Ana Maria; GUILHEM, Dirce; SILVER, Lynn DEE. Planejamento Familiar: a autonomia das mulheres sob questão. *Revista Brasileira de Saúde Materno Infantil.* Recife, v.6, n.2, p. 75-84, 2006

Os fatos passados mostram que essas Constituições não tiveram meios de serem implementadas.[233] Finalmente, com a promulgação da Constituição Federal de 1988[234], o tema do Planejamento Familiar foi inserido no capítulo VII - Da Família, da Criança, do Adolescente e do Idoso. Este capítulo está no título VIII - Da Ordem Social. Diz o art. 226, § 7º:

> Fundado nos princípios da dignidade da pessoa humana e da paternidade responsável, o planejamento familiar é livre decisão do casal, competindo ao Estado propiciar recursos educacionais e científicos para o exercício desse direito, vedada qualquer forma coercitiva por parte de instituições oficiais ou privadas.

As esterilizações voltaram a serem debatidas em meados dos anos 90, quando uma nova CPI foi criada para apurar denúncias de excesso. Não regulamentadas, as esterilizações cirúrgicas acabavam sendo feitas de forma abusiva e descuidada. Os trabalhos da CPI resultaram em um Projeto de Lei, aprovado pelo Congresso e publicado no Diário Oficial da União, em 1997.[235]

Sendo assim, para regulamentar a norma constitucional, a Lei 9.263 de 12.01.1996 foi promulgada integralmente somente aos 20.08.1997, quando os vetos apostos pelo Presidente da República aos arts. 10, 11, 14 e 15, por não terem sido mantidos pelo Congresso Nacional, foram promulgados. Diz a ementa dessa lei: *"regula o § 7º do art. 226 da Constituição Federal que trata do planejamento familiar, estabelece penalidades e dá outras providências."*

Com a sanção de 1997, esta lei, procurou impedir que o planejamento familiar se tornasse um planejamento populacional, passando a vigorar sem qualquer veto, tendo vinte e cinco artigos e focalizando o planejamento familiar como um ato de um casal ou de uma família, e não um ato público visando os grupos sociais.

2.1.2. Princípios fundantes do planejamento familiar

O planejamento familiar está fundado em dois princípios: o da dignidade da pessoa humana e o da paternidade responsável. A dignidade humana é um dos fundamentos da própria República Federativa do Brasil (C.F., art. 1º, III). Tudo o que tornar o homem e a mulher indignos ou aviltados contraria a

---

[233] MACHADO, Paulo Affonso Leme; MACHADO, Maria Regina Marrocos. Direito do Planejamento Familiar In: DE FREITAS, Vladimir Passos (Org.). *Direito Ambiental em Evolução 3.* Curitiba: Juruá, 2002. 374p.

[234] BRASIL. *Constituição da República Federativa do Brasil.* Brasília, DF: Senado Federal, 1988. Disponível em: <https://www.planalto.gov.br/ccivil_03/constituicao/Constituicao Compilado.htm>. Acesso em: 10 jan. 2023.

[235] SAMRSLA, Mônica *et al.* Expectativa de mulheres à espera de reprodução assistida em hospital público do DF – Estudo bioético. *Rev Assoc Med Bras.*, vol. 53, n. 1, p. 47-52, 2007.

própria vida da República. Este fundamento tem que ser constantemente contrastado com as iniciativas legais e com nossas ações e omissões cotidianas.

Já a paternidade responsável consagra constitucionalmente as normas jurídicas do Direito Civil sobre a paternidade. A responsabilidade pela paternidade ou maternidade é do casal, e não do Estado. A este último cabe a responsabilidade de *"propiciar recursos educacionais e científicos"* para que o planejamento familiar responsável seja realizado.[236]

2.1.3. O planejamento familiar como direito fundamental

A condição de possibilidade da interpretação da regra é a existência do princípio instituidor. A regra está subsumida ao princípio. Nos casos simples, a regra apenas encobre o princípio, porque consegue se dar no nível da pura objetivação. Havendo "insuficiência" da objetivação (relação causal-explicativa) proporcionada pela interpretação da regra, surge a "necessidade" do uso dos princípios. Regra e princípio são textos, de onde – de modos distintos – se extraem normas.[237]

O direito à saúde é consagrado pelo art. 6º da Carta Magna como um direito social, juntamente com a educação, a alimentação, o trabalho, a moradia, o lazer, a segurança, a previdência social, a proteção à maternidade e à infância, a assistência aos desamparados.

A evolução do conceito de direito à saúde levou ainda a Constituição Federal de 1988 a declarar em seu art. 196 que *"a saúde é direito de todos e dever do Estado ..."*

Não obstante o ingresso tardio no terreno jurídico-constitucional, comparando-os com os direitos de primeira geração, eles *são compreendidos como autênticos direitos subjetivos inerentes ao espaço existencial do cidadão, independentemente da sua justicialidade e exequibilidade imediatas [...] são direitos com a mesma dignidade subjetiva dos direitos, liberdades e garantias.*[238]

Destaque-se ainda que, como a Constituição de 1988 reconheceu o direito à saúde como direito fundamental, as normas que o garantem têm aplicação imediata, na forma do art. 5º, §1º do próprio texto constitucional. Sendo assim, a norma esculpida no art. 226, §7º da Carta Política deve ser reconhecida como um direito fundamental.

---

[236] MACHADO, Paulo Affonso Leme; MACHADO, Maria Regina Marrocos. Direito do Planejamento Familiar In: DE FREITAS, Vladimir Passos (Org.). *Direito Ambiental em Evolução 3*. Curitiba: Juruá, 2002. 374p.

[237] STRECK, Lenio Luiz. *Verdade e consenso:* constituição, hermenêutica e teorias discursivas. 4. ed. São Paulo: Saraiva, 2011, p. 303-305

[238] CANOTILHO, José Joaquim Gomes. *Direito Constitucional e Teoria da Constituição.* 3. Ed. Coimbra: Almedina, 1999.

2.1.4. Conceito de planejamento familiar

Segundo a Lei 9.263/96, art. 2º caput, "entende-se planejamento familiar como o conjunto de ações de regulação da fecundidade, que garanta direitos de constituição, limitação ou aumento da prole pela mulher, pelo homem ou pelo casal."

Resumindo o texto legal, pode-se conceituar planejamento familiar como o conjunto de ações de regulação da fecundidade, que possibilite o exercício do direito da constituição, da limitação ou do aumento da prole. Constituir prole ou tomar a resolução de ter filhos, restringir o número de filhos ou aumentar o seu número são assuntos elementares do planejamento familiar.[239]

2.1.5. A esterilização voluntária

Segundo o art. 10, § 4º da Lei 9.263/96, "A esterilização cirúrgica como método contraceptivo somente será executada através da laqueadura tubária, vasectomia ou de outro método cientificamente aceito, sendo vedada através da histerectomia e ooforectomia."

Pela melhor doutrina médica, os métodos cirúrgicos para a esterilização da mulher variam desde a eletrocoagulação e separação ou oclusão mecânica das trompas na laparoscopia, até a ligadura tubária em uma minilaparatomia ou laparatomia. E, a histerectomia (retirada do útero) para fins de esterilização é proibida, só devendo ser realizada quando existem outras indicações para a remoção do útero.[240]

Porém, tanto pelo art. 10 da Lei 9.263/96, como em sua modificação pela Lei 14.440/22 (e que será abordada mais à frente), e esterilização voluntária só é permitida em homens e mulheres com capacidade civil plena e desde que observado o prazo mínimo de 60 (sessenta) dias entre a manifestação da vontade e o ato cirúrgico

2.2. Dimensões (e não gerações) dos direitos fundamentais

Não há como negar que o reconhecimento progressivo de novos direitos fundamentais tem o caráter de um processo cumulativo, de complementariedade, e não de alternância, de tal sorte que o uso da expressão

---

[239] MACHADO, Paulo Affonso Leme; MACHADO, Maria Regina Marrocos. Direito do Planejamento Familiar In: DE FREITAS, Vladimir Passos (Org.). *Direito Ambiental em Evolução 3*. Curitiba: Juruá, 2002. 374p.

[240] BEREK, Jonathan. *Berek & Novak. Tratado de Ginecologia*. 14. ed. Rio de Janeiro: Guanabara Koogan, 2008, p. 219-224.

"gerações" pode ensejar a falsa impressão da substituição de uma geração por outra, razão pela qual prefere-se o termo "dimensões" dos direitos fundamentais.[241]

Os direitos de primeira dimensão estão ligados aos direitos de liberdade, limitados às liberdades negativas com a oposição estatal, estando relacionados com a herança do pensamento liberal do século XVIII, marcada pelo pensamento individualista, a um Estado com uma postura de defesa da autonomia individual, que não podia nem deveria intervir – ideia de garantias negativas e à defesa apenas dos interesses da classe que fez a ruptura com o estado absolutista: a burguesia.

Os de segunda dimensão estão ligados aos direitos econômicos, sociais e culturais, vinculados a uma agir positivo do Estado, com a superação do Estado Liberal pelo Social e marcado fortemente pelos problemas sociais e econômicos surgidos no decorrer do século XIX. O Estado passa a ter uma conduta ativa frente às reivindicações, se comportando de forma positiva como forma de proporcionar justiça social. Os direitos se caracterizam por disponibilizarem prestações sociais aos indivíduos, tais como a assistência à saúde, trabalho e educação, onde o direito nessa fase passa a ser promovedor.

Os de terceira dimensão incorporam um conteúdo de universalidade, não como projeção, mas como compactuação, comunhão, tais como direitos de solidariedade, vinculados ao desenvolvimento, à paz internacional, ao meio ambiente saudável, à comunicação. A preocupação supera a figura do indivíduo e passa a ser da coletividade, do grupo, da sociedade. São chamados de direitos coletivos ou difusos, existindo preocupações com a paz social, o meio ambiente, as futuras gerações e a qualidade de vida. Há a ideia de fraternidade entre os povos, onde os direitos que se dirigem a concretizar valores de igualdade e solidariedade, com a participação do indivíduo na vida política, econômica, cultural e social.[242]

2.2.1. O princípio da proporcionalidade

Os princípios fundamentais da Constituição, dotados de normatividade, constituem, ao mesmo tempo, a chave de interpretação dos textos constitucionais. Afirmar que os princípios garantem unicamente a parte organizativa da Constituição, a estrutura e a competência dos órgãos

---

[241] SARLET, Ingo Wolfgang. *A eficácia dos direitos fundamentais:* uma teoria geral dos direitos fundamentais na perspectiva constitucional. 11. ed. rev. atual. Porto Alegre: Livraria do Advogado, 2012, p. 49-50.

[242] STRECK, Maria Luiza Schäfer. *Direito Penal e Constituição.* A face oculta da proteção dos direitos fundamentais. Porto Alegre: Livraria do Advogado, 2009, p. 48-52

constitucionais seria privá-los da eficácia juridicamente vinculante para a proteção e a garantia dos indivíduos e dos grupos sociais.[243]

Pelo princípio da proporcionalidade, toda lei deve ser razoável e proporcional. Sob qualquer ângulo ou aspecto que se examine o direito, sempre estar-se-á a questionar acerca dos fins e meios utilizados pelo legislador. Essa proporcionalidade não deve servir de álibi para reforçar posturas positivistas, ou seja, a necessária proporcionalidade não é passaporte para o exercício de discricionariedades ou arbitrariedades.[244]

2.2.2. O nascimento do princípio da proporcionalidade

Historicamente, surgiu para dar garantia à liberdade individual em face dos interesses estatais. Pelas ideias jusnaturalistas dos séculos XVII e XVIII – os direitos eram oponíveis até mesmo contra o próprio Estado. Inicialmente foi consagrado no direito administrativo, como desdobramento do princípio da legalidade, sendo que no segundo pós-guerra, vinculou os poderes estatais a um agir conforme a Constituição.

A principal área de atuação encontra-se no âmbito dos direitos fundamentais, sendo responsável por determinar os limites – máximos e mínimos – de intervenções estatais nas esferas individuais e coletivas, sempre tendo em vista as funções e os fins buscado pelo Estado Democrático de Direito.[245]

2.2.3. Definição de princípio da proporcionalidade

A Primeira definição foi a do Tribunal Constitucional Federal Alemão[246]:

> O meio empregado pelo legislador deve ser adequado e necessário para alcançar o objetivo procurado. O meio é adequado quando com seu auxílio se pode alcançar o resultado desejado; é necessário, quando o legislador não poderia ter escolhido outro meio, igualmente eficaz, mas que não limitasse ou limitasse de maneira menos sensível o direito fundamental.

Numa concepção estrita, o princípio da proporcionalidade se preocupa tão somente em fazer uma adequação entre a gravidade do delito e a pena

---

[243] BONAVIDES, Paulo. *Curso de direito constitucional*. 6. ed. rev. atual. ampl. São Paulo: Malheiros, 1996, p.260-261

[244] STRECK, Maria Luiza Schäfer *op. cit.,* p. 63.

[245] STRECK, Maria Luiza Schäfer. *Direito Penal e Constituição*. A face oculta da proteção dos direitos fundamentais. Porto Alegre: Livraria do Advogado, 2009, p. 65.

[246] TRIBUNAL CONSTITUCIONAL FEDERAL ALEMÃO. *Decisão BVerfGE 30*. Reclamação Constitucional contra decisão judicial, de 24/02/1971.

aplicada, enquanto pela concepção ampla há a necessidade de examinar, de uma maneira mais global, os custos e benefícios de uma intervenção punitiva, verificando sua adequação/idoneidade, necessidade e estrita proporcionalidade.

Pela concepção ampla (oriunda das decisões da dogmática alemã), o princípio da proporcionalidade engloba a adequação/idoneidade: responsável por verificar se a medida limitadora é um meio apto a alcançar o fim necessário; a necessidade: busca estabelecer a medida mais benigna e idônea para alcançar o fim buscado pela intervenção. E a proporcionalidade em sentido estrito: indica se a medida adotada gera mais benefícios do que prejuízos, levando em conta o conjunto de direitos e bens colocados em jogo, de modo a verificar, por um lado, a intensidade da restrição a um direito fundamental e, em oposição, o nível de satisfação na realização de outro direito fundamental (que acaba restringindo a implementação do primeiro).[247]

O princípio da proporcionalidade é (apenas) um modo de explicar que cada interpretação – que nunca pode ser solipsista – deve ser razoável, isto é, deve obedecer a uma reconstrução integrativa do direito (e da legislação), para evitar interpretações discricionárias/arbitrárias sustentadas em uma espécie de "grau zero de sentido", que, sob o manto do caso concreto, venham a estabelecer sentidos para aquém ou para além da Constituição.[248]

2.2.4. A dupla face do princípio da proporcionalidade

A proporcionalidade está ligada a diversos princípios, especialmente o do contraditório, devido processo legal e igualdade. Uma lei deixa de ser proporcional quando viola esses princípios. Ou a violação se dá porque a lei (ou a decisão) foi além, ou porque ficou aquém da Constituição. Assim, toda a proporcionalidade ou será pela via da proibição de excesso, ou pela proibição da proteção deficiente.

2.3. O princípio proporcionalidade e a lei do planejamento familiar

2.3.1. Lei do Planejamento familiar: o que estava em vigor antes da Lei 14.443/2022

---

[247] MESA, Gloria Patricia Lopera. *Principio de proporcionalidad y ley penal:* bases para um modelo de control de constitucionalidad de las leyes penales. Madrid: Centro de Estudos Políticos y Constitucionales, 2006, p. 171.

[248] STRECK, Lenio Luiz. O sentido hermenêutico-constitucional da ação penal nos crimes sexuais: os influxos da Lei dos crimes hediondos e da Lei Maria da Penha. In: KLEVENHUSEN, Renata Braga (Coord). *Direitos fundamentais e novos direitos.* Rio de Janeiro: Lumen Juris, 2006, p. 11

O grande problema da Lei do Planejamento Familiar encontrava-se no seu art. 10, § 2º que dizia: "É vedada a esterilização cirúrgica em mulher durante os períodos de parto ou aborto, exceto nos casos de comprovada necessidade, por cesarianas sucessivas anteriores." Esse parágrafo foi regulamentado posteriormente pela Portaria do Ministério da Saúde Nº 48, de 11 de fevereiro de 1999.

No parágrafo único do art. 4º da Portaria 48 consta que:

> É vedada a esterilização cirúrgica em mulher durante períodos de parto, aborto ou até o 42º dia do pós-parto ou aborto, exceto nos casos de comprovada necessidade, por cesarianas sucessivas anteriores, ou quando a mulher for portadora de doença de base e a exposição a segundo ato cirúrgico ou anestésico representar maior risco para sua saúde. Neste caso, a indicação deverá ser testemunhada em relatório escrito e assinado por dois médicos.

E foi justamente essa regulamentação que violou o Princípio da Proporcionalidade, na sua face da proibição da proteção deficiente.

Esse intervalo pós-parto desde então vinha sendo respeitado pelos médicos, sendo que em 2003, o Projeto de Lei n.º 2.059, da Deputada Federal Maninha[249], tinha o objetivo de incluir no §1º do art. 10 da Lei 9.263/96, o que já havia sido regulamentado pelo parágrafo único do art. 4º da Portaria 48 do Ministério da Saúde, de 11 de fevereiro de 1999. Ou Seja, mantinha a proibição dos 42 dias pós-parto. E a parlamentar era uma mulher!

No ano de 2005, o Projeto de Lei n.º 5.061, do Deputado Federal João Batista[250], tinha o objetivo de alterar o §2º do art. 10 da Lei nº 9.263, de 12 de janeiro de 1996, que trata do planejamento familiar, de forma a permitir a realização da laqueadura tubária nos períodos de parto ou aborto em caso de cesariana anterior. Ou seja, bastaria uma cesariana anterior e não cesarianas sucessivas. Obviamente, o projeto "não andou".

É claro que não se deve esquecer que um dos objetivos principais da Lei do Planejamento Familiar foi impedir a prática ainda tão frequente do *"operar para ligar"*. Vale sempre ressaltar que a realização de cesariana para a esterilização é uma prática que deve ser sempre repudiada.

---

[249] BRASIL. *Projeto de Lei 2.059/2003*. Disciplina o uso de laqueadura e da vasectomia, como um dos componentes do Planejamento Familiar no Sistema Único de Saúde, estabelece penalidade e dá outras providências. Disponível em: <https://www.camara.leg.br/proposicoesWeb/fichadetramitacao?idProposicao=134831>. Acesso em: 10 jan. 2023.

[250] BRASIL. *Projeto de Lei 5.061/2005*. Altera o §2º do art. 10 da Lei nº 9.263, de 12 de janeiro de 1996, que trata do planejamento familiar, de forma a permitir a realização da laqueadura tubárea nos períodos de parto ou aborto em caso de cesária anterior. Disponível em: <https://www.camara.leg.br/proposicoesWeb/fichadetramitacao?idProposicao=281734>. Acesso em: 10 jan. 2023.

Certamente, uma motivação para esta restrição era assegurar que os indivíduos, optando por uma esterilização, tinham feito uma escolha informada, deixando a decisão final livre de quaisquer pressões que poderiam surgir durante a gravidez ou parto.

Outra motivação foi a de reduzir a taxa de cesarianas, já que a maioria dos procedimentos pós-parto no Brasil foi realizada durante partos cirúrgicos. No entanto, a restrição criminalizava um procedimento amplamente praticado, em que as mulheres poderiam achar conveniente e econômico.[251]

Em um estudo transversal realizado em 2004 por Vieira e Souza,[252] na cidade de Ribeirão Preto, com 230 entrevistadas, 28,6% relataram não ter tido tempo disponível para se submeter à cirurgia e 26,5% referiram medo da cirurgia. Outros motivos foram: não poder se afastar do trabalho para se submeter à cirurgia, ter confundido as datas, ter perdido o aviso da data agendada, ter rasgado acidentalmente a guia de encaminhamento, mudança para outra cidade, religião, entre outros.

O mesmo estudo apontou problemas do sistema de saúde que impediram a realização da cirurgia, tais como: a demora para marcar a cirurgia, falta do médico no dia da cirurgia, quebra do aparelho de laparoscopia e prontuários extraviados na maternidade.

A falta de tempo das pacientes para a realização do procedimento após 42 dias pós-parto, assim como o longo tempo de espera também foi diagnostica em outro estudo, realizado por Osis *et al.*[253] Nesse estudo, o tempo de espera médio para uma laqueadura pós-parto foi de 18 a 24 meses, ou seja, longo demais.

De modo geral, nos três municípios do estudo em que se realizavam laqueaduras foi criticado o impedimento, estabelecido pela Lei de Planejamento Familiar, de realizar a esterilização no momento do parto quando a mulher não tiver múltiplas cesarianas anteriores. Na opinião dos entrevistados, isso acabava por penalizar a mulher que só teve partos vaginais, que seria obrigada a retornar ao hospital para uma nova cirurgia.

Além disso, essa situação, algumas vezes, acabava resultando em nova gravidez de mulheres que não usavam, ou usavam inadequadamente, um método anticoncepcional depois do parto, enquanto esperavam para poder fazer a

---

[251] POTTER, Joseph *et al.* Frustated demand for postpartum female sterilization in Brazil. *Contraception.* v. 67, p. 385-390, 2003.

[252] VIEIRA, Elisabeth Meloni; SOUZA, Luis de. Acesso à esterilização cirúrgica pelo Sistema Único de Saúde, Ribeirão Preto, SP. *Revista de Saúde Pública.* Ribeirão Preto, v.43, n.3, p. 398-404, 2009.

[253] OSIS, Maria José Duarte *et al.* Atendimento à demanda pela esterilização cirúrgica na Região Metropolitana de Campinas, São Paulo, Brasil: percepção de gestores e profissionais dos serviços públicos de saúde. *Caderno de Saúde Pública.* Rio de Janeiro, v.25, n.3, p. 625-634, 2009.

laqueadura. Embora os entrevistados reconhecessem que essa norma visava a diminuir o número de cesáreas realizadas apenas para fazer laqueadura, enfatizaram que a restrição acabava prejudicando muitas mulheres. Mais significativa foi a crítica à proibição da esterilização no momento do parto, que prejudicaria mulheres que só tiveram partos vaginais, bem como aumentaria a possibilidade de gravidez indesejada no intervalo entre o parto e a esterilização.

Potter *et al.*[254] já haviam assinalado que essa exigência legal contrariava as expectativas das mulheres e acabava por representar uma relevante discriminação entre aquelas que dependiam dos serviços públicos de saúde e as que podiam recorrer aos serviços privados para submeter-se à esterilização cirúrgica no momento do parto, realizado principalmente por via abdominal. Esta é uma questão crítica, que traz ônus para as mulheres e também para os próprios serviços públicos de saúde (retorno em uma nova oportunidade para realização da cirurgia), podendo produzir um efeito perverso em médio prazo: de corroborar a busca pela cesariana visando à esterilização na sua segunda ou terceira ocorrência.

Importante destacar que as mulheres do setor privado estão muito mais propensas a conseguir a esterilização do que as do setor público (percentagem de sucesso de 69%), afrontando nitidamente a isonomia e proporcionalidade entre esses dois setores da saúde no Brasil, pois quase a metade de todas as pacientes da rede pública teve seu desejo de esterilização frustrado, e gostaria de ter tido o procedimento realizado no pós-parto.

Uma questão pertinente à proibição da esterilização pós-parto é se as decisões sobre esterilização tomadas durante a gravidez seriam diferente daquelas tomadas 42 dias após o parto. A maioria das mulheres ainda férteis que disseram ter intenção de serem esterilizadas no pós-parto nas entrevistas pré-natal ainda queria ser esterilizadas, e a maioria das mulheres que tinham sido esterilizadas expressou satisfação com a sua decisão.

Em outro estudo, realizado na Tanzânia, por Verkuyl [255], concluiu-se que mesmo em situações de cesarianas de emergência, sem o devido consentimento prévio de 60 dias antes do procedimento, naquelas mulheres que reuniam condições para a laqueadura, mesmo não tendo cesarianas sucessivas, ou seja, muitas apenas com vários partos normais anteriores, não houve uma taxa de

---

[254] POTTER, Joseph *et al*. Frustated demand for postpartum female sterilization in Brazil. *Contraception*. v. 67, p. 385-390, 2003.

[255] VERKUYL, Douwe. Sterilisation during unplanned caesarean sections for women likely to have a completed family—should they be offered? Experience in a country with limited health resources. *BJOG*: an International Journal of Obstetrics and Gynaecology. v. 109, p. 900-904, 2002.

arrependimento em relação à laqueadura maior do que naquelas pacientes onde o procedimento já havia sido programado.

Se, por um lado, a Lei do Planejamento Familiar foi um avanço importante para regulamentar o procedimento no Brasil, por outro, tornou proibitiva sua realização no momento do parto, penalizando a mulher que demandava concretizar o procedimento durante sua internação. Esta determinação pode produzir efeitos não desejados. Ao proibir a laqueadura pós-parto (aquela realizada por via infraumbilical nas primeiras horas após o parto), pode-se estar propiciando o aumento do número de cesáreas, durante as quais seriam realizadas laqueaduras sem anotação em prontuário.[256]

Em relação à laqueadura tubária, o Conselho Federal e os Conselhos Regionais de Medicina também se manifestaram a respeito.

No Processo-consulta do Conselho Federal de Medicina N° 3.789/99 PC/CFM/N° 18/2001, da relatoria do Conselheiro Pedro Pablo Magalhães Chacel[257], ficou estabelecido que:

> Esterilizações por laqueadura tubária por indicação médica podem ser feitas em qualquer momento, por qualquer método e por qualquer via de acesso, desde que fique caracterizado o risco reprodutivo. Devem os médicos, reunidos em Junta, analisar cada caso, registrar os motivos da indicação detalhadamente no prontuário da paciente e elaborar ata específica de esterilização, respeitada a autonomia da paciente.

O mesmo parecer afirma que a esterilização por indicação médica, baseada em risco reprodutivo, sempre foi permitida, desde que devidamente justificada por junta médica no prontuário da paciente, elaborando-se ata específica de esterilização, sempre com a devida autorização da paciente, em obediência ao princípio da autonomia. Nestes casos, não há impedimento para ser realizada em qualquer momento, incluindo-se aí os períodos de pós-parto, pós-aborto e puerperal.

No Parecer do Conselho Regional de Medicina do Estado do Ceará, N° 08/2004, da relatoria do Conselheiro Helvécio Neves Feitosa [258], muito embora discordando do Art. 4°, inciso IV, parágrafo único, da Portaria SAS/MS n° 48/99, estabeleceu que a laqueadura tubária em paciente hígida, no momento do parto cesárea por indicação fetal, fere a legislação vigente.

---

256 FERNANDES, Arlete Maria dos Santos *et al*. Laqueadura intraparto e de intervalo. *Revista da Associação Médica Brasileira*, v. 52, n. 5, p. 323-327, 2006.

257 CONSELHO FEDERAL DE MEDICINA. *Processo-Consulta CFM N° 3.789/99 PC/CFM/N° 18/2001*. Disponível em: <https://sistemas.cfm.org.br/normas/arquivos/ pareceres/BR/2001/18_2001.pdf>. Acesso em: 10 jan. 2023.

258 CONSELHO REGIONAL DE MEDICINA DO CEARÁ. *Parecer CREMEC N° 08/2004*. Disponível em: <https://sistemas.cfm.org.br/normas/arquivos/pareceres/CE/2004/ 8_2004.pdf. Acesso em: 10 jan. 2023.

Mesmo assim, esse parecer apontou que que *"o legislador teve zelo excessivo"* em inibir a prática de indicação da cesariana com a finalidade de laqueadura tubária e que, em virtude disso, existia um preço a pagar: a necessidade de uma nova cirurgia naquelas mulheres hígidas que são submetidas à cesárea por indicação obstétrica correta. Acrescentou também que a Portaria SAS/MS 48/99 sepultou a possibilidade de laqueadura periumbilical (aquela realizada no puerpério imediato) neste grupo de pacientes.

Portanto, se a laqueadura não for efetuada no momento do parto (durante uma operação cesariana ou laqueadura periumbilical nos casos de parto transpélvico), implicará em ocorrências possíveis e previsíveis: a mulher deverá internar-se algum tempo depois do parto, redundando numa nova internação; deverá passar por novo processo anestésico e cirúrgico; as atribulações do dia-a-dia, com os seus afazeres domésticos e/ou profissionais, a impedirão de nova internação; e, o pior, muitas vezes procurará o serviço tempos depois com uma nova gravidez.

No parecer do Conselho Federal de Medicina N° 09/08, da relatoria do Conselheiro Pedro Pablo Magalhães Chacel[259], ficou estabelecido que: *"Não há impedimento para a esterilização pós-parto, desde que a decisão a respeito seja tomada fora dos períodos de gestação e parto, obedecidas as determinações contidas na Lei n° 9.263/96."*

Ficou a dúvida se a portaria regulamentadora pode estabelecer limitações não contidas na Lei, mas decidida a esterilização por decisão pessoal fora do período de aborto ou parto, o melhor método para esterilização, do ponto de vista da facilidade da prática do procedimento seria a laqueadura pós-parto periumbilical, evitando nova internação, novo preparo cirúrgico e nova intervenção.

2.3.2. Lei do Planejamento familiar: as novas mudanças introduzidas pela Lei 14.443/2022

A norma, que teve origem no PL 7.364/2014, da Deputada Federal Carmen Zanotto[260], de SC, foi aprovada na Câmara dos Deputados no dia 8 de março de 2022.

No Senado, a então proposta foi encaminhada na forma do PL 1.941/2022[261], que foi aprovado em 10 de agosto de 2022. A relatora, Senadora

---

[259] CONSELHO FEDERAL DE MEDICINA. *Parecer CFM N° 09/08*. Disponível em: <https://sistemas.cfm.org.br/normas/visualizar/pareceres/BR/2008/9 >. Acesso em: 10 jan. 2023.

[260] BRASIL. *Projeto de Lei 7.364/2014*. Altera a Lei n° 9.263, de 12 de janeiro de 1996, para determinar prazo para oferecimento de métodos e técnicas contraceptivas e disciplinar condições para esterilização no âmbito do planejamento familiar. Disponível em: <https://www.camara.leg.br/proposicoesWeb/fichadetramitacao?idProposicao=611328>. Acesso em: 11 jam. 2023.

Ivo Basílio da Costa Júnior - O princípio da proporcionalidade e a lei do planejamento familiar: A superação de uma espera desnecessária pela laqueadura tubária.

Nilda Gondim, da PB, destacou a elevada efetividade da esterilização cirúrgica como método contraceptivo permanente, e acrescentou:

> A aprovação do projeto fará com que a legislação do Brasil esteja em consonância com a de países como Canadá, França, Alemanha, Argentina e Colômbia, que, no caso de pessoas capazes, vedam a esterilização apenas de menores de idade", observou em seu relatório.

Para Nilda, "a permissão para laqueadura durante o parto vai aumentar o acesso ao método e evitar que a mulher se submeta a duas internações, o que reduz os riscos de complicações cirúrgicas e a taxa de ocupação de leitos hospitalares."

Com a Lei 14.443/2022, a disponibilização de qualquer método e técnica de contracepção dar-se-á no prazo máximo de 30 (trinta) dias.

Também modificado pela Lei 14.443/2022, a Lei do Planejamento Familiar, em seu art. 10, inciso I, permite a esterilização cirúrgica em homens e mulheres com capacidade civil plena, mas agora para maiores de 21 (vinte e um) anos de idade (e não mais 25 anos) ou, pelo menos, com 2 (dois) filhos vivos, desde que observado o prazo mínimo de 60 (sessenta) dias entre a manifestação da vontade e o ato cirúrgico, período no qual será propiciado à pessoa interessada acesso a serviço de regulação da fecundidade, inclusive aconselhamento por equipe multidisciplinar, com vistas a desencorajar a esterilização precoce.

O prazo mínimo de 60 (sessenta) dias entre a manifestação da vontade e o parto e as devidas condições médicas permanece o mesmo, mas com a revogação do § 5º do art. 10 da Lei nº 9.263, não há mais a necessidade do consentimento expresso de ambos os cônjuges, na vigência de sociedade conjugal.

O quadro I, exibido a seguir, facilita o entendimento das mudanças introduzidas pela Lei 14.443/2022:

Quadro I - Comparativo entre a Lei nº 9.263, de 12 de janeiro de 1996 e a nova Lei 14.443, de 02 de setembro de 2022

---

[261] BRASIL. *Projeto de Lei 1.941/2022*. Altera a Lei nº 9.263, de 12 de janeiro de 1996, para determinar prazo para oferecimento de métodos e técnicas contraceptivas e disciplinar condições para esterilização no âmbito do planejamento familiar. Disponível em: <https://www25.senado.leg.br/web/atividade/materias/-/materia/154041>. Acesso em: 11 jan. 2023.

Artigos	Lei nº 9.263/1996	Lei 14.443/2022
9º	*Caput:* Diz que serão oferecidos todos os métodos e técnicas de concepção e contracepção, *mas não estabelece o prazo*	§ 2º Estabelece que a disponibilização de qualquer método e técnica de contracepção *dar-se-á no prazo máximo de 30 (trinta) dias.*
Art. 10, inciso I	Somente é permitida a esterilização voluntária nos casos de homens e mulheres com capacidade civil plena e *maiores de vinte e cinco anos de idade* ou, pelo menos, com dois filhos vivos, desde que observado o prazo mínimo de sessenta dias entre a manifestação da vontade e o ato cirúrgico	O texto é praticamente igual. Mas a idade baixou para *maiores de 21 (vinte e um) anos*, mantida a alternativa "ou" dois filhos vivos. E permanece o prazo mínimo de sessenta dias entre a manifestação da vontade e o ato cirúrgico.
Art. 10, §2º	*Era vedada a esterilização cirúrgica em mulher durante os períodos de parto ou aborto*, exceto nos casos de comprovada necessidade, por cesarianas sucessivas anteriores.	*A esterilização cirúrgica em mulher poderá ser realizada durante o período de parto*, desde que observado o prazo mínimo de 60 (sessenta) dias entre manifestação da vontade e o parto e as devidas condições médicas.
Art. 10, §5º	Na vigência de sociedade conjugal, *a esterilização dependia do consentimento expresso de ambos os cônjuges*	Esse parágrafo foi revogado. *Não há mais a necessidade do consentimento do cônjuge ou companheiro*

3. CONSIDERAÇÕES FINAIS

Baseados nos ensinamentos de Dworkin, aprendemos que a integridade é diferente da justiça e da equanimidade, mas está ligada a elas da seguinte maneira: a integridade só faz sentido entre pessoas que querem justiça e equanimidade (tratamento igual). A equanimidade relaciona-se com a estrutura correta do funcionamento, a partir do devido processo legal, da supremacia legislativa, da aplicação dos precedentes, enfim, do respeito à integridade e da coerência do direito. Por isso, *"leis desproporcionais ferem a integridade"*.[262]

No momento em que a Constituição de 1988 reconheceu o direito à saúde como direito fundamental, esculpido no art. 196, e as normas que o garantem tem aplicação imediata, desta forma, o conteúdo da norma prevista no

---

[262] DWORKIN, Ronald. *O Império do Direito*. São Paulo: Martins Fontes. 1999, p. 202; 214-215; 228; 314; 483 e seguintes

art. 226, §7° também deve ser reconhecido como um direito fundamental, afirmando que o planejamento familiar é livre decisão do casal.

Porém, com a edição da Lei 9.263/96 – Lei do Planejamento Familiar – em seu art. 10, §2°, regulamentado pela Portaria do Ministério da Saúde N° 48, de 11 de fevereiro de 1999, que vedou a esterilização cirúrgica em mulher durante períodos de parto, aborto ou até o 42° dia do pós-parto ou aborto, houve uma violação ao Princípio da Proporcionalidade.

Na tentativa de proteger o excesso de cesarianas desnecessárias, com o único intuito de realizar a laqueadura, a lei deixou desamparada aquelas mulheres que poderiam ter o procedimento realizado com apenas uma cesariana anterior, mesmo com vários partos normais, ou aquelas mulheres que tiveram vários filhos, todos por partos normais.

Mesmo que essas mulheres e seus maridos ou parceiros tenham dado seu consentimento prévio para a esterilização 60 dias antes do procedimento (cujo prazo ainda se mantém, mas agora sem o consentimento expresso de ambos os cônjuges, na vigência de sociedade conjugal), em havendo necessidade de uma cesariana de urgência por indicação fetal, a mulher não poderia ser esterilizada no momento do parto, a não ser que tivesse cesarianas sucessivas, ou seja, pelo menos duas cesarianas anteriores. Desta forma, a mulher era penalizada com novo procedimento anestésico e cirúrgico.

No caso de uma mulher com vários partos normais, que tenha passado por um serviço de planejamento familiar e tenha decidido pela laqueadura tubária, no prazo de 60 dias antes do procedimento, a esterilização feminina não poderia ser feita por laqueadura periumbilical no pós-parto imediato, isto é, com um útero grande, com seu fundo alcançando a cicatriz umbilical, o que permitiria ligar as trompas através de uma pequena incisão periumbilical.

Se tal procedimento era proibido, o que se poderia fazer então com essas pacientes? Para onde encaminhá-las? Quem estaria a garantir à mulher ou ao casal o acesso a Serviços de Planejamento Familiar devidamente estruturados, com equipe multidisciplinar (ou multiprofissional), com todos os métodos anticoncepcionais disponíveis, e com a possibilidade de realização da laqueadura tubária de intervalo (após o puerpério tardio)?

As respostas esbarram na precariedade do sistema de saúde, com carência de recursos, de profissionais e de leitos para internação.

Qual maternidade deixaria do lado de fora uma gestante em trabalho de parto, para internar eletivamente uma mulher para ser submetida a uma laqueadura tubária, que cumpriu o que determina a lei, esperando 42 dias pós-parto para a realização do procedimento?

Sendo assim, mesmo protegendo as mulheres de laqueaduras indiscriminadas, a lei puniu aquelas que não se encaixavam no perfil da lei, mas que tinham indicação de laqueadura também. Havia (e ainda há) inúmeras dificuldades de realizar o procedimento posteriormente, sendo que muitas delas voltam a engravidar de forma indesejada. Ou seja, punia as mulheres pobres, que só tinham o SUS para recorrer. Para as mulheres do setor privado, as laqueaduras sempre foram realizadas, dentro ou à margem da lei.

Porém, com entrada em vigor da Lei 14.443/2022, em 03 de março de 2023, o Princípio da Proporcionalidade foi finalmente respeitado.

A uma, porque agora a laqueadura tubária pode ser realizada no momento do parto (normal ou cesariana), já que pelo Art.9º, §2º, a disponibilização de qualquer método e técnica de contracepção (entre elas, a laqueadura tubária) dar-se-á no prazo máximo de 30 (trinta) dias. Se o prazo máximo é de 30 dias, não há então prazo mínimo estabelecido. Ou seja, o prazo mínimo pode ser durante a cesariana ou logo após o parto normal, sendo neste último dentro dos primeiros três dias pós-parto, com a laqueadura por incisão periumbilical.

A duas, pois de acordo com o novo §2º do Art. 10 da Lei 9.263/96, caiu por terra a necessidade de cesarianas sucessivas e a vedação da esterilização cirúrgica em mulher durante os períodos de parto ou aborto. Ou seja, mesmo que seja o primeiro parto, normal ou por cesariana, a mulher poderá, se assim o desejar, ser submetida a uma laqueadura tubária, desde que observado o prazo mínimo de 60 (sessenta) dias entre a manifestação da sua vontade e o parto, e se as devidas condições médicas assim o permitirem.

E finalmente, a três, foi restabelecida a autonomia da mulher com relação ao desejo de não mais procriar. Com a revogação do §5º do Art. 10 da Lei 9.263/96, a esterilização cirúrgica não mais depende do consentimento expresso de ambos os cônjuges.

REFERÊNCIAS BIBLIOGRÁFICAS

BEREK, Jonathan. Berek & Novak. *Tratado de Ginecologia*. 14. ed. Rio de Janeiro: Guanabara Koogan, 2008, 1223p.

BERQUÓ, Elza; CAVENAGHI, Suzana. Direitos reprodutivos de mulheres e homens face à nova legislação brasileira sobre esterilização voluntária. *Caderno de Saúde Pública*. Rio de Janeiro, v.19, sup.2, p. 441-453, 2003.

BONAVIDES, Paulo. *Curso de direito constitucional*. 6. ed. rev. atual. ampl. São Paulo: Malheiros, 1996, p.260-261. 755p.

BRASIL. *Constituição da República Federativa do Brasil*. Brasília, DF: Senado Federal, 1988. Disponível em: <https://www.planalto.gov.br/ccivil_03/constituicao/ConstituicaoCompilado.htm>. Acesso em: 10 jan. 2023.

BRASIL. Decreto-Lei 2.848, de 07 de dezembro de 1940. Código Penal. *Diário Oficial da União*, Rio de Janeiro, 31 dez. 1940.

BRASIL. Lei nº 9.263, de 12 de janeiro de 1996. Regula o § 7º do art. 226 da Constituição Federal, que trata do planejamento familiar, estabelece penalidades e dá outras providências. *Diário Oficial da União*, Poder Executivo,

Brasília, DF, 15 jan. 1996. Disponível em: <https://www.planalto.gov.br/ccivil_03/ leis/l9263.htm>. Acesso em: 10 jan. 2023.

BRASIL. Lei 14.443, de 02 de setembro de 2022. Altera a Lei nº 9.263, de 12 de janeiro de 1996, para determinar prazo para oferecimento de métodos e técnicas contraceptivas e disciplinar condições para esterilização no âmbito do planejamento familiar. *Diário Oficial da União*, Poder Executivo, Brasília, DF, 05 set. 2022. Disponível em: <https://www2.camara.leg.br/legin/fed/lei/2022/lei-14443-2-setembro-2022-793189-publicacaooriginal-166038-pl.html>. Acesso em: 10 jan. 2023.

BRASIL. *Projeto de Lei 2.059/2003*. Disciplina o uso de laqueadura e da vasectomia, como um dos componentes do Planejamento Familiar no Sistema Único de Saúde, estabelece penalidade e dá outras providências. Disponível em: <https://www.camara.leg.br/proposicoesWeb/fichadetramitacao?idProposicao=134831>. Acesso em: 10 jan. 2023.

BRASIL. *Projeto de Lei 5.061/2005*. Altera o §2º do art. 10 da Lei nº 9.263, de 12 de janeiro de 1996, que trata do planejamento familiar, de forma a permitir a realização da laqueadura tubárea nos períodos de parto ou aborto em caso de cesária anterior. Disponível em: <https://www.camara.leg.br/proposicoesWeb/fichadetramitacao?idProposicao=281734>. Acesso em: 10 jan. 2023.

BRASIL. *Projeto de Lei 7.364/2014*. Altera a Lei nº 9.263, de 12 de janeiro de 1996, para determinar prazo para oferecimento de métodos e técnicas contraceptivas e disciplinar condições para esterilização no âmbito do planejamento familiar. Disponível em: <https://www.camara.leg.br/proposicoesWeb/fichadetramitacao?idProposicao=611328>. Acesso em: 11 jan. 2023.

BRASIL. *Projeto de Lei 1.941/2022*. Altera a Lei nº 9.263, de 12 de janeiro de 1996, para determinar prazo para oferecimento de métodos e técnicas contraceptivas e disciplinar condições para esterilização no âmbito do planejamento familiar. Disponível em: <https://www25.senado.leg.br/web/atividade/materias/-/materia/154041>. Acesso em: 11 jan. 2023.

CANOTILHO, José Joaquim Gomes. Direito Constitucional e Teoria da Constituição. 3. Ed. Coimbra: Almedina, 1999, 446p.

CONSELHO FEDERAL DE MEDICINA. *Parecer CFM Nº 09/08*. Disponível em: <https://sistemas.cfm.org.br/normas/visualizar/pareceres/BR/2008/9>. Acesso em: 10 jan. 2023.

CONSELHO FEDERAL DE MEDICINA. *Processo-Consulta CFM Nº 3.789/99 PC/CFM/Nº 18/2001*. Disponível em:

<https://sistemas.cfm.org.br/normas/arquivos/pareceres/BR/2001/18_20 01.pdf>. Acesso em: 10 jan. 2023.

CONSELHO REGIONAL DE MEDICINA DO CEARÁ. *Parecer CREMEC Nº 08/2004.* Disponível em: <https://sistemas.cfm.org.br/normas/arquivos/pareceres/CE/2004/8_200 4.pdf>. Acesso em: 10 jan. 2023.

COSTA, Ana Maria; GUILHEM, Dirce; SILVER, Lynn DEE. Planejamento Familiar: a autonomia das mulheres sob questão. *Revista Brasileira de Saúde Materno Infantil.* Recife, v.6, n.2, p. 75-84, 2006

DWORKIN, Ronald. *O Império do Direito.* São Paulo: Martins Fontes. 1999, 536 p.

FERNANDES, Arlete Maria dos Santos *et al.* Laqueadura intraparto e de intervalo. *Revista da Associação Médica Brasileira*, v. 52, n. 5, p. 323-327, 2006.

MACHADO, Paulo Affonso Leme; MACHADO, Maria Regina Marrocos. Direito do Planejamento Familiar In: DE FREITAS, Vladimir Passos (Org.). *Direito Ambiental em Evolução 3.* Curitiba: Juruá, 2002. 374 p.

MESA, Gloria Patricia Lopera. *Principio de proporciolalidad y ley penal:* bases para um modelo de control de constitucionalidad de las leyes penales. Madrid: Centro de Estudos Políticos y Constitucionales, 2006, 661p.

MINISTÉRIO DA SAÚDE. *Portaria nº. 144 de 20 de novembro de 1997.* Dispõe sobre normas gerais para o planejamento familiar. Disponível em: <http://www.mpgo.mp.br/portal/arquivos/2013/06/12/14_20_50_472_p ortaria_144___ministerio_da_saude___planejamento_familiar.pdf>. *Acesso em 10 jan. 2023*

MINISTÉRIO DA SAÚDE. *Portaria nº. 48 de 11 de fevereiro de 1999.* Regula o parágrafo 7º da Constituição Federal, que trata do planejamento familiar, estabelece penalidades e dá outras providências. Disponível em: <https://bvsms.saude.gov.br/bvs/saudelegis/sas/1999/prt0048_11_02_199 9.html>. *Acesso em 10 jan. 2023.*

OSIS, Maria José Duarte *et al.* Atendimento à demanda pela esterilização cirúrgica na Região Metropolitana de Campinas, São Paulo, Brasil: percepção de gestores e profissionais dos serviços públicos de saúde. *Caderno de Saúde Pública.* Rio de Janeiro, v.25, n.3, p. 625-634, 2009.

POTTER, Joseph *et al.* Frustated demand for postpartum female sterilization in Brazil. *Contraception.* v. 67, p. 385-390, 2003.

SAMRSLA, Mônica *et al.* Expectativa de mulheres à espera de reprodução assistida em hospital público do DF – Estudo bioético. *Rev Assoc Med Bras.*, vol. 53, n. 1, p. 47-52, 2007.

SARLET, Ingo Wolfgang. *A eficácia dos direitos fundamentais:* uma teoria geral dos direitos fundamentais na perspectiva constitucional. 11. ed. rev. atual. Porto Alegre: Livraria do Advogado, 2012. 504 p.

STRECK, Lenio Luiz. O sentido hermenêutico-constitucional da ação penal nos crimes sexuais: os influxos da Lei dos crimes hediondos e da Lei Maria da Penha. In: KLEVENHUSEN, Renata Braga (Coord). *Direitos fundamentais e novos direitos.* Rio de Janeiro: Lumen Juris, 2006, 174 p.

STRECK, Lenio Luiz. *Verdade e consenso:* constituição, hermenêutica e teorias discursivas. 4. ed. São Paulo: Saraiva, 2011, 639p.

STRECK, Maria Luiza Schäfer. *Direito Penal e Constituição.* A face oculta da proteção dos direitos fundamentais. Porto Alegre: Livraria do Advogado, 2009, 174 p.

TRIBUNAL CONSTITUCIONAL FEDERAL ALEMÃO. *Decisão BVerfGE 30.* Reclamação Constitucional contra decisão judicial, de 24/02/1971.

VERKUYL, Douwe. Sterilisation during unplanned caesarean sections for women likely to have a completed family—should they be offered? Experience in a country with limited health resources. *BJOG: an International Journal of Obstetrics and Gynaecology.* v. 109, p. 900-904, 2002.

VIEIRA, Elisabeth Meloni; SOUZA, Luis de. Acesso à esterilização cirúrgica pelo Sistema Único de Saúde, Ribeirão Preto, SP. *Revista de Saúde Pública.* Ribeirão Preto, v.43, n.3, p. 398-404, 2009.

MEIO AMBIENTE NO SISTEMA INTERNACIONAL DE PROTEÇÃO DOS DIREITOS HUMANOS E CONFLITOS NA TERRA YANOMAMI

Isabella Franco Guerra[263]
Ana Paula Teixeira Delgado[264]

SÚMARIO 1. Introdução 2. Desconstruindo o paradigma colonial 3. Interfaces da constitucionalização do direito ao meio ambiente sadio e sua proteção internacional 4. Proteção ao meio ambiente e o sistema interamericano 5. Conflitos socioambientais nas terras dos Yanomamis 6. Considerações finais

1. INTRODUÇÃO

Passados cinquenta anos da Conferência sobre o Ambiente Humano, realizada em 1972 em Estocolmo, caminhos importantes foram trilhados, destacando-se a constitucionalização da tutela ambiental. Em razão disso, instaurou-se a positivação do direito fundamental ao meio ambiente na Constituição da República Federativa do Brasil de 1988 e nas Constituições do Equador e da Bolívia, as quais, por exemplo, positivam os direitos dos povos originários e da natureza. Por sua vez, muitos são os percalços e as dificuldades de implementação dos direitos socioambientais.

A questão ambiental na América Latina tem se agravado nas décadas precedentes, contrariando a tendência verificada nos países industrializados. As reformas neoliberais experimentadas pelos países do continente nos últimos anos não se demonstraram suficientes para mudar o quadro de devastação ambiental. Ao contrário, colaboraram para a exploração desenfreada do meio ambiente, contribuindo ao aumento da desigualdade social e para deficiências na ocupação do solo, assim como a persistente dependência de diversas economias no tocante à exploração dos recursos naturais. Este quadro denota a devastação de biomas e ecossistemas em benefício da agropecuária latifundiária, da grilagem, da exploração madeireira e da atividade de mineração.

---

[263] Professora do Programa de Pós-Graduação em Direito da UNESA bellaguerra2010@yahoo.com.br

[264] Professora da Escola da Magistratura do Estado do Rio de Janeiro-EMERJapaula_delgado@yahoo.com.br

No Brasil, o discurso oficial negacionista e antiambiental tem legitimado ações de desmatamento, de grilagem, de assassinato de indígenas e dos ativistas ambientais, corroboradas por medidas governamentais que apontam para a perda de autonomia dos órgãos fiscalizadores.

Para esse fim, em uma primeira etapa, são analisadas as Constituições andinas que deram início ao processo de reconhecimento da diversidade, do pluralismo e de uma nova forma de Estado, que pretende ser inclusiva ao adotar o princípio constitucional do *Sumak Kawsai*.

A seguir passa-se ao estudo do processo de internacionalização das questões ambientais, de forma a situar o direito ao meio ambiente sadio no sistema universal de proteção e no sistema regional interamericano, examinando-se as principais tendências da Corte Interamericana de Direitos Humanos, em especial, a de adoção de uma linha interpretativa que assuma estratégias capazes de ampliar a eficácia do direito ao meio ambiente sadio.

Analisa-se o impacto da devastação ambiental sobre as condições de vida dos povos originários, dando destaque ao povo Yanomami, tendo em vista que, nesse momento de pandemia, esse grupo vulnerável passa a estar ainda mais fragilizado pelos problemas socioambientais, o que torna relevante e essencial que se estudem as bases firmadas na Constituição brasileira de 1988 para a proteção dos direitos fundamentais, o papel do Estado, de modo a verificar a responsabilidade estatal quando deixa de garantir a segurança e o acesso universal ao mínimo existencial.

Foi realizado o levantamento bibliográfico, legislativo e, através de *sites* de organizações não governamentais e da mídia eletrônica, foi possível obter dados sobre a situação da pandemia, seus impactos sobre os direitos socioambientais e o aumento da vulnerabilidade social no Brasil.

Empregou-se a metodologia dedutiva, utilizando-se, como método, a pesquisa bibliográfica, a legislativa e a jurisprudencial, tendo sido o estudo desenvolvido sob o enfoque interdisciplinar e com base nas exposições empíricas.

Visando à abordagem crítica e reflexiva, o enfoque deste estudo está centralizado nas questões ambientais contemporâneas no contexto do Antropoceno sob a óptica do Estado de Direito Ambiental, com ênfase na realidade brasileira e no agravamento da crise ambiental e da injustiça socioambiental identificada nos últimos cinco anos.

2. DESCONSTRUINDO O PARADIGMA COLONIAL

É importante refletir acerca da experiência latino-americana quanto à proteção ao direito ao meio ambiente sadio, sob a óptica de alternativas para desconstruir a configuração de um padrão colonial que homogeneiza a humanidade, despreza o diálogo multicultural e aniquila os recursos naturais. No cenário de devastação que vem se potencializando nos países periféricos, constata-se que a atual adoção do modelo capitalista não problematiza a ideia de progresso como acumulação desenfreada de capitais, tampouco reflete sobre a transformação de seres em *commodities*.

A esse respeito, Ailton Krenak[265] traz ponderações sobre o modelo desenvolvimentista dominante, as quais são essenciais na contemporaneidade, sobretudo para os países que foram submetidos à colonização. Como bem diz Krenak, a humanidade foi forjada em uma lógica excludente, que hierarquiza seus próprios integrantes e objetifica a natureza. Ao estabelecer a relação de sujeito-objeto com a natureza, a humanidade despersonaliza os seres vivos e não vivos e os torna aptos à atividade industrial e extrativista.

Outra reflexão suscitada em sua obra diz respeito ao fim de outros mundos, o que, segundo Krenak, ocorreu diversas vezes, bem como à necessidade de se adiar o fim dos mundos restantes diante do cenário de destruição ambiental que se apresenta. Não se trata aqui de outras narrativas, mas de outros mundos que já acabaram, como no caso da colonização na América Latina, a qual dizimou o mundo dos povos originários.

Uma vez que a razão colonial é antropocêntrica, funda-se na ideia de que o ser humano, por ter natureza racional, se sobrepõe aos demais. Desse modo, a arrogância antropocêntrica não admite cosmovisão diferente, tampouco outras humanidades "não-civilizadas", as quais são relegadas à sub-humanidade por não aceitarem a distinção entre seres humanos e demais seres terrestres. Isso, porque, diferentemente da humanidade civilizada, os povos originários dos continentes concebem todos os seres humanos de forma interligada, uma vez que todos fazem parte do planeta enquanto este conforma um organismo vivo.

Em tal contexto, adiar o fim desse mundo que restou, implica reformular a própria noção clássica de humanidade – constituída por seres racionais hierarquizados, que transformaram seus meios em fins. A humanidade que homogeneizou o mundo e o transformou em reservatório para a produção de mercadorias com vistas à acumulação desmesurada, desvalorizou-o metafisicamente e destruiu mundos – ecossistemas, crenças, culturas e pensamentos. Dada a sua falência, tal projeto precisa ser repensado sob os escombros deste mundo para dar lugar à nova proposta, em que haja uma rede indissociável de interdependências entre o humano e o não-humano em plena comunhão com a natureza, da qual todos constituem parte integrante.

Ao observar a experiência latino-americana nas últimas décadas, verifica-se que o constitucionalismo entrou em nova fase, impulsionado pelas Constituições da Venezuela, do Equador e da Bolívia, que são mais amplas e detalhadas, remetendo a suas respectivas realidades plurais com a afirmação do paradigma do bem-viver e da adoção de um Estado plurinacional, o qual permite

---

[265] KRENAK, Ailton. *Ideias para adiar o fim do mundo*. 2. ed. São Paulo: Companhia das Letras, 2020.

a reconstrução da identidade cultural e da herança ancestral dos povos originários.

Em especial, a Constituição Equatoriana de 2008[266] deu início a um processo de reconhecimento da diversidade, do pluralismo e de nova forma de Estado inclusiva no continente latino-americano, erigindo *Sumak Kawsai* ou *Buen Vivir* como princípio fundamental:

> *Decidimos construir una nueva forma de convivencia ciudadana, en diversidad y armonía con la naturaleza, para alcanzar el buen vivir, el sumak kawsay; una sociedad que respeta, en todas sus dimensiones, la dignidad de las personas y las colectividades; un país democrático, comprometido con la integración latino-americana – sueño de Bolívar y Alfaro, la paz y la solidaridad con todos los pueblos de la tierra.* (Preâmbulo da Constituição Equatoriana de 2008).

O *Buen Vivir*, ou *Sumak Kawsay* (quéchua), é alternativa decolonial ao conceito de desenvolvimento e baseia-se no diálogo entre conhecimentos tradicionais e práticas ancestrais com conhecimentos filosóficos e científicos ocidentais a fim de promover formas de organizar a sociedade não baseadas em acumulação de capital e no consumo desenfreado.[267]

A despeito de a Constituição da Bolívia e a da Venezuela trazerem inovações importantes ao constitucionalismo democrático, a Constituição equatoriana constitui um marco não só para o constitucionalismo latino-americano, mas para todo o constitucionalismo moderno, ao adotar a concepção biocêntrica por meio do reconhecimento da natureza como sujeito de direito, do reconhecimento da diversidade cultural e da adoção do modelo comunitário, trazendo, assim, a remodelação do Estado.

A adoção do *Sumak Kawsai* enquanto princípio constitucional acarreta impactos em sua aplicação pelo Poder Judiciário, tal como para o Poder Executivo quanto à reformulação de políticas públicas e socioambientais, criando todas as condições de possibilidade para se refundar a noção de Estado e a de humanismo letal, desde que haja real efetividade. O desapego do modelo tradicional de humanidade é de vital relevância para a proteção do direito ao meio ambiente e, de forma inovadora, passou a ser adotado no sistema interamericano de direitos humanos.

3. INTERFACES DA CONSTITUCIONALIZAÇÃO DO DIREITO AO MEIO AMBIENTE SADIO E A SUA PROTEÇÃO INTERNACIONAL

---

[266] UNESCO, SITEAL. Constitución de la República del Ecuador. Disponível em: https://siteal.iiep.unesco.org/sites/default/files/sit_accion_files/siteal_ecuador_6002.pdf.

[267] MACAS, Luis. Sumak Kawsay: la vida em plenitude. *Revista américa-latina en movimiento*, Quito: Equador, v. 52, p. 14-16, 2010.

As atrocidades cometidas na Segunda Grande Guerra levaram à demanda pela instauração de nova ética universal fundamentada na exigência de proteção do ser humano. Assim, a Carta da Organização das Nações Unidas (ONU) de 1945 estabelece a necessidade de um diálogo consensual entre os Estados, visando à proteção da dignidade humana.

Em 1948, com o advento da Declaração Universal dos Direitos Humanos, a questão dos direitos humanos adquire maior colorido. Ao introduzir a concepção contemporânea de direitos humanos – caracterizada pela indivisibilidade e universalidade desses direitos – a Declaração se impõe com o valor da afirmação de uma ética universal, constituindo um paradigma de atuação para os Estados integrantes da sociedade internacional.

A Declaração de 1948 positiva, em âmbito universal, os direitos e as garantias individuais, os direitos políticos e os direitos sociais, econômicos e culturais. Dezoito anos após a sua adoção, os dois Pactos das Nações Unidas – O Pacto de Direitos Civis e Políticos e o Pacto de Direitos Sociais, Econômicos e Culturais, ambos de 1966 – são celebrados. A partir daí o *corpus* normativo internacional de direitos humanos passa a ser bem vasto, tanto em âmbito global como em âmbito regional, incluindo novas dimensões de direitos, como, por exemplo, os chamados direitos de terceira dimensão.

Cumpre destacar que o surgimento de diversos direitos humanos ocorre quando emergem novos carecimentos e interesses face à própria evolução das sociedades, que estão sujeitas a contínuas transformações. Daí os direitos humanos serem compreendidos como direitos históricos, conforme sugere Bobbio.[268]

Por conseguinte, face às vicissitudes históricas, manifesta-se a consciência de novos desafios referentes não mais à liberdade e à igualdade, mas, em especial, à qualidade de vida dos povos e à solidariedade, conduzindo ao surgimento dos chamados direitos de terceira geração, também cunhados de 'direitos difusos', posto pertencerem a número indeterminado de pessoas, e de direitos de solidariedade, pois dependem da cooperação internacional para sua efetivação. Nesta dimensão encontra-se o direito ao meio ambiente sadio.

É interessante registrar que, paralelamente ao desenvolvimento da proteção internacional dos direitos humanos, se observa também o desenvolvimento do processo de internacionalização da proteção ambiental. A partir da década de 1960 emergem questões ambientais até então consideradas locais ou nacionais, as quais adquirem relevância global e passam a exigir o compromisso e a participação dos Estados e de organizações. Preocupações relacionadas a temas tais como as modificações climáticas trazidas pelo processo de industrialização, pela poluição atmosférica e pela utilização de fontes de

---

[268] BOBBIO, Norberto. *A era dos direitos*. Rio de Janeiro: Ed. Campus, 1997, p.74.

energia suja e não-renováveis colaboram para a erosão de assuntos de domínio reservado dos Estados.

O recurso à noção de humanidade (*man kind, human kind*) passa a situar a discussão ambiental no âmbito dos direitos humanos, uma vez que constitui interesse comum da humanidade, vista não como abstração jurídica, mas como coletividades humanas que vivem em sociedade e dependem de condições ambientais saudáveis para sua existência.

O marco da internacionalização do direito ao meio ambiente ocorre com a Declaração de Estocolmo sobre Meio Ambiente Humano de 1972.[269] O Princípio 1 dessa Declaração afirma o direito à liberdade e ao desfrute do meio ambiente como necessário para uma vida digna. O documento adotado na Conferência das Nações Unidas sobre meio ambiente refere-se, pela primeira vez, ao meio ambiente como 'bem comum da humanidade' no Princípio 18. Trata-se aqui de proteger o interesse comum da humanidade – *global commons*, independentemente de qualquer efeito transfronteiriço ou de jurisdição nacional. Ainda na década de 1970, resoluções da assembleia Geral da ONU consolidam a indivisibilidade dos direitos humanos, trazida na Conferência na ONU de Teerã (1968)[270], situando o meio ambiente na perspectiva da indivisibilidade.

Na década de 1980, a ideia de '*global commons*' adquire maior relevância, considerando-se as crescentes ameaças ambientais. A Comissão Nacional sobre Meio Ambiente e Desenvolvimento, doravante designada Comissão 'Bruntland', em seu relatório final – Relatório Nosso Futuro Comum –, devota um capítulo ao gerenciamento de interesses fora das jurisdições nacionais, defendendo a aplicação de princípios em escala global.

Além disso, esse documento é pioneiro em conceituar o desenvolvimento sustentável,[271] enfatizando seus pressupostos fundamentais, os quais são, segundo o relatório, a participação da sociedade civil e a democracia representativa, a responsabilidade do Estado, a erradicação da pobreza e a adoção de estilos de vida menos consumistas e em maior sintonia com os meios ecológicos.

A inobservância de tais pressupostos, segundo o Relatório Bruntland, conduz indiscutivelmente à inefetividade do desenvolvimento econômico, social e ambiental. Os críticos do desenvolvimento sustentável, como Krenak, preconizam que o conceito não problematiza a ideia de progresso enquanto acumulação de capital, preocupando-se apenas com a administração e o uso dos

---

[269] Disponível em: https://cetesb.sp.gov.br/proclima/wp-content/uploads/sites/36/2013/12/estocolmo_mma.pdf

[270] Brasil. Ministério Público Federal. Proclamacao_de_Teerã.pdf. Disponível em: https://www.mpf.mp.br/pfdc/temas/legislacao/internacional/proclamacao-de-teera/view.

[271] Antônio Augusto Cançado Trindade apresenta uma definição objetiva e irretocável de desenvolvimento sustentável, o qual constituiria um possível vínculo entre o desenvolvimento econômico e o meio ambiente sadio.

recursos naturais para não os exaurir rápido demais,[272] o que reforça a perpetuação do modelo capitalista de destruição hoje adotado.

Por sua vez, a Resolução 44/228 de 1989 ratifica o caráter global das questões ambientais e convoca a Conferência das Nações Unidas sobre o Meio Ambiente e Desenvolvimento (ECO 1992), primeira reunião de magnitude internacional pós-guerra fria, a qual dá origem aos seguintes documentos: Convenção sobre Mudança de Clima, Convenção sobre Biodiversidade, Agenda 21 e Declaração do Rio de Janeiro, que, dentre outras proposições, ratifica a interdependência entre direitos humanos, democracia e meio ambiente.

Nas décadas subsequentes até o presente verifica-se uma vasta construção internacional de instrumentos jurídicos que visam proteger o direito ao meio ambiente. Todavia, a exemplo dos documentos citados, considera-se que não constituam *hard law*, mas *soft law*, criando obrigações apenas de cunho moral para os Estados. Estes instrumentos não preveem sistemas de monitoramento, tais como envio de comunicações e/ou relatórios, além da inexistência de órgãos internacionais específicos para acompanhamento das questões tratadas, o que tende a fragilizar a efetividade desses documentos internacionais sobre meio ambiente. A despeito de estar colacionada em documentos internacionais, a discussão ambiental interestatal não está centrada nos interesses geopolíticos da sociedade internacional.

Contudo, a noção de interesse comum da humanidade encontra expressão no exercício do direito ao meio ambiente sadio. A sobrevivência do gênero humano não prescinde de condições ambientais favoráveis, o que traduz a interdependência entre direitos humanos e meio ambiente. Esta relação, por si só, justifica a eficácia do direito ao meio ambiente sadio, ainda que seja interpretado como forma de exercício de outros direitos, conforme proteção no sistema regional interamericano.

A Constituição brasileira de 1988 foi pioneira ao dedicar um capítulo à proteção do meio ambiente e, sob um referencial do antropocentrismo mitigado, compreender o meio ambiente como bem de uso comum do povo essencial à sadia qualidade de vida, portanto, caracterizando esse direito difuso como direito humano fundamental indisponível.

São vários dispositivos presentes na Constituição de 1988 relacionados ao meio ambiente, como, por exemplo, o art. 23, em seu inciso VI, que prevê a obrigatoriedade dos entes políticos da Federação brasileira quanto a protegerem o meio ambiente e combaterem todas as formas de poluição; no art. 170, dentre os princípios da Ordem Econômica previstos, está o da defesa do meio ambiente; no art. 225, por sua vez, está consagrado o dever de prevenção de danos, o princípio da intervenção estatal obrigatória na defesa do meio

---

[272] KRENAK, Ailton. *Ideias para adiar o fim do mundo*. São Paulo: Companhia das Letras, 2019, p. 49.

ambiente, a participação pública, a exigência de promoção da educação ambiental, como também lá está a previsão da responsabilização pelos danos ambientais.

Quanto aos aspectos culturais, nos arts. 215 e 216 da Constituição brasileira[273] está delineada a proteção e o dever de o Estado garantir a todos o pleno exercício dos direitos culturais e o acesso às fontes da cultura nacional, além de apoiar, incentivar, valorizar e difundir as diversas formas de manifestações culturais, reconhecendo, como formadores do patrimônio cultural nacional, os bens de natureza material e imaterial, tomados individualmente ou em conjunto, portadores de referência à identidade, à ação, à memória dos diferentes grupos formadores da sociedade brasileira, nos quais se incluem: as formas de expressão; os modos de criar, fazer e viver; as criações científicas, artísticas e tecnológicas; as obras, objetos, documentos, edificações e demais espaços destinados às manifestações artístico-culturais; os conjuntos urbanos e sítios de valor histórico, paisagístico, artístico, arqueológico, paleontológico, ecológico e científico.

No art.231, a Constituição de 1988 reconhece, aos povos originários, o direito às terras que ocupam, como exposto a seguir:

> Art. 231. São reconhecidos aos índios sua organização social, costumes, línguas, crenças e tradições, e os direitos originários sobre as terras que tradicionalmente ocupam, competindo à União demarcá-las, proteger e fazer respeitar todos os seus bens.
>
> § 1º São terras tradicionalmente ocupadas pelos índios as por eles habitadas em caráter permanente, as utilizadas para suas atividades produtivas, as imprescindíveis à preservação dos recursos ambientais necessários a seu bem-estar e as necessárias a sua reprodução física e cultural, segundo seus usos, costumes e tradições.
>
> § 2º As terras tradicionalmente ocupadas pelos índios destinam-se a sua posse permanente, cabendo-lhes o usufruto exclusivo das riquezas do solo, dos rios e dos lagos nelas existentes.
>
> § 3º O aproveitamento dos recursos hídricos, incluídos os potenciais energéticos, a pesquisa e a lavra das riquezas minerais em terras indígenas só podem ser efetivados com autorização do Congresso Nacional, ouvidas as comunidades afetadas, ficando-lhes assegurada participação nos resultados da lavra, na forma da lei.
>
> § 4º As terras de que trata este artigo são inalienáveis e indisponíveis, e os direitos sobre elas, imprescritíveis.
>
> § 5º É vedada a remoção dos grupos indígenas de suas terras, salvo, "ad referendum" do Congresso Nacional, em caso de catástrofe ou epidemia que ponha em risco sua população, ou no interesse da soberania do País, após deliberação do Congresso Nacional, garantido, em qualquer hipótese, o retorno imediato logo que cesse o risco.
>
> § 6º São nulos e extintos, não produzindo efeitos jurídicos, os atos que tenham por objeto a ocupação, o domínio e a posse das terras a que se refere este artigo,

---

[273] Disponível em: https://www.planalto.gov.br/ccivil_03/constituicao/constituicao.htm

ou a exploração das riquezas naturais do solo, dos rios e dos lagos nelas existentes, ressalvado relevante interesse público da União, segundo o que dispuser lei complementar, não gerando a nulidade e a extinção direito a indenização ou a ações contra a União, salvo, na forma da lei, quanto às benfeitorias derivadas da ocupação de boa fé.

§ 7º Não se aplica às terras indígenas o disposto no art. 174, § 3º e § 4º.

A Constituição brasileira é clara ao reconhecer o direito que os povos originários possuem às terras que tradicionalmente ocupam; que a posse é permanente e a eles cabe o usufruto exclusivo das riquezas do solo, rios e lagos existentes nessas terras; também firma, no art. 232,[274] que os índios, suas comunidades e organizações são partes legítimas para ingressar em juízo em defesa de seus direitos e interesses. Portanto, há total harmonia com o que disciplina a Convenção 169 da Organização Internacional do Trabalho (OIT).

Nesses termos, tanto no processo de tomada de decisões sobre questões que afetem os interesses dos povos tribais, da população originária, haverá a necessidade de consulta direta a eles e que esta seja livre e informada. No mesmo sentido, os povos indígenas podem mover ações para pedir ao Poder Judiciário que assegurem o cumprimento da Constituição e a defesa dos direitos humanos. Logo, o sentido de participação envolve tanto o processo de construção de políticas públicas quanto a possibilidade de utilização da via judicial para buscar a proteção aos direitos.

Analisar e compreender as questões ambientais pressupõe interligar questões globais, nacionais e locais, assim como utilizar a lente da diversidade ambiental e, também, das múltiplas formas de organização social e variedade cultural, sem deixar de levar em conta os referenciais éticos de solidariedade intergeracionais. É preciso registrar, ainda, que meio ambiente deve ser considerado em seu aspecto amplo, nas suas múltiplas faces – meio ambiente natural, cultural, artificial e do trabalho, sem descurar de sua unidade e ubiquidade.

4. PROTEÇÃO AO MEIO AMBIENTE E O SISTEMA INTERAMERICANO

Paralelamente ao sistema universal de proteção dos direitos humanos, desenvolvem-se instrumentos de proteção no plano regional. Europa, Américas e África possuem sistemas próprios de proteção dos direitos humanos. O

---

[274] Art. 232. Os índios, suas comunidades e organizações são partes legítimas para ingressar em juízo em defesa de seus direitos e interesses, intervindo o Ministério Público em todos os atos do processo. Constituição da República Federativa do Brasil de 1988. Disponível em: http://www.planalto.gov.br/ccivil_03/constituicao/constituicao.htm. Acesso em: 15.05. 2022.

sistema universal e os sistemas regionais não são antinômicos, mas sim complementares, e objetivam ampliar a proteção aos direitos humanos.

No plano regional, o continente europeu destaca-se como a região do planeta mais desenvolvida no tocante à proteção dos direitos humanos. A Convenção Europeia dos Direitos do Homem de 1950, além de enunciar os direitos humanos, também determina as garantias da execução destes direitos, que é de competência da Corte Europeia de Direitos Humanos. Embora nesta convenção não haja a previsão expressa de proteção ao meio ambiente, a Corte Europeia tem se utilizado dos direitos nela previstos para afirmar a sua proteção de maneira indireta.

Por seu turno, o continente africano adota a Carta Africana de Direitos do Homem e dos Povos em 1981, a qual representa um importante avanço por abrir novos caminhos para o reconhecimento e a proteção nessa região. Esse tratado apresenta características peculiares em razão do próprio contexto sociopolítico no qual se insere a maioria dos países signatários, enfatizando, por isso, a eliminação de quaisquer formas de opressão e de colonialismo, além de reservar especial atenção aos direitos de solidariedade, dentre os quais, o direito ao meio ambiente sadio.

Merece destaque, no âmbito das Américas, a Declaração Americana dos Direitos e Deveres do Homem, aprovada pela IX Conferência de Bogotá em 30.3.1948, na qual também é sancionada a Carta Internacional Americana de Garantias Sociais. Em 1969, adota-se a Convenção Americana de Direitos Humanos – Pacto de São José de Costa Rica – e, em 1988, conclui-se o Protocolo Adicional da Convenção Americana sobre Direitos Humanos na área de Direitos Econômicos, Sociais e Culturais, denominada Protocolo de São Salvador.

O Pacto de São José institucionaliza, como meio de proteção dos direitos nele reconhecidos, dois órgãos de suma importância para a proteção dos direitos humanos: a Comissão Interamericana de Direitos Humanos, prevista na Resolução VIII da V Reunião de Consulta dos Ministros das Relações Exteriores, e a Corte Interamericana de Direitos Humanos.

Tal Pacto, que vigora desde 18.6.1978, só entra em vigência no Brasil por via de adesão em 1992, não se reconhecendo então a jurisdição obrigatória da Corte prevista no parágrafo 1° do artigo 62 daquele instrumento internacional, a qual somente é aprovada pelo Decreto Legislativo n.° 89 em dezembro de 1998.

Embora o Pacto de São José contenha apenas direitos de primeira dimensão, o Protocolo de San Salvador[275] supriu as necessidades do Pacto com relação aos direitos de segunda dimensão e trouxe, no artigo 11[276], o direito ao meio ambiente sadio.

---

[275] Disponível em: http://www.cidh.org/Basicos/Portugues/e.Protocolo_de_San_Salvador.htm.

[276] Artigo 11. Direito a um meio ambiente sadio 1. Toda pessoa tem direito a viver em meio ambiente sadio e a contar com os serviços públicos básicos. 2. Os Estados Partes promoverão a

Conforme o artigo 19, §6 do Protocolo,[277] o direito de petição individual, previsto no Pacto de São José da Costa Rica, é aplicado apenas em caso de violação do direito à organização sindical e ao direito à educação, excluindo-se, dessa forma, os direitos sociais, econômicos e culturais e o direito ao meio ambiente sadio previstos.

Contudo, tal não importa em preconizar a impossibilidade de apreciação pelo sistema interamericano de violações ambientais, uma vez que devem ser consideradas as normas de interpretação relativas à Declaração Americana de Direitos e Deveres do Homem e à Convenção Americana de Direitos Humanos. Neste sentido, a reivindicação do direito ao meio ambiente sadio é plenamente justificada como necessária à consecução dos demais direitos e à consequente proteção da humanidade.

Remetendo-se à Declaração de Estocolmo de 1972, a concepção do meio ambiente sadio como interesse comum do gênero humano e essencial à sua sobrevivência situa a discussão ambiental no âmbito dos direitos humanos. Desta forma, embora o Pacto de San Salvador restrinja a utilização do mecanismo de petição individual para a Comissão Interamericana de Direitos Humanos, a conexão existente entre a questão ambiental e os direitos humanos traz a defesa de uma proteção ambiental pela 'via reflexa' ou por 'ricochete' no âmbito da Comissão e da Corte Interamericana.

Na impossibilidade de uma violação ambiental ser apreciada diretamente pelos citados órgãos, as inter-relações de violações dessa natureza com as violações aos direitos individuais, políticos, econômicos, sociais e culturais criam condições de possibilidade para a atribuição de maior eficácia ao direito ao meio ambiente sadio e equilibrado.

É imperioso destacar que, além dos instrumentos abordados, países da América Latina e Caribe celebram, em março de 2018, na Costa Rica, o Acordo Regional sobre o Acesso à Informação, à Participação Pública e o Acesso à Justiça em Assuntos Ambientais, também conhecido como "Acordo de Escazú", que é um tratado juridicamente vinculante derivado da Conferência Rio + 20, que nasceu da preocupação com a efetivação do Princípio 10 da Declaração do Rio de 1992, sendo relevante ressaltar que foi negociado pelas Partes e contou com a participação pública, tendo sido o primeiro tratado concluído sob os auspícios da Comissão Econômica para a América Latina e Caribe (CEPAL).[278]

---

proteção, preservação e melhoramento do meio ambiente.

[277] Art. 19, §6. Caso os direitos estabelecidos na alínea a do artigo 8, e no artigo 13, forem violados por ação imputável diretamente a um Estado Parte deste Protocolo, essa situação poderia dar lugar, mediante participação da Comissão Interamericana de Direitos Humanos e, quando cabível, da Corte Interamericana de Direitos Humanos, à aplicação do sistema de petições individuais regulado pelos artigos 44 a 51 e 61 a 69 da Convenção Americana sobre Direitos Humanos.

[278] GUTERES, António. *Prólogo ao Acordo de Escazú 2018.* Disponível em: https://repositorio.cepal.org/bitstream/handle/11362/43611/S1800493_pt.pdf

O Acordo de Escazú tem consonância com a Agenda 2030. Esta é um plano global voluntariamente firmado pelos Estado sob a coordenação da ONU e por meio do qual foram definidos objetivos para a sustentabilidade e melhoria das condições de vida dos povos. Destacam-se, dentre os dezessete (17) Objetivos do Desenvolvimento Sustentável: redução da pobreza; acabar com a fome; proporcionar boa saúde e bem-estar; educação de qualidade; promoção da igualdade; acesso à água limpa e ao saneamento; redução das desigualdades; paz, justiça e instituições seguras.[279]

Dessa forma, os compromissos estabelecidos pelos Estados quanto ao desenvolvimento sustentável estão afinados com os objetivos do Acordo de Escazú, pois esse tratado reforça a necessidade de transparência, boa governança ambiental, responsabilidade, proteção do meio ambiente sob a óptica da prevalência dos direitos humanos, da vedação de retrocessos e à luz da progressividade dos direitos humanos.

Quanto à relação entre o Acordo de Escazú e a Convenção 169 da OIT, verifica-se que ambos tratam do direito de participação em matéria ambiental. Segundo o previsto pelo Acordo de Escazú, os Estados se comprometem a implementar uma participação aberta e inclusiva nos processos de tomada de decisões ambientais, com base nos marcos normativos interno e internacional; a Convenção referida diz respeito diretamente aos povos tribais, a receber a proteção do Estado e ter o direito a se manifestar sobre todos os assuntos que possam interessar-lhes. Por meio do Decreto nº10.088 de 2019,[280] a Convenção 169 da OIT foi internalizada e está em plena vigência no Brasil.

O Acordo de Escazú constitui um instrumento multilateral sem precedentes na região, pois, além de corroborar a importância do desenvolvimento sustentável na América Latina, é o primeiro tratado desse território a conter disposições específicas para a promoção e a proteção dos defensores de direitos humanos em assuntos ambientais. Destaca-se o objetivo de combater desigualdades e discriminação, garantir a sustentabilidade ambiental e o direito de todos ao meio ambiente são. Este tema, em específico, é extremamente sensível na região e merece destaque no acordo, que considera o histórico de violações de ativistas de direitos humanos, dos defensores da terra e do meio ambiente. Além disso, traz normas que estabelecem a necessidade de participação pública nos processos de tomada ambiental, bem como disposições sobre a garantia de acesso à justiça e a informações ambientais.

Nas bases do Acordo de Escazú estão os chamados direitos de acesso: acesso à informação, participação pública e acesso à justiça, assim, suas

---

[279] ONU Brasil. Sobre o nosso trabalho para alcançar o desenvolvimento sustentável no Brasil. Disponível em: https://brasil.un.org/pt-br/sdgs. Acesso em: 30.01.2023.

[280] BRASIL. *Decreto nº 10.088 de 05 de novembro de 2019.* Disponível em: http://www.planalto.gov.br/ccivil_03/_Ato2019-2022/2019/Decreto/D10088.htm#art5. Acesso em: 06.06.2022.

premissas são as do Estado de Direito Ambiental. Merecem realce as suas interações com a sustentabilidade, pois está entrelaçado às determinações da Resolução 70/1 da Assembleia Geral das Nações Unidas, de 25 de setembro de 2015, intitulada "Transformando nosso mundo: a Agenda 2030 para o Desenvolvimento Sustentável".[281]

Esse Acordo consolida a necessidade de observância da tríade direitos humanos, democracia e meio ambiente, buscando o fortalecimento dos países da região com base em um modelo sustentável de desenvolvimento, que priorize a preservação do meio ambiente, a inclusão para pessoas historicamente marginalizados e a redução de desigualdades sociais. Dentre os trinta e três (33) países que participam das negociações, até então onze (11) o ratificam. A despeito de o Brasil tê-lo assinado no Governo Michel Temer, o tratado encontra-se no Executivo para análise e ainda não foi encaminhado ao Congresso.

Os tratados internacionais de Direito Ambiental expõem ampla compatibilidade com a Constituição de 1988, pois os princípios estabelecidos nas normas internacionais estão no mesmo compasso da legislação interna nacional. As diretrizes orientadoras do Direito Ambiental Brasileiro encontram amparo nos Tratados e na Constituição de 1988; por conseguinte, vários são os preceitos garantidores do direito ao meio ambiente sadio. Assim, a lógica da sustentabilidade impõe que, em primeiro lugar, seja observada a prevenção e a precaução, a função social da propriedade, o bem viver, a transparência, a intervenção estatal obrigatória na defesa do meio ambiente, por conseguinte as atividades que possam repercutir negativamente sobre o meio ambiente deverão ser controladas pelo Poder Público. Nessa linha, os órgão de controle não podem abrir mão do poder de polícia administrativo em matéria ambiental, uma vez que constituem as diretrizes do princípio da intervenção estatal obrigatória na defesa do meio ambiente, que também tem como consequência a exigência de que o planejamento público tenha, em sua base, a sustentabilidade ambiental.

No fundamento do Estado de Direito Ambiental há a premissa de que a lei precisa ser coerente com os direitos fundamentais, do mesmo modo que a legislação deve ser inclusiva, promulgada de maneira imparcial, implementada de forma efetiva e que a legislação estabeleça as bases para proteger direitos e efetivar obrigações fundamentais.[282] A importância de se ter como parâmetro a pluralidade de vozes nos espaços formais de construção das políticas públicas e da tomada de decisão ambiental, avaliar o âmbito da democracia e o exercício da cidadania mostram-se essenciais para a concretização do Estado de Direito

---

[281] Disponível em: https://repositorio.cepal.org/bitstream/handle/11362/43611/S1800493_pt.pdf .

[282] UNEP. Environmental rule of law: first global report. 2019. Disponível em: https://www.unep.org/resources/assessment/environmental-rule-law-first-global-report. Acesso em: 27.06.2022.

Ambiental, assim como é imprescindível a educação ambiental, a cidadania, a participação inclusiva e, nesse sentido, assegurar voz às mulheres, aos povos originários, abrindo amplo espaço para discutir e debater a qualidade do Estado de Direito Ambiental.

5. CONFLITOS SOCIOAMBIENTAIS NAS TERRAS DOS YANOMAMIS

Desde a colonização europeia na América Latina, os povos tradicionais vêm sofrendo um processo de violência e de exclusão, que foi aumentando através dos séculos, juntamente com a progressiva degradação do meio ambiente, em nome de um projeto incessante de acumulação de lucros. No Brasil, há quinhentos anos, havia mais de três milhões de índios e atualmente, estima-se que haja cerca de 900 mil, distribuídos em cerca de 300 etnias. Dentre essas, estima-se que a Yanomami está estabelecida na região entre o rio Orinoco e a serra Parima, o que corresponde hoje ao território do estado de Roraima há quase mil (1000) anos.

Somente a partir do início da segunda metade do século XX o povo Yanomami passou a ter contato pela primeira vez com não indígenas: expedicionários, missionários, extrativistas, militares e agentes do Serviço de Proteção ao Índio, que foi sucedido pela Fundação Nacional do Índio (FUNAI) em 1967. Assim como as demais etnias, os Yanomamis vêm sofrendo diversos tipos de violência e de ameaça às terras que ocupam tradicionalmente.[283]

Na década de 1970, os Yanomamis sofreram impactos em virtude da construção da rodovia BR-210, também conhecida como Perimetral Norte. Trata-se de uma rodovia federal projetada para atender aos Estados de Amazonas, Pará, Amapá e Roraima. No entanto, somente foram construídos trechos nos dois últimos estados.

A construção da Perimetral Norte na região de Roraima, durante a primeira metade da década de 1970, levou à morte diversos Yanomamis e os sobreviventes passaram a suplicar por auxílio à beira da estrada. A população Yanomami dos vales dos rios Ajarani e Catrimani também foi devastada em decorrência da construção da rodovia, sendo registrado que as aldeias do Ajarani perderam 22% de sua população entre 1973 a 1975, enquanto quatro outras, de Catrimani, perderam metade de seus integrantes em epidemias de sarampo no ano de 1978, em razão do contato com o homem branco.[284]

De 1970 a 1985 foi implementado o Projeto RADAM, cujo objetivo era a captação de imagens aéreas de radar do território, com vistas a detectar riquezas

---

[283] Pontes, Nádia. *A onda de invasões de garimpeiros que ameaça os yanomamis.* DW, 29.07.2019. Disponível em: https://www.dw.com/pt-br/a-onda-de-invas%C3%B5es-de-garimpeiros-que-amea%C3%A7a-os-yanomami/a-49702043?maca=pt-BR-EMail-sharing.

[284] Brasil. Fundação Nacional de Saúde, 1991.

minerais. O projeto permitiu detectar jazidas de ouro, cassiterita e tantalita, o que levou a uma grande invasão garimpeira[285] no período de 1987 a 1992, o que culminou em diversas mortes, por propagação de doenças e ondas de violência contra os indígenas. Em 1992 houve a demarcação das terras yanomami, o que não foi suficiente para conter uma invasão no ano seguinte, que resultou em quarenta e três homicídios, dos quais trinta e dois foram cometidos por não-indígenas, incluindo garimpeiros e madeireiros. No mesmo ano foram assassinados dezesseis yanomamis em Haximu, dentre os quais mulheres, crianças e idosos. O caso foi levado à Comissão Interamericana de Direitos Humanos, em 1997, sob o fundamento de que o Brasil não havia tomado uma decisão definitiva acerca dos recursos da jurisdição interna. Em 2006, foi confirmado o massacre de Haximu como crime de genocídio pelo Supremo Tribunal Federal (CIDH, 2011, p.2).

A despeito de todos os acontecimentos, o garimpo continuou em terras yanomami nas décadas seguintes e, em novembro de 2014, a pedido da Hutukara Associação Yanomami (HAY) e da Associação do Povo Ye'kwana do Brasil (Apyb), uma equipe de pesquisadores visitou aldeias e coletou amostras de cabelo dos indígenas, a fim de analisar a possibilidade de contaminação pelo mercúrio despejado nos rios, utilizado no processo de exploração do ouro. Evidenciou-se alto índice de contaminação nas áreas que possuem o garimpo próximo.[286]

Ao longo de 2021, a Amazônia brasileira registrou 8.381 km² de desmatamento, o que constitui a maior devastação para o período em dez anos (IMAZOM, 2021). No Brasil, o discurso oficial tem legitimado ações de desmatamento, de grilagem, de assassinato de indígenas e dos ativistas ambientais, corroboradas por medidas governamentais que apontam para a perda de autonomia dos órgãos fiscalizadores. De 2019 a 2020, cem toneladas de mercúrio utilizadas para extrair ouro foram despejadas nos rios utilizados por yanomamis. A intoxicação por mercúrio afeta a formação de fetos e traz uma série de graves problemas ao organismo, levando à morte dos indígenas.[287]

---

[285] "Um novo estudo realizado pela Escola Nacional de Saúde Pública Sergio Arouca (Ensp/Fiocruz) na população indígena Yanomami constatou presença de mercúrio em 56% das mulheres e crianças da região de Maturacá, no Amazonas. As 272 amostras de cabelo analisadas superaram o limite de 2 microgramas de mercúrio por grama de cabelo tolerado pela Organização Mundial da Saúde (OMS). Em 2018, o Brasil promulgou a Convenção de Minamata, um acordo global que não estabelece limite seguro de exposição". Contaminação por mercúrio se alastra na população Yanomami. *Informe ENSP/Fiocruz*, 16/8/2019. Disponível em: http://informe.ensp.fiocruz.br/noticias/46979. Acesso em: 15.05.2022.

[286] Comunidade Aracaça vive tragédia humanitária, alerta organização Yanomami. *ISA*, 06 maio 2022. Disponível em: https://www.socioambiental.org/noticias-socioambientais/comunidade-aracaca-vive-tragedia-humanitaria-alerta-organizacao-yanomami. Acesso em: 15.05.2022.

[287] FERRARI, Mariana. O mercúrio que mata as crianças yanomamis. *ISTOÉ Independente*, 18.10.2021. Disponível em: https://istoe.com.br/autor/mariana-ferrari/. Acesso em: 01.01.2023.

Durante a pandemia, aproximadamente vinte mil garimpeiros estiveram na região do Rio Parima,[288] colocando os indígenas em risco pela contaminação com o Covid-19.[289] Além disso, registrou-se que uma enorme draga, que operava no garimpo ilegal em Roraima, sugou e matou duas crianças yanomamis. A vigorar esse quadro, infere-se que a totalidade de indígenas da etnia será contaminada por mercúrio, a exemplo do que ocorreu com os indígenas Munduruku.

O distanciamento entre o dever ser e a realidade cruel enfrentada pelos povos indígenas, em especial os yanomamis, evidencia que essa parcela de vulneráveis brasileiros está longe de fruir dos direitos humanos. A calamidade desnudada pelos jornais é o resultado da omissão do Estado, do abandono, do preconceito e da incompreensão por parte da sociedade brasileira sobre o modo de ser, sentir e viver dos povos originários. Vítimas de madeireiros, de garimpeiros e de todo tipo de criminosos que ilegalmente invadiram as terras indígenas, os yanomamis sofrem com a barbárie.

Não há dúvida de que o Estado brasileiro fechou os olhos e excluiu os povos indígenas do direito à dignidade e à vida em si nos últimos anos, quando a situação se agravou drasticamente, tendo ficado longe do respeito aos direitos humanos. Assim, é necessário dar visibilidade aos problemas socioambientais brasileiros, pois é inconcebível a situação de vulnerabilidade dos yanomamis, que resultam das invasões às suas aldeias perpetradas por criminosos pela omissão do Estado, que não garantiu a segurança na região e não combateu as ações criminosas.

Nesse âmbito, os garimpeiros ilegais provocaram a contaminação dos rios com o lançamento de mercúrio utilizado na extração de ouro, resultando consequentemente na poluição hídrica, como também o desmatamento provocado por grileiros, que gera perda da diversidade biológica, afeta o modo de vida da população indígena e lhes retira os meios de sustento, causando insegurança alimentar. Não se pode deixar de reiterar o gravíssimo fato de essa população acabar sendo vítima de contaminação pela ingestão da água e pescado contaminados por mercúrio. Outro atentado à dignidade humana é a violência sexual a que são submetidas as mulheres indígenas, as quais encontram-se ameaçadas, agredidas e violentadas por invasores de suas terras. Um verdadeiro estado de coisas inconstitucionais, "inconvencionais" na medida em que os

---

[288] DW Brasil. Notícias *online*. Disponível em: https://www.dw.com/pt-br/a-onda-de-invas%C3%B5es-de-garimpeiros-que-amea%C3%A7a-os-yanomami/a-49702043?maca=pt-BR-EMail-sharing.

[289] Hutukara. Notícias. Disponível em: http://www.hutukara.org/index.php/noticias/854-estima-se-que-20-000-garimpeiros-ilegais-entraram-no-parque-yanomami-uma-das-maiores-reservas-indigenas-do-brasil-localizada-nos-estados-de-roraima-e-amazonas-perto-da-fronteira-com-a-venezuela-os-mineiros-sao-bem-financiados-provavelmente-por-empresarios-que-pagam-os-trabalhadores-e-fornecem-equipamentos-de-terraplenagem-suprimentos-e-avioes-tres-faixas-de-ar-ilegais-e-tres-minas-de-ouro-a-ceu-ab.

ditames constitucionais não são cumpridos nem os preceitos dos Tratados de Direitos Humanos.

Apesar de a Constituição brasileira estabelecer que o Estado Democrático de Direito tem como fundamento a dignidade humana e a igualdade, bem como afirmar que a ele cabe impor o dever de construção de uma sociedade livre, justa e solidária, esses valores éticos estão longe de se efetivar para todos.

A Articulação dos Povos Indígenas (APIB) moveu a Ação de Descumprimento Fundamental (ADPF) n° 709, reclamando ao Supremo Tribunal Federal (STF) que determinasse ao Poder Executivo a adoção de medidas urgentes para a salvaguarda da saúde e segurança dos povos indígenas.[290]

Uma ponta de esperança nasce com a edição da medida Provisória n°1.154, editada em 1º de janeiro de 2023, que, no art.42, cria o Ministério dos Povos Indígenas[291] e reconhece o direito ao bem-viver.

6. CONSIDERAÇÕES FINAIS

As Constituições do Brasil, Bolívia e Equador marcam a valorização da proteção do meio ambiente e reconhecem os direitos dos povos originários, introduzindo, no cenário Latino-americano, uma pauta identitária, inserida na temática dos direitos humanos e na esfera do multiculturalismo.

Entrelaçando a Agenda 2030, o Acordo de Escazú 2018, a Convenção 169 OIT e a Constituição brasileira de 1988 é possível observar que há um arcabouço normativo do Estado de Direito Ambiental, contudo ainda são muitas as tragédias que assolam a humanidade e demonstram a dificuldade de concretizar os direitos humanos. Não há dúvida quanto à imprescindibilidade desse arcabouço normativo e dos mecanismos de proteção dos direitos humanos, notadamente do sistema internacional.

Apesar de a Convenção 169 da OIT ter sido internalizada e fazer parte do ordenamento jurídico pátrio, os Protocolos de Consulta ainda estão sendo elaborados e é preciso vontade política para acelerar o processo que garanta aos povos indígenas e aos quilombolas exercer esse direito.

Os retrocessos ambientais, no Brasil, vêm ocorrendo nos últimos anos, ao passo que, no Congresso Nacional, são muitos os projetos de lei que reduzem as normas protetoras do meio ambiente, do mesmo modo que são notórias as

---

[290] BRASIL. STF, ADPF 709. Disponível em: https://redir.stf.jus.br/paginadorpub/paginador.jsp?docTP=TP&docID=754033962. Acesso em: 30.01.2022.

[291] Disponível em: http://www.planalto.gov.br/ccivil_03/_ato2023-2026/2023/Mpv/mpv1154.htm#:~:text=MEDIDA%20PROVIS%C3%93RIA%20N%C2%BA%201.154%2C%20DE%201%C2%BA%20DE%20JANEIRO%20DE%202023&text=Estabelece%20a%20organiza%C3%A7%C3%A3o%20b%C3%A1sica%20dos,Art.

violações aos direitos humanos no Brasil, os assassinatos de lideranças e defensores de direitos humanos, mostrando-se também alarmante o descumprimento da legislação ambiental e as notícias acerca da ampliação da perda da cobertura ambiental e da degradação dos ecossistemas.

O regime democrático traz, em sua essência, a participação pública, sendo decorrência do próprio sentido de soberania popular; desse modo, o Estado de Direito Ambiental pressupõe que haja espaços de participação pública no processo de tomada de decisões ambientais.

É imprescindível que se amplie o acesso à informação ambiental, os investimentos em educação em prol dos direitos humanos e, evidentemente, urge a adoção das ações humanitárias para combater a violência perpetrada contra os vulneráveis.

REFERÊNCIAS

BOBBIO, Norberto. A era dos direitos. Rio de Janeiro: Ed. Campus, 1997.

BRASIL. Ministério Público Federal. Proclamacao_de_Teerã.pdf. Disponível em: https://www.mpf.mp.br/pfdc/temas/legislacao/internacional/proclamacao-de-teera/view. Acesso em: 01.02.2023.

BRASIL. Decreto n. 678, de 6 de novembro de 1972. Promulga a Convenção Americana sobre Direitos Humanos (Pacto de São José da Costa Rica), de 22 de novembro de 1969. Disponível em: http://www.planalto.gov.br/ccivil_03/decreto/d0678.htm. Acesso em: 09.01.2023.

BRASIL. Constituição da República Federativa do Brasil de 1988. Disponível em: http://www.planalto.gov.br/ccivil_03/constituicao/constituicao.htm. Acesso em: 15.01.2023.

BRASIL. Decreto n. 2.241, de 2 de junho de 1997. Promulga o Acordo sobre Cooperação em Matéria Ambiental, celebrado entre o Governo da República Federativa do Brasil e o Governo da República Oriental do Uruguai, em Montevidéu, em 28 de dezembro de 1992. Disponível em: http://www.planalto.gov.br/ccivil_03/decreto/1997/D2241.htm. Acesso em: 11.01.2023.

BRASIL. Decreto n. 4.463, de 8 de novembro de 2002. Promulga a declaração de reconhecimento da competência obrigatória da Corte Interamericana de Direitos Humanos, sob reserva de reciprocidade, conforme art. 62, da Convenção de 1969. Disponível em: http://www.planalto.gov.br/ccivil_03/decreto/2002/d4463.htm. Acesso em: 11.01.2023.

BRASIL. SUPREMO TRIBUNAL FEDERAL. COORD. DE ANÁLISE DE JURISPRUDÊNCIA. D.J. 03/02/2006. EMENTÁRIO 2219-03. DISPONÍVEL EM: HTTP://REDIR.STF.JUS.BR/PAGINADORPUB/PAGINADOR.JSP?DOCTP=AC& DOCID=387260. ACESSO EM: 11.01.2023.

BRASIL. Supremo Tribunal Federal. ADPF 709. Disponível em: https://redir.stf.jus.br/paginadorpub/paginador.jsp?docTP=TP&docID=75 4033962. Acesso em: 30.01.2022.

BRASIL. Medida Provisória nº 1.154, de 1 de janeiro de 2023.Disponível em: http://www.planalto.gov.br/ccivil_03/_ato2023-2026/2023/Mpv/mpv1154.htm#:~:text=MEDIDA%20PROVIS%C3%93R IA%20N%C2%BA%201.154%2C%20DE%201%C2%BA%20DE%20JAN EIRO%20DE%202023&text=Estabelece%20a%20organiza%C3%A7%C3 %A3o%20b%C3%A1sica%20dos,Art. Acesso em: 01.02.2023.

COMISSÃO INTERAMERICANA DE DIREITOS HUMANOS – CIDH. "Protocolo de San Salvador": Protocolo adicional à Convenção Americana Sobre Direitos Humanos em matéria de Direitos Econômicos, Sociais e Culturais. DISPONÍVEL EM: HTTP://WWW.CIDH.ORG/BASICOS/PORTUGUES/E.PROTOCOLO_DE_SAN_ SALVADOR.HTM. ACESSO EM: 01.02.2023.

CORTE INTERAMERICANA DE DIREITOS HUMANOS - CIDH. JURISPRUDÊNCIA DA CORTE INTERAMERICANA DE DIREITOS HUMANOS. DIREITOS DOS POVOS INDÍGENAS. CASO COMUNIDAD AWAS TINGNI MAYAGNA (SUMO) VS. NICARÁGUA. SENTENÇA DE 31 DE AGOSTO DE 2001. SÉRIE C, N. 79. DISPONÍVEL EM: HTTP://WWW.MPF.MP.BR/ATUACAO-TEMATICA/CCR6/DOCUMENTOS-E-PUBLICACOES/ARTIGOS/DOCS_ARTIGOS/JURISPRUDENCIA-CORTE-INTERAMERICANA-DIREITOS-DOS-POVOS-INDIGENAS.PDF. ACESSO EM: 01.02.2023.

CORTE INTERAMERICANA DE DIREITOS HUMANOS - CIDH. JURISPRUDÊNCIA DA CORTE INTERAMERICANA DE DIREITOS HUMANOS. DIREITOS DOS POVOS INDÍGENAS. CASO MOIWANA VS. SURINAME. SENTENÇA DE 15 DE JUNHO DE 2005. SÉRIE C, N. 124, PARÁGRAFO 86. DISPONÍVEL EM: HTTP://WWW.MPF.MP.BR/ATUACAO-TEMATICA/CCR6/DOCUMENTOS-E-PUBLICACOES/ARTIGOS/DOCS_ARTIGOS/JURISPRUDENCIA-CORTE-INTERAMERICANA-DIREITOS-DOS-POVOS-INDIGENAS.PDF. ACESSO EM: 01.02.2023.

CORTE INTERAMERICANA DE DIREITOS HUMANOS - CIDH. JURISPRUDÊNCIA DA CORTE INTERAMERICANA DE DIREITOS HUMANOS. DIREITOS DOS POVOS INDÍGENAS. CASO COMUNIDAD INDÍGENA YAKYE AXA VS. PARAGUAI. SENTENÇA DE 17 DE JUNHO DE 2005. SÉRIE C, N. 125. DISPONÍVEL EM: HTTP://WWW.MPF.MP.BR/ATUACAO-

TEMATICA/CCR6/DOCUMENTOS-E-PUBLICACOES/ARTIGOS/DOCS_ARTIGOS/JURISPRUDENCIA-CORTE-INTERAMERICANA-DIREITOS-DOS-POVOS-INDIGENAS.PDF. ACESSO EM: 01.02.2023.

CORTE INTERAMERICANA DE DIREITOS HUMANOS - CIDH. JURISPRUDÊNCIA DA CORTE INTERAMERICANA DE DIREITOS HUMANOS. DIREITOS DOS POVOS INDÍGENAS. CASO COMUNIDAD INDÍGENA SAWHOYAMAXA VS. PARAGUAI. SENTENÇA DE 29 DE MARÇO DE 2006. SÉRIE C, N. 146. DISPONÍVEL EM: HTTP://WWW.MPF.MP.BR/ATUACAO-TEMATICA/CCR6/DOCUMENTOS-E-PUBLICACOES/ARTIGOS/DOCS_ARTIGOS/JURISPRUDENCIA-CORTE-INTERAMERICANA-DIREITOS-DOS-POVOS-INDIGENAS.PDF. ACESSO EM: 01.02.2023.

CORTE INTERAMERICANA DE DIREITOS HUMANOS - CIDH. JURISPRUDÊNCIA DA CORTE INTERAMERICANA DE DIREITOS HUMANOS. DIREITOS DOS POVOS INDÍGENAS. CASO CLAUDE REYES Y OTROS. SENTENÇA DE 19 DE SETEMBRO DE 2006. SÉRIE C, N. 151. DISPONÍVEL EM: HTTP://WWW.MPF.MP.BR/ATUACAO-TEMATICA/CCR6/DOCUMENTOS-E-PUBLICACOES/ARTIGOS/DOCS_ARTIGOS/JURISPRUDENCIA-CORTE-INTERAMERICANA-DIREITOS-DOS-POVOS-INDIGENAS.PDF. ACESSO EM: 01.02.2023.

CORTE INTERAMERICANA DE DIREITOS HUMANOS - CIDH. JURISPRUDÊNCIA DA CORTE INTERAMERICANA DE DIREITOS HUMANOS. DIREITOS DOS POVOS INDÍGENAS. CASO PUEBLO SARAMAKA VS SURINAME. SENTENÇA DE 28 DE NOVEMBRO DE 2007. SÉRIE C, N. 172. DISPONÍVEL EM: HTTP://WWW.MPF.MP.BR/ATUACAO-TEMATICA/CCR6/DOCUMENTOS-E-PUBLICACOES/ARTIGOS/DOCS_ARTIGOS/JURISPRUDENCIA-CORTE-INTERAMERICANA-DIREITOS-DOS-POVOS-INDIGENAS.PDF. ACESSO EM: 01.02.2023.

CORTE INTERAMERICANA DE DIREITOS HUMANOS - CIDH. JURISPRUDÊNCIA DA CORTE INTERAMERICANA DE DIREITOS HUMANOS. DIREITOS DOS POVOS INDÍGENAS. CASO KAWAS FERNÁNDEZ VS. HONDURAS. SENTENÇA DE 3 DE ABRIL DE 2009. SÉRIE C, N. 196. DISPONÍVEL EM: HTTP://WWW.MPF.MP.BR/ATUACAO-TEMATICA/CCR6/DOCUMENTOS-E-PUBLICACOES/ARTIGOS/DOCS_ARTIGOS/JURISPRUDENCIA-CORTE-INTERAMERICANA-DIREITOS-DOS-POVOS-INDIGENAS.PDF. ACESSO EM: 01.02.2023.

CORTE INTERAMERICANA DE DIREITOS HUMANOS - CIDH. JURISPRUDÊNCIA DA CORTE INTERAMERICANA DE DIREITOS HUMANOS. DIREITOS DOS POVOS INDÍGENAS. CASO COMUNIDADES INDÍGENAS MIEMBROS DE LA ASOCIACIÓN LHAKA VS. HONHAT (NUESTRA TIERRA) VS.

ARGENTINA. SENTENÇA DE 6 DE FEVEREIRO DE 2020. DISPONÍVEL EM: HTTP://WWW.MPF.MP.BR/ATUACAO-TEMATICA/CCR6/DOCUMENTOS-E-PUBLICACOES/ARTIGOS/DOCS_ARTIGOS/JURISPRUDENCIA-CORTE-INTERAMERICANA-DIREITOS-DOS-POVOS-INDIGENAS.PDF. ACESSO EM: 01.02.2023.

DW BRASIL. Notícias online. Disponível em: https://www.dw.com/pt-br/a-onda-de-invas%C3%B5es-de-garimpeiros-que-amea%C3%A7a-os-yanomami/a-49702043?maca=pt-BR-EMail-sharing.Acesso em:01.02.2023.

ESCOLA NACIONAL DE SAÚDE PÚBLICA / FUNDAÇÃO OSWALDO CRUZ – ENSP/FIOCRUZ. INFORME DE 16.08.2019. DISPONÍVEL EM: HTTP://INFORME.ENSP.FIOCRUZ.BR/NOTICIAS/46979. ACESSO EM: 15.05.2022.

HUTUKARA Org. Notícias. Disponível em: http://www.hutukara.org/index.php/noticias/854-estima-se-que-20-000-garimpeiros-ilegais-entraram-no-parque-yanomami-uma-das-maiores-reservas-indigenas-do-brasil-localizada-nos-estados-de-roraima-e-amazonas-perto-da-fronteira-com-a-venezuela-os-mineiros-sao-bem-financiados-provavelmente-por-empresarios-que-pagam-os-trabalhadores-e-fornecem-equipamentos-de-terraplenagem-suprimentos-e-avioes-tres-faixas-de-ar-ilegais-e-tres-minas-de-ouro-a-ceu-ab.

ISA. ORGANIZAÇÃO YANOMAMI. INFORME DE 06 MAI. 2022. DISPONÍVEL EM: https://www.socioambiental.org/noticias-socioambientais/comunidade-aracaca-vive-tragedia-humanitaria-alerta-organizacao-yanomami. Acesso em: 01.02.2023.

KRENAK, AILTON. IDEIAS PARA ADIAR O FIM DO MUNDO. SÃO PAULO: COMPANHIA DAS LETRAS, 2020.

LEGALE, SIDDHARTA; ARAUJO, LUIZ CLAUDIO MARTINS DE. DIREITOS HUMANOS NA PRÁTICA INTERAMERICANA. RIO DE JANEIRO: LUMEN JURIS, 2019.

MACAS, LUIS. SUMAK KAWSAY: LA VIDA EM PLENITUDE. REVISTA AMÉRICA LATINA EM MOVIMIENTO, QUITO: EQUADOR, V. 52, P 14-16, 2010.

MAZZUOLI, VALERIO DE OLIVEIRA. CURSO DE DIREITO INTERNACIONAL PÚBLICO. 5. ED. REV., ATUAL. E AMPL. SÃO PAULO: RT, 2011.

MAZZUOLI, VALÉRIO DE OLIVEIRA. TEIXEIRA, GUSTAVO DE FARIA MOREIRA. O DIREITO INTERNACIONAL DO MEIO AMBIENTE E O GREENING DA CONVENÇÃO AMERICANA SOBRE DIREITOS HUMANOS. REVISTA DIREITO GV, SÃO PAULO, JAN.-JUN. 2013, P. 199-242.

ORGANIZAÇÃO DOS ESTADOS AMERICANOS – OEA. COMISSÃO INTERAMERICANA DE DIREITOS HUMANOS – CIDH. RESOLUÇÃO N. 12/85. CASO 7615, BRASIL, 5 DE MARÇO DE 1985. Disponível em: HTTPS://WWW.OAS.ORG/PT/CIDH/DECISIONES/ADMISIBILIDADES.ASP. ACESSO EM: 01.02.2023.

ORGANIZAÇÃO DOS ESTADOS AMERICANOS – OEA. COMISSÃO INTERAMERICANA DE DIREITOS HUMANOS – CIDH. INFORME N. 69/04. PETIÇÃO 504/03. ADMISSIBILIDADE. COMUNIDAD DE SAN MATEO DE HUANCHOR Y SUS MIEMBROS. PERU, 15 DE OUTUBRO DE 2004. Disponível em: HTTPS://WWW.OAS.ORG/PT/CIDH/DECISIONES/ADMISIBILIDADES.ASP. ACESSO EM: 01.02.2023.

ORGANIZAÇÃO DOS ESTADOS AMERICANOS – OEA. COMISSÃO INTERAMERICANA DE DIREITOS HUMANOS – CIDH. INFORME N. 76/09. ADMISSIBILIDADE. COMUNIDAD DE LA OROYA. PERU, 5 DE AGOSTO DE 2009. Disponível em: HTTPS://WWW.OAS.ORG/PT/CIDH/DECISIONES/ADMISIBILIDADES.ASP. ACESSO EM: 01.02.2023.

ORGANIZAÇÃO DOS ESTADOS AMERICANOS – OEA. COMISSÃO INTERAMERICANA DE DIREITOS HUMANOS – CIDH. MC 382/10. COMUNIDADES INDÍGENAS DA BACIA DO RIO XINGU, PARÁ, BRASIL, DE 1° DE ABRIL DE 2011. Disponível em: HTTPS://WWW.OAS.ORG/PT/CIDH/DECISIONES/ADMISIBILIDADES.ASP. ACESSO EM: 01.02.2023.

PONTES, Nádia. A onda de invasões de garimpeiros que ameaça os yanomamis. DW, 29.07.2019. Disponível em: https://www.dw.com/pt-br/a-onda-de-invas%C3%B5es-de-garimpeiros-que-amea%C3%A7a-os-yanomami/a-49702043?maca=pt-BR-EMail-sharing. Acesso em: 30.01.2023.

PROGRAMA DAS NAÇÕES UNIDAS PARA O MEIO AMBIENTE - UNEP. Environmental rule of law: first global report. 2019. Disponível em: https://www.unep.org/resources/assessment/environmental-rule-law-first-global-report. Acesso em 30.01.2023.

UNESCO, SITEAL. Constitución de la República del Ecuador. Disponível em: https://siteal.iiep.unesco.org/sites/default/files/sit_accion_files/siteal_ecuador_6002.pdf.

.

PARTE IV

DEBATES SOBRE O DIREITO INTERNO

CONSTITUCIONALISMO E O DIREITO SOCIAL À EDUCAÇÃO NO BRASIL

Jan Carlos da Silva[292]

SÚMARIO: 1. Introdução 2. O direito social à educação 3. O direito social à educação nas constituições brasileiras 4. A constituição de 1988, o direito à educação supeior 5. Considerações finais

1. INTRODUÇÃO

O constitucionalismo moderno surge a partir da necessidade de limitar o poder absoluto do monarca, significando não só a *limitação do poder*, mas também a *supremacia da lei*. Segundo BARROSO (2015), a constituição vai limitar esse poder de três formas: *materialmente*, ao criar direito fundamentais que devem ser observados no exercício do poder; na divisão das funções de poder, mudando a estrutura *orgânica* do Estado, que deixa de ser monolítica, passando a ter um órgão legislativo, um executivo e um judiciário, autônomos e interdependentes; e, no próprio exercício do poder, que passa a seguir determinados limites *processuais*, que são verdadeira limitação do poder.

O século XVIII, quando surge o constitucionalismo moderno, é considerado um marco na história da Civilização Ocidental. A revolução nas ciências capitaneada por Isaac Newton (1642-1722), no bojo das descobertas de Galileu Galilei (1564-1642), Francis Bacon (1562-1626), Johannes Kepler (1571-1630) e René Descartes (1596-1650), representou uma transformação na forma de pensar o universo e influenciou também a forma de compreender a sociedade e o indivíduo. Essas transformações levaram outros pensadores à crítica da religião estabelecida, o cristianismo, e da autoridade sacerdotal; mas também à crítica do pensamento político dominante. Surgiu então um novo tipo de pensador, chamado "filósofo" ou "pensador iluminista", que se preocupava não apenas com o conhecimento físico do universo e com o funcionamento da

---

[292] Mestre em Direito Constitucional pela Universidade Federal Fluminense (2018) e em Geografia pela Universidade Federal do Rio de Janeiro (2000). Bacharel em Direito pela Universidade Federal Fluminense (2010), graduado (1995) e licenciado (1998) em Geografia pela Universidade Federal do Rio de Janeiro. Advogado, professor de Direito Constitucional e Direito Internacional da Universidade Estácio de Sá.

natureza, mas também com a sociedade e seu funcionamento. Aplicando o método científico cartesiano e utilizando a razão, esses pensadores ousaram questionar as leis naturais, a religião, os governos, o poder, a moral, o direito, a economia, e o que achassem relevante para a construção de uma nova sociedade[293]

Esse movimento de pensamento conhecido como Iluminismo, juntamente com a revolução científica do século XVII, e o Renascimento artístico e cultural iniciado no século anterior, representam marcos da modernidade. O Iluminismo não só influenciou as revoluções que marcaram o final do século XVIII, a Revolução Americana (1776-1789) e a Revolução Francesa (1789-1799), também consideradas marcos da modernidade, mas todo o pensamento político nos 200 anos seguintes.

Os pensadores iluministas apontaram as causas dos males sociais, como: o cristianismo tradicional e o despotismo. Mas além de crítica social, os filósofos iluministas prescreveram as soluções para os males sociais. O pensador inglês John Locke (1632-1704) afirmou em sua obra Dois Tratados de Governo (1690) que seria dever do Estado proteger os direitos de liberdade e propriedade dos seres humanos, e afirmava que o poder de governar derivava do consentimento dos governados. A autoridade do Estado deveria estar subordinada à lei, sendo o propósito da constituição a legitimação do Estado.

O francês Charles Louis de Sécondat (1689-1755), mais conhecido como barão de Montesquieu, deu grande contribuição à teoria política e ao Estado modernos. Em sua obra O Espírito das Leis (1748), sustentava a natureza corrupta do absolutismo, por ser um governo despótico sem lei. Contra a tirania absolutista, Montesquieu propunha a separação e autonomia das três funções do poder: executiva, legislativa e judiciária. O pensamento do filósofo francês influenciou tanto as revoluções do final do século XVIII, quanto as que ocorreriam nos séculos seguintes. O princípio da separação dos poderes tornou-se requisito essencial das constituições que surgiram no bojo dessas transformações, necessário para qualquer Estado que se diga democrático.

Outro francês, também considerado iluminista, Jean-Jacques Rousseau[294] (1712-1778) e contrário ao absolutismo, afirmou que a felicidade e o bem-estar eram direitos naturais dos indivíduos, e não poderia ser privilégios das classes dominantes. Para garantir que esses direitos fossem alargados para toda a população, Rousseau pregava uma nova organização social e a extensão da

---

[293] Neste parágrafo e nos subsequentes foram utilizadas como referência sobre as mudanças ocorridas nos séculos XVII e XVIII, as seguintes obras: **CORDÓN, Juan Manuel Navarro et MATÍNEZ, Tomás Calvo**. História da Filosofia: dos pré-socráticos à filosofia contemporânea. Lisboa: Edições 70. **MARCONDES, Danilo**. Iniciação à história da filosofia: dos pré-socráticos a Wittgenstein. Rio de Janeiro: Zahar, 2007. **MARCONDES, Danilo; STRUCHINER, Noel**. Textos básicos de filosofia do direito: de Platão a Frederick Schauer. Rio de Janeiro: Zahar, 2015. **PERRY, Marvin**. Civilização Ocidental: uma história concisa. São Paulo: Martins Fontes, 1999.

[294] Sobre Rousseau, além da bibliografia já citada sobre os pensadores iluministas, ver também: **PILETTI, Claudino; PILETTI, Nelson**. História da Educação. São Paulo, Editora Ática, 1997.

educação para todos. Como um dos principais teóricos do pensamento democráticos, Rousseau afirmava a importância da educação para a construção de uma sociedade democrática.

Nesse cenário de mudança social e política, e de transformação da forma de pensar a sociedade, a política, a religião, o homem e o mundo surge o constitucionalismo moderno. A ruptura representada pela constituição dos Estados Unidos no final do século XVIII, segundo KRAMMICK (1989), não teve precedentes na história. A constituição moderna vista como norma supralegal, como requisito de validade de todos os atos normativos, representou uma nova fundação para a normatividade.

A Revolução Francesa também teve grande contribuição para o constitucionalismo moderno, e representou a ruptura da ordem social existente. Diferente da Revolução Americana que tinha o tom conservador, e rompeu somente com a ordem normativa, ao buscar apenas a emancipação política das Colônias Inglesas na América do Norte, sem tentar transformar a ordem social; a revolução iniciada na França em 1789 buscou a transformação das estruturas sociais e políticas, e representou uma ruptura social e política, tendo, desse modo, representado maiores avanços sociais e maior influência para o resto do mundo do que os eventos que deram origem aos Estados Unidos.

Do duplo berço que teve o constitucionalismo moderno em seu nascimento surgiram duas concepções diferentes de constituição. A Constituição Americana buscou dar estabilidade ao novo país que surgia, e não teve a intenção de mudar as estruturas sociais existentes na colônia. Foi uma constituição social e politicamente conservadora identificada com o pensamento econômico liberal, que garantia a propriedade privada e a liberdade individual, mas não acabou com a escravidão, nem buscou modificar as estruturas de classes e gênero da sociedade. A Constituição dos Estados Unidos da América de 1789 basicamente estabelece a organização do Estado, a divisão dos poderes, o acesso ao poder, e a organização da federação[295]; tendo, com isso, obtido grande estabilidade política. Já o modelo francês não apresentou estabilidade política devido os conflitos sociais que ele tentou resolver ou pacificar. A contar com esse intenso campo de lutas políticas entre diversos atores sociais, "a estabilidade institucional jamais seria a marca do constitucionalismo francês"[296], enquanto os Estados Unidos ainda mantêm a mesma constituição, com algumas emendas desde 1789, a França no mesmo período teve uma dezena de constituições, que marcam os avanços e retrocessos políticos e sociais do país.

---

[295] Sobre a Constituição e a organização do Estado e da Federação dos Estado Unidos, ver: **TOCHEVILLE, Alexis de**. A democracia na América: leis e costumes: de certas leis e certos costumes políticos que foram naturalmente sugeridos aos americanos por seu estado social democrático. São Paulo: Martins Fontes, 2014.

[296] **BARROSO, Luís Roberto**. Curso de Direito constitucional contemporâneo: os conceitos fundamentais e a construção do novo modelo. São Paulo: Saraiva, 2015, p. 52.

A despeito da instabilidade política e constitucional francesa, foi durante a Revolução que teve início as reformas escolares que culminaram na reforma educacional de Napoleão Bonaparte. A Constituição Francesa de 1791, a primeira constituição da Revolução e da França, continha uma declaração de direitos além de incorporar a Declaração dos Direitos do Homem de 1789 em seu preâmbulo, garantia o direito à educação pública e gratuita para todos os cidadãos. Foi a *primeira vez na História*, segundo COMPARATO (2010), em que se reconheceu a existência de direitos sociais. Porém, o direito à educação não foi assegurado em todas as futuras constituições francesas, resultado do jogo de forças políticas dos diferentes grupos sociais que se alternaram no poder na França desde 1789, o que pode ser caracterizado nos "avanços e retrocessos na consolidação dos princípios políticos e na garantia dos direitos fundamentais"[297].

A constituição francesa de 1793, que não chegou a ser implementada devido as mudanças no cenário político do país, com a chegada dos conservadores ao poder, pode ser considerada, segundo VOVELLE (2007), revolucionária por inserir direitos sociais, como o direito à educação no domínio material e espiritual. O caráter revolucionário da Constituição Francesa de 1793 em relação aos direitos sociais é controverso. COMPARATO (2010) afirma que ela não representou avanços em direitos sociais, se comparada com a constituição anterior. De todo modo, a educação foi transformada em direito fundamental, pois a intenção foi democratizar a educação pública estendendo-a a todos os cidadãos[298]. O direito a educação constava do preâmbulo do texto constitucional, como um direito natural, sagrado e inalienável de todos os cidadãos.

Com a chegada de Napoleão ao poder (1799-1814) a política educacional francesa se voltou para a criação de um sistema de educação pública, com padrões centralizados que vigoram até hoje para todo o país. Napoleão criou a uma instituição que colocava toda a educação sob o controle estatal, a Universidade de França. Para ele, segundo PERRY (1999), a educação tinha duas finalidades, todas elas voltadas para o fortalecimento do Estado: a formação de indivíduos para o seu aparato militar e administrativo, e doutrinação dos jovens na obediência e na fidelidade ao mesmo.

A Universidade criada em 1806 por Napoleão e implementada em 1808 era, na verdade, um Ministério da Instrução Pública, nome que passou a designar o órgão depois do Período Napoleônico. O projeto teve como objetivo "lançar os alicerces da educação nacional tal como os franceses sempre quiseram que fosse: instrução do Estado (não da Igreja, não privadas), com professores preparados, licenciados e supervisionados pelo Estado, fornecendo uma instrução pública que promovesse a formação de cidadãos franceses" (ENGLUND, 2006, p. 342). O objetivo do Imperador era criar instituições

---

[297] **PEIXINHO, Manoel Messias**. Os direitos fundamentais nas constituições francesas. P. 2.

[298] Idem, p. 7, .

públicas de ensino destinadas a construção do cidadão. Foi esse um dos principais objetivos da educação, outro era a formação de trabalhadores especializados.

Porém, com a restauração dos Burbons o direito à educação deixaria de constar dos textos constitucionais de 1814 e 1830. Somente a partir de meados do século XIX, depois das Revoluções Sociais[299] que varreram a Europa em 1848, os direitos sociais tornaram-se reivindicação constante da classe trabalhadora, tanto que a partir da constituição francesa de 1848 o direito à educação passou a constar em todos os textos constitucionais, com exceção do texto de 1852. Podemos ressaltar, que o direito à educação, como direito social, sempre esteve ligado a pautas progressistas, e a ausência deste direito nas constituições francesas ocorreu nos momentos de prevalência dos conservadores no poder. Atualmente, o direito à educação consta do preâmbulo da constituição francesa de 1958, e sendo passível de controle de constitucionalidade[300], o que caracteriza a sua singularidade.

No Brasil, com a Independência da metrópole portuguesa em 1822, o país ganhou sua primeira constituição, e a de maior duração que tivemos. O direito à educação, instrução primária gratuita, passou a constar na Constituição do Império de 1824[301]. Mesmo sabendo que era um direito apenas no papel, que servia para mostrar o caráter liberal do texto constitucional, e que o ensino era restrito praticamente aos membros das elites econômicas, devido ao caráter quase exclusivo do ensino público, que ainda estava longe de ser universalizado, a constitucionalização do direito à educação mostra a importância que a educação passa a ter como instrumento de formação da identidade nacional e para a própria construção dos Estados Nacionais.

Dessa forma, devido a sua importância, na formação da consciência nacional dos cidadãos dos Estados-nacionais que estavam se configurando nos séculos XVIII e XIX; necessária para a difusão da língua nacional (não só a escrita, mas para a uniformização da língua falada), tendo em vista as diferenças linguísticas regionais dentro dos novos países; vital na capacitação do trabalhador para os novos empregos que surgiram com a Revolução Industrial; essencial para democracia e cidadania ainda incipientes, mas que estavam se alargando com a universalização do voto, a educação tornou-se um direito social, constitucionalizado em muitos países.

2. O DIREITO SOCIAL À EDUCAÇÃO

[299] Sobre as Revoluções de 1849 na Europa, ver: **HOBSBAWN, Eric J**. A Era do Capital, 1848-1875. Rio de Janeiro: Paz e Terra, 2000.

[300] PEIXINHO, op. Cit., p. 14.

[301] Sobre as ideias que nortearam a Constituição do império e o Primeiro Reinado, ver: **PEREIRA, Vantuil**. Ao Soberano Congresso. Direitos do Cidadão na Formação do Estado Imperial Brasileiro (1822-1831). São Paulo: Ed. Alameda, 2010.

Quando em 1848, no Manifesto do Partido Comunista, Karl Marx e Friedrich Engels[302] instigaram os trabalhadores do mundo todo a se unirem, a proposta era a transformação social através da luta revolucionária por direitos trabalhistas, sociais e econômicos que era lhes eram negados pela burguesia. A revolução comunista, tal qual esperada e idealizada por Marx nunca chegou, a experiência do socialismo real no século XX não representou a libertação dos povos nem da opressão do Estado, muito menos da exploração do trabalho. Porém, a partir da Primavera dos Povos de 1848 os direitos sociais passaram a fazer parte da pauta de direitos de qualquer grupo de reivindicação progressista e a educação gratuita tonou-se um dos principais direitos reivindicados, sendo considerada importante para melhoria das condições de vida das camadas mais pobres da população.

Não obstante, somente no início do século XX que os direitos sociais seriam solidamente constitucionalizados, modificando o caráter do Estado Liberal, transformando-o em Estado Social de Direitos. O sucesso parcial da Revolução Mexicana (1910-1920)[303] em afastar velhos caudilhos do poder, sendo considerada por muitos historiadores como a primeira revolução social do século XX, trouxe as reivindicações populares para a Constituição do México[304] de 1917, que no seu artigo 3º reconheceu o direito à educação como um direito social e juntamente com a Constituição de Weimar de 1919[305], que reorganizou o Estado alemão após a derrota na Primeira Guerra Mundial (1914-1918), são,

---

[302] **MARX, Karl; ENGELS, Friedrich**. Manifesto do Partido Comunista. (1848). Fonte Digital: RocketEdition de 1999 a partir de html em www.jahr.org.

[303] Sobre a Revolução Mexicana, ver: **WOMACK, John**. A Revolução Mexicana, 1910-1920. In: História da América Latina: de 1870 a 1930. Volume V / Leslie Bethell organização. São Paulo: EDUSP, Imprensa Oficial do Estado; Brasília: FUNAG, 2002. Pp, 105-192. Sobre o constitucionalismo na América Latina: **GARGARELA, Roberto**. Latin American Contitucionalism, 1810-2010: The Engine Room of the Constitution. New York, Oxford University Press, 2013.

[304] Texto integral da Constituição do México de 1917: **Constituición Política de los Estados Unidos** **Mexicanos.** https://www.google.com.br/search?q=texto+original+da+constitui%C3%A7%C3%A3o+do+m %C3%A9xico+de+1917&ie=utf-8&oe=utf-8&client=firefox-b&gfe_rd=cr&ei=Du_nV_fAOYOJxgTYqaaADg#q=constitui%C3%A7%C3%A3o+mexicana+de+1917+texto+original Acesso: 24.08.2016.

[305] Sobre a Constituição de Weimar e do México, ver: **PINHEIRO, Maria Cláudia Bucchianeri**. A Constituição de Weimar e os direitos fundamentais sociais. A preponderância da República Alemã de 1919 na inauguração do constitucionalismo social à luz da Constituição Mexicana de 1917. In: Revista de informação legislativa, v. 43, n. 169, p. 101-126, jan./mar. 2006. Acesso em: 08. 08. 2016. Sobre a educação na Constituição de Weimar, ver: **CURY, Carlos Roberto Jamil**. A Constituição de Weimar: Um capítulo para a educação. In: Revista Educação e Sociedade. Vol. 19, n. 63. Campinas, agosto de 1998. http://www.scielo.br/scielo.php?script=sci_arttext&pid=S0101-73301998000200006 Acesso em: 08.08.2016.

segundo MALISKA (2000) e SUNFELD (2015), consideradas as primeiras *Constituições Sociais*. Além das prestações negativas do Estado, caracterizadas pelos direitos civis e políticos, este passou a ser obrigado a cumprir obrigações positivas para com o cidadão. Dessa forma, "o indivíduo adquire o *direito de exigir certas prestações positivas do Estado*" (Ibidem, p. 55). A educação tornou-se um desses direitos sociais do indivíduo.

A Constituição de Weimar foi mais longe do que a Constituição Mexicana e de qualquer outra constituição anterior ao tornar obrigatória, art. 145[306], a educação para crianças e jovens entre 6 e 14 anos, que deveriam frequentar os 8 anos da *Realschule*, além de garantir a gratuidade do ensino e do material escolar. Segundo CURY (1998), ao tornar o ensino obrigatório, a Constituição rompeu com a ideia clássica de liberdade dos direitos civis. Da mesma forma, a obrigatoriedade da educação primária ocorrida na Inglaterra no final do século XIX é uma combinação de *direito individual* com o *dever público de exercer o direito*[307]. Pois, o indivíduo tem o direito, mas também o dever de *auto aperfeiçoamento* e de *auto civilização*, mostrando o caráter social e não apenas individual do direito à educação "porque o bom funcionamento de uma sociedade depende da educação de seus membros"[308].

Nesse sentido, o direito à educação na Constituição de Weimar figurava no Capítulo IV do Livro II, que estabelecia os direitos e deveres do cidadão da Alemanha. No período anterior à República de Weimar, no Segundo Reich (1871-1918), a educação fundamental já havia sido bastante valorizada na Alemanha, tendo em vista o seu potencial para a formação do trabalhador, do cidadão e do soldado.

A educação formal, ou seja, o ensino em instituição voltada para a formação de crianças, jovens e adultos tornou-se elemento central nas sociedades modernas. Apesar de não eliminar as diferenças e as desigualdades sociais, mas mantê-las, reafirmá-las ou até mesmo reforçá-las, a educação é, não obstante, um meio de ascensão social, e principalmente, meio de desenvolvimento das capacidades intelectuais, e de formação para o trabalho. PIAGET (1975, p. 40) afirma que

> O direito da pessoa humana à educação é, pois, assumir uma responsabilidade muito mais pesada do que assegurar a cada um a possibilidade da leitura, da escrita e do cálculo: significa, a rigor, garantir para toda criança o pleno desenvolvimento de suas funções, mentais e a aquisição dos conhecimentos, bem como dos valores morais que correspondam ao exercício dessas funções, até a adaptação à vida social atual.

[306] Texto integral da Constituição de Weimar em: **VERVASSUG DER WEIMARER REPUPBLIK**. http://www.teachsam.de/geschichte/ges_deu_weimar_18-33/wrv/wei_wrv_volltext.htm Acesso em: 24.08.2016.

[307] **MARSHALL, Thomas Humphrey**. Cidadania, Classe Social e Status. Rio de Janeiro: Zahar Editores, 1967, p. 74.

[308] Idem.

Desse modo, a educação tornou-se um direito individual e social, pois além de ser requisito necessário para o desenvolvimento da pessoa humana em sua totalidade, formando cidadãos, também é requisito para o desenvolvimento do conjunto da sociedade.

Devido ao reconhecimento de sua importância para a sociedade e para o desenvolvimento da pessoa humana, a educação foi considerada um direito humano universal pela Declaração Universal dos Direitos Humanos[309] (DUDH) de 1948, que estabelece em seu art. XXVI:

1. Toda a pessoa tem direito à educação. A educação deve ser gratuita, pelo menos a correspondente ao ensino elementar fundamental. O ensino elementar é obrigatório. O ensino técnico e profissional dever ser generalizado; o acesso aos estudos superiores deve estar aberto a todos em plena igualdade, em função do seu mérito.

2. A educação deve visar à plena expansão da personalidade humana e ao reforço dos direitos do Homem e das liberdades fundamentais e deve favorecer a compreensão, a tolerância e a amizade entre todas as nações e todos os grupos raciais ou religiosos, bem como o desenvolvimento das atividades das Nações Unidas para a manutenção da paz.

3. Aos pais pertence a prioridade do direito de escolher o gênero de educação a dar aos filhos.

A Declaração Universal dos Direitos do Homem não reconheceu apenas a educação como um direito da pessoa, importante para o desenvolvimento da *personalidade humana* e para os diretos humanos, mas ressaltou a importância da educação gratuita. Porém esse reconhecimento é muito tímido, pois se restringe ao ensino fundamental. Ao mesmo tempo, a Declaração coloca a educação superior como uma questão de mérito.

O direito à educação foi confirmado como um direito humano internacional no artigo 13 do Pacto Internacional dos Direitos Econômicos, Sociais e Culturais de 1966, que o reconhece como um direito social necessário para que todas as pessoas possam desenvolver a *personalidade humana no sentido de sua dignidade*. O Pacto também propõe que a educação superior seja acessível a todos, principalmente, pela implementação do ensino gratuito:

1. Os Estados Partes do presente Pacto reconhecem o direito de toda pessoa à educação. Concordam em que a educação deverá visar ao pleno desenvolvimento da personalidade humana e do sentido de sua dignidade e fortalecer o respeito pelos direitos humanos e liberdades fundamentais. Concordam ainda em que a educação deverá capacitar todas as pessoas a participar efetivamente de uma sociedade livre, favorecer a compreensão, a tolerância e a amizade entre todas as nações

---

[309] O texto da Declaração dos Direitos Humanos de 1948 e do Pacto Internacional dos Direitos Econômicos, Sociais e Culturais de 1966 podem ser encontrados em: **Direitos Humanos: uma antologia – Principais escritos, ensaios, discursos e documentos desde a Bíblia até o presente** / organizado por Micheline R. Ishay. São Paulo: EDUSP: Núcleo de Estudos da Violência, 2013.

e entre todos os grupos raciais, étnicos ou religiosos e promover as atividades das Nações Unidas em prol da manutenção da paz.

2. Os Estados Partes do presente Pacto reconhecem que, com o objetivo de assegurar o pleno exercício desse direito:

    a. A educação primaria deverá ser obrigatória e acessível gratuitamente a todos;

    b. A educação secundária em suas diferentes formas, inclusive a educação secundária técnica e profissional, deverá ser generalizada e torna-se acessível a todos, por todos os meios apropriados e, principalmente, pela implementação progressiva do ensino gratuito;

    c. A educação de nível superior deverá igualmente torna-se acessível a todos, com base na capacidade de cada um, por todos os meios apropriados e, principalmente, pela implementação progressiva do ensino gratuito;

    d. Dever-se-á fomentar e intensificar, na medida do possível, a educação de base para aquelas pessoas que não receberam educação primaria ou não concluíram o ciclo completo de educação primária;

    e. Será preciso prosseguir ativamente o desenvolvimento de uma rede escolar em todos os níveis de ensino, implementar-se um sistema adequado de bolsas de estudo e melhorar continuamente as condições materiais do corpo docente.

A constitucionalização do direito à educação e a sua transformação em direito humano internacional universalizou o direito social à educação. Isso não significou, por exemplo, que o analfabetismo tenha sido erradicado no mundo, mas é importante que ele seja assegurado e que tenha efetividade, e que não seja apenas um direito no papel. Na França, país onde o direito à educação foi primeiro constitucionalizado, o analfabetismo caiu de mais de 50% da população no início do século XIX, para menos de 10% na última década do mesmo século.

Atualmente, qualquer país que tenha a pretensão de ser um Estado Democrático e de Direitos assegura a obrigatoriedade do ensino fundamental para crianças e jovens, mesmo que o direito esteja assegurado apenas no papel, sem efetividade na vida real. Como afirma BOBBIO (1992), o problema dos direitos humanos não é a sua justificativa, mas a sua proteção. E quando eles estão declarados em documentos como a Declaração de Direitos Humanos (1948) em que não há vinculação dos Estados, protege-los e fazer com que sejam cumpridos não é fácil. Mas quando são afirmados em textos constitucionais ou tratados como o Pacto Internacional de 1966, que apesar de muitas vezes serem apenas direitos programáticos, sua proteção torna-se possível.

A universalização da educação em todos os níveis, não só do direito à educação básica, é essencial para a democracia. Segundo MARSHALL (1967), a educação é requisito necessário para a liberdade e a cidadania. Desse modo, para a construção de um Estado Democrático e de Direito, que observe os princípios da legalidade e da legitimidade, a promoção do ensino em todos os níveis deve de ser elevada a dever do Estado e um direito individual. A educação gratuita e de qualidade deve ser oferecida a todos os cidadãos.

A educação tem sido vista ao longo dos anos que se seguiram aos filósofos Iluministas e ao advento da Revolução Francesa como uma solução para todos os males de um país. Sabemos que a educação não é responsável por resolver todas as mazelas e problemas sociais de uma nação. Apesar do seu poder transformador, segundo Paulo FREIRE (1992), no Brasil existe um discurso corrente, uma ilusão idealista, que deve ser evitada, que dá a educação um poder que ela não tem. Mesmo assim, sabemos que não é possível conciliar a república, a democracia e a liberdade com a ignorância, o analfabetismo e os baixos níveis de escolaridade. Para combater a ignorância, BONFIM (2005) receitava a instrução, o ensino, que seria também o caminho para a ciência e caminho para o progresso.

3. O DIREITO SOCIAL À EDUCAÇÃO NAS CONSTITUIÇÕES BRASILEIRAS

A Constituição Federal de 1988[310] colocou o direito à educação no rol dos direitos sociais fundamentais ao inserir o artigo 6º, que elenca os direitos sociais, dentro do Capítulo II, denominado "Dos Direitos e Garantias Fundamentais", estabelecendo os direitos sociais como uma espécie do gênero Direitos e Garantias Fundamentais. Mesmo inscrito na Constituição Federal, o direito à educação ainda se encontra longe de alcançar efetividade, atendendo a todos de forma igualitária. Dados do censo demográfico de 2010 revelam que 9,6% dos brasileiros com mais de dez anos de idade são analfabetos, índice superior ao do conjunto de países da América Latina, que era de 8,3% naquele ano. Já a porcentagem de brasileiros que cursou o nível superior é de apenas 7,9%. O país apresenta a última colocação, se comparado com os 34 países da Organização para Cooperação e Desenvolvimento Econômico (OCDE). Inferior também ao de muitos países do G20, grupo de países em desenvolvimento do qual o Brasil é membro.

Tabela 1: Taxa de Analfabetismo na América Latina e nos países selecionados

---

[310] Sobre a Constituição de 1988, ver: **TÁCITO, Caio**. Constituições brasileiras, vol. 7. 1988. Brasília: Senado Federal, 2012.

País / região	1970	1980	1990	2000	2010
América Latina	26,3	20,3	14,9	11,7	8,3
Argentina	7,0	5,6	4,3	3,2	1,9
Brasil	33,6	25,5	20,1	13,6	9,6
Colômbia	22,2	16,0	11,6	8,4	6,1

Fonte: Adaptado da Latinoamericana: enciclopédia contemporânea da América Latina e do Caribe.

Para que a constituição não seja apenas uma carta de intenções ou mera declaração de direitos, faz-se necessário a institucionalização de política públicas que objetivem combater as desigualdades sociais que afetam a educação desde o ensino básico, como também garantir o acesso ao ensino superior para alunos de baixa renda oriundos de bairros pobres. A escola não pode ser apenas mero reflexo da sociedade e reprodutora das desigualdades sociais, mas um meio para a diminuição dessas desigualdades.

Para tanto, precisamos, nas palavras de José Afonso da SILVA, "elevar a educação à categoria de serviço público essencial" (2002, p. 813). O que obrigaria o oferecimento de educação de qualidade, *quiçá pública*, para todos os estudantes, de todos os níveis de ensino, em todos os estabelecimentos educacionais do país.

Apesar de ainda estar distante de alcançar os objetivos de universalização da educação fundamental com qualidade, e ainda não ter erradicado o analfabetismo, o direito à educação esteve presente em todas as constituições brasileiras desde 1824, mostrando por um lado uma certa continuidade no constitucionalismo brasileiro; por outro lado, nos mostra como a constitucionalização de certos direitos sem políticas públicas para a sua correta aplicação não apresenta os efeitos desejados pelo legislador, tendo em vista os ainda elevados indicadores de baixa escolaridade da população brasileira. Neste sentido, a análise dos dispositivos das constituições brasileiras sobre o direito à educação, comparado com a evolução histórica se torna importante.

A Constituição do Império, já em 1824[311], no seu artigo 179, inciso XXXII, dispunha que a educação primária seria gratuita para todos os cidadãos. O direito à educação se encontra num artigo que enumera direitos civis e políticos. No entender de MALISKA (2001), a Constituição dispensou tratamento bastante reduzido à educação e de forma tímida. Deve ser observado, que nem todos os brasileiros eram considerados cidadãos em 1824, pois os escravos não partilhavam da cidadania. De qualquer forma, para a quase totalidade da população liberta os direitos civis só valiam na lei. Para

---

[311] Sobre a Constituição de 1824, ver: **NOGUEIRA, Octaciano**. Constituições brasileiras, v. 1. 1824. Brasília: Senado Federal, 2012.

CARVALHO (2015), a herança colonial teve peso maior do que os direitos civis garantidos na Constituição de 1824.

Tabela 2: Evolução Histórica da Taxa de Analfabetismo, segundo os censos demográficos.

Ano	Maiores de 5 anos	Maiores de 10 anos	Maiores de 15anos
1872	82,3	-----	-----
1890	82,6	-----	-----
1920	71,2	-----	64,9
1940	61,2	56,7	55,9
1950	57,2	51,5	50,5
1960	46,7	39,7	39,6
1970	38,7	32,9	33,6
1980	31,9	25,9	25,5
1990	24,2	18,9	19,4
2000	16,7	12,8	13,6

Fonte: Adaptada de **FERRARO**, Alceu Ravanello, baseada nos censos demográficos.

Os índices de analfabetismo do censo populacional realizado no Império em 1872 e do primeiro censo do período republicano em 1890, logo após o fim da monarquia e da Constituição de 1824 confirmam a afirmação de CARVALHO. Nos dois censos o número de analfabetos era de 82% população com mais de 5 anos de idade. A porcentagem pode ser comparada a da Rússia no mesmo período, sendo considerada altíssima se comparada com as taxas da Alemanha, Países Baixos, Escócia, Inglaterra e França, que na década de 1890 atingiram menos de 10% analfabetos entre os homens e menos de 15% entre as mulheres.

Apesar de certa tradição constitucional, a primeira constituição republicana representa um retrocesso em relação aos direitos sociais e ao direito à educação, a Constituição de 1891[312], dando ênfase a *um liberalismo ortodoxo, já superado em outros países*, nas palavras de CARVALHO (2015), não deu importância aos direitos sociais, deixando a educação em segundo plano. No texto constitucional, o direito à educação figura no artigo 34, destinado ao poder legislativo, e incumbia ao Congresso Nacional de forma não privativa a promover as letras e a instrução superior e secundária. Não havia qualquer menção à gratuidade da educação como na Constituição de 1824.

A inovação da Constituição Republicana foi tornar leigo o ensino oferecido nos estabelecimentos públicos, enfatizando o caráter laico do Estado brasileiro, com a separação deste da Igreja Católica, promovida pela República. A educação privada poderia se dar em estabelecimentos religiosos.

Na verdade, durante a República Velha (1889-1930) os avanços na alfabetização foram tímidos. A taxa da população não alfabetizada caiu de 82 em 1890, para apenas 71% em 1920. A República Liberal não se moveu no sentido

---

[312] Sobre a Constituição de 1891, ver: **BALEEIRO, Aliomar**. Constituições Brasileiras, vol. 2. 1891. Brasília: Senado Federal, 2012.

de alfabetizar a população, muito menos na garantia do direito à educação, que naquele período era elitista, espelhando o restante da sociedade. Enquanto o Império garantia o direito à educação só na lei, a República não garantia esse direito nem na lei, muito menos como fato social.

O movimento político que derrubou o governo oligárquico-liberal, interrompendo um período de mais de 40 anos de sucessivos governos comandados pela oligarquia rural, ficou conhecido como Revolução de 1930, e nas palavras de CARVALHO (2015), representou *um divisor de águas na história do país*. No que tange ao direito à educação, e a outros direitos sociais, a Constituição Brasileira de 1934[313] seguiu as constituições de 1917 do México e da Alemanha de 1919, tendo inclusive destinado um capítulo para tratar da "Educação e da Cultura", como a Constituição de Weimar.

Pela primeira vez uma Constituição Brasileira colocou como obrigação da União traçar uma política nacional de educação (art. 5°, inciso XIV). Desta forma, a descentralização da Constituição de 1891 foi abandona. Porém, a Constituição, no art. 10, inciso VI, estipulava competência concorrente entre a União e Estados na difusão da educação pública em todos os níveis. Os municípios eram obrigados, juntamente com a União, a destinar não menos de 10% de suas receitas ao desenvolvimento da educação, já os estados e o Distrito Federal deveriam destinar para a mesma finalidade, não mesmos de 20%.

Mas a grande inovação da Constituição de 1934 foi a elevação do direito à educação a categoria de *direito subjetivo público* (MALISKA, 2001), que estipulava no artigo 149, que a "educação é direito de todos e deve ser ministrada, pela família e pelos poderes públicos, cumprindo a estes proporciona-la a brasileiros e a estrangeiros domiciliados no país, de modo que possibilite eficientes fatores da vida moral e econômica da Nação, e desenvolva num espirito brasileiro a consciência da solidariedade humana". Desta forma, a Constituição afirmava a importância da educação para a formação de cidadãos e de trabalhadores.

A Constituição de 1937[314] de base fascista e conservadora deu base jurídica para o golpe de Estado perpetrado pelo presidente Getúlio Vargas juntamente com forças civis e militares. A concentração de poderes na pessoa do presidente da república afirmada pela Constituição, levou a concentrou na União dos poderes para determinar as políticas educacionais para o pais, ao tornar privativa a competência deste ente para fixar as bases e traçar as diretrizes da educação brasileira. Nesses termos, a educação passou a ser um dever dos pais, tendo o Estado o dever de colaborar de maneira subsidiária ou principal no sentido de preencher as lacunas da educação particular. Ou seja, o Estado não se obriga a oferecer educação gratuita, e deve ser ressaltado, o direito à educação

---

[313] Sobre a Constituição de 1934, ver: **POLETTI, Ronaldo**. Constituições Brasileiras, vol. 3. 1934. Brasília: Senado Federal, 2012.

[314] Sobre a Constituição de 1937, ver: **PORTO, Walter Costa**. Constituições brasileiras, v. 4. 1937. Brasília: Senado Federal, 2012.

deixa de configurar num capítulo próprio e passa para o capítulo intitulado "Da Família". Assim, o Estado fascista coloca quase toda obrigação da educação para as famílias, diminuindo a importância da educação como direito social.

Não obstante as tentativas de reforma da educação no período entre 1930 e 1945, conhecido como Era Vargas, as taxas de analfabetismo continuaram altas. Em 1940 ainda 61% dos brasileiros acima dos 5 anos de idade eram analfabetos, em 1950 mais da metade dos brasileiros ainda não tinha sido alfabetizada, 57%. Apesar dos avanços nos direitos sociais afirmados por CARVALHO (2015), esses não impactaram na erradicação do analfabetismo. O período é conhecido por avanços na construção das primeiras universidades brasileiras e pela construção de escolas modelos no Rio de Janeiro, então Distrito Federal, porém esses avanços ainda podem ser considerados pontuais no que tange à universalização do ensino fundamental.

Com o fim de Ditadura Vargas em 1945 e o processo de democratização, em 1946 foi escrita uma nova constituição. A Carta de 1946[315] colocou a educação novamente em um título próprio, "Da Educação e da Cultura". No art. 166 do texto constitucional era declarado o direito à educação, como sendo um direito de todos. Já no art. 168 a obrigatoriedade do ensino primário era afirmada no inciso I, e a gratuidade, nos estabelecimentos oficiais no inciso II. O capítulo destinado à educação e a cultura era extenso e tinha 10 artigos, oito deles voltados à educação. O texto constitucional definiu os recursos que deveriam ser reservados por cada ente federativo no art. 167; e, dividiu o sistema nacional de educação, extremamente centralizado no Estado Novo, em dois: o dos Estados e do Distrito Federal, e em caráter supletivo da União e dos Territórios, artigos 170 e 171.

Foi no período posterior à Constituição de 1946 que a educação brasileira ganhou a primeira Lei de Diretrizes e Bases Nacional. A lei 4.024 só foi aprovada em 1961, tendo ficado por 13 anos transitando no legislativo, e recebido 200 emendas parlamentares, representou uma derrota popular nas palavras de Florestan Fernandes, citado por (GHIRALDELLI JR., 2009). A lei "garantiu a igualdade de tratamento por parte do Poder Público para os estabelecimentos oficiais e os particulares, o que garantia que as verbas públicas poderiam, inexoravelmente, ser careadas para a rede particular de ensino em todos os graus". (Ibidem, p. 98)

No período entre 1950 e 1960 a taxa de analfabetismo entre a população com 5 anos ou mais caiu 10,5 pontos, de 57,2% para 46,7%, mostrando uma aceleração na queda do analfabetismo no Brasil. Entre 1920 e 1940 a taxa havia caído 10 pontos, de 71% para 61%, e nos 30 anos anteriores a 1920 tinha caído apenas 11 pontos, de 82% para 71%. Se observados os números de analfabetos na população com 15 anos ou mais, a queda na taxa de analfabetismo também

---

[315] Sobre a Constituição de 1946, ver: **BALEEIRO, Aliomar**. Constituições Brasileiras, vol. 5. 1946. Brasília: Senado Federal, 2012.

foi de 11 pontos, passando de 50,5% para 39,6% o número de analfabetos no país. O decênio 1950/1960 foi o de maior queda no índice de analfabetismo no Brasil. Porém, o insucesso do país em erradicar o analfabetismo ficou mais claro no Regime da Ditadura Militar quando a queda dos índices de analfabetismo desacelerou e a taxa caiu mais lentamente, principalmente entre a população mais velha.

Com a ruptura democrática em 1964, com o Golpe Militar de 1º de abril daquele ano, o regime redigiu uma Constituição em 1967[316], para ganhar aparência de legalidade, legitimidade e normalidade. A Constituição de 1967 tinha apenas a aparência de democrática, mas na verdade representou grande retrocesso para a democracia. No que toca à educação o texto constitucional voltou a concentrar os poderes para o estabelecimento de planos nacionais de educação como competência da União (art. 8º, inciso XIV).

Apesar da educação não perder o seu capítulo específico ele foi fundido com o capítulo destinado à família, passando a ser designado "Da Família, da Educação e da Cultura". O texto sobre a educação é reduzido, e apenas dois artigos tratam do tema, mostrando de certa forma a importância que a Ditadura Militar daria aos direitos sociais. Desse modo, foram retirados da Constituição os artigos que fixavam parte do orçamento dos entes da federação para a educação. Um governo ditatorial não deve ser limitado pela lei, principalmente em seus gastos. Da mesma forma, a Constituição restringiu a obrigatoriedade e a gratuidade do ensino fundamental aos estudantes entre 7 e 14 anos. Isso significava, que aqueles que passassem da idade limite, mesmo que não tivessem concluído aquela modalidade de ensino, só seriam inscritos se tivessem vagas. A constituição também previa a oferta de bolsas, ou seja, a privatização em substituição ao ensino público. Assim, as verbas públicas poderiam ser destinadas às escolas particulares. Segundo MALISKA (2001), essa iniciativa de liberalização do ensino financiada pelo dinheiro público, revela a *ausência de um projeto justo de redistribuição da riqueza*, na verdade se dava no sentido de concentrar ainda mais as riquezas nas mãos de poucos, ao impedir que as classes pobres pudessem acessar uma escola pública de qualidade e tentar ascender socialmente.

A ditadura militar iniciada em 1964 se aprofundou em 1968 com o Ato Institucional nº 5 que atingiu as liberdades civis e políticas, e com a Emenda Constitucional nº 1, conhecida como Constituição de 1969, por ter alterado substancialmente a Constituição de 1967, chegou num dos seus momentos mais baixos. "Representando unicamente o interesse daqueles que estavam no comando do país, a Constituição de 1969 liquidou todas as expressões democráticas que ainda subsistiam" (MALISKA, 2001, p. 35). Desse modo, nem mais a aparência de democracia poderia ser mantida.

---

[316] Sobre a Constituição de 1967 e a Emenda Constitucional nº 1, também conhecida como Constituição de 1969, ver: **CAVALCANTI, Themístocles Brandão**. Constituições Brasileiras, vol. 6. 1967. Brasília: Senado Federal, 2012.

Quanto ao direito social à educação, a Emenda de 1969 repetiu o art. 168 da Constituição de 1967 retirando a expressão "igualdade de oportunidade", no art. 176 do novo texto. Ainda do sentido de diminuição de direitos, a liberdade de cátedra foi restringida. Segundo GHIRALDELLI JR. (2009), o *terror governamental e a repressão* se estenderiam às redes de ensino e às escolas com o Decreto-lei 477/69 que criminalizava o pensamento livre dentro das salas de aula e no espaço escolar. Outro retrocesso foi a nova Lei de Diretrizes e Bases da Educação (lei nº 5.692) aprovada em 1971.

Os retrocessos na democracia e na política educacional se refletem na desaceleração da queda dos índices de analfabetismo que passaram a cair mais lentamente, atingindo 31,9% da população com mais de 5 anos no ano de 1980, tendo caído apenas 6,8 pontos no decênio. A diminuição do ritmo de queda no número de analfabetos na população com mais de 15 anos foi um pouco maior, 8,1%, apesar de certo descaso da Ditadura com a alfabetização de jovens e adultos. Entre 1940 e 1950 a taxa de analfabetismo nesta população havia passado de 50% para 39%, uma queda de 11 pontos em 10 anos. Nos 20 anos seguintes o índice cairia apenas 14 pontos, passando para 25,5% em 1980.

Com o esgotamento do Regime Militar e o seu fim, o novo período político e histórico de redemocratização teve o seu auge com a Constituição Federal de 1988, que traz, no art. 206, os princípios que devem nortear o direito à educação:

I - igualdade de condições de acesso e permanência na escola;

II - liberdade de aprender, ensinar, pesquisar e divulgar o pensamento, a arte e o saber;

III - pluralismo de ideias e de concepções pedagógicas, e coexistência de instituições públicas e privadas de ensino;

IV - gratuidade do ensino público em estabelecimentos oficiais;

VI - gestão democrática do ensino público, na forma da lei;

VII - garantia de padrão de qualidade.

O princípio da gratuidade do ensino só vale para os estabelecimentos oficiais, aqueles mantidos pelo Estado. Já a o princípio da obrigatoriedade do art. 205, só é válido para o ensino fundamental, como dever do Estado e da família, em proporcionar o ingresso e a manutenção de crianças e jovens naquela modalidade de ensino. Assim, o ensino fundamental é considerado como direito público subjetivo, sendo possível responsabilizar a autoridade competente pela implementação do ensino fundamental em crime de responsabilidade em casos de omissão, conforme redação do art. 208, *caput*, da CRFB/88 e seu inciso I, e parágrafos 1º e 2º.

Desse modo, após a Constituição de 1988, ocorreu um progresso na educação fundamental, com importante aumento na escolaridade da população. Nas décadas seguintes à Constituição a taxa de analfabetismo voltou a cair com maior vigor, atingindo cerca de 9% em 2010, que ainda é uma taxa elevada, se comparada com de alguns países vizinhos; além do analfabetismo funcional que estava em trono de 20% no mesmo ano. Apesar do insucesso em erradicar o analfabetismo, a universalização do ensino fundamental é quase uma realidade, que esbarra no elevado índice de evasão escolar, que me 2012 chegava a quase 25% dos inscritos, ou seja de cada 4 crianças que ingressam no 1° ano do ensino básico apenas 3 concluem o 9° ano. Esse índice é ainda mais elevado no ensino médio. Já o ensino superior, apesar do aumento substancial do número de matrículas, que fez dobrar a quantidade de alunos inscritos no ensino superior entre 2000 e 2012, mesmo assim, o direito ao ensino superior ainda se encontra bastante restrito.

4. A CONSTITUIÇÃO DE 1988, O DIREITO À EDUCAÇÃO SUPEIOR

No Brasil o ensino superior é um direito constitucional, porém não é obrigação do Estado oferece-lo a todos que se candidatarem a uma vaga. Não existe obrigatoriedade do Estado em oferecer ensino superior gratuito, pois o direito de acesso está condicionado ao número de vagas, que ainda tem se mostrado insuficiente, principalmente nas instituições públicas. Além da questão quantitativa, que depende do Poder Público, existe a questão do mérito do aluno. Este ponto é bastante discutível, tendo em vista as enormes desigualdades sociais e desníveis educacionais existentes no país, que proporcionam desigualdades de acesso às instituições e cursos mais concorridos. Cabe, portanto, ao Estado, dentro de uma ótica do Estado Democrático de Direito, corrigir os desníveis e as desigualdades, permitindo não só um acesso mais igualitário ao ensino superior, como também ao ensino de qualidade em todos os níveis.

Os fracassos da educação brasileira se evidenciam em todos os níveis. Não conseguimos ainda erradicar o analfabetismo, no ano de 2010 a taxa de analfabetos era de quase 10% da população brasileira com mais de 15 anos. A universalizaçao do ensino fundamental com qualidade ainda está distante de ser alcançada, quase metade da população brasileira (49,25%)[317], com 25 anos ou mais, ainda não completou o ensino fundamental. A universalização do ensino médio ainda é um projeto para o futuro, mas ainda não é um dever do Estado, como é o ensino fundamental. Apenas 7,9% dos brasileiros adultos cursou o ensino superior, índice baixo, mesmo se comparado com o de outros países da América Latina, mas a universalização do ensino superior não é uma questão nem discutida, o que se tem buscado é tão somente a ampliação do acesso à universidade.

---

[317] Dados do censo demográfico do IBGE (2010).

Um dos problemas de acesso ao ensino superior ainda é a questão do mérito, que reflete a realidade educacional reprodutora das severas desigualdades sociais e dos enormes desníveis de renda do país. As desigualdades entre as classes sociais permanecem como um entrave para o desenvolvimento social, político e econômico brasileiro. A exclusão histórica da universidade de alguns setores sociais e étnicos da população figura não apenas como marca do atraso nacional, mas também como um dos indicadores da segregação social, racial e socioespacial. Um país que tem a pretensão em ser um Estado Democrático e de Direito, não pode continuar a existir partido, adaptando as palavras de FANON (1968), ao se referir a selvageria da colonização na América Latina, África e Ásia, não pode continuar a existir cindido em dois, como se dentro dele existisse um outro país, um lugar diferente, que precisa ser colonizado e civilizado, como se fosse habitado por espécies diferentes. É necessário a busca de fato da erradicação da pobreza e da diminuição das desigualdades sociais, como preceitua o art. 3° da Constituição Brasileira. Esse caminho não pode ser traçado sem a inclusão dos todas as parcelas da sociedade dentro da Universidade.

A igualdade no acesso ao ensino superior seria uma das condições do aperfeiçoamento do Estado democrático de direito. Ao proporcionar o ingresso na universidade aos alunos oriundos das classes mais baixas da população, principalmente daqueles de áreas de baixa renda, os governos que vieram depois de 1988, estariam cumprindo os "objetivos fundamentais da República Federativa do Brasil", inscritos no art. 3° da Constituição Federal, inciso I, que são a construção de uma sociedade livre, justa e igualitária.

O acesso ao ensino superior apesar de ter se tornado um direito social fundamental com a Constituição Federal de 1988, enfrenta problemas não só quanto ao debate da concepção da educação como um direito, mas principalmente no modo de aplicação desse direito, e no modo como o Estado atua para garantir o mesmo (CASSINI e ARAUJO, 2013).

Tendo em vista o regime democrático instituído com a Constituição não ter resolvido problemas como o da desigualdade (CARVALHO, 2015), faz-se necessário avançar na implementação de políticas públicas que possam promover melhorias das condições de vida, principalmente da população mais carente.

Diversas políticas públicas têm sido implementadas, após o advento da Constituição Federal de 1988, no sentido de garantir o acesso e manutenção de alunos no ensino superior. Desse modo, o número de matriculados, concluintes e de pessoas com nível superior tem se elevado nos últimos anos. Em 2013 o número de estudantes matriculados no ensino superior no Brasil, segundo os dados da Pesquisa Nacional por Amostra de Domicílios (PNAD), chegou a 7.305.977, um crescimento de mais de 70%, se comparado com dados de 2003. Mesmo assim, 2/3 dos estudantes estão matriculados em instituições particulares. Dados do censo da Educação Superior de 2010, realizado pelo Instituto Nacional de Estudos e Pesquisas Educacionais Anísio Teixeira (INEP), revelam que 973,8 mil estudantes concluíram o ensino superior naquele ano, contra 378 mil no ano de 2001. O percentual de pessoas com curso superior completo também subiu no mesmo período, passado de 4,4% para 7,9%.

Esse aumento pode ser resultado direto das políticas públicas[318] de promoção de acesso ao ensino superior, a instituição e implementação destas políticas têm se dado ao longo do tempo por nos níveis federal e estadual, nos estabelecimentos de ensino público superior, tanto federal, estadual e municipal, como nos de ensino privado, por diversos entes e entidades administrativas. A promoção dessas políticas tem ocorrido dentro da administração pública, mesmo que algumas delas visem o oferecimento de ensino privado. O grande desafio é o da democratização do acesso à educação superior de forma igualitária, pois a simples ampliação do acesso nem sempre significa que este foi democratizado.

A Constituição de Weimar de 1919 foi pioneira no sentido de possibilitar a criação de políticas públicas para ampliação do acesso ao ensino superior. A inovação da constituição alemã era a previsão de subsídios públicos para que os alunos pudessem cursar não só o ensino superior, mas também o ensino médio. Assim, segundo o último parágrafo do art. 146, todos os níveis de governo (o *Reich*, governo central; as *Länder*, governo estadual; e as *Gemeiden*, governo municipal) ficariam responsáveis por oferecer ajuda à educação dos alunos que não tivessem condições econômicas de concluir os estudos, mas que fossem considerados aptos. Mesmo assim, a inovação foi tímida, pois condicionava a continuidade dos estudos à questão do mérito (o aluno só receberia os fundos se fosse considerado apto, *geeignet erachtet werden*).

Desse modo, o ensino superior continuou limitado às classes mais elevadas, com maior poder aquisitivo, pois a concessão de benefícios econômicos para os alunos considerados aptos não é um mecanismo realmente eficiente, tendo em vista que as desigualdades de classe têm grande influência nos resultados escolares. Os alunos pobres já entram na escola em desvantagem, não apenas com menos recursos econômicos, mas com menor infraestrutura, menores recursos educacionais, e muitas vezes com menores expectativas[319]. Assim, a questão de aptidão ou de mérito em educação, não pode ser corretamente utilizada para tratar alunos de classes sociais diferentes.

Neste sentido, a Declaração Universal dos Direitos Humanos afirma, no art. XXVI, a igualdade de acesso ao ensino superior. Porém essa igualdade não pode se dar apenas em termos não discriminatórios. Não pode ser apenas uma igualdade como um limite negativo. Mas deve-se buscar uma igualdade positiva,

---

[318] Nas palavras de Maria Paula Dallari BUCCI, as "políticas públicas são programas de ação governamental visando a coordenar os meios à disposição do Estado e as atividades privadas, para a realização de objetivos socialmente relevantes e politicamente determinados". **BUCCI, Maria Paula Dallari**. Direito Administrativo e Políticas Públicas. São Paulo: Saraiva, 2002. Pp.241.

[319] Sobre pobreza na escola e políticas pública de diminuição de desigualdades, ver: **CONNEL, R. W**. Pobreza e Educação. In: Pedagogia da Exclusão: o neoliberalismo e a crise da escola pública / Michael W. Apple... / et al. / Pablo Gentili (org.). Petrópolis, RJ: Vozes, 1995.

em que os estudantes tenham oportunidades iguais de acesso ao ensino superior ultrapassando os desníveis educacionais que na maioria das vezes são resultado de oferta desigual de ensino fundamental e médio, além das desigualdades entre as classes sociais e desníveis de renda.

A educação superior está regulada no Brasil basicamente pela Lei de Diretrizes e Bases da Educação Nacional, LDB, Lei n° 9.394/96, e pelo Decreto n° 5.773/2006. A estrutura de ensino superior é definida na LDB como sendo do âmbito federal e estadual:

> Art. 16. O sistema federal de ensino compreende:
>
> I – as instituições de ensino mantidas pela União;
>
> II – as instituições de educação superior criadas e mantidas pela iniciativa privada;
>
> III – os órgãos federais de educação.
>
> Art. 17. Os sistemas de ensino dos estados e do Distrito Federal compreendem:
>
> I – as instituições de ensino mantidas, respectivamente, pelo poder público estadual e pelo Distrito Federal;
>
> II – as instituições de educação superior mantidas pelo poder público municipal;
>
> IV – os órgãos de educação estaduais e do Distrito Federal, respectivamente.

Já a oferta de cursos e o funcionamento das Instituições de Ensino Superior (IES) são regulados pelo art. 10 do Decreto 5.773/06:

> Art. 10. O funcionamento de instituição de educação superior e a oferta de curso superior dependem de ato autorizativo do Poder Público, nos termos deste Decreto.
>
> § 1° São modalidades de atos autorizativos os atos administrativos de credenciamento e recredenciamento de instituições de educação superior e de autorização, reconhecimento e renovação de reconhecimento de cursos superiores, bem como suas respectivas modificações.
>
> § 2° Os atos autorizativos fixam os limites da atuação dos agentes públicos e privados em matéria de educação superior.
>
> § 3° A autorização e o reconhecimento de cursos, bem como o credenciamento de instituições de educação superior, terão prazos limitados, sendo renovados, periodicamente, após processo regular de avaliação, nos termos da Lei n° 10.861, de 14 de abril de 2004.

Diversas políticas públicas têm sido realizadas objetivando a expansão do ensino superior no Brasil no período posterior à Constituição de 1988. As políticas públicas podem ser vistas como instituições e são importantes ao permitir que as decisões coletivas não sejam vistas como mera soma de interesses individuais. Despersonalizando e convertendo questões políticas em jurídicas, permitindo a duração das mesmas políticas, organizando a governança como um plano de ação (BUCCI, 2013).

Dentre as principais políticas públicas voltadas para o acesso de estudantes de baixa renda ao ensino superior podemos destacar: o Plano

Nacional de Educação (Lei n° 10.172/01), que indicava a necessidade da ampliação do acesso ao ensino superior; o REUNI (Decreto n° 6.096/2007) – Programa de Apoio a Planos de Reestruturação e Expansão de Universidades Federais – que atuou em relação ao ensino superior público federal, objetivando reduzir as taxas de evasão, ocupar vagas ociosas e proporcionar o acesso de novos estudantes, com o aumento de vagas de ingresso.

Em relação ao ensino superior privado houve a implementação do PROUNI – Programa Universidade para Todos – criado por meio da Medida Provisória n° 213/2004, e regulamentado pelo Decreto n° 5.245/2006, como uma política pública federal que objetivava ampliar o acesso e a permanência no ensino superior (GRAMPA, 2013); e do FIES – Fundo de Financiamento Estudantil. Além da criação de diversas modalidades de cotas e políticas de auxílio de renda para alunos de universidade públicas e privadas.

Apesar do rápido crescimento do número de brasileiros que cursaram o ensino superior nos primeiros anos do século XXI, o acesso ao ensino superior ainda é restrito e condicionado pelo número de vagas, que são oferecidas, principalmente, em estabelecimentos privados. Desse modo, o direito à educação superior, mesmo sendo considerado um direito fundamental, conta com uma proteção frágil. Também devemos nos perguntar como se deu esse crescimento; que cursos cresceram mais; que modalidades de ensino, público ou privado, formaram mais alunos; se essa expansão tem significado realmente uma democratização do acesso ao ensino superior no Brasil.

5. CONSIDERAÇÕES FINAIS

Historicamente no Brasil, o acesso à Universidade Pública de qualidade ficou restrito aos alunos oriundos das elites econômicas e das classes médias. Aos habitantes dos bairros pobres, de renda mais baixa, quando muito conseguiam acessar cursos não tão concorridos nas universidades públicas ou em curso mais baratos em instituições de ensino privado. Essa desigualdade no acesso revela as imperfeições do Estado brasileiro em garantir a efetividade de direitos fundamentais, principalmente os sociais, que necessitam de uma contrapartida positiva sua, e mesmo constitucionalizados ainda não são amplamente ofertados.

Na América Latina, de modo geral, o processo de globalização econômica que se exacerbou no momento de abertura política – com o fim de regimes militares em muitos países do subcontinente – trouxe no seu bojo políticas de estabilização econômica de cunho liberal, e de reforma do Estado, que visavam a redução do tamanho e do papel deste na intervenção na sociedade, bem como a diminuição da administração pública, com privatizações, e enfraquecimento das instituições políticas em face das regras do mercado, além da diminuição de políticas sociais, o que impactou no papel do Estado e na sua legitimidade no oferecimento de educação pública e dos serviços públicos, precarizando ainda mais as instituições públicas de ensino em todos os níveis e agravando as desigualdades sociais e educacionais.

Desde a Constituição de 1988, mas principalmente na última década, diversas políticas públicas de promoção ao ensino superior têm sido implementadas. Estudar as políticas públicas de ampliação do acesso à educação superior da população de baixa renda de áreas mais carentes, e as instituições políticas e como a administração pública implementa essas políticas deve se dar de forma crítica e interdisciplinar. Pois não é possível estudar a educação se não for num campo de interdisciplinaridade. Desse modo, podemos perceber que apesar da constitucionalização do direito social à educação, o Brasil ainda está longe de proporcionar a universalização do ensino nos diferentes níveis, principalmente do nível superior.

BIBLIOGRAFIA

BALEEIRO, Aliomar. Constituições Brasileiras, vol. 2. 1891. Brasília: Senado Federal, 2012.

_____. Constituições Brasileiras, vol. 5. 1946. Brasília: Senado Federal, 2012.

BARROSO, Luís Roberto. Curso de Direito constitucional contemporâneo: os conceitos fundamentais e a construção do novo modelo. São Paulo: Saraiva, 2015.

BOBBIO, Norberto. A era dos direitos. Rio de Janeiro: Campus, 1992.

BOMFIM, Manoel. A América Latina. Males de Origem. Rio de Janeiro: Topbooks, 2005.

BUCCI, Maria Paula Dallari. Direito Administrativo e Políticas Públicas. São Paulo: Saraiva, 2002.

_____. Fundamentos para um Teoria das Políticas Públicas. São Paulo: Saraiva, 2013.

CARVALHO, José Murilo de. Cidadania no Brasil: o longo caminho. Rio de Janeiro: Civilização Brasileira, 2015.

CASSINI, Simon Alves; ARAUJO, Gilda Cardoso de. As Concepções de Educação como Serviço, Direito e Bem Público: contribuições para a defesa da escola pública como garantia do direito à educação.

CAVALCANTI, Themístocles Brandão. Constituições Brasileiras, vol. 6. 1967. Brasília: Senado Federal, 2012.

COMPARATO, Fábio Konder. A afirmação histórica dos direitos humanos. São Paulo Saraiva, 2010.

CONNEL, R. W. Pobreza e Educação. In: Pedagogia da Exclusão: o neoliberalismo e a crise da escola pública / Michael W. Apple... / et al. / Pablo Gentili (org.). Petrópolis, RJ: Vozes, 1995.

Constituición Política de los Estados Unidos Mexicanos, 1917. https://www.google.com.br/search?q=texto+original+da+constitui%C3%A7%C3%A3o+do+m%C3%A9xico+de+1917&ie=utf-8&oe=utf-8&client=firefox-b&gfe_rd=cr&ei=Du_nV_fAOYOJxgTYqaaADg#q=constitui%C3%A7%C3%A3o+mexicana+de+1917+texto+original Acesso: 24.08.2016.

CORDÓN, Juan Manuel Navarro et MATÍNEZ, Tomás Calvo. História da Filosofia: dos pré-socráticos à filosofia contemporânea. Lisboa: Edições 70.

CURY, Carlos Roberto Jamil. A Constituição de Weimar: Um capítulo para a educação. In: Revista Educação e Sociedade. Vol. 19, n. 63. Campinas, agosto de 1998. http://www.scielo.br/scielo.php?script=sci_arttext&pid=S0101-73301998000200006 Acesso em: 08.08.2016.

ENGLUND, Steven. Napoleão: uma biografia política. Rio de Janeiro: Jorge Zahar Editora, 2005.

FANON, Frantz. Os Condenados de Terra. Rio de Janeiro: Civilização Brasileira, 1968.

FERRARO, Alceu Ravanello. Analfabetismo e níveis de letramento no Brasil: O que dizem os censos? In: Educação e Sociedade. Campinas, vol. 23, n° 81, p. 21-47, dez. 2002. Disponível em <http://www.cedes.unicamp.br>

FREIRE, Paulo. Pedagogia da Esperança: um reencontro com a Pedagogia do Oprimido. São Paulo: Paz e Terra: 1992.

GARGARELA, Roberto. Latin American Contitucionalism, 1810-2010: The Engine Room of the Constitution. New York, Oxford University Press, 2013.

GHIRALDELLI JR., Paulo. História da Educação Brasileira. São Paulo: Cortez, 2009.

GRAMPA, Victor Henrique. Políticas Públicas de Inclusão na Educação: o caso do Pro Uni. In: O Direito e as Políticas Públicas no Brasil / Ginpaolo Poggio Smanio; Patrícia Tuma Martins Bertolin, organizadores. São Paulo: Atlas, 2013.

HOBSBAWN, Eric J. A Era do Capital, 1848-1875. Rio de Janeiro: Paz e Terra, 2000.

Instituto Nacional de Estudos e Pesquisa Educacionais Anísio Teixeira INEP/MEC. Censo da Educação Superior (2013-2011).

KRAMNICK, Isaac. Introdução aos Artigos Federalistas. In: Os Artigos Federalistas 1787-1788. Rio de Janeiro: Ed. Nova Fronteira, 1989.

Latinoamericana: enciclopédia contemporânea da América Latina e do Caribe / coordenador geral Emir Sader. São Paulo: Boitempo; Rio de Janeiro: Laboratório de Políticas Públicas da UERJ, 2006.

MALISKA, Marcos Augusto. O Direito à Educação e a Constituição. Porto Alegre: Sergio Antonio Fabris Editor, 2001.

MARCONDES, Danilo. Iniciação à história da filosofia: dos pré-socráticos a Wittgenstein. Rio de Janeiro: Zahar, 2007.

MARCONDES, Danilo; STRUCHINER, Noel. Textos básicos de filosofia do direito: de Platão a Frederick Schauer. Rio de Janeiro: Zahar, 2015.

MARSHALL, Thomas Humphrey. Cidadania, Classe Social e Status. Rio de Janeiro: Zahar Editores, 1967.

MARX, Karl. O 18 Brumário de Luís Bonaparte. In: A Revolução Antes da Revolução / Karl Marx. São Paulo: Expressão Popular, 2008. V. 2.

MARX, Karl; ENGELS, Friedrich. Manifesto do Partido Comunista. (1848). Fonte Digital: RocketEdition de 1999 a partir de html em www.jahr.org.

MONTESQUIEU, Charles de Secondat, Baron de. O espírito das leis. São Paulo: Martins Fontes, 1996.

NOGUEIRA, Octaciano. Constituições brasileiras, v. 1. 1824. Brasília: Senado Federal, 2012.

PEIXINHO, Manoel Messias. Os direitos fundamentais nas constituições francesas. https://www.google.com.br/url?sa=t&rct=j&q=&esrc=s&source=web&cd =1&cad=rja&uact=8&ved=0ahUKEwjEvriCqpnPAhWFkpAKHXtfDUYQ FggfMAA&url=http%3A%2F%2Fwww.publicadireito.com.br%2Fartigos%2 F%3Fcod%3Db1bc40d056bad6ec&usg=AFQjCNFMwTWW10GYbxRRX MW4w_CtnBrv0Q&sig2=uOph0xwrqGpVQofyT-4MJg&bvm=bv.133178914,d.Y2I (18/09/2016).

PEREIRA, Vantuil. Ao Soberano Congresso. Direitos do Cidadão na Formação do Estado Imperial Brasileiro (1822-1831). São Paulo: Ed. Alameda, 2010.

PERRY, Marvin. Civilização Ocidental: uma história concisa. São Paulo: Martins Fontes, 1999.

PIAGET, Jean. Para onde vai a educação? Rio de Janeiro: José Olympio, 1975.

PILETTI, Claudino; PILETTI, Nelson. História da Educação. São Paulo, Editora Ática, 1997.

PINHEIRO, Maria Cláudia Bucchianeri. A Constituição de Weimar e os direitos fundamentais sociais. A preponderância da República Alemã de 1919 na inauguração do constitucionalismo social à luz da Constituição Mexicana de 1917. In: Revista de informação legislativa, v. 43, n. 169, p. 101-126, jan./mar. 2006. Acesso em: 08. 08. 2016.

POLETTI, Ronaldo. Constituições Brasileiras, vol. 3. 1934. Brasília: Senado Federal, 2012.

PORTO, Walter Costa. Constituições brasileiras, v. 4. 1937. Brasília: Senado Federal, 2012.

SANTOS, Milton. A Natureza do Espaço: Técnica e Tempo, Razão e Emoção. São Paulo: Edusp, 2004.

SILVA, José Afonso da. Curso de Direito Constitucional Positivo. São Paulo: Malheiros, 2002.

SUNDFELD, Carlo Ari. Fundamentos de Direito Público. São Paulo: Editora Malheiros, 2015.

TÁCITO, Caio. Constituições brasileiras, vol. 7. 1988. Brasília: Senado Federal, 2012.

TOCQUEVILLE, Alexis de. A democracia na América: leis e costumes: de certas leis e certos costumes políticos que foram naturalmente sugeridos aos americanos por seu estado social democrático. São Paulo: Martins Fontes, 2014.

TORRES, Carlos Alberto; O'CADIZ, Maria del Pilar; WONG, Pia Lindquist. Educação e Democracia. A práxis de Paulo Freire em São Paulo. São Paulo: Cortez; Instituto Paulo Freire, 2003.

VERVASSUG DER WEIMARER REPUPBLIK, 1919. http://www.teachsam.de/geschichte/ges_deu_weimar_18-33/wrv/wei_wrv_volltext.htm

VOVELLE, Michel. A Revolução Francesa 1789-1799. Lisboa: Edições 70, 2007.

WOMACK, John. A Revolução Mexicana, 1910-1920. In: História da América Latina: de 1870 a 1930. Volume V / Leslie Bethell organização. São Paulo: EDUSP, Imprensa Oficial do Estado; Brasília: FUNAG, 2002. Pp, 105-192.

OS TRATADOS INTERNACIONAIS NO DIREITO BRASILEIRO: UMA ANÁLISE DOUTRINÁRIA E JURISPRUDENCIAL[320]

Patrick Vasconcelos da Silva[321]

SÚMARIO 1. Introdução 2. Desenvolvimento 2.1. Os tratados internacionais. Fonte de direito internacional 2.2. Teoria dos tratados internacionais. Dualismo x monismo. 2.2.1. Dualismo 2.2.2. Monismo 2.3. Os tratados internacionais e o direito brasileiro 2.3.1. O Supremo Tribunal Federal e a ADI n° 1625 2.4. Os tratados de direitos humanos e o direito brasileiro 3. Considerações finais

1. INTRODUÇÃO

A grande aldeia global, termo alcunhado por Marshall McLuhan[322], serve de grande inspiração para demonstrar o encurtamento das distâncias geográficas em função do mundo globalizado e cada vez mais tecnológico.

A globalização faz eclodir um novo período de pangeia mundial, fronteiras geográficas são relativizadas, relações entre cidadãos e Estados são cada vez mais frequentes, não se restringindo as típicas fronteiras geográficas. O conceito de soberania nacional precisa ser revisitado à luz da nova sistemática social.

A ressignificação do Estado e da sociedade envolve também uma redefinição temporal e espacial das relações humanas. Há uma grande interligação entre fenômenos locais e globais, conforme preceitua Liszt Vieira:

---

[320] O tema escolhido possui íntima relação com o Professor Eduardo Manuel Val, pois foi parte da monografia apresentada na graduação em direito da Universidade Federal Fluminense, elaborada sob sua orientação.

[321] Mestre em Finanças Públicas, Tributação e Desenvolvimento pela Universidade do Estado do Rio de Janeiro – UERJ. Procurador do Município do Rio de Janeiro.

[322] McLUHAN, Marshall. La galaxie Gutenberg. HMH, Montréal, (édition originale en anglais publiée par Toronto University Press, 1962).

> A globalização redimensionou as noções de espaço e tempo. Em segundos, notícias dão volta ao mundo, capitais entram e saem de um país por transferências eletrônicas, novos produtos são fabricados ao mesmo tempo em muitos países e em nenhum deles isoladamente. Fenômenos globais influenciam fatos locais e vice-versa.
>
> O global e o local se interpenetram e se tornam inseparáveis.[323]

O cenário de um mundo globalizado e interligado exige uma adequação e adaptação dos sistemas jurídicos dos Estados, pois não se mostra satisfatória a regulação estrita do Estado olhando apenas para o seu território e suas normas internas, ignorando as relações travadas entre os seus cidadãos e os demais agentes globais.

O sistema jurídico nacional deve ser capaz de buscar adequações, regulamentações que melhor se amolde a vida em sociedade, não podendo se tornar em um instrumento inerte e obsoleto.

A doutrina jurídica durante anos trava uma importante discussão sobre teorias sobre a necessidade ou não de incorporação ao direito interno das normas oriundas de tratados internacionais. A citada discussão traz consigo também o tema da solução de antinomias entre normas oriundas de tratados internacionais e aquelas originárias do direito interno.

O presente trabalho buscará analisar as teorias existentes por meio de uma abordagem crítica, com ênfase no sistema jurídico brasileiro, não deixando de fazer referência às regras oriundas de outros ordenamentos jurídicos.

A metodologia a ser utilizada partirá das conceituações doutrinárias para uma análise do ordenamento jurídico brasileiro e julgamentos realizados pelo Supremo Tribunal Federal sobre o assunto.

Diante da riqueza deste tema, busca-se trá-lo de forma objetiva, bem como propor caminhos para um maior debate de soluções ao sistema jurídico brasileiro e aos tratados internacionais.

2. DESENVOLVIMENTO

2.1. Os tratados internacionais. Fonte de direito internacional

Sujeitos de direito internacional externalizam as regras jurídicas por diversas formas. Sendo assim, buscando resguardar a objetividade do presente trabalho, passa-se a análise do principal instrumento de veiculação das normas jurídicas oriundas do direito internacional, ou seja, os tratados internacionais.

Há uma grande celeuma sobre o primeiro tratado internacional firmado, isto é, uma discussão sobre a certidão de nascimento desse importante

---

[323] VIEIRA, Liszt. Cidadania e Globalização. 3ª Ed. Rio de Janeiro: Record, 1997. p. 71.

instrumento jurídico. O debate perpassa sobre a necessária definição da noção de Estado. Nesse sentido, destacam-se os marcos históricos que possam ser considerados como embriões dos tratados internacionais como, por exemplo, o tratado firmado entre o faraó Ramsés II e o Rei dos Hititas, Hattusil III, por volta de 1280 antes de Cristo.

Outrossim, o Tratado de Westfalia (Paz de Westfalia – 1648) pode ser considerado como um documento jurídico que retrata uma grande mudança nos tratados, bem como considerado por alguns autores como uma certidão de nascimento do direito internacional.

Ainda sobre o aspecto histórico e a indeterminação quanto à certidão de nascimento dos tratados internacionais, passa-se à análise da definição e conceituação dos tratados internacionais.

Pode parecer algo estranho, mas deve-se partir da definição trazida por um tratado internacional para correta definição deste instituto. Isto porque, a Convenção de Viena de 1969, em seu art. 2°, item 1, alínea "a"[324], define, de forma objetiva e clara, os tratados internacionais:

> a) "tratado" significa um acordo internacional concluído por escrito entre Estados e regido pelo Direito Internacional, quer conste de um instrumento único, quer de dois ou mais instrumentos conexos, qualquer que seja sua denominação específica;

A definição acima destaca o caráter escrito e a regência pelo direito internacional, bem como a irrelevância do nome jurídico do acordo celebrado entre as partes.

O professor Francisco Rezek, em obra literária, define os tratados internacionais como "tratado é o acordo formal, concluído entre sujeitos de direito internacional público, e destinados a produzir efeitos jurídicos"[325].

O conceito proposto pelo ministro aposentado do Supremo Tribunal Federal ressalta que os tratados internacionais são firmados entre os sujeitos do direito internacional.

O professor espanhol Antonio Remino Brotóns traz uma conceituação desconstrutiva dos tratados internacionais, buscando elucidar os principais aspectos dos tratados internacionais:

> Podemos definir el tratado como un acuerdo escrito entre dos o más sujetos de DI destinados a producir efectos jurídicos entre las partes según las normas del DI, sea cual sea la denominación que reciba.

---

[324] Decreto n° 7.030, de 14 de Dezembro de 2009. https://www.planalto.gov.br/ccivil_03/_ato2007-2010/2009/decreto/d7030.htm - Acessado em 30/01/2023.

[325] REZEK, Francisco. Direito dos Tratados. Rio de Janeiro: Forense, 1984, p. 21.

Si descomponemos los elementos de esta definición advertimos que: 1) el tratado es una manifestación de voluntades concordantes, lo que lo distingue de los actos unilaterales; 2) el tratado se formaliza por escrito, lo que lo distingue de los acuerdos verbales y tácitos; 3) el tratado se celebra entre sujetos de DI, lo que lo distingue de los acuerdos sometidos al DI que éstos pueden concluir con sujetos de Derecho interno; 4) el tratado puede ser bilateral o multilateral; 5) el tratado produce efectos jurídicos, lo que lo distingue de los acuerdos no normativos; 6) los efectos del tratado son entre las partes, los sujetos que los han consentido; 7) el tratado se rige por las normas del DI, lo que lo distingue de los contratos de Derecho interno suscritos entre sujetos de DI, y 8) el título que reciba el tratado es irrelevante[326].

Portanto, os tratados internacionais consistem na principal fonte normativa dos sujeitos de direito internacional, tratando-se de instrumento jurídico de veiculação de regras e princípios pelos sujeitos de direito internacional.

Demonstrada a relevância dos tratados para o direito internacional, bem como a definição e conceituação deste importante instrumento jurídico, outra questão jurídica ecoa na doutrina e na prática jurídica, que consiste na necessidade ou não de formas de incorporação dos tratados nos ordenamentos jurídicos de cada país.

A discussão existente envolve a verificação da necessidade ou não de um procedimento interno de cada país para incorporação de tratados internacionais firmados. A referida discussão, em suma, envolve a verificação da existência de duas ordens jurídicas distintas, de um lado o direito interno, e de outro, o direito internacional.

A doutrina jurídica buscou criar teorias para solucionar os problemas relacionados à necessidade ou não de incorporação dos tratados internacionais no ordenamento jurídico de cada país. Dentre as diversas teorias elaboradas, destacam-se duas, que são: a) monismo; e b) dualismo.

As características e variações das duas teorias antes destacadas serão objeto do próximo tópico, no qual serão demonstrados aspectos técnicos e históricos de cada teoria.

2.2. Teoria dos tratados internacionais. Dualismo x monismo.

Durante o fim do século XIX e início do século XX um profundo debate sobre direito internacional e o direito interno perpassou a sociedade internacional. A celeuma concentrou-se em duas teorias antagônicas, ou aparentemente opostas, de um lado a corrente dualista e de outro a corrente monista.

---

[326] BROTÓNS, Antonio Remiro et al. *Derecho Internacional*. Valencia: Ed. Tirant lo blanch, 2007, p. 318.

O Direito Internacional tornou-se um elemento de coesão e tensão, tais características surgiram devido a maior aplicabilidade e incidência deste ramo do direito no mundo contemporâneo.

No bojo desse momento de transformação surgiram diversas indagações e dúvidas sobre o direito internacional, tal situação propiciou o surgimento de teorias com o escopo de solucionar os problemas existentes. Os questionamentos podem ser sintetizados da seguinte forma: a) existência ou não de ordens jurídicas distintas entre o direito interno e o direito internacional; b) necessidade ou não de um procedimento de incorporação dos tratados internacionais no direito interno; e c) critérios de solução de antinomias entre norma interna e internacional.

O direito internacional deixa a cargo da ordem interna, mais precisamente do direito constitucional, a incumbência de definir o *status*, o modo, a forma de incorporação e aplicação de uma norma oriunda de um tratado internacional. Nesse sentido, preleciona Alfred Verdross:

> *Quieren decir que una norma del DI común no rige sólo entre los Estados, sino también dentro de los Estados, y que por eso ha de aplicarse por los tribunales y autoridades administrativas del Estado, como cualquier otra norma interna. La significación práctica de dichas disposiciones es, pues, la siguiente: dada una norma de DI común, las autoridades del Estado no necesitan esperar a que esta norma sea recogida en una ley o un reglamento, sino que pueden aplicarla directamente. Prescripciones, como éstas son muy adecuadas, pero no forman parte del derecho interno impuesto por el DI, ya que éste reserva a los Estados el cuidado de aplicarlo según su libre apreciación. Si el DI impone a los Estados el deber de cuidar de su aplicación y efectividad, les deja, sin embargo, en libertad para que apliquen cada una de sus normas mediante una disposición de su proprio ordenamiento jurídico u ordenen de una vez para siempre su aplicación por virtud de una cláusula general.[327]*

A duas teorias protagonistas da discussão sobre a necessidade ou não de procedimentos para incorporação de tratados internacionais na ordem interna, são: a) monismo; e b) dualismo.

Diante da grande relevância e as nuances de cada uma das teorias, os próximos tópicos serão dedicados a estudar as peculiaridades e características de cada destas teorias.

2.2.1. Dualismo

O primeiro estudo elaborado sobre a presente matéria foi concebido por Heinrich Triepel, em 1899, na obra *Volkerrecht und Landerecht*[328], porém, a nomenclatura citada apenas surgiu em 1914 por Alfred Verdross.

---

[327] VERDROSS, Alfred. Derecho Internacional Publico. Madrid: Ed. Aguilar, 1963, p. 73.

[328] Apud. MELLO, Celso D. Albuquerque de. Curso de Direito Internacional Público vol. 1. 12ª Ed. Rio de Janeiro: Ed. Renovar, 2000, p. 109.

O dualismo baseia-se na premissa que o direito internacional e o direito interno encontram-se em esferas distintas, ou seja, trata-se de duas ordens jurídicas separadas que possuem competência e objeto distintos.

A norma de direito internacional apenas possui eficácia no plano internacional, sendo o Estado o único sujeito de direito, enquanto na ordem interna aparece o homem como sujeito de direito.

O professor Jacob Dolinger, em seu Manual de Direito Internacional Privado, faz uma bela síntese do dualismo:

> Triepel, após examinar detidamente as distintas características do direito internacional e do direito interno, concluiu que eles constituem sistemas jurídicos distintos; são dois círculos que não se sobrepõem um sobre o outro, apenas se tangenciam. As relações que regem são diversas, daí não haver concorrência nem ocorre conflitos entre as fontes que regem os dois sistemas jurídicos. O direito interno rege relações de direito intraestatais, e o direito internacional, relações jurídicas interestatais. Não há confusão, e portanto, não há conflito.[329]

No dualismo, afasta-se a ideia de conflitos, pois as normas encontram-se em ordens distintas, não havendo subordinação entre elas, e sim a noção de coordenação.

A concepção de duas esferas distintas obriga a criação de um sistema de incorporação das normas, pois para uma norma internacional ser aplicada internamente, ou seja, para que um cidadão requeira a aplicação de uma norma derivada de um tratado, a referida norma internacional deve ser previamente incorporada à ordem interna, sob pena de não possuir eficácia e validade.

O eventual confronto entre o disposto entre uma norma incorporada e o direito internacional possui a natureza de conflito interno. E, por essa razão, deverá ser solucionado através dos critérios hierárquicos ou cronológicos, dependendo da previsão constitucional. Sendo assim, afasta-se o possível conflito entre o direito interno e o direito internacional, pois havendo embate de conteúdos, este será derivado de duas normas internas. Isto porque, a norma internacional não se relaciona com a norma interna.

A teoria dualista pela ideologia de ordens jurídicas distintas acaba por ter como objeto a incorporação de normas. Desta forma, não dispõe sobre o conflito, pois tal matéria é incompatível com essa teoria. A citada informação acaba por confrontar a ideia de antagonismo entre o dualismo e o monismo, já que este último preocupa-se com o conflito de normas, e não com a incorporação de normas, assunto este que será melhor aprofundado adiante.

O italiano Dionisio Anzilotti em 1905, em trabalho intitulado *Il Diritto Internazionale nel guidizio interno*[330], dispôs sobre sua posição favorável ao dualismo,

---

[329] DOLINGER, Jacob. Direito Internacional privado: parte geral. 8ª Ed. Rio de Janeiro: Renovar, 2005, p. 89.

[330] *Apud.* MELLO, Celso D. Albuquerque de. Curso de Direito Internacional Público vol. 1. 12ª

porém sua concepção desta teoria comporta algumas diferenças da ideia inaugural de Triepel. As modificações elaboradas por Anzilotti provocaram o surgimento de uma ramificação do dualismo, ou seja, divide-se o dualismo em moderado ou radical.

O dualismo radical ou clássico, aduz na necessidade de edição de lei distinta para a incorporação do tratado à ordem jurídica nacional, ou seja, obedece a um formalismo, ao princípio da reserva legal.

O dualismo moderado defende que a incorporação prescindiria de uma lei, embora consista em um ato complexo, no qual pode ocorrer os tramites de aprovação do congresso, bem como a promulgação executiva, ou seja, há um procedimento de incorporação que culmina com a edição de um instrumento legal de incorporação, este que não necessariamente tem que ser uma lei, podendo ser um decreto ou uma simples autorização.

Por fim, cabe destacar que o dualismo é corolário dogmático-apológico da soberania absoluta do Estado, pois a manutenção da autoridade suprema do Estado sobre qualquer ordem de caráter supranacional é defender em última instância a teoria clássica da soberania estatal.

2.2.2. Monismo

A teoria monista foi desenvolvida pela Escola de Viena, tendo o jurista Hans Kelsen como seu principal expoente. A citada doutrina jurídica-filosófica surge em contraposição ao dualismo, pois em sua essência defende a impossibilidade de se existir duas ordens jurídicas diversas, ou seja, o direito internacional e o direito interno integram a mesma ordem jurídica. Nesse sentido, preleciona o professor Luís Roberto Barroso:

> O monismo jurídico afirma, com melhor razão, que o direito constitui uma unidade, um sistema, e que tanto o direito internacional quanto o direito interno integram esse sistema. Por assim ser, torna-se imperativa a existência de normas que coordenem esses dois domínios e que estabeleçam qual deles deve prevalecer em caso de conflito[331]

A partir da premissa de apenas uma ordem jurídica, e não duas como no dualismo, retira-se a necessidade de um procedimento de incorporação das normas internacionais, pois já estariam incorporadas ao sistema jurídico, desta forma ocupa-se o monismo em solucionar eventuais conflitos entre as normas internacionais e as internas. Após essa breve e simples conceituação do monismo, pode-se claramente traçar uma distinção entre as duas teorias, pois a

---

Ed. Rio de Janeiro: Ed. Renovar, 2000, p. 110.

[331] BARROSO, Luís Roberto. Interpretação e aplicação da Constituição: fundamentos de uma dogmática constitucional transformadora. 6ª Ed. São Paulo: Saraiva, 2004, p. 16.

partir da definição da existência de apenas uma ordem jurídica ou duas, pode-se definir a teoria adotada.

Ambas teorias tomam contornos e objetos diferentes. Isto se deve ao fato do dualismo preocupa-se com a incorporação de normas, negando o conflito entre o direito internacional e interno, afirmando apenas ser possível o confronto entre normas internas, já o monismo não prevê nenhum processo de incorporação, haja visto a sua desnecessidade. A citada doutrina preocupa-se em solucionar o conflito entre a norma internacional e interna, apontando a ordem que irá prevalecer.

Em suma, o monismo versa sobre a solução de conflitos e o dualismo sobre a incorporação de normas. A concepção monista baseia-se na ideologia lógica, ou seja, não se restringe a aspectos históricos.

A prevalência de um complexo de normas diante de outro justifica-se como uma forma de fundamentar a validade desse sistema, ou seja, uma norma superior é o requisito de validade das demais normas, esta concepção aduz na subordinação das demais normas a uma norma fundamental.

A doutrina monista busca na norma fundamental, *grundnorm*, ou seja, em última *ratio* uma norma hipotética, uma forma de justificar a prevalência do direito interno ou internacional em conflitos entre eles.

O monismo subdividi-se em três categorias, sendo que uma delas ramifica-se em mais duas, desta forma temos quatro modalidades de monismo. São elas: a) monismo com primazia do direito interno; b) monismo com primazia do direito internacional radical; c) monismo com primazia do direito internacional moderado; d) monismo moderado.

O monismo com primazia do direito interno defende que há ausência de uma autoridade supraestatal, devido a este fato incumbe a cada Estado determinar livremente suas obrigações, bem como é de competência exclusiva deste ente definir a forma em que o direito internacional irá se relacionar com o direito interno, ou seja, condiciona o direito internacional como mero direito interno aplicado no plano exterior. O professor Celso D. Albuquerque de Mello dispusera em sua obra os seguintes comentários sobre a primazia do direito interno:

> Assim sendo, o próprio fundamento do Direito Internacional é a autolimitação do Estado, na formulação definitiva desta teoria feita por Jellinek. O DI tira sua obrigatoriedade do Direito Interno. O DI é reduzido a um simples "direito estatal externo". Não existem duas ordens jurídicas autônomas que mantenham relações entre si. O DI é um direito interno que os Estados aplicam em sua vida internacional[332]

---

[332] MELLO, Celso D. Albuquerque de. Curso de Direito Internacional Público vol. 1. 12ª Ed. Rio de Janeiro: Ed. Renovar, 2000, p. 111.

A doutrina monista com primazia do direito interno é constitucionalista nacionalista, possuindo sua base filosófica na ideologia de Hegel, ou seja, observa no Estado um ente cuja soberania é absoluta, plena.

Os tratados internacionais apenas são aplicados no direito interno, pois a Constituição do Estado prevê o modo de celebração da norma, os sujeitos competentes para celebrar os acordos, o âmbito de incidência dessa sujeição e, portanto, o Estado no exercício de sua soberania permite a aplicabilidade dessa norma internacional no plano interno.

A concepção monista com primazia do direito interno provoca uma redução do direito internacional, reduzindo a uma mera aplicação do direito interno, acarretando na negação da existência do direito internacional.

Outra ramificação existente no monismo decorre da primazia do direito internacional. Essa teoria monista defende que o direito internacional é fundamento de validade do direto interno, ou seja, detém o caráter de subordinar a ordem interna.

O direito interno deriva do direito internacional, este que representa uma ordem jurídica superior. No vértice da pirâmide normativa desta teoria encontra-se o direito internacional, mais precisamente o princípio do *pacta sunt servanda*.

A mencionada corrente, ao defender a ordem internacional como meio de validade da ordem interna, exclui o elemento histórico como meio de justificação desta teoria. Ao afirmar que o direito internacional é fundamento de validade, teoricamente estaria lhe concedendo um caráter prévio em relação ao direito interno. Entretanto, é sabido que o direito interno é anterior ao direito internacional.

O Estado mantém a sua soberania, porém esta não detém a natureza de ser absoluta e ilimitada. Mediante a isto deve o Estado submeter-se aos limites impostos pela ordem internacional, corroborando tal posicionamento Mirtô Fraga aduz em sua obra:

> (...) Estado soberano é o que encontra, direta e imediatamente, subordinado à ordem jurídica internacional. A soberania continua a ser um poder (ou qualidade do poder) absoluto; mas, absoluto não quer dizer que lhe é próprio. A soberania é, assim, um poder (ou grau do poder) absoluto, mas não é nem poderia ser ilimitado. Ela encontra seus limites nos direitos individuais, na existência de outros Estados soberanos, na ordem internacional[333]

A primazia do DI foi defendida por Hans Kelsen em suas obras, porém sua concepção inicial foi que qualquer norma interna que conflitar-se com a ordem internacional seria nula de pleno direito. Tal posicionamento consiste no monismo com primazia do direito internacional radical.

---

[333] Fraga, Mirtrô. O conflito entre tratado internacional e norma de direito interno. São Paulo: Ed. Forense, 1998, p. 9.

Alfred Verdoss, discípulo de Hans Kelsen, possuía a mesma visão de seu mestre, contudo Verdoss defendia que uma norma interna contrária ao direito internacional não seria nula de pleno direito, e sim consistiria em uma violação, uma infração à ordem internacional, podendo o Estado lesado solicitar a derrogação da norma ou requerer aos organismos internacionais a responsabilização do Estado infrator. Desse modo, possibilitaria a condenação do Estado no ressarcimento em perdas e danos, mas jamais declarar tal norma nula, pois tal função não é de competência dos organismos internacionais.

A teoria elaborada por Verdoss ocasionou a mudança de pensamento de Hans Kelsen, ou seja, o renomado jurista passou a defender o monismo com primazia do direito internacional moderado, em contraposição a sua ideologia inicial de monismo com primazia do direito internacional radical.

A visão moderada, ao negar a nulidade da norma contrária ao direito internacional, criaria uma inconsistência na unidade entre o direito internacional e o direito interno, porém não afasta a unidade do ordenamento jurídico, visto que dentro do ordenamento interno podemos ter conflitos entre leis e constituições, que mesmo assim não afastam a sua unidade.

2.3. Os tratados internacionais e o direito brasileiro

A lacuna constitucional da hierarquia e do processo para incorporação dos tratados internacionais no direito brasileiro perpassa por diversas áreas e perdura durante anos.

Discorre André de Carvalho Ramos sobre a adoção da teoria da complexidade adotada pelo Brasil para incorporação de tratados internacionais ao direito interno:

> A participação dos dois Poderes na formação da vontade brasileira em celebrar definitivamente um tratado internacional consagrou a chamada "teoria da junção de vontades *ou* teoria dos atos complexos": para que um tratado internacional seja formado é necessária a conjugação de vontades do Poder Executivo e do Poder Legislativo, como veremos a seguir[334]

Analisadas as teorias sobre a necessidade ou não da adoção de procedimentos para incorporação na ordem jurídica brasileira dos tratados internacionais, passamos para verificação do ordenamento jurídico e sua estruturação à luz das teorias jurídicas existentes.

Inicialmente, é importante destacar, em que pese a relevância dada às relações internacionais na Constituição de 1988, ausente um capítulo específico no texto constitucional sobre a incorporação dos tratados em nossa ordem jurídica. Os procedimentos para incorporação de tratados decorrem de uma

---

[334] RAMOS, André de Carvalho. Curso de direitos humanos – 6ª ed. – São Paulo: Saraiva Educação, 2019, p. 506.

interpretação sistemática da constituição e da jurisprudência do Supremo Tribunal Federal.

As oito constituições brasileiras delegaram ao Chefe do Poder Executivo a atribuição para celebração de tratados internacionais. Nesse sentido, recorre-se às lições de Nádia Araújo sobre a sistemática da celebração dos tratados internacionais no Brasil:

> No Brasil, as fases de elaboração dos tratados são: negociação, assinatura, ratificação, promulgação, publicação e registro. Cachapuz de Medeiros separa o que chama de processo solene e completo, acima descrito, e o processo simples e abreviado, rito dos acordos em forma simplificada: negociação, assinatura e publicação.[335]

O Chefe do Poder Executivo detém a função privativa de negociar, assinar e promulgar os tratados internacionais firmados entre a República Federativa do Brasil e demais sujeitos do direito internacional.

A outorga da competência ao Chefe do Executivo brasileiro para celebração de tratados internacionais decorre da previsão expressa no inciso VIII, do art. 84, da CRFB/88.

O texto constitucional originário de 1988 não trouxe em seu corpo um capítulo ou previsão expressa da hierarquia dos tratados internacionais no direito brasileiro, nem ao menos o colocou como uma fonte legislativa de direitos. Apenas com a edição da Emenda Constitucional n° 45/04 é que houve uma normatização no direito brasileiro do *status* dos tratados de direitos humanos incorporados à luz dos trâmites das emendas constitucionais.

A ausência de um capítulo específico ou a inclusão na seção do processo legislativo é fator de severas críticas ao direito constitucional brasileiro. A lacuna deixada obriga ao intérprete efetuar uma interpretação lógico-sistemática da constituição para obter o procedimento necessário para incorporação de um tratado a ordem jurídica brasileira. Ao lado dessa interpretação o Poder Judiciário exerce importante papel para suprir o vácuo deixado pelo constituinte.

Ultrapassada esta análise preliminar dos tratados internacionais e o direito brasileiro podemos verificar a necessidade de um procedimento complexo, e muitas vezes demorado, para incorporação dos tratados à ordem jurídica interna, demonstrando uma adoção pelo Brasil da teoria dualista.

A fase inicial é de competência do Poder Executivo, conforme inciso VIII, do art. 84, da CRFB/88, cabendo a este Poder a atribuição de negociar, assinar e encaminhar a mensagem legislativa ao Congresso Nacional. Posteriormente, o Chefe do Executivo é chamado novamente ao processo para edição do decreto presidencial.

---

[335] ARAUJO, Nadia. Direito internacional privado. Teoria e prática brasileira. 4ª Ed. Rio de Janeiro: Ed. Renovar, 2008, p. 145.

A competência privativa delegada ao Chefe do Poder Executivo para firmar tratados internacionais está em consonância com o disposto no artigo 7º da Convenção de Viena de 1969, pois assim permite que pessoas credenciadas pelo país prestem compromissos internacionais.

A complexidade do procedimento para incorporação dos tratados internacionais ao direito brasileiro decorre da necessidade de intervenção de mais de um dos poderes da república para efetividade dessas normas no direito interno.

A Constituição brasileira de 1891 inaugurou no sistema jurídico brasileiro o controle prévio do Legislativo para incorporação dos tratados internacionais na ordem jurídica interna. A inovação trazida pela referida constituição foi materializada no art. 34, §12. Destaca-se que as demais constituições brasileiras mantiveram a obrigatoriedade de intervenção do Poder Legislativo na incorporação de tratados internacionais.

A atribuição conferida ao Poder Legislativo pelo texto constitucional detém a função de equilibrar os poderes da república, efetivando o sistema de freios e contrapesos. Ademais, possui a função de evitar a concentração de poder no Chefe do Poder Executivo. Isto porque, a ausência de interveniência do Poder Legislativo poderia representar uma espécie de cheque em branco e assinado em favor do Chefe do Poder Executivo, acarretando poderes ilimitados. Antônio Medeiros de Cachapuz ressalta a importância do Poder Legislativo na incorporação dos tratados internacionais:

> A exigência do assentimento das Câmaras Legislativas tem como propósito principal possibilitar formação democrática aos acordos internacionais. Sendo o povo o verdadeiro titular da soberania estatal, só faz sentido que o Estado assuma, através do Poder Executivo, compromissos perante nações estrangeiras, por disposição da vontade popular, expressa através da representação nacional, isto é, pelos parlamentos, eleitos pelo povo[336].

A competência do Poder Legislativo para decidir definitivamente sobre os tratados internacionais não foi acompanhada de uma regulamentação de sua tramitação e forma de externalização. O texto constitucional não define o instrumento legislativo da materialização da decisão do Poder Legislativo, nem tampouco sobre a espécie normativa deste ato, salvo nos tratados de direitos humanos, em decorrência da alteração provocada pela Emenda Constitucional nº 45/2004.

A praxe legislativa nacional, à luz da interpretação dos regimentos internos das duas Casas Legislativas, estabeleceu a utilização do decreto legislativo como veículo de manifestação do Poder Executivo. Isto porque, as matérias de competência exclusiva do Congresso Nacional, previstas no art. 49 da CRFB/88, são veiculadas através da espécie legislativa do decreto legislativo.

---

[336] CACHAPUZ, Antônio Medeiros de. In Revista de Informação Legislativa, nº 85, ano 1985; TJERJ, p. 205.

A tramitação no Congresso Nacional ocorre depois do envio da mensagem presidencial do tratado celebrado, acompanhado da exposição de motivos. O início do processo legislativo ocorre na Câmara dos Deputados, no qual serão observados os procedimentos internos de tramitação, como a designação de relator, tramitação nas comissões pertinentes, após o texto é levado à aprovação do plenário por maioria simples, salvo nos casos de incidência do §3° do art. 5° da CRFB/88.

Decorrida a fase na Câmara dos Deputados e com a sua aprovação, o processo é remetido ao Senado Federal, cuja tramitação é muito semelhante à da Câmara dos Deputados, não havendo uma diferença relevante na tramitação.

Há uma discussão sobre a possibilidade de emendas ao texto submetido a apreciação do Congresso Nacional pelos parlamentares. Contudo, tal prática não se mostra adequada, tendo em vista a natureza dos tratados internacionais, salvo nos casos em que há reserva no tratado celebrado.

Ultrapassada a fase legislativa, o texto aprovado ou não é encaminhado ao Poder Executivo para adoção das medidas pertinentes. Na hipótese de não aprovação, caberá ao Chefe do Poder Executivo adotar os procedimentos cabíveis para denúncia do tratado internacional, não ingressando na ordem jurídica nacional o acordo firmado. Entretanto, sendo o texto aprovado pelo Congresso Nacional, caberá ao Chefe do Poder Executivo expedir decreto presidencial para início da vigência do texto incorporado ao direito nacional. Nesse sentido, demonstra João Grandino Rodas em sua obra:

> Seguindo a tradição portuguesa, o Brasil desde a Independência adotou a praxe de promulgar os tratados já ratificados, por meio de um decreto do Executivo. (...) O tratado do reconhecimento da Independência e do Império, assinado pelo Brasil e Portugal, a 29.08.1825, foi promulgado, após a troca de ratificações, pelo Decreto de 10.04.1826337.

A ausência de regulamentação constitucional brasileira da incorporação dos tratados internacionais implica em severas críticas e dúvidas. Isto porque, a não previsão de hierarquia dos tratados internacionais no direito interno acarreta sérios problemas na solução de antinomias.

A omissão quanto ao estabelecimento de prazos para a internacionalização de um tratado internacional no direito interno também é um fator de crítica ao direito brasileiro. A assinatura de um tratado internacional cria para o país uma obrigação no plano externo, porém, a falta de internalização ou a sua demora implica na ausência de efetividade no plano interno, acarretando

---

337 RODAS, João Grandino. A publicidade dos tratados internacionais. São Paulo: Revista dos Tribunais, 1980, p. 200.

assim um grande paradoxo, pois há uma obrigação no plano internacional, porém, ausente efetividade no país.

O silêncio constitucional brasileiro, quebrado em menor parte com a Emenda Constitucional n° 45/04, exigiu a interveniência de mais um Poder da República para solucionar problemas práticos existentes. O Poder Judiciário entra em cena como um importante protagonista para tentar preencher essa lacuna constitucional, muito em função da competência delimitada na alínea "b", inc. III, do art. 102, da CRFB/88.

A lacuna deixada no sistema constitucional brasileiro sobre os tratados internacionais e a ordem jurídica interna provocou e ainda provoca uma intensa atuação do Poder Judiciário, mais especificamente do Supremo Tribunal Federal. São diversos os precedentes já julgados pelo STF sobre o assunto, como o RE n° 80.004, ADI n° 1480, diversas cartas rogatórias e *habeas corpus*, e a ADI n° 1625, essa última ainda pendente de julgamento.

A sistemática vigente no direito brasileiro para enquadramento dos tratados internacionais na ordem jurídica interna classifica como lei ordinária os tratados incorporados pelo trâmite ordinário, ou seja, aqueles que não observam o disposto no §3° do art. 5° da CRFB/88.

Após os tratados internacionais serem incorporados ao direito interno, assumem estes a hierarquia de lei ordinária. Sendo assim, havendo antinomia entre normas, devem ser utilizados os critérios clássicos para solução de antinomias, como o critério hierárquico, cronológico e específico.

Destaca-se que o Código Tributário, editado pela Lei n° 5.172/1966, portanto, anterior ao precedente do RE n° 80.004, previu em seu art. 98 a necessidade de observância pelo direito interno dos tratados internacionais, demonstrando assim uma primazia do direito internacional frente ao direito interno. Contudo, o STF, no precedente do RE n° 80.004, reviu a posição antes vigente naquele tribunal de supremacia do direito internacional frente ao direito interno, devendo prevalecer o direito interno frente àquele.

O limbo existente na incorporação e hierarquia dos tratados internacionais no direito brasileiro ainda persiste, em que pese a Emenda Constitucional n° 45/04, que resolveu parte do problema, mas não solucionou integralmente a discussão existente.

A omissão constitucional abarca tanto questões procedimentais, quanto hierárquicas, que acarretam na necessária intervenção do Poder Judiciário para solução de conflitos existentes, como pode ser observado no próximo tópico sobre a ADI n° 1625.

2.3.1. O Supremo Tribunal Federal e a ADI n° 1625

A Confederação Nacional dos Trabalhadores na Agricultura ("CONTAG"), interpôs Ação direta de inconstitucionalidade no STF em junho de 1997 para questionar a constitucionalidade do Decreto n° 2.100/1996, que denunciou a Convenção n° 158 da Organização Internacional do Trabalho ("OIT"), em inobservância do art. 49, inc. I da CRFB/88.

A referida ação tem como fundamento a inobservância da regra disposta no art. 49, inc. I, da CRFB/88, a qual prevê a competência definitiva do Congresso Nacional para resolver definitivamente tratados internacionais. Isto porque, o Presidente Fernando Henrique Cardoso denunciou a Convenção n° 158 da OIT.

Ocorre que, tal procedimento de renúncia não foi precedido de análise do Congresso Nacional, como havia ocorrido para incorporação da convenção. Sendo assim, a CONTAG ingressou com a ADI para questionar a constitucionalidade de denúncia de tratados internacionais apenas com o ato do Chefe do Executivo, deixando de ser um ato complexo, como ocorre para incorporação do tratado internacional ao direito interno.

A ação constitucional foi distribuída sob a relatoria do Ministro Maurício Corrêa, que proferiu voto no sentido da aplicação da interpretação conforme do Decreto Federal n° 2.100/96 ao art. 49, inc. I, da CRFB/88, no qual os efeitos da denúncia ficariam condicionados ao referendo do Congresso Nacional.

O voto do relator foi acompanhado pelo Ministro Carlos Britto. Entretanto, o Ministro Nelson Jobim abriu divergência da posição do relator para julgar improcedente os pedidos efetuados na ADI, posição essa acompanhada pelo Ministro Teori Zavascki e Dias Toffoli. O Ministro Joaquim Barbosa, a Ministra Rosa Weber e o Ministro Ricardo Lewandowski proferiram votos julgando procedentes os pedidos efetuados na ADI.

Portanto, o placar do julgamento está da seguinte forma: 2 ministros votando pela aplicação da interpretação conforme, 3 ministros votaram pela procedência dos pedidos efetuados na ação, já outros 3 ministros votaram pela improcedência total dos pedidos efetuados, restando o voto de 3 ministros para conclusão do julgamento.

Passados quase 25 anos, ainda não houve uma conclusão deste importante julgamento no Supremo Tribunal Federal, em que pese a grande possibilidade de julgamento no 1° semestre de 2023.

Em suma, a questão é de grande relevância ao direito brasileiro, principalmente para segurança jurídica dos acordos firmados pelo Brasil no plano externo. A necessidade ou não de observância do procedimento complexo na incorporação e na denúncia de tratados internacionais é exacerbada no Brasil pela ausência de disposição clara e necessária em nosso ordenamento constitucional.

A lacuna deixada pelo constituinte, mesmo após a Emenda Constitucional n° 45/04, ainda não foi preenchida em nosso ordenamento, exigindo assim uma atuação do Supremo Tribunal Federal ("STF"), como ocorreu no RE 80.004, e na ADI n° 1480.

Destaca-se que a mesma denúncia à Convenção n° 158 da OIT também é objeto da ADC n° 39, proposta em 2015, cujos Ministros Ricardo Lewandwski e Rosa Weber já votaram pela inconstitucionalidade do decreto, e o Ministro Dias Toffoli pela constitucionalidade. A ação aguarda julgamento após o pedido de vistas do Ministro Gilmar Mendes, que também pediu vistas na ADI n° 1625.

A ADC n° 39 tramita no STF com uma nova composição do STF, não havendo impedimento dos ministros atuais proferirem voto no caso, como ocorre na ADI n° 1625, tendo em vista que ministros já aposentados já proferiram seus votos.

As intervenções efetuadas pelo STF não são suficientes para solução do problema existente, cabendo assim ao constituinte derivado atuar para preencher a lacuna deixada em nosso ordenamento. Há clara e manifesta necessidade de intervenção do constituinte derivado para incluir no texto constitucional regra expressa sobre o procedimento de incorporação e denúncia dos tratados internacionais no direito brasileiro, buscando assim elidir qualquer dúvida e conflito existente.

2.4. Os tratados de direitos humanos e o direito brasileiro

A lacuna constitucional da hierarquia e do processo para incorporação dos tratados internacionais no direito brasileiro perpassa por diversas áreas e perdura durante anos.

A citada omissão constitucional traz consigo problemas práticos no dia a dia, como a verificação da supremacia ou não de uma norma oriunda de tratados internacionais frente regras originárias do direito interno.

Valério Mazzuoli defende em sua obra que os tratados internacionais de direitos humanos ingressam na ordem jurídica brasileira com *status* constitucional, com fundamento na norma originária disposta no §2° do art. 5° da CRFB/88:

> Segundo o nosso entendimento, a cláusula aberta do § 2° do art. 5°, da Carta de 1988, sempre admitiu o ingresso dos tratados internacionais de proteção dos direitos humanos no mesmo grau hierárquico das normas constitucionais, e não em outro âmbito de hierarquia normativa. Portanto, segundo sempre defendemos, o fato de esses direitos se encontrarem em tratados internacionais jamais impediu a sua caracterização como direitos de status constitucional.[338]

---

[338] MAZZUOLI, Valerio de Oliveira. Curso de Direito Internacional Público. – 12ª ed. – Rio de Janeiro: Forense, 2019, p. 1272.

A teoria defendida por Valerio Mazzuoli não era pacífica na doutrina e jurisprudência brasileira, tal situação culminou com a edição da Emenda Constitucional n° 45/2004.

A promulgação da Emenda Constitucional n° 45/2004 buscou trazer uma pá de cal na discussão quanto aos tratados internacionais de direitos humanos e sua posição no ordenamento jurídico brasileiro, desde que aprovados sob o quórum de emenda constitucional e observados aos trâmites pertinentes.

Contudo, em que pese a relevância da alteração constitucional ainda restou no limbo os tratados de direitos humanos aprovados antes da nova regra constitucional e sua classificação hierárquica dentro do sistema jurídico nacional.

A referida reforma teve como base o art. 75, inc. 22, da Constituição Argentina de 1994 (Constituição de Santa Fé). Porém, cabe mencionar que a disposição presente na constituição argentina utiliza-se de melhor inteligência, pois dirimi a dúvida referente aos tratados de direitos humanos anteriores a essa regra constitucional. Isto porque, abrange o caráter de norma constitucional aos tratados internacionais anteriores a esse dispositivo.

O Supremo Tribunal Federal no julgamento do RE n° 466.343, sob a relatoria do Ministro Cesar Peluso, tratou da controvérsia pertinente a possibilidade ou não da prisão do depositário infiel por dívidas civis e o pacto de San Jose da Costa Rica. O referido tratado internacional foi incorporado a ordem jurídica brasileira antes da promulgação da emenda constitucional n° 45, portanto, não possui o *status* constitucional de emenda constitucional, sendo assim, se fez necessária a utilização dos critérios de antinomia para solução do conflito entre normas existentes.

O célebre julgamento ficou marcado pelo então Presidente do STF, Ministro Gilmar Mendes, que defendeu o caráter supralegal das normas oriundas de tratados internacionais de direitos humanos aprovados antes da EC n° 45/04. É de suma importância destacar que a manifestação do citado ministro não constou da ementa, nem mesmo do acordão lavrado para solução do caso, conforme destaca Virgílio Afonso da Silva[339]:

> É importante salientar que a tese da supralegalidade não foi aceita pela maioria dos ministros. Na verdade, apenas três deles explicitamente a aceitaram. Apesar disso, o presidente do STF à época iniciou o seu voto da seguinte forma: "O Supremo Tribunal Federal acaba de proferir uma decisão histórica. O Brasil agora adere ao entendimento já adotado em diversos países no sentido da *supralegalidade* dos tratados internacionais sobre direitos humanos na ordem interna". Embora a maioria dos ministros não tenha subscrito essa tese e a despeito do fato de que ela não aparece nem na ementa nem no acórdão, ela tem sido de fato considerada como a posição oficial do STF sobre a hierarquia dos tratados internacionais sobre direitos humanos incorporados antes da EC 45/2004. O próprio STF, contudo, não fornece subsídio suficiente para sustentar essa tese.

---

[339] SILVA, Virgílio Afonso da. Direito Constitucional Brasileiro. 1ª Ed. – São Paulo: Editora da Universidade de São Paulo, 2021, p. 316.

O foco central do presente trabalho não se trata do acerto ou não da adoção pelo Supremo Tribunal Federal da tese da supregalidade dos tratados internacionais sobre direitos humanos aprovados antes da emenda constitucional nº 45/2004, mas sim do preenchimento da lacuna constitucional com a edição da citada espécie normativa sobre a hierarquia e regras procedimentais de incorporação dos futuros tratados internacionais sobre a matéria.

Entretanto, é importante destacar a aguçada crítica efetuada por Eduardo Manuel Val e Paulo José Pereira Carneiro Torres da Silva, sobre a transferência do eixo na análise dos tratados de direitos humanos e o ordenamento jurídico brasileiro, ficando a discussão restrita a questões procedimentais e não materiais:

> Em síntese, o que se percebe a partir da análise fática do cenário legislativo desvelado após a promulgação da Emenda Constitucional 45 é que a natureza do tratado deixa de ser central na determinação de sua hierarquia dentro do ordenamento jurídico constitucional. Tal afirmativa é possível uma vez que inobstante se tratarem de instrumentos jurídicos internacionais que versam eminentemente sobre Direitos Humanos, no presente cenário, o que efetivamente define sua hierarquia é a data de sua ratificação bem como o procedimento adotado para tanto[340].

A lacuna preenchida pelo constituinte derivado tem a finalidade de afastar a controvérsia existente por anos, trazendo um texto claro e direto sobre o assunto.

Ainda sobre a incorporação de tratados internacionais sobre direitos humanos, é importante mencionar alguns aspectos técnicos resguardados pelo constituinte derivado para rigidez da teoria constitucional brasileira.

O texto inserido no §3º do art. 5º da CRFB/88, reserva o *status* equivalente as emendas constitucionais aos referidos tratados, desde que aprovados à luz dos procedimentos específicos. A minúcia do texto constitucional decorre principalmente de dois fatores, que são: a) o texto incorporado ao sistema jurídico brasileiro não ingressa fisicamente no corpo da Constituição vigente; b) não há a concessão de numeração de emenda constitucional a norma ingressante no sistema constitucional; e c) ausente a obrigatoriedade de edição de decreto presidencial para inserção no ordenamento jurídico, bastando apenas a publicação do decreto legislativo de incorporação.

O primeiro tratado internacional aprovado no Brasil à luz da sistemática prevista no §3º do art. 5º, da CRFB/88, foi a Convenção sobre os Direitos das Pessoas com Deficiência e de seu protocolo Facultativo, assinados em Nova Iorque, em 30 de março de 2007, incorporados pelo Decreto Legislativo nº 186

---

[340] VAL, Eduardo Manuel; TORRES DA SILVA, Paulo José Pereira Carneiro. Reforma Constitucional para Ratificação de Tratados Internacionais de Direitos Humanos: o Fracasso da Emenda Constitucional 45/2004. REVISTA INTERNACIONAL CONSINTER DE DIREITO, v. Ano III, p. 450, 2017.

de 2008, promulgado pelo Presidente do Senado Federal e publicado no D.O.U. em 10/07/2008.

Há, portanto, poucos precedentes históricos relativos à incorporação de tratados internacionais de direitos humanos que observem o mecanismo previsto no 3° do art. 5°, da CRFB/88, permitindo-se afirmar que se trata de uma normativa constitucional em evolução que merece ser aperfeiçoada.

3. CONSIDERAÇÕES FINAIS

A relevância da incorporação de tratados internacionais na ordem jurídica brasileira não fica restrita ao plano nacional, tendo em vista a interconexão com o direito internacional. O compromisso firmado pelo Estado brasileiro com a assinatura de um tratado internacional deve ter uma grande relevância no direito interno, pois seus reflexos no plano externo são proeminentes.

O presente trabalho buscou tratar em sua primeira parte da conceituação teórica dos tratados internacionais, passando pelas teorias existentes de incorporação e solução de antinomias entre normas oriundas de tratados e o direito interno. Após esse percurso dogmático, buscou-se analisar a sistemática vigente no Brasil.

A histórica constitucional brasileira relembra a carência de uma sistematização clara e eficaz dos mecanismos de incorporação dos tratados, em que pese a celebração de diversos tratados internacionais pelo Brasil. Os textos constitucionais brasileiros padecem de uma omissão quanto à existência de um capítulo específico sistematizando a forma de incorporação e o *status* de ingresso das normas oriundas dos tratados internacionais no direito interno, salvo nos tratados de direitos humanos em decorrência do §3° do art. 5° da CRFB/88.

Cabe destacar que, a história constitucional brasileira é rica na edição de emendas constitucionais, haja vista que a CRFB/88 já foi emendada mais de 107 vezes.

Conclui-se que, até o presente momento, os posicionamentos emanados pelo Supremo Tribunal Federal em conexão com temas relacionados à incorporação de tratados internacionais no direito interno não são suficientes para solução do problema existente. Desse modo, verifica-se a necessidade de supressão da lacuna normativa existente pelo constituinte derivado de modo a incluir no texto constitucional regra expressa sobre o procedimento de incorporação e denúncia dos tratados internacionais no direito brasileiro.

O papel assumido pelo Supremo Tribunal Federal na solução dos conflitos existentes consiste em uma solução pontual e não sistemática e organizacional. O problema deve ser enfrentado de forma macro com o objetivo de afastar a lacuna existente, mas com uma regra expressa e clara.

O objetivo da presente proposta visa elidir qualquer dúvida e conflito existente, como as questões de alta relevância que surgiram desde a Constituição

Federal de 1988. Como consequência da incerteza normativa, verifica-se a insegurança jurídica resultante de atos unilaterais de Chefes de Estado que podem vir a revogar atos praticados pelo Brasil na esfera internacional. Como exemplo, vimos o caso da denúncia da Convenção da OIT nº 158.

Decorridos 25 anos, ainda não há certeza jurídica a respeito da aplicabilidade do disposto no referido tratado internacional e seus impactos no ordenamento jurídico brasileiro. Há, tampouco, precedentes suficientes de incorporação dos tratados no âmbito do 3° do art. 5°, da CRFB/88 que possibilitem sedimentar qualquer debate sobre o tema.

O tema discutido carece de um amadurecimento legislativo, não sendo apenas uma discussão retórica da doutrina nacional, pois seus efeitos no plano interno e externo e impactam a segurança jurídica e confiança dos acordos celebrados pelo Brasil no plano internacional.

REFERÊNCIAS BIBLIOGRÁFICAS

ARAUJO, Nadia. Direito internacional privado. Teoria e prática brasileira. 4ª Ed. Rio de Janeiro: Ed. Renovar, 2008.

BARROSO, Luís Roberto. Interpretação e aplicação da Constituição: fundamentos de uma dogmática constitucional transformadora. 6ª Ed. São Paulo: Saraiva, 2004.

BROTÓNS, Antonio Remiro et al. Derecho Internacional. Valencia: Ed. Tirant lo blanch, 2007.

CACHAPUZ, Antônio Medeiros de. In Revista de Informação Legislativa, nº 85, ano 1985; TJERJ.

Decreto n° 7.030, de 14 de Dezembro de 2009. https://www.planalto.gov.br/ccivil_03/_ato2007-2010/2009/decreto/d7030.htm - Acessado em 30/01/2023.

DOLINGER, Jacob. Direito Internacional privado: parte geral. 8ª Ed. Rio de Janeiro: Renovar, 2005.

FRAGA, Mirtrô. O conflito entre tratado internacional e norma de direito interno. São Paulo: Ed. Forense, 1998.

MAZZUOLI, Valerio de Oliveira. Curso de Direito Internacional Público. – 12ª ed. – Rio de Janeiro: Forense, 2019.

McLUHAN, Marshall. La galaxie Gutenberg. HMH, Montréal, (édition originale en anglais publiée par Toronto University Press, 1962).

MELLO, Celso D. Albuquerque de. Curso de Direito Internacional Público vol. 1. 12ª Ed. Rio de Janeiro: Ed. Renovar, 2000.

RAMOS, André de Carvalho. Curso de direitos humanos – 6ª ed. – São Paulo: Saraiva Educação, 2019.

REZEK, Francisco. Direito dos Tratados. Rio de Janeiro: Forense, 1984, p. 21.

RODAS, João Grandino. A publicidade dos tratados internacionais. São Paulo: Revista dos Tribunais, 1980.

SILVA, Virgílio Afonso da. Direito Constitucional Brasileiro. 1ª Ed. – São Paulo: Editora da Universidade de São Paulo, 2021.

VAL, Eduardo Manuel; TORRES DA SILVA, Paulo José Pereira Carneiro. Reforma Constitucional para Ratificação de Tratados Internacionais de Direitos Humanos: o Fracasso da Emenda Constitucional 45/2004. REVISTA INTERNACIONAL CONSINTER DE DIREITO, v. Ano III, p. 445-460, 2017.

VERDROSS, Alfred. Derecho Internacional Publico. Madrid: Ed. Aguilar, 1963.

VIEIRA, Liszt. Cidadania e Globalização. 3ª Ed. Rio de Janeiro: Record, 1997.

PANDEMIA DE COVID-19: A CRIMINALIZAÇÃO OU A REVOLUÇÃO DO ENTRETENIMENTO?

Deborah Sztajnberg[341]

SÚMARIO 1. Introdução 2. A revolução do entretenimento 2.1 a união e o direito de solidariedade 2.2 O direito de solidariedade existe? 3. O efeito Cliquet dos direitos humanos e a sociedade do entretenimento 3.1 O efeito Cliquet nos direitos humanos 3.2 Os limites do entretenimento e o isolamento da pandemia 4. Considerações finais

> O inferno de nossos contemporâneos se chama platitude.
>
> O paraíso que buscam se chama plenitude.
>
> Existem os que viveram e os que duraram.[342]

1. Introdução

O lazer vem do *licere* (do latim: ser permitido). O entretenimento[343] vem do francês ("entretenir") que inicialmente significava "apoiar, manter junto, unir" e do latim "tenere" ou seja: manter, segurar. No entanto, com o passar do tempo, seu significado mudou para "distrair, divertir". Como aqui não cabe discutir e aprofundar a diferença[344] entre lazer[345] e entretenimento[346], ambas as palavras serão usadas na forma do vocábulo entretenimento[347].

---

[341] Doutora em Direito pela Universidade Estácio de Sá. Mestre em Direito pela Universidade Candido Mendes. Pós-graduada em Gerência na Indústria do Entretenimento (em convênio com a Universidade da Florida). Email: deborah@debs.pro.br

[342] BUCKNER, Pascal. *A Euforia Perpetua*. Brasil: Bertrand, 5ª ed., 2002.

[343] TRIGO, Luiz Gonzaga G. Trigo. *Entretenimento: uma crítica aberta*. São Paulo: Editora Senac, 2003.

[344] Inúmeros são os estudos que tratam da mencionada diferença, maioria deles amparados pela obra de Joffre Dumazedier e Guy Debord. De forma resumida e simplória, hoje tem-se que lazer

Na ordem constitucional brasileira, o direito ao entretenimento(*latu sensu*)[348] foi inserido em alguns artigos, quais sejam: art.6° (caput), art.7° (inciso IV), art.217 (§ 3°) e art.227. Portanto, no âmbito dos Direitos Sociais, no título dos Direitos Fundamentais, passa a ser, antes de tudo, um direito subjetivo de 2ª Geração[349] que se consubstancia em dever do Estado no sentido de prové-los. Conclui-se que o entretenimento é uma prestação obrigatória e positiva a favor do indivíduo. O entretenimento, também configura um direito humano[350] por se relacionar com a isonomia e isto ficou muito claro na Pandemia de COVID-19 como aqui se propõe no sentido de delinear tais contornos. Estes direitos humanos, quando positivados, transformam-se em direitos fundamentais, como ocorreu no Brasil. Temos então que o entretenimento deve ter sua execução promovida pelo Estado e pelo Não-Estado, exatamente para fazer valer o princípio constitucional da isonomia de direitos e dignidade da pessoa humana (art.3°), dentre outros. Afinal, se o entretenimento serve para a efetiva realização de inúmeros outros direitos fundamentais, como garanti-lo diante de uma pandemia? A revolução do entretenimento, assim como em outros momentos da história, tomou novo panorama. Diante de um quadro pandêmico, onde mais se

---

seria o tempo que você pode usar, inclusive, para se divertir. Enquanto o entretenimento seria o ato de se divertir ou ficar feliz com o resultado da felicidade ou mesmo da diversão proporcionada por algo ou alguém.

[345] Em ambos, os vocábulos remontam ao tempo livre ou à maneira como se gasta o tempo livre. Entretanto, a tênue linha de separação, usualmente, determina-se pelo contexto onde são usados. Ambos podem proporcionar o estado de estar feliz ou relaxado, pois são usados para proporcionar diversão ou prazer e felicidade a alguém.

[346] Importante ressaltar que o lazer está umbilicalmente ligado à liberdade proporcionada pela cessação de atividades, especialmente o tempo livre de trabalhos e deveres. O lazer não possui a necessidade de ser desfrutado como no entretenimento (v.g. mesmo dormir considera-se uma atividade de lazer).

[347] Os mais céticos e conservadores sempre irão dizer que lazer seria o tempo que a pessoa não está trabalhando (ou seja, sempre relacionado a visão laboral da questão), encontrando-se no entretenimento a ação de fornecer ou receber diversão e/ou prazer. Mister dizer que não seja por isso que no entretenimento também devam existir as ligações trabalhistas como bem demonstrou Alice Monteiro de Barros, 2006.

[348] Repita-se: lazer e entretenimento neste texto são ambos insertos no vocábulo entretenimento, considerando este último *latu sensu*.

[349] São tidos como direitos de 2a. geração aqueles relativos à liberdade do indivíduo e sendo assim, obrigação do Estado em garanti-los.

[350] O art.24 da Declaração Universal de Direitos da ONU (1948) recomenda a todos os países integrantes que garantam o lazer e o entretenimento como um direito inegável do ser humano.

preocupou com a própria saúde física da pessoa humana diante da obrigação de isolamento, provou-se absolutamente necessário um mínimo de entretenimento, ainda que domiciliar. No ordenamento constitucional brasileiro (art.217 § 3º.) o entretenimento passou a vetor dos direitos sociais os quais o Poder Público deve obrigatoriamente **incentivar.** Mas como fazer isso diante de uma pandemia mundial? Quais são os limites do entretenimento? Eles existem? Devem existir? Com a propagação da COVID-19 essas e outras questões se fizeram presentes. Este será o foco do texto.

2. A REVOLUÇÃO DO ENTRETENIMENTO

2.1 a união e o direito de solidariedade

A arqueologia do direito de solidariedade foi esmiuçada por José Fernando de Castro Farias[351] quando explica que, antes de mais nada, precisamos estudar, diante de novas ocasiões (aqui no caso a pandemia), como refletir sobre o direito:

Nas ciências humanas e sociais sente-se cada vez mais a importância de privilegiar um *conhecimento das condições de conhecimento*. Esta perspectiva impõe ao investigador um constante retorno aos mesmos objetos[352], através de uma análise crítica das condições epistemológicas e sociais que tornaram possíveis determinadas experiências do mundo social, dentre as quais está o direito.

Aqui se começa a refletir sobre o direito e a integração social tão estudados por Georges Gurvitch[353]. Naqueles estudos, se constatou claramente a hipótese de uma experiência jurídica baseada na noção de imanência, ou seja, o todo social é um sistema de ação "um sistema dinâmico onde os elementos irredutíveis da multiplicidade e da unidade, do individual e do universal tendem a se sintetizar de uma forma perpetuamente renovada[354]."

Dado o fato de que a realidade jurídica é vista como uma "dialética entre o um e o múltiplo que se engendram reciprocamente num movimento contínuo de participação[355]", temos que o direito, que sempre segue o fato social, é eminentemente empírico. Pensar o direito fora do social se traduz em ignorar

---

[351] FARIAS, J. F. de Castro. *A Origem do Direito de Solidariedade.* Rio de Janeiro: Renovar, 1998.

[352] *In casu*, o entretenimento como objeto.

[353] GURVITCH, George. *L'Idée du Droit Social. Notion et System du Droit Social. Histoire Doctrinale Depuis le XVIIéme Siécle Jusq 'à la Fin du XIXéeme Siécle.* Paris: Librarie du Recueil Sirey, 1931.

[354] *Ibid idem.*

[355] *Ibid idem.*

solenemente a geração do próprio direito como um sistema. Tal sistema pressupõe a existência de uma comunidade ativa que visa uma obra comum (seja ela boa ou ruim[356]) a se realizar na sociedade como um todo.

A integração se forma justamente quando as particularidades encontram sua força no coletivo, sendo que este não pode se sobrepor como uma entidade totalitária e absoluta, superior às individualidades. No Brasil, atualmente, vivemos o legado de um governo que até 2022, para muitos historiadores, sociólogos e juristas, teve a presença do Estado que, ao invés de proteger, cassou muitas liberdades públicas, alegando para tal por "ordem", em clara referência à estrutura militar que ali se instalou a começar pelo próprio presidente da república (capitão reformado).

2.2 O direito de solidariedade existe?

Com o advento da pandemia de COVID-19 e sua consequente necessidade de isolamento das pessoas a nível mundial, retoma-se a noção deste 'direito de solidariedade', que ao contrário do que se possa pensar, não é novidade.

Em Roma, apenas a título de exemplificação, tal palavra (solidariedade), traduzia a ligação entre os devedores de determinado valor (responsabilidade *in solidum.* – onde cada devedor seria responsável pela soma do total devido). Posteriormente, com a Revolução Francesa, as declarações de direitos humanos trouxeram à baila a noção de filantropia e caridade[357]. Portanto dizia-se que "a sociedade deve a subsistência aos infelizes" e quando aprofundamos num olhar maior, diante do cenário da pandemia retro mencionada (Covid-19), imediatamente se remete ao fato de que na atualidade, é impossível viver (ou sobreviver), principalmente diante de condições totalmente adversas, sem o entretenimento. Mesmo nos campos de concentração nazistas, como bem retratado no filme A Vida é Bela (1997), o entretenimento é vital para o ser humano, por isso que atualmente tem-se que o entretenimento é efetivamente um direito humano. A relação com o direito de solidariedade vem justamente da constatação que num momento em que todos estávamos isolados, o entretenimento serviu não apenas como um direito e sim como uma necessidade, até para a saúde mental. Partindo daí, a solidariedade bem representada em várias formas de produção e disponibilização de entretenimento, provou-se não apenas uma necessidade,mas sim uma obrigação[358]

---

[356] Muitos autores têm considerado a pandemia da COVID-19, similar ao estado de guerra. Isto porque as situações vividas são realmente parecidas, v.g. isolamento, restrições de toda ordem e etc.

[357] Explicam os historiadores que na Revolução Francesa estava presente a preocupação de prestar ajuda aos (mais) necessitados e que o reflexo destas ideias foi positivado nas referidas Declarações de Direitos Humanos.

Absorvidas as noções de entretenimento como um direito humano bem como sua disponibilização como parte de um direito de solidariedade, abandonamos a noção de assistência e passamos as garantias necessárias à própria sobrevivência[359], culminando num próprio dever social. A fraternidade enfim caminhou para a solidariedade[360], numa percepção mais adequada diante da evolução dos tempos.

Notório que o papel do Estado e do próprio do Direito, foram redefinidos após a pandemia, o que não é exatamente uma novidade. Com a similitude das situações de guerras, pestes, dentre outras, são notórias as grandes mudanças a partir da tecnologia que aproximou todos os povos. Diz-se, com razão, que uma das funções próprias do entretenimento, como vimos acima, seria unir todos os entretidos, que naquele momento tornam-se todos espectadores. Nesta linha de raciocínio, entende-se o porquê do entretenimento/lazer se encontra no art.7º da Constituição Brasileira, enquadrado, portanto, nos direitos sociais.

O Direito é uma disciplina social, ou seja, uma disciplina que a sociedade se impõe na pessoa de seus membros. Do conceito de soberania, que naturalmente ainda existe, temos com a pandemia uma aproximação da solidariedade, ou seja, as nações entenderam que se ajudando mutuamente, conseguiriam de forma mais rápida e efetiva, combater a 'praga' (como se dizia antigamente) que surgiu.

Durante a pandemia, ficou claro e evidente que o mito da solidariedade trouxe um claro apelo ao entretenimento, que em tese, já tinha alcançado o status de integrante do leque dos direitos humanos. Sendo assim, teríamos que o entretenimento conseguiu se estabelecer como uma força que foi além de um 'estado de guerra' tornando-se uma força motriz do direito de solidariedade.

Ainda dentro do direito de solidariedade, temos igualmente o conceito de solidarismo jurídico. Este foi eleito por muitos como decorrência da crise do modelo liberal. A existência de uma "classe privilegiada" formou verdadeira contradição diante das propostas de interesse geral, progresso e **felicidade.** Ao desmascarar as aparências da ideologia liberal, a demagogia se fez presente.

---

[358] Necessário lembrar que num primeiro momento, os grandes conglomerados da indústria do entretenimento disponibilizaram de forma gratuita seu conteúdo: canais de tv fechados abriram seus sinais, bem como outras plataformas de produçao de entretenimento como por exemplo a música (disponibilização de acessos gratuitos em plataformas de streaming pagas tais como spotify, apple music, deezer, etc.).

[359] https://www.agazeta.com.br/es/cotidiano/covid-blues-entenda-a-depressao-que-surge-apos-a-infeccao-pelo-coronavirus-1222 . Acesso em 01.02.2023.

[360] Hoje, após a pandemia, temos um senso comum da nova maneira de pensar a relação entre o indivíduo e a sociedade e do indivíduo e o Estado, sempre visando agora uma certa unicidade traduzida em sociedade.

As novas formas de se pensar a Sociedade, o Direito e o Estado, mormente após a pandemia, encontraram a retomada do solidarismo jurídico que desde E. Durkheim já vinha sendo estudado. Foi justamente do embate dessas correntes (movimento operário e a crítica sobre a democracia burguesa) que nasceu o discurso solidarista. Finalmente temos que o entretenimento se encaixa aqui dentro do reconhecimento e ampliação dos direitos sociais.

Não se pode esquecer da função social do direito, que igualmente nasce da evolução social e econômica. O *Homo Socialis* na visão de Laski[361] demonstra isto:

Os juristas tinham esquecido que sua ciência era uma ciência social, cujos princípios devem ser procurados nos fatos econômicos e políticos circunvizinhos. O desprezo da evolução econômica e social dava a suas construções, um aspecto abstrato. Uma nova ciência do direito tornava-se necessária para um mundo novo.

A noção de "dever social" se tornou curiosamente uma "dívida social". Aliás, muitas pessoas pensam que tal teoria da dívida social seria algo novo. Muito frequentemente, principalmente no Brasil e nos Estados Unidos, se fala em dívida histórica e/ou dívida social quando se discute, por exemplo, o racismo. Enganam-se redondamente. Para Comte, a função social perpassava muito pelo entendimento de que todas as relações sociais ligam física e moralmente o indivíduo à coletividade humana. Sendo assim, as redes de agenciamentos sociais e de solidariedade concreta ficou eminente na sociedade. O equilíbrio entre os deveres e a liberdade coletiva se fez presente naquele determinado momento e coincidentemente hoje, mais do que nunca, se faz necessário. Por ocasião da pandemia ficou claro que o indivíduo não é apenas portador de direitos subjetivos, mas sim possuidor, também, de tarefas a serem executadas em prol do coletivo. Este fundamento, em momentos pandêmicos se mostraram como o fundamento dessa regra de direito a que se submetem ao mesmo tempo governantes e governados.

Ao contrário do que possa parecer, não se negam os direitos individuais, atualmente garantidos em quase todas as cartas constitucionais ao redor do mundo, porém considerando também as necessidades sociais. Até porque, os direitos individuais somente podem existir através da sociedade organizada. Aliás, a própria existência do indivíduo somente faz sentido no âmbito da sociedade e, portanto, estabelecido um sistema de "solidariedade social".

A liberdade e os deveres caminham juntos para uma sociedade minimamente saudável, uma vez que não há liberdade sem dever, e não há dever sem liberdade. Por isso mesmo concretizam, ambos, o solidarismo jurídico e consequentemente o direito de solidariedade.

---

[361] LASKI, H. *La Conception de l'etat de Leon Deguit.* In *Archives de Philosofie du Droit et de Sociologie Juridique.* 1932.

3. O EFEITO CLIQUET[362] DOS DIREITOS HUMANOS E A SOCIEDADE DO ENTRETENIMENTO

3.1 O efeito Cliquet nos direitos humanos

Muito se fala sobre o efeito "cliquet", portanto achamos pertinente um breve histórico do mesmo. A expressão "cliquet" na verdade, vem do alpinismo, pois considera um movimento que somente permite a escalada para cima, não sendo possível retroceder. Sendo assim, temos que os direitos humanos não podem retroceder, muito pelo contrário, devem sim evoluir. E nessa evolução, naturalmente, se considera, primordialmente, o avanço das proteções individuais. Ou seja, qualquer medida que revogue direitos sociais consequentemente configura uma inconstitucionalidade.

A sociedade do entretenimento por sua vez, com a pandemia, se consolidou de forma mundial. Geralmente as normas que contém o tema (entretenimento) são abertas ou em branco, ou seja, todas as novas formas que surgem, obrigatoriamente estão abrigadas já em posição privilegiada. Aqui cita-se por exemplo, a indústria musical, que por sua antiguidade, certamente foi uma das primeiras a se adaptar. Rapidamente os "downloads" deram lugar ao dinamismo desta sociedade do entretenimento, agora totalmente conectada de forma mundial: streamings, webcastings, simulcasting, dentre outros. No entanto nos primórdios da internet, os "downloads" (principalmente de música) FORAM CRIMINALIZADOS, assim como agora se pretende fazer em outras áreas do entretenimento como a seguir demonstraremos.

Apenas a título de ilustração (principalmente para os mais jovens), em abril de 2000, a banda de heavy metal Metallica processou os criadores do Napster[363], Sean Parker e Shawn Faunnig, pois diziam que o software infringia seus direitos autorais. Na época, a banda pediu nada menos que US$ 10 milhões de dólares a título de perdas e danos. Ironicamente, acabaram fazendo acordo.

Aqui temos uma das inúmeras formas de criminalização do entretenimento ao longo da história. Na idade média queimavam livros e pessoas. Já na Revolução Francesa, o famoso Marquês de Sade[364] foi preso por sua escrita, uma vez que seu único comportamento conhecido dele se resume "apenas" no espancamento de uma empregada doméstica e a uma orgia com

---

[362] O termo cliquet vem do francês "cliquer" que em si traz uma onomatopeia similar ao nosso clicar ou em inglês "click".

[363] Um dos primeiros softwares, que na época não eram ainda plataformas como atualmente, a disponibilizar o download de músicas.

[364] Marques de Sade durante a Revolução Francesa foi um delegado eleito na Convenção Nacional, regime político que vigorou na Franca entre 20 de setembro de 1792 a 26 de outubro de 1795.

várias prostitutas. Sade[365] era um grande defensor dos bordéis públicos gratuitos fornecidos pelo Estado e sua argumentação era de que assim se conseguiria evitar os vários crimes motivados pela "luxúria". Veja-se que o Marquês foi preso SEM QUE HOUVESSE NENHUMA ACUSAÇÃO CONTRA ELE, curiosamente algo extremamente atual. Famoso por sua escrita erótica, acredita-se que se vivo fosse ficaria horrorizado, por exemplo, com a censura latente nas mais diversas formas de entretenimento nos dias atuais.

Recentemente no Rio de Janeiro, um balneário onde as pessoas transitam praticamente sem roupa e que abriga um dos maiores Carnavais do mundo (justamente por mostrar corpos esculpidos para tal), uma doceria foi fechada por vender crepes no formato dos órgãos sexuais[366]. Porém, após o escândalo do filme Serbian Movie, que também seria censurado em quase todos os países[367], um programa americano suscitou novamente a grande discussão sobre os limites do entretenimento (MILFS)[368].

3.2 Os limites do entretenimento e o isolamento da pandemia

Esta discussão sobre os limites do entretenimento voltou à tona com força total em função do surto de Covid-19. Por quê? Porque com o forçoso isolamento, inicialmente se pensou que o entretenimento tinha voltado a ser algo particular (principalmente devido a vedação de shows e espetáculos em função da notória aglomeração que os mesmos geram). Ledo engano: uma sociedade absolutamente conectada e universalmente 'encarcerada' (ainda que fosse no âmbito domiciliar) ofereceu um verdadeiro banquete em termos de escolha,

---

[365] Para o filósofo hedonista Michel Onfray seria 'intelectualmente bizarro' fazer de Sade um herói.

[366] https://vejario.abril.com.br/comer-e-beber/la-putaria-creperia-ipanema-formato-penis/ . Acesso em 31.01.23.

[367] *Srpski film* (em sérvio: Српски филм; bra: **A Serbian Film - Terror sem Limites**) é o primeiro e controverso filme do diretor sérvio Srđan Spasojević, lançado em 2010. Ele conta a história de um ator pornô que está no fim da carreira e que concorda em participar de um filme com muita "arte", mas é levado a fazer cenas exploratórias com abuso infantil e necrofilia. O filme estrela os atores sérvios Srđan Todorović e Sergej Trifunović.[2] Sua apresentação é questionada em vários países, entre eles, o Brasil, que proibiu, no dia 10 de agosto de 2011, a exibição do filme em todo o território nacional,[3] liberando-o em julho de 2012.[4] Devido a série de proibições ao redor do mundo, foi considerado pela crítica especializada como um dos filmes mais polêmicos, extremos e perturbadores da história do cinema. Disponível em https://pt.wikipedia.org/wiki/Srpski_film. Acesso em 31.01.23.

[368] https://www.ladbible.com/entertainment/tlc-milf-manor-disgusting-show-941142-20230123 . Acesso em 31.01.2023.

formas e seletividade quanto ao enorme conteúdo imediatamente em profusão e até gratuitamente como aqui já se colocou.

O fato curioso se dá na constatação de que todas as atividades de entretenimento foram criminalizadas justamente pela questão da aglomeração. Não faltaram manifestações completamente contraditórias neste período (que até hoje perduram). As igrejas, principalmente as evangélicas, viram cair por terra seus 'cultos'. O desespero chegou num ponto onde o Poder Judiciário[369] teve que intervir para que tais igrejas cessassem imediatamente a burla do isolamento, imposto como medida sanitária no mundo inteiro. No dizer popular: ir a show significava um crime, porém frequentar o culto não. Se a regra segue sendo a isonomia e principalmente medida sanitária em função da pandemia, não nos parece 'justo' no sentido estrito da palavra, tal contrariedade. Se os pastores viram sua arrecadação cair (em qualquer nível), o que dirá o entretenimento que foi a primeira indústria a ser brutalmente atacada em termos econômicos e sociais. Isto porque passou a ser politicamente incorreto frequentar quaisquer lugares que propiciassem formas de entretenimento, enquanto os 'fiéis' seguiam frequentando suas igrejas. Servimo-nos especificamente deste exemplo que nos parece, s.m.j, ilustrar o tema do texto: a criminalização do entretenimento a partir da pandemia.

Logo após flexibilizado ou mesmo irrestritamente liberados, os locais e seus frequentadores eram apontados como criminosos, lembrando repetidas cenas da história do entretenimento quanto às evoluções/revoluções sociais v.g. homens de cabelos compridos nos anos 70. Esta 'caça às bruxas' infelizmente não é nova.

Ressalte-se ainda, sob o prisma sociojurídico que a ausência de padrões éticos de alguns, associado aos efeitos da pandemia, deram margem novamente a ampla intervenção estatal nas atividades de entretenimento, seja através do Poder Judiciário[370], seja através do Poder Legislativo[371]. Medidas Restritivas na época, atualmente servem de instrumentos parciais de criminalização do entretenimento. No entanto, ressalte-se que o legislativo não se ocupou apenas da repressão.

No Brasil ainda que timidamente houveram iniciativas destinadas a 'socorrer' a indústria do entretenimento. A Lei 14.148/2021 criou o Programa

---

[369] https://veja.abril.com.br/brasil/no-pior-momento-da-pandemia-as-igrejas-evangelicas-permanecem-lotadas/ Acesso em 31.01.2023.

[370] SZTAJNBERG, D. *Pão e Circo: Uma investigação sobre as relações entre o Direito e a Industria do Entretenimento no Brasil.* Dissertação de Mestrado, 2002.

[371] Após o episódio anteriormente citado sobre a doceria no Rio de Janeiro (com filial em Belo Horizonte) eclodiram inúmeros projetos de lei nos âmbitos municipais, estaduais e federais corroborando a referida interdição do local, porém sem justificar por exemplo, a ampla presença de 'sex-shops' que inclusive expõem seus produtos nas vitrines de tais lojas.

Emergencial de Retomada do Setor de Eventos e o Programa de Garantia dos Setores Críticos. A medida autorizou a renegociação das dívidas tributarias e não tributarias. Tais ações emergenciais atingiram empresas de shows e espetáculos em geral, cinemas, etc.

Na medida em que o setor de entretenimento, repita-se, foi o primeiro a parar suas atividades e o último (até hoje não se normalizaram as frequências e arrecadações) a retornar. Posteriormente se preocupou com os reembolsos de shows, eventos turísticos e outras formas de atividades relacionadas ao setor. Na Lei 14.046/2020 vemos que ao regulamentar as normas de reembolso para eventos cancelados ou adiados por conta da pandemia, também foram acionadas normas do Direito do Consumidor, igualmente garantido em nível constitucional.

4. CONSIDERAÇÕES FINAIS

A disseminação do entretenimento como um Direito Humano, saiu do papel para tomar um lugar de protagonismo na pandemia de Covid-19. Como acima se demonstrou, a pandemia gerou mais uma revolução do entretenimento, que embora não seja algo novo, poucas vezes vimos mutações quase que imediatas a partir de um fator inesperado.

Hoje não mais se discute o direito ao entretenimento[372]. Muito pelo contrário. Reforçado pela pandemia tornou-se indispensável para a saúde mental em função do isolamento obrigatório. A escassa bibliografia sobre o tema, até por sua novidade, apenas reforça a necessidade de se refletir sobre o mesmo, já que se provou o fato social que não mais se encontra na esfera de uma hipótese. Sendo um direito constitucional fundamental, exige ação positiva do Estado, entretanto suscita também, diversas questões, como se viu acima, sobre os limites da atuação estatal nesse ponto.

A democratização do entretenimento a partir da pandemia, representa uma mudança política e sociológica de uma concepção que segue o lógico e natural percurso da democracia social, que insere o entretenimento no rol dos direitos auferíveis por todos igualmente. Este resultado, deságua na extensão dos meios de difusão do entretenimento para a 'cultura de massa', acelerado pelos efeitos pandêmicos no mundo.

Paralelamente, na atualidade também não mais se discute a acepção do entretenimento como um direito humano. Agora, diametralmente oposta, justamente preocupa-se com a forma e os limites[373] do mesmo (se é que eles existem). Apesar de tudo, como regra geral, o entretenimento não deve ser

---

[372] SILVA, Jose Afonso. *Ordenação Constitucional da Cultura*. São Paulo: Malheiros Editores, 2001.

[373] BARBOSA, Joaquim. *O Poder de Polícia e a Dignidade da Pessoa Humana*. In *La Cour Supreme dans le Systeme Politique Bresilien*. Paris: LGDJ, 1994.

criminalizado, pois como se demonstrou na pandemia, 'salvou' todos nós, o que, aliado à ciência, nos permitiu estar aqui e agora.

Referências Bibliográficas

ALMEIDA, Jose Candido (org.). *Cultura Brasileira ao vivo.* Rio de Janeiro: Imago, 2001.

ARAUJO, Mayra T. M. *O entretenimento online – A sociedade espetacular das lives nos tempos de pandemia.* Curitiba: Art&Sensorium (Universidade Estadual do Paraná), 2020. Disponível em http://periodicos.unespar.edu.br/index.php/sensorium/article/view/3801 . Acesso em 02.01.2023.

BARBOSA, Joaquim. *O Poder de Polícia e a Dignidade da Pessoa Humana.* In *La Cour Supreme dans le Systeme Plitique Bresilian.* Paris: LGDJ, 1994.

BARROS, Alice Monteiro. *As Relações de Trabalho no Espetáculo.* São Paulo: LTr. 2003.

DINIZ, Ana Raquel de Souza P. *Como aliviar a dor da pandemia? Literatura, música, filmes arte e cia.* Campos, RJ: Boletim P&D (ISE/CENSA – ISSN 2527-0478). 2021.

EARP, Fabio de Sa (org.). *Pão e Circo: Fronteiras e Perspectivas da Economia do Entretenimento.* Rio de Janeiro: Palavra e Imagem, 2002.

FARIAS, Edson. *Diversidade Cultural e Entretenimento nas ambiências midiáticas do Espetáculo.* UFSC, 2017. Disponível em https://www.researchgate.net/publication/318486528_Entretenimento_nas _ambiencias_midiaticas_do_espetaculo . Acesso em 07 de janeiro de 2023.

FARIAS, Jose Fernando de Castro. *A Origem do Direito de Solidariedade.* Rio de Janeiro: Renovar, 1998.

FILHO, Francisco H. Cunha. *Direitos Culturais como Direitos Fundamentais no Ordenamento Jurídico Brasileiro.* Brasília: Brasília Jurídica, 2000.
Cultura e Democracia na Constituição Federal de 1988: A Representação de Interesses e sua Aplicação ao Programa Nacional de Apoio a Cultura. Rio de Janeiro: Letra Legal, 2004.

GUIBERT, Greg. Hyde, Ian. *Covid's 19 Impact on Arts and Culture.* Argonne National Library, 2021. Disponível em https://www.anl.gov/ . Acesso em 12.01.2023.

LASKI, H. *La Conception de l'etat de Leon Duguit.* In: *Archives de Philosophie du Droit et de Sociologie Juridique,* 1932.

RIBEIRO, Robson. et al. *Responsabilidade Civil: Os limites do entretenimento.* In: *O Direito e sua Práxis.* VASCONCELOS, Adaylson. (org.) Ponta Grossa: Atenas, 2022.

SANTANA, Marcos. *Educação de Si: Filosofia e Rock.* Unicamp, 2021. Disponível em https://www.unicamp.br/anuario/2021/FE/FE-tesesdoutorado.html . Acesso em 07 de janeiro de 2023.

SILVA, Jose Afonso. *Ordenação Constitucional da Cultura.* São Paulo: Malheiros Editores, 2001.

SIMENSKY, Melvin. *Entertainment Law.* EUA: Bender & Company, 1999.

STERMAN, Sonia. *A Responsabilidade do Estado nos Movimentos Multitudinários: Fatos de Guerra.* São Paulo: Editora RT, 1992.

SZTAJNBERG, D. *Pão e Circo: Uma investigação sobre as relações entre o Direito e a Indústria do Entretenimento no Brasil.* Dissertação de Mestrado, 2002

TRIGO, Luiz G. Godoi. *Entretenimento: uma crítica aberta.* São Paulo: Editora Senac, 2003.

WOLF, Michael J. *The Entertainment Economy.* EUA: Random House, 1999.

O DIREITO À CIDADE COMO UM "NÃO DIREITO"

Marcelo dos Santos Garcia Santana[374]

SÚMARIO 1. Introdução 2. Desenvolvimento 2.1. A cidade como palco da luta de classes, como mediadora e como sujeito da história 2.1.1. O direito à cidade como luta política 3. Considerações finais

1. INTRODUÇÃO

A cidade pode ser lida como um livro e suas páginas, em uma perspectiva essencial, reproduzem a desigualdade e refletem a desesperança em espaços formais e informais, onde caberá ao leitor atento a compreensão de que cada capítulo, cada seção, cada palavra, esconde uma verdade inconfessável pelos seus autores. Por detrás de discursos, linguagens, disfarces e feitiços, o modelo reproduzido nos espaços urbanos é de disputa pelo território, de inviabilização da existência ou permanência de locais socializantes entre diferentes classes sociais e grupos identitários, do drama da moradia e de dificuldade de acesso às instâncias institucionais de participação e decisão.

Essas características podem ser verificadas a partir da observação cotidiana da cidade real, desde o cenário das mariposas de luxo, flanado nas ruas da cidade a procura das luzes das vitrines que apresentam mercadorias inalcançáveis pelas senhoras que a sorte fez mulheres e pobres, até a figura do homem, partindo o pão molhado pelo suor da estiva e que indaga retoricamente,

[374] Doutor em Direito pelo PPGD Estácio/RJ, concentrado em Direito e Evolução Social, na linha de pesquisa "Direitos Fundamentais e Novos Direitos". Mestre em Direito/Teoria do Direito pela Universidade Presidente Antônio Carlos/MG, concentrado em Hermenêutica e Direitos Fundamentais, na linha de pesquisa "pessoa, direito e concretização dos direitos humanos no contexto social e político contemporâneo". Pós-graduado em Direito Público pela Universidade Estácio de Sá/RJ. Membro do grupo de estudos e pesquisas "Crítica do Direito no Capitalismo", cadastrado no Diretório de Grupos e Pesquisa no CNPq. Professor do Curso de Graduação em Direito nas disciplinas relacionadas ao Direito Constitucional, com ênfase em Ciência Política, Filosofia Política, Hermenêutica, Processo e Jurisdição Constitucional, além das disciplinas relacionadas ao Direito Internacional, atuando também como docente nos Cursos de Pós-Graduação nas mesmas áreas do conhecimento (Universidade de Vassouras, Universidade Estácio de Sá e Centro Universitário São José). Coordenador do Núcleo de Práticas Jurídicas do Campus Alcântara, São Gonçalo - Universidade Estácio de Sá/RJ. Coordenador Adjunto do Curso de Direito da Universidade de Vassouras, Campus Maricá. Avaliador dos Seminários de Pesquisa e das Jornadas de Iniciação Científica da Universidade Estácio de Sá. Pesquisador do direito à cidade. Consultor jurídico.

afirmando inconteste, se o problema social não tem razão de ser aqui; aqui, onde os bens estão nas mãos de um grupo restrito. Se João do Rio[375] olhou para a cidade como dinâmica e como ator, a produção do espaço urbano e das relações intersubjetivas na cidade não pode ser objeto observável como se fenômeno natural e abstrato fosse.

Ao contrário, a produção do espaço urbano é resultado de um fenômeno histórico e social. É o ser histórico-social que vive contextos específicos na cidade, na dinâmica de luta por construí-la, reconstruí-la, ressignificá-la e por fazer parte dela, que define, em maior ou menor grau de complexidade, a configuração da cidade e em que nível o direito a ela pode ser observado e verificado.

O sociólogo francês Henri Lefebvre foi quem inicialmente delimitou a análise, em seu livro intitulado "O direito à cidade", de 1968. Lefebvre define o direito[376] à cidade como um postulado de não exclusão da sociedade urbana, forjada no capitalismo, das qualidades e benefícios da vida urbana. Por meio de um cenário de segregação social e econômica, o direito à cidade se revela como um projeto de transformação do espaço urbano, (re)desenhado pelo modo de produção capitalista, por coletividades e grupos marginalizados que vivem, em regra, em regiões periféricas das grandes cidades[377].

Desenvolvi[378] este texto com base teórica no direito à cidade, que pode ser definido, em linhas gerais, como um direito que assume a forma coletiva e individual – e preferencialmente assim se manifesta – de refazer o mundo em que se vive, a cidade, a partir de perspectivas pessoais e coletivas, pautadas na busca de bem-estar e felicidade. Nesse sentido, ao criar a cidade, o homem recria a si mesmo.

O direito à cidade é reivindicado por aqueles que estão fora do jogo da cidade formal. Essa reivindicação de direitos compõe a categoria teórica objeto

---

[375] RIO, João do. *A alma encantadora das ruas*. Rio de Janeiro: Secretaria Municipal de Cultura, Dep. Geral de Doc. e Inf., Divisão de Editoração, 1995, 99-112.

[376] A palavra "direito" aparecerá neste texto com letra minúscula, uma vez que faz referência, no geral, ao sentido sociológico de direito ou como o conjunto de normas jurídicas. Por outro lado, a expressão "direito à cidade" aparecerá também com letra minúscula por duas razões: a) não considero o direito à cidade como ramo da Ciência do Direito; b) considero o direito à cidade como um "não direito".

[377] LEFEBVRE, Henri. *O direito à cidade*. Tradução: Cristina C. Oliveira. São Paulo: Nebli, 2016, p. 24.

[378] Considero a possibilidade de apagamento do enunciador que se distancia do enunciado como resultado de neutralidade e isenção propostas pela máxima *"De nobis ipsis silemus"* (Sobre nós mesmos guardamos silêncio) formulada por Francis Bacon (Inglaterra, séculos XVI e XVII), que expressa tradição da ciência moderna na busca de objetividade e protagonismo do espírito científico. Nesse sentido, por fidelidade metodológica e epistêmica, fiz a escolha própria do teórico crítico, portanto, não neutra, de me colocar como protagonista das minhas falas, narrativas, impressões e conclusões.

de análise, que pressupõe a ação individual ou coletiva que se projeta sobre demandas para além da igualdade formal que a cidadania, sob a perspectiva jurídica[379], pretende entregar, mas que envolvem conflitos socioambientais, de redistribuição socioeconômica e de reconhecimento político-identitário-cultural.

Neste texto analisei a questão o direito à cidade como luta política, e a luta por direitos (principalmente moradia) como questão central no debate sobre o direito à cidade, na relação entre valor de uso e valor de troca.

Outro ponto importante destacado no texto diz respeito a como o uso tático do direito (como representação da luta por direitos) se coloca como forma de luta política, considerando a cidade como a nova fábrica e cidadão como o operário.

2. DESENVOLVIMENTO

2.1. A cidade como palco da luta de classes, como mediadora e como sujeito da história

Henri Lefebvre (França, 1901-1991) cunhou a etiqueta "direito à cidade" em sua obra O direito à cidade, de 1969, seguida, dentro da impressionante extensão da sua produção bibliográfica, de A revolução urbana, de 1970 e precedida de O pensamento marxista e a cidade, escrito em 1962. Considero que compreensão das significações do direito à cidade, para além do slogan que se tornou (tratarei disso mais adiante), devem ter início com a análise da última citada.

A escolha desse referencial se dá pelo fato de que Henri Lefebvre trabalha o direito à cidade como "luta política", percebendo uma gradual transformação da sociedade industrial em sociedade urbana, com ignição em movimentos sindicais e estudantis contra características da sociabilidade capitalista. Portanto, a compreensão da análise de Lefebvre sobre o espaço urbano como palco da luta de classes passa, inicialmente, pela apropriação do pensamento marxiano sobre isso, acostado didaticamente em O pensamento marxista e a cidade.

As incursões de Lefebvre têm início em duas produções de Engels – A situação da classe operária na Inglaterra, de 1842, especificamente na parte da obra intitulada As grandes cidades.

O que Lefebvre mostra, a partir do texto de Engels, é a descrição, a análise e a exposição do capitalismo num grande país, com importante atribuição aos fenômenos urbanos, os quais apontam uma dupla tendência centralizadora

---

[379] Em outros textos enfrento a possibilidade de superação do modelo de cidadania proposto pelo sociólogo britânico Thomas Humphrey Marshall, seguindo as pesquisas desenvolvidas por Enzo Bello (BELLO, Enzo. *A cidadania na luta política dos movimentos sociais urbanos*. Caxias do Sul: Educs, 2013). Neste ponto específico do texto, refiro-me a essa construção marshalliana de cidadania.

do modo de produção: concentração demográfica em paralelo com a concentração do capital[380].

Nesse ritmo, a pesquisa empírica de Engels mostra como a povoação do entorno da fábrica atrai outras indústrias que se utilizam da força de trabalho disponível, capaz de fazer surgir um movimento de criação e novas cidades. Esse processo de aglomeração urbana acaba por apresentar boa parte dos elementos para a reprodução do capital, ou seja, excedente de força de trabalho, estrutura viária, transporte, mercado, bolsa de valores etc.

Essa centralização da vida na cidade, contra a qual a concorrência rural não tem a menor chance, é o terreno onde a indústria e comércio têm seu pleno desenvolvimento, com a concentração de bens. Em decorrência disso, Engels, segundo Lefebvre, apresenta o horror do desenvolvimento das cidades que testemunha (principalmente Londres e Manchester), trazendo "os poderosos contrastes da realidade urbana, a justaposição da riqueza e da pobreza, do esplendor e da fealdade, e esta covizinhança confere à fealdade e à pobreza intenso e patético colorido"[381].

Nessa relação de prodigiosa acumulação de poder e riqueza, que atinge todas as classes, provoca um ambiente de máximo utilitarismo e exploração de uns sobre os outros. Verdadeira "guerra de todos contra todos", na qual quem não tiver capital ou trabalho, ou morre de forme, ou se entrega ao crime, reprimido pela polícia e afastado dos olhos da burguesia. A descrição realizada por Engels da miséria se projeta sobre as zonas mais pobres da cidade, revelando uma inescusável contradição entre o luxo do centro e a miséria da periferia.

A exemplo de Manchester, os bairros operários são segregados e é construída uma imagem citadina que esconde a miséria que a ofuscaria, dissimulando ao mesmo tempo a exploração de seus efeitos. Os centros comerciais permanecem desertos à noite, apenas habitados pela polícia, desenhando um quadro de simultânea segregação e decomposição do centro. Uma mistura de ordem e caos, provocada, de um lado, pelo abandono dos antigos habitantes, e de outro, pelo nascimento desordenado de bairros operários que abrigam as massas importadas dos campos, desaguando em consequente desaparecimento do mínimo aspecto urbano[382].

A cidade velha decomposta/segregada, marcada pela supervalorização fundiária do centro e pelos altos valores cobrados pelas moradias operárias, apresenta um cenário de inabitabilidade, marcado pela desordem urbana.

Essa ambiência de precarizações generalizadas é diagnosticada por Engels:

> Eis o que se pode afirmar acerca das habitações dos operários nas grandes cidades: o modo como é satisfeita a necessidade de um teto é um critério que nos permite

---

[380] LEFEBVRE, Henri. *O pensamento marxista e a cidade*. Tradução: Maria Idalina Furtado. Lisboa: Ulisseia, 1975, p. 11.

[381] Idem, p. 14.

[382] Idem, p. 19-21.

saber como são satisfeitas as outras necessidades. É muito fácil concluir que nesses sujos covis só pode morar uma população esfarrapada e mal alimentada. Justa conclusão. As roupas da esmagadora maioria dos operários estão em péssimas condições, os tecidos empregados em sua confecção são os menos apropriados e o linho e a lã quase desapareceram do vestuário de homens e de mulheres, substituídos pelo algodão; as camisas são de algodão branco ou colorido e as roupas femininas são de chita estampada; nos varais, raramente se veem secar roupas interiores de lã. Em sua maior parte, os homens usam calças de fustão ou de qualquer outro tecido grosso de algodão e casacos e paletós do mesmo pano. [...] O que é verdade para o vestuário, é-o também para a alimentação. Aos trabalhadores resta o que repugna à classe proprietária. Nas grandes cidades da Inglaterra, pode-se ter de tudo e da melhor qualidade, mas a preços proibitivos e o operário, que deve sobreviver com poucos recursos, não pode pagá-los. Ademais, o operário, na maior parte dos casos, recebe seu salário somente no sábado à tarde (alguns pagamentos começaram a ser feitos na sexta-feira à noite, mas esse sistema ainda não está generalizado) e, por isso, só vai ao mercado no final do sábado, por volta das quatro, cinco e até sete horas, quando o que havia de bom já foi comprado pela classe média. Pela manhã, o mercado transborda de coisas boas; mas quando chega o operário, esses produtos já acabaram – e ainda que lá estivessem, ele muito provavelmente não poderia comprá-los[383].

Essa exploração indireta, que vai da fábrica à vida cotidiana no quadro urbano, aproxima-se mais do pior que do favorável à classe trabalhadora e que se reflete na estrutura social do capitalismo industrial/comercial. As precariedades curiosamente contribuem para concorrência entre trabalhadores que se sujeitam a essas condições e é agravada pela geração do exército de reserva da força de trabalho. A fetichização da práxis, nesse sentido, conserva essas estruturas.

As condições da cidade, portanto, transitórias para alguns indivíduos que prosperam, mas perenes para a classe trabalhadora, animam os bairros operários (periferia) das cidades industriais e centros comerciais, pintando, por um lado, um quadro de miséria e mendicância, mas de outro, um cenário de cumulativas novas precarizações do trabalho (pequenos ofícios, vendedores ambulantes, por exemplo)[384] e, consequentemente, da existência. Esses "homens excedentários", na cidade da concorrência e da guerra camuflada, estão em guerra pela vida e pela existência[385].

A precarização da existência na cidade (precarização das relações de trabalho e emprego, precarização da moradia, do transporte etc.), o que é demonstrado por Engels e Lefebvre, é componente crucial para a reprodução das relações que se inscrevem o modo de produção capitalista.

Precarizar a existência da classe em condição de subalternidade, ao mesmo tempo que provoca consequências "indesejadas" (como o aumento da

[383] ENGELS, Friedrich. *A situação da classe trabalhadora na Inglaterra*. Tradução: B. A. Schumann. São Paulo: Boitempo, 2010, p. 115-116.

[384] LEFEBVRE, 1975, *op cit*, p. 24.

[385] ENGELS, 2010, *op cit*, p. 125.

criminalidade, por exemplo), mas que virão a calhar (investimento público em aparelhos de repressão, surgimento de novos empreendimentos imobiliários mais "seguros", gerando o reinvestimento do capital em novas frentes de segurança privada, o fenômeno da "uberização" etc.), conserva os mecanismos da tática de dominação de classe.

No mesmo sentido, precarizar a existência fomenta novas frentes de circulação mercantil, de investimento em novos negócios que a cidade passa a proporcionar/exigir, o que é retroalimentado pelo exército da reserva, conservando uma estrutura econômica e social de concorrência no desespero, engendrada constantemente por mais exploração direta e indireta.

Essas precariedades são naturalizadas, assim como a condição de subalternidade. A fetichização da práxis (ausência do nível existencial) se projeta sobre o seu nível laborativo (reflexão teórica e discernimento sobre a situação dada), que se reproduz continuamente. A precarização não pode ser interrompida e disso independe, inclusive, a vontade dos sujeitos.

O papel da ideologia/hegemonia é decisivo nesse processo. A classe, para ser mantida em dominação, é educada, forjada para a subalternidade. Lefebvre alerta que a história da luta de classes fez com que a burguesia despertasse do sonho e passasse a educar politicamente as classes, tarefa de longo prazo e que "a classe dominante, igualmente detentora da 'cultura', da ciência e da ideologia, poderá manter-se durante muito tempo na dianteira"[386] e se espanta com o fato de que Engels já havia, em outra materialidade histórica, chegado à conclusão parecida. Em passagem sobre "como as cidades degeneram o homem a partir dos seus vícios inerentes" (visão burguesa da época), Engels narra a tática:

> [...] O semiburguês Alison revela aqui, ainda que em termos pouco claros, a influência nefasta que as grandes cidades exercem sobre a formação moral dos operários. Um outro burguês, [...] o doutor Andrew Ure, mostra-nos o outro aspecto da questão. Ele revela como a vida nas grandes cidades facilita as conspirações entre os operários e confere poder ao povo. Se os operários não forem educados – vale dizer, educados na obediência à burguesia –, considerarão as coisas de modo unilateral, apenas do ponto de vista de um egoísmo sinistro e serão facilmente corrompidos por demagogos astutos e chegarão até ao ponto de olhar com inveja e hostilidade seu melhor benfeitor, o capitalista sóbrio e empreendedor. Aqui, a única solução é a boa educação; à falta dela, necessariamente sobrevirão a catástrofe nacional e outros horrores, uma vez que será impossível impedir uma revolução dos operários[387].

Esse alerta serve para que Lefebvre ratifique as descobertas de Engels, no sentido de que é na cidade o foco do movimento operário; nas cidades "que os operários começaram a refletir sobre sua situação e luta, foi nelas que, pela primeira vez, manifestou-se a oposição entre classes[388]:

---

[386] LEFEBVRE, 1975, *op cit*, p. 2.

[387] ENGELS, 2010, *op cit*, p. 172.

São perfeitamente justificados os temores do nosso burguês. Se por um lado a concentração da população é favorável e estimulante para as classes proprietárias, por outro torna ainda mais rápido o desenvolvimento dos operários. Os trabalhadores começam a sentir-se, em sua totalidade, como uma classe; descobrem que, fracos individualmente, unidos constituem uma força; o terreno é propício para sua autonomização em face da burguesia, para a formação de concepções próprias dos operários e adequadas à sua posição no mundo; eles começam a dar-se conta de que são oprimidos e adquirem importância política e social. As grandes cidades são o berço do movimento operário: foi nelas que, pela primeira vez, os operários começaram a refletir sobre suas condições e a lutar; foi nelas que, pela primeira vez, manifestou-se o contraste entre proletariado e burguesia[389].

As incursões empíricas de Engels sobre as grandes cidades modeladas através do capitalismo industrial/comercial revelam em Lefebvre o gérmen sobre o direito à cidade. Pelas costas dos proprietários, é na cidade que surgem as iniciativas transformadoras na luta de classes. A cidade começa a se apresentar, na obra do francês, como novo palco da antiga luta entre proletariado e burguesia.

A luta pela existência remodela a práxis quando interpela os sujeitos. Ela é capaz de formular, em certa medida, concepções próprias da luta urbana dos subalternizados, no mesmo ritmo em que precariza. Como identificado por Engels, essa luta por existência pode gerar nos sujeitos o discernimento de que são explorados e podem se organizar política e socialmente.

As contribuições da análise de Lefebvre sobre os textos de Marx e Engels também atingiram *Manuscritos Econômico-filosóficos* e *A Ideologia Alemã*.

Especificamente nos Manuscritos, de 1844, Lefebvre identifica outro gérmen da cidade como palco de lutas: a necessidade de transformação da propriedade fundiária em propriedade privada (mercadoria) e a cidade como local e instrumento desta metamorfose.

A referida metamorfose não ocorre simplesmente na relação abstrata entre as categorias propriedade, troca e dinheiro. O terreno no qual se encobre e se desnuda é o da alienação. Em síntese, o mesmo processo que assola o homem na sua redução a uma máquina de produzir e consumir, o trabalho a uma atividade abstrata e o trabalhador ao estômago, se consolida na relação do homem com a moradia.

Essa relação é pautada nas necessidades do operariado, que passa a habitar a moradia "como se ela fosse um poder estranho capaz de em qualquer altura lhe fugir, pois poderá ser expulso no dia em que não pagar a renda"[390]. É, portanto, a mesma relação construída historicamente – com diferenças

---

388 LEFEBVRE, 1975, *op cit*, p. 28.

389 ENGELS, 2010, *op cit*, p. 172.

390 LEFEBVRE, 1975, *op cit*, p. 34.

socialmente forjadas – que partem dos elementos da sociedade capitalista e que chegam e se inscrevem na história como exteriores: os trabalhadores separados dos meios de produção e a moradia separada da propriedade imóvel. Como típico do vigente modo de produção, esses elementos, se inicialmente separados, são posteriormente congregados e misturados, para atingirem uma unidade: a reprodução de todas as condições ampliativas do mais-valor em escala social.

Ocorre que, segundo Lefebvre, essas diferenças conceitualmente ilusórias e historicamente reais, não são percebidas:

> As categorias da população, classes e parcelas de classes, ignoram que participam na produção da mais-valia, na sua realização, na sua repartição; continuam a considerar-se distintas, continuam a pensar que o trabalhador recebe o preço do seu trabalho (salário), que o proprietário retira do solo a renda que lhe cabe e que o capitalista cobra o fruto (lucro) do seu capital produtivo, quando tudo isso mais não é do que a repartição da mais-valia (global)! Deste modo, as particularidades transmitidas pela história transformam-se em diferenças internas no modo de produção (sistema) capitalista, com duas partes distintas, uma ilusória e outra real[391].

A ilusão consiste no fato de que as classes compõem a mesma sociedade e, portanto, contribuem para a mesma fonte de riqueza social. É real, porque na prática as classes estão separadas socioespacialmente e em conflito.

A mesma metamorfose que ocorre na indústria ocorre na vida citadina. No caso da cidade, essa metamorfose se reproduz e é conservada. Nesse passo, a cidade é palco e meio capaz de promover a riqueza imobiliária, que por sua vez suplanta a riqueza natural da terra e dos produtos do solo (separação entre campo e cidade). Ela, a cidade, transforma o possuidor de dinheiro em proprietário, cuja propriedade perdeu seu valor adjetivo (substanciação).

A não percepção dessas ilusões historicamente realizadas (causadas e incrementadas pelo estranhamento, pela alienação, segundo o francês) encontra guarida na práxis, que é identificada por Lefebvre (apesar de ele não formular aqui a categoria "práxis") como instrumento conservador das estruturas que mantêm o nível de não percepção e, ao mesmo tempo, de reprodução disso pela prática social. É neste ponto que Lefebvre recorre ao texto *A Ideologia Alemã*.

O ser humano produz a si mesmo. Essa "produção" está espraiada em diferentes níveis, quais sejam, a produção de coisas – sentido estrito (produtos) e de "obas, ideias e de ideologias, de consciência e de conhecimento, de ilusões e de verdades"[392] – produção do homem de si mesmo – sentido lato. Nesse passo, a práxis como processo de produção e reprodução intelectiva e prática, coincide com o que os seres humanos produzem e a maneira pela qual fazem isso. Em outros termos, a forma pela qual se manifesta a vida dos sujeitos reflete o que eles são.

---

[391] Idem, p. 35-36.

[392] Idem, p. 38.

A produção neste sentido lato (produção do ser humano por si próprio) acarreta e abarca a produção de ideias, das representações, da linguagem. [...] Deste modo, a produção tudo abarca e nada exclui do que é humano. O mental, o intelectual, o que passa por "espiritual" e o que a filosofia toma por seu domínio próprio são "produtos" como tudo o resto. Há produção das representações, das ideias, das verdades, como há das ilusões e dos erros. Até há produção da própria consciência. [...] A consciência é assim um produto (social)[393].

Esses dois sentidos de "produção" (e reprodução, consequentemente), identificados por Lefebvre a partir de Marx e Engels, dão sentido ao fato de que não é a consciência que determina a vida social, mas a práxis que acaba por determinar a consciência. É a produção em sentido estrito (de bens) que designa a produção do homem por si mesmo. É sua base material.

Mas se a práxis se ocorre pelas costas e a história é um processo sem sujeitos, quem é, para Lefebvre, o sujeito da história?

É a cidade[394], que é ator, dinâmica, mediação e palco, ao mesmo tempo. Para suportar tal afirmação, Lefebvre apresenta os seguintes argumentos: a) a cidade concentra os instrumentos de produção e, por isso, a existência urbana se confunde com a existência política, que é repartida entre organizações e instituições; b) na cidade está concentrado o trabalho intelectual (o trabalho material está no campo), incluídas as funções de administração e comando, o que acarreta a separação da sociedade em classes, decorrente da divisão social do trabalho, produzindo limitações da vida e da consciência (nos termos do francês, uma alienação generalizada); c) a cidade abarca a dupla acepção da "produção" e, portanto, é a "obra da obra" (desigual e conflituosa), lugar de reprodução das relações de produção, que ganham corpo concreto na dinâmica e na atuação da cidade[395].

Esses argumentos de ordem quase pragmática são cotejados dialeticamente por Lefebvre com outros de ordem filosófica. Em sua análise sobre a Contribuição à Crítica da Economia Política, os *Grundrisse* e O Capital, o teórico marxista passa em revista as respectivas mudanças nos modos de produção (asiático, antigo, feudal e burguês/capitalista), problematizando nesse contexto duas questões principais e de recíprocas imbricações: a cidade e o metabolismo homem-natureza.

---

[393] Idem, p. 45-46.

[394] Idem, p. 50. "O Sujeito coletivo, o sujeito da história, o sujeito ao qual deve ser imputado o global, a práxis no seu conjunto, já não é o Estado hegeliano, que Marx refutou na sua crítica ao hegelianismo (filosofia da história e história da filosofia, teoria do Estado e do Direito). Mas então quem é? Marx sempre hesitará em dar resposta definitiva. Será a 'sociedade'? O modo de produção? As classes? O proletariado, como classe privilegiada negativa e positivamente? Talvez considerando a interrogação em si como especulativa (filosófica e não prática e/ou política), Marx parece ter-se abstido de responder – apesar de ter formulado a interrogação clara e distintamente. Aqui, o Sujeito da história é incontestavelmente a Cidade [...]".

[395] Idem, p. 51-53.

Sem a intenção de dar saltos na história dos modos de produção, ou ladear sua importância teórica e prática, acredito que o foco seja a dissolução da produção feudal e a transição para o capitalismo, que Lefebvre minuciosamente analisa a partir dos *Grundrisse* e que me furtarei de reproduzir[396]. O que importa agora é que as insistentes afirmações de Lefebvre especificamente sobre isso são contundentes e simultaneamente intrigantes, uma vez que, por rigor metodológico[397], seu texto trata inicialmente dessa última transição para, somente depois, decompor e analisar as transições anteriores.

> Tentamos mostrar que, para Marx, a dissolução do modo de produção feudal e a transição para o capitalismo são imputáveis a um sujeito ao qual estão ligadas: a cidade, que, superando-se a si própria, rompe com o sistema medieval (feudal) e passa para relações de produção capitalistas (cuja emergência é indubitável), entrando assim num outro modo de produção, o capitalismo. Com a cidade tudo fica esclarecido por largo período de tempo. Nem sequer há que escolher entre o Sujeito e o Sistema, visto que a cidade é um "sujeito" e uma força coerente, um sistema parcial que ataca o sistema global e simultaneamente o aponta e o destrói[398].

A cidade continua a ser reafirmada como palco de lutas políticas, sujeito da história e mediadora da transição, conectada, enquanto sujeito, à produção. Apesar da produção enquanto racionalidade abstrata estar disponível às vistas de cada modo de produção específico, a preocupação inicial é identificar a relação principal que marca todos eles, qual seja, sujeito (ser humano) e objeto (natureza), em cada um deles a sua maneira peculiar, o ponto de partida para geração de riquezas.

Decerto que a produção implica, como já dito, produzir em sentido estrito (produtos) e em sentido lato (ideias, ideologias, arte, cultura etc.). Nesse sentido, a referência aqui à produção não se limita à produção material, mas abarca a produção da vida, ou seja, do sistema jurídico, da família, da religião etc., mesmo que haja contradições na sociedade que a tudo isso produz. A sociedade produz, em meio a essas contradições, um suco que historicamente e dialeticamente a delineia.

---

[396] Lefebvre vai usar esses recursos para explicar, por exemplo, a relação imediata entre homem e natureza no modo de produção asiático e a mediação produzida pela cidade, nessa relação, no modo de produção da Antiguidade.

[397] LEFEBVRE, 1975, *op* cit, p. 83-84. Lefebvre segue com o mesmo método de Marx, retornando no tempo para entender como as categorias se transformaram, se conservaram ou foram superadas. "Na realidade, o pensamento teórico que abarca a Antiguidade e a Idade Média parte já da época moderna e das suas categorias, da sua presença ou ausência nas épocas anteriores. A sociedade burguesa é a organização histórica da produção mais desenvolvida e mis diversificada que existe. As categorias que exprimem as relações desta sociedade e asseguram a compreensão das suas estruturas permitem-nos ao mesmo tempo apreender a estrutura e as relações de produção de todas as sociedades anteriores".

[398] Idem, p. 79.

Mas o que notadamente marca a produção da vida social é relação principal entre sujeito e objeto (homem x natureza), que define, em maior ou menor grau (a depender do específico modo de produção) os horizontes da sociedade humana, as conservações e transformações no processo produtivo, nas forças produtivas e nas relações sociais de produção.

Lefebvre, portanto, parte da premissa segundo a qual a cidade é o construto social produzido que substitui a natureza na relação com o ser humano.

A natureza é substituída por outra realidade (a cidade), agora produzida, mas que permanece como novo meio ambiente, mediadora e intermediária mais importante no capitalismo. Especificamente o que Lefebvre pretende consignar, em síntese, é que a cidade é o meio, o receptáculo e a condição para a transformação da natureza pelo homem[399].

É na relação entre sujeito e objeto que a cidade se apresenta (e representa a partir disso) uma força produtiva (não meio ou instrumento de produção) que permite a reunião de trabalhadores e trabalhos, do conhecimento e das técnicas, dos meios de produção e das relações de produção. Na cidade se realiza, assim, a contradição (e seu acirramento) entre forças produtivas e as relações de produção.

A síntese da análise de Lefebvre, a partir de Marx, sobre a cidade e a relação entre o ser humano e a natureza e que, nesse plano, coloca a cidade como sujeito, palco e mediadora das principais contradições sobredeterminadas (forças produtivas e relações de produção, capital e trabalho, burguesia e proletariado), é apresentada a partir de três distintas fórmulas da relação cidade-campo: a) unitária – modos de produção asiático e antigo; b) binária – modo de produção feudal; c) trinitária – modo de produção burguês/capitalista.

> Em resumo, Marx identifica três direções que implicam, todas elas, a dissolução da comunidade consanguínea e o aparecimento das formas comunitárias e comunais de ocupação (primeiro uso, depois de troca) dos territórios e, logo, a formação da relação "cidade-campo" e a transformação dessa relação. Uma primeira linha vota a sociedade e a cidade à estagnação; uma segunda linha vota a cidade e a sociedade, solidariamente, a rápido crescimento, a fulgurante lampejo seguido de declínio. Uma terceira orientação vota a cidade, na sua relação com o campo, a crescimento lento mas com futuro sem limites defiíveis. A primeira fórmula é unitária, a segunda binária e a última trinitária[400].

A fórmula unitária asiática e antiga parte da premissa segundo a qual a relação campo-cidade é indiferenciada. Segundo Lefebvre, analisando Marx, a história asiática mostra uma série de unidades da cidade e do campo, enquanto a história da Antiguidade clássica é a história da cidade como centro da vida rural, tendo por base a propriedade fundiária e a agricultura[401].

---

[399] Idem, p. 89.

[400] Idem, p. 100.

Por sua vez, a fórmula binária da Idade Média parte do campo como centro da história. Ao contrário da Antiguidade, quando a cidade dominava politicamente o campo, enquanto este dominava economicamente a cidade (urbanização do campo), na Idade Média desenvolve-se em estado de violenta oposição, quando a relação campo x cidade passa a ser marcada pela decadência do modelo de associação comunitária com relações imediatas (homem e natureza conectados diretamente, relação direta entre trabalhador e instrumentos de produção).

A dissolução desse arquétipo, ou seja, da relação do trabalhador com os instrumentos de produção, consolidará a passagem da sociedade protocapitalista para a capitalista[402]. Por sua vez, a relação direta com a propriedade fundiária como ferramenta, dá lugar a uma relação de propriedade enquanto uso mercantil do solo, predominando o valor de troca no lugar do valor de uso (que era marcante nas cidades antigas e medievais). "É por este processo que se abre caminho ao domínio da troca[403].

Nesse passo, Lefebvre analisa em Marx o pensamento sobre a gênese do sistema urbano como etapa para uma gênese mais ampla, a do valor de troca generalizado, do mundo da mercadoria e do dinheiro, ou seja, do capital. É nesse ponto que a contradição campo x cidade perde protagonismo, posto que se subordina a outras contradições (relação sobredeterminada), principalmente às que surgem das relações de produção capitalistas (capital x salário, proletariado x burguesia).

---

[401] Idem, p. 101.

[402] Idem, p. 112-113. Essa transição é mais bem explicada por Lefebvre no seguinte trecho: "Como se instaura o capitalismo? O seu domínio resulta deste longo processo, ao mesmo tempo econômico e político (cf. *Grundrisse*, I, p. 501 com as notas), e não tem data precisa; não se pode dizer, à maneira do pensamento histórico e como se o capital fosse uma categoria histórica: 'A partir deste instante houve, ou há, capitalismo'. A formação do capital e do capitalismo passa por uma fase de 'submissão formal do trabalho ao capital'. Este, ou seja, a grande indústria na posse da burguesia, subordina a si as forças produtivas existentes, forças que não correspondem ainda às relações de produção e ao modo de produção capitalistas: artesanato, manufaturas, unidades sempre muito variadas de produção agrícola e de trocas comerciais. No decorrer desta transformação, o fator essencial continua a ser o trabalho imediato, tal como o encontramos no artesanato e nas manufaturas, que a grande produção industrial consegue integrar em si. Estes elementos são preexistentes ao capitalismo, que se constitui submetendo-os. Na maioria dos casos a intervenção política acelera e reforça o processo econômico, completando assim a extensão do mercado e a concentração do capital. Durante muito tempo o capital existe e não sai de um período inicial e a taxa média de lucro não pode sequer aparecer, visto não haver concorrência dos capitais no mercado dos capitais, mas apenas concorrência no mercado de produtos. Ao longo desse período, a taxa da mais-valia (relação entre os lucros e os salários) é mais importante do que a taxa de lucro. É um processo em cujo decorrer a cidade desempenha um imenso papel, simultaneamente na subordinação ao capital das forças produtivas existentes, e como local de acumulação do capital, da extensão dos mercados, da formação da taxa média de lucro e, finalmente, das intervenções políticas. No fim do processo, tudo se apresenta como força produtiva do capital e já não do trabalho".

[403] Idem, p. 106.

Assim, a cidade passa a sobrepujar o campo como natureza inicial. A burguesia urbana e suas relações mercantis e de exploração capitalista promovem uma nova urbanização do campo, a definitiva transição da cidade como valor de uso para a cidade como valor de troca. Nesse passo, a cidade passa a ser mercadoria, uma vez que pouco importa a origem das necessidades que satisfaz (valor de uso), "pouco importa que se radique no ventre ou no imaginário, desde que o objeto se venda e se compre"[404].

Se o problema para Lefebvre passa a ser, portanto, a cidade mercadoria, que é, por sua vez, suportada pelo trabalho estranhado/alienado, seu maior desafio é a desconstrução da "não-cidade"[405]. É nesse palco, a cidade, onde se movimentam as categorias econômicas, o salário e o capital, que "o ato revolucionário tem de fazer rebentar o sistema a partir de dentro (o que implica contradições no interior das relações de produção em primeiro lugar, e depois entre as relações de produção e o modo de produção)"[406].

Não é por acaso que Lefebvre apresenta sua obra O direito à cidade (1969) com a frase "Durante longos séculos, a Terra foi o grande laboratório do homem; só há pouco tempo é que a cidade assumiu esse papel"[407] . Parte do pressuposto fixado na obra anterior, segundo o qual, no metabolismo homem x natureza, a cidade substituiu a última e é o local onde a própria filosofia reencontra o seu meio[408].

2.1.1. *O direito à cidade como luta política*

A questão é que a filosofia e eventual projeto de síntese filosófica fastidiosamente não conseguem realizar a totalidade. Esse mesmo argumento é reapropriado por Lefebvre na sua crítica às ciências parcelares e, consequentemente, ao nível de fragmentação do conhecimento sobre a realidade urbana[409]. Tal crítica vai se projetar especificamente (mas não somente) sobre o

---

[404] Idem, p. 107.

[405] LEFEBVRE, Henri. *A revolução urbana*. Tradução: Sérgio Martins. Belo Horizonte: UFMG, 2002, p. 25. Lefebvre nitidamente fez referência às categorias marxianas "trabalho estranhado" e "não-trabalho", dispostas nos *Manuscritos econômico-filosóficos* (MARX, Karl. *Manuscritos econômico-filosóficos*. Tradução: Jesus Ranieri. São Paulo: Boitempo, 2004, p. 79-102). Especificamente, "não-cidade" corresponde à ausência ou ruptura da realidade urbana.

[406] LEFEBVRE, 1975, *op* cit, p. 117.

[407] LEFEBVRE, 2016, *op cit*, p. 7.

[408] Idem, p. 37-53. Aparentemente Lefebvre refere-se à filosofia grega fulcrada na *polis* como parte do cosmos. O reencontro agora é entre a filosofia dialética marxiana e marxista com a cidade. Pela análise global do pensamento de Lefebvre, não apenas a filosofia reencontra a cidade, mas a ciência no geral, a arte, a tecnologia, a religião, a ideologia etc. Mais adiante, no capítulo "A filosofia e a cidade", Lefebvre confirmará isso.

[409] LEFEBVRE, 2002, *op* cit, p. 28. Há uma transição lexical gradual de "cidade" para "realidade

urbanismo como ideologia, que "que interpreta os conhecimentos parciais, que justifica as aplicações, elevando-as (por extrapolação) a uma totalidade mal fundamentada ou mal legitimada"[410].

A crítica[411] de Lefebvre ao urbanismo "doutrinário" (marcado pelo dogmatismo teórico e pela prática social fetichizada), que se inicia em O direito à cidade e se completa em A revolução urbana, identifica-o primariamente como reducionista, posto que concebe arbitrariamente (ideologicamente) a cidade como rede de circulação de mercadorias, de consumo e de centro de decisão. Simultaneamente, o mesmo urbanismo institucional/ideológico transforma o dogmatismo teórico (ou seja, fora do campo da análise[412] e da totalidade) e a prática urbanística fetichizada (no caso, práxis que decorre da fragmentação do conhecimento) em extrapolação conceitual abstrata, em verdade total e dogma.

Ao mesmo tempo protagonista e exemplificativa, a crítica de Lefebvre ao urbanismo ideológico novamente problematiza, ao meu sentir, de que forma os aparelhos (público-privado), escamoteando os interesses capitalistas pelo discurso humanista liberal (geralmente para lavagem de consciência[413] em tom

---

urbana", "sociedade urbana", ou mesmo "urbano" (como redução de "sociedade urbana"). Essa transição é verificada em ambas as obras referenciadas, mas explicada por Lefebvre em *A revolução urbana*. "[...] As diferentes formas de entrada na sociedade urbana, as implicações e consequências dessas diferenças iniciais, fazem parte da problemática concernente ao *fenômeno urbano* ou 'o urbano'. Esses termos são preferíveis à palavra 'cidade', que parece designar um *objeto* definido e definitivo, objeto dado por a ciência e objetivo imediato para a ação, enquanto a abordagem teórica reclama inicialmente uma crítica desse 'objeto' e exige a noção mais complexa de um objeto virtual ou possível. Noutros termos, não há, nessa perspectiva, uma *ciência da cidade* (sociologia urbana, economia urbana etc.) mas um *conhecimento* em formação do *processo global*, assim como de seu fim (objetivo e sentido). O *urbano* (abreviação de 'sociedade urbana') define-se, portanto, não como realidade acabada, situada, em relação à realidade atual, de maneira recuada no tempo, mas, ao contrário, como horizonte, como virtualidade iluminadora. O urbano é o *possível*, definido por uma direção, no fim do percurso que vai em direção a ele. Para atingi-lo, isto é, para realizá-lo, é preciso em princípio contornar ou romper os obstáculos que atualmente o tornam *impossível*'.

[410] LEFEBVRE, 2016, *op cit*, p. 50.

[411] LEFEBVRE, 2002, *op cit*, p. 19-20). Toda essa crítica é filtrada por meio da análise de duas dimensões: a) a crítica dita "de direita", com retrospectiva ao humanismo liberal, que não procede a desmistificação das estruturas e encobre a própria forma política do urbanismo (institucional e ideológica), endossando iniciativas capitalistas; b) a crítica dita "de esquerda", marxista, no sentido de buscar compreender as barreiras que impedem o por vir (a sociedade urbana de Lefebvre), ou seja, com caráter emancipatório/revolucionário.

[412] LEFEBVRE, 1975, *op cit*, p. 118-119. "Análise" tem o sentido do método marxiano, com a relação dialética entre o concreto e o abstrato, capaz de substituir a mera descrição do objeto empírico pela análise. Isso é importante, posto que viabiliza a crítica não apenas ao objeto restrito no tempo e no espaço, mas as generalizações que se podem perceber a partir desse mesmo objeto. De outra banda, Lefebvre deixa claro que sua "análise" é baseada no que chama de "transdução" (transducção), definida por um método que se difere da indução e da dedução clássicas e da construção de modelos e hipóteses enunciativas, elaborando um objeto teórico (possível) a partir da realidade empiricamente verificável, que é realimentada, por sua vez, pelas categorias e outros contextos conceituais. É, sobretudo, um movimento dialético entre teoria e prática.

de defesa de direitos humanos), conservam as estruturas do próprio modo de produção e viabilizam a reprodução das mesmas relações sociais que mantêm aquelas estruturas.

O problema central de Lefebvre, qual seja, a relação do urbano com a cidade mercadoria, não é de simples análise, nem na década de 1960, quando o francês olha para a utopia da urbanização da sociedade pós capitalismo industrial na Europa, muito menos em 2023 nas grandes cidades.

O difícil caminho para a sociedade urbana, para além das inumeráveis identificações de Lefebvre, encontra duas principais ordens de problemas, pelo que percebo: a) a inextricável relação entre valor de uso e valor e troca sobre a cidade; b) a fetichização da práxis, na medida que a realidade urbana "modifica as relações de produção, sem, aliás, ser suficiente para transformá-las"[414].

A sociedade urbana, teoricamente abstrata, mas concretizada pela marcha da prática social, tem uma lógica diferente da mercadoria, como identifica Lefebvre, e se baseia no valor de uso[415]. Essa afirmação está relacionada à etiqueta "cidade como festa", tão recorrente nos textos do francês. Em outros termos, a característica marcante do urbano é o consumo da cidade sem anseios e expectativas produtivistas/acumuladoras.

A problemática da relação contraditória "valor de uso x valor de troca" inspira os usos da cidade, desde o que se pretende formular, pela prática, como "os usos" em suas diversas formas e manifestações (a arte, a rua, o encontro, o espaço), até os usos que são dialeticamente significados pela troca mercantil que a ambiência da cidade oferece.

O consumo da cidade (a festa) é remodelado pelo seu valor de troca. Consome-se a cidade de outras formas, atribuindo-lhe outros valores de uso que, por sua vez, são consectários dos valores de troca anteriormente atribuídos aos usos primeiramente estipulados. O processo é infinito e, como já visto, repleto de contradições sobredeterminadas.

Sobre isso, o exemplo de Lefebvre cabe como uma luva. A contradição da rua, como espaço de passagem obrigatória e encontros reprimidos pelo tempo-mercadoria.

A rua é o lugar dos encontros, da liberdade perambular, das expressões, manifestações e até de acontecimentos "revolucionários" (Brasil, jornadas de junho de 2013). Os usos que se atribuem a esses espaços podem ser, em síntese, variados e dotados de relativas consequências de ordem prática (o não uso da rua pode gerar proporcionalmente o aumento da criminalidade, por exemplo).

---

[413] Sobre o humanismo liberal/capitalista e sua "lavagem de consciência" peculiar, recomendo as conclusões de HARVEY, David. *17 contradições e o fim do capitalismo*. Tradução: Rogério Bettoni. São Paulo: Boitempo, 2016, p. 265.

[414] LEFEBVRE, 2002, *op cit*, p. 30-31.

[415] LEFEBVRE, 2016, *op cit*, p.93.

Por outro lado, a mesma rua é o lugar dos encontros de efemeridade, de meros esbarrões. No estômago dessa contradição nada alegórica está a rua como espaço de mercantilização dos objetos e das relações. Nela se contrata, se compra e se vende. As mercadorias ocupam outros espaços fora do mercado, uma heterotopia constituída/constituinte do mundo das mercadorias desenvolvido nas ruas.

A velocidade de circulação dos pedestres e dos carros atende à mesma urgência da circulação das mercadorias. O tempo se transforma em mercadoria. Como num espetáculo, a mercadoria toma o espaço e as pessoas. Substanciam-se as características e condições humanas (a forma física, a cor da pele, o gênero, a sexualidade etc.), estabelece-se uma ética concorrencial que se debruça sobre as contradições (moradia x propriedade, favela x asfalto, centro x periferia etc.) e desenvolve-se uma importância estética, no sentido de apropriação e reapropriação dos espaços e das culturas (carnaval de rua mercantilizado[416], desfile das escolas de samba mercantilizado etc.).

Na mesma toada, mercantilização dos espaços na cidade faz com que o valor de troca suplante o valor de uso. Na verdade, o valor de troca o redesigna, o redireciona.

Nesse ponto, a cidade (o urbano) desenvolve a tendência de impedir a criação de grupos e sujeitos coletivos, restando ao seu espaço um amontoado que respira, trabalha, dorme, compra e vende. As precariedades permanecem encobertas pelas vitrines e pelos condomínios. Os conteúdos inflexionados pela troca mercantil são estabelecidos/estabelecem a forma do urbano, e o encontro entre a obra e o produto está pronto. A cidade está no mercado.

Na mesma toada, mercantilização dos espaços na cidade faz com que o valor de troca suplante o valor de uso. Na verdade, o valor de troca o redesigna, o redireciona.

Nesse ponto, a cidade (o urbano) desenvolve a tendência de impedir a criação de grupos e sujeitos coletivos, restando ao seu espaço um amontoado que respira, trabalha, dorme, compra e vende. As precariedades permanecem encobertas pelas vitrines e pelos condomínios. Os conteúdos inflexionados pela troca mercantil são estabelecidos/estabelecem a forma do urbano, e o encontro entre a obra e o produto está pronto. A cidade está no mercado.

Se o(s) valor(es) de uso pode(m) ser redirecionados pelo(s) valor(s) de troca (afinal, ou são contradições sobredeterminadas, ou são sínteses que viabilizam novas contradições), a forma do urbano é a forma da simultaneidade entre concentração (riqueza e centros de decisão nos bairros ricos) e dispersão (segregação social e formação de cidades periféricas).

---

[416] A título de exemplos contra hegemônicos, cito o processo de resistência implementado por movimentos populares como *Carnaval de Lutas* (notadamente nas cidades do Rio de Janeiro e Belo Horizonte) e *Carnaval da Quebrada*, em São Paulo, que buscam recapturar os espaços da cidade, apropriados pela sua mercantilização, bem como da cultura e da própria estética urbana.

Também é evidente que nessas mesmas condições a dispersão aumenta: divisão do trabalho levada até suas últimas consequências, segregação dos grupos sociais, separações materiais e espirituais. Essas dispersões só podem ser concebidas e apreciadas através da referência à forma da simultaneidade. Sem essa forma, a dispersão e a separação são pura e simplesmente percebidas, aceitas, interinadas como sendo fatos. Deste modo, a forma permite designar o conteúdo, ou antes, os conteúdos. Na sua emergência, o movimento faz aparecer um movimento oculto, o movimento dialético (conflitante) do conteúdo e da forma urbana: a problemática. A forma na qual essa problemática se inscreve levanta certas questões que fazem parte dela. Diante de quem e para quem é que se estabelece a simultaneidade, a reunião dos conteúdos da vida urbana[417]?

A simultaneidade do processo concentração-dispersão, revista sob a perspectiva de grandes aglomerações urbanas, urbanizações concentradas e a interna condição de metropolização dessas estruturas primárias, especificamente no Brasil, se reflete sobre algumas condicionantes da relação centro x periferia[418].

Nesse sentido, a tendência de concentração do trabalho intelectual na cidade é dialeticamente (portanto, contraditoriamente) dispersada, de forma gradual, para periferias e outros centros urbanos relativamente menores. Essa dispersão se dá, entre outros fatores, pela difusão e acesso (mercantilizado, saliento) à informação transmitida virtualmente, viabilizada pela internet, a partir do início da década de 1990.

Certamente a qualidade (forma e conteúdo) da informação que chega à periferia não é a mesma dos centros de decisão e bairros nobres. Atualizando a análise sobre os resultados empíricos de Milton Santos, que já identificou em 1994 as "defasagens e perdas, com dispersão das mensagens e ordens"[419]), no intercâmbio de informações entre centro e periferia, o domínio hegemônico (ideológico) classista sobre a intelectualidade, a cultura, a produção técnico-científica etc., ainda geograficamente (e relativamente) concentrada em seletos territórios funcionalmente determinados[420], revela a atualidade da tendência da "ainda concentração" dos centros de informação e decisão.

Assim, a metrópole informacional[421] – espraiada vitualmente e literalmente sobre as cidades periféricas - é onipresente ideologicamente (porém, não em condições dignificantes de existência), na medida em que manipula,

---

[417] Idem, p. 102-103.

[418] SANTOS, Milton. *A urbanização brasileira*. São Paulo: Hucitec, 1998, p. 89-97.

[419] Ibidem.

[420] Ibidem. Formulação desenvolvida por Milton Santos e que se refere ao processo de designação/redesignação de territórios a partir de funções táticas/estratégicas determinadas pela planificação urbanística, pelo poder político, em síntese, pelos aparelhos. Assim, um território funcionalmente determinado pode corresponder aos bairros que concentram a classe mais rica (por exemplo, o Centro do Rio de Janeiro, bairros da Zona Sul etc.) e as periferias.

[421] Ibidem.

controla e limita os acessos e os conteúdos. No ritmo do embate entre ideologia e contra ideologia[422], encarniçado na relação centro x periferia, cujo compasso é em boa medida definido pelos aparelhos público-privados, a constante reprodução da práxis fetichizada é o mesmo processo de reprodução das desigualdades. A relação de simultaneidade "concentração-dispersão" do trabalho intelectual remodela a mesma relação referente ao trabalho socialmente dividido.

A contradição "concentração-dispersão" viabiliza novas sínteses ou sobredeterminações que revelam outras novas contradições dialéticas, como centralidade-externalidade. A tendência de centralidade das decisões e do desenvolvimento intelectual, técnico e cultural, também em relação de simultaneidade, corresponde à mesma tendência de expurgar dos grandes centros funcionalmente determinados as classes que se multiplicam para o trabalho manual. Esse fator, como já se sabe, é essencial para a reprodução das relações de produção, posto que, segregando e concentrando, rompe em certa medida com a isotopia dos espaços centrais, fetichizando-os ao ponto de esconderem a realidade urbana que prolifera na periferia.

Essa dicotomia do espaço urbano é atravessada, por sua vez, pela conflitualidade verificada em cidades tão desiguais, como no caso do Brasil. O conflito entre a "cidade formal" e a "cidade real" é marcado pela disputa do espaço, dos meios de acesso aos equipamentos e serviços públicos e, além de outras chagas abertas, pela autoconstrução dos espaços que forçam o acesso à cidade pelo seu valor de uso[423].

A simultaneidade entre centralidade-externalidade rompe silenciosamente a isotopia dos centros urbanos e da periferia. Como a rua, lugar de ruptura-sutura dos encontros e da circulação de mercadorias[424], a relação centro-periferia, para além das disposições geográficas urbanas, é tatuada pelas inflexões sobre os cursos dos lugares funcionalmente determinados. Eles lugares são objeto de irrupções simultâneas.

---

[422] Chamo vulgarmente de "ideologia x contra ideologia" a relação, por exemplo, entre estruturas como o conhecido "gabinete do ódio" (objeto de investigação sob supervisão do Supremo Tribunal Federal sobre *fake news*) e as resistências promovidas por "comunicadores populares" (veículos de informação organizados popularmente, fora do campo das institucionalidades, que interpelam os aparelhos de imprensa, apontando contradições sobre dados e informações em geral). Outros exemplos de "contra ideologia" podem ser citados: movimento "*sleeping giants*" (desmonetização de *fake news*) e o veículo conhecido como "mídia ninja". Essa minha abordagem vulgar não tem necessariamente relação com o trabalho de Alfredo Bosi (*Ideologia e contraideologia*), o qual ainda não analisei.

[423] SOUZA e SILVA, Rudrigo Rafael. Contradições urbanas, movimentos sociais e luta pelo Direito à Cidade. In: BELLO, Enzo; KELLER, Rene José (org.). *Curso de Direito à cidade*: teoria e prática. Rio de Janeiro: Lumen Juris, 2018, p. 65-66.

[424] LEFEBVRE, 2002, *op cit*, p. 45.

A simultaneidade das irrupções não é uma concepção cronológica, mas de simultaneidade de tempo-espaço. Historicamente, o centro irrompeu outros espaços, criando periferias estrategicamente funcionais para o escoamento dos excedentes de produção, mas sofreu, e sofre, as irrupções físicas e imateriais de corpos periféricos e novas reivindicações sociopolíticas que insistem em ocupar os espaços, a arte, a cultura e produção intelectual.

Da mesma forma que as formulações "centro" e "periferia" têm uma característica de unidade (centro – local de concentração de riquezas e de decisão; periferia – espaço projetado pelo utilitarismo próprio do modo de produção), têm a característica de dualidade. O dual do urbano é a heterotopia que irrompe a isotopia dele mesmo, produzindo, num mesmo lugar agora reconfigurado, diferenças que podem ir "até o contraste fortemente caracterizado, e mesmo até o conflito"[425].

Na queda de braço das irrupções, o urbano, produto da industrialização e constantemente remodelado pelo capitalismo financeiro globalizado (no caso da cidade, notadamente imobiliário), continua sendo o palco de luta política. Mas quem pode ser o novo protagonista da luta política no contexto de disputa pela cidade?

Tal protagonismo demanda se cogitar o utópico[426], o possível-impossível, o lugar transcendente das institucionalidades, o espaço que ainda não existe no campo concreto, mas que se anuncia pelos desejos do coração[427]. Esse mesmo protagonismo demanda a práxis revolucionária que se opere na forma urbana, "rompendo os limites que buscam aprisioná-la"[428].

> Dessa forma se formula o problema teoricamente fundamental. Quer exista ou não um "sujeito" ao qual a análise posa imputá-lo, quer seja o resultado global de uma sequência de ações não combinadas ou o efeito de uma vontade, o sentido político da segregação como estratégia de classe é claro. Para a classe operária, vítima da segregação, expulsa da cidade tradicional, privada da vida urbana atual

---

[425] Ibidem. A compreensão da heterotopia pressupõe a análise, não apenas a descrição do urbano. A mudança da descrição para a análise possibilita alcançar as relações sociais no urbano que, de abstratas, passam a concretas pela decomposição do objeto analisado. Em outros termos, as relações não se limitam à produção, circulação e realização do mais-valor, mas, por detrás isso, o que é visível-invisível: as relações de produção.

[426] Idem, p. 121. O utópico não é o imaginário, mas a perspectiva de superação do dado, pela tática (irrupções e heterotopias) e da estratégia (práxis revolucionária). "[...] É o lugar do olhar que domina a grande cidade, lugar mal determinado, mas bem concebido e bem imaginado (pleno de imagens), lugar da consciência, ou seja, de uma consciência da totalidade. Geralmente, esse lugar imaginado e real situa-se nas fronteiras da verticalidade, dimensão do desejo, do poder do pensamento. Às vezes ele se encontra em profundidade, quando o romancista ou o poeta imaginam a cidade subterrânea, ou o reverso da cidade consagrado às conspirações, aos crimes. A u-topia reúne a ordem próxima e a ordem distante".

[427] HARVEY, David. *Cidades Rebeldes*: do direito à cidade à revolução urbana. Tradução: Jeferson Camargo. São Paulo: Martins Fontes, 2014, p. 47.

[428] LEFEBVRE, 2002, *op cit*, p.116.

ou possível, apresenta-se um problema prático, portanto político. Isso ainda que esse problema não tenha sido levantado de forma política e que a questão da moradia tenha ocultado até aqui, para essa classe e seus representantes, a problemática da cidade e do urbano[429].

A renovação urbana, mesmo como estratégia reformista[430], tem lugar no processo revolucionário. O uso tático[431] de instrumentos procedimentais democráticos, ou resumidamente do direito, como orçamento participativo, estudo de impacto de vizinhança[432] etc., próprios da superestrutura burguesa dos aparelhos, deve se dar de forma discernida e em sentido oposto à mera reprodução do capitalismo. Considero, nesse limite, etapa para a estratégia revolucionária. Seus usos devem ser, portanto, pautados pelo agir anticapitalista. "Nossa tarefa política, sugere Lefebvre, consiste em imaginar e reconstruir um tipo totalmente novo de cidade a partir do repulsivo caos de um desenfreado capital globalizante e urbanizador"[433]. Contudo, isso não pode ocorrer sem a criação de um vigoroso movimento anticapitalista eis que o direito à cidade é um significante vazio a ser preenchido.

A abertura terminológica e a disputa teórica do que vem a ser o "direito à cidade" está longe de ser resolvida. Explorei isso ao longo deste texto e já posso concluir, ao menos parcialmente, que o direito à cidade não é (mas assume contingencialmente) uma forma jurídica.

A escolha por definir o direito à cidade como "luta política" e, por isso, um "não-direito" parte das seguintes premissas teórico-empíricas: a) o direito à cidade é um significante vazio e seu exercício depende de quem vai lhe conferir significado; b) sua materialização depende de atividades antíteses, contra hegemônicas, ou seja, do não mercado, anticapitalistas; c) a forma jurídica e o sistema de justiça são aparelhos (e aparelhos ideológicos) que reproduzem as relações de produção - logo, o direito à cidade, enquanto categoria teórico-prática, precisa ser desvinculado, na perspectiva da práxis revolucionária, da

---

[429] LEFEBVRE, 2016, *op cit*, p. 111-112.

[430] Idem, p. 122-123. Diz Lefebvre: "Em si mesma reformista, a estratégia de renovação urbana se torna 'necessariamente' revolucionária, não pela força das coisas, mas contra as coisas estabelecidas. A estratégia urbana baseada na ciência da cidade tem necessidade de um suporte social e de forças políticas para se tornar atuante. Ela não age por si mesma. Não pode deixar de se apoiar na presença e na ação da classe operária, a única capaz de pôr fim a uma segregação dirigida essencialmente contra ela. Apenas essa classe, enquanto classe, pode contribuir decisivamente para a reconstrução da centralidade destruída pela estratégia de segregação e reencontrada na forma ameaçadora".

[431] Delimitando a categoria, compreendo que o uso tático se refere à utilização de instrumentos (leis, decretos, procedimentos etc.), mas dentro da estratégia anticapitalista.

[432] Exemplos de instrumentos de política urbana previstos no Estatuto da Cidade – Lei n.º 10.257/2001.

[433] HARVEY, 2014, *op cit*, 20.

mera titularidade de direitos de cidadania e do manejo fetichizado do sistema de justiça.

Na relação centro-periferia, a luta anticapitalista se reconfigura (ou pode se reconfigurar) no urbano.

3. CONSIDERAÇÕES FINAIS

Dialeticamente a tríade ideologia-crise-consenso, sempre suportada pela ideologia da forma jurídica (e outras sobreposições ideológicas, como a separação entre público e privado, por exemplo) avança no sentido de retroalimentar a fetichização da práxis. A separação entre ser humano e ser político (inclusive alimentada pelo discurso anticorrupção e pelo lavajatismo), o não reconhecimento da cidade como o local de exercício da cidadania, a valorização da moradia, da cidadania e do direito como mercadoria, a resignação diante da situação dada e a ausência de discernimento sobre o papel dos aparelhos na estrutura do capitalismo, desenham o quadro das cidades.

Portanto, é fundamental que as tentativas de constituição de um novo modelo de cidadania urbana sejam elaboradas por ações discernidas no/pelo plano existencial da práxis (conscientemente pré-revolucionárias), a partir de indivíduos autorreferenciados como assujeitados pelas formas sociais e que reproduzem materialmente a ideologia do Estado capitalista. Todas essas questões dependem, por sua vez, do discernimento sobre Estado, direito, sistema de justiça e desenvolvimento coletivo da capacidade de uso político do direito dentro das estruturas do capitalismo. A reconfiguração da práxis nesses termos pode provocar o discernimento dos sujeitos sobre o que se esconde por detrás da crise.

Henri Lefebvre já nos revelou o caminho para a significação do direito à cidade, que pode ser essencialmente compreendido pelo não-direito manifestado na instância de luta política por atribuir/retribuir ao habitat e ao habitar o seu valor de uso. O tempero de David Harvey atribui um sabor diferente ao preparo, no sentido de que esse não-direito, que esbarra nos direitos humanos, nas ilusões constitucionais e sofre apropriação/encapsulamento burgueses, é a luta política anticapitalista.

Mesmo que os usos táticos do direito e, consequentemente, a luta por eles, sejam etapa para a os fins revolucionários, que levarão ao fim das estruturas capitalistas de Estado e da forma jurídica como conhecemos, lembremos que talvez a maior lição de Gramsci e Pachukanis (limitada às problematizações mais aprioristicas) é a de que o direito é componente tático para a estratégia capitalista.

Mas, será possível que os cidadãos conseguirão em algum momento romper a realidade urbana pela reconfiguração da práxis e pela transformação da luta por existência/direitos em luta anticapitalista?

REFERÊNCIAS BIBLIOGRÁFICAS

BELLO, Enzo. A cidadania na luta política dos movimentos sociais urbanos. Caxias do Sul: Educs, 2013.

ENGELS, Friedrich. A situação da classe trabalhadora na Inglaterra. Tradução: B. A. Schumann. São Paulo: Boitempo, 2010.

HARVEY, David. 17 contradições e o fim do capitalismo. Tradução: Rogério Bettoni. São Paulo: Boitempo, 2016.

_____. Cidades Rebeldes: do direito à cidade à revolução urbana. Tradução: Jeferson Camargo. São Paulo: Martins Fontes, 2014.

LEFEBVRE, Henri. A revolução urbana. Tradução: Sérgio Martins. Belo Horizonte: UFMG, 2002.

_____. O direito à cidade. Tradução: Cristina C. Oliveira. São Paulo: Nebli, 2016.

_____. O pensamento marxista e a cidade. Tradução: Maria Idalina Furtado. Lisboa: Ulisseia, 1975.

MARX, Karl. Manuscritos econômico-filosóficos. Tradução: Jesus Ranieri. São Paulo: Boitempo, 2004.

RIO, João do. A alma encantadora das ruas. Rio de Janeiro: Secretaria Municipal de Cultura, Dep. Geral de Doc. e Inf., Divisão de Editoração, 1995.

SANTOS, Milton. A urbanização brasileira. São Paulo: Hucitec, 1998.

SOUZA e SILVA, Rudrigo Rafael. Contradições urbanas, movimentos sociais e luta pelo Direito à Cidade. In: BELLO, Enzo; KELLER, Rene José (org.). Curso de Direito à cidade: teoria e prática. Rio de Janeiro: Lumen Juris, 2018.

PARTE V

UM NOVO DIREITO COMPARADO

O NOVO CONSTITUCIONALISMO LATINO-AMERICANO: A EXPERIÊNCIA DE PODER NO EQUADOR NA ERA CORREA.[434]

Ilana Aló Cardoso Ribeiro[435]

SÚMARIO 1. Introdução 2. Desenvolvimento 2.1 Aspectos do "novo" constitucionalismo latino-americano. 2.2 A promessa teórica e dogmatica do novo constitucionalismo latino-americano na era Correa 3. Considerações finais

1. INTRODUÇÃO

Pesquisas centradas na América Latina suprem a necessidade de retomada de uma identidade latino-americana presente nessa região, já que a maioria das pesquisas na área do direito constitucional, acaba se centrando nos modelos Constitucionais europeus. Mas isso tem uma explicação simples de tradição Constitucional e de cultura jurídica que se importou durante anos desses lugares, é o que se pode denominar também de colonialidade do saber.

Entretanto, há alguns anos a América Latina passou a despertar para a própria América Latina, na ânsia de resgatar o seu passado opressor e refundar o Estado a partir da busca de um novo constitucionalismo que teria esse condão. O fato é que esse movimento que se intitula de novo constitucionalismo latino-americano, ainda que pese controvérsias sobre a etiqueta, refez o caminho inverso ao da colonização e busca retomar uma tradição anterior de inclusão e resgate de tradições outrora esquecidas.

---

[434] Esse texto é um extrato da dissertação de mestrado do PPGDC/UFF defendida em 2013 em parceria com a Universidad Andina Simón Bolivar do Equador e orientada pelo professor Eduardo Manuel Val cujo título é: O novo constitucionalismo latino-americano. Democracia: Da promessa teórica e dogmática à experiência do poder no Equador. O livro completo se encontra disponível para compra na Amazon em formato Kindle, distribuído pela Editora do NIDH do professor e amigo Siddharta Legale.

[435] Doutoranda em Direito pelo PPGD/UFRJ; Mestre em Ciências Políticas pela FLACSO sede Equador; Mestre em Direito Constitucional pelo PPGDC/UFF; Professora, pesquisadora e extensionista na UNESA/RJ. E-mail: ilanaaloribeiro@gmail.com. Lattes: http://lattes.cnpq.br/166215821079527

Nessas condições ressurge o Poder Constituinte, e um Estado com novas características, baseado em um modelo plurinacional e de pluralismo jurídico pautado na reinterpretação de diversos conceitos que vão além do reconhecimento constitucional. São conceitos pautados na reinterpretação do direito e da justiça através de inovações jurídicas e políticas[436]. São exemplos deste movimento as novas Constituições da Colômbia 1991, da Venezuela de 2009, do Equador de 2008, e da Bolívia de 2009. Este tema está diretamente ligado ao direito constitucional, problematiza o processo histórico de constitucionalização do Direito, e traz um foco maior para a efetividade e o impacto que os novos conceitos pautados em um novo paradigma constitucional podem trazer para a dogmática jurídica.

Dessa forma, o objetivo desse artigo é demonstrar como o governo Rafael Correa colocou em xeque a promessa teórica e dogmática do novo constitucionalismo latino-americano e a efetivação da democracia equatoriana, por conta de um poder executivo hipertrofiado. Isso porque, a chamada era Correa, que durou de 2007 a 2017 é marcada por paradoxos e controvérsias que serão mais bem explorados a partir dos pontos que se seguem. Assim, para desenvolver melhor o tema, a pesquisa está dividida em duas partes tomando como referência o Equador:

A primeira trará as inovações do novo constitucionalismo latino-americano especificando sua matriz teórica, filosófica e histórica situando também o Equador neste novo movimento. E a segunda parte irá confrontar a promessa teórica e dogmática do novo constitucionalismo latino-americano com a experiência do poder no Equador. Trata-se de discutir como a democracia desenvolveu-se, na era Correa, em meio a um poder executivo hipertrofiado ou ao também chamado hiperpresidencialismo.

A hipótese aqui defendida é de que a hipertrofia do Poder Executivo não favoreceu a realização da democracia nos termos da Constituição equatoriana e do constitucionalismo latino-americano, verificou-se que apesar da promessa de um novo constitucionalismo desenvolver-se com foco no modelo democrático, a Constituição enfrentou vários desafios para efetivação desses modelos constitucionais democráticos e o fortalecimento de um só poder violou não só a separação dos poderes, mas também a legitimidade popular e por conseguinte a própria democracia.

2. DESENVOLVIMENTO

2.1 Aspectos do "novo" constitucionalismo latino-americano.

---

[436] WOLKMER, Antônio Carlos e FAGUNDES, Lucas Machado. Tendências Contemporâneas do constitucionalismo latino-americano: Estado plurinacional e pluralismo jurídico. Revista Pensar. Revista de Ciências Sociais, Fortaleza, v.16 n.2, p.371,408, jul/dezembro. 2011. ISSN 1519-8464.

A independência das colônias americanas de Portugal e Espanha, no início do século XIX, após séculos de dominação não resultou necessariamente em uma ruptura do sistema que se estava vivendo para um novo e

---

[437] COSTA, Emilia Viotti da. *Da Monarquia à República*: momentos decisivos. 9° edição. São Paulo: UNESP, 2010.

[438] Durante o século XIX o Equador teve 14 Constituições: 1830, 1835, 1843, 1845, 1850, 1851, 1852, 1853, 1861, 1869, 1878, 1883, 1884, 1897. Essas Constituições correspondiam a um modelo de Estado elitista de exclusão das classes marginalizadas (Índios, montuvios e negros – afro equatorianos) onde para exercer os direitos de cidadania havia requisitos para tanto. Exemplo art. 12 da Constituição de 1830 que se repete de certa maneira, com alguns ajustes de textos nas demais Constituições descritas acima: *Artículo 12.- Para entrar en el goce de los derechos de ciudadanía, se requiere:1. Ser casado, o mayor de veintidós años; 2. Tener una propiedad raíz, valor libre de 300 pesos, o ejercer alguna profesión, o industria útil, sin sujeción a otro, como sirviente doméstico, o jornalero; 3. Saber leer y escribir.* (Tradução livre do autor: Artigo 12: Para gozar dos direitos de cidadania se requer: 1. Ser casado ou maior de vinte dois anos; 2- Possuir uma propriedade (*raíz* seria a propriedade em que se fixe residência) como o valor (*libre* se refere ao valor da propriedade livre de impostos ou qualquer outro encargo) de 300 pesos, ou exercer alguma profissão, ou ser profissional autônomo, sem estar subordinado a outra pessoa como empregado doméstico ou jornaleiro.) Disponível em: http://biblioteca.espe.edu.ec/index.cgi?wid_seccion=35 acessado em 14/08/2012. Outro exemplo é a Bolívia que no século XIX teve dez Constituições: 1826, 1831, 1834, 1839, 1943, 1851, 1861, 1868, 1871, 1878 e emendas a esta Constituição em 1880. Essas Constituições também refletiam o modelo elitista excludente onde mais uma vez se exigia requisitos para cidadania, para ser detentor de direitos e deveres naquele território. Exemplo disso é o artigo 14 da Contiruição de 1826 que se repete nas demais guardadas certas diferenças: *Artículo 14 – Para ser ciudadano es necesario: 1- Ser boliviano. 2- Ser casado, o mayor de veinte años. 3- Saber leer y escribir; bien que esta calidad sólo se exigirá desde el año de mil ochocientos treinta y seis. 4- Tener algún empleo, o industria, o profesar alguna ciencia o arte, sin sujeción a otro en clase de serviente domestico.* (Tradução livre do autor: Para ser cidadão é necessário:1- Ser boliviano. 2- Ser casado ou maior de vinte anos. 3- Saber ler e escrever. Esse requisito somente será exigido a partir do ano de mil oitocentos e trinta e seis. 4- Ter algum emprego, ou trabalho autônomo, ou professar alguma ciência ou arte sem subordinação a outra pessoa como empregado doméstico.)Disponível em http://bib.cervantesvirtual.com/portal/constituciones/pais.formato?pais=bolivia&indice=constituciones acessado em 31/01/2023.

[439] WOLKMER, Antônio Carlos e FAGUNDES, Lucas Machado. *Tendências Contemporâneas do constitucionalismo latino-americano:* Estado plurinacional e pluralismo jurídico. Revista Pensar. Revista de Ciências Sociais, Fortaleza, v.16 n.2, p.371,408, jul/dezembro. 2011. ISSN 1519-8464.

[440] Idem ao 6.

[441]Exemplo claro de fragilidade de governo e de sobreposição de Constituições é o Equador, que desde a sua independência datada de 10 de agosto de 1809 até os dias de hoje, possuiu 24 Constituições (1830, 1835, 1843, 1845, 1850, 1851, 1852, 1853, 1861, 1869, 1878, 1883, 1884, 1897, 1906, 1907, 1929, 1945,1946,1967, 1978, 1979, 1998, 2008) em meio a situações políticas, de guerras, ditaduras militares e redemocratização até chegar à Constituição de 2008, legitimada por referendo popular. Disponível em: http://biblioteca.espe.edu.ec/index.cgi?wid_seccion=35 acessado em 31/01/2023

[442] DALMAU, Rubén Martinez. Revista Entre Voces, Revista del grupo democracia y desarrollo local n° quince. Agosto/septiembre de 2008. Ecuador-Quito.

revolucionário modelo de ordem social e político. Após a independência, ocorreu uma reestruturação dessas colônias em Estados soberanos e independentes, mas ainda nos moldes europeus de seus conquistadores principalmente no que diz respeito ao modelo econômico capitalista, a da doutrina do liberalismo que emana da Revolução Francesa e se prolonga pelo Continente. O que significa dizer que na América Latina prevalecia o modelo elitista de concentração de terras e desigualdades sociais baseado em um Estado Oligárquico[437].

Não obstante a isso, as Constituições latino-americanas correspondiam a esse modelo de Estado e privilegiavam-no[438]. Entretanto, a "Constituição não deve ser tão somente uma matriz geradora de processos políticos, mas uma resultante de correlações de forças e lutas sociais em um dado momento histórico do desenvolvimento da sociedade" (WOLKMER, 1989, p.14)[439]. E se a Constituição tem o condão de exaltar a democracia, ou seja, se ela tem o condão de expressar a vontade do povo e não somente a vontade de parcela desse povo, mas o povo como um todo, essa Constituição deve emergir deste que é o titular do Poder Constituinte.

Antes de ressaltar a legitimidade do Poder Constituinte, vale lembrar que apesar da emancipação formal latino-americana com a independência, a República replicou um modelo de Estado baseado no modelo europeu positivista. A cultura jurídica latino-americana da época remontou-se ao modelo hegemônico eurocêntrico de matriz romano-germânica isso não só de maneira geral de modelo jurídico, mas culminou também em uma positivação constitucional. Assim, tanto as culturas jurídicas quanto as suas estruturas foram reproduzidas, exemplo disso são os tribunais, a codificação e as constituições que derivaram dessa tradição europeia[440].

Apesar de "independentes" os Estados ainda continuavam "dependentes" de tradições europeias que em sua grande maioria não traduziam as necessidades locais e que por serem frágeis sucumbiam diante de novos governos, novas políticas, que traziam esse título de novas, mas repetiam o modelo elitista Constituição pós Constituição, usurpando a legitimidade popular[441]. Entretanto, para falar de um novo constitucionalismo, pressupõe-se a existência de um velho constitucionalismo que se quer substituir. "Essas mudanças, que na história constitucional se deu em momentos históricos – constitucionalismo liberal, constitucionalismo democrático e constitucionalismo social, se resumem na expressão Estado Social e Democrático de Direito – e aparecem nas últimas décadas na América Latina com força renovada, diferenciando-se do constitucionalismo latino-americano anterior." (DALMAU, 2008 p.05)[442].

E são dessas manifestações crescentes na América Latina que nasceu o novo constitucionalismo latino-americano trazendo sobre si a responsabilidade de refundar o Estado devolvendo a legitimidade constituinte para quem lhe é de direito, o povo. A Constituição é obra do Poder Constituinte e não do Poder Constituído, Poder Constituinte este que é inicial, autônomo, original. Portanto, para se realizar uma profunda transformação política é necessário ir além do poder constituído, é necessário buscar a legitimidade constituinte, pois, se todo poder emana do povo a atividade constituinte é que lhe confere expressão revelando assim a raiz da legitimidade[443].

Assim, falar de Poder Constituinte é falar de democracia. O Poder Constituinte é visto "como expansão revolucionária da capacidade humana de construir a história, como ato de inovação e, portanto, como procedimento absoluto" (NEGRI, 2002, p. 40)[444]. Por isso os conceitos relativos ao poder de alteração e interpretação das normas constitucionais, denominado poder constituinte derivado pela doutrina tradicional e poder constituído por Negri, tem interpretações tão diferentes.

Essa mudança de um "velho" constitucionalismo para um "novo" constitucionalismo latino-americano ainda denota questões de nomenclatura ou de etiqueta para o constitucionalismo como exemplifica Cecília Lois:

> É preciso atentar para o fato que não há, entre autores, uniformidade na nomenclatura destas reformas constitucionais. São algumas das denominações mais conhecidas: Novo constitucionalismo Latino-Americano (Viciano e Dalmau), Constitucionalismo mestiço (Baldi), Constitucionalismo Andino e Constitucionalismo Pluralista Intercultural (Wolkmer), Neoconstitucionalismo transformador (Santamaría), Constitucionalismo Pluralista (Raquel Fajardo), Constitucionalismo Experimental ou transformador (Boaventura), Constitucionalismo da Diversidade (Uprimmy). (LOES, 2016: 363)

Isso na verdade é uma escolha de matriz teórica, ou de autores que trabalham essa matriz teórica para dar o nome a teoria. Assim a fim de realizar um esforço sintético, para entender os marcos que dão base ao que se entende como novo constitucionalismo, explicita-se os marcos: histórico, filosófico e teórico. Nesses marcos estão contidas as mudanças de paradigma que começaram uma transformação na doutrina e na jurisprudência, criando assim uma nova percepção da Constituição e do papel que ela desempenha na interpretação jurídica.

O marco histórico do novo constitucionalismo está diretamente ligado ao ressurgimento do poder constituinte para refundar o Estado *desde abajo,* pautada em uma epistemologia do Sul como sustenta Boaventura de Souza Santos[445]. A história da maioria dos países latino-americanos, é baseada na política de colonização. Com a emancipação das colônias, suas histórias foram se

---

[443]FAORO, Raymundo. *Assembleia constituinte*: a legitimidade resgatada. Rio de Janeiro: Globo, 1981. O trabalho consta também da obra recentemente editada: FAORO, Raymundo. *A república inacabada*. Rio de Janeiro: Globo, 2007.

[444] NEGRI, Antonio. *O Poder Constituinte: ensaio sobre as alternativas da modernidade.* DP&A: Rio de Janeiro, 2002.

[445] SANTOS, Boaventura de Sousa. *Refundación del Estado en América Latina*: perspectivas desde una epistemología del Sur. Lima: Instituto Internacional de Derecho y Sociedad, 2010.

desenvolvendo de maneira diferente, mas com um traço em comum: a tradição do constitucionalismo com base europeia e colonizadora nos países latino-americanos.

Num ambiente em que quase toda a América do Sul foi palco de golpes militares, o retorno de políticas populistas é outro traço marcante e de base comum entre esses países. Por conta disso, rompendo com esse período da história, a redemocratização da América Latina reestruturou de uma maneira geral os regimes antidemocráticos que estavam no poder através de novas Constituições que tinham como condão principal a efetivação da democracia e dos direitos fundamentais. Este novo modelo constitucional tem como base movimentos políticos e jurídicos criaram um novo momento constitucional embebido na história da formação do Estado e da tradição eurocêntrica de um constitucionalismo de base europeia e colonizadora, que busca romper com essa tradição resgatando as relações entre Constituição e pluralismo.

Em relação ao marco filosófico filia-se a teoria da libertação na América Latina que advém de um movimento filosófico nascido aproximadamente na década de 70, como correlato filosófico da Teologia da Libertação ou da Pedagogia do Oprimido que tem como principais expoentes Enrique Dussel e Paulo Freire[446]. Parte-se do princípio de que o mundo está dividido em centro e periferias, divisão esta que teve seu início a partir de 1492 com a subsunção da América à Europa. Isso quer dizer que a Europa se configurou enquanto único centro do mundo explorando as riquezas de suas periferias, sobretudo as da América Latina. E expandindo a sua configuração política, ideológica, a Europa instala valores universais, ou que se pretendem universais, para poder justificar a imposição de suas crenças, culturas etc. como sendo universalmente válidos importantes para todos.[447]

Essa filosofia coaduna exatamente com a base do novo constitucionalismo latino-americano que é de refundação, de criação de um novo Estado a partir de características próprias não mais pautados em ideais eurocêntricos que nada tem a ver com a realidade vivida na América Latina. É a Epistemologia do Sul como uma crítica a epistemologia da modernidade[448]. Muito disso se encontra nas novas Constituições, principalmente no que tange ao potencial inovador e includente que elas possuem como característica.

---

[446] FREIRE, Paulo. *Pedagogia do Oprimido*. Rio de Janeiro: Paz e Terra, 2005, 42 ª edição. DUSSEL, Henrique. Filosofía de la Liberación. 7° ed. México: Primero, 2001a

[447] MATOS, H. A. *Uma introdução à Filosofia da Libertação latino-americana de Enrique Dussel*. Livro eletrônico gerado a partir do Trabalho de Conclusão de Curso apresentado à Universidade Metodista de São Paulo, sob a orientação de Daniel Pansarelli. São Paulo, 2008.

[448] Boaventura de Souza Santos, sociólogo, também se remete a epistemologia do sul em seu livro (SANTOS, Boaventura de Souza. Refundación del Estado en América Latina. Perspectivas desde una epistemología del Sur) demonstrando uma ecologia de saberes que é inerente a esse novo constitucionalismo já embebido na ideia de um pluralismo.

Finalmente, seu alicerce teórico se sustenta em uma inversão de valores onde a nova revolução emancipatória estaria nas mãos do povo, o nacional, o membro do Estado-nação, sustentado pelo *Sumak Kawsay* ou *suma qamaña* (bem-viver) e *Pachamama* (mãe terra) historicamente excluídos do processo de aplicação e produção do Direito, como reforçam Mariátegui e Quijano[449]. Destaca-se aqui o nascimento do constitucionalismo democrático que reflete a luta pela emancipação dos povos. E nesse contexto latino-americano de refundação do Estado o constitucionalismo fundacional deu vida à revolução democrática que se insurgia ainda que houvesse resquícios de um constitucionalismo liberal conservador importado que freava a expectativa de uma mudança democrática.

Com todo esse suporte teórico, viu-se surgir na prática o movimento de mudança constitucional no Equador, tudo se deu em um contexto de efervescência de uma nova matriz constitucional que começa a se desenvolver em paralelo com a criação do movimento da *revolución ciudadana* advindo do recém-criado partido *Alianza Paiz* encabeçado por Rafael Correa Delgado, candidato vencedor a Presidência da República em 2007. Com a eleição de Correa se inicia também uma assembleia nacional constituinte para colocar a teoria explicitada acima em prática, o que trouxe ao Equador além de uma nova Constituição, o início de uma nova era, a era Correa.

2.2 A promessa teórica e dogmatica do novo constitucionalismo latino-americano na era Correa

O novo constitucionalismo latino-americano por retomar a discussão acerca da legitimidade constituinte teve o condão de reestruturar a legitimidade original do povo quando recolocou em suas mãos o poder de "construir" uma nova Constituição. E para operacionalizar essa legitimidade, buscou-se uma mudança de paradigma, dando ao povo a sua maior expressão de democracia e legitimidade, ou seja, dando "voz" ao povo. A maneira que se escolheu para que isso fosse operacionalizado na prática foi a votação popular de proposta de uma nova Constituição por meio de um referendo, ou consulta popular, através de uma democracia participativa.

No Equador, no dia 15 de abril de 2007, o povo foi submetido a uma consulta sobre a ativação da Assembleia Constituinte. A pergunta foi a seguinte:

---

[449] O conceito de *bien vivir* é um conceito que varia culturalmente, por isso, me deterei em dar-lhes um conceito inicial de Fernando Huanacuni Mamani no artigo Buen Vivir / Vivir Bien Filosofía, políticas, estrategias y experiencias regionales andinas disponível em: http://www.refl ectiongroup.org/stuff /vivir-bien: "*Defi nición de Vivir Bien: El concepto del vivir bien desde los diferentes pueblos originarios se va complementando con las experiencias de cada pueblo. Según la ideología dominante, todo el mundo quiere vivir mejor y disfrutar de una mejor calidad de vida. De modo general asocia esta calidad de vida al Producto Interior Bruto de cada país. Sin embargo, para los pueblos indígenas originarios, la vida no se mide únicamente en función de la economía, nosotros vemos la esencia misma de la vida.*"

"¿Aprueba usted, que se convoque e instale una Asamblea Constituyente con plenos poderes de conformidad con el Estatuto Electoral que se adjunta, para que transforme el marco institucional del Estado y elabore una nueva Constitución?[450]"

O resultado da consulta foi 81,72% de votos afirmativos que correspondem a 5.354.595 sufrágios; 12,43% de votos negativos que correspondem a 814.323 sufrágios. Os votos nulos e brancos foram menos de 6% e a abstinência alcançou índice de menos de 30%[451]. O contexto aqui advinha das eleições de 26 de novembro de 2006, onde ganhou o agora ex-presidente Rafael Correa Delgado, que impulsionou sua campanha com promessas de combate ao neoliberalismo e reformas radicais através da revolução cidadã. Convocou de imediato uma consulta popular que decidiu pela instauração de uma Assembleia Constituinte para a promulgação de uma nova Constituição.

Daí um cenário propício para o discurso de refundação do Estado e de toda a novidade democrática que trazia o novo constitucionalismo latino-americano. A Constituição equatoriana de 2008 estabeleceu um Estado Constitucional de direitos e justiça. Como se pode observar, esta definição da constituinte está estruturada a partir de um substantivo, "Estado" e três adjetivos: constitucional, de direitos e justiça[452].

Dizer que um Estado é "constitucional" não significa só dizer que é um Estado de Direitos, significa dizer que, além disso, se baseia nos princípios da supremacia da Constituição e da normatividade constitucional. Primeiramente, significa dizer que formalmente as normas constitucionais estão no topo do ordenamento jurídico e materialmente a norma constitucional é diretamente aplicável. Assim, ser um Estado de "direitos" implica que toda a finalidade estatal tenha uma finalidade superior: a eficiência real dos direitos individuais e coletivos. Supõe-se, portanto o reconhecimento de um Estado plurinacional e de outras ordens plurais de direito que coexistem com o estado: o direito próprio das nacionalidades, povos, comunidades indígenas, e o direito de equidade da justiça de paz. E finalmente ser um Estado "de justiça" significa que o fim essencial do Estado é a consecução da equidade e da justiça, propósito esse que

---

[450] Tradução do texto: Você aprova que se convoque e instale uma Assembleia Constituinte com plenos poderes em conformidade com o Estatuto Eleitoral que se adjunta, para que se transforme o marco institucional do Estado e se elabore uma nova Constituição?

[451] DALMAU, Rubén Martinez. Revista Entre Voces, Revista del grupo democracia y desarrollo local n° quince. Agosto/septiembre de 2008. Ecuador-Quito.

[452] Artigo primeiro da Constituição do Equador: Art. 1 - El Ecuador es un Estado constitucional de derechos y justicia, social, democrático, soberano, independiente, unitario, intercultural, plurinacional y laico. Se organiza en forma de república y se gobierna de manera descentralizada. Disponível em: http://www.asambleanacional.gov.ec/documentos/constitucion_de_bolsillo.pdf acessado em 31/01/2023.

está diretamente ligado a atividade dos juízes (função jurisdicional e sistema de justiça constitucional), mas também as outras funções do Estado e seus funcionários através das garantias legislativas e das garantias públicas.

A revolução cidadã liderada por Correa advinda do movimento Alianza País na Constituinte de 2007 era respaldada por uma união de forças que possibilitaram a ascensão do movimento. Nesta proposta confluíram movimentos e grupos como *"Iniciativa Ciudadana", "Acción Democrata Nacional",* o movimento indígena, e, pessoas influentes que fizeram parte da primeira equipe de governo do presidente como Alberto Acosta, Manuela Gallegos, Fernando Vega, Mónica Chuji, Gustavo Larrea e Ricardo Patiño.

Entretanto, durante o seu mandato que durou por volta de 10 anos, de 15 de janeiro de 2007 a 24 de maio de 2017, o ex-presidente Rafael Correa perdeu grande parte do apoio antes dedicado a Alianza País permanecendo com ele apenas o chanceler Ricardo Patiño e algumas alianças com partidos de direita. Inclusive o ex-presidente da assembleia constituinte Alberto Acosta, se tornou posteriormente crítico do governo Correa por acreditar ser contraditória sua política com a ideologia inicial do movimento, além de ter se tornado candidato à presidência e concorrer nas mesmas eleições que Correa.

Durante todo o seu mandato de Rafael Correa, manteve uma política dura, marcada por conflitos com a imprensa e acusações de repressão a liberdade de expressão o que de certa maneira põe em risco a democracia constitucional. Era um ator político muito contraditório, e tinha como característica uma personalidade explosiva e adicta ao conflito como demonstrou em ocasiões de conflitos com a imprensa e através dos discursos semanais *(Rendición de cuentas / enlaces ciudadanos)* que fazia na televisão estatal, onde falava abertamente sobre os acontecimentos políticos do período. Vale ressaltar que além de uma oratória invejável, era um líder bastante carismático que, sabia se relacionar com o povo que o elegeu, levando essas sabatinas aos mais diferentes rincões do país, o que mantinha a sua popularidade em alta.

Não obstante, atravessou um período complicado de governo ao mesmo tempo em que concorreu à reeleição. Muito questionado por nomear familiares a cargos politicamente estratégicos, viu sua família envolvida em escândalos como, por exemplo, o caso relatado pelo livro "El gran Hermano[453]" que denunciava contratos de empresas vinculadas a seu irmão Fabricio Correa com o Estado, em 2009, e o caso do seu primo Pedro Delgado[454], ex-presidente do Banco Central em 2012 que confessou ter falsificado seu título de economista em meio a uma onda de críticas a sua gestão[455]. Criticado também pelo endividamento externo

---

[453] CALDERON, J. C. & ZURITA, C. *El Gran Hermano.* Quito: Paradiso Editores, 2010.

[454] Em entrevista a televisão e a imprensa no dia 19/12/2012, o então presidente do Banco Central do Equador, primo do presidente Rafael Correa, renuncia ao cargo admitindo que possuía um título de economista falso. Disponível em http://www.eluniverso.com/2012/12/19/1/1355/pedro-delgado-deja-cargo-reconociendo-titulo-economista-falso.html acessado em 23/01/2023.

com o FMI e com a China. Entretanto, conseguiu manter o massivo apoio popular principalmente por manter políticas de acercamento com as populações menos favorecidas e por cumprir obras de infraestrutura prometidas em seu plano de governo.

Assim, é possível entender como se desenvolveu o processo constituinte na história recente do Equador, um país marcado por crises políticas e econômicas que, governo pós governo não se soluciona. Constata-se que a Constituição e a revolução cidadã estão diretamente ligadas ao governo Rafael Correa que trouxe, por sua vez, o caráter refundador do novo constitucionalismo latino-americano, mas que alberga em si uma contradição já que se trata de um governo de democracia com adjetivos.[456].

A identificação do chefe de estado de governo com as mudanças ocorridas no país e com a nova Constituição, traz o que chama Ferrajoli do chefe como reencarnação da vontade popular, ou seja, não se separa representante de representado. Segundo essa ideologia que tem conotações cada vez mais populistas, a democracia política consistiria em mais que a representação da pluralidade de opiniões políticas e dos interesses sociais e em sua medição parlamentária, consistiria na opção eleitoral por uma maioria de governo e com ela por seu chefe identificando-os com a expressão direta e orgânica da vontade e da soberania popular em que se fundaria a legitimidade dos poderes públicos[457].

Partindo de uma revolução cidadã para a experiência do poder no Equador encontrou-se um paradoxo de um Poder Executivo cada vez mais centralizado na figura do presidente indo de encontro justamente a uma promessa de democracia e poder nas mãos do povo. A questão que se retoma é a legitimidade democrática, e como essa democracia pode se desenvolver e

---

[455] Reportagem do jornal on line El Comercio do dia 23/01/2013. Disponível em: http://especiales.elcomercio.com/2013/01/info_correa/#.UP_-Mx08CSq acessado em 23/01/2023.

[456] COLLIER, David y LEVITSKY Steven Democracia con adjetivos, innovación conceptual de la en la investigación comparativa. En revista La Política, número 4, Buenos Aires, 1998, páginas 137-160. "Específicamente, pretenden evitar el problema del estiramiento conceptual que surge cuando el concepto de democracia se aplica a casos para los cuales, según los criterios de la literatura especializada, no es apropiado. La consecuencia ha sido la proliferación de fórmulas conceptuales alternativas, incluida una sorprendente cantidad de subtipos de democracia «con adjetivos». Como ejemplos de los cientos de subtipos que aparecieron, se pueden citar la «democracia autoritaria», la «democracia neo patrimonial»; la «democracia militarizada» y la «protodemocracia». (...) Otro intento de precisar la definición de democracia surgió de la percepción de que en varias nuevas democracias latinoamericanas y en algunos países excomunistas, los presidentes elegidos emplean con demasiada frecuencia su poder de emitir decretos, esquivando las instituciones democráticas como las legislaturas y los partidos políticos, y gobiernan de un modo plebiscitario, lo cual evidencia un grave trasfondo autoritario."

[457] FERRAJOLI, Luigi. Poderes Salvajes. *La crisis de la democracia constitucional.* Editora Minima Trotta, 2011. Madrid.

cumprir a promessa dogmática e teórica de um novo constitucionalismo fundado justamente na legitimidade popular frente ao dilema governamental de centralização.

Com esse paradoxo entre participacionismo, novo constitucionalismo e hiperpresidencialismo, se sistematiza a Constituição como um ideal imaginário difícil de atingir ainda que pese ser parte um movimento ainda por consolidar-se. Isso porque em grande medida a Constituição foi desenhada como uma reação ao constitucionalismo liberal que mantinha a anterior, o que gerou um extenso texto que pressupõe a sujeição dos poderes públicos ao ordenamento jurídico ampliando o Estado para um Estado de direitos e garantias.

A Constituição em seu texto realmente busca alcançar esses valores, mas assim como a crítica que Pablo Andrade faz em seu texto sobre o reino imaginário dos intelectuais políticos equatorianos da Constituição de 2008, é necessário um olhar mais próximo e menos teórico, é dizer

> (...) *los intelectuales tuvieron un rol central en la producción de las secciones más ambiciosas de la actual Constitución. Ellos produjeron el reino imaginario del que hablé en mi introducción; el país cuyo gobierno busca la justicia social, actúa dentro de y fomenta la igualdad y la libertad (esto es, la democracia), el que crea las condiciones para que se produzca el respeto y convivencia entre las culturas; el país donde se vive bien. Pero, los intelectuales, en general no sólo en Ecuador, están condenados a dos destinos; el primero es que sus creaciones son subvertidas por la práctica de los políticos en ejercicio del gobierno, esto es lo que pasó cuando el presidente de la República tomó el control de la Asamblea Constituyente en la fase decisional. La segunda tragedia ocurre cuando la creación cobra vida y se rebela contra su creador, como bien lo sabía esa figura imaginaria pero representativa del intelectual decidido crear un nuevo orden, el Dr. Frankestein. Esto último es lo que ocurre cada vez que los intelectuales, después del plebiscito de 2009 y de regreso a sus ocupaciones como abogados en ejercicio, profesores universitarios, activistas sociales, consultores ONGs – en algunos casos una combinación de todo lo anterior- intentan hacer funcionar la Constitución como si efectivamente existiese el reino imaginario que creyeron haber creado*[458].

Uma Constituição idealizada, teórica onde seus mecanismos democráticos se mostram inovadores, mas pouco factível por precisar de uma transformação social profunda afastada de modelos anteriores que priorizavam outro modelo de Estado e governo. Alia-se a isto a instabilidade político-constitucional já que historicamente as Constituições equatorianas não são duradouras e logo são substituídas por uma nova. Põe-se em xeque os mecanismos de participação quando se questiona se estes são efetivos ao ponto de garantir a democracia, ou se esses mecanismos são usurpados por um executivo forte e centralizado na figura do presidente.

Seguindo Rafael Balda o modelo presidencial equatoriano é classificado como *suis géneris*, pois se entende que esse modelo se vê estruturado com importantes variantes institucionais que os separa dos modelos presidencialistas

---

[458] ANDRADE, Pablo A. *El reino (de lo) imaginario*: Los intelectuales políticos ecuatorianos en la construcción de la Constitución de 2008. Revista Ecuador Debate 85 Quito-Ecuador, Abril del 2012 Presentación / 3-6.

tradicionais[459]. Esse modelo de presidencialismo se caracteriza por: 1- Um presidente que concentra as funções de chefe de Estado e chefe de Governo; 2- Presidente eleito pelo voto popular; 3- Um mandato presidencial sujeito há um tempo fixo; 4- A destituição de mandato de ministros livremente pelo presidente. E foi com esse aporte que a Constituição de 2008, que tinha como pretensão solucionar uma crise institucional existente, manteve o presidencialismo.

Contudo, nota-se que de maneira diferente, não buscou o aperfeiçoamento deste senão a sua supervalorização, é o que se chama comumente de hiperpresidencialismo ou hipertrofia do poder executivo. Em outras palavras, é dizer que se concentra muitos poderes nas mãos do presidente, o que historicamente é possível ser observado na América Latina, que, opta pelo modelo presidencialista em detrimento a outras formas de governo como o parlamentarismo e isso ocorre justamente porque a estrutura social conduz a esse tipo de sistema já que a sociedade está estruturada para perpetuar o modelo de democracia representativa em detrimento a participativa.

E para explicar isso é possível recorrer a vários fatos históricos e fenômenos políticos relacionados à existência do presidencialismo na América Latina e no Equador. O primeiro deles é o pensamento Bolivariano. Simon Bolívar mantinha alguns traços fortes ligados ao sistema monárquico como a ideia de um presidente vitalício e não aprovava a participação popular, pois considerava sua presença na cena política como inconveniente e perigosa. Assim, para ele, o executivo deveria ser o órgão mais forte do Estado para que o presidente possa lutar contra todos os inconvenientes que se apresentem contra a administração de um governo tornando-se assim o centro do poder.

O segundo advém da herança colonial de desenho institucional. A colonização necessitava manter uma tradição política e administrativa centralizada e autoritária. Somado a isso se encontra a forte tradição militar e eclesiástica na configuração do poder. Essas instituições se demonstram verticalizadas e autoritárias e tem a característica de tomada de decisões em última instancia o que continua até os dias de hoje personalizada na figura de um órgão que é o órgão de fechamento, que dá a última palavra, o executivo. E, em terceiro lugar pode-se citar a influência do constitucionalismo norte americano que denota de um presidencialismo forte por razões históricas de independência. Entretanto, na América Latina, diferentemente do presidencialismo norte americano, as atribuições do executivo foram maiores e se manifestaram através de atribuições legislativas e estados de exceção[460].

---

[459] BALDA, Rafael. *Hacia un nuevo sistema de gobierno.* In Ramiro Ávila Santamaría, Augustín Grijalva y Ruben Martinez Dalmau. Desafios Constitucionales. La Constitución ecuatoriana del 2008 en perspectiva. Quito, Ministerio de Justicia y Derechos Humanos 2008.

[460] SANTAMARIA, Ramiro Avila. *La alternativa al hiperpresidencialismo en un Estado Plurinacional en El silencio ante un atropello imposible.* Estudios sobre el pensamiento jurídico de Julio César Trujillo. Serie

O hiperpresidencialismo, antes já denominado bonapartismo e cezarismo, está referido ao exercício de poder e a tomada de decisões que se expressa na relação entre o parlamento e o executivo, executivo este que é representado pela figura de um líder carismático[461]. A tomada de decisões parte de um sistema democrático e necessariamente passa por esses dois níveis de governo. Por isso, pretender substituir a representação política através dos partidos e do parlamento criando instituições paralelas como o Conselho de Participação Cidadã se converte em uma forma de fortalecimento do executivo já que este tem o poder de nominar e vetar as nominações que são feitas por concurso.

O que ocorreu na política equatoriana, com Rafael Correa foi a debilitação dos partidos políticos para criar partidos satélites fortes, e uma oposição frágil. Os partidos políticos expressam a vontade popular coletivamente porque expressam o pluralismo dessa vontade, e por isso que se necessita uma pluralidade de partidos, em contrapartida, a estratégia para manter um poder executivo forte se baseou em três vertentes. Primeiro, debilitou em excesso os partidos políticos para manter um partido hegemônico de Estado, como foi o Alianza País, se montou um sistema burocrático onde a burocracia do Estado era o partido. Segundo, soube-se manejar a economia com recursos que nesse caso estavam ligados ao petróleo. Terceiro, foi possível, naquele momento, converter as forças armadas uma militante do projeto. Assim o executivo se transformou em um legislador exclusivo através de consulta popular onde o legislativo não teve ingerência, ou simplesmente usando a maioria na Assembleia que existiu durante praticamente todo a era Correa.

Mais um trunfo utilizado foi se estatizar a participação em mais uma função do Estado, que por fim também tinha o controle do executivo, o que fez com que este desenho democrático não gerasse as dinâmicas de participação esperada apesar dessa função ter sido inspirada na ideia de democratizar a estrutura do poder. A falha está na personalização da liderança política que se esconde na ideia de que a concentração de poder como a melhor maneira de governar o país. Dessa forma, independente do desenho institucional que tenha o Estado, as instituições funcionam de maneira precária justamente por essa concentração de poder, que se caracteriza por um líder, que é a imagem da nação, e possui a concentração da soberania popular. Esse sistema se converte em um risco já que sua legitimidade depende da fortaleza desse tipo de liderança política[462].

estudios jurídicos volumen 32. Corporación Editora Nacional. Quito, 2012.

[461] Na recente história latino-americana podemos citar por exemplo Hugo Chávez na Venezuela, Rafael Correa no Equador, Nestor Kirschner na Argentina, Daniel Ortega na Nicarágua, Evo Morales na Bolívia.

[462] El hiperpresidencialismo en Ecuador. Entrevista aos cientistas políticos equatorianos Simón Pachano (FLACSO), Daniel Granda (Universidad Central de Ecuador) e Felipe Burbano (FLACSO) disponível no jornal *El Comercio* disponível em audio na página http://www.elcomercio.com/politica/Hiperpresidencialismo-Ecuador_2_775742420.html acessado em 25/01/2023.

Além disso, o poder de veto do presidente se ampliou, as questões de iniciativa legislativa e a nominação de autoridades de controle, fazem com que o legislativo tenha menos poder e o executivo cada vez mais. Um exemplo claro é o instituto chamado morte cruzada, ou seja, o presidente pode dissolver a assembleia e seguir tendo competência legislativa, através de decretos lei[463].

Segundo Ramiro Ávila Santamaría a função executiva exerce muito poder e tem a última palavra no sistema político equatoriano o que caracteriza o hiperpresidencialismo brindado pela própria Constituição. Para exemplificar ele cita suas características: 1- O presidente pode dissolver a assembleia. 2 – O presidente pode ter competência legislativa e, durante a dissolução da assembleia, expedir decretos-lei. 3- O presidente tem competência regulamentária das leis e pode ditar normas independentes de leis, ou seja, decretos. 4 – Os projetos de urgência, se o parlamento não os aprova no prazo legal se convertem em lei por disposição normativa. 5- O presidente tem iniciativa para convocar referendo e reformar normas jurídicas sem contar com a aprovação do parlamento. 6- O presidente pode convocar consulta popular para reformar a Constituição. 7 – O presidente pode votar todo projeto de lei proveniente do parlamento. O veto pode ser total e o projeto deve ser arquivado por um ano. Também pode ser parcial o que obriga que a assembleia se manifeste sobre a opinião do presidente. 8- O presidente tem a competência de aprovar o plano nacional de desenvolvimento. 9- Fórmula e apresenta ao legislativo o orçamento geral do Estado. O legislativo por sua vez somente pode fazer observações e não pode alterar o orçamento. 10 – Tem faculdade exclusiva na política monetária, creditícia e bancária. 11- Decide sobre exploração excepcional em áreas protegidas[464].

O Estado Constitucional tem como missão fundamental garantir e facilitar o direito que todo o cidadão tem a segurança jurídica. Isso é importante porque traz estabilidade às instituições e credibilidade ao Estado. Essa finalidade do Estado em garantir a segurança jurídica é cumprida se impede uma concentração de poder através de uma adequada separação de funções entre o

---

[463] Artigo 148 da Constituição da República do Equador. Art. 148.- La Presidenta o Presidente de la República podrá disolver la Asamblea Nacional cuando, a su juicio, ésta se hubiera arrogado funciones que no le competan constitucionalmente, previo dictamen favorable de la Corte Constitucional; o si de forma reiterada e injustificada obstruye la ejecución del Plan Nacional de Desarrollo, o por grave crisis política y conmoción interna. Esta facultad podrá ser ejercida por una sola vez en los tres primeros años de su mandato. En un plazo máximo de siete días después de la publicación del decreto de disolución, el Consejo Nacional Electoral convocará para una misma fecha a elecciones legislativas y presidenciales para el resto de los respectivos períodos. Hasta la instalación de la Asamblea Nacional, la Presidenta o Presidente de la República podrá, previo dictamen favorable de la Corte Constitucional, expedir decretos-leyes de urgencia económica, que podrán ser aprobados o derogados por el órgano legislativo.

[464] SANTAMARIA, Ramiro Avila. *La alternativa al hiperpresidencialismo en un Estado Plurinacional en El silencio ante un atropello imposible.* Estudios sobre el pensamiento jurídico de Julio César Trujillo. Serie estudios jurídicos volumen 32. Corporación Editora Nacional. Quito, 2012.

Legislativo, Executivo e Judicial, com uma justiça constitucional independente, a produção de regras e normas que respeitem as liberdades individuais e coletivas, a divisão vertical de poder e a descentralização funcional, administrativa e econômica, a livre circulação de informações e opiniões e o controle dos monopólios públicos e privados[465].

E mais ainda, a democracia depende de bons e fortes partidos políticos, um estilo democrático de governo, respeito à independência e funções do Estado, instituições que possam reger a vida nacional, e respeito aos direitos e liberdades, o que vai de encontro com o estilo de governo do ex-presidente Rafael Correa, sua linguagem confrontacional, seus excessos, a concentração de poder em suas mãos, o clientelismo, o populismo e seu carisma e personalismo. Pautado em uma liderança forte de concentração de poder a utilização de referendos se torna um mecanismo importante de mobilização e apoio popular de maneira a interferir no poder que o legislativo tem de editar normas. E isso acaba por tolher de maneira paulatina os mecanismos criados pela própria Constituição. Tomemos como exemplo a reforma da Função Judicial conforme assigna Juan J. Paz e Miño Cepeda

> *Aunque la Constitución Política de 2008 estableció los mecanismos mismos para la reforma de la Función Judicial, ella no se realizó. Y el gobierno convocó a un referéndum en mayo de 2010, en el que se incluyó el tema de la reforma judicial. Naturalmente, ello volvió a polarizar el ambiente político y desde la oposición se difundió la idea de que Correa lo que quiere es "controlar" la justicia e "intervenir" en ella. El referéndum fue favorable a tesis del gobierno y, por lo tanto, el camino de la reforma judicial está en macha. Ello debería comprenderse, a su vez, en el retraso histórico de la Función Judicial, con relación a otras del Estado, la superveniencia de algunas herencias legales y procesales del pasado, y la reacción que este tipo de cambios provoca entre una serie de abogados y juristas, porque la ideología jurídica supone que la realidad se ajuste a ella, cuando la história concreta marcha por caminos diferentes. La reforma jurídica, que solo abarca el campo administrativo y organizativo, ha sido, entonces atacada como si se tratara de un proceso destinada a que el gobierno se introduzca en los juicios, algo completamente ajeno a la realidad[466].*

E é dessa forma que o governo Rafael Correa apresentou uma nova era na política latino-americana que se demonstrou um tanto paradoxal. Se por um lado um grupo formado por setores de direita equatorianos e internacionais, por oligarquias regionais, altos empresários e forças políticas tradicionais identificaram este governo como perigoso para seus interesses e lhe atribuem adjetivos como totalitário, autoritário e até ditador, por outro os grupos de esquerda formado por dirigentes, líderes e setores políticos considerados de

---

[465] TORRES, Luis Fernando. *El presidencialismo constituyente y el Estado Constitucional de Monticristi*. In ANDRADE, Santiago. GRIJALVA, Agustín. STORINI, Claudia. La nueva Constitución del Ecuador. Estado, derechos e instituciones. Universidad Andina Simón Bolívar – Sede Ecuador. Corporación Editora Nacional. Quito, 2009.

[466] PAZ, Juan J. CEPEDA Miño. *El gobierno de la revolución ciudadana: una visión histórica*. En MANTILLA, Sebastián B., MEJÍA, Santiago. Rafael Correa Balance de la Revolución Ciudadana. Centro Latinoamericano de Estudios Políticos. Editora Planeta. 1° ed. Quito, 2012.

esquerda consideraram que o país viveu um neoliberalismo evidenciado em um modelo extrativista pautado pela extração de minérios e pela destruição da natureza apesar de baseado na filosofia do sumak kawsay[467].

O novo constitucionalismo latino-americano que trouxe uma promessa teórica e dogmática de refundação do Estado a partir de instituições e inovações democráticas inclui-se nesse paradoxo. Não se pode afirmar ao certo que há um modelo equatoriano, mas sem dúvida existe uma clara tendência e enfoques específicos que criam certas crenças: a crença de que o governo trabalha em favor das coletividades enquanto o interesse privado mostra-se abusivo e busca sempre seu próprio benefício versus a crença na necessidade de repolitizar a sociedade. E assim se cria todo um imaginário para respaldas as ações políticos econômicas sociais, e esse imaginário é a refundação.

Diante de tanto poder concentrado o que se conclui é que foi possível haver desvirtuamento democrático, já que para que haja um país democrático, deve-se criar mecanismos efetivos para que a democracia possa se desenvolver. Ao mesmo tempo que a Constituição tem um amplo leque democrático trazendo formas inovadoras de se praticar a democracia, ela concentra poderes nas mãos do chefe de Estado e de governo que lhe qualifica a movimentar a máquina democrática como lhe convém.

3. CONSIDERAÇÕES FINAIS

A era Correa (2007-2017) trouxe para o Equador um novo momento político entre um novo paradigma constitucional e o novo constitucionalismo latino-americano. Em meio a tantos "novos" o que se viu foi a velha política concentradora de poder que se conhece desde os primórdios, seja com o libertador Bolívar, seja com os colonizadores. O fato é que uma hiper concentração de poder na figura de uma só pessoa, gera desvirtuamentos do sistema que se quer implementar. Além disso uma revolução pautada em um líder tende a fracassar se este líder também fracassa. Isso porque a fragilidade da mudança está justamente alicerçada nesse ponto. Com uma liderança forte de um líder que se julga a encarnação da vontade popular acabam ocorrendo distorções e manipulações que podem distanciar-se de um modelo democrático e evoluir para uma democracia com adjetivos.

O caso equatoriano, é uma democracia pautada em um paradoxo. O paradoxo de um modelo axiologicamente estruturado para ser democrático, mas que ao mesmo tempo é corrompido por regras autoritárias. O que se pode afirmar é que a promessa teórica e dogmática de um novo constitucionalismo latino-americano choca com a experiência de poder, e por isso não só a instabilidade político-constitucional, mas também a falta de credibilidade das

---

[467] Idem 33.

instituições perante a nação faz com que a revolução cidadã se debilite e talvez até desapareça junto com o final do mandato de seu líder.

É que se pode inferir do governo Correa, é que, quando ele sai do poder, leva com ele a sua revolução cidadã. O presidente que assume na sua sequência, Lenin Moreno, que foi seu vice de 2007 a 2013, se distancia e muito do projeto de poder implementado pelo seu antecessor. O governo de Moreno (2017/2021) foi marcado por uma grave crise econômica, contraindo uma dívida que excede 10 bilhões de dólares, com diversos financiadores, entre ele o FMI, o Banco Mundial, o Banco Interamericano de Desenvolvimento, o Banco Europeu de Investimento, a Agência Francesa de Investimentos, ou seja, um conjunto de órgãos mundiais. Segundo Moreno a dívida contraída seria para pagar as dívidas do Governo anterior, que seria cara e difícil de pagar no curto prazo, por outro lado, a dívida com essas instituições seria de longo prazo e de fácil pagamento, com taxas de juros baixas.

Outra problemática que enfrentou Moreno foram os mais diversos protestos que aconteceram no decorrer do seu governo por parte da população civil, principalmente dos indígenas de diferentes etnias. Destaca-se a série de protestos que aconteceu em outubro de 2019, por conta do aumento dos combustíveis, onde o governo se viu obrigado a decretar estado de exceção, militarização e toque de recolher, já que havia estradas e ruas bloqueadas em várias cidades, e os transportes entraram greve geral por tempo indeterminado. O governo então teve que revogar alguns ajustes econômicos para cessar os protestos, já que dessas manifestações resultaram em uma dezena de mortes e milhares de feridos. [468]

Em meio a esse caos político e econômico, o governo Moreno não consegue se estabilizar, abrindo espaço para a direita neoliberal liderada por Guillermo Lasso, ex-banqueiro e candidato a presidência da república por algumas vezes, ganhar as eleições de 2021. Ele triunfa em segundo turno contra o candidato Correista Andrés Arauz com 52,5% dos votos válidos, o que demonstra claramente, diante dessa apertada margem de vantagem, um Equador dividido entre a possibilidade da volta do Correismo pelas mãos de um novo candidato indicado por Correa, e o rechaço a esse mesmo movimento.

Isso se dá quase que de maneira concomitante com a condenação de Rafael Correia a 8 anos de prisão por corrupção confirmada em última instancia pela justiça equatoriana, em 2020, o que impediu a candidatura dele a vice na chapa de Arauz, tendo em vista que a sentença também cassou seus direitos políticos. Atualmente Correa se encontra asilado na Bélgica, lugar de nacionalidade de sua esposa, onde vive com ela e seus filhos desde que deixou o Equador após o término do seu mandato. Ele afirmou, ao receber o asilo em 15

---

[468]   Para   saber   mais   sobre   as   manifestações   ler https://brasil.elpais.com/brasil/2019/10/03/internacional/1570125319_107758.html#?rel=mas Acesso em 31/01/2023.

de abril de 2022 que, "é um alívio, porque quando te dão esta proteção, isso prova que você está sendo perseguido".[469]

Apesar do paradoxo democrático criado pelo Correismo, conclui-se que a mudança é importante. A inclusão de minorias e povos marginalizados como os indígenas, afro-equatorianos, camponeses e montuvios foi essencial, assim como a pluralidade jurídica e cultural que se inseriu na Constituição equatoriana de 2008 através do movimento constitucional do novo constitucionalismo latino-americano. Contudo, mais fundamental que o reconhecimento de debilidades estruturais outrora renegados, é como efetivar os direitos que são garantidos. E é esse o desafio dessa sociedade que começou uma mudança, efetivar essa promessa pautada em valores iguais apesar do legado deixado por uma liderança hiperpresidencialista. A solução talvez seja fortalecer a Constituição mais que os poderes, mas isso somente será possível se a liderança escolhida, ou seja, o governo de turno, tomar em conta a importância de perpetuar a estabilidade e não o poder.

REFERÊNCIAS BIBLIOGRÁFICAS

ANDRADE, Pablo A. *El reino (de lo) imaginario*: Los intelectuales políticos ecuatorianos en la construcción de la Constitución de 2008. Revista Ecuador Debate 85 Quito-Ecuador, Abril del 2012 Presentación / 3-6.

BALDA, Rafael. *Hacia un nuevo sistema de gobierno*. In Ramiro Ávila Santamaría, Augustín Grijalva y Ruben Martinez Dalmau. Desafios Constitucionales. La Constitución ecuatoriana del 2008 en perspectiva. Quito, Ministerio de Justicia y Derechos Humanos 2008.

CALDERON, J. C. & ZURITA, C. *El Gran Hermano*. Quito: Paradiso Editores, 2010.

COSTA, Emilia Viotti da. *Da Monarquia à República*: momentos decisivos. 9º edição. São Paulo: UNESP, 2010.

FAORO, Raymundo. *Assembleia constituinte*: a legitimidade resgatada. Rio de Janeiro: Globo, 1981. O trabalho consta também da obra recentemente editada: FAORO, Raymundo. *A república inacabada*. Rio de Janeiro: Globo, 2007.

FERRAJOLI, Luigi. Poderes Salvajes. *La crisis de la democracia constitucional*. Editora Minima Trotta, 2011. Madrid.

FREIRE, Paulo. *Pedagogia do Oprimido*. Rio de Janeiro: Paz e Terra, 2005, 42ª edição. DUSSEL, Henrique. Filosofía de la Liberación. 7º ed. México: Primero, 2001ª

---

[469] Para aprofundamento ler https://g1.globo.com/mundo/noticia/2022/04/22/ex-presidente-do-equador-rafael-correa-recebe-asilo-na-belgica.ghtml Acesso em 31/01/2023.

MATOS, H. A. *Uma introdução à Filosofia da Libertação latino-americana de Enrique Dussel.* Livro eletrônico gerado a partir do Trabalho de Conclusão de Curso apresentado à Universidade Metodista de São Paulo, sob a orientação de Daniel Pansarelli. São Paulo, 2008.

NEGRI, Antonio. *O Poder Constituinte: ensaio sobre as alternativas da modernidade.* DP&A: Rio de Janeiro, 2002.

PAZ, Juan J. CEPEDA Miño. *El gobierno de la revolución ciudadana: una visión histórica.* En MANTILLA, Sebastián B., MEJÍA, Santiago. Rafael Correa Balance de la Revolución Ciudadana. Centro Latinoamericano de Estudios Políticos. Editora Planeta. 1° ed. Quito, 2012.

SANTAMARIA, Ramiro Avila. *La alternativa al hiperpresidencialismo en un Estado Plurinacional en El silencio ante un atropello imposible.* Estudios sobre el pensamiento jurídico de Julio César Trujillo. Serie estudios jurídicos volumen 32. Corporación Editora Nacional. Quito, 2012.

SANTOS, Boaventura de Sousa. *Refundación del Estado en América Latina*: perspectivas desde una epistemología del Sur. Lima: Instituto Internacional de Derecho y Sociedad, 2010.

TORRES, Luis Fernando. *El presidencialismo constituyente y el Estado Constitucional de Monticristi.* In ANDRADE, Santiago. GRIJALVA, Agustín. STORINI, Claudia. La nueva Constitución del Ecuador. Estado, derechos e instituciones. Universidad Andina Simón Bolívar – Sede Ecuador. Corporación Editora Nacional. Quito, 2009.

WOLKMER, Antônio Carlos e FAGUNDES, Lucas Machado. *Tendências Contemporâneas do constitucionalismo latino-americano:* Estado plurinacional e pluralismo jurídico. Revista Pensar. Revista de Ciências Sociais, Fortaleza, v.16 n.2, p.371,408, jul/dezembro. 2011. ISSN 1519-8464.

O *SUMA QAMAÑA* COMO CATEGORIA BIOCÊNTRICA E ALTERNATIVA À IDEIA DE MODERNIDADE A PARTIR DA EXPERIÊNCIA DECOLONIAL BOLIVIANA

Adriano Corrêa de Sousa[470]

SÚMARIO 1. Introdução 2. A perspectiva jurídica do bem viver 3. Emergência de uma identidade oprimida 4. Do constitucionalismo colonial ao constitucionalismo decolonial 5. Considerações finais

1. INTRODUÇÃO

A ascensão política dos povos originários na América Latina, que ocorreu durante o âmbito do ciclo progressista no subcontinente (1998-2014), é consequência direta de um processo estabelecido por meio do que Bengoa chama de "emergência indígena na América Latina", o qual tem nos anos oitenta o início de uma tomada de consciência, que preparou o terreno para a década de noventa, marcada por ações e movimentos étnicos de grande relevância [471].

Na Bolívia, por exemplo, a década de oitenta assistiu ao movimento de reconstrução dos *ayllus* originários e, a partir deles, a reivindicação de uma cultura originária e que competiram, a nível de organização política, com organizações existentes, especialmente os sindicatos camponeses [472]. Os *ayllus* constituem a principal forma de organização política dos povos andinos, geralmente formados, cada um, por cinquenta famílias, cuja propriedade produtiva é organizada coletivamente.

Desse modo, é a partir dessa tomada de consciência dos povos originário que se inicia uma série de articulações políticas complexas, que envolvem

---

[470] Professor de Direito Constitucional da Universidade Candido Mendes (UCAM). Professor Substituto de Direito Constitucional da FND-UFRJ. Doutor em Teoria e Filosofia do Direito pelo PPGD-UERJ. Mestre em Direito Constitucional pelo PPGDC-UFF. Coordenador do Observatório dos Direitos Originários da UCAM. Coordenador Adjunto do curso de Direito da UCAM-Centro.

[471] BENGOA, José, **La emergencia indígena en América Latina**, 3. ed. Santiago: FCE, 2016, p. 18.

[472] GUIMARÃES, Alice Soares, **A reemergência de identidades étnicas na modernidade: movimentos sociais e Estado na Bolívia contemporânea**, Rio de Janeiro: EdUERJ, 2014, p. 139.

lideranças comunitárias, ONG, intelectuais e setores estatais de desenvolvimento regional.

O *ayllu* não constituiu o único elementos resgatado da cosmovisão indígena. Outros também foram resgatados, como *Pachamama*, uma das principais deidades dos povos andinos. Porém, é o *suma qamaña*, ou bem vier, o principal elemento ontológico que justifica essa retomada.

Assim, o objeto do presente artigo é questionar se o *suma qamaña* se propõe a ser uma alternativa à modernidade, na medida em que, ao questioná-la, propõe sua superação ou, ao revés, pretende modificá-la de maneira a tão-somente, aperfeiçoar as bases do Estado moderno.

Dito isso, a próxima etapa consiste em buscar um método que consiga permitir a vocalização do "outro". Embora a Antropologia tenha partido do conceito evolucionista e se espelhado na ciência para a construir seu processo de conhecimento [473], sua metodologia significa um passo adiante rumo ao diálogo com o outro por meio do método etnográfico.

Contudo, Dussel pontua bem a questão ao propor o método anadialético para superar a totalidade contida no *ego conquiro* da modernidade. Trata-se de uma dialética que parte do outro e não do pensador ensimesmado, que acaba por reproduzir a exterioridade. O autor, portanto, chama de uma analética antropológica, um momento da verdadeira dialética cujo ponto de partida vem de fora, da *"cotidianidad óntica y se dirige dia-léctica y ontológicamente hacia el fundamento"* [474] Projeta-se, nesse sentido, uma confusão entre ser e dever ser, com esteio na Ética da Libertação.

Assim, a analética significa a anterioridade antropológica, assumida como fundamento da forma que não se limita a um simples raciocínio formal (na tradição da filosofia de Aristóteles ou Hegel), antes, uma opção ética que perpassa o método e permite uma práxis libertadora, pelo desenrolar das várias graduações éticas, como a econômica, a erótica e a política.

A realidade não se apresenta ao pesquisador como algo dado, estabilizado e acabado. Ao revés, é necessário desvelar o processo, com seus conflitos e contradições inerentes à problemática desenvolvida, o que demanda do sujeito cognoscente uma postura epistêmica essencialmente crítica [475].

O direito, como um fenômeno dialético, não deve ser reduzido ao dever ser, o qual, sob um pretenso viés de tecnicidade, acaba por ocultar as relações de opressão presentes na realidade. Logo, não basta analisar a norma e as decisões judiciais, pois é necessário ir além para investigar as contradições sociais e os

---

[473]   MALINOWSKI, Bronislaw, **Uma teoria científica de cultura**, Lisboa: Edições 70, 2009, p. 26–29.

[474]   DUSSEL, Enrique, **Método para una filosofía de la liberación: superación analéctica de la dialéctica hegeliana**, Salamanca: Sígueme, 1974, p. 183.

[475]   KOSIK, Karel, **Dialética do concreto**, São Paulo: Paz e Terra, 1976, p. 13–14.

reais interesses presentes. No entanto, os instrumentais metodológicos modernos não oferecem ao pesquisador as ferramentas aptas a romper com as relações de dominação entre o sujeito e o Outro.

Contudo, o método dialético se mostra insuficiente para o presente trabalho, em virtude da necessidade de superar a totalidade ontológica e promover a abertura ao Outro, por meio da alteridade, sem que a práxis da libertação, por outro lado, redunde em novos totalitarismos e incoerências.

Nesse sentido, para alcançar os objetivos delineados, optei por utilizar a analética como método de abordagem, desenvolvido por Enrique Dussel, visto que melhor se adequa ao propósito do presente trabalho, que parte da afirmação do outro e, mediante o reconhecimento da sua dignidade, busca negar as negações que o opressor projeta sobre o oprimido:

> O método do qual queremos falar, o ana-lético, vai mais além, mais acima, vem de um nível mais alto (aná-) que o mero método dia-lético. O método dia-lético é o caminho que a totalidade realiza em si mesma: dos antes ao fundamento e do fundamento aos entes. Trata-se agora de um método (ou domínio explícito das condições de possibilidade) que parte do outro enquanto livre, como um além do sistema da totalidade; que parte, então, se sua palavra, da revelação do outro e que con-fiado em sua palavra, atua, trabalho, serve, cria. O método dia-lético é a expansão dominadora da totalidade desde si; a passagem da potência para o ato de "o mesmo". O método analético é a passagem ao justo crescimento da totalidade desde o outro e para "servi-lo" criativamente. A passagem da totalidade a um novo momento de si mesma é sempre dia-lética; tinha, porém, razão Feuerbach ao dizer que "a verdadeira dialética" (há, pois, uma falsa) parte do diálogo do outro e não do "pensador solitário consigo mesmo". A verdadeira dia-lética tem um ponto de apoio ana-lética (é um momento ana-dia-lético); enquanto a falsa, a dominadora e imoral dialética é simplesmente um movimento conquistador: dia-lético. [476]

Dussel, portanto, se vale de um neologismo para nos atentar para a necessidade de se construir um método que permita a crítica ontológica a partir da exterioridade, ou seja, uma "transcendentalidade analética" [477].

A dialética marxista, em outras palavras, não considera o que se encontra além da totalidade, o que se torna problemático quanto estamos tratando do outro como absolutamente distinto do ser, isto é, com suas cosmovisões que não podem ser localizadas no horizonte da totalidade do mundo ocidental:

> El método ana-léctico surge desde el Otro y avanza dialécticamente; hay una discontinuidad que surge de la libertad del Otro. Este método, tiene en cuenta la palabra del Otro como otro, implementa dialécticamente todas las mediaciones necesarias para responder a esa palabra, se compromete por la fe en la palabra histórica y da todos esos pasos esperando el día lejano en que pueda vivir con el

---

[476] DUSSEL, Enrique, **Método para uma filosofia da libertação: superação analética da dialética hegeliana**, São Paulo: Edições Loyola, 1986, p. 196–197.

[477] DUSSEL, Enrique, **A produção teórica de Marx: um comentário ao Grundrisse**, São Paulo: Expressão Popular, 2012, p. 346.

> Otro y pensar su palabra, es el método ana-léctico. Método de liberación, pedagógica analéctica de liberación [478].

A analética como uma crítica metafísica à ontologia, possibilita partir do discurso do outro para, dialeticamente, realizar as mediações necessárias em resposta à sua interpelação.

Existe, portanto, uma relação entre poder e saber que expressa dominação e ocorre por meio do controle do território, dos corpos, da apropriação da natureza, que pode levar à morte de cosmovisões, a quais são deslocadas da possibilidade de construção de conhecimento (Smith, 2012).

2. A PERSPECTIVA JURÍDICA DO BEM VIVER

Uma vez lançados os fundamentos pelos quais o paradigma ético da cultura dos povos originários se esteia na atualidade, devemos partir para o estudo da dimensão jurídica do bem viver, isto é, sua manifestação na normatividade do texto constitucional, bem como na jurisprudência do Tribunal Constitucional Plurinacional, órgão de cúpula do Poder Judiciário na Bolívia.

A Constituição Política da Bolívia de 2009 nos oferece sete momentos em que a expressão *vivir bien* aparece: i) uma no preâmbulo; ii) duas vezes quando trata dos princípios e valores do Estado; iii) uma ao tratar da educação; e, por fim, iv) três vezes quando se refere à organização econômica do Estado. Assim, estudaremos separadamente em quatro grupos a perspectiva constitucional do bem viver ou viver bem.

Em um primeiro momento, podemos destacar o preâmbulo da Constituição de 2009, cuja passagem já foi objeto de considerações anteriormente. Contudo, dessa vez nosso enfoque recai sobre o bem viver como perspectiva de reinterpretação da função do Estado, consoante demonstrado na passagem abaixo:

> Un Estado basado en el respeto e igualdad entre todos, con principios de soberanía, dignidad, complementariedad, solidaridad, armonía y equidad en la distribución y redistribución del producto social, donde predomine la búsqueda del vivir bien; con respeto a la pluralidad económica, social, jurídica, política y cultural de los habitantes de esta tierra; en convivencia colectiva con acceso al agua, trabajo, educación, salud y vivienda para todos.

O texto simboliza um perfil que se reproduz constantemente ao longo das demais passagens: o bem viver como uma ética de conviver coletivo, onde se destaca o pluralismo como instrumento que permite diferentes culturas e ideias

---

[478]   DUSSEL, Enrique, **Introducción a la Filosofía de la Liberación**, 5. ed. Bogotá: Nueva América, 1995, p. 236.

aparentemente opostas (como desenvolvimento e natureza como valor intrínseco) possam se desenvolver. Desse modo o texto constitucional permite abertura necessária para o intérprete pensar em um espaço de traduzibilidade de culturas distintas no marco de integração do Estado boliviano.

O art. 8 da Constituição Política de 2009, em seus itens I e II, tratam do núcleo constitucional essencial da noção de bem viver. O mencionado dispositivo se apresenta dividido em duas partes: a primeira elenca os valores nos quais a sociedade plural deve se pautar, que resgata os princípios éticos dos povos originários; a segunda parte, por sua vez, indica que os representativos dos direitos humanos fundamentais, de índole ocidental, devem se submeter aos objetivos do *vivir bien* ou *suma qamaña*.

J. Alberto Del Real Alcalá sustenta a tese de que a incorporação desses valores faz surgir um novo Estado de Direito, diferente do tradicional Estado Democrático de Direito. Trata-se aqui do chamado Estado de Direito do Bem Viver, porquanto se sustenta em princípios plurais, tendo a plurinacionalidade como um *"hecho fundante básico"* do Estado boliviano [479].

A jurisprudência do Tribunal Constitucional Plurinacional, órgão de cúpula do Poder Judiciário na Bolívia e criado pela Constituição de 2009, já teve a oportunidade de se manifestar sobre a dimensão jurídica dos valores consagrados no art. 8, consoante trecho em destaque abaixo:

> *Los principios ético-morales, antes de ser incorporados a la Constitución, tenían valor únicamente para el Derecho Indígena, es decir, eran estimados como valiosos por la cultura y el Derecho de las naciones y pueblos indígena originario, campesinos. Después de efectuada su incorporación en el texto constitucional tienen valor de derecho, es decir se convierten en normas y, por tanto, comparten la eficacia jurídica de la propia Constitución, es decir, tienen carácter normativo, lo que implica que no son meras declaraciones retóricas, por lo mismo, imponen a todos, esto es, al poder público y los particulares en la convivencia social, con mayor razón a todos los jueces de la pluralidad de jurisdicciones, la obligación de observarlos, desarrollarlos y aplicarlos en su labor decisoria cotidiana. [480].*

Com essa passagem, o tribunal recém-constituído teve como objetivo afirmar a força normativa dos valores resgatados das cosmovisões dos povos originários. Isso significa, portanto, que as demais normas constitucionais devem ser interpretadas à luz desses valores. Desde a invasão e conquista espanhola, a Bolívia somente assistiu à imposição dos valores eurocêntricos. Conforme vimos anteriormente, o cenário agravou-se com a independência e o republicanismo a partir da Constituição de 1826. A força normativa do bem viver é fundamental para a mudança de postura das instituições políticas e da sociedade, não penas

---

[479]   REAL ALCALÁ, J. Alberto Del, Constitución de 2009 y nuevo modelo de Estado de Derecho en Bolivia: el Estado de Derecho Plurinacional, **Cuadernos Manuel Giménez Abad**, 1. ed. 2011, p. 116–117.

[480]   BOLÍVIA, Sentencia Constitucional Plurinacional 0112/2012.

para reconhecer a diversidade cultural, mas, sobretudo, para experimentar essa diversidade.

Com isso, o bem viver, no marco do Estado de Direito Plurinacional, toma o lugar da dignidade da pessoa humana como "valor jurídico superior" do ordenamento boliviano e serve de lente para interpretação dos diversos princípios presentes na Constituição, como cidadania, moralidade administrativa e, sobretudo, a própria dignidade humana, que passa a ser um instrumento para a busca do *suma quamaña*.

Desse modo, afirmar que o Estado assume e promove os princípios ético-morais da sociedade plural, significa reconhecer que o bem viver assume, ao mesmo tempo, um evento fundante do Estado, valor moral, valor político, valor jurídico superior, princípio constitucional, direito subjetivo e dever jurídico. Trata-se exatamente da posição ocupada pela dignidade humana anteriormente. Afirma-se, com isso, que o novo constitucionalismo latino-americano erigiu como vetor axiológico do Estado o bem viver.

Para corroborar a assertiva acima, passamos a observar na Constituição de 2009, as demais passagens nas quais o bem viver aparece expressamente. Em primeiro lugar devemos destacar a educação, que aparece no art. 80:

> *Artículo 80.*
>
> *I. La educación tendrá como objetivo la formación integral de las personas y el fortalecimiento de la conciencia social crítica en la vida y para la vida.*
>
> *La educación estará orientada a la formación individual y colectiva; al desarrollo de competencias, aptitudes y habilidades físicas e intelectuales que vincule la teoría con la práctica productiva; a la conservación y protección del medio ambiente, la biodiversidad y el territorio para el vivir bien. Su regulación y cumplimiento serán establecidos por la ley.*

Um dos pressupostos básicos para a construção de um Estado efetivamente plural passa pela educação universal de qualidade. Contudo, a aferição da qualidade não passa apenas pela infraestrutura das escolas e universidades. Segundo Maturana uma educação de qualidade deve se adequar ao projeto de seu país (2002, p. 12), logo um Estado Plurinacional deve promover uma educação plural de qualidade e isso importa em novos métodos pedagógicos, inclusive em novos espaços educacionais. A escola que conhecemos é ainda homogeneizadora, consoante o modelo de educação incorporado da Europa, pois o aluno deve se comportar segundo um modelo ideal e qualquer desvio é visto negativamente. Creio que pedagogia da libertação possui um papel fundamental nesse ponto.

Além da educação, o bem viver está presente também na ordem econômica e dedica diversos dispositivos para a tentativa de conjugação entre desenvolvimento e bem viver. Assim dispõe o art. 306:

> *Artículo 306.*

> *I. El modelo económico boliviano es plural y está orientado a mejorar la calidad de vida y el vivir bien de todas las bolivianas y los bolivianos.*
>
> *II. La economía plural está constituida por las formas de organización económica comunitaria, estatal, privada y social cooperativa.*
>
> *III. La economía plural articula las diferentes formas de organización económica sobre los principios de complementariedad, reciprocidad, solidaridad, redistribución, igualdad, seguridad jurídica, sustentabilidad, equilibrio, justicia y transparencia. La economía social y comunitaria complementará el interés individual con el vivir bien colectivo.*

O território aimará era constituído por *ayllus*, núcleo orgânico social composto por uma ascendência em comum, ou seja, familiar, onde se trabalha coletivamente e sua propriedade é comum a todos os membros. Existem, portanto, dois elementos que destoam da tradição ocidental individualista: o trabalho e a propriedade coletiva.

O trabalho coletivo não faz parte da cultura ocidental, que se pauta, essencialmente, no mito do *self-made man*. As organizações empresariais ocidentais têm muitas dificuldades nos dias de hoje de criar um bom ambiente de trabalho, sobretudo em um mundo competitivo. De modo muito perspicaz, Maturana afirma que a vida estudantil se constitui na "preparação para participar num âmbito de interações que se define pela negação do outro, sob o eufemismo: *mercado livre* e *sadia competição*" [481].

Da mesma maneira, a propriedade coletiva se trata de fenômeno que não possui correspondência no mundo ocidental liberal. A bipolaridade ao longo do século XX condenou a coletividade no ocidente e o declínio da União Soviética apenas fez com que a propriedade individual ganhasse mais força.

Destaco o art. 313 do rol de artigos selecionados para expor a dimensão jurídica do bem viver. O dispositivo trata em um comando constitucional que determina a distribuição da riqueza produzida e, com isso, objetiva a redução das desigualdades regionais:

> *Artículo 313.*
>
> *Para eliminar la pobreza y la exclusión social y económica, para el logro del vivir bien en sus múltiples dimensiones, la organización económica boliviana establece los siguientes propósitos:*
>
> *1. Generación del producto social en el marco del respeto de los derechos individuales, así como de los derechos de los pueblos y las naciones.*
>
> *2. La producción, distribución y redistribución justa de la riqueza y de los excedentes económicos.*
>
> *3. La reducción de las desigualdades de acceso a los recursos productivos.*
>
> *4. La reducción de las desigualdades regionales.*
>
> *5. El desarrollo productivo industrializador de los recursos naturales.*
>
> *6. La participación activa de las economías pública y comunitaria en el aparato productivo.*

---

[481] MATURANA, Humberto, **Emoções e linguagem na educação e na política**, Belo Horizonte: UFMG, 2002, p. 13.

Observa-se aqui uma característica da Constituição da Bolívia de 2009 que muito se aproxima da Constituição brasileira de 1988, que é a incorporação de demandas sociais, mesmo que isso possa comprometer a coerência do texto constitucional. Contudo, a Carta boliviana potencializa isso ainda mais quando conjuga dois elementos aparentemente distintos: desenvolvimento e bem viver.

A expressão *suma qamaña* se trata de uma tentativa na filosofia aimará de compreender o desenvolvimento ocidental e, com isso, produz sua própria visão holística de vida boa ou vida melhor. Contudo, o texto constitucional boliviano não para nesse ponto e avança para uma hermenêutica que inclua tanto o pensamento dos povos indígenas originários quanto o ocidental. No entanto, as concepções ocidentais devem se desprender de suas origens para serem reinterpretadas à luz da ética plural. Contudo, esse exercício interpretativo passa por enormes dificuldades.

O Tribunal Constitucional Plurinacional da Bolívia, em sua jurisprudência, conjuga a dignidade da pessoa humana com o bem viver. O trecho em destaque abaixo nos confere uma ideia de como a Corte Constitucional boliviana tem interpretado o fenômeno:

> *La importancia del derecho a la vida, deviene de su naturaleza primaria, pues se constituye en una condición del ejercicio de los demás derechos, por ello como todos los derechos subjetivos, debe interpretarse de conformidad con los principios de dignidad y el vivir bien, conforme a la Constitución, independientemente a la identidad cultural (art. 190.II) o creencia política o religiosa. No se reconoce cualquier forma de vida, sino únicamente la vida digna, es decir la dignidad acompaña de manera integral al ser humano en su interacción social, es decir en la salud (art. 35.I CPE), en el trabajo (art. 70.4), en la educación (art. 78.IV), en la vivienda (19.1), etc., lo que incluye por supuesto a las personas privadas de libertad, entre ellas los detenidos preventivamente, cuyas condiciones de detención deben tender a conservar la dignidad humana y sobre todo el derecho a la vida.* [482]

Apresenta-se uma dificuldade hermenêutica enfrentada pela jurisprudência ao interpretar o conteúdo de bem viver e sua relação com a dignidade da pessoa humana. Na decisão acima temos um reducionismo da ideia de bem viver, restringindo-se apenas ao conteúdo de dignidade na qual o ser humano deve gozar de uma vida boa, com o mínimo de recursos materiais: saúde, educação, moradia etc. Essa dificuldade se relaciona com a formação profissional no campo do Direito, que possui características homogêneas por conta da literatura jurídica importada, ou seja, mesmo o fato de alguns dos componentes do Tribunal Constitucional Plurinacional terem advindo de comunidades e povos indígenas[483], as dificuldades ainda persistem por causa de seu processo de aculturamento no processo de formação

---

[482]   BOLÍVIA, Sentencia Constitucional Plurinacional 0112/2012.

[483]   Essa assertiva pode ser extraída da análise conjugada entre o art. 197 e o art. 199, I, ambos da Constituição Política da Bolívia de 2009: *"Artículo 197. I. El Tribunal Constitucional Plurinacional estará integrado por Magistradas y Magistrados elegidos con criterios de plurinacionalidad, con*

Ao mesmo tempo, algumas passagens da Constituição de 2009 parecem contradizer a noção inerente ao bem viver, que será objeto do capítulo seguinte, e induz o intérprete a corroborar a noção expropriatória da dignidade humana, consoante o paradigma ocidental colonizador, como, por exemplo, em destaque no art. 9, item 6:

> *Artículo 9. Son fines y funciones esenciales del Estado, además de los que establece la Constitución y la ley: [...] 6. Promover y garantizar el aprovechamiento responsable y planificado de los recursos naturales, e impulsar su industrialización, a través del desarrollo y del fortalecimiento de la base productiva en sus diferentes dimensiones y niveles, así como la conservación del medio ambiente, para el bienestar de las generaciones actuales y futuras.*

A natureza, segundo consta acima, não parece ter um valor intrínseco. Analisando individualmente esse dispositivo, descontextualizado das demais normas constitucionais, poderíamos imaginar que os recursos naturais devem ser preservados tão-somente para a satisfação das necessidades humanas.

Contudo, deve-se levar em consideração que uma Constituição se trata de um compromisso político da sociedade e, como tal, representa um esforço de conciliação de muitos interesses, ora convergentes, ora divergentes. A Constituição Política da Bolívia de 2009 representa um momento em que se pensa na Carta Política como uma promotora do pluralismo e, com isso, no esforço de convergir ideias antagônicas a princípio. Assim, o papel do intérprete no novo constitucionalismo latino-americano não é apenas o de promover os direitos fundamentais por meio de uma teia principiológica e para uma sociedade aberta. O intérprete tem o dever de pensar a interculturalidade com a alteridade necessária para aceitar argumentos que são diversos não apenas sob o olhar de uma determinada cultura, mas sim de todas que compõem determinada sociedade politicamente organizada, sob pena de frustrar as expectativas constitucionais.

A dificuldade, portanto, de se produzir uma verdadeira hermenêutica inclusiva reside na falta de instrumentos epistemológicos para lidar com a pluralidade. Isso nos leva à necessidade de utilização dos instrumentos disponíveis, mas de modo contra hegemônico, conforme explicado por Boaventura de Sousa Santos e citado anteriormente.

3. EMERGÊNCIA DE UMA IDENTIDADE OPRIMIDA

---

representación del sistema ordinario y del sistema indígena originario campesino." Assim, não obstante assegurar uma representação indígena no tribunal, exige-se formação na área jurídica: *"Artículo 199. I. Para optar a la magistratura del Tribunal Constitucional Plurinacional se requerirá, además de los requisitos generales para el acceso al servicio público, haber cumplido treinta y cinco años y tener especialización o experiencia acreditada de por lo menos ocho años en las disciplinas de Derecho Constitucional, Administrativo o Derechos Humanos. Para la calificación de méritos se tomará en cuenta el haber ejercido la calidad de autoridad originaria bajo su sistema de justicia."*

Conforme verificado nas seções anteriores, observamos a ascensão de uma identidade historicamente oprimida, ao menos desde a conquista e dominação espanhola. Contudo, não se deve afirmar que se trata de uma espécie de "acerto de contas", no sentido de retribuir os males sofridos pelos povos indígenas originários.

A ascensão do paradigma do bem viver está em consonância com o marco de integração do Estado Plurinacional, que rompe com a concepção homogênea do Estado moderno de tipo europeu. José Luiz de Quadros Magalhães explica isso com propriedade:

> A proposta de uma democracia consensual deve ser compreendida com cuidado no paradigma do estado plurinacional. Primeiramente é necessário compreender que esta democracia deve ser compreendida a partir de uma mudança de postura para o diálogo. Não há consensos prévios, especialmente consensos lingüísticos, construídos na modernidade de forma hegemônica e autoritária. O estado moderno homogeneizou a linguagem, os valores, o direito, por meio de imposição do vitorioso militarmente. A linguagem é, neste estado moderno, um instrumento de dominação. Poucos se apoderam da língua, da gramática e dos sentidos que são utilizados como instrumento de subordinação e exclusão. O idioma pertence a todos nós e não a um grupo no poder. A linguagem, é claro, contém todas as formas de violência geradas pelas estruturas sociais e econômicas. Logo, o diálogo a ser construído entre culturas e pessoas deve ser despido de consensos prévios, construídos por esses meios hegemônicos. Tudo deve ser discutido levando-se em consideração a necessidade de descolonização dos espaços, linguagens, símbolos e relações sociais, pessoais e econômicas. O diálogo precisa ser construído a partir de posições não hegemônicas, e isto não é só um discurso, mas uma postura. [484]

Isso significa que a emergência da identidade aimará não deve representar qualquer forma de privilégio de uma etnia sobre a outra. Não se trata da construção de uma nova hegemonia, mas sim da inclusão não seletiva de cosmovisões no âmbito da integração do Estado. Nesse ponto, a linguagem se consubstancia em um importante instrumento.

Nesse sentido, não sem motivo relevante a Constituição Política da Bolívia de 2009 estabelece nada menos do que trinta e sete idiomas oficiais, consoante estabelece seu art. 5.

Com isso, o objetivo é justamente permitir o diálogo com os grupos marginalizados, trazer estes para um ambiente em que o Estado possa reconhecer sua diversidade. A linguagem pode se apresentar tanto um instrumento de hegemonia quanto de libertação, a depender de seu uso hegemônico ou contra hegemônico. Por exemplo, uma prova de que o Direito Internacional é utilizado de modo hegemônico é a utilização do inglês ou do francês como principais idiomas para confecção de tratados internacionais, particularmente nas negociações coletivas ou multilaterais[485].

---

[484] MAGALHÃES, José Luiz Quadros de, **O novo constitucionalismo indo-afro-latino americano**, [s.l.: s.n., s.d.], p. 96.

Com esteio no pensamento do antropólogo colombiano Víctor Hugo Ramos, entendo que a Constituição Política da Bolívia de 2009 permitiu aprofundar um processo de transição, iniciado ainda na década de 1990, de uma identidade estática e purista para uma identidade dinâmica e sintética. Nas palavras de Hugo Ramos, assim se estabelece uma compreensão estática de identidade:

> *Se trata de una concepción "perezosa", simplista e "incestuosa" de un fenómeno social complejo e interrelacional, a menudo da lugar a la intolerancia, al miedo frente al "otro", a la alteridad, vistos como radicalmente diferentes, hasta incompatibles, al "nosotros", a "lo nuestro" exclusivo, sin mezclas.* [486]

A concepção estática de identidade é aquela incorporada por meio do pensamento eurocêntrico hegemônico.

As duas concepções, portanto, nos oferecem um contraste que revela uma identidade etnocêntrica e outra plural. Contudo, mais uma vez, é necessário tomar os devidos cuidados para não se surpreender em armadilhas. Não se pretende aqui idolatrar a cultura indígena e demonizar a cultura ocidental.

Em resenha à tese de doutoramento de Vera Lucia Teixeira Kraus revela que sua pesquisa sobre a reconstrução da identidade latino-americana por meio de textos literários parte do rompimento entre Atahualpa e a Igreja Católica. O imperador Inca, que simboliza a cultura oral, desdenha do texto bíblico, uma das grandes referências da cultura escrita. A partir disso questiona a legitimidade de um povo que adora um livro e saqueia, prende e domina em nome de Deus (Guberman, 2003).

Isso nos leva a pensar que toda cultura nasce de algum modo etnocêntrica, no sentido de que representa uma visão do mundo onde determinado grupo é tomado como centro de tudo e todos os demais observados através dos nossos valores, modelos e definições. A existência do outro para nós é determinada por nossa própria existência.

Contudo, a sociedade plural pretende impedir a radicalização desse ponto de vista, que consiste justamente em dominar e em subjugar outras culturas através da colonização. Por isso, em última análise, a identidade que emerge no novo constitucionalismo na Bolívia não é inca, aimará ou *criolla*, trata-se do conjunto plural do diálogo que se estabelece entre essas e outras culturas.

---

[485] A responsabilidade para elaboração desses tratados recai sobre a conferência diplomática. Geralmente se utiliza o expediente de redigir o tratado em diversos idiomas, mas deixa-se expressamente consignado no instrumento a preponderância de apenas uma língua para a finalidade de interpretação. O Fundo Monetário Internacional, por exemplo, instituiu o inglês como seu idioma oficial de trabalho, devendo todos os documentos, deliberações e atas serem redigidos nesta língua **Fonte bibliográfica inválida especificada.**.

[486] HUGO RAMOS, Víctor, La identidad latinoamericana: proceso contradictorio de su construcción-deconstrucción-reconfiguración dentro de contextos globales, **Universitas Humanística**, n. 73, 2012.

4.   DO   CONSTITUCIONALISMO   COLONIAL   AO CONSTITUCIONALISMO DECOLONIAL

Não é uma tarefa simples explicar a trajetória histórica constitucional da Bolívia, visto que, ao longo dos seus 193 anos, experimentou 19 textos constitucionais diferentes, o que significa uma média de uma constituição a cada 10 anos. Contudo, visto que apresentei nos itens 2.2 e 6.1 um contexto histórico dos movimentos sociais e do Estado boliviano, limito-me a apresentar alguns breves momentos que considero importantes na história constitucional boliviana para os povos originários, sem pretensão de esgotar o tema.

Se as primeiras constituições bolivianas, desde 1826, possuíam uma matriz liberal-individualista e se silenciavam eloquentemente a respeito dos povos originários, a primeira constituição boliviana que faz menção a eles é a de 1938, promulgada durante no governo de Germán Busch Becerra. Trata-se de uma constituição que vem logo depois da Guerra do Chaco e incorpora os ventos políticos daquele momento, com marcante presença de um constitucionalismo social.

A Constituição de 1967, outorgada por Barrientos, por sua vez, volta a silenciar os povos indígenas, ao não prever qualquer trecho a respeito dos originários. Contudo, a partir de 1994 uma série de reformas acrescentaram direitos, como a obtenção de personalidade jurídica perante o Estado, o reconhecimento de suas lideranças políticas, bem coo aparece, pela primeira vez no âmbito constitucional, a possibilidade de aplicação do direito indígena mediante normas e procedimentos próprios, desde que não contrarie a constituição e a lei.

Com o advento da CPE de 2009 e a sua incorporação da cosmovisão ancestral, acredito que é importante estudar a dimensão jurídica do *sumaq qamaña*, isto é, sua manifestação na normatividade do texto constitucional e também na jurisprudência do Tribunal Constitucional Plurinacional, órgão de cúpula do Poder Judiciário na Bolívia.

O Tribunal Constitucional Plurinacional, atento aos parâmetros valorativos encartados na CPE, cuidou de estabelecer, na Sentença Constitucional Plurinacional n. 790, de 20 de agosto de 2012, o pluralismo jurídico como um importante instrumento para desmontar a lógica da colonialidade a, assim, efetivar os objetivos do Estado Plurinacional:

> *El Estado Plurinacional Comunitario, como resultado de la fuerza descolonizadora de los pueblos indígena originarios campesinos, ha hecho posible la visibilización de éstos, antes excluidos de toda institucionalidad estatal, reconociéndolos como naciones de pleno derecho junto a la antigua "Nación Única"; por lo que dentro de esta concepción de Estado Plurinacional Comunitario, la comprensión de los derechos, deberes y garantías no puede realizarse desde la óptica del constitucionalismo liberal, sino más bien abrirse a una pluralidad de fuentes del derecho y de derechos, trascendiendo el modelo de Estado liberal y monocultural cimentado en el*

> *ciudadano individual, entendiendo que los derechos en general, son derechos de colectividades que se ejercen individualmente, socialmente y/o colectivamente, lo cual no supone la negación de los derechos y garantías individuales, pues el enfoque plurinacional permite concebir a los derechos, primero, como derechos de colectividades, luego como derechos que se ejercen individualmente, socialmente y colectivamente en cada una de las comunidades civilizatorias, luego como una necesidad de construir, de crear una comunidad de comunidades; es decir, un derecho de colectividades, un derecho que necesariamente quiebre la centralidad de una cultura sobre las otras y posibilite diálogos, espacios políticos de querella discursiva para la generación histórica y necesaria de esta comunidad de comunidades de derechos.*
>
> *El reconocimiento y adopción del pluralismo jurídico, hace posible un diálogo intercultural entre derechos, pues ya no existe una sola fuente de Derecho y de los derechos; de donde éstos pueden ser interpretados interculturalmente, lo cual habilita el carácter dúctil y poroso de los derechos, permitiendo un giro en la comprensión de los mismos, generando su transformación para concebirlos como práctica de diálogo entre culturas, entre mundos civilizatorios, en búsqueda de resignificar constantemente el contenido de los derechos para cada caso concreto.*
>
> *Por ello, la construcción de la institucionalidad plurinacional parte del desmontaje de las lógicas de colonialidad, desmistificando la idea de que impartir justicia es solamente una "potestad"; sino por el contrario, asumirla como un servicio al pueblo, concebida como facultad/obligación, pues fruto de la colonialidad antes construida, se ha estructurado una "administración de justicia" extremadamente formal, cuasi sacramental, reproductora de prácticas judiciales desde la colonia y el periodo republicano, fundadas en la señorialidad de esta actividad bajo la concepción de "potestad" antes que de "servicio", sustentado por todo un aparato normativo, doctrinal e institucional. Corresponde al Tribunal Constitucional Plurinacional, romper esas relaciones y prácticas que se reproducen en lo social, cultural, político e institucional, constituyéndose en un instrumento destinado a la generación de espacios de diálogo y relacionamiento de las diferentes concepciones jurídicas en el marco del Estado Plurinacional Comunitario, aportando al proceso de interpretación intercultural de los derechos humanos y fundamentales, así como de las garantías constitucionales, con énfasis en los derechos colectivos y de las naciones y pueblos indígena originario campesinos.*

Vale ressaltar que a constituição, dentro do marco decolonial, confere direitos fundamentais os povos originários, que se encontram insculpidos no art. 30. O referido dispositivo inicia definindo nação e povo indígena originário camponês. Assim, de acordo com o texto constitucional, é toda coletividade que compartilhe identidade cultural, idioma, tradição histórica, instituições, territorialidade e cosmovisão, cuja existência é anterior à invasão espanhola.

São dezoito direitos fundamentais das nações e povos originários, em que se destacam a livre determinação, a titulação coletiva das terras e territórios e a consulta prévia.

Vale ressaltar também que a CPE de 2009 previu expressamente a figura jurídica do bloco de constitucionalidade no âmbito do art. 410, inciso II.

Assim, os direitos fundamentais não se encontram exclusivamente encartados na constituição, pois o bloco de constitucionalidade permite a integração constitucional de regras e princípios alheios ao texto constitucional, particularmente aqueles previstos em tratados de direitos humanos e de direito comunitário, desde que ratificados pelo país.

Nesse sentido, a Convenção n. 169 da OIT, que dispõe sobre a Declaração Universal de Direitos dos Povos Indígenas e Tribais faz parte do bloco de constitucionalidade e costuma ser fundamentado em documentos de mobilização das comunidades indígenas.

Pedro Pachaguaya possui uma tese a respeito do processo decisório em comunidades originárias. Segundo ele, no âmbito de uma comunidade indígena prevalece o sistema de acesso direto à representatividade política por meio da rotação de cargos. Isso significa que a vez de assumir um cargo pode cair em determinado momento na liderança de uma família – visto que o exercício do cargo ocorre de modo dual *qhari-warmi* (homem-mulher) – e, dessa forma, a depender do tamanho da comunidade, pode voltar à mesma família daqui a 10, 20, 30 anos etc. Dessa forma, na realidade estudada, o casal inicia a vida política como *alcades originarios* no âmbito do *ayllu* e, progressivamente, pode ascender até o CONAMAQ, conforme apresentado na pirâmide abaixo:

Níveis de ascensão política no âmbito das nações e povos indígenas de terras altas

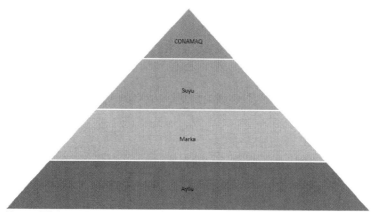

Fonte: Elaboração própria com base na entrevista com Pedro Pachaguaya.

Nível hierárquico de acordo com o nível de poder decisório

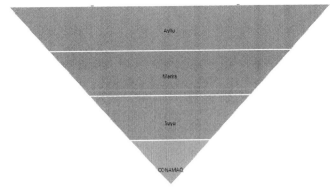

Fonte: Pedro Pachaguaya e Samuel Flores (2016, p. 15)

Isso ocorre porque, segundo Pachaguaya:

> *La cualidad orgánica de las colectividades radica en que el poder de decisión siempre está en las bases, y para tal efecto, los diferentes niveles organizacionales despliegan toda una normatividad protegida por la CPE, estaríamos hablando de una pirámide de poder invertida. Esta sería además, la forma en que se ejercen los derechos colectivos como la autodeterminación, derecho al territorio y autogobierno.* (Pachaguaya & Flores Cruz, 2016, p. 15)

Nesse sentido, o CONAMAQ, que se situa no topo da pirâmide, não tem poder para revogar uma decisão do *suyu*, marca ou ayllu, como teria, por exemplo, uma autoridade hierarquicamente superior de acordo com o direito moderno ocidental. A atribuição do CONAMAQ é realizar convocatórias, ou seja, mobilizar os *ayllus*, *markas* e *suyus* para alguma causa. Contudo, é possível que o *kuraca* do ayllu rejeite dizendo, por exemplo, que está em época de colheita e não poderá participar.

Nesse sentido que afirmo que, na Bolívia, há potencial para uma coexistência de fontes jurídicas distintas, de modo que o Estado Plurinacional teria a missão de acolher essa diversidade e potencializar os seus efeitos, para conferir concretude à ideia de pluralismo jurídico.

Antonio Carlos Wolkmer estabeleceu que o projeto de pluralismo jurídico pode ter duas vertentes completamente antagônicas. Nesse sentido, o pluralismo pode ser encarado como um projeto conservador ou como um projeto emancipador [487].

Em outras palavras, enquanto o pluralismo conservador é imposto de cima para baixo, atomizando as potencialidades sociais de base, o pluralismo

---

[487]   WOLKMER, Antonio Carlos, Pluralismo jurídico: nuevo marco emancipatorio en América Latina, *in*: **Derecho y sociedad en América Latina: un debate sobre los estudios jurídico críticos**, Bogotá: ILSA, 2003, p. 253.

progressista, ao revés, surge de baixo para cima, com uma racionalidade emancipadora, democrática e ética.

Assim Wolkmer elenca quatro requisitos para um pluralismo emancipador:

> *a) la legitimidad de los nuevos sujetos sociales, b) la democratización y descentralización de un espacio público participativo, c) la defensa pedagógica de una ética de la solidaridad, d) la consolidación de procesos conducentes a una racionalidad emancipatoria.* [488]

Os novos sujeitos sociais, para Wolkmer se contrapõem ao sujeito metafísico e individualista da tradição liberal. Assim, o autor deposita nos movimentos sociais um sujeito essencial para o pluralismo jurídico. O espaço público participativo, por sua vez, deve ter em mente as necessidades básicas de vida para uma efetiva participação política dos novos sujeitos sociais. Esse espaço público, ademais, é fundamental para o processo de consolidação da democracia participativa. A quarta condição diz respeito à defesa pedagógica da ética de solidariedade e, neste caso, a filosofia da libertação com seu olhar para o Outro e potencial emancipatório do oprimido. A última se refere à superação da razão do modelo tradicional de racionalidade técnico-formal por uma racionalidade que parte da totalidade da vida e de suas necessidades históricas [489].

Atualmente, contudo, a Bolívia não experimenta uma relação dialógica de direitos individuais e coletivas. Ao revés, trata-se de conflito entre direitos individuais e coletivos.

> *Esto sucede desde el mismo lugar del gobierno que promueve lo plurinacional; por otra parte, los grupos de poder bicentenario no consultan, consensúan, ni llevan las propuestas de los indios originarios campesinos a las instancias de definición de leyes, reglamentos, políticas públicas, etc. [...] Ciertos espacios del Estado y los ministerios, en este sentido, se sujetan a los cánones del viejo sistema político y develan su pertenencia y los intereses de una clase social o grupo social étnicamente dominante.* (Mamani Ramirez, 2013, pp. 148-149)

Um pluralismo efetivamente emancipador depende da renovação das práticas do estado e da sua disposição de conviver com outras formas de pensar, de ser e de sentir.

5. CONSIDERAÇÕES FINAIS

Nesse trabalho, o bem viver é analisado a partir do paradigma indígena originário reconstruído ao logo dos anos oitenta e noventa. A expressão *suma qamaña* consiste na tentativa da filosofia aimará em compreender o significado de

---

[488]   *Ibid.*, p. 254.

[489]   *Ibid.*, p. 255.

subdesenvolvimento, aparentemente intraduzível devido às características linguísticas aimarás, que não apresenta substantivos abstratos. Assim, observa-se a ideia holística da cultura aimará por meio de sua teia de complementariedade de palavras.

A perspectiva jurídica de bem viver foi destacada por meio da intepretação dos dispositivos da Constituição Política da Bolívia de 2009, bem como de sua recente jurisprudência, que revela a dificuldade hermenêutica de adequar uma formação profissional no campo do Direito com características homogêneas, por conta da literatura jurídica importada, ou seja, mesmo o fato de alguns dos componentes do Tribunal Constitucional Plurinacional terem advindo de comunidades e povos indígenas, as dificuldades ainda persistem por causa de seu processo de aculturação em sua formação profissional.

Constata-se, portanto, a emergência de uma identidade nacional que deve levantar todas as bandeiras e que possa se abrir para o diálogo, deixando de lado a ideia estática de identidade, oriunda do pensamento moderno europeu e abraçar uma concepção dinâmica, aberta às transformações culturais, ao estrangeiro e que possa deixar de observar o "outro" como a antítese de "si". Mediante uma hermenêutica da inclusão, o novo constitucionalismo latino-americano pretende permitir que o oprimido, o não-ser saia de sua invisibilidade e possa, assim, ter dignidade, política, social, econômica e cultural.

Desse modo o *suma qamña* nasceu da prática histórica e da resistência dos povos andinos, como uma proposta alternativa à idade de modernidade como "progresso". O progresso se opõe à cosmovisão dos povos originários por consistir em uma violência contra eles, tanto por inseri-los no mesmo tempo histórico, quanto espacial, os quais não correspondem ao desenvolvimento das sociedades originárias.

É a ideia de "saber conviver e apoiar uns aos outros" que consiste na força disruptiva do *suma qamaña*, em oposição à concepção individualista moderna.

Portanto, considero que o *suma qamaña* se propõe a ser uma alternativa à concepção de modernidade, tendo em vista seu exaurimento, que é perceptível em diversos temas, como conflitos internacionais, aquecimento global, crise de representatividade etc.

REFERÊNCIAS BIBLIOGRÁFICAS

BENGOA, José. La emergencia indígena en América Latina. 3. ed. Santiago: FCE, 2016.

BOLÍVIA. Sentencia Constitucional Plurinacional 0112/2012.

DUSSEL, Enrique. A produção teórica de Marx: um comentário ao Grundrisse. Trad. José Paulo Netto. São Paulo: Expressão Popular, 2012.

DUSSEL, Enrique. Introducción a la Filosofía de la Liberación. 5. ed. Bogotá: Nueva América, 1995.

DUSSEL, Enrique. Método para uma filosofia da libertação: superação analética da dialética hegeliana. Trad. Jandir João Zanotelli. São Paulo: Edições Loyola, 1986.

DUSSEL, Enrique. Método para una filosofía de la liberación: superación analéctica de la dialéctica hegeliana. Salamanca: Sígueme, 1974.

GUIMARÃES, Alice Soares. A reemergência de identidades étnicas na modernidade: movimentos sociais e Estado na Bolívia contemporânea. Rio de Janeiro: EdUERJ, 2014.

HUGO RAMOS, Víctor. La identidad latinoamericana: proceso contradictorio de su construcción-deconstrucción-reconfiguración dentro de contextos globales. Universitas Humanística, n. 73, 2012.

KOSIK, Karel. Dialética do concreto. Trad. Célia Neves; Alderico Toríbio. São Paulo: Paz e Terra, 1976.

MAGALHÃES, José Luiz Quadros de. O novo constitucionalismo indo-afro-latino americano. [s.l.: s.n., s.d.].

MALINOWSKI, Bronislaw. Uma teoria científica de cultura. Trad. Marcelina Amaral. Lisboa: Edições 70, 2009.

MATURANA, Humberto. Emoções e linguagem na educação e na política. Trad. José Fernando Campos Fortes. Belo Horizonte: UFMG, 2002.

REAL ALCALÁ, J. Alberto Del. Constitución de 2009 y nuevo modelo de Estado de Derecho en Bolivia: el Estado de Derecho Plurinacional. Cuadernos Manuel Giménez Abad, 1. ed. 2011.

WOLKMER, Antonio Carlos. Pluralismo jurídico: nuevo marco emancipatorio en América Latina. *In*: Derecho y sociedad en América Latina: un debate sobre los estudios jurídico críticos. Bogotá: ILSA, 2003.

AS ORIGENS ROMANO-VISIGÓTICAS DO DIREITO PORTUGUÊS

Marco Aurelio Peri Guedes[490]

SÚMARIO 1. Introdução 2. Do reino Suevo (séc. V d.c.) ao condado Portucalense (séc. Xii): seiscentos anos formando um direito de síntese. 2.1 Antecedentes asturo-leoneses do Condado portucalense. 2.2 Origem do Estado e do Direito do independente Condado portucalense. 2.3 Um Direito fragmentado e complexo: a fase do Direito foraleiro. 3. Conclusão.

1. INTRODUÇÃO.

O presente trabalho tem por objetivo analisar o período histórico que antecede à fundação de Portugal como um Estado soberano, no ano de 1143 d.C., apontando as origens romano-visigóticas do Direito português. Logo após a Independência de Portugal do reino de Leão, o Direito português foi marcado no medievo pela aplicação do Direito leonês e pelas Cartas de Forais, ambos de origem romano-visigóticas. Mesmo após Lei da Boa Razão (1769) e da Revolução Liberal do Porto (1822), o Direito português permanece em muito vinculado àquelas origens, de seu passado mais remoto.

Inicialmente, portanto, é preciso ter em mente que a essa origem romano-visigótica do Direito português se somam influências de outros Direitos ao longo de séculos. Inobstante as inúmeras contribuições à formação do Direito português, nesse trabalho iremos nos concentrar no período que antecede ao surgimento do Condado portucalense e aos forais. Ao longo desse percurso histórico brevemente sinalizado, perceber-se-á como a formação do Direito ibérico, entre os séculos II e XII, consistiu numa amálgama entre o Direito romano e aquele trazido pelos povos germânicos que se estabeleceram na Península Ibérica após 401 d.C. Entre esses povos germânicos que, ao longo de seiscentos anos, se entrelaçaram cultural e juridicamente com o Direito Romano, destacamos os Suevos, os Alanos e os Visigodos. Para esse intento, de todas as referências consultadas, as referências espanholas se mostraram elucidativas de muitas lacunas existentes na historiografia luso-brasileira sobre o tema. Destacamos o renomado trabalho em romanística desenvolvido pelo Prof. Dr. Guillermo Suárez Blázquez, pesquisador romanista da Universidade de

---

[490] Doutor em Direito (UNESA/2018). Professor Adjunto de Direito Público (UFRRJ).

Vigo/Espanha, cuja contribuição permite uma melhor compreensão de certos institutos jurídico-políticos do período apontado.

O trabalho é importante pelo pouco interesse atribuído ao tema, para o que contribui uma certa dificuldade no acesso às referências sobre o Direito português disponíveis no Brasil. No âmbito dos cursos e das faculdades de Direito no Brasil, compreender esse entrelaçamento de experiências civilizatórias tão distintas é fundamental aos graduandos que cursam a disciplina de História do Direito e, ainda, aos bacharéis e operadores do Direito. Mais do que compreender a História do Direito português pelos institutos criados ou assimilados aos outros povos, ao nos debruçarmos sobre tais referências, perceberemos a particular mentalidade de uma época que regeu séculos da existência do Condado portucalense e do Brasil – este último, como colônia ou nação: guerreira, cruzadística, cristã-templária e comercial. E isso porque o Condado – e depois reino português - seja em meio à Reconquista cristã ou na Conquista, expandiu-se como um empreendimento militar, religioso e comercial. O seu Direito é expressão dessa estrutura institucional que foi erguida ao longo de séculos.

Para o Brasil, a análise ora desenvolvida se mostra essencial à compreensão do Direito implementado no Brasil colônia após 1500. Assim, é bastante limitador a essa compreensão nos referirmos apenas ao regime das Ordenações Afonsinas (1446), para identificar as origens de ambos os Direitos, o português e o brasileiro. Uma resposta satisfatória demanda uma visita ao passado civilizatório ibérico, pelo que se faz necessário retroceder ao passado romano. E, posteriormente, um regresso ao alto medievo ibérico, quando se formaram os primeiros reinos hispânicos.

As referências bibliográficas e os demais trabalhos utilizados se mostram reveladores de detalhes, importantes à compreensão da formação do Estado e da nacionalidade portuguesa e que, após transferidas ao Brasil colônia, irão compor o embrião do Direito do Brasil independente no século XIX. Podemos, assim, identificar, nos primórdios do Brasil, uma réplica de estruturas políticas, sociais e jurídicas portuguesas baseadas no modelo reinol hispânico, de matriz romano-germânica.

Não há como se compreender o Brasil como país e o seu Direito, seja no período colonial (1500-1822) ou após a Independência (1822), sem esse regresso ao Portugal medieval e seus antecedentes romano-germânicos. Nesse muito particular momento do passado português é que encontraremos respostas para muitos problemas que nos acometem até a atualidade.

2. DO REINO SUEVO (SÉC. V D.C.) AO CONDADO PORTUCALENSE (SÉC. XII): SEISCENTOS ANOS FORMANDO UM DIREITO DE SÍNTESE.

2.1 Antecedentes asturo-leoneses do Condado portucalense.

Para compreender o Brasil, precisamos compreender a história de Portugal, que antecede em séculos a própria fundação do país. Quanto mais nos debruçamos sobre a História de Portugal e do Brasil na contemporaneidade, mais nos damos conta de que as origens de muitas das atuais deficiências institucionais, das desigualdades socioeconômicas e das contradições políticas brasileiras remontam ao Direito português medieval. Em alguns casos, a origem de certas práticas políticas e instituições jurídicas 'portuguesas' remonta a momentos que antecedem ao da fundação de Portugal, e que apresentam raízes no passado romano-germânico que lhe antecede, i.e., o Império Romano, os reinos Suevo e Visigótico, entre os séculos II e VIII, e, depois, aos primeiros reinos hispânicos, entre os séculos VIII e XII.

É preciso ter presente em nossas mentes as constantes mudanças territoriais ocorridas na Península Ibérica entre os séculos II e XII. Essa variável é difícil de ser descrita em breve artigo, sem o emprego de mapas. Os romanos chegam à *Hispania*, em 218 a.C., durante a Segunda Guerra Púnica contra Cartago. Até então, a *Hispania* era povoada por dezenas de pequenas tribos celtibéricas, cujos Direitos costumeiros cederam espaço ao Direito Romano. Após derrotar Cartago e controlar o território peninsular, podemos afirmar que, sob a dominação romana, a Península Ibérica teve a organização administrativa de seu território alterada algumas vezes. Sua organização administrativa no território ocorre pela delimitação das províncias e da implantação dos municípios, estes como uma réplica clônica de Roma, com autonomia, competências e direitos próprios[491]. A dimensão territorial dos municípios permitia aos romanos acomodar os potentados locais, agregados a Roma, após celebrar Tratados de aliança, outorgando-lhes assim um espaço próprio de domínio. Com os romanos, vieram os símbolos de sua civilização: estradas, fóruns, grandes cidades, aquedutos, minas e fazendas. As estradas integraram a *Hispania* ao restante do Império. Com o fim de Roma em 475 d.C., muitos reinos surgiriam observando os limites territoriais das províncias.

Conforme a intensidade da presença romana aumentava, alterava-se a configuração das províncias. Em uma de suas últimas formas de organização administrativa, a Ibéria compreendia as províncias da *Hispania Tarraconense*, *Hispania Cartaginense*, *Hispania Baetica*, *Gallaecia* e *Lusitania*. Com a dominação

---

[491] Sobre os municípios, destaca Blázquez (2022, p. 25): "Para estruturar a administração do território conquistado na Itália e nas províncias, o modelo e a concepção legal de Cidade-Estado, ou *Res publica*, foram progressivamente transferidos para as novas autoridades locais. Estes foram constituídos à semelhança de ambos. Eram 'pequenas imagens clonais de Roma'. [...]. As entidades tinham autonomia e capacidade de autogoverno. A lei concedeu aos municípios prerrogativas administrativas, tributárias e financeiras suficientes (... *sed et vectigalia publica locavit*, D. 50, 1, 2, 24, Ulpiano, *I Disputationum*). As corporações locais (romanas e até latinas) tinham núcleo urbano, território, patrimônio, serviços, bens e dinheiro público. [...]. As autoridades locais também governavam no interesse geral e na utilidade dos seus cidadãos".

romana do território denominado *Lusitania*, as práticas jurídicas romanas já se encontravam enraizadas, em pleno vigor e evoluindo.

A chegada dos povos germânicos provenientes de além-Reno ao Império Romano ocorre a partir do século II d.C., em razão dos povos hunos, sob o comando de Átila, terem se expandido da região central da atual Rússia ao que hoje compreendemos como a Alemanha. Pressionados em suas fronteiras, os povos germânicos decidem por atravessar o *limes* do Império romano junto ao Rio Reno e ingressar na Gália romana. Assim, depois das tribos celtibéricas e dos romanos, chegam os germânicos na *Hispania* após 401 d.C., em um processo migratório que levou décadas. Os primeiros a chegar são os Suevos e os Alanos.

Ali, são autorizados pelos romanos a se assentar após celebrarem Tratados de aliança e de cooperação militar. A aliança com os romanos, a fim de manter a ordem romana na região da Ibéria, ocorre, pois Roma não tem condições de enviar colonos e soldados suficientes à região. Sobre o início dessa convivência, entre romanos e germânicos, destaca Blázquez (2021, p. 412):

> Contudo, primeiro, houve uma fase histórica de encontro e contatos mútuos. De acordo com São Isidoro, de uma forma primitiva, os alemães eram governados pelos usos e costumes de suas nações. Eles não conheciam a lei romana. Nas últimas décadas do século IV d. C., fruto de seus assentamentos nas terras do mundo, como federados e convidados do imperador Teodósio, aqueles entraram em relacionamento, progressivamente, com a cultura e civilização do Baixo Império.[492]

Historicamente o Direito Romano deixou um legado por suas instituições no âmbito do Direito privado e, por outro lado, o Direito germânico se notabilizou pelo caráter publicístico – i.e., coletivo - de seu Direito, em especial a técnica do punitivismo que modernamente se designa de Direito Penal. A manutenção da ordem e da disciplina nas comunidades germânicas levou a um precoce, porém apurado, desenvolvimento de técnicas e de mecanismos sancionatórios e de aplicação de penas. De um modo geral, as tribos tinham alguns milhares de componentes dispersos em inúmeros povoados. Cada habitante tinha uma função essencial à existência do povoado e de sua tribo. Entre as tribos germânicas, havia uma permanente animosidade. A violência cometida contra um membro da tribo poderia afetar sua sobrevivência, pelo que a agressão contra um de seus membros componentes era considerada uma agressão a toda Comunidade - *Gemeinde*. Essa natureza pública do direito punitivo germânico, depois, foi levada aos ibéricos. São característicos desse período e, reconhecidos pela História do Direito, as conhecidas ordálias e o *Wehrgeld*, entre outros institutos indicados por Eduardo Pinto (1996, p. 15), a

---

[492] No mesmo sentido Blázquez (2022, p. 31): "Antes, os visigodos eram governados por seus usos e costumes (... *sub hoc rege Ghoti legum statuta in scriptis habere coeperunt, nam antea tantum moribus et consuetudine tenebantur*)". A produção de leis escritas só ocorreria décadas mais tarde, culminando na *Lex Romana Wisigothorum*.

apontar uma suposta origem germânica do Direito português. Tais institutos teriam sido aplicados no âmbito do Reino Suevo.

O convívio se mostra um encontro extraordinário entre os romanos, como expressão de potência hegemônica e maior projeto civilizatório até então conhecido na Europa; e os bárbaros germânicos. A imagem dos germânicos como bárbaros havia sido profundamente cunhada na alma romana desde a obra de Agricola – *Germania*, sobre as inúmeras tribos bárbaras que habitavam além do *limes* romano, no Rio Reno. O Baixo Império romano já pressentira os sinais de decadência e não teve opção senão superar os seus históricos preconceitos.

No Baixo Império romano, já se formam alguns reinos germânicos aliados dos romanos[493]. Na Península Ibérica, destacamos o Reino Suevo (411-585), reino aliado e que, após o fim de Roma em 475 d.C., se apresenta como o primeiro Estado europeu criado na atual região da Galícia espanhola, e abrangendo parte do Entre-Douro-e-Minho português. Sua capital era na cidade de Braga – *Bracara Augusta*. Os Suevos ali se assentaram como aliados dos romanos e assistiram à sua desaparição: "O declínio do Império Romano do Ocidente deixa para trás um rastro de províncias sem controle. A *Hispania* corta seu cordão umbilical com Roma. Seu poder político desaparece"[494]. O Reino Suevo também foi o primeiro reino cristão da Europa, mantendo o legado da assimilação da religião cristã aos romanos. A influência romana em muito se faz notar na cultura, na língua e em sua organização administrativa, bem assimilada pelos suevos. Uma presença breve, não superior a dois séculos, mas que imprimiu uma marca profunda na região que daria origem ao futuro reino de Portugal. Essa é uma inegável fonte de influência germânica no Direito português, uma verdadeira ponte entre o passado e o presente.

O Reino dos Visigodos (séculos V-VIII d. C.), em expansão a partir da Gália, ultrapassa os Montes Pirineus e conquista o Reino Suevo, que desaparece[495]. Coube aos visigodos, após a conquista da Península Ibérica, aplicar no território do reino as práticas combinadas do Direito Romano com o Direito visigótico já consagrada com a *Lex Romana Wisigothorum* (506 d.C.), em Toulouse, na Gália visigótica. Os visigodos, tal qual os suevos, haviam adotado os ritos cristãos

---

[493] Blázquez (2022, p. 28).

[494] Blázquez (2022, p. 30). E conclui o autor: "O conceito administrativo de província, no entanto, permanece. [...]. A província romana era a base territorial e administrativa da entidade política do governo e da ideia jurídica visigótica 'Rei-Reino da Hispânia' ".

[495] Blázquez (2022, p. 29): "No decorrer dos séculos V e VI d.C., bizantinos, godos, suevos e vândalos disputaram as dioceses da província da Hispânia (... *Alani et Vandali et Suevi Hispanias ingressi sunt... aera CCCCXLVII; ... inruptiae sint Hispaniae*). O sítio ibérico foi ocupado por migrações militares dos povos germânicos. A captura foi realizada com os exércitos de diferentes nações e povos. [...]. As sucessivas invasões militares e em massa da população, de diferentes nacionalidades, também foram descritas, de forma inequívoca, por Hydacio: [...] *cunctas gentes, quae per Gallias vagabantur, Hispaniarum provinciis inmittunt isdemque ipse adiunguntur: ubi actis aliquamdiu magnis cruentis que discursibus, post graves rerum atque hominum vastationes* [...]".

como um legado dos romanos[496]. Nesse momento, restam bem claras as fundações jurídicas romano-germânicas dos futuros reinos hispânicos do alto medievo. O estudo sobre o Reino Visigodo é fundamental, nesse período da história, pois como assentou o historiador espanhol Manuel Torres, em 1926, resta evidente "[...], que o reino visigótico era um 'Estado com características próprias', fruto da mistura de elementos alemães, romanos e canônicos" (BLÁZQUEZ, 2022, p. 34). E, sobre a forma de Estado desse reino, registra Blázquez (2022, p. 37) que "O cânon 75 do Quarto Concílio de Toledo, *De commonitione plebis ne in principes delinquatur* estabeleceu as bases constitucionais de uma monarquia cristã visigótica, eletiva e estamental". Foi esse reino que esboçou os contornos políticos dos primeiros reinos hispânicos[497], dentre os quais o reino de Leão, de onde se destacaria o Condado portucalense.

Embora formalmente extinto o Império Romano, por volta de 475 d.C., os elementos da civilização romana na Península Ibérica foram resilientes o suficiente para atravessar três séculos de presença e de dominação germânica. Contudo, não sem perder um pouco de sua essência latina ao Direito dos germânicos. Aceito e assimilado pelos germânicos, o Direito Romano assentara suas raízes na Península Ibérica. Assimilado pelos suevos, renovado pelos visigodos e sua *Lex Romana Wisigothorum* (506 d.C.)[498], enraizar-se-ia a tal ponto na prática dos povos locais que constituiria futuramente a base do Direito astúrico, leonês, castelhano e depois do Direito português. Como bem assinala Blázquez (2021, p. 426):

> Uma vez que o cordão umbilical do Império foi cortado pelos visigodos, domínio e posses romanas foram adotadas pela *Lex Romana Wisighotorum* de Alarico II

---

[496] Sobre os efeitos da adoção do cristianismo por Roma, registra Blázquez (2022, p. 27): "Assim, o reconhecimento oficial do cristianismo, a nova religião do Estado (313 d.C., Édito da Tolerância), produziu o início de uma involução, não só das ideias e valores da filosofia clássica, mas também da vida dos homens". E prossegue Blázquez (2022, p. 32), comentando que coube a Recaredo, filho e sucessor de Leovigildo, uniformizar o cristianismo no reino: "No Terceiro Concílio de Toledo (589 d.C.), o monarca anatematizou o arianismo e abraçou os Concílios Cristãos de Niceia e Constantinopla. Com a sua conversão, o rei forja uma nova coluna, no interesse do Reino: os godos e todos os povos, de diferentes nacionalidades conquistadas (por exemplo, os suevos), fazem parte do seu povo e todos são levados à unidade da Igreja. [...]. O rei juntou os diferentes povos e nacionalidades com o cristianismo". E conclui Blázquez (2022, p. 32): "Para isso, ele lançou as primeiras bases políticas de um reino visigótico cristão, para as Espanhas. O rei uniu o poder temporal (rei, *senhorios* ou nobreza gótica) com o espiritual (Igreja Católica Romana), a Aula Regia com os sínodos, a lei com os cânones, a espada com a cruz"[sic].

[497] E pontua Blázquez (2022, p. 34): "O problema subjacente que ainda precisa ser resolvido, talvez, não seja tanto como era o reino visigodo (cada vez mais bem definido pelos cientistas da História e do Direito), mas o que era. [...]. Se encontrarmos as chaves histórico-legais para essa questão, provavelmente teremos um fio comum da 'forma de Estado do reino visigótico' e seu trânsito para os reinos do final da Idade Média, na Espanha".

[498] Freitas do Amaral (2018, p. 47) destaca outros legados visigóticos, além da organização administrativa do território em bispados e paróquias administrativas: o Código de Eurico (476), o Breviário de Alarico (506) – a *Lex Romana Wisigothorum* - e o Código Visigótico (654). Destaca também o Direito Penal marcado pela ideia de vingança arbitrária, bem como a *Wehrgeld*.

(publicado em 506 d.C., para parte da Gália e parte da *Hispânia).* Como é conhecida, esta compilação romano-alemã continua no direito do Baixo Império.

Portanto, até o início do século VIII, percebe-se a aplicação de institutos jurídicos de diversas origens na edificação de um Direito aplicado na Península Ibérica. Esse Direito de contornos romano-germânicos constitui o fundamento sobre o qual se assenta o Direito português (EDUARDO PINTO, 1996, p. 9), ainda na modernidade muito ligado a esse passado.

Em 711 d.C., a partir do Norte da África próximo a Gibraltar, muitos milhares de guerreiros muçulmanos liderados por Tariq rapidamente adentram a Península Ibérica e a conquistam. O Reino Visigodo não resiste à invasão e desaparece. A população das cidades foge em direção ao Norte da Península Ibérica, refugiando-se nas montanhas das Astúrias. Favorecidos pelo relevo montanhoso, formam um enclave cristão naquela região. Os cristãos se organizam e resistem. A vitória na Batalha da Covadonga (722 d.C.) encoraja as forças cristãs a lutar contra os mouros, que lideradas pelo Rei Pelágio, anos mais tarde empreenderiam o seu avanço para o Sul. Surge a Resistência cristã, que operada a partir do nascente Reino de Astúrias, inicia a Reconquista cristã da Península que levaria séculos de combates entre forças cristãs e muçulmanas. Os combates se encerrariam apenas com a conquista de Granada pelos reis católicos de Castela e Leão (1492).

O Reino de Astúrias se assume como herdeiro do Direito romano-visigótico. Posteriormente, a partir do Reino de Astúrias, se forma o Reino de Leão e, em seguida, o Reino de Castela, herdando seu passado jurídico. Do Reino de Leão se formaria o Condado portucalense, por uma razão de natureza militar, para melhor defesa da região.

O Condado portucalense, portanto, seria de origem hispânica asturo-leonesa, com ancestralidade suevo-visigótica (EDUARDO PINTO, 1996) e remotas raízes romanas. Do século II ao XII, então, temos já uma sobreposição de inúmeros Direitos onde atualmente se encontra Portugal. A tese defendida por Eduardo Pinto (1996) poderia ser denominada de 'ancestralidade dialógica Alemanha-Portugal'. Esse é um registro que merece destaque, pois é a chave para a compreensão do Estado português entre os séculos XII e XIX. Desse modo, a compreensão dos sistemas jurídicos pré-estatais ibéricos demanda uma análise das origens dos reinos de Astúrias, Leão e Castela.

A tese de Eduardo Pinto (1996) é plausível, embora ainda suscite vívida discordância nos meios acadêmicos lusitanos[499]. Sobre esse tema, permanece viva uma polêmica entre a Escola de Coimbra (Germanista) e a Escola de Lisboa

---

[499] O Prof. Dr. Guillermo S. Blázquez, Professor Catedrático de Direito Romano e Sistemas Jurídicos Contemporâneos da Universidade de Vigo (Espanha), em sua extensa obra que analisa as influências romanas nos sistemas jurídicos contemporâneos, oferece dados e informações desse entrelaçamento entre os Direitos romano e germânicos e, por consequência, no embrionário Direito hispânico que embasará os primeiros reinos hispânicos de Astúrias, Leão e Castela.

(Romanista), pela determinação de uma origem do moderno Direito português. Essas escolas divergem em suas explicações desde os idos de 1860. De acordo com Eduardo Pinto (1996), não é possível determinar apenas uma origem do Direito português, pois para ele há que se considerar inúmeros Direitos sobrepostos por diversos povos que habitaram a Lusitânia ao longo de séculos, havendo nessa toada alguns Direitos preponderantes dignos de menção: o dos povos autóctones, o dos Alanos, Suevos, Vândalos, Romanos, Visigodos, Mouros e Moçárabes[500]. E no medievo, os Direitos inglês e francês. Contudo, nos momentos iniciais, essa profusão cultural e jurídica teria influenciado o Direito dos reinos hispânicos de Astúrias, Leão, Castela e Aragão.

2.2 Origem do Estado e do Direito do independente Condado portucalense.

Esse teria sido o cenário da antiguidade sobre o qual o Direito português teria evoluído, desde suas origens romano-germânicas até o Direito que seria aplicado pelo Condado portucalense do século XII. Somente com a Independência (1143) e a contínua afirmação da realeza é que teve início a produção de normas jurídicas próprias do reino, segundo as suas necessidades específicas. Inobstante a iniciativa de se criar um Direito autenticamente português, o rei não podia simplesmente prescindir de toda a legislação existente que precedera ao Condado independente. E, assim, o Direito romano-germânico aplicado pelo Reino de Astúrias, e depois pelo Reino de Leão – que lhe sucede – seria igualmente assimilado e aplicado pelo Condado portucalense. O passado romano-germânico estava ali a dar-lhe uma sólida e secular fundação.

Cumpre agora destacar os episódios da fundação do Condado, para que se possa compreender a sua origem hispânica. Da Resistência cristã nas Astúrias – em 722 d.C. - e do lento progredir em direção ao sul, formam-se outros reinos hispânicos como Leão, Castela e posteriormente Aragão[501]. Será do Reino de Leão que nascerá Portugal, inicialmente como um Condado vassalo e, depois de algum tempo, como um novo reino de origem hispânica. O embrião seria o Condado portucalense[502], cujo território abrangia boa parte da região do Entre-Douro-e-Minho. Até sua separação de Leão, o Entre-Douro-e-Minho estava integrado ao território da Galícia, sob domínio leonês. No território do

---

[500] Grupo étnico decorrente da miscigenação dos visigodos com sarracenos, como informa Eduardo Pinto (1996). Consultar também Albuquerque, R. de; Albuquerque, M. de. (1993, p. 117). Dentre todos, os romanos deixaram um legado indiscutível, como nota Blázquez (2021, p.2): "Durante esse processo de romanização, também as entidades locais, com aspirações e pretensões de *imperium,* competiram pelo esplendor político, urbano e comercial, à semelhança de Roma".

[501] Para melhor descrição deste período, consultar Lay (2011, p. 22-26).

[502] Sobre este período embrionário de formação de Portugal, consultar Coelho (2010a, p. 20-23).

Condado, formara-se uma identidade étnico-cultural distinta daquela existente no reino de Leão, mais referenciado pela cultura galaico-romana.

Comenta Almeida Costa (2018, p. 178) que "Na época do rei leonês Afonso VI, operou-se a separação de Portugal. [...]. Pelos fins do século XI, chegaram à península D. Raimundo e D. Henrique, nobres da Borgonha, que desposaram duas filhas do referido monarca de Leão, respectivamente D. Urraca, [...], e D. Teresa, [...]". E, prossegue aquele autor, "[...], a partir do casamento de D. Teresa e D. Henrique, Afonso VI outorgou-lhes a terra portugalense" [sic][503]. Coelho (2010, p. 215) esclarece que lhes foi dado em feudo "[...] Coimbra e a terra de Portugal. <<E fez-lhe de todo o condado e a sua nomeação era condado de Portugal. Com esta condição que o conde o servisse sempre e fosse a suas cortes e a seus chamados [...]. E lhes assinalou certa terra de mouros que conquistasse e que tomando-a que acrescentasse em seu condado>>". Segundo Ramos (2009, p. 25), a estratégia de Afonso VI de Leão atendia "[...] a necessidade de reforçar a fronteira ocidental do reino leonês, sobretudo a parte mais exposta às investidas dos Almorávidas". Pelo enlace, D. Afonso VI de Leão casava D. Teresa, sua filha bastarda (Coelho, 2010, p. 215).

Portugal como nação já nascera combativa e expansionista[504], autorizada que estava por Afonso VI de Leão a agregar, em seu território, toda terra

---

[503] Razão pela qual, no início do reino, o Direito aplicável era o leonês, com suas raízes visigóticas. Até a afirmação do poder real, prevaleceria o costume: "[...], o costume é o modo de revelação de normas jurídicas que se traduz na prática constante e reiterada de uma certa conduta (elemento material), acompanhada da convicção da sua obrigatoriedade (elemento psicológico)" (ALMEIDA COSTA, 2018, p. 210).

[504] Lay (2011, p. 17): "[...]. Robert Bartlett seguiu o rasto da formação de uma cultura cristã latina agressivamente expansiva durante o período medieval. Esta cultura foi criada quando uma Igreja reformista, ansiosa por impor uma convergência de interesses com uma sociedade secular aventureira, esfaimada por terra e militarmente competente". Para o autor, esta 'influência estrangeira' fez-se sentir após o século X, com a chegada de indivíduos, instituições, ordens militares, ideias e costumes da Europa além Pirineus – em especial do reino Franco. Teria sido criado "[...] um sentido de comunhão, de uma identidade baseada numa fé partilhada e, por via desta, uma cultura, também ela, partilhada" (LAY, 2011, p. 17), e daí formado "[...] uma intransigente ortodoxia da cristandade latina na fronteira a sudoeste". Essa influência deve-se às necessidades estratégicas por ocasião da formação do reino de Portugal com Afonso Henriques: "A própria presença de uma dinastia borgonhesa em Portugal era resultante de uma convergência entre os objetivos da nobreza europeia e as políticas peninsulares dos monges de Cluny. [...]. Ainda que Afonso Henriques tenha levado a cabo estratégias que tinham como principal intuito consolidar a sua autoridade dentro de Portugal, o corolário fora o restabelecimento de laços formais com o abrangente mundo latino" (LAY, 2011, p. 152). Estas influências além Pirineus foram trazidas pelas Ordens de Cluny e de Cister, em muito devido à reformas religiosas ocorridas na França e na Itália (LAY, 2011, p. 422). Coelho (2010, p. 169) assinala que: "A coexistência das três religiões do Livro, a dominante e as dominadas, vai ser fortemente abalada no final do século XI com o advento dos guerreiros francos e dos monges de Cluny ao reino de Castela e de Leão e com a chegada dos almorávidas e dos almóadas ao Andaluz. Em 1120 os almorávidas deportaram milhares de cristãos para o Norte de África; em 1145 os almóadas fizeram o mesmo aos judeus". Também sobre a Ordem de Cluny, consultar Ramos (2009, p. 20-27, sob a rubrica 'Os <franceses> na Península Ibérica'). O objetivo era: "[...] uma plena integração da Hispânia na

conquistada aos mouros. Sua contínua expansão territorial faria com que o Condado rivalizasse em poder com o Reino de Leão, do qual era vassalo. Seriam necessários séculos até que sua Independência fosse reconhecida em definitivo, após inúmeras guerras e Tratados de Paz. Até que isso ocorresse, as ameaças leonesa e depois castelhana à sua autonomia seriam uma constante.

O Rei Afonso VI de Leão morre em Toledo no ano de 1109. Com a ascensão de Afonso VII ao trono do reino de Leão, mais uma vez se questiona a autonomia do Condado. Dom Henrique de Borgonha, primeiro Conde de Portugal, falece a 12 de maio de 1112, e sua viúva D. Teresa de Leão passa a governar o Condado, se auto intitulando Rainha[505]. Nesse instante da história, a autonomia do Condado esteve sob grave perigo. Nesse período da história, regido por uma cosmovisão masculina e numa sociedade de cavaleiros-guerreiros, não era comum encontrar uma mulher como rainha. Para se manter como soberana, D. Teresa se aproxima do nobre galego D. Fernão Peres de Trava, do Reino da Galiza – ou Galícia. Este irá se aliar a Afonso VII de Leão, ensaiando uma aliança político-militar. O infante Afonso Henriques entra em desavenças com sua mãe sobre o futuro do Condado.

Na primavera do ano de 1128, Afonso VII determina a invasão do Condado seguindo o eixo do Rio Minho[506], em apoio às forças de D. Teresa e de Dom Fernão. Sua intenção era cassar a autonomia do Condado e reintegrá-lo ao Reino de Leão. Apoiado pelos nobres de Entre-Douro-e-Minho - receosos de serem novamente submetidos ao domínio galego-leonês – e pelo Arcebispo Paio Mendes - de Braga, o infante Afonso Henriques enfrenta as forças militares de sua mãe, a 24 de julho de 1128, na Batalha de São Mamede[507], saindo dela vencedor. Consigo, a dinastia de Borgonha se consolida em Portugal e perdurará até o final do século XIV (RAMOS, 2009, p. 47).

Cristandade, tanto o papado como Cluny desenvolveram uma forte campanha para a substituição do ritual litúrgico hispânico ou moçárabe pela liturgia romana". Pela influência da Ordem, inúmeros bispos francos foram indicados para Portugal, como o arcebispo de Braga, que seria o epicentro de um cristianismo mais tradicional no país. Por seu intermédio, muito do ouro pilhado pelos reinos hispânicos aos reinos taifas seria enviado para o Reino Franco além-Pirineus.

[505] Nesta ocasião, Templários já haviam recebido doações de terras de D. Teresa (RAMOS, 2009, p. 36), apoiando-a. Mais adiante apoiariam seu filho pela autonomia do reino, para ter mais influência sobre si. O novo Condado lhes oferecia maiores possibilidades de crescimento do que o reino leonês, mais alinhado à Santa Sé. Em fins do século XII, a Ordem transfere sua sede para o Sul, na cidade de Tomar, acompanhando o avanço contra os muçulmanos.

[506] Lay (2011, p. 127).

[507] Sobre a contribuição dos cavaleiros Templários nesta batalha, consultar Silva (2018, p. 131), assinalada posteriormente pelo selo da cruz templária no Foral de Guimarães. O nome 'Portugal' data do século XI. Silva (2018) oferece algumas explicações para o nome do país, como a explicação templária encontrada em alguns selos em pergaminhos em que se lê "Por-tu-o-graal" em meio à sua cruz, pelo que o país seria o seu Santo Graal, como um destino e não um objeto. Com a vitória em São Mamede, Afonso Henriques passa a usar o título de 'princeps'.

O apoio religioso do Arcebispo de Braga foi determinante, pois havia, de seu lado, o interesse de não ser submetido à autoridade da Diocese de Santiago de Compostela, no Reino da Galiza[508]. O apoio da Igreja de Braga seria fundamental para obtenção do apoio papal ao reconhecimento da Independência[509]. De igual modo, a construção do Condado, como um projeto de reino independente, entrelaçaria o poder político do rei com o poder religioso da Igreja Católica, no âmbito da Reconquista cristã. A vitória sobre as forças leonesas reafirma o desejo de independência do reino. O evento sinaliza inúmeras divisões internas e frágeis mecanismos de alianças, abrindo espaço a uma guerra civil. Aqui começa a ser definida uma comunidade identitária (RAMOS, 2009, p. VII) e sua língua neolatina de origem galaico-romana. O Condado foi o núcleo político de raiz, de origem leonesa, composto de uma "[...] diversidade de poderes locais – senhorios de linhagens, instituições, municípios – que não produziram identidades locais" (RAMOS, 2009, p. XIII). Alguns anos depois, o infante sairia novamente vencedor na Batalha do Campo de Ourique, a 25 de julho de 1139, sobre o exército conjunto de cinco reis muçulmanos[510].

Em 1140, D. Afonso Henriques - filho de D. Teresa e de Dom Henrique de Borgonha - alcança a maioridade e se autoproclama rei de Portugal[511]. Afonso Henriques percebe que não há como se expandir territorialmente sem controlar melhor o seu reino (LAY, 2011, p. 129). Novas alianças são estabelecidas a fim de trazer peso e expressão internacional ao Condado, diante dos mais poderosos vizinhos, Leão e Castela. A 05 de outubro de 1143, é celebrado o Tratado de Zamora[512], entre Dom Afonso Henriques e Afonso VII, do Reino de Leão. Para

---

[508] De se notar que, por ocasião do desaparecimento do Império Romano (475 d.C.), a Igreja Católica estava presente e muito bem-organizada na Península Ibérica. A estrutura paroquial serviria de referência à organização administrativa pelos Estados hispânicos. Em seu âmbito, havia disputas de influência envolvendo as Dioceses de Santiago de Compostela (que fora o maior destino cruzadístico após Jerusalém, no período da Reconquista cristã), Braga (que fora a sede do Reino Suevo) e Toledo (que fora a sede do Reino Visigodo). Portanto, a Igreja Católica antecede em séculos o reino de Portugal. A Igreja é parte indissociável e imprescindível na formação – e desenvolvimento - do Estado português até praticamente o século XIX, quando sofreria enorme oposição de parte dos liberais iluministas, após a Revolução do Porto (1822). No dito popular, a Sé de Braga é mais velha que o reino: "Isso é mais velho que a Sé de Braga!".

[509] Explica-se isso pelo fato de a Europa naquele período estar vivenciando um conflito civilizatório entre cristãos e muçulmanos, seja no Leste da Europa como na Península Ibérica. No mundo medieval europeu, composto por milhares de pequenos reinos com suas divergências, a Igreja de Roma assume a liderança política da cristandade, seja mobilizando os reinos ou atuando como moderador entre eles. O reconhecimento papal de um reino como seu protegido era determinante como garantia de sua sobrevivência. No século XV, com a ascensão da Inglaterra e muito depois do Tratado de Windsor (1386), é que Portugal começa a sair da esfera de influência de Roma, para se voltar à dependência inglesa, a fim de assegurar sua Independência.

[510] Stephens (2017, p. 44). Ramos (2009, p. 31).

[511] Stephens (2017, p. 33-36).

[512] Consultar Stephens (2017, p. 40-41) sobre a estratégia adotada pelos Bispos de Braga e do Porto, em nome de Afonso Henriques, para as questões envolvendo as pretensões do Condado na

muitos estudiosos, este seria o momento de fundação do país, por sua independência ter sido reconhecida pelo vizinho reino hispânico de Leão[513]. E, como comenta Coelho (2010a, p. 23), "[...], em 1143, o rei de Portugal se declarava cavaleiro de São Pedro e vassalo da Santa Sé, mas na condição de o papa <<defender a honra e a dignidade da sua terra>>. *E que não reconhece a autoridade de nenhum outro*" [sic][514].

Os eventos em torno da Independência geraram uma convergência de interesses políticos e, sob outro ângulo, conduziram a uma aproximação mais consistente entre a Igreja de Braga e essa nobreza de Entre-Douro-e-Minho por riqueza e autonomia (COELHO, 2010, p. 204). A Sé de Braga tinha sua projeção, pois fora constituída na cidade que havia sido, por quase dois séculos, a capital do Reino Suevo. Sua importância havia diminuído com o fim do Reino Suevo, quando foi submetida à Sé de Toledo, então capital do Reino Visigodo. O fim do reino visigodo e o surgimento do reino de Leão fizera com que a Diocese de Braga entrasse na órbita de influência da Diocese de Santiago de Compostela.

Tudo flui de modo favorável ao desenvolvimento desse projeto local político-religioso, que acabaria logrando êxito dois séculos mais à frente. Por ora, tudo está em jogo: a sobrevivência do Condado, as alianças político-religiosas, as decisões de combater os mouros e os leoneses. Na Europa, o século XII representa o auge das Cruzadas contra os muçulmanos. A presença moura na Península Ibérica é uma séria ameaça à cristandade na Europa. E, por isso, a Igreja Católica nomina Santiago de Compostela como o maior bastião cristão a ser defendido, depois de Jerusalém. E para lá acorrerão inúmeros cavaleiros europeus, em busca de glória e de riquezas.

Nesse particular momento da Reconquista cristã, está presente "[...] o universalismo decorrente da fé e do espírito de cruzada, que unifica os homens acima das fronteiras da raça e da história. Acresce o imprevisto fervor, entre os

---

região da atual Galícia espanhola, pelo que foi celebrada a Paz de Tui, em 04 de julho de 1137. Este primeiro momento de afirmação do Condado perante os já consolidados reinos de Leão e Castela mostra a importância da Igreja de Roma como aliado externo de enorme peso diplomático à causa da soberania portuguesa, pelo respeito que suas Bulas impunham no mundo cristão. A Igreja de Roma tentava recriar a unidade existente no Império Romano, mas tendo como vínculo o cristianismo. Mais adiante, a Inglaterra tomaria este lugar pelo peso de sua sempre disponível ajuda militar. Sobre o Tratado de Zamora, consultar Ramos (2009, p. 32).

[513] Portugal é um reino de origem hispânica, mas cujo idioma falado se distingue, em parte pela influência da língua galega, atualmente falada no território da Galícia, na Espanha. Segundo Lay (2011, p. 21): "A sociedade portuguesa do século XI foi produto de uma combinação única de geografia e história".

[514] O evento ocorre pela carta *Devotionem tuam*, de 1° de maio de 1144 (FREITAS DO AMARAL, 2018, p. 79), como resposta de uma carta enviada por D. Afonso Henriques: "Através dela, D. Afonso Henriques, [...], constituiu-se vassalo do Papa, a quem prometeu pagar um <<tributo anual de 4 onças de ouro>> [...]". A fragilidade inicial do Condado seria amparada pela Santa Sé, a quem todos os reinos cristãos deviam obediência. Portanto, foi uma decisão estratégica importante para assegurar a independência diante dos reinos de Leão e Castela.

séculos XI e XII, na exaltação da romanidade, em consequência da interpretação cristã do mundo" (ALMEIDA COSTA, 2018, p. 234). Contudo, para além das motivações religiosas que tudo justificavam, havia o desejo de conquistar terras e de saquear as cidades controladas pelos muçulmanos[515].

Em meio a diversos interesses que parecem convergir momentaneamente, é preciso consolidar o Reino de Portugal. Há todo um complexo jogo de poder, envolvendo nobres locais, os interesses dos Bispados em suas relações com o Rei e com o Papa, o combate aos muçulmanos mais ao Sul, a resistência a Leão e depois a Castela[516]. Essas muitas frentes exigiriam uma capacidade de comprometimento, astúcia, avanços e recuos permanentes dos primeiros monarcas portugueses. Assegurar a independência seria uma obra secular, atravessando gerações, num mundo de impermanência[517]. Não à toa, o sistema jurídico que daí se origina se apresentar confuso e desarticulado, pois refletia uma miríade de acordos e pactos com senhorios locais. A precária economia medieval portuguesa seria obstaculizada pelas diferenças estatutárias e seus diversos impostos existentes no território.

Esse mundo medieval português, polifacético em potestades locais, carregaria consigo inúmeras deficiências – destacadamente a econômica e a fiscal - que não resistiriam à prova do tempo de uma normalidade de paz. Os acordos com os inúmeros senhorios locais se refletiriam nas cartas de Forais.

Como que percebendo essa deficiência econômica intrínseca, a Coroa portuguesa, ao encerrar a Reconquista cristã em sua porção de território em meados do século XIII, redefiniria seus objetivos e prolongaria o combate aos mouros na Conquista, para além-mar. A África e o Oriente muçulmanos seriam as novas frentes de guerra, sob o permissivo de sua carta fundacional, na qual Afonso VI de Leão os exortara a tomar para si "[...] certa terra de mouros que conquistasse e que tomando-a que acrescentasse em seu condado". Entre 1249 – fim da Reconquista portuguesa – e princípios do século XV, os portugueses desenvolveriam a técnica da navegação oceânica. Assim, os portugueses iriam à conquista de Ceuta (1415), das ilhas atlânticas junto ao litoral africano e de todos os territórios que pudessem alcançar. Na última quadra do século XV, os portugueses já haviam desenvolvido intenso comércio com os reinos africanos na Costa da Guiné. Vasco da Gama chegaria à Índia em 1498. Da Índia viriam a pimenta e a canela, igualmente fontes de imensa riqueza.

---

[515] Do entendimento de ser um direito dos cristãos se apossarem dos territórios em poder dos muçulmanos, consultar Russell (2016, p. 165). Essa visão de mundo cristã, particular aos séculos XII-XIV, foi pautada pela mobilização da Igreja e das Ordens Militares em combater os 'infiéis', i.e., todos aqueles que não seguissem a fé cristã. Daí ter sido criado o conceito de 'guerra justa', contra 'muçulmanos, judeus e gentios' (RUSSELL-WOOD, 2014, p. 52).

[516] Coelho (2010a, p. 259-279). Três foram as principais guerras contra Castela, segundo o autor: 1369-1371, 1372-1373 e 1381-1383. Mas ocorreram inúmeros outros conflitos entre os dois países.

[517] Ramos (2009, p. 49-54).

No reino, entre os séculos XII e XIV, a atividade econômica se caracterizava por uma agricultura de subsistência. O ambiente belicoso da Reconquista não permitia desenvolver outra atividade econômica mais perene. As deficiências econômicas do reino ficariam mascaradas após 1500, com o afluxo de riquezas provenientes dos territórios das Conquistas – África, Oriente e, depois de 1530, do Brasil. Durante séculos, poucos foram os estadistas portugueses que reconheceram a dependência quase completa do Reino às riquezas das colônias. Isso ficaria evidente, após o século XVI, com a ascensão da Inglaterra, Holanda e França como potências coloniais ultramarinas, representando uma séria ameaça ao reino. E, de fato, após 1580, com a União Ibérica, Portugal perderia muitas de suas colônias aos holandeses e aos ingleses. Assim, "A originalidade do sistema jurídico desse período resulta, em boa medida, das condições sociais, políticas e econômicas que o rodearam" (ALMEIDA COSTA, 2018, p. 187). O Direito nesse período se volta para a proteção dos recursos investidos e dos lucros obtidos com as Grandes Navegações. E continua esse autor:

> À confusão lançada pela conquista árabe, seguiu-se um longo ciclo de guerra constante. Estava-se numa conjuntura em que a organização social era ditada pelas necessidades militares, se desconheceu uma autoridade central forte e a economia assentava na produção agrícola e familiar. Compreende-se que deste condicionalismo haja decorrido um direito marcado por normas e princípios jurídicos rudimentares e de índole primitiva.

A Cruzada aos mouros movia e ditava os rumos econômicos do país. Os nobres e potentados desejavam títulos de nobreza e de riquezas. O Rei procura afirmar seu poder permanentemente[518]. O Direito seria uma peça-chave para se atingir esse objetivo, mas era preciso atribuir-lhe reconhecimento. A atividade legislativa e a administração da justiça seriam instrumentos valiosos para esta tarefa, ressalvadas as matérias tratadas no Direito canônico e as exceções previstas no Direito Foraleiro. A sociedade portuguesa no medievo se apresenta organizada em plúrimas esferas de direitos, privilégios e jurisdições. O movimento que se vislumbra da monarquia pode ser descrito pelos vocábulos 'afirmação' e 'concentração', que, no século XVI, ensejariam as primeiras reflexões sobre o conceito de soberania.

Em uma transição cuja duração não pode ser determinada com precisão, mas que pode ter durado algumas décadas, a aplicação do Direito de origem romana entrara em crise. Mas, em princípios do século XIII, "Com Afonso II, a

---

[518] Nogueira (2010, p. 42) observa que as relações entre Rei e nobres locais seriam baseadas por um 'senhorialismo', com inúmeros estatutos de privilégios, imunidades e o poder baseado na posse de terras, um estágio pré-feudal. Como registra Coelho (2010a, p. 102): "O local sobrepunha-se ao geral"; nota que destaca esta relação conturbada entre o rei e os senhores locais, que durante séculos, precisou de cartas de forais para renovar os termos de uma aliança sempre frágil. Um bom exemplo da preponderância dos costumes e regras forais sobre a lei, que tardaria em se afirmar como expressão de um poder real preponderante e centralizado.

legislação principia a tomar incremento" (ALMEIDA COSTA, 2018, p. 212). Mais do que isto, com Afonso II[519], a monarquia conceberia o mecanismo das validações e das confirmações reais dos foros e privilégios – as denominadas 'Cartas de confirmação', no intuito de permanentemente submeter os diversos poderes laicos e religiosos à sua autoridade. A atividade da Chancelaria Régia se intensificava. Os registros oficiais seriam constituídos a partir de 1217, com o recurso à escrita recebendo destaque[520]. A temporalidade da mercê real se estenderia a diversos outros estatutos e contratos firmados pela Coroa[521]. A memória dessas mercês reais seria obtida pela criação de arquivos com cópias dessas confirmações e de uma burocracia escritural correlata. O nível de qualificação dos funcionários reais gradativamente aumenta, pela crescente necessidade de ordenar, de manusear e de processar essa documentação cada vez mais complexa.

Outro expediente criado foram as 'Inquirições Gerais', realizadas a partir de 1220[522], para determinar as terras e os direitos da Coroa diante de frequentes usurpações pelos nobres locais e seus forais. Inobstante essas medidas, a reação dos nobres foi desenvolver uma série de centros de poder local e regionais a desafiar o projeto de afirmação da Coroa[523]. Uma solução encontrada pela Coroa portuguesa foi explorar a falta de unidade entre os senhores locais, convidando alguns nobres a frequentar a Corte e criando assim uma aura de prestígio que foi bem explorada pelos reis. Esse mecanismo explorava as rivalidades políticas no território. A Coroa gradativamente se desenvolveria como uma monarquia polissinodal com um conjunto de vários Conselhos e órgãos de Estado, produzindo inteligência e pareceres para informar as decisões do rei. Os Conselhos e os órgãos administrativos do Estado buscavam demonstrar eficiência e lealdade competindo pelas atenções do rei, que então agiria como um moderador ou proferiria a decisão em última instância quando necessário.

Em meio a essas complexidades reinóis, o território do Condado se expande com longas campanhas militares em direção ao sul. A presença muçulmana, além de ser uma ameaça, é uma oportunidade para conquistar terras e obter riquezas. A Reconquista como estratégia de afirmação do poder real

---

[519] Dom Afonso II, de Portugal, reinou de 1211 a 1223. Com sua morte em 1223, é sucedido por seu filho D. Sancho II, com catorze anos incompletos de idade. D. Sancho II era irmão de D. Afonso III, que tomaria seu lugar como rei em 1248.

[520] Segundo Ramos (2009, p. 132), a língua portuguesa seria adotada como língua oficial da Chancelaria régia por D. Dinis. A fundação de Coimbra em 1290 se insere, no objetivo de formar quadros especializados para o Estado, letrados capazes de ordenar, de legislar, de organizar e de administrar o Império.

[521] Ramos (2009, p. 51-52).

[522] Idem. Ibidem. Por volta de 1330, surgiriam os 'juízes de fora' ou 'juízes por el-rei' para fiscalizar os juízes e autoridades locais e aplicar a justiça régia (RAMOS, 2009, p. 120).

[523] Para um aprofundamento dos mecanismos de senhorialização, consultar Ramos (2009, p. 66).

difunde exitosamente o conceito de 'Guerra Santa cristã'[524]. A memória do jugo muçulmano estava presente em boa parte da população cristã. Sem muitas forças militares e sem adequada unidade interna, a outorga de terras em troca de apoio político e militar foi a moeda de troca oferecida pelo rei para a construção do reino[525]. Os argumentos religiosos e militares para a Guerra Santa atendiam aos interesses da Coroa para controlar a nobreza, interessada nos saques, e para manter a mobilização da população nas campanhas militares.

Em 1245, no Reino de Portugal, entra em cena Dom Afonso III – o bolonhês, que faria as primeiras grandes reformas de Estado e da administração, modernizando em muito o país[526]. Segundo Freitas do Amaral (2015, p. 70-71), a ascensão de D. Afonso III só foi possível graças ao Pacto de Paris (1245), que reconhece como um verdadeiro pacto constitucional, da mesma estatura que a *Magna Charta Libertatis* inglesa de 1215. Diante da desordem no reino português, sob D. Sancho II, pelo pacto D. Afonso III jura administrar justiça ao reino. Os seus termos afetavam o clero, a nobreza e o povo. O Pacto afastava o Rei Sancho II, mediante a declaração de *'rex inutilis'* pelo Papa Inocêncio IV, após o Concílio de Lyon. Seus pontos principais são a reforma da administração civil, os direitos da Igreja e do clero e as matérias de competência exclusiva do rei como o regente de Portugal. Mas, segundo o autor, o pacto assinalaria a origem remota do Direito Constitucional português, muito antes das Ordenações Afonsinas (1446). A inspiração às reformas seria a sua experiência na Corte francesa. A Casa de Borgonha, de origem franca, exerceu enorme influência na formação do reino lusitano. A região do Algarve é conquistada em 1249, "[...] com o culminar de uma campanha de 300 anos" (LAY, 2011, p. 437). Dom Afonso III, com apoio militar da Ordem dos Templários, continua o esforço pela Reconquista[527].

---

[524] Lay (2011, p. 285): "Uma aceitação popular do caráter da guerra santa parecia penetrar lentamente uma sociedade portuguesa habituada à constante interação com culturas não-cristãs". E à p. 322: "Assim como a cruzada era considerada uma operação empreendida em nome da cristandade como um todo, [...]". No mesmo sentido Nogueira (2010, p. 34).

[525] As terras eram prometidas às Ordens do Templo, dos Hospitalários, dos Cistercienses, aos nobres locais e a inúmeros Bispos, em troca de apoio político junto ao Papa.

[526] Consultar também Stephens (2017, p. 66-69). Sobre o Estado e suas reformas, consultar o excelente trabalho de Freitas (2012), notadamente aos que desejam se aprofundar na evolução da Administração Pública em Portugal, no período entre os séculos XII e XVI.

[527] O sentido das Cruzadas seria objeto de questionamentos no futuro próximo, na Corte de D. Henrique, no início do século XV. Consultar Russell (2016, p. 144 e seguintes) sobre os pareceres apresentados a D. Duarte no Conselho Régio, nos quais se indagam quais seriam os verdadeiros propósitos das cruzadas de D. Henrique. O Infante D. João, irmão mais novo de D. Henrique, questiona onde, nas Escrituras sagradas, estava assinalado ser justo combater os infiéis, uma vez que não representavam ameaça e por não terem ocupado territórios que já tivessem pertencido aos cristãos. E, no tocante à escravização, questiona sua legalidade e se seria algo condizente com o espírito cristão. A divergência aberta por D. João em seu parecer assinala uma reflexão crítica dentro da Corte, no que se refere à razão de Estado que se mostrou aberta a distintos interesses

Os Templários já estavam presentes em Portugal, por ocasião da tentativa de Dom Afonso Henriques em se afirmar como soberano do Condado, em que lhes foi concedido pelo rei o Castelo de Soure. Anota Silva (2018, p. 59) que "Se Dom Henrique doou um castelo aos templários em 1111, isto estabelece a sua presença no Condado Portucalense sete anos antes da sua data de fundação e dezessete anos antes de seu reconhecimento pelo papa"[528]. Como uma ordem militar, os seus membros auxiliaram na luta contra os mouros, na consolidação da soberania do Condado em face de Leão e, depois, de Castela[529]. A Ordem sempre lutou na expectativa de obter terras e privilégios do Rei de Portugal, pelo que chegaram a possuir quase um terço das terras do reino de Portugal[530]. E, em

nos diversos momentos da formação e da expansão de Portugal. A Reconquista cristã do século XII, dentro da qual se formou o país, justificava o combate aos muçulmanos e a tomada aos seus territórios. Esses eram os momentos em que surgia a nacionalidade. A identidade nacional surgia em meio a um processo de afirmação de soberania perante os vizinhos reinos hispânicos e aos invasores muçulmanos. Três séculos mais adiante, e o cenário seria outro. Porém, os interesses econômicos pelo tráfico de escravos e o espírito cruzadista souberam utilizar muito bem da religião cristã como argumento final para 'dar combate' ao infiel e salvar almas ao cristianismo, numa narrativa que à época foi difundida e tornada convincente aos propósitos de uns poucos. No medievo, o discurso político era muito amplo e permitia abraçar diversos interesses, contando com o desinteresse e a submissão da população ao rei, não o questionando em nada.

[528] Silva (2018, p. 96) defende a ideia de que Bernardo de Claraval, um dos líderes da Ordem Templária, acreditou que o embrionário Condado Portucalense pudesse oferecer as condições para um novo 'reino de consciência' na Terra, pelo que Portugal deveria se constituir como um 'Estado-nação modelo'. Daí o autor acreditar ter sido Portugal o primeiro Estado Templário da história. A ideia era estar longe da autoridade de Roma (SILVA, 2018, p. 119) e o Condado era interessante pois ali "[...] os habitantes tinham um historial de fingir que respeitavam a autoridade papal". A fundação da nação deve muito a essa Ordem Monástico-Militar, bem como aos pioneiros Hospitalários e aos cavaleiros do Santo Sepulcro (SILVA, 2018, p. 140). Posteriormente a elas, se juntam os monges da Ordem de Cister. Em um momento da história em que não se falava do Estado como fenômeno político e em que não havia exércitos profissionais, aos olhos de hoje, estas ordens guerreiras eram verdadeiros exércitos mercenários vendendo seus serviços a quem lhes concedesse mais benefícios e privilégios. Segundo Silva (2018, p. 139): "Para todos os efeitos, a ordem era agora uma corporação internacional autônoma". A fama dos templários em batalha advém do equipamento usado, com a formação de ataque liderada pela cavalaria pesada e seus cavaleiros de armadura, seguidos de combatentes a pé, com malhas de ferro, escudos e armaduras, com uma formação de combate bem disciplinada que rompia as linhas mouras, destroçando seus inimigos. A exemplo da disciplina militar empregada pelos francos de Charles Martel em Poitiers (732 d.C.).

[529] O Reino de Castela surge a partir do Reino de Leão, primeiro como Condado, em 850 e depois como reino independente em 931. De Leão também surgira o Reino da Galiza. E em 1230 o Reino de Leão se une a Castela, que, ao lado dos muçulmanos e após a derrota desses em 1249, será o maior rival de Portugal até o século XIX.

[530] Sobre o tema, consultar Silva (2018, p. 170). A obra oferece uma perspectiva interessante sobre a fundação do país, com vetores de uma perspectiva mais empresarial do que política sobre a atuação dessa Ordem. O apoio a Afonso Henriques na luta contra sua mãe, pelo controle do Condado, lhes atribuiu grande extensão de terras antes mesmo do Condado lograr sua autonomia. Em sua visão, os Templários como Ordem militar atuavam como uma corporação com agenda própria e interesses distintos do reino – um Estado dentro do Estado. Sob uma conjunção de interesses muito específica, Afonso Henriques deseja fundar seu reino independente de Leão, em

Portugal, "[...] os cavaleiros templários estabeleceram um reino dentro de um reino" (SILVA, 2018, p. 165), e, portanto, um Estado dentro do Estado. A chegada da Ordem ao país, já em princípios do século XII, marca a decisão estratégica de sua saída de Jerusalém com as riquezas acumuladas nas Cruzadas, a fim de assegurar sua sobrevivência. O embrionário Condado lhes oferecia melhores oportunidades de consolidação e de florescimento como um novo 'reino de consciência', diverso daquele que predominava sob o signo das Cruzadas.

A consciência religiosa predominante indicava a obsessão do cristianismo em se afirmar no mundo, diante da ameaça muçulmana. Aos príncipes europeus, conquanto divididos em inúmeros pequenos Estados e guiados pela Igreja Católica, estava presente a certeza de estar ocorrendo um choque de civilizações, entre o Ocidente cristão e o Oriente muçulmano. A Ordem tinha uma outra visão de mundo, e desejava proporcionar uma nova vivência religiosa cristã. Os Templários seriam responsáveis pela proteção do reino português, pelo desenvolvimento econômico das terras a si concedidas e pela cobrança dos impostos aos plebeus residentes em suas terras. O Papa reconhecera a Ordem em 14 de janeiro de 1128, colocando-a sob sua proteção e livre de sujeição ou prelazia a qualquer monarca europeu. Ulteriormente, a interpretação templária do cristianismo colocaria a Ordem em choque com a Igreja de Roma, receosa de perder o controle espiritual e político sobre o mundo cristão europeu.

Dois séculos depois de sua chegada ao Condado portucalense, a Ordem dos Templários portugueses seria dissolvida. Os seus bens e privilégios seriam absorvidos pela Ordem de Cristo, criada por D. Dinis em 1319. O seu perfil mudaria essencialmente, de uma ordem mística e guerreira característica dos Templários, para uma Ordem voltada para atividades bancárias[531]. É de se lembrar que a expedição de Pedro Álvares Cabral chegaria ao Brasil em 1500, com navios financiados pela Ordem e portando as cruzes de Cristo em suas velas. A Ordem de Cristo participaria no financiamento de inúmeros

---

luta contra sua mãe, recebendo apoio militar dos Templários que chegam a Portugal buscando uma base para suas operações, após se retirarem de Jerusalém. Os interesses mútuos se atraem e Afonso Henriques demonstra a *virtù* de que falaria Nicolau Maquiavel em 1513, sabendo fazer a *occasioni*.

[531] É o que já assinalara Galbraith (1980, p. 111). Uma Ordem monástico-guerreira como a dos Templários, em certa altura, enfrentou dificuldade para arregimentar adeptos que se dispusessem a uma vida casta e, eventualmente, a arriscar a vida em combates. A rotina de orações e de treinos militares em troca de comida, roupa, educação e proteção não seriam mais tão atrativas. As riquezas acumuladas em sua existência não sustentariam mais uma força guerreira de elite em ações de combate, mas doravante seriam dirigidas às atividades bancárias em ações de resgate financeiros dos reis constantemente endividados. Eles haviam vislumbrado que o poder não estava mais nas armas, mas em controlar o crédito e, por ele, os futuros Estados nacionais – sem confronto e sem derramamento sangue. Suas rendas não viriam mais dos saques e das guerras, mas sim dos juros dos empréstimos aos Príncipes nos vários países em que atuavam. Foram os antigos Templários, depois absorvidos na Ordem de Cristo, que financiariam as expedições marítimas do descobrimento português na África e no Brasil.

empreendimentos comerciais por todo o Império colonial português. A Igreja Católica com sua presença remontando ao tempo do Império Romano, e depois os Templários estariam indissociavelmente ligados à consolidação do Portugal independente.

A Reconquista portuguesa aos muçulmanos encerrar-se-ia em 1250, consagrando a epopeia de uma "[...] unidade construída pelo poder político através dos séculos" (RAMOS, 2009, p. III). Em 1254, pela primeira vez, são convocadas as Cortes em Portugal – i.e. a Assembleia Geral do reino, na cidade de Leiria. Em 1255, D. Afonso III transfere a capital de Coimbra para Lisboa. Com a paz assegurada temporariamente, D. Afonso III prossegue na organização do reino e realiza Inquirições Gerais em 1258. Ao falecer em 1279, deixa como sucessor o seu filho D. Dinis I. Continuando a obra de seu pai em modernizar o país, um importante acréscimo ao reino seria a Universidade de Coimbra, fundada em 1290[532] por D. Dinis I. A fundação da Universidade trouxe como resultado a formação do estamento letrado encarregado de consolidar as reformas de Estado iniciadas por D. Afonso III.

Portanto, desde a fundação do país em 1143 até 1822, a legislação aplicável foi de origem diversa. Nesse período pré-constitucional, é aplicada de início a legislação leonesa, um conjunto de leis esparsas de origem romano-visigóticas. A ela se somam os inúmeros forais concedidos pelos reis. Alguns séculos depois, se iniciaria o regime das Ordenações, como compilações das inúmeras leis esparsas do reino[533]. As primeiras Ordenações são as Afonsinas (1446-1514), e depois as Manuelinas (1521-1595), ambas editadas por reis portugueses. Após a União Real com a Espanha, em 1580, seriam editadas as Ordenações Filipinas (1603-1867) de influência espanhola. Da Independência às Grandes Navegações, o Direito aplicado se compunha de uma massa de leis sobrepostas, nunca organizadas de modo racional. As Ordenações buscaram organizar melhor as normas do reino. Esse foi o Direito aplicado no Brasil, como colônia de Portugal, entre 1500 e 1822. E ainda, no Império do Brasil (1822-1889), seriam aplicadas as Ordenações Filipinas em vários ramos do Direito, até que surgissem os diversos códigos e leis específicas. E, desse modo,

---

[532] Esses e outros elementos que foram se acumulando, no campo da política, da economia e da geografia fez surgir um *ethos* entre os portugueses, o "[...] desabrochar da ideia de Nação" (COELHO, 2010a, p. 158). Stephens (2017, p. 52) comenta que raras vezes no medievo se viu um condado minúsculo como Portugal afirmar sua independência e se tornar um reino poderoso. Este foi o resultado de uma bem pensada estratégia que envolvia alianças entre reinos, mediante casamentos com nobres de Castela e depois com as casas reais de Inglaterra, notadamente a de Lancaster.

[533] Botelho (2018, p. 232): "Alguma doutrina, na qual se inclui Antônio Manuel Hespanha, vislumbra, na História Constitucional portuguesa, momentos ou indícios de pré-constitucionalismo antes do movimento constitucional de inícios do século XIX. Nesta esteira e a título exemplificativo, as Ordenações Afonsinas, Manuelinas e Filipinas, embora não fossem uma 'constituição' em sentido próprio, continham uma pretensão de durabilidade e de fundamentalidade, uma vez que não podiam ser revogadas sem expressa menção".

se refletirmos bem, seria possível afirmar que o Brasil contemporâneo não pode ser compreendido sem o conhecimento do alto medievo português.

As Ordenações refletiriam o complexo e confuso mundo medieval, com seus inúmeros estatutos e cartas de forais assegurando privilégios senhoriais, direitos de tributação, aplicação da justiça e imunidades. Portanto, um conjunto de normas jurídicas em muitos pontos contraditório. A unidade do Direito era prejudicada pelos acordos de poder entre o rei e os potentados locais, por todo o reino. Nesse contexto, a interpretação jurídica se mostrava um pesadelo. No fim, quem decidia as controvérsias entre estatutos diversos era o Rei ao exercer a *summa potestas*. À luz do Estado moderno algo semelhante seria inaceitável, mas no medievo tal situação fortalecia a posição do Rei que se fazia, por tal expediente, indispensável como mediador de conflitos e de interesses. O medievo português, como no restante da Europa, revelava esta dualidade: por um lado, uma tentativa secular dos reis por centralizar sua autoridade, mas, enquanto isto não ocorria, coexistiam inúmeros estatutos, forais, grupos e facções. Cabia ao Rei saber manobrá-los, como peças em um jogo de xadrez, para prosseguir em seus objetivos de deter o controle pleno do Estado, afirmando-se como soberano. Contudo, a aplicação do Direito português com essas feições trazia inúmeros problemas, e eles seriam em parte sanados pela Lei da Boa Razão (1769), editada pelo Marquês de Pombal.

Apenas a título de curiosidade, além dos vestígios do Direito suevo-visigótico em sua formação, Portugal, em sua história política, teria sofrido influência do Direito inglês e do Direito francês por força do Direito Internacional dos Tratados, após o século XIV. Isso seria em razão da sua histórica aliança com a Inglaterra, desde os primeiros Tratados comerciais celebrados, cujo ponto inicial para muitos remontaria à libertação de Lisboa (1147). E, ulteriormente, com o Primeiro Tratado de Windsor (1386). As elites lusitanas também partilharam a vivência da cultura francesa na Corte real, destacando-se aqui a contribuição de D. Afonso III, o bolonhês.

O Direito português, portanto, sempre foi muito aberto às influências estrangeiras ao longo de toda a sua história.

2.3 Um Direito fragmentado e complexo: a fase do Direito foraleiro.

Após a Independência do Condado, no século XII, o Direito resultante dessa sobreposição de inúmeras civilizações e culturas seria conformado às realidades políticas do nascente reino. Segundo Eduardo Pinto (1996), o período do alto-medievo é um momento complexo[534], ao evidenciar os princípios de realezas diversas e o predomínio das Cartas de Forais[535] e, portanto, a existência

---

[534] Consultar também Marques (1997, p. 13).

[535] Encontra-se em Albuquerque, R. de; Albuquerque, M. de (1993, p. 157), a distinção entre cartas de povoamento e cartas de forais: "Em regra, os forais são mais extensos que as cartas de

de múltiplos Direitos em vigor no reino português. Desde a fundação do Condado e, por muitos séculos depois, o Direito português se mostraria como um Direito de síntese entre o passado e a realidade em curso. O alto medievo português foi um momento em que os costumes e os localismos – cuja origem estava nos potentados do passado romano-visigótico - prevaleciam sobre as tentativas de centralização do poder em mãos dos reis[536]. Após o domínio suevo, a ascensão do Reino Visigodo acentuara a relevância dos potentados locais em razão de sua organização administrativa e militar. Tal fenômeno se deu pela dificuldade de controlar militarmente e de administrar financeiramente grandes

---

povoação e abarcam também maior número de matérias. Aqui reside, certamente (embora com possível grau de subjetivismo), o elemento diferenciador básico, não procedendo a definição de foral apresentada por Herculano, que via neste a carta constitutiva de um município. [...]. Enquanto o cerne das cartas de povoação se restringe às condições de assentamento na terra – regime agrícola local e relações entre o senhor e o habitante -, os forais contêm, para além disso, preceitos ou disposições de direito processual, militar, fiscal, penal e administrativo [...]. Não faltam, também, embora quantitativamente e qualitativamente menos importantes, regras de direito privado, com prevalência para as instituições sucessórias e familiares". Os forais foram um instrumento jurídico-político de concessões de terras, no jogo de poder entre príncipes e potentados locais, pois a detenção de propriedade, desde os tempos da romanização da Península, expressava o poder de decidir e de tributar. Assim, nota Blázquez (2016, p. 2): "Propriedade é um direito, ou senhoria legal geral, exercida por uma pessoa sobre uma coisa. As 'Partidas' de Alfonso X, o Sábio (1250 d.C.) definem o direito de propriedade como '*Senhoria que é o poder que o homem tem em sua coisa fazer dela, e nela o que ele quer: de acordo com Deus, e de acordo com a jurisdição*'. O preceito é uma joia que conecta a recepção do Direito Romano com o Direito Canônico e a Lei Feudal Medieval Castelhana. Para o Rei Alfonso, a propriedade é, por excelência, senhoria". E ainda com Blázquez (2016, p.3): "Na Espanha, o direito à propriedade é uma instituição legal que foi forjada ao longo de muitos séculos, e que encontra suas raízes, precedentes históricos e legais no sistema legal da civilização romana. Portanto, podemos tomar como ponto de partida a análise das origens primitivas e a evolução histórico-legal do domínio naquela civilização". Na Espanha, como em Portugal, ambos romanizados ao longo de séculos.

[536] Comenta Blázquez (2022, p. 25) que o municipalismo instaurado pelos romanos em suas províncias por todo o Império, reproduzia em nível local "[...] o modelo e a concepção legal de Cidade-Estado, ou *Res publica*", i. e. de Roma. Essa forma de organização administrativa constituía nos municípios e nas autoridades locais poderes semelhantes, em menor escala, àqueles do Imperador. E continua Blázquez: "À imagem da *Res Publica*-Estado, as repúblicas locais foram concebidas, pelo Direito Público, como entidades abstratas, unitárias e autónomas, com diferentes poderes". Comenta Hespanha *in* Fragoso (2010, p. 57): "Resumidamente, uniformidade e poder político ilimitado característicos de Estados centralizados não existiram nesse tipo de império. Mas, sim, justaposição institucional, pluralidade de modelos jurídicos, diversidade de limitações constitucionais do poder régio e o consequente caráter mutuamente negociado de vínculos políticos". E Bicalho **in** Fragoso (2010, p. 346): "Em Portugal, nos séculos XVI e XVII e, em menor escala, no XVIII, a coroa partilhava o governo com outros corpos sociais, entre eles conselhos e tribunais, órgãos em sua maioria autorregulados e que gozavam de certa autonomia". E à página 353: "[...], entre finais do século XVII e início do XVIII, processou-se em Portugal, assim como nas demais monarquias europeias, um lento e contínuo processo de centralização do poder monárquico". São, portanto, relações de poder negociadas entre frágeis príncipes que buscavam a unidade e diversos potentados locais que o apoiavam em troca de concessões, revelando a origem do localismo e de sua agenda de interesses na política do Estado. O localismo dos potentados locais encontraria sua possível origem nas municipalidades romanas controladas por famílias aristocráticas.

extensões de terras. Pela quantidade de senhorios locais, o poder disperso no território era como uma colcha de retalhos.

Os senhorios locais haviam sido determinantes na constituição do Reino das Astúrias (após 722 d.C.) e do Reino de Leão (910 d.C.), responsáveis que foram por mobilizar soldados para combater os muçulmanos. E, séculos depois desses reinos, a Independência de Portugal (1143 d.C.) do Reino de Leão seccionou raízes comuns não apenas das casas reais ibéricas, mas desse Direito medieval hispânico de conteúdo romano-visigótico[537]. Esses seriam, então, os elementos indicativos de fundo jurídico a demonstrar um vínculo embrionário inegável entre Espanha, Portugal - no caso, o Reino de Leão e depois o Condado Portucalense - e os Direitos costumeiros dos povos emigrados da *Germania*, em razão de um diálogo jurídico motivado por sua origem hispânica comum.

Como já notamos, a formação dos reinos hispânicos no âmbito da Reconquista cristã a partir de Astúrias se mostrou uma obra ao mesmo tempo longa, delicada e complexa. Uma decisão errada poderia ter colocado tudo a perder, e a História como a conhecemos poderia ter sido outra. Territórios com população escassa, limitada força militar e uma realeza em processo de afirmação compunham o cenário na Ibéria, antes e após a Reconquista. Muitos séculos seriam necessários até que a autoridade dos reis se firmasse sobre os potentados locais. Até então seriam necessários acordos entre os reis e os senhores locais, o que seria feito pela distribuição de mercês, privilégios e imunidades continuamente renovados no tempo através de pactos, Cartas de Forais e outros instrumentos semelhantes.

A concessão e a renovação dos pactos ilustram o caráter precário da autoridade real, ao mesmo tempo em que constituíam um mecanismo de poder dos monarcas. Os pactos eram materializados nas Cartas de Forais, pelo que se denomina o período como o de um Direito 'foraleiro'[538], caracterizado pela ausência de um Direito unificado no território do reino. Os forais constituem uma particularidade do Direito português medieval. Contudo, sua origem não é portuguesa e sim visigótica, bem semelhante aos pactos de aliança celebrados pelos romanos[539]. Sobre essa remota origem dos forais aplicados no Condado

---

[537] Blázquez (2021, p. 412): "Os reinos visigóticos constituíram um rico expoente histórico de convivência e amálgama progressiva de diferentes valores sociais, elementos legais e habitual de duas nacionalidades, romana e germânica. [...]. Com a chegada e o assentamento migratório dos novos povos da Europa Oriental, na Gália, Itália e *Hispânia* (século V d.C.), sob o patrocínio dos exércitos alemães (Honórias), traidores de Roma, a parte ocidental do Império Romano exibe rachaduras. A percepção do império desaparece. O isolamento toma conta dos novos Reinos" [sic]. No mesmo sentido, Coelho (2010, p. 117), que assinala que o mecanismo de dominação baseado na terra foi o embrião do latifúndio, na altura variando entre três e oito mil hectares (ou: entre trinta e oitenta quilômetros quadrados).

[538] Vislumbramos nesse direito foraleiro a origem remota do sistema de donatarias e capitanias hereditárias aplicado no Brasil colônia entre 1534 e 1821. O donatário recebia o título de capitão e representava a Coroa nos assuntos administrativos, fiscais, militares e judiciários.

portucalense – e depois no reino de Portugal, temos a seguinte observação de Blázquez (2021, p. 422):

> Como Barber e Vigília dizem *(A formação do feudalismo no Península Ibérica,* Barcelona, 1979, p. 105) 'os monarcas visigodos, representantes da unidade estavam em uma situação de fraqueza em face de muitos nobres e, consequentemente, a fim de manter seu poder, eles tiveram que fortalecer seus recursos econômicos de acordo com as condições existentes, ou seja, sendo os maiores proprietários de terras e metais preciosos e ter mais homens que dependessem deles. Portanto, o monarca era para ser o *dominus* e o *patrono* mais importante do reino do ponto de vista privado e estender essas relações de dependência privada no nível político em relação aos sujeitos [...]. Assim, foi gerado um quadro complexo de relações de natureza legal-privada que determinou a aparência de certos elementos pré-feudais na Espanha Visigótica'.

O Direito foraleiro refletia uma especificidade das concessões reais a cada potentado[540], demonstrando a sujeição e a fidelidade desses ao Rei, e o selo de sua autoridade em certa região. Percebendo a dependência mútua, os reis estabelecem a necessidade de renovação periódica das Cartas de Forais, igualmente renovando a fidelidade e a dependência dos senhores locais. Uma economia precária e a ausência de um exército real colocam o rei no centro de um delicado jogo de forças e interesses. A política determina, nesse período, um Direito fragmentado e múltiplo territorialmente, e, com ele, uma imensa dificuldade na interpretação e na harmonização das normas jurídicas. Será essa dificuldade em harmonizar os interesses do Rei e as Cartas de Forais, que determinara, quando da fundação da Universidade de Coimbra (1290), a ida de muitos juristas portugueses à Universidade de Bolonha, fundada em 1088. Na Itália então dividida em inúmeros Estados, o ensino do Direito enfatizava a necessidade de interpretar e harmonizar normas oriundas de Direitos distintos. Em Portugal, a unidade do Direito seria apenas possível a partir do século XIX, quando o Iluminismo nortearia a organização dos Estados, impondo como medida racional a superação dos particularismos jurídicos pela progressiva redução à unidade político-jurídica.

Desse modo, percebemos que a origem do Direito português enseja análise por diversos ângulos. Daí haver uma certa polêmica entre Escolas de pensamento que surgem no século XIX, para explicar o surgimento do Direito português. A Escola germanista de Coimbra teria surgido em meados do século XIX, pelo interesse de alguns estudiosos no passado germânico. Ainda, segundo

---

[539] Sobre esse tema, consultar o excelente artigo de Rafael Scopacasa (2021), "Repensando a romanização: a expansão romana na Itália a partir das fontes historiográficas".

[540] Mesmo aqui parece haver uma certa semelhança ao modo como os romanos se expandiram na Península Itálica, recepcionando outras tribos e cidades ao Império com estatutos diversos. O *status* auferido em cada caso, de aliança ou anexação por Roma, podia ou não compreender o *suffragio*, além de outras obrigações para com a *civitas* romana. Remonta a esse período o conceito de *cives sine suffraggio*, criado pelos romanos, excluindo certos povos agregados ao Império de participação na vida política.

Eduardo Pinto (1996), teria sido o jurista francês Michelet, por suas obras literárias, quem teria influenciado Teófilo Braga quando este foi estudante em Coimbra no século XIX. Foram as análises de Michelet sobre as obras de Savigny e Grimm, acerca das origens, evolução e extinção das sociedades humanas[541] que teriam mediado o encontro do Direito português com suas supostas origens germânicas[542]. E daí, a abordagem do antigo Direito germânico na formação do Direito hispânico medieval[543]. A defesa dessa tese levantou a chamada 'Questão Coimbrã'. A ela se opunha a Escola de Lisboa, de recorte romanista.

A divergência acadêmica resultou de um trabalho desenvolvido por Antero de Quental e Teófilo Braga[544], ao liderar uma nova perspectiva na análise das origens do Direito português, agora com um recorte germanista. Esse recorte tem relevo, pois explica os mecanismos de vassalagens[545], o clientelismo

---

[541] Eduardo Pinto (1996, p. 69, NR 130).

[542] Eduardo Pinto (1996, p. 63, nota de rodapé 117): "[...], 'geração de 70', 'geração coimbrã', 'Escola de Coimbra', devem aqui ser entendidas, não como expressão de um grupo homogêneo nas suas ideias e concepções, mas como um conceito operativo e maleável que se reporta à geração de estudantes que formaram o meio acadêmico e literário de Coimbra, entre 1858/1859 e 1865/1866".

[543] Essa influência refletir-se-ia depois no reino de Portugal como 'filho' do reino de Leão. O sistema de distribuição de terras como mecanismo para angariar a vassalagem, de longa data praticado pelos romanos, seria aplicado entre os visigodos, e mais adiante com o sistema de cartas de forais. Se nos adiantarmos mais no tempo, até o sistema de capitanias hereditárias praticado no Brasil (século XVI) teria a sua origem foraleira e, portanto, uma origem romano-visigótica. A detenção da terra, para concedê-la em exploração, estabelecendo o sistema de clientela, mercês e imunidades em troca de serviços, atravessaria por décadas o Império brasileiro e chegaria à República Velha. A *possessio* das terras levara a desdobramentos tributários, pela cobrança dos impostos, muito altos para grande parte da população. Sobre a terra como origem do poder, Blázquez (2021, p. 414) assinala: "[...] do Ocidente Romano (século V d.C.) surgiu a questão da distribuição de terras entre godos e romanos em *Hispania* e o problema de seu novo regime jurídico. O pano de fundo dessa divisão parece ser encontrado nas concessões terrestres que Roma vinha fazendo, por meio de tratados *(foedus),* aos povos alemães aliados. Em troca de serviços defensivos, estes poderiam se estabelecer nos territórios imperiais, por meio de um novo sistema de hospitalidade". E ainda (BLÁZQUEZ, 2021, p. 419): "Nesse sentido, o Padre Orosio manteve, 'os bárbaros, execrando suas espadas, empunhando arados e tratando outros romanos como companheiros e amigos, de tal forma que há alguns que preferem a liberdade pobre que desfrutam entre os bárbaros a opressão fiscal em que viviam entre romanos'". Sobre o sistema das capitanias nos arquipélagos portugueses, consultar Newitt (2015, p. 73 – 75).

[544] Eduardo Pinto (1996, p. 59): "Todo o contributo desta Escola e da cultura alemã, em geral, lhe chegam através dos autores franceses. É natural que assim seja, numa época em que a 'assimilação' da cultura alemã se faz através da cultura francesa, em Portugal". Segundo Eduardo Pinto (1996, p. 80), Teófilo Braga foi dos primeiros a se filiar ao elemento germânico como explicativo da origem do Direito português. Para um quadro mais amplo da formação constitucional europeia, no qual se insere Portugal, consultar Caenegem (2009).

[545] Assim se explicaria a origem do vocábulo 'vassalo', pois, segundo Blázquez (2021, p. 426): "Em relação à *Hispania,* de acordo com A. García-Gallo, 'do século VIII no reino franco e na Catalunha e a partir do início do século XI em Leão e Castela, começa a designar o cliente *(fidelis, miles,* de

e as mercês concedidos pelos reis portugueses, durante o período de afirmação da independência, como forma de adesão e de aliança com os potentados locais[546]. E, tal análise igualmente contribui para explicar como estas construções costumeiras, resultantes de intrincadas relações de poder medievais, teriam sido praticadas em Portugal até o século XIX, um século ainda marcado pela monarquia. Com a Proclamação da República em Portugal, em 1911, o sistema político encontraria espaço para determinar-se com novas formas de alianças.

Comparativa e pontualmente, o mecanismo romano de dominação clientelista seria implantado no Brasil colônia, após 1500, por aplicação do Direito português em vigor. Na altura, o complexo econômico sucro-escravagista estabelecido no Nordeste brasileiro iria servir-se muito bem dos mecanismos clientelistas. Foi nesse período, entre os séculos XVI e XVIII, que seriam estruturados no Brasil colônia os modelos de relações intersubjetivas existentes na metrópole portuguesa, como uma réplica. Para manterem seu poder, os senhores de engenho do Nordeste brasileiro observariam fielmente as determinações da Coroa portuguesa, mas, na colônia, se afirmariam como a autoridade maior, a representação da Coroa. Haveria, no caso, um desdobramento da relação de dependência, primeiro entre a Coroa portuguesa e os senhores de engenhos e, depois, entre estes e os demais segmentos da sociedade colonial brasileira.

Portugal, como Estado soberano nascido do reino hispânico de Leão, apresentava, no domínio da terra pelo rei, a expressão de seu poder, uma prática comum desde imemoriais tempos romanos. Desde o início da Reconquista nas Astúrias (século VIII), a fonte de riquezas consistia nos saques às cidades dominadas pelos muçulmanos. Quatro séculos depois, o território está exaurido pelo esforço de guerra na Reconquista. Com uma população pequena, carente de força militar, com uma economia precária e agricultura de sobrevivência, a perenidade do reino resta na astúcia do rei, em empregar um sistema de dependências e de alianças com os potentados locais. O domínio sobre a terra pelo rei e a sua posse concedida por forais aos potentados locais e outros dignitários reais, com recursos para explorá-la, assegurariam a sobrevivência da realeza até surgir momento propício à supressão dessa dependência. Continuamos com Blázquez (2021, p. 426-427), que esclarece a relação entre o domínio sobre a terra e o sistema de vassalagem:

---

acordo com a terminologia antiga) com o nome de *vassus* ou *vasallus* (= servidor) [...]'". Vassalo era o servidor do potentado, numa relação pautada por inúmeros mecanismos e compromissos de fidelidade, para a mantença da terra e seus privilégios: "A estrutura hierárquica, territorial, tributária, jurisdicional, militar dos reinos e seus feudos foram articulados através de uma rede de juramentos individuais de fidelidade" (BLÁZQUEZ, 2021, p. 428). Era o ponto de partida do antigo regime, numa teia complexa de relações de poder, sujeições, estatutos, forais, mercês, privilégios etc. Ao rei, apenas, caberia resolver os conflitos entre estes estatutos e forais. No mesmo sentido, Freitas do Amaral (2018, p. 43).

[546] Coelho (2010, p. 33) aponta essa prática ao século VIII a. C., quando a Península era habitada por tribos celtas e iberos. Ela se aprimora com sistema clientelista dos romanos.

Assim, o estabelecimento progressista do *Patrocínio* e da *Encomienda* (adotado pela LI. V, 3, 1-4) teria constituído uma prova clara da transição do mundo da clientela romana e patrocínio para o novo sistema visigótico de proteção, lucro, fidelidade e vassalagem. Com ambas as instituições, os alemães criaram laços pessoais ligados à herança da terra. A um homem livre (cliente) eram confiados um serviço e o poder de um empregador *(bucellarius)*, e, em troca, receberia (geralmente por doação) um *iusta possessio* de armas, terras e outras propriedades. Se o cliente patrocinado abandona seu empregador, a proteção e as liberalidades ficam *ex lege* revogadas. Consequentemente, o *dominus* ou senhor recuperava a posse de sua propriedade. [...]. A regra romana-germânica e a posse serviram dois objetivos. Por um lado, a dominação do solo pelo rei e a nobreza tinham uma função pública, uma vez que tornou possível sua estruturação, tributação e proteção militar. Por outro, a posse da terra pelos servos da gleba e vassalos tinha um objetivo de interesse privado: a exploração agrícola e econômica da terra. Essa dualidade ele vai constituir uma das raízes profundas da estrutura territorial feudal dos reinos medievais da Europa Ocidental.

E assim, durante séculos, o clientelismo (mecanismo de dominação pela criação de dependências diversas, de origem romana) e o sistema de vassalagem (de origem visigótica) se renovaram continuamente até chegar à cena política contemporânea. Porém, nesse último caso, os dois institutos foram atualizados e adaptados em modelos constitucionais. Coube às Cartas de Forais instrumentalizar esses pactos. A grande mudança no Direito português ocorreria com a Lei da Boa Razão (1769), baseada em critérios racionais de ordenação do Direito e do Estado, visando relegar ao passado toda a massa confusa e estéril de direitos contidos nos forais. Seu criador, o Marquês de Pombal, reconhecia que o momento áureo de Portugal havia passado. A perda de inúmeras possessões aos ingleses, aos franceses e aos holandeses, da África ao Oriente, desde meados do século XVI, havia exposto a debilidade econômica e fiscal do reino. Poucas décadas depois, a Revolução Liberal do Porto (1822) traria o constitucionalismo ao reino, e as instituições políticas e reinóis iriam ser abaladas por todo o resto do século XIX.

3. Conclusão.

Para compreendermos o Brasil, precisamos estudar a História de Portugal no alto medievo. Esse estudo nos traz elementos de informação de natureza econômica, social, política e jurídica. E, ao regressarmos às origens portuguesas, encontraremos os leoneses, os asturos, os visigodos, os suevos, os romanos e as tribos celtibéricas. São desconhecidos os Direitos praticados pelas inúmeras tribos autóctones ibéricas antes da chegada dos romanos, mas se presume que tenham sido Direitos pautados pelos costumes. Nessa linha de estudo, igualmente valioso o estudo sobre Roma e seu Direito. Trata-se de uma análise da história abrangente de um período de, pelo menos, dois mil e duzentos anos. Desse período, das mais importantes referências conhecidas, está a *Lex Romana Wisigothorum* (506 d.C.).

Como a origem de Portugal está nos reinos hispânicos de Astúrias e de Leão, a consulta à referências espanholas mais recentes nos traz o conhecimento de que há evidente escassez de fontes originárias do Direito hispânico envolvendo o período entre os séculos VIII e XII. O ambiente de guerra e as inúmeras dificuldades da época em sua manutenção relegaram ao presente poucas fontes de consulta primária. Muito do que se conhece é deduzido a partir de referências e menções feitas nos poucos documentos remanescentes. Contudo, são fontes importantes de influência no embrionário Direito do Condado portucalense, pois permitiram a sua ligação com o passado romano-visigótico.

Nesse breve percurso, percebemos como a convergência de interesses entre Bispos católicos e nobres do Entre-Douro-e-Minho abriram espaço à formação do Condado portucalense. O novo reino nascera expansionista e, para sua organização jurídico-administrativa, o reino irá se utilizar inicialmente do Direito leonês, de origem romano-visigótica. São essas as suas raízes romano-germânicas, atualizadas nas Ordenações Afonsinas (1446) e Manuelinas (1513), e, ainda, nas Ordenações Filipinas (1603). O Direito português, portanto, é um Direito de sobreposição e de síntese.

O Direito medieval português, envolto nessas características, seria aplicado no Brasil após 1500. Com vigência no Brasil colonial até princípios do século XIX, a maneira como se distribuía o poder, títulos e mercês pelo rei – seguindo a prática romano-visigótica – seria assimilada no Brasil Império (1822-1889) pelas oligarquias rurais, com muitos de seus efeitos ainda se prolongando na República Velha. Lembremos que, após a Independência do Brasil (1822), enquanto ainda se criava um Direito dito brasileiro, no âmbito do Direito Civil, até que fosse promulgado o Código Civil de 1916, eram aplicadas as Ordenações Filipinas. Portanto, no Brasil, e até o século XX, foi aplicado um Direito medieval de nítidas origens romano-visigóticas. Daí porque o estudo do Direito brasileiro, em suas origens, não pode prescindir da História medieval portuguesa. Inevitavelmente, compreender a trajetória do Direito brasileiro nos remete às brumas da memória da fundação do Condado portucalense. Trata-se de um percurso de descobertas que igualmente nos conduz à História de Roma na Península Ibérica, por ocasião das Guerras Púnicas. Assim, uma maravilhosa viagem no tempo e na História antiga e medieval trazem, para os estudiosos do Direito, uma compreensão ímpar da História das Instituições jurídicas portuguesas e brasileiras.

Referências

ALBUQUERQUE, R. de; ALBUQUERQUE, M. de. *História do direito português*. Tomo I. Lisboa: [s.n.], 1993. 649 p.

ALMEIDA COSTA, M. J. de. *História do direito português*. 5ª ed. Coimbra: Almedina, 2018. 608p.

BICALHO, M. F. *As tramas da política: conselhos, secretários e juntas na administração da monarquia portuguesa e de seus domínios ultramarinos.* **In** FRAGOSO, J.; GOUVÊA, M. de F. (Orgs.). *Na trama das redes – Política e Negócios no Império português, séculos XVI-XVIII.* Rio de Janeiro: Civilização Brasileira, 2010. p. 343-373.

BLÁZQUEZ, G. S. *Orígenes del Derecho de propiedad en Roma: Mancipium – Nexus.* Passagens. Revista Internacional de História Política e Cultura Jurídica Rio de Janeiro: vol. 8, no.1, janeiro-abril, 2016, p. 142-192.

_____. *Régimen jurídico romano-visigodo del suelo (dominio - posesión - comunidad de bienes - superficie) y su encuentro feudal con gewere y seisin* (s. V d.C. - S. XIII d.C.). Disponível em: <https://www.scielo.cl/scielo.php?script=sci_arttext&pid=S0716-54552021000100411&lng=es&nrm=iso&tlng=es>. Acesso em: 09 set. 2021.

_____. *Da res publica romana à personalidade jurídica corporativa romano-cristã e abstrata do "Reino-Rei" visigótico.* Anuário de História del Derecho Español, p. 9-46. N. XCII. 2022.

BOTELHO, C. S. *A História faz constituição ou a constituição faz a história? – Reflexões sobre a História constitucional portuguesa.* Disponível em: <http://cidp.pt/publicacoes/revistas/ridb/2013/01/2013_01_00229_00247.pdf>. Acesso em: 21 fev. 2018.

COELHO, A. B. *Donde viemos.* Vol. I. Mirandela: Caminho, 2010. 236 p.

_____. *Portugal medievo.* Vol. II. Mirandela: Caminho, 2010a. 356 p.

CAENEGEM, R. C. von. *Uma introdução histórica ao direito constitucional ocidental.* Lisboa: Calouste Gulbenkian, 2009. 412 p.

EDUARDO PINTO, V-C. *As origens do Direito português: a Tese germanista de Teófilo Braga.* Lisboa: Associação Acadêmica da Faculdade de Direito de Lisboa. 1996. 435p.

FREITAS, J.A.G. de. *O Estado em Portugal* – séculos XII-XVI. Óbidos: Aletheia, 2012. 229 p.

FREITAS DO AMARAL, D. *Da Lusitânia a Portugal* – dois mil anos de história. Lisboa: Bertrand, 2018. 463 p.

GALBRAITH, J. K. *A era da incerteza.* 2ª ed. São Paulo: Pioneira, 1980. 379 p.

HESPANHA, A. M. *Antigo regime nos trópicos? Um debate sobre o modelo político do império colonial português.* **In** FRAGOSO, J.; GOUVÊA, M. de F. (Orgs.). Na trama das redes – Política e Negócios no Império português, séculos XVI-XVIII. Rio de Janeiro: Civilização Brasileira, 2010. p. 43-93.

LAY, S. *Assim nasceu Portugal* – os reis da Reconquista Portuguesa. Alfragide: Texto, 2011. 543 p.

MARQUES, M. R. *História do direito português medieval e moderno.* Figueira da Foz: Reproset, 1997. 150 p.

NEWITT, M. *Portugal* – na história da Europa e do mundo. Alfragide: Texto, 2015. 359 p.

NOGUEIRA, C. *O Portugal medieval.* São Paulo: Alameda, 2010. 304p.

RAMOS, R. (Coord.). *História de Portugal.* 5ª ed. Lisboa: esfera dos Livros, 2009. 974p.

RUSSELL, P. *Henrique o navegador.* 2ª ed. Lisboa: Horizonte, 2016. 440 p.

RUSSEL-WOOD, J. *Histórias do Atlântico português.* São Paulo: Unesp, 2014. 408 p.

SCOPACASA, R. *Repensando a romanização:* a expansão romana na Itália a partir das fontes historiográficas. Disponível em: <<https://doi.org/10.11606/issn.2316-9141.rh.2015.98758>>. Acesso em: 28 dez. 2021.

SILVA, F. *Portugal* – a primeira nação templária. [s.l.]: Alma dos Livros, 2018. 359 p.

STEPHENS, H. M. *Portugal – a história de uma nação.* Loures: Alma dos Livros, 2017. 308 p.

FEDERALISMO FINANCEIRO DO CONE-SUL: OS CASOS DE BRASIL E ARGENTINA

Thiago Guerreiro Bastos[547]

SÚMARIO 1. Federação e federalismo: delimitando conceitos 2. Autonomia e poder político financeiro 3. Nação argentina: bases e fundamentos 4. Federalismo financeiro argentino 5. Federalismo Financeiro Brasileiro 6. O que aprender com a trajetória argentina? 7. Conclusão

1. FEDERAÇÃO E FEDERALISMO: DELIMITANDO CONCEITOS

Às vezes é necessário começar pelo óbvio: a ordem jurídica efetiva seu processo pela linguagem. Controlá-la ou influenciá-la é relevante para direcionar o produto do exercício do poder político. O direito é um instrumento liberal de controle. Desse modo, a linguagem é seu caminho epistemológico. Para Ricardo A. Guibourg[548] a linguagem natural se converte em linguagem técnica para superar vaguezas ou polissemias. Diante do exposto se indaga: federação e federalismo são a mesma coisa?

De forma técnica, à luz da literatura federativa, não são. Entender essas dimensões é essencial para compreender a forma federativa de estado[549].

Façamos uma singela experiência a partir da teoria do véu da ignorância[550][551](RAWLS,2000) sob uma ótica federativa. Um cidadão que desconhece em qual

---

[547] Doutor em Direito pela Universidade do Estado do Rio de Janeiro (PPGD/UERJ), Mestre em Direito Constitucional pela Universidade Federal Fluminense (PPGDC/UFF), Especialista em Direito Constitucional pela Universidade Cândido Mendes (UCAM/Centro), Docente e pesquisador permanente no Programa de Pós-Graduação em Direito da Universidade Estácio de Sá (PPGD/Estácio), Professor na Universidade Estácio de Sá, Professor no Centro Universitário Carioca (Unicarioca), Coordenador da Extensão Cultura & Debate.

[548] GUIBOURG, Ricardo A., GHIGLIANI, Alejandro M. e GUARINONI, Ricardo V. *Introducción al conocimiento científico*. Buenos Aires: Editorial Universitária de Buenos Aires, 2004.

[549] Atualmente há vinte e cinco estados sob a forma federal que correspondem a 40% da população global de acordo com o Forum Of Federations - The Global Network on Federalism and Devolved Governance. Disponível em: http://www.forumfed.org/countries/

porção geográfica do estado está tende a preferir que o poder decisório esteja perto ou distante de si? O cidadão prefere estar próximo de onde se decide ou prefere que a decisão seja tomada de um local longínquo?

Diante desta situação hipotética, por desconhecer a porção geográfica do estado em que o indivíduo estará, provavelmente haverá defesa da descentralização política para otimizar seus ganhos de bem-estar. Portanto, a forma federativa direciona para uma maior proximidade do cidadão com aquele que detém poder político decisório.

Ao se pensar em forma federativa há três perguntas que devem ser feitas: Quais serviços públicos serão ofertados? Quem prestará tais serviços? Como se dará seu custo? É um erro teórico deduzir que as federações terão respostas equivalentes frente a essas indagações. Não há padrão federativo, mas experiências à luz da realidade política, social, econômica e histórica.

Estudar forma federativa, portanto, significa ter aptidão para conviver com o caos da diversidade que é a gênese desta forma de estado. Ressalta-se, inclusive, ser comum que um estado simples (unitário) tenha toques descentralizados e que um estado composto (federação e confederação) detenha níveis de centralização[552]. As formas políticas não são extremos opostos. É comum a influência entre os modelos.

Segundo Hans Kelsen a diferença entre os modelos se mede a partir da descentralização política, pois "no escalão de descentralização o Estado federal encontra-se entre o Estado unitário e uma união internacional de Estados"[553].

Por isso, "a centralização total e a descentralização total não existem em direito positivo; são apenas polos ideais. (...) O problema passa a ser de intensidade de centralização ou descentralização, verificável apenas com o exame da ordem jurídica nacional"[554].

---

[550] RAWLS, John. Uma teoria da justiça. São Paulo: M. Fontes, 2000.

[551] Sob uma ótica contratualista John Rawls defende que todo ser livre e racional, buscando satisfazer seus próprios interesses, aceitaria uma posição de igualdade inicial. O véu da ignorância se justificaria porque nenhum indivíduo, de antemão, saberia em qual contexto social estaria. Em razão disso, defenderia premissas básicas mínimas. É um contexto de escolhas em uma situação hipotética de liberdade equitativa daquilo que seria justo ou injusto sob a ótica moral. Reforça-se que a análise de teoria de justiça de Rawls parte de uma premissa equitativa hipotética e não real.

[552] ZIMMERMANN, Augusto. Teoria Geral do Federalismo Democrático. Rio de Janeiro: Lumen Juris, 1999; BARROSO, Luís Roberto. Direito Constitucional Brasileiro: O Problema da Federação. Rio de Janeiro: Forense, 1982.

[553] KELSEN, Hans. Formas da organização estatal: centralização e descentralização. Revista de Direito Administrativo, nº 4, 1946, p. 62.

[554] MELLO, Celso D. Albuquerque. Curso de Direito Internacional Público. 12ª, Rio de Janeiro: Renovar, 2000, p. 128.

A forma federativa de estado envolve a descentralização política, isto é, poder para decidir autonomamente questões caras àquela sociedade. Por isso, o modelo federativo toma do solo que toca como morada suas principais características. O documento político interno que assegura a forma composta de estado não romperá, em regra, com as tradições daquela sociedade em determinado espaço geográfico. Na prática, o pacto federativo concretiza, na esfera política, a permuta da soberania pela autonomia entre as unidades. O vigor da forma federativa está no modo como se desenvolve internamente a autonomia.

A autonomia política é gênero do qual as facetas do seu exercício são espécies de um poder político *lato sensu*: poder político financeiro, administrativo, governo, organizativo e legislativo. Não há forma federativa sem autonomia política. Esta afirmação, contudo, não impede repactuações internas que ampliem ou restrinjam o poder político partilhado entre as unidades. Quanto maior for a força do centro, menor será a das periferias e vice-e-versa. Forma federativa é um constante cabo de guerra que ora potencializa as unidades subnacionais, ora reforça o poder central.

A maleabilidade federativa não é uma incoerência interna. Ao contrário. É a fonte de seu vigor, pois permite que o estado se adeque às necessidades dos tempos vindouros. Por isso, distinguir federação de federalismo se torna essencial.

De acordo com Preston King[555] e Michael Burgess[556], abordar questões federativas se revela complexo, pois envolve temas políticos, históricos, econômicos e sociais. Por isso, a divisão do poder político *lato sensu* é o ponto nevrálgico da organização federativa na busca da estabilidade governamental.

Dizer que o pacto federativo não é imutável legitima alterações formais do texto (emendas à constituição) que imponham nova repactuação das cargas políticas internas. Estas mudanças afetam de forma direta o federalismo e não a federação, necessariamente. No modelo brasileiro, emendas à constituição que afetem o federalismo têm que ser analisadas com cautela para aferir se não são, na prática, tendentes a abolir a forma federativa de estado que é cláusula pétrea (Art. 60, §4º, I/CRFB).

O breve exposto permite concluir pela inexistência de um modelo federativo ideal; há modelos, experiências, tentativas e erros que fomentam e estruturam internamente o exercício do poder político adequado àquela sociedade. Por isso, não se estuda federação e federalismo descolado do seu espaço geográfico.

---

[555] KING, Preston. *Federalism and federation*. Baltimore: The Johns Hopkins University Press, 1982.

[556] BURGESS, Michael. Federalism and Federation: a reappraisal. In Comparative Federalism and Federation: competing traditions and future directions. London: Harvester Wheatsheaf, 1993.

Sabendo-se ser impossível a existência de um modelo federativo universal, parte-se do pressuposto de que há experiências federativas. Há a vivência estadunidense, canadense, mexicana, brasileira, argentina, venezuelana, alemã, russa, entre outras. Não são formas melhores ou piores; são vivências que se adequam às necessidades locais. Este artigo busca analisar a experiência argentina sob o viés do poder político financeiro (federalismo financeiro) como alerta para o modelo brasileiro.

Propõe-se a compreensão teórica da federação e do federalismo a partir da noção de *estrutura* e *postura*. A estrutura é estática e replicável em outras experiências. A postura é singular, dinâmica e de difícil replicação em outras realidades. O contrato político sinalagmático de direito público interno concretiza as duas facetas da forma federativa. Por isso, a repartição política em um estado federal não é um ato volitivo ou uma devolução de atribuições a partir do governo central. É mais. Paradoxalmente se busca a unidade sem renunciar as singularidades, a autodeterminação regional. A beleza da forma federativa de estado assenta na possibilidade de sonhar posturas a partir da estrutura.

De acordo com Michael Burgess[557], federação e federalismo, no contexto do Estados Unidos, sempre foram usados em debates teóricos com sentidos distintos, ainda que implicitamente.

O princípio federativo, pedra angular da forma federativa, tem encrustado em si uma carga estática (federação) e uma carga dinâmica (federalismo). A federação, enquanto estrutura, age como um engenheiro que planeja os espaços estruturalmente. O federalismo, por sua vez, age como um arquiteto ao modelar os espaços internos tornando-os funcionais. Federação é identidade; federalismo é personalidade.

Federação é uma análise descritiva da estruturação do poder no estado, é uma categoria científica que busca uma inatingível neutralidade axiológica; é a institucionalização da diversidade em um dado espaço geográfico que propicia a união política.

A federação como estrutura é um pré-compromisso de divisão do poder político *lato sensu* e da criação de mecanismos que salvaguardem o pacto que se costura. Federação como estrutura não tem aptidão para determinar como o espaço institucional criado será preenchido; edifica apenas o esqueleto jurídico que fomenta a diversidade. Sendo estruturante tem baixo nível de maleabilidade. Federação é uma forma de estado que engloba estruturas, instituições e técnicas como: bicameralismo, níveis de governo, órgãos, institutos, poder político *lato sensu,* entre outros.

Federalismo não é descritivo, mas normativo. A postura revela como se efetiva a pulverização do poder político; é uma inclinação política favorável à

---

[557] BURGESS, Michael. Federalism and Federation: a reappraisal. In Comparative Federalism and Federation: competing traditions and future directions. London: Harvester Wheatsheaf, 1993.

descentralização. Federalismo crê na divisão do poder político como a melhor forma de atender aos anseios da localidade[558]. Por isso, é uma postura ideológica e filosófica favorável à descentralização. Logo, não pode sequer almejar ser uma categoria neutra sob viés científico. Federalismo tem como fundamento a crença na divisão do poder por meio da autonomia. Não é uma leitura que almeja ser neutra, mas viciada na busca da pulverização do poder.

Somente há experiência federativa quando se associa à estrutura uma postura. Compete ao federalismo, portanto, a árdua tarefa de forjar o poder político que equilibre o nacional (unidade) e o regional (pluralidade).

Federalismo, então, é dinâmico em sua essência. Os movimentos de sístole e diástole federativos são efeitos do federalismo e não da federação. A noção de pêndulo federativo, isto é, ora centralizado, ora descentralizado também se lê a partir do federalismo e não da federação.

Em sentido semelhante, José Alfredo de Oliveira Baracho[559] aponta que federalismo se associa com ideias, valores e concepções de mundo; há uma postura filosófica que busca efetivar a diversidade na unidade. A expansão ou contração federativa se dá graças ao federalismo que altera a forma de estado a novos contextos políticos, sociais e econômicos.

Nesse sentido, dentro de um mesmo marco constitucional é possível identificar a resiliência federativa, isto é, repactuações que afetam, mas não aniquilam a forma federativa de estado que é fruto da carga estática e dinâmica. Alterações na forma federativa tendem a afetar a carga dinâmica (federalismo) e não a carga estática (federação). Então, a resiliência se evidencia na manutenção de poder político decisório relevante sob controle das unidades que compõem a federação[560].

---

[558]Importante sinalizar que federalismo no Brasil significa pulverização do poder político em vez de sua concentração como denota no contexto estadunidense. Feita a ressalva afirma-se que o termo descentralização é usado sob a ótica de uma federação por desagregação no contexto brasileiro.

[559] BARACHO, José Alfredo de Oliveira. A federação e a revisão constitucional. As novas técnicas dos equilíbrios constitucionais e as relações financeiras. A cláusula federativa e a proteção da forma de estado na constituição de 1988. *In* Revista de Direito Administrativo, volume 202, p. 49-60, ano 1995.

[560] De acordo com Roque Antônio Carraza é defeso ao Congresso Nacional "usurpar ou, mesmo, diminuir competências estaduais (políticas, legislativas e administrativas) traçadas na Constituição Federal" (CARRAZZA, Roque Antônio. Curso de direito constitucional. São Paulo: Malheiros, 2013, p. 164). Com as devidas vênias ao autor, o federalismo como postura não é uma via de mão única, isto é, não comporta apenas aumento do poder político das unidades subnacionais. Federalismo é de mão dupla, logo, é possível aumentar ou reduzir a descentralização. O limite será sempre o princípio federativo. Se a alteração for tendente a abolir a forma federativa não será admitida. Ressalta-se, por fim, que o modelo brasileiro já apresenta uma experiência federal centralizadora. Logo, é interessante que as repactuações não estreitem ainda mais o espaço político das unidades subnacionais.

A resiliência tem um ponto de desnaturação. No modelo brasileiro, por exemplo, repactuações que subvertam o princípio federativo rompem com a forma composta de estado.

Estabelecer que o estado se organiza sob a forma federal impõe, estruturalmente, que as unidades têm poder político *lato sensu*. Este poder descritivo é federação. Determinar quais são as facetas do poder político *lato sensu* é um fenômeno normativo que é o federalismo. As repactuações do federalismo que não os desnaturam concretizam a ideia de resiliência federativa.

Portanto, federação e federalismo são conceitos afins, mas que não se confundem por terem autonomia científica. A federação descreve o sistema político; federação sujeita o cidadão às ordens jurídicas parciais e total. Federalismo é prescritivo, normativo. Determina o que é o poder político *lato sensu* e baliza suas futuras alterações.

Os laços federativos são forjados pela costura política entre estrutura e postura. O resultado é uma forma de estado feita a partir de concessões, negociações e sobretudo compensações[561].

2. AUTONOMIA E PODER POLÍTICO FINANCEIRO

O princípio federativo é um dos núcleos estruturantes da forma federativa de estado brasileira e atua na defesa da autonomia política da unidades a fim de "excluir a relação de subordinação hierárquica dos órgãos locais aos do Poder Central"[562].

Conforme abordado anteriormente, a autonomia se desdobra em espécies de poder político *lato sensu*. Todos são relevantes para o bom desenvolvimento da forma federativa. No entanto, este trabalho analisará o poder político financeiro ou federalismo financeiro[563].

O texto ao imputar à unidade o poder político para decidir, gera um gasto público. Para que a competência seja exercida de forma eficaz a unidade responsável terá custo com estrutura, manutenção e expansão. A competência

---

561 HUEGLIN, Thomas O.; FENN, Alan. Comparative Federalismo: a systematica inquirí. Quebec City: Broadview Press, 2006.

562 BARROSO, Luís Roberto. Direito Constitucional Brasileiro: O Problema da Federação. Rio de Janeiro: Forense, 1982, p. 25.

563 Este trabalho adota o termo federalismo financeiro em vez de federalismo fiscal. Objetiva-se com isso reforçar a importância da repartição das finanças. A acepção fiscal esvazia o conceito da autonomia financeira. Induz para noção de bastar dinheiro em caixa, independentemente da forma de obtenção. Qualificar o federalismo em financeiro resgata a importância das finanças como instrumento da autonomia. O federalismo financeiro se preocupa em como a receita é obtida. Federalismo financeiro conjuga exercício de competência própria com transferências para sanar brechas verticais e horizontais.

constitucional está atrelada a um custo/gasto público. Por isso, sempre que possível, se concede à unidade uma fonte de receita autônoma para seu custeio.

A preocupação política com a autonomia tem relação estreita com a busca do bem-estar através da melhor oferta de bens e serviços públicos[564]. Portanto, a autonomia política não é um fim em si mesmo. A noção de eficiência alocativa efetivada pela autonomia é, na verdade, um processo e não divisão estanque do poder político[565].

Para Celso Ribeiro Bastos, autonomia é a "margem de discrição de que uma pessoa goza para decidir sobre os seus negócios, mas sempre delimitada essa margem pelo próprio direito" [566]. Nos dizeres de José Adércio Leite Sampaio[567], é no espaço da autonomia política que as unidades criam o constitucionalismo subnacional, pois o poder político regional está delimitado pela constituição federal, mas não depende do legislador federal para sua implementação. Nesse sentido, a efetivação de direitos fundamentais (bem-estar) se implementa em uma noção de tutela multinível, isto é, há a ordem protetiva federal e regional; há espaço para criação e tutela de direitos (políticas públicas) nos feixes de competências federativas.

O poder político financeiro efetiva a repartição financeira a nível constitucional. Este tipo de descentralização, segundo Daniel K. Goldberg[568], é sinônimo de atribuição de receitas às entidades subnacionais.

Para Ricardo Lobo Torres[569] o sistema tributário federado tem como pilar estrutural o fato de os entes subnacionais terem capacidade para legislar e arrecadar seus tributos.

De acordo com José Carvalho, o federalismo financeiro viabiliza o cumprimento das obrigações estatais por meio de instrumentos de obtenção de

---

[564] Federalismo financeiro tem íntima relação com teorias econômicas que trabalham a descentralização das finanças à luz da melhor execução de bens e serviços público. Neste sentido, sugere-se a leitura do livro *The Theory of Public Finance: a study in public economy*, de Richard Musgrave, do artigo *On the evolution of fiscal federalism: theory and institutions* de Wallace E. Oates e a obra *A pure theory of local expenditures* de Charles M. Tiebout. Estes são três autores bastante clássicos da teoria econômica estadunidense.

[565] WIESNER, Eduardo. Fiscal federalism in Latin America: from entitlements to markets. Washington, D.C: The Johns Hopkins University Press, 2003.

[566] BASTOS, Celso Ribeiro. Curso de Direito Constitucional. São Paulo: Saraiva, 1992, p. 248.

[567] SAMPAIO, José Adércio Leite. As Constituições subnacionais e direitos fundamentais nas federações. Revista de Direito da Cidade, vol. 11, n. 1, 2019.

[568] GOLDBERG, Daniel K. Entendendo o federalismo fiscal. Organizadores: CONTI, José Maurício. Federalismo Fiscal. Barueri: Manole, 2004.

[569] TORRES, Ricardo Lobo. Tratado de direito constitucional financeiro e tributário. Constituição financeiro, sistema tributário e estado fiscal. Vol. 1. Rio de Janeiro: Renovar, 2009.

receita pública. O descompasso "nesse compartilhamento provocará, no mínimo, desigualdades regionais e retardo no nível de crescimento" [570].

Por sua vez, Eduardo Wiesner[571] defende a concessão de poder político financeiro às unidades subnacionais como meio de aprimorar o acesso à informação e corroborar com a noção de *accountability*.

A obtenção de recursos próprios é o principal pilar da autonomia, pois não há como se autodeterminar sem eles. É nesse sentido que Amílcar Falcão[572] afirma que a discriminação de renda é uma exaltação da autonomia merecendo, por isso, guarida constitucional para dificultar alterações que tentem desnaturar o federalismo.

Se não há estado social sem estado financeiro, quiçá o estado federado. O federalismo financeiro não se preocupa apenas em determinar fontes de receita, mas também efetivar a federação e impor um limite interno ao afã estatal sobre as liberdades. Por isso, seu status constitucional é notório, pois delimita o exercício do poder político e evita arbítrios.

O poder político financeiro se revela como pedra angular da forma federativa. É nesse sentido que Ricardo Lobo Torres sustenta que normas de repartição de receita têm status constitucional ainda que o documento não as preveja. Certamente o constituinte originário não está preso a um modelo federativo prévio, mas "é inegável que a própria ideia de federação coloca certa estruturação no sistema de discriminação de receitas e postula um planejamento consentâneo com os demais aspectos financeiros, econômicos e políticos da Constituição" [573]. Portanto, a divisão de receita, se torna, a um tempo só, um problema político e econômico.

O constitucionalismo traz consigo a noção de previsibilidade e segurança jurídica. Logo, as regras do jogo não podem ser alteradas ao ponto de tornar uma unidade outrora autônoma subalterna a outra. Por isso, Eduardo Wiesner defende que o princípio federativo tem predisposição a incentivar a arrecadação subnacional para custear os serviços sob sua alçada, pois *"this tax revenue criterion is preferable to a transfer-and-expenditure approach, because it induces stronger local institutional development, whereas a transfer-and-expenditure approach says littler about the quality of expenditures or local preference"*[574].

---

[570] CARVALHO, José Augusto Moreira de. O federalismo fiscal brasileiro e o desvio de recursos. 2010. Tese de Doutorado. Universidade de São Paulo, p. 60.

[571] WIESNER, Eduardo. Fiscal federalism in Latin America: from entitlements to markets. Washington, D.C: The Johns Hopkins University Press, 2003.

[572] FALCÃO, Amílcar de Araújo. Sistema Tributário Brasileiro. Rio de Janeiro: Financeiras, 1965.

[573] TORRES, Ricardo Lobo. Tratado de direito constitucional financeiro e tributário. Constituição financeiro, sistema tributário e estado fiscal. Vol. 1. Rio de Janeiro: Renovar, 2009, p. 17.

A obtenção de receitas próprias não impede, contudo, a existência de mecanismos de reforço da autonomia política por meio de transferências financeiras entre as unidades. Estas transferências buscam minimizar as brechas verticais e horizontais[575] inerentes a qualquer federação. Fundamentam-se, também, no princípio da solidariedade federativa. Por isso, um modelo ideal de federalismo financeiro deve se valer de repasses que equalizem e diminuam desigualdades regionais. Essa lógica, contudo, não pode ser subvertida ao ponto de transmutar um instrumento de reforço financeiro em fonte principal. Como bem afirmado por Marcos Mendes, "transferências mal desenhadas podem agravar desequilíbrios que elas se propõem a solucionar"[576].

Com isso, o principal objetivo de uma transferência é fechar o desencontro financeiro entre captação e gastos à luz das condições socioeconômicas de cada unidade. Desse modo, serão oferecidos aos "cidadãos pacotes similares de bens e serviços a custos fiscais idênticos. A equalização financeira é, pois, a companheira natural da descentralização financeira, na medida em que almeja corrigir desequilíbrios resultantes da autonomia infraestadual"[577].

Esses são os fundamentos das transferências (constitucionais e intergovernamentais) como instrumentos de viabilização do pacto federativo.

3. NAÇÃO ARGENTINA: BASES E FUNDAMENTOS

A forma federativa representa uma experiência política de uma determinada região. No entanto, não há empecilho para que as experiência sejam vistas como parâmetro. Aprender com o caminho do outro é tão válido quanto aprender por conta própria. Inclusive, esta é a vantagem do direito comparado[578].

---

[574] WIESNER, Eduardo. Fiscal federalism in Latin America: from entitlements to markets. Washington, D.C: The Johns Hopkins University Press, 2003, p. 7.

[575] De acordo com Sérgio Prado brecha vertical é a diferença entre volume de encargos (gastos) em contraste com a aptidão para obtenção de recursos de forma autônoma/própria. A discrepância é um efeito esperado da forma federativa. Por isso, há transferências que buscam equalizar esse cenário. A brecha horizontal, por sua vez, se afere diante do contraste entre unidades federadas de mesmo grau no tocante gasto / receita. Esta brecha permite entender as desigualdades inter-regionais. Enfrentar essas brechas faz parte do projeto federativo brasileiro assegurado no artigo 3º da Constituição. (PRADO, Sergio. Equalização e federalismo fiscal: uma análise comparada. Rio de Janeiro: Konradh-Adenauer-Stiftung, 2006)

[576] MENDES, Marcos. Federalismo Fiscal. Organizadores: BIDERMAN, Ciro; ARVATE, Paulo. Economia no Setor Público no Brasil. Rio de Janeiro, Elsevier, 2004, p. 438.

[577] CABRAL, Nazaré da Costa. A Teoria do Federalismo Financeiro. 3ª ed. Almedina: Coimbra, 2018, p. 35.

[578] Para Marc Ancel se enveredar no direito comparado é um risco, pois o direito nacional é

Para uma melhor compreensão do federalismo financeiro argentino é preciso, ainda que brevemente, sintetizar a história da formação argentina. Há três grandes momentos: período colonial, processo de independência e adoção da forma federativa.

A origem tem íntima relação com as reformas Bourbônicas implementadas pela Espanha em 1776, pois o Vice-reinado do Peru foi desmembrado para criação do Vice-reinado do Rio da Prata (Argentina, Paraguai, Uruguai e parte da Bolívia). A vida política no Vice-reinado se concentrava nos *Cabildos*[579] que promoviam na prática a descentralização política com toques que lembram a noção de *self-government* da colonização inglesa, mas que com ela não se confunde.

O processo de independência argentina, fruto da Revolução de Maio de 1810, não rompeu com as tradições da região. O sentimento de independência, inclusive, era anterior. Há dados históricos que comprovam que os colonos já administravam o Vice-reino sem apoio da Metrópole. Inclusive, em 1806, expulsaram os ingleses do cone sul. A revolução revigorou o brio da região, mas a independência somente se sacramentou em 1816 com desmembramento de parte do antigo Vice-reinado. De 1816 até 1853 a região foi marcada por um intensa disputa entre a Província de Buenos e as demais (Províncias do Interior).

Coube ao *Congreso de Tucumán*[580] (1816-1820) iniciar os debates políticos para a região. Em 1819 esboçou-se a primeira tentativa de uma constituição. No

---

suficientemente complexo para sua compreensão total. Por isso, o estudo de um ordenamento estrangeiro deve ser feito por meio de doutrina estrangeira para minimizar a influência das concepções e dogmas do sistema jurídico do pesquisador. (ANCEL, Marc. Utilidade e Métodos do Direito Comparado. Elementos de introdução geral ao estudo comparado dos direitos. Tradução: Sérgio José Porto. Porto Alegre: Sergio Antônio Fabris Editor, 1980).

[579] O *Cabildo* pulsava a vida política da localidade, reverberando, por isso, seus anseios. Ainda que desprovido de caráter democrático e representativo (muitos dos cargos poderiam ser comprados) era o órgão máximo dos interesses localistas. Com o fim do período colonial, os grupos que já dominavam o cenário político colonial continuaram sendo influentes no novo regime. De acordo com José Rafael López Rosas, os antigos *Cabildos* eram responsáveis pela organização e execução da justiça, convocação da milícia da cidade e designação de seus chefes, regulamentação de tudo relativo às edificações, traçados de ruas, elaboração de diretrizes normativas para estabelecimentos comerciais e profissionais, determinação das condições de trabalhos, forma pela qual se daria o funcionamento dos hospitais e presídios, provimento das obras públicas, abastecimento da população, verificação e controle da qualidade dos produtos e seus preços, regulamentação do comércio, pesos e medidas, organização do ensino, nomeação de professores, recolhimento da renda, aplicação das taxas e contribuições. A arrecadação tributária era relativamente baixa o que deixava as Câmaras suscetíveis aos interesses oligárquicos em troca de concessão de recursos (ROSAS, José Rafael López. Historia Constitucional Argentina. Buenos Aires: Astrea de Alfredo y Ridarco Depalma, 1996).

[580] Inicialmente o debate ocorreu em São Miguel de Tucumán, capital da Província de Tucumán. A escolha da região foi duplamente simbólica. Por um lado, se articulou um cinturão político ao norte da Argentina para evitar que os espanhóis adentrassem no antigo Vice-reino (havia processo de reconquista ocorrendo no Alto Peru). Por outro, indicou a disputa política interna entre Províncias do Interior e Buenos Aires. Colocar as bases fundacionais do novo estado fora de

entanto, o documento foi rechaçado por grande parte das Províncias do Interior por causa do viés centralista em torno de Buenos Aires. Em razão disso, instaurou-se uma guerra civil cujo clímax foi a *Batalla de Cepada* de 1820 que encerrou o projeto nacional e dissolveu a constituinte.

A busca pela unificação nacional não esmoreceu. Em 1826 novo documento constitucional foi elaborado. No entanto, mais uma vez, o viés centralista do texto impediu sua ratificação. O imbróglio foi resolvido por meio do *Pacto de San José* em 1831. Era uma tentativa de articular a região para a unificação definitiva. O acordo que se supunha efêmero criou a Confederação do Rio da Prata, desprovida de governo ou estrutura nacional, e ficou em vigor até 1853.

A Guerra do Prata em 1851 propiciou a rearticulação política interna. A Província de Buenos Aires saiu extremamente enfraquecida após sucumbir perante seu audacioso projeto político de reconquistar Paraguai e Uruguai. Essa janela histórica foi essencial para elaborar o *Acuerdo de San Nicolás* que convocou a constituinte em 1852.

O texto de 1853 foi articulado por Juan Bautista Alberdi e Justo José Urquiza. Adotou-se a forma federativa possível à luz da realidade da região. Se o projeto unitário não era viável tampouco seria um amplamente descentralizado. Não cabia no cone sul uma federação aos moldes da estadunidense. Forjou-se a federação possível, isto é, um modelo político que apostava na estrutura nacional para impulsionar o desenvolvimento do país, mas que não aniquilava o poder político das Províncias[581].

A Constituição de 1853 foi ratificada por todas as Províncias, com exceção de Buenos Aires. Os portenhos não tinham interesse em ser coadjuvantes do processo nacional, pois supunham-se ser protagonistas deste movimento. Na visão de Juan Bautista Alberdi, o motivo pelo qual Buenos Aires rechaçou o projeto constituinte unitarista de Rivadavia é o mesmo que a fez rechaçar qualquer projeto que impunha um governo comum em razão do *"papel que ha hecho durante el desorden, a saber: de metrópoli republicana de trece Provincias, que vivían sin gobierno proprio"*[582].

Para Justo José Urquiza a incorporação da Província à Argentina seria questão de tempo. Em discurso proferido em 1852 afirmou:

Buenos Aires impunha um limite político à Província. Contudo, em 1817 o congresso foi transferido para Buenos Aires em razão do cerco das tropas reais ao norte da Argentina.

[581] Nos dizeres de Juan Bautista Alberdi: *"El hombre no elige discrecionalmente su constitución gruesa o delgada, nerviosa o sanguínea; así tampoco el pueblo se da por su voluntad una constitución monárquica o republicana, federal o unitaria. El recibe estas disposiciones al nacer: las recibe del suelo que le toca por morada."* (ALBERDI, Juan Bautista. Las Bases y Puntos de Partida para la Organización Política de la República Argentina. Buenos Aires: La Cultura Argentina, 1915, p. 111)

[582] ALBERDI, Juan Carlos. Las Bases y Puntos de Partida para la Organización Política de la República Argentina. Buenos Aires: La Cultura Argentina, 1915, p. 180.

*(...) amo al pueblo de Buenos Aires, me duelo de la ausencia de sus representantes en este recinto. Pero su ausencia no quiere significar un apartamiento para siempre: es un accidente transitorio. La geografía, la historia, los pactos, vinculan a Buenos Aires al resto de la nación. Ni ella puede vivir sin sus hermanos ni sus hermanos sin ella. En la bandera argentina hay espacio para más de catorce estrellas; pero no puede eclipsarse una sola[583]. (*FRONDIZI, 1973, p. 99)

Buenos Aires somente ingressou à federação argentina em 1859 fruto do *Pacto de Unión Nacional*. Seu ingresso foi condicionado a reformas à Constituição de 1853.

De forma sucinta esta é a trajetória política da Argentina. Ficou evidente o intenso e turbulento processo político que é inerente a qualquer formação nacional. A disputa entre força unitária e federal foi o toque de caixa do desenvolvimento da nação argentina. Esta análise é relevante para compreender os desdobramentos do federalismo financeiro argentino. A divisão das fontes de receita reproduz a disputa entre regional e nacional.

4. FEDERALISMO FINANCEIRO ARGENTINO

A descentralização política pendular que afetou a Argentina desde sua formação histórica também afeta diretamente o federalismo financeiro. Conforme abordado anteriormente a autonomia política *lato sensu* se compõe de espécies de poder político do qual o poder político financeiro é o principal. De acordo com Luís Roberto Barroso[584], a repartição de competência tributária e a discriminação de rendas é a pedra de toque da forma federativa de estado.

Como exercer de forma autônoma as competências constitucionalmente previstas às unidades subnacionais sem fonte de custeio próprio? Por isso, para o exercício efetivo do poder político é necessário criar uma arquitetura de rendas compatível com o projeto nacional esculpido no Texto.

O pacto financeiro entre os níveis de governo na Argentina se alterou ao longo dos últimos cento e setenta anos. O projeto da constituição originária não existe mais desde o último quartel do século XIX.

O modelo financeiro da Argentina passou por três grandes ciclos: 1. 1853-1890 (prevalência da separação das fontes de receita entre União e Províncias); 2. 1890-1934 (alteração da separação para um regime de concorrência das fontes com nítido avanço do governo federal sobre as competências provinciais) e, 3. 1935-Atualmente (alteração da concorrência para coparticipação das fontes). Neste modelo, as Províncias deixam de exercer suas competências

---

[583] FRONDIZI, Silvio. El Federalismo en la República Argentina. Coordinador: CAMARGO, Pedro Pablo; CARPIZO, Jorge. Los Sistemas Federales del Continente Americano. Ciudad de Mexico: UNAM, 1973, pp. 11-116.

[584] BARROSO, Luís Roberto. Direito Constitucional Brasileiro: O Problema da Federação. Rio de Janeiro: Forense, 1982.

próprias/concorrentes em prol do governo central em troca de participação no montante arrecadado por ele.

De acordo com a redação originária, a União se financiaria por meio de tributos aduaneiros. Deste modo, os impostos diretos e indiretos seriam exercidos pelas Províncias para sua manutenção. No entanto, com base no art. 67, inc. 2 da Constituição de 1853, a União poderia de forma transitória instituir impostos indiretos para seu financiamento.

Nesse sentido, de acordo com Pablo María Garat:

> *En la primera época de la organización constitucional y hasta fines del siglo XIX, el gobierno federal respetó la cláusula del artículo 4° de la Constitución Nacional, sin recurrir a las "contribuciones" (impuestos) para atender sus necesidades fiscales. Así, entre 1853 y 1891, hay un primer período de clara separación de fuente que se modifica cuando, por la crisis económica de 1890/91, el gobierno federal establece impuestos internos en todo el territorio nacional. Se manifiesta, a partir de allí, un predominio del sistema de concurrencia de fuentes "de hecho" hasta la crisis mundial del 29/30 que lleva al gobierno federal a apropiarse de fuentes invocando el 67, inciso 2° de la Constitución Nacional, asumiendo no sólo la facultad de las provincias en materia de impuesto directos, sino también competencias, funciones y la prestación de servicios que correspondían a aquéllas, consolidándose un proceso creciente de centralización*[585] (GARAT, 2009, p. 65)

As crises econômicas ocorridas no século XIX e XX foram usadas como oportunidades políticas para que a União impusesse uma nova forma de interpretar o federalismo financeiro argentino. No século XIX a União passou a concorrer com as Províncias na instituição de impostos indiretos. No século XX o avanço ocorreu sobre os impostos diretos.

As alterações não ficaram imunes às críticas políticas travadas dentro do Congresso Nacional. Sustentou-se que admitir uma tributação perene pela União sobre tributos indiretos ofendia o espírito financeiro da Constituição de 1853. O Texto previa uso excepcional pela União e não recorrente pela concorrência da fonte.

A crise de 1929 sepultou qualquer lampejo do desenho financeiro originário. Criou-se um modelo de coparticipação sobre os impostos por meio da Lei 12.139/1935 (Lei de Coparticipação).

O sistema de coparticipação forjado concentrou a arrecadação de impostos no governo central para posterior distribuição entre as Províncias. O sistema foi uma solução federal para um problema criado pela própria União. Não ter controle sobre suas finanças propicia subordinação política. Em outras palavras, o ente federado se transmutou em autarquia administrativa.

O atual sistema tem dois fundamentos: prático e distributivo. Prático porque evita bitributação que tem potencial para destruir a atividade econômica

---

[585] GARAT, Pablo María. El Sistema de Coparticipación Federal en la Organización Constitucional Argentina. Revista Latinoamericana de Derecho, Número 9-10. Enero-Diciembre, 2009.

uma vez que o modelo se alterou de separação para concorrência de fontes. Além disso, concentrar a arrecadação a nível nacional permite a distribuição do montante com vista a diminuir as assimetrias inter-regionais e reforçar a solidariedade federativa.

A intensa pulverização legislativa sobre o tema foi substituída pela Lei 20.221/1973 que definiu as balizas do sistema de coparticipação: 1. Distribuição total dos impostos, salvo os aduaneiros e, 2. Coeficientes para partilha calculados com base em objetivos preestabelecidos por meio de dados econômicos e sociais. Portanto, era um sistema com postura devolutiva e redistributiva.

Na vigência da Lei 20.221/73 a União promoveu as primeiras transgressões de cunho federativo-financeiro. A título exemplificativo, nos anos 80, a União entregou competência administrativa (educação e saúde) paras as Províncias sem compensação financeira. Centralizou-se recursos e federalizou-se os déficits. Nesse período também se vinculou o Imposto sobre Valor Agregado – IVA à segurança social.

O sistema de coparticipação estava tão desequilibrado que um novo modelo foi pactuado em 1988. A Lei 23.548/1988 criou um regime transitório que ficaria em vigor até 1989. O lapso de um ano serviria para propiciar o debate público e político para criação do novo desenho da coparticipação. Caso o novo modelo não fosse editado a Lei 23.548/88 seria automaticamente prorrogada até advento de novo regime.

Perceba-se que todo o sistema de coparticipação foi alinhavado **infraconstitucionalmente**. Somente com a reforma constitucional de 1994 o sistema passou a ter status constitucional. A constitucionalização do modelo foi uma tentativa de reforçar o federalismo argentino.

Para Alberto Ricardo Dalla Via a reforma foi equivocada ao chancelar a prática da coparticipação, pois constitucionalizou a dependência das Províncias do governo central.

> *La coparticipación federal nació como una patología ante la insuficiencia de nuestro sistema fiscal de atribución de competencias. Dadas como estaban las circunstancias, no existía ninguna necesidad de incluir el sistema de coparticipación en la Constitución y sí en cambio, hubiera sido conveniente abrir el debate sobre la atribución de fuentes impositivas originarias entre nación y provincias*[586] (VÍA, 2002, p. 69)

Antonio María Hernández entende que a constitucionalização adequou o federalismo financeiro argentino a uma forma federativa cooperativa. Portanto, a celeuma atual não está na reforma, mas sim na omissão constitucional que não a implementa.

> *Dicha ley-convenio debe cumplir además las siguientes condiciones según la ley suprema: 1) El Senado es la Cámara de origen. 2) La sanción debe ser con la mayoría absoluta de la totalidad*

---

[586] VÍA, Alberto Ricardo Dalla. Actualidad del Federalismo Argentino. Coordinador: GARZA, José María Serna de la. Federalismo y Regionalismo: Memoria del VII Congreso Iberoamericano de Derecho Constitucional. UNAM: 2002, pp. 39-104.

de los miembros de cada Cámara. 3) No puede ser modificada unilateralmente. 4) Tampoco puede ser reglamentada. 5) Debe ser aprobada por las provincias. 6) La distribución entre la nación, las provincias y la ciudad de Buenos Aires, y entre éstas, se efectuará en relación directa a las competencias, servicios y funciones de cada una de ellas, contemplando criterios objetivos de reparto. (...) La incorporación del instituto de la ley-convenio a la Constitución es, para nosotros, una transcendental reforma destinada a afianzar el federalismo de concertación, en uno de los capítulos más conflictivos de la historia argentina: la relación financiera entre nación y provincias[587] (HERNÁNDEZ, 2002, p. 220)

A reforma implementada no art. 75, inc. 2 da Constituição de 1853 determinou a necessidade de um novo sistema de coparticipação. Determinou-se o ano de 1996 como marco temporal. Contudo, até 2023 o sistema político argentino não conseguiu resolver este gargalo. A manutenção da coparticipação estruturada na Lei 23.548/88 é uma nítida ofensa ao Texto e ao espírito federativo nele encrustado.

O exposto denota que a Constituição de 1853 ou a reforma de corte federativo de 1994 não adotaram um robusto sistema tributário estruturado em seu texto como faz a Constituição de República Federativa do Brasil de 1988, por exemplo. Tanto o constituinte originário quanto o reformador esculpiram apenas linhas mestras do poder político financeiro.

De acordo com dados divulgados pela Província de Córdoba o sistema de coparticipação concentrou substancialmente as receitas no governo federal. De forma simplificada a divisão por unidade federada fica: 74% arrecadado pela União, 23% pelas Províncias e 4% pelos Municípios. Há nítido *"desequilibrio fiscal vertical, en el sentido que los niveles provincial y municipal llevan adelante en conjunto el 43% del gasto, pero recaudan un 27% de los ingresos. Vale decir que se hacen cargo de una mayor proporción del gasto de la que pueden sostener con sus potestades tributarias propias"*[588].

A discrepância entre poder de arrecadar e poder de gastar pode ser mitigada com as transferências intergovernamentais: primária (entre União e Províncias – brecha vertical) e secundária (entre províncias – brecha horizontal). A transferência secundária leva em conta dois critérios: devolutivo (transferir devolvendo para a unidade o montante equivalente à riqueza gerada em sua circunscrição territorial) e redistributivo (diminuição das brechas horizontais com envio de percentuais maiores para unidades menos desenvolvidas; máxima da solidariedade federal). A Lei 23.548/88 abandonou critérios objetivos para

---

[587] HERNÁNDEZ, Antonio María. La Descentralización del Poder en el Estado Argentino. Coordinador: GARZA, José María Serna de. Federalismo y Regionalismo: Memoria del VII Congreso Iberoamericano de Derecho Constitucional. Ciudad de México: UNAM, 2002, pp. 211-274.

[588] Trecho extraído do relatório elaborado pela Província de Córdoba. Federalismo fiscal argentino en la teoría y en la práctica análisis de la distribución de recursos fiscales entre niveles de gobierno. Impacto de reformas en córdoba. Oficina técnica de presupuesto legislatura de la provincia de Córdoba. Informe n° 6, Nov/2017, p. 3. Disponível em: https://legislaturacba.gob.ar/wp-content/uploads/2020/06/Federalismo-Fiscal-en-Argentina.pdf

calcular os coeficientes de repartição com fim redistributivo.[589] Além disso, a fórmula de 1988 não abarca toda a arrecadação, pois promove diversas exceções. Como consequência, há diminuição do montante coparticipativo.

O sistema que deveria ser simples, tornou-se complexo e indeterminado. Não à toa é denominado de *laberinto de la coparticipación*. De acordó com relatório expedido pela *Oficina de Presupuesto del Congreso* "*a través de la reducción considerable de la masa coparticipable através de los coeficientes originales, logro desviar importantes recursos de la distribución de aquel régimen*"[590].

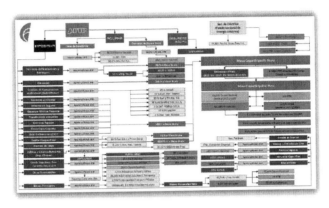

Fonte: Comisión Federal de Impuestos

Este é o cenário do federalismo financeiro argentino. Inadequado por estar excessivamente delineado ao centro político. Quando as unidades políticas não têm controle ou previsibilidade sobre suas fontes de receita própria não há mais que se falar em forma federativa na prática. Há tamanha submissão política e dependência financeira que os entes deixam de perseguir o interesse próprio para se adequar às exigências da capital.

---

[589] De acordo com Oscar Cetrángolo e Juan Pablo Jimenez a Lei 23.548/88 não adotou nenhum critério explícito para determina o coeficiente de coparticipação de cada Província. Enquanto na Lei 20.221/74 se adotava critérios objetivos como população, níveis de desenvolvimento e densidade demográfica, a lei atual utiliza como base as partilhas promovidas entre 1985 a 1987 quando a Lei 20.221/74 já não estava mais em vigor. Ou seja, a transferência era determinada pela União de forma discricionária e de acordo com o poder político de barganha de cada Província. (CETRÁNGOLO, Oscar; JIMEZES, Juan Pablo. Apreciaciones sobre el federalismo fiscal en Argentina durante la convertibilidad. In: Una evaluación de los procesos de descentralización fiscal. Instituto Latinoamericano y del Caribe de Planificación Económica y Social, Santiago de Chile, 2003).

[590]Federalismo fiscal en argentina. Evolución reciente y perspectiva histórica. Oficina de presupuesto del Congreso, 2020. Disponível em: https://www.opc.gob.ar/politica-tributaria/federalismo-fiscal-en-la-argentina-evolucion-reciente-en-la-perspectiva-historica/

Consequentemente, a efetivação do projeto social da Constituição de 1853 não se concretiza por conta da atuação do governo federal e de suas estruturas políticas. Os últimos 30 anos intensificaram ainda mais as brechas verticais e horizontais por conta da omissão na edição da lei geral das coparticipações nos termos do art. 75, inc. 2 da Constituição.

A efetivação do projeto social demanda política pública. Esta somente se desenvolve a nível subnacional se houver receita sob controle político da unidade para, inclusive, exercer o experimentalismo institucional[591] típico das federações.

Para Luciano Carlos Rezzoagli e Martín Cammarata[592], é necessária uma revolução no federalismo financeiro argentino para possibilitar o desenvolvimento socioeconômico. A reforma de 1994 tentou superar o gargalo do sistema atual, mas a mora reforça a ausência de equidade, solidariedade e redistribuição do sistema de coparticipação que se mantém há mais de 20 anos como um modelo de partilha desigual e discricionário.

5. FEDERALISMO FINANCEIRO BRASILEIRO

O modelo do federalismo financeiro nacional remonta ao período imperial. Conforme dito anteriormente, o exercício do poder político leva em consideração as tradições da região. De acordo com Miriam Dolhnikoff[593] o final do I Reinado foi marcado por intensa pressão política para adaptar a Constituição de 1824 aos anseios regionais, isto é, poder político provincial.

A abdicação em 1831 propiciou que a ala liberal assumisse as rédeas políticas por meio da Regência e impusessem a reforma do Texto através do Ato Adicional de 1834. Havia intensa articulação entre os fatos políticos de 12 de novembro 1823 (dissolução da constituinte) e 07 de abril de 1831 (abdicação). O Ato Adicional não foi um rompante ou um "pensamento desconexo e isolado na história do nosso desenvolvimento político. Foi elaborado, anunciado, por assim dizer, pela legislação que o precedera"[594].

---

[591] Para Brian Galle e Joseph Leahy o experimentalismo institucional democrático transforma as unidades federadas em inventores sem patentes, pois uma política bem-sucedida tende a ser copiada pelas demais unidades a um custo menor. (GALLE, Brian; LEAHY, Joseph K. Laboratories of Democracy? Policy Innovation in Decentralized Governments. Emory Law Journal n. 58.6, 2009, p. 1335). Este conceito tem como origem o caso New State Ice Co. Vs Liebmann por meio do qual o *Justice* Louis Brandeis, em voto vencido, invocou a aptidão dos Estados-membros serem laboratórios da democracia para testar novas políticas públicas.

[592] REZZOAGLI, Luciano Carlos; CAMMARATA, Martín. (Re)discutir el federalismo fiscal como instrumento de desarrollo social en la República Argentina. Revista Finanzas y Política Económica, vol. 9, nº 1, enero-junio, 2017, pp. 93-112.

[593] DOLHNIKOFF, Miriam. O pacto imperial: origens do federalismo no Brasil. São Paulo: Globo, 2005.

Para Gustavo Sampaio Telles Ferreira[595] o Ato de 1834 foi mais do que mera transição normativa, pois constituiu o marco histórico positivo da saga percorrida pelo movimento federativo.

As unidades que compunham o império passaram a ter uma estrutura própria apta a influenciar na construção da política nacional assim como gestar a sua própria. Assim, repartiu-se atribuições entre nível geral e regional, inclusive no tocante às rendas, pela primeira vez na história do país. Atribuir competência tributária fez com que as unidades explorassem seu poder político financeiro e percorressem um caminho que se assemelhava àquilo que vem a ser chamado de autonomia financeira atualmente. A Província se viu livre pela primeira vez do escrutínio imperial.

A Constituição de 1891 manteve a tradição da separação das fontes entre impostos federais e estaduais. Inclusive, neste momento histórico os Estados-membros detinham a competência para instituir o Imposto de Exportação, um tributo tipicamente aduaneiro que costuma ser alocado na competência federal.

A estrutura do federalismo no Brasil República pode ser resumida a um eterno movimento pendular que ora centraliza o poder político, ora o descentraliza. Em 1891 houve forte viés descentralizador. Em 1930 houve genuína centralização. Em 1934 houve expansão política. Em 1937 nova retração. Em 1946 substancial resgate de poder político subnacional. Com advento da ditadura militar de 1964 houve recrudescimento do centralismo. As Cartas de 67/69 impuseram uma forma federativa nominal. Foi nesse momento político que a União promoveu as maiores centralizações no federalismo financeiro. Em níveis de receita o governo federal chegou a arrecadar 76% de toda a carga tributária.

A constituição de 1988 demarca o movimento do pêndulo em direção à exaltação política regional, principalmente no federalismo financeiro.

O congresso constituinte de 1987 não negou a herança política nacional. Nesse sentido, as expectativas sobre a Comissão e Subcomissão de Tributação eram imensas, pois se esperava que a constituinte resolvesse com um passe de mágica todos os problemas do Sistema Tributário Nacional: sistema injusto, regressivo, com espécies tributárias antiquadas e baixo nível de rendas dos entes subnacionais. A constituinte não conseguiu revolucionar o sistema tributário.

Pensar a divisão de rendas em um país de proporções continentais e com tantas divergências socioeconômicas é uma tarefa hercúlia. Efetivar o projeto em um espaço democrático com atores que atuam como pontos de veto apenas torna a busca pelo consenso mais complexa.

---

[594] BASTOS, Aureliano Cândido Tavares. A Província: Estudo sobre a Descentralização no Brazil. Rio de Janeiro: B. L. Garnier, 1870, p. 84.

[595] FERREIRA, Gustavo Sampaio Telles. Federalismo Constitucional e Reforma Federativa: Poder Local e Cidade-Estado. Rio de Janeiro: Lumen Juris, 2012, p. 9.

Na Subcomissão de Tributação da constituinte de 1988 o Deputado Constituinte Affonso Camargo (PMDB/PR) levantou uma questão de ordem.[596] Como seria possível a subcomissão determinar a partilha das finanças sem saber de antemão quais seriam as atribuições político-administrativas das unidades federadas? Essa partilha tramitava na Subcomissão de Organização do Estado. Tentou-se articular as duas subcomissões, mas o concerto não foi a frente.

Em linhas gerais a Subcomissão tinha uma proposta de divisão de fontes atrelada a um novo desenho de partilha. Era uma proposta que traria mudanças substanciais ao sistema tributário vigente, principalmente na tributação sobre patrimônio, consumo e fundos (transferências). Contudo, os constituintes foram céticos e conservadores e mantiveram a estrutura do sistema tributário intacta, salvo pequenas alterações de competência tributária e de aumento de repasses via fundos. O projeto originário, ainda que passível de críticas, opulentou as unidades subnacionais.

A promulgação da Constituição em 05 de outubro de 1988 não refundou o sistema tributário, mas promoveu a descentralização financeira desejada, tanto pelo viés da competência própria (reforço da base do Imposto sobre Circulação de Mercadorias e Serviços – ICMS, criação do Adicional Estadual do Imposto de Renda – AEIR eram pleitos da região sul e sudeste) quanto pelo aumento dos percentuais compartilhados dos fundos de participação (Fundo de Participação Estadual – FPE e Fundo de Participação Municipal – FPM foram majorados para 21,5% e 22,5%, respectivamente. Eram pleitos das regiões norte, nordeste e centro-oeste). Estados e Municípios tiveram suas rendas majoradas.

Os ganhos no federalismo financeiro na constituinte foram uma vitória de Pirro. Nos anos 90 a União redesenhou unilateralmente a postura do federalismo financeiro. De um lado avançou sobre as bases dos tributos estaduais por meio da instituição de contribuições (PIS, COFINS, Cide-Combustível, CPMF, Contribuições do setor de telecomunicações, entre outras). Por outro, forjou um sistema de desvinculação de receitas para que tivesse acesso a percentuais dos tributos vinculados instituídos como contribuições sociais.

Ao longo dos últimos 30 anos o governo federal corroeu lentamente o federalismo financeiro originário pela via constitucional (emendas) e infraconstitucional (por meio das contribuições, sobretudo).

Curiosamente, esta postura da União foi alertada pelo Deputado Constituinte Francisco Dornelles em nota publicada no jornal O Globo de 10 de julho de 1987. O então Deputado denunciou que as contribuições sociais sob controle privativo da União seriam ovos da serpente que fulminariam a autonomia do entes subnacionais.

> Autênticos impostos adicionais sobre a renda e sobre produtos industrializados, sobre a circulação de mercadorias e sobre o patrimônio cuja arrecadação fica

---

[596] Fala obtida nos Anais da Subcomissão de Tributação, p. 8.

exclusivamente com a União. (...) Com isso, quebrou a estrutura sistemática de caráter nacional prevista pelo mesmo anteprojeto no título da tributação. De um lado a União invade a competência dos Estados e dos Município, criando contribuições sobre o faturamento e a propriedade, fatos incluídos no campo da competência dessas unidades federativas. De outro, toda vez que quiser aumentar suas receitas tributárias, ignorando Estado e Municípios, a União – ao invés de elevar os impostos de renda ou produtos industrializados- pode majorar as ditas contribuições sociais. Por este meio, permitido pelo Anteprojeto, a União fica de mãos livres para cometer um verdadeiro assalto aos cofres estaduais e municipais, pois apodera-se de toda uma arrecadação que, em grande parte, deveria pertencer, por força do sistema tributário nacional, aos Estados e aos Municípios[597] (DORNELLES, 1987, p. 6)

Para Cláudio Pereira de Souza Neto e Daniel Sarmento tem ocorrido uma mutação constitucional no sistema tributário. O constituinte nitidamente optou pelo reforço da autonomia financeira ao aglutinar competência própria com transferências "no afã de combater uma das mazelas que comprometia o bom funcionamento do nosso pacto federativo: a excessiva dependência financeira dos demais entes federados em relação à União, que prejudicava, na prática, a autonomia política"[598]. No entanto, essa arquitetura foi substancialmente quebrantada pela União a partir do exercício de sua competência tributária regular por meio da qual recuperou o poder financeiro perdido ao concentrar suas fontes em tributos não compartilháveis e desvinculá-los. Desse modo, "sem a aprovação de emenda constitucional, promoveu-se, ao longo do tempo, uma mudança radical no pacto federativo, no sentido da centralização dos recursos, em franca contrariedade em relação à clara opção feita pelo constituinte originário"[599].

6. O QUE APRENDER COM A TRAJETÓRIA ARGENTINA?

A experiência argentina indica os malefícios para a autonomia política de um federalismo financeiro mal estruturado. Uma postura financeira centralista propicia controle e subjugação das unidades a partir do controle sobre as rendas.

A ditadura militar brasileira também alerta sobre os riscos do controle das rendas pelo governo federal. O modelo originário da constituinte era perfeito? Não. O atual desenho é perfeito? Não! Mas ainda assim o cenário brasileiro se revela melhor do que aquele enfrentado pelos *hermanos*.

---

[597] DORNELLES, Francisco. Assalto aos Estados e aos Municípios. O Globo, Rio de Janeiro, 10 set. 1987. Disponível em: https://www2.senado.leg.br/bdsf/handle/id/186939

[598] SOUZA NETO, Cláudio Pereira de; SARMENTO, Daniel. Direito constitucional: Teoria, história e métodos de trabalho. Belo Horizonte: Fórum, 2012, p. 290.

[599] *Ibid.*, p. 290.

Nos últimos 5 anos houve intenso clamor por uma reforça tributária. Pautaram-se na Câmara dos Deputados e no Senado Federal as Propostas de Emenda à Constituição – PEC 45 e 110. São propostas distintas, mas que têm o mesmo objetivo: unificar a tributação sobre o consumo, em linhas gerais. Ou seja, afetam tributos caros aos entes subnacionais.

Ambas as PEC's afetam o pacto federativo. Reorganizar competências é consequência lógica do federalismo como movimento dinâmico da postura. Afetar, semanticamente, não significa o mesmo que abolir o pacto federado. Se qualquer emenda que alterasse a composição de força política (administrativa, legislativa, financeira, entre outras) das unidades fosse tida como inconstitucional por ofensa ao Art. 60, §4°, I/CRFB não existiria federalismo. É preciso maleabilidade da postura (federalismo) dentro da estrutura (federação). Contudo, é preciso vigilância quando se está diante de PEC's que centralizam o pouco poder político que está descentralizado.

A nova sistemática proposta pelas PEC's 45 e 110 afeta substancialmente a autonomia financeira dos Estados-membros ao esvaziar o controle político sobre o atual ICMS, por exemplo. O pacto federativo como limite valorativo é um fato imprescindível na equação de qualquer reforma tributária que afete a autonomia das unidades federadas. As alterações que afetem o poder político financeiro, portanto, não podem, na prática, abolir direta ou indiretamente a forma federativa.

É possível emenda que repactue a federação? Acredita-se que esta pergunta já tenha sido exaustivamente respondida. Não há impedimento constitucional à alteração do modelo originário. Portanto, federação e federalismo como produto político da constituinte estão sujeitos a conformações futuras. Dito isto, no campo tributário é bastante uníssono, doutrina e setores econômicos, acerca da necessidade de uma reforma tributária. Talvez esta seja uma constante política, pois desde 1988 tivemos mais de cinquenta emendas que tangenciaram questões federativas, principalmente, no tocante ao poder político financeiro. Portanto, há consenso sobre a necessidade de aperfeiçoamento do sistema tributário. A divergência é quanto ao tipo de reforma.

As PEC's 45 e 110 adotam o mesmo caminho: subtração da competência do principal tributo estadual. As propostas afetam o aspecto financeiro, político e jurídico. Alterar o sistema envolve, necessariamente, um debate sobre mudanças ou refinamento de competências tributárias, um debate sobre a recomposição financeira e um debate jurídico acerca da conformação da alteração com o pacto federativo. Desse modo, uma reforma que almeje simplificar o sistema para otimizar questões econômicas, enfrenta, também, desdobramentos políticos, jurídicos e financeiros das unidades que compõem a federação.

Subtrair do Estado o controle político sobre um tributo de sua competência exige mais do que compensação econômica como se prevê nas PEC's. A perda política deve ser compensada politicamente. Evidente que a perda econômica tem que ser compensada economicamente. Na verdade, isso sequer é compensação, mas manutenção de receita. A perda política é que exige compensação. É preciso entregar a unidade federada algum instrumento político financeiro que ocupe o espaço deixado pelo tributo estadual.

Pela defesa construída neste trabalho à luz da experiência argentina, exercer a autonomia financeira sob uma ótica apenas fiscal não exalta o federalismo, mas o amesquinha. A dificuldade da reforma tributária assenta na busca pelo caminho que torne viável repactuar o sistema sem ofender o princípio federativo. Esse entrave, inclusive, faz com que as reformas sejam pontuais e não repactuações globais do sistema.

Tanto a PEC 45 quanto a 110 tenta refundar uma parte do sistema tributário no tocante a tributação sobre o consumo. Esse é seu foco. Em nenhuma momento, as PEC's miram outros possíveis problemas do atual sistema tributário que desnaturam o pacto federativo e o setor econômico. Desse modo, não há resposta às contribuições sociais e os impactos que geram nos fundos.

De acordo com a Comissão de Constituição e Justiça – CCJ da Câmara dos Deputados o orçamento das unidades subnacionais tem substancial dependência dos tributos que serão extintos. O estudo aponta que o ISS representa, em média, cerca de 43,18% das receitas municipais. Por outro lado, o ICMS representa 88,01% das receitas estaduais.

A autonomia subnacional sob a ótica do poder político financeiro aposta nestas competências próprias. Salienta-se que estes tributos não conferem apenas recursos livres, exceto no tocante aos percentuais já constitucionalmente vinculados, mas também poder político para afetar a forma pela qual a competência é exercida dentro das unidades, seja por política de benefício fiscal, seja por desdobramentos que decorrem dos créditos tributários. É preciso ficar claro que o poder político financeiro não se atinge, somente, pelo aspecto fiscal. É mais do que isso. É poder de influência sobre suas competências tributárias para fins de política econômica local. Por isso, "autonomia financeira sem autonomia política não é autonomia, e sem autonomia não há que se falar em forma federativa de estado"[600].

As PEC's então são inconstitucionais? Sim e não! Adotando-se a visão de um federalismo fiscal, não é, pois neste conceito baste ter receita. No entanto, invocando o conceito de federalismo financeiro, é, pois não basta ter receita. Também é preciso ter competência tributária própria significativa. Este último aspecto as PEC's não propõem solução.

---

[600]OLIVEIRA, Gustavo da Gama Vital de; RODRIGUES, Rodrigo Nascimento; IGLESIAS, Tadeu Puretz. Reforma tributária, IBS e a cláusula pétrea da forma federativa de estado. *In* Reformas ou deformas tributárias e financeiras: por que, para que, para quem e como? (Org.) SCAFF, Fernando Facury; DERZI, Misabel de Abreu Machado; JUNIOR Batista, Onofre Alves; TORRES, Heleno Tavaira. Editora: Letramento. Belo Horizonte, 2020, p. 503.

Com isso não se prega que apenas cabe emenda à constituição que regionalize competência tributária. A constituição admite a federalização de competência ou sua regionalização. O poder político financeiro é de mão dupla e não de mão única. A título exemplificativo há a Emenda Constitucional 3/93 que extinguiu a um só tempo dois tributos subnacionais: Adicional sobre o Imposto de Renda Estadual e o Imposto sobre Combustível Municipal. Esta extinção afetou, mas não foi tendente a abolir o pacto federativo porque eram tributos de baixa expressão econômica para as unidades.

A questão, portanto, não se centra na viabilidade da alteração, mas sim na forma como é feita.

Interessante notar que sob a visão do federalismo fiscal as PEC's seriam constitucionais em abstrato. No entanto, em eventual controle de constitucionalidade poderiam ser julgadas inconstitucionais em concreto pela Suprema Corte. Por quê? Ora, sustenta-se que a forma federativa brasileira não comporta a retirada de tributos substanciais das unidades parciais sem compensação política sob pena de ser tendente a abolir o pacto federativo.

Os últimos 30 anos foram suficientes para evidenciar um comportamento antiferativo por parte do governo federal.

A União desarticulou o sistema tributário nacional usando as contribuições sociais ainda que ao custo do desequilíbrio federativo. Ela aplicou um desvio ao federalismo financeiro ao manejar contribuições para exercer o papel que cabia aos impostos privativos ou residuais. Ou seja, "observa-se que essa tendência de redução da autonomia é refletida sobretudo no incremento da arrecadação federal em tributos que não participam da repartição de receitas tributárias (notadamente contribuições)"[601].

A União também esvaziou politicamente os fundos constitucionais com substanciais desonerações sobre os impostos que os compõem. De acordo com o Tribunal de Contas da União – TCU (Acórdão 713/2014[602] fruto do processo nº 020.911/2013-0) as desonerações concedidas de 2008 a 2012 sobre IR e IPI (impostos compartilháveis com os entes) foram suportadas na prática pelas unidades subnacionais em cerca de 58%. Ou seja, os benefícios fiscais eram concedidos pela União, mas quem viabilizar a política fiscal eram as unidades periféricas.

---

[601] REBOUÇAS JUNIOR, Francisco Wilkie; ZARANZA, José Evandro Lacerda. Em busca do tempo e da autonomia perdida. Uma análise crítica e imparcial das PECs 49 e 110 e sua repercussão no pacto federativo*In* Reformas ou deformas tributárias e financeiras: por que, para que, para quem e como? (Org.) SCAFF, Fernando Facury; DERZI, Misabel de Abreu Machado; JUNIOR Batista, Onofre Alves; TORRES, Heleno Tavaira. Editora: Letramento. Belo Horizonte, 2020, p. 417.

[602] BRASIL, Tribunal de Contas da União, TC 713/2014, Relator: Min. Raimundo Carreiro, 26.03.2014, Ata 09.2014.

Em razão do exposto o tribunal recomendou ao governo federal a feitura de estudos prévios às desonerações de IPI/IR para que não afetasse os Fundos de Participação. Não houve nenhuma movimentação política do governo federal sobre esse tema.

O comportamento dúbio da União no aspecto federativo também foi denunciado pelos Estados-membros nas Ações Originárias Cíveis 3150 e 3151, ambas sob a relatoria do Ministro Lewandowski. As ações solicitaram acesso aos dados que compõem o FPE para controle dos repasses aos quais as unidades têm direito. No entanto, de forma não compreensível, a União se recusou a compartilhar acesso ao seu sistema informatizado. Nas ACO's é alegado haver inconsistências entre os valores arrecadados a título de IR e IPI com os repasses efetuados.

Será que o ente federado subnacional tem motivo para acreditar que diante da perda do controle político sobre seus principais impostos (federalizados ou controlados pelo Congresso Nacional) não haverá maior deturpação do federalismo financeiro por parte da União? Quem garante que os repasses serão feitos adequadamente? Como confiar em um ente que não demonstra apreço ao sentimento federativo? A Argentina aparenta ser um prelúdio do federalismo brasileiro caso as PEC's 45 e 110 avancem e mudem substancialmente nossa separação de fontes. Caso isto ocorra haverá apenas o Supremo como barreira ao pacto federativo substancial como reserva de justiça.

7. CONCLUSÃO

A forma federativa se estrutura a partir do princípio federativo. Este é composto de um carga estática (federação) e uma dinâmica (federalismo). O elemento dinâmico permite que a forma federativa se adapte para atualizar a repartição do poder político às necessidades e desafios de novos tempos.

Movimentos de expansão e retração federativa ocorrem no elemento dinâmico. Veja-se: durante o regime militar de 1964 é fato notório que a experiência federativa brasileira foi substancialmente subtraída. O componente afetado foi o federalismo (repartição material das competências) e não a federação (elemento estático estruturante). A ditadura não rompeu com existência de níveis de governo, com a previsão de divisão de competências no texto, com a existência de órgãos federativos como Senado e Suprema Corte, entre outros. Afetou-se o exercício do federalismo: senadores biônicos, prefeitos de capital indicados pelo Presidente e controle sobre as finanças.

Analisar a experiência argentina de intensa centralização a partir do controle substancial das finanças pelo governo central aponta um caminho a não ser seguido. Direito comparado tem essa utilidade, pois serve de alerta. Não se está afirmando que a experiência argentina seria reproduzida igualmente no Brasil. O trabalho começa informando que cada experiência federativa é única e de difícil transposição para outras realidades. No entanto, o ensaio do Brasil com as PEC's 45 e 110 nos colocam nos passos percorridos pela Argentina desde os anos 30 do século XX.

O federalismo financeiro pós-88 tem demonstrado um lento e constante avanço da União sobre as receitas subnacionais por meio das contribuições e das desonerações de tributos compartilháveis. O controle dos repasses via fundos é questionado em Ação Originária Civil no Supremo. Aparentemente, a União tem dado indícios de não merecer confiança federativa. Portanto, as emendas propõem uma alteração pontual no sistema tributário, mas que promovem uma revolução na tributação sobre o consumo porque coloca o poder político sobre este tipo de tributação de forma predominante no governo federal. Acredita-se que o ICMS tem atuado como última barreira de fiança da autonomia subnacional. Perdê-lo sem compensação política aniquilaria o princípio federativo, pois indica uma tendência a abolir a cláusula pétrea.

REFERÊNCIAS

ALBERDI, Juan Carlos. Las Bases y Puntos de Partida para la Organización Política de la República Argentina. Buenos Aires: La Cultura Argentina, 1915.

ANCEL, Marc. Utilidade e Métodos do Direito Comparado. Elementos de introdução geral ao estudo comparado dos direitos. Tradução: Sérgio José Porto. Porto Alegre: Sergio Antônio Fabris Editor, 1980 ROSAS, José Rafael López. Historia Constitucional Argentina. Buenos Aires: Astrea de Alfredo y Ridarco Depalma, 1996.

BARACHO, José Alfredo de Oliveira. A federação e a revisão constitucional. As novas técnicas dos equilíbrios constitucionais e as relações financeiras. A cláusula federativa e a proteção da forma de estado na constituição de 1988. In Revista de Direito Administrativo, volume 202, p. 49-60, ano 1995.

BARROSO, Luís Roberto. Direito Constitucional Brasileiro: O Problema da Federação. Rio de Janeiro: Forense, 1982.

BASTOS, Aureliano Cândido Tavares. A Província: Estudo sobre a Descentralização no Brazil. Rio de Janeiro: B. L. Garnier, 1870.

BASTOS, Celso Ribeiro. Curso de Direito Constitucional. São Paulo: Saraiva, 1992.

BURGESS, Michael. Federalism and Federation: a reappraisal. In Comparative Federalism and Federation: competing traditions and future directions. London: Harvester Wheatsheaf, 1993.

CABRAL, Nazaré da Costa. A Teoria do Federalismo Financeiro. 3ª ed. Almedina: Coimbra, 2018, p. 35.

CARRAZZA, Roque Antônio. Curso de direito constitucional. São Paulo: Malheiros, 2013.

CARVALHO, José Augusto Moreira de. O federalismo fiscal brasileiro e o desvio de recursos. 2010. Tese de Doutorado. Universidade de São Paulo.

CETRÁNGOLO, Oscar; JIMEZES, Juan Pablo. Apreciaciones sobre el federalismo fiscal en Argentina durante la convertibilidade. In: Una evaluicíon de los procesos de descentralización fiscal. Instituto Latinoamericano y del Caribe de Planificación Económica y Social, Santiago de Chile, 2003.

DOLHNIKOFF, Miriam. O pacto imperial: origens do federalismo no Brasil. São Paulo: Globo, 2005.

DORNELLES, Francisco. Assalto aos Estados e aos Municípios. O Globo, Rio de Janeiro, 10 set. 1987. Disponível em: https://www2.senado.leg.br/bdsf/handle/id/186939

FALCÃO, Amílcar de Araújo. Sistema Tributário Brasileiro. Rio de Janeiro: Financeiras, 1965.

Federalismo fiscal argentino en la teoría y en la práctica análisis de la distribución de recursos fiscales entre niveles de gobierno. Impacto de reformas en córdoba. Oficina técnica de presupuesto legislatura de la Provincia de Córdoba. Informe nº 6, Nov/2017. Disponível em: https://legislaturacba.gob.ar/wp-content/uploads/2020/06/Federalismo-Fiscal-en-Argentina.pdf

Federalismo fiscal en argentina. Evolución reciente y perspectiva histórica. Oficina de Presupuesto del Congreso, 2020. Disponível em: https://www.opc.gob.ar/politica-tributaria/federalismo-fiscal-en-la-argentina-evolucion-reciente-en-la-perspectiva-historica/

FERREIRA, Gustavo Sampaio Telles. Federalismo Constitucional e Reforma Federativa: Poder Local e Cidade-Estado. Rio de Janeiro: Lumen Juris, 2012.

FRONDIZI, Silvio. El Federalismo en la República Argentina. Coordinador: CAMARGO, Pedro Pablo; CARPIZO, Jorge. Los Sistemas Federales del Continente Americano. Ciudad de Mexico: UNAM, 1973, pp. 11-116.

GALLE, Brian; LEAHY, Joseph K. Laboratories of Democracy? Policy Innovation in Decentralized Governments. Emory Law Journal n. 58.6, 2009, p. 1335.

GARAT, Pablo María. El Sistema de Coparticipación Federal en la Organización Constitucional Argentina. Revista Latinoamericana de Derecho, Número 9-10. Enero-Diciembre, 2009.

GOLDBERG, Daniel K. Entendendo o federalismo fiscal. Organizadores: CONTI, José Maurício. Federalismo Fiscal. Barueri: Manole, 2004.

GUIBOURG, Ricardo A., GHIGLIANI, Alejandro M. e GUARINONI, Ricardo V. Introducción al conocimiento científico. Buenos Aires: Editorial Universitária de Buenos Aires, 2004.

HERNÁNDEZ, Antonio María. La Descentralización del Poder en el Estado Argentino. Coordinador: GARZA, José María Serna de. Federalismo y Regionalismo: Memoria del VII Congreso Iberoamericano de Derecho Constitucional. Ciudad de México: UNAM, 2002, pp. 211-274.

HUEGLIN, Thomas O.; FENN, Alan. Comparative Federalism: a systematic inquiry. Quebec City: Broadview Press, 2006.

KELSEN, Hans. Formas da organização estatal: centralização e descentralização. Revista de Direito Administrativo, n° 4, 1946.

KING, Preston. Federalism and federation. Baltimore: The Johns Hopkins University Press, 1982.

MELLO, Celso D. Albuquerque. Curso de Direito Internacional Público. 12ª, Rio de Janeiro: Renovar, 2000.

MENDES, Marcos. Federalismo Fiscal. Organizadores: BIDERMAN, Ciro; ARVATE, Paulo. Economia no Setor Público no Brasil. Rio de Janeiro, Elsevier, 2004.

OLIVEIRA, Gustavo da Gama Vital de; RODRIGUES, Rodrigo Nascimento; IGLESIAS, Tadeu Puretz. Reforma tributária, IBS e a cláusula pétrea da forma federativa de estado. In Reformas ou deformas tributárias e financeiras: por que, para que, para quem e como? (Org.) SCAFF, Fernando Facury; DERZI, Misabel de Abreu Machado; JUNIOR Batista, Onofre Alves; TORRES, Heleno Tavaira. Editora: Letramento. Belo Horizonte, 2020.

PRADO, Sergio. Equalização e federalismo fiscal: uma análise comparada. Rio de Janeiro: Konradh-Adenauer-Stiftung, 2006.

RAWLS, John. Uma teoria da justiça. São Paulo: M. Fontes, 2000.

REBOUÇAS JUNIOR, Francisco Wilkie; ZARANZA, José Evandro Lacerda. Em busca do tempo e da autonomia perdida. Uma análise crítica e imparcial das PECs 49 e 110 e sua repercussão no pacto federativo In Reformas ou deformas tributárias e financeiras: por que, para que, para quem e como? (Org.) SCAFF, Fernando Facury; DERZI, Misabel de Abreu Machado; JUNIOR Batista, Onofre Alves; TORRES, Heleno Tavaira. Editora: Letramento. Belo Horizonte, 2020.

REZZOAGLI, Luciano Carlos; CAMMARATA, Martín. (Re)discutir el federalismo fiscal como instrumento de desarrollo social en la República Argentina. Revista Finanzas y Política Económica, vol. 9, n° 1, enero-junio, 2017, pp. 93-112.

SAMPAIO, José Adércio Leite. As Constituições subnacionais e direitos fundamentais nas federações. Revista de Direito da Cidade, vol. 11, n. 1, 2019.

SOUZA NETO, Cláudio Pereira de; SARMENTO, Daniel. Direito constitucional: Teoria, história e métodos de trabalho. Belo Horizonte: Fórum, 2012.

TORRES, Ricardo Lobo. Tratado de direito constitucional financeiro e tributário. Constituição financeiro, sistema tributário e estado fiscal. Vol. 1. Rio de Janeiro: Renovar, 2009.

VÍA, Alberto Ricardo Dalla. Actualidad del Federalismo Argentino. Coordinador: GARZA, José María Serna de la. Federalismo y Regionalismo: Memoria del VII Congreso Iberoamericano de Derecho Constitucional. UNAM: 2002, pp. 39-104.

WIESNER, Eduardo. Fiscal federalism in Latin America: from entitlements to markets. Washington, D.C: The Johns Hopkins University Press, 2003.

ZIMMERMANN, Augusto. Teoria Geral do Federalismo Democrático. Rio de Janeiro: Lumen Juris, 1999.

PARTE VI

O DIREITO CONSTITUCIONAL ECONÔMICO

A PRODUÇÃO CULTURAL NO DIREITO DO TRABALHO: O LEGADO INTELECTUAL DE ARNALDO LOPES SÜSSEKIND

Denise de Almeida Guimarães[603]
Eurico Moreira da Silva Junior[604]

SÚMARIO 1. Introdução 2. As redes intelectuais de cultura 3. Arnaldo Lopes Süssekind e sua produção cultural no direito do trabalho 4. Considerações finais

1. INTRODUÇÃO

A noção de redes intelectuais nos permite observar diferentes aspectos de um contexto e de suas interações contínuas e ampliar a visão na construção de novos saberes e de pautas sociais. As contribuições das redes intelectuais apresentam uma variedade de perspectivas e pontos de vista, oferecendo insights sobre a instituição do trabalho, seu desenvolvimento e uso futuro. Em sua formação social, o ser humano necessita de se inserir em uma rede de mediações culturais.

O estudo de redes intelectuais se justifica à re(criação) de ideias. À título exemplificativo, citamos o evento de importância mundial da "Semana de Arte Moderna", de 1922, que aconteceu na cidade de São Paulo e que reuniu notáveis e inovadores grupos de intelectuais em um processo de produção cultural em literatura, música, poesia, artes plásticas, arquitetura, urbanismo, etc. O evento

---

[603] Doutoranda em Direito pelo Programa de Pós-Graduação em Direito da Faculdade Nacional de Direito da Universidade Federal do Rio de Janeiro (UFRJ). Mestre em Direito pelo Programa de Pós-Graduação em Direito Constitucional da Universidade Federal Fluminense (UFF). Pesquisadora do Grupo de Pesquisa em Configurações Institucionais e Relações de Trabalho (CIRT/PPGD/FND/UFRJ). Extensionista do grupo Trabalho, Diálogo e Ação – DIATrab da FND/UFRJ. Professora universitária. Lattes: http://lattes.cnpq.br/2682214694102144. ORCID: http://orcid.org/0000-0002-3261-4248. E-mail: dealgui@gmail.com.

[604] Mestre em Direito pela Universidade Federal do Rio de Janeiro (UFRJ). Pós-Graduado em Direito Tributário pela Fundação Getúlio Vargas (FGV-Rio). Pesquisador do Grupo de Estudos Interdisciplinares sobre Estado, Finanças e Tributação (GEIEFT/UFF). Pesquisador do Laboratório de Estudos Teóricos e Analíticos sobre o Comportamento das Instituições (LETACI/UFRJ). Lattes: http://lattes.cnpq.br/8290753123273178. ORCID: http://orcid.org/0000-0002-7000-5339. E-mail: emsj@protonmail.com.

reuniu uma impressionante rede intelectual e significou o repensar da sociedade brasileira da época, cujo legado e influência reverbera até o momento atual.

Os objetivos desse artigo são, basicamente, dois: analisar a importância do estudo da rede intelectuais para a produção cultural do Direito; segundo, verificar a influência de redes intelectuais do jurista Arnaldo Lopes Süssekind para a criação do seu legado intelectual na área do Direito do Trabalho no Brasil.

Com o propósito de expor a presente temática envolvendo a categoria redes intelectuais e sua relevância para o ensino jurídico, estabelecemos metodologicamente dois eixos de análise. No primeiro eixo, de cunho objetivo, o destaque é o Direito do Trabalho, sua formação e desenvolvimento e como veículo deste processo, a rede intelectual de influência. E, no âmbito subjetivo, a vida do jurista e educador Arnaldo Lopes Süssekind e sua circulação na rede de intelectuais de sua época. Na última seção, estabelecemos algumas considerações sobre a importância da rede intelectuais para o Direito.

2. AS REDES INTELECTUAIS DE CULTURA

As redes intelectuais de cultura consistem em um fenômeno antigo e de fato sempre existiram. Por séculos, inúmeros intelectuais das mais variadas áreas se interconectam por razões científicas, acadêmicas, culturais, profissionais ou políticas, sustentando conexões duráveis em âmbito local e internacional.

As redes, de modo geral, representam o produto de redes anteriores, avançando, ampliando, reformulando ou ressignificando seus resultados. Elas conferem grande importância para o estudo do pensamento passado e para a consecução das iniciativas a serem implementadas no presente, sobretudo no âmbito do pensamento intelectual e político latino-americano.

No âmbito do pensamento latino-americano, o professor chileno Eduardo Devés-Valdés[605] apresenta a ideia de redes intelectuais como uma construção teórica empregada de forma sistemática para compreender a evolução intelectual do continente. Devés-Valdés[606] define uma rede intelectual como um conjunto de pessoas empenhadas através dos anos em atividades de produção e disseminação do conhecimento, que se inter-relacionam, trocam trabalho, escrevem uns aos outros, desenvolvem projetos conjuntos, melhoram os canais de comunicação e estabelecem laços de confiança. O termo intelectual envolve pesquisadores, acadêmicos, escritores, políticos, diplomatas, profissionais liberais, líderes sociais reconhecidos no campo de atuação por seu trabalho. As formas de comunicação entre os componentes de uma rede se materializam por encontros presenciais, missivas, congressos, publicações,

---

[605] DEVÉS-VALDÉS, Eduardo. *Redes intelectuales em América Latina*: hacia la constituición de una comunidade intelectual. Santiago: Universidad de Santiago de Chile, 2007, p. 29.

[606] DEVÉS-VALDÉS. *Op. cit.*, p. 30, 218.

campanhas, diálogos, citações recíprocas e outras relações possíveis no mundo intelectual, dentro de uma frequência ou densidade passível de entender os núcleos mais ativos ou os momentos de maior vitalidade da rede.

As redes intelectuais manifestam-se na sociedade global, com a presença ativa de múltiplos agentes culturais, como interlocutores de Estados, organizações internacionais, igrejas e outras redes, ecoando suas vozes em vários níveis.[607] As afinidades entre os intelectuais estabelecem vínculos espontâneos sobrepostos a relações de amizade, política, instituições, dentre outras e a densidade da comunicação permite que a espontaneidade se converta em institucionalidade, pendendo para sociedades, associações, congressos, publicações, etc.[608]

O desenvolvimento e propagação de ideias elaboradas nas redes intelectuais estão aptas a gerar programas sociais, políticos e econômicos que mobilizam a ação dos governos e dos processos políticos.

Na persecução dessa tarefa, as redes movem-se ao encontro de variados organismos internacionais como a Comissão Econômica para a América Latina (CEPAL), Organização Internacional do Trabalho (OIT), Organização das Nações Unidas para a Educação, a Ciência e a Cultura (UNESCO), bem como de trabalhadores, corporações empresariais, sindicatos, organizações não governamentais, partidos políticos e fundações, entre outros atores.

A noção de rede auxilia, entre outras contribuições, a circulação de ideias através do espaço-tempo, a localizar o contexto das relações interpessoais em que um pensador está posicionado, reforçar a concepção de influência no âmbito da circulação de ideias disponíveis em redes e de contexto, a complementar e melhorar outras noções como geração e campo intelectual e, principalmente, a identificar e enfatizar a colaboração, em vez de conflitos ou concorrência.[609]

Em um sentido de campo como espaço social com certa autonomia, Pierre Bourdieu[610] concebe o campo intelectual como um sistema de linhas de força de posições e oposições representadas por agentes ou sistemas de agentes, numa estrutura específica de relações que se estabelecem no contexto deste sistema ou o integram como tal, em um momento determinado de tempo.

Conforme argumenta Devés-Valdés,[611] o emprego da noção de pensar a tarefa intelectual e cultural contribui, não apenas para a criação das próprias

---

[607] DEVÉS-VALDÉS. *Op. cit.*, p. 218-219.

[608] DEVÉS-VALDÉS. *Op. cit.*, p. 31.

[609] DEVÉS-VALDÉS. *Op. cit.*, p. 34-35.

[610] BOURDIEU, Pierre. *Campo de poder, campo intelectual*: itinerário de um conceito. Buenos Aires: Montressor, 2002, p. 9.

[611] DEVÉS-VALDÉS. *Op. cit.*, p. 35-36.

redes intelectuais, como também é útil para pensar o papel da intelectualidade em processos de integração ou colaboração científica, para pensar as relações entre a intelectualidade e outros setores, como autoridades, burocracias, diplomacia, setores empresariais, e para pensar os papeis do mundo intelectual nos processos de globalização.

Entre os espaços habituais de acolhida de intelectuais estão as universidades, os centros de pesquisa e os periódicos, ante à disseminação de conhecimento, informação, comunicação, teorias, teses, pesquisas, reflexões, e outras ideias de natureza cultural ou política. Estas conexões, contudo, não podem ser reduzidas apenas a eventos internacionais.

Um campo muito propenso à influência de redes intelectuais está associado às relações de trabalho e à formação da cultura jurídica trabalhista no Brasil. A construção do Direito do Trabalho brasileiro envolveu inúmeros atores na sua formação, estruturação e desenvolvimento, tais como trabalhadores, empregadores, sindicatos, o Ministério do Trabalho, Justiça do Trabalho, juristas, políticos, burocratas, acadêmicos, líderes religiosos, intelectuais de diversas áreas do conhecimento.

O pensamento dos juristas neste processo mostra-se essencial para a compreensão do impacto do Direito na formação da cultura de um povo. Cabe ao jurista estimular a reflexão jurídica crítica no sentido de oferecer o suporte necessário à atividade legiferante. O jurista também possui a tarefa de aferir a eficácia ou de ressignificar a dogmática jurídica tradicional à luz dos valores sociais fundamentais contemporâneos a partir de uma matriz constitucional, de relevância transnacional.

Enfatizando as relações entre juristas e educadores, Eduardo Val e Adriana de Mendonça[612] apontam para a relevância do papel que aqueles desempenharam para promover o processo de transformação do Brasil, que se encontrava enraizado ainda em valores e tradições coloniais e patriarcais, em uma sociedade progressiva e moderna. Essas relações proporcionaram uma profusa circulação de ideias e pensamentos no intuito de estabelecer as características do projeto para o Brasil do século XX, por meio de uma complexa rede de parcerias, grupos e alianças intelectuais de todo país, irradiando pautas ideológicas e tendências estéticas que conformaram a nova identidade nacional e uma cultura genuinamente brasileira.

O Brasil também sofreu influências importantes no período, principalmente, uma de cunho eurocêntrico, mais tradicional desde o período

---

[612] VAL, Eduardo Manuel; MENDONÇA, Adriana Sussekind de. Os Juristas e Educadores nas redes de intelectuais no Rio de Janeiro durante a primeira metade do século XX: Carlos Sussekind de Mendonça e os círculos culturais no período do Estado Novo. *In*: Encuentro de las Ciencias Humanas y Tecnológicas para la integración de la América Latina y el Caribe Internacional del Conocimiento: Diálogos en Nuestra América, 3., 2015, Goiânia. *Anais* [...]. Goiânia: Rede Acadêmica Diálogos en Mercosur, 2015, p. 3240-3241.

colonial, e a outra de viés norte-americana, mais inovadora e que ganhou espaço na República Velha.[613]

Pierre Bourdieu[614] enfatiza a importância, para o campo intelectual, de um personagem notável, que marca uma posição por si só, com a justificativa de que existem posições que orientam toda a estrutura de um só lugar. Não considerar tal personagem torna o campo destruído. Para o autor, a ação das obras sobre as obras ocorre somente por meio de autores "cujas estratégias devem à posição relativa que têm na estrutura do campo intelectual a forma, a lógica e o conteúdo que apresentam".[615]

Arnaldo Lopes Süssekind (1917-2012) está entre os juristas que pertencem à história intelectual relacionada ao campo trabalhista no Brasil, atuando como jurista, professor de direito, burocrata e ministro do Tribunal Superior do Trabalho – TST. O legado intelectual de Süssekind compreende, principalmente, o período da criação da Consolidação das Leis do Trabalho (CLT), em 1943, com participação direta em varias Comissões para a criação de leis trabalhistas e suas ideias repercutiram em atuações e produções acadêmicas nas mais variadas áreas do Direito do Trabalho, tais como o Direito Constitucional do Trabalho, o Direito Individual do Trabalho, o Direito Coletivo do Trabalho e o Direito Internacional do Trabalho, inspirando inúmeros juristas posteriores.

3. ARNALDO LOPES SÜSSEKIND E SUA PRODUÇÃO CULTURAL NO DIREITO DO TRABALHO

A evolução do Direito do Trabalho no Brasil tem a sua história marcada pelos embates advindos da relação Capital e Trabalho e pelo empenho de juristas como Arnaldo Lopes Süssekind na elaboração de uma legislação trabalhista preocupada com o seu caráter protetivo através de uma intervenção estatal mínima. Muitos o conhecem como um dos elaboradores da CLT, mas será que graduandos dos cursos de Direito no Brasil sabem que o décimo terceiro salário assegurado desde 1962, pela Lei n. 4.090, correu o sério risco de ser revogado e foi mantido graças à competência criativa de Süssekind, que defendeu o seu parcelamento, ideia posteriormente absorvida pela Lei n. 4.749, de 1965? Que benefícios como salário-família, salário-maternidade, só para citar alguns, foram projetos de Süssekind, mais tarde convertidos em lei? Ou que o Projeto de Lei n. 5483, de 2001, no então governo do presidente Fernando Henrique Cardoso, que pretendia sobrepor as convenções e acordos coletivos de

---

613 VAL, Eduardo Manuel; MENDONÇA, Adriana Sussekind de. *Op. cit.*, p. 3241.

614 BOURDIEU, Pierre. *O poder simbólico*. Tradução de Fernando Tomaz. Rio de Janeiro: Bertrans Brasil, 1989, p. 40.

615 BOURDIEU, Pierre. *Op. cit.*, p. 72.

trabalho em relação à legislação protecionista do trabalhador para os fins de desregulamentar o Direito do Trabalho, foi "engavetado" em razão da participação efetiva de Süssekind em várias arenas de diálogos sociais?

Mas, independentemente das diversas titulações, condecorações e cargos públicos, no Brasil e no exterior, quem de fato era Arnaldo Süssekind? Quais foram as ações desse jurista na defesa de direitos trabalhistas de cunho internacional na OIT, mas que, contraditoriamente, quando Ministro de Estado permitiu intervenções e prisões de sindicalistas no período do Golpe de 1964, no então governo Castelo Branco?[616] A partir de tais indagações, percebe-se a importância de se conhecer os elementos formativos das redes intelectuais de Süssekind.

Arnaldo Lopes Süssekind,[617] nascido no Rio de Janeiro, filho primogênito de Sylvia Lopes Süssekind e Frederico Süssekind,[618] intitulava-se como vinculado à filosofia social-trabalhista.[619] Dos quinze aos dezoito anos de idade, Süssekind jogou futebol de praia no "time do posto 4" em Copacabana, e chegou, inclusive, a jogar com Heleno de Freitas. Foi também atleta corredor e ganhou várias medalhas representando seu time de coração, o Fluminense.[620] Ainda com dezoito anos, Süssekind casou-se com a poetisa Marília, com quem teve dois filhos, Arnaldo Süssekind e Marisa Süssekind.[621] Em um curto período no ano de 1937, chegou a cantar na Rádio Nacional.[622] Bacharelou-se no curso de Direito (1935-1939) na Faculdade Nacional de Direito da Universidade do Brasil[623] e estudou com os notáveis professores Joaquim Pimenta, na cadeira de Direito Social – como na época era chamado o Direito do Trabalho –, Hermes Lima, Filadelfo de Azevedo, Pedro Calmon, Nelson Hungria, Carvalho Junior, Luís Carpenter, Hélio Gomes, Haroldo Valadão, Alcebíades Delamare, Irineu

---

[616] Cf. NAGASAVA, Heliene Chaves. *O sindicato que a ditadura queria*: o Ministério do Trabalho no governo Castelo Branco (1964-1967), 2015. Dissertação (Mestrado em História, Política e Bens Culturais) - Centro de Pesquisa e Documentação de História Contemporânea do Brasil, Fundação Getúlio Vargas, Rio de Janeira, 2015, p. 37.

[617] Este artigo reflete as ideias de Arnaldo Lopes Süssekind a partir de suas entrevistas em sua residência no Rio de Janeiro a GOMES, PESSANHA e MOREL, nos meses de maio e julho de 2001, que resultou no livro *Arnaldo Süssekind, um construtor do direito do trabalho*, aqui referenciado.

[618] Frederico Süssekind foi Desembargador do Tribunal de Justiça e Ministro do Superior Tribunal Eleitoral.

[619] Francisco Gonçalves, professor de Filosofia, exerceu grande influência sobre a formação e as ideias de Arnaldo Süssekind.

[620] GOMES, Angela de Castro; PESSANHA, Elina G. da Fonte; MOREL, Regina de Moraes (orgs.). *Arnaldo Süssekind, um construtor do direito do trabalho*. Rio de Janeiro: Renovar, 2004, p. 19.

[621] GOMES; PESSANHA; MOREL. *Op. cit.*, p. 16-17.

[622] GOMES; PESSANHA; MOREL. *Op. cit.*, p. 25-26.

[623] Universidade do Brasil era o antigo nome da Universidade Federal do Rio de Janeiro, que manteve a denominação da Faculdade Nacional de Direito – FND.

Machado. Como discente, chegou a participar do Diretório Acadêmico da faculdade.[624]

O primeiro emprego de Arnaldo Süssekind foi como escrevente na Justiça Eleitoral em 1937.[625] Em janeiro de 1938 começou a trabalhar no Conselho Nacional do Trabalho – CNT, do Ministério do Trabalho Indústria e Comércio, como auxiliar de escrita fazendo esboço de pareceres em questões trabalhistas e pouco tempo depois, em janeiro de 1940, Süssekind foi nomeado assistente jurídico do CNT, onde manteve contato com Oliveira Viana, sociólogo, jurista e também professor. Nessa época atuou como parecerista nas avocatórias do Conselho que seriam julgadas pelo Ministro do Trabalho.[626]

Durante a década de 1940, Süssekind foi colaborador da revista Direito, de publicação da Livraria Freitas Bastos,[627] coordenada por Clóvis Bevilacqua e Eduardo Espínola, o que o tornou bem conhecido na área trabalhista.

Süssekind foi nomeado Procurador Regional do Trabalho no Estado de São Paulo, em janeiro de 1941, e ajudou na implementação da Justiça do Trabalho naquele Estado. Nesse período manteve conexões com outros juristas tais como Cesarino Júnior, Francisco de Sousa Neto, Nério Batendieri, Eduardo Gabriel Saad, Orlando Gomes (BA), Elson Gottschalk (BA), Mozart Victor Russomano (RS). Em maio do referido ano, no cinquentenário da *Rerum Novarum*, Süssekind participou do I Congresso Brasileiro de Direito Social,[628] organizado por Cesarino Júnior, catedrático de Direito Social (hoje Direito do Trabalho) da Universidade de São Paulo – USP, e apresentou a tese intitulada "Da fraude à lei no Direito do Trabalho", [629] que mais tarde serviria de embasamento para um dos mais importantes dispositivos do nosso ordenamento laboral consolidado.[630] Conheceu Alexandre Marcondes Machado Filho,[631] que, em dezembro de 1941, foi nomeado Ministro do Trabalho,

---

[624] GOMES; PESSANHA; MOREL. *Op. cit.*, p. 33-36.

[625] GOMES; PESSANHA; MOREL. *Op. cit.*, p. 51.

[626] GOMES; PESSANHA; MOREL. *Op. cit.*, p. 54-55.

[627] GOMES; PESSANHA; MOREL. *Op. cit.*, p. 70-71.

[628] O I Congresso Brasileiro de Direito Social se deu a pretexto de comemorar o cinquentenário da Encíclica do Papa Leão XIII, de 1891.

[629] GOMES; PESSANHA; MOREL. *Op. cit.*, p. 63-65.

[630] CLT, Art. 9º. Serão nulos de pleno direito os atos praticados com o objetivo de desvirtuar, impedir ou fraudar a aplicação dos preceitos contidos na presente Consolidação.

[631] Alexandre Marcondes Machado Filho (1892-1974) foi advogado, jornalista e ocupou diversos cargos públicos, entre eles o de promotor público, Vice-presidente do Departamento de Administração do Estado, Ministro da Justiça e Negócios Interiores, além de ter exercido os mandatos eletivos de Vereador (1925-1927), Deputado Federal (1927-1929; 1930) Senador (1946-1955). Disponível em: https://www25.senado.leg.br/web/senadores/senador/-/perfil/1376. Acesso em: 20 jan. 2023.

Indústria e Comércio por Getúlio Vargas e que, logo depois, convidou Süssekind para ser seu assessor,[632] para atuar na área de relações do trabalho. Süssekind estabeleceu contato profissional com Aristides Malheiros (secretário) e dos também assessores do Ministro Marcondes Machado, José Garcia Miranda Neto (questões da Previdência Social), José Accioly de Sá (Indústria e Comércio), Miranda Neto (Imigração), Manhães (Propriedade industrial).[633]

A ideia de elaboração da CLT, segundo Süssekind, partiu do Ministro Marcondes Machado Filho, que queria nomear o Procurador Regional do Trabalho de São Paulo para seu assessor, justificando porque integrou a comissão com apenas 24 anos.[634]

Arnaldo Süssekind considerava que as teses debatidas no referido Congresso, nos pareceres de Oliveira Viana e Oscar Saraiva, aprovados pelo Ministro do Trabalho, a Encíclica *Rerum Novarum* do Papa Leão XIII e as Convenções da OIT foram as fontes materiais básicas para a elaboração da CLT[635], a exceção da legislação sindical, que tomou como base a *Carta del Lavoro* italiana de 1927[636]

Aliás, Süssekind rechaçava veementemente a alegação usual que faziam sobre a CLT ser uma reprodução fiel da *Carta del Lavoro*, uma vez que a Consolidação tinha, na época, 922 artigos e não apenas 30, como na Carta de Mussolini. Isso porque na parte do Direito Coletivo do Trabalho da CLT, o sistema de organização sindical monista com registro do sindicato obrigatório no Ministério do Trabalho previsto na Constituição de 1937, já tinha sido estatuído em 1931 pelo Decreto n. 19.770, que foi mantido na nossa Constituição de 1988, apesar de que o referido decreto que deu base do sindicalismo das classes patronais e operárias tenha sido elaborado por três juristas de esquerda: Evaristo de Moraes, Joaquim Pimenta e Agripino Nazareth.[637]

Embora tenha sido prevista nas Constituições de 1934 e 1937, a Justiça do Trabalho só foi criada em 1939 e sua implantação efetiva ocorreu somente em 1941.[638] Nessa época, Süssekind ajudou a instalar a Justiça do Trabalho em

---

[632] Na época, a função era denominada de "assistente técnico".

[633] GOMES; PESSANHA; MOREL. *Op. cit.*, p. 75.

[634] SÜSSEKIND, Arnaldo Lopes. 60 anos da CLT: uma visão crítica. *Revista do Tribunal Superior do Trabalho*, Porto Alegre, v. 69, n. 2, p. 15-26, jul./dez. 2003, p. 15.

[635] SÜSSEKIND. *Op. cit.*, p. 16-17.

[636] GOMES; PESSANHA; MOREL. *Op. cit.*, p. 65.

[637] SÜSSEKIND. *Op. cit.*, p. 17; GOMES; PESSANHA; MOREL. *Op. cit.*, p. 78.

[638] Primeiramente, em 1932, foram criadas as Juntas de Conciliação e Julgamento, órgãos paritários, com representação classista patronal e dos empregados, de cunho administrativo, vinculados ao poder executivo, que podiam conciliar e julgar somente os litígios trabalhistas individuais. Caso não houvesse conciliação, haveria o julgamento do litígio e, se houvesse condenação, esta seria executada na Justiça Comum. Somente com a Constituição de 1946 que a

São Paulo. Segundo Süssekind, a Justiça do Trabalho com representação paritária classista durante muito tempo foi vista como uma Justiça de segunda classe por estar fora do âmbito do Poder Judiciário e, mesmo quando passou a integrá-lo, muitos depreciavam aquela justiça em que empregados e empregadores "julgavam".[639]

Em 1942, Süssekind, com então 24 anos de idade, foi convidado a integrar, juntamente com os juristas Luís Augusto do Rego Monteiro, Oscar Saraiva, José Segadas Viana e Dorval Lacerda, a Comissão para elaboração do anteprojeto da CLT. Inicialmente, seria uma Consolidação das Leis do Trabalho e da Previdência, cabendo a Oscar Saraiva a separação de ambos por divergência principiológica doutrinária entre Direito do Trabalho e Direito Previdenciário.[640] A Previdência Social nasceu dentro do Direito do Trabalho, todavia os princípios eram diferentes, com doutrina própria e um campo de aplicação mais amplo do que o contrato de trabalho.[641] A CLT veio a ser aprovada por meio do Decreto-Lei n. 5.452, em 1943.

Süssekind, em 21 de agosto de 1942, participou de uma reunião urgente e secreta com Rego Monteiro e Segadas Vianna no gabinete do então ministro Marcondes Filho para organizar uma passeata popular de apoio à adesão do Brasil à II Guerra Mundial.[642] Alguns dias depois, em 31 de agosto 1942, Getúlio Vargas declara guerra aos países do Eixo, formado pela aliança entre Alemanha, Itália, Japão.

A partir de 1943, além do cargo de assessor do Ministro do Trabalho, Süssekind também atuou como diretor do Serviço Nacional de Recreação Operária – SRO, órgão ligado ao Ministério do Trabalho, Indústria e Comércio mantido por verba do Fundo Sindical. Era responsável pela mobilização dos trabalhadores, confederações e sindicatos para a participação em eventos recreativos, desportivos e culturais em que, em algumas datas comemorativas, Getúlio Vargas aproveitava para fazer pronunciamentos sobre as realizações do seu governo e anunciar leis trabalhistas.[643]

Aponta Angela Brêtas que o SRO, cujo auge se deu nos anos de 1943 e 1945, estava impregnado pela ideologia do Estado Novo, sendo ao mesmo tempo, um meio de controle e manipulação da classe operária brasileira, mas que

---

Justiça do Trabalho passou a integrar o Poder Judiciário. A Justiça do Trabalho era composta por Juntas de Conciliação e Julgamento, Conselhos Regionais do Trabalho, que mais tarde se tornariam os Tribunais Regionais do Trabalho e Conselho Nacional do Trabalho.

[639] GOMES; PESSANHA; MOREL. *Op. cit.*, p. 69.

[640] GOMES; PESSANHA; MOREL. *Op. cit.*, p. 76-77.

[641] SÜSSEKIND. *Op. cit.*, p. 16.

[642] GOMES; PESSANHA; MOREL. *Op. cit.*, p. 103.

[643] GOMES; PESSANHA; MOREL. *Op. cit.*, p. 84.

também oferecia gratuitamente atividades de cultura, lazer e desportivas aos trabalhadores.[644]

No Ministério de Marcondes Filho, foi Süssekind o responsável pela criação e redação da exposição de motivos do salário-enfermidade, aprovado pelo Decreto-Lei n. 6.905, de 1944.[645]

Com a deposição de Getúlio Vargas em 1945, Süssekind saiu da direção do SRO, tendo retornado ao seu cargo quando da volta daquele à Presidência do país, desta vez eleito por voto popular em 1951. O SRO passou a denominar-se Serviço de Recreação e Assistência Cultural – SERAC e Süssekind ali permaneceu até a gestão de João Goulart, como Ministro do Trabalho, tendo pedido a sua exoneração do cargo por discordar da proposta de Jango de redução dos investimentos com as atividades do SERAC, em prol da contratação de pessoal.[646] Em 1951, Süssekind foi assessor técnico de Danton Coelho (1906-1961), Ministro do Trabalho, Indústria e Comércio, do governo Getúlio Vargas, por um curto período.

Süssekind participou, em 1952, de uma Comissão juntamente com Alzira Vargas, filha e secretária de Getúlio Vargas, Nério Battendieri, membro da Comissão Permanente de Direito Social e consultor da Confederação Nacional da Indústria e Humberto Grande, procurador-geral da Justiça do Trabalho para elaboração de um projeto legislativo em relação ao trabalho do rurícola, que mais tarde se transformaria no Estatuto do Trabalhador Rural[647] (Lei n. 4.214, de 1963, revogada posteriormente pela Lei n. 5.889, de 1973).

Arnaldo Süssekind nunca se filiou a qualquer partido político, tendo recusado vários convites de vários partidos políticos, como PTB, ARENA e PFL. Dizia-se possuir uma neutralidade político partidária, porém não política e social.[648] Entretanto, mesmo não sendo membro do Congresso Nacional, Süssekind foi o autor de vários projetos que mais tarde foram convertidos em lei. Ele foi presidente da Comissão e relator do projeto do Contrato de Aprendizagem (Decreto n. 36.546, de 1952), do salário-família (Lei n. 4.266, de 1963), do salário-maternidade (Lei n. 6.136, de 1974). Ainda participou no projeto de lei do parcelamento do décimo terceiro salário para evitar a sua extinção (Lei n. 4.749, de 1965), da elaboração dos novos capítulos da CLT relativo às férias (Decreto-Lei n. 1.535, de 1977) e segurança e medicina do trabalho (Lei n. 6.514, de 1977), do trabalhador contratado ou transferido para o estrangeiro (Lei n. 7.064, de 1982). Participou do Tratado de Itaipu através dos

---

[644] BRÊTAS, Angela. O serviço de recreação operária (1943-1945): uma experiência do governo Vargas no campo do não-trabalho. *Cadernos AEL*, v.16, n. 28, p. 145-173, 2010, p. 150.

[645] GOMES; PESSANHA; MOREL. *Op. cit.*, p. 313.

[646] GOMES; PESSANHA; MOREL. *Op. cit.*, p. 89-90.

[647] GOMES; PESSANHA; MOREL. *Op. cit.*, p. 93-94.

[648] GOMES; PESSANHA; MOREL. *Op. cit.*, p. 99-100.

protocolos sobre relações de trabalho e previdência social, elaborados por Délio Maranhão (Decretos n. 74.431, de 1974 e n. 45.242, de 1975).

Süssekind ajudou a divulgar a política social do governo Vargas na Radio Mauá, conhecida como "A Emissora do Trabalhador" e que nos anos 50 era vinculada ao Ministério do Trabalho.[649] Buscava o entretenimento, esclarecendo os ouvintes sobre os direitos e obrigações trabalhistas em vigor na época.

No governo de Juscelino Kubitschek, Süssekind foi nomeado diretor de Segurança Nacional do Ministério do Trabalho e passou a integrar um comitê organizado pelo Conselho de Segurança Nacional composto pelo coronel Ernesto Geisel, Lucídio Arruda, chefe do Serviço de Informação e Contra-Informação do Exército, coronel Humberto de Melo, secretário do Conselho de Segurança Nacional e Dr. Alírio Sales Coelho, diretor-geral do Departamento Nacional do Trabalho.[650] No governo de Juscelino Kubitschek, entre os anos de 1956 a 1961, Süssekind auxiliou na elaboração da Lei Orgânica da Previdência Social, aprovada pelo Congresso em 1960.[651]

Em julho de 1961 Süssekind foi nomeado Procurador Geral do Trabalho por Jânio Quadros, tendo pedido a sua exoneração quando da posse do presidente João Goulart, em setembro do mesmo ano. Um dos fatos relevantes da gestão de Süssekind foi a organização de núcleos de atendimento nas reclamações trabalhistas em que faltasse a representação legal de menores.[652]

Ainda em 1961, já como Procurador-Geral da Justiça do Trabalho Süssekind foi indicado para ocupar o cargo de Presidente da Comissão Permanente de Direito Social do Ministério do Trabalho, um grupo de juristas com função consultiva, da qual integrava desde os tempos em que Marcondes Filho era Ministro.[653] Os objetivos dessa Comissão variavam entre a promoção de projetos trabalhistas tanto no Brasil como no exterior, inclusive com a incumbência de redação do relatório anual do Brasil, como país-membro, para a OIT, comprovando a observância das Convenções ratificadas. Na qualidade de relator da referida Comissão, Süssekind participou de várias assembleias gerais da OIT, entre 1951 e 1954 (governo Getúlio Vargas) e entre 1957 e 1959 (governo Juscelino Kubitschek). Mais tarde, em 1969, em razão da sua atuação nas referidas Conferências internacionais foi eleito integrante da Comissão de Peritos de Aplicação de Convenções da OIT, a convite de Wilfred Jenks, jurista e sociólogo inglês que foi diretor-geral da OIT no período de 1970 a 1973.[654]

---

[649] GOMES; PESSANHA; MOREL. *Op. cit.*, p. 101.

[650] GOMES; PESSANHA; MOREL. *Op. cit.*, p. 114.

[651] GOMES; PESSANHA; MOREL. *Op. cit.*, p. 117-118.

[652] Ministério Público do Trabalho no Rio de Janeiro. Disponível em: https://www.prt1.mpt.mp.br/mpt-rj/historico. Acesso em: 30 ja, 2023.

[653] GOMES; PESSANHA; MOREL. *Op. cit.*, p. 112.

Durante cerca de três ou quatro anos, Süssekind foi professor e coordenador do Curso de Orientação Sindical, mantido pela Confederação Nacional dos Trabalhadores na Indústria. Do corpo docente faziam parte os jurisconsultos convidados por Arnaldo Süssekind como Délio Maranhão, Moacir Veloso e Júlio Barata, entre outros.[654]

Arnaldo Süssekind fez parte de dois Ministérios: o Ministério da Agricultura em 1964 e o Ministério do Trabalho e Previdência Social, de 04 a 15/04/1964 e de 20/04/1964 a 07/12/1965, no governo Castelo Branco.[656] Como ministro do Trabalho, Süssekind por vezes fez uso de dispositivo legal contido na CLT que vigorava na época, que autorizava a intervenção em sindicatos.[657] A historiadora Heliene Chaves Nagasava enfatiza que mesmo antes de Süssekind ser nomeado ministro do Trabalho, "membros de diretorias sindicais foram presos, sindicatos invadidos e seu aparelhamento físico destruído ou apreendido".[658]

Porém, entre outros atos como ministro do Trabalho, destacam-se a criação das Delegacias Regionais do Trabalho em Brasília e no Rio de Janeiro, a extinção das comissões do Imposto Sindical e Técnica de Orientação Sindical em razão das denúncias de malversação de recursos e da falta de controle, elaboração de projeto depois convertido em lei para a criação do Departamento Nacional de Mão-de-Obra, orgão incumbido de fiscalizar as leis do trabalho. Foi também em sua administração que, pela primeira vez, uma mulher, Natércia da Silveira Pinto da Rocha, foi nomeada como Diretora Geral do Departamento Nacional de Mão-de-obra. Ainda durante a gestão de Arnaldo Süssekind,

---

[654] GOMES; PESSANHA; MOREL. *Op. cit.*, p. 147-149.

[655] GOMES; PESSANHA; MOREL. *Op. cit.*, p. 128.

[656] Tribunal Superior do Trabalho. Disponível em: https://www.tst.jus.br/biografia/-/asset_publisher/2PSEeUv0lqi1/

content/tst037. Acesso em: 31 jan. 2023.

[657] CLT, Art. 528. Ocorrendo dissídios ou circunstâncias que perturbem o funcionamento do sindicato, o ministro do Trabalho, Indústria e Comércio poderá nele intervir, por intermédio de delegado com atribuições para administração da associação e executar ou propor as medidas necessárias para normalizar-lhe o funcionamento.

[658] NAGASAVA. *Op. Cit.*, p. 91. Nagasava analisa e relata, com base em fontes documentais, sobre alguns processos de intervenção nos sindicatos no governo Castelo Branco (1964-1967) e também sobre a participação de Süssekind como ministro do Trabalho. A respeito das intervenções sindicais, a autora afirma: "As intervenções têm, em sua maioria, sua data inicial no período em que Süssekind era ministro, porém a sua lenta tramitação somente se encerrou, em alguns casos, no final do governo Castelo Branco. A morosidade burocrática e interesses políticos atrasaram eleições, prorrogando mandatos de juntas governativas para além do limite permitido pela legislação e, por vezes, quando o assunto em discussão no processo finalmente era decidido pelo ministério, no sindicato o tema já havia sido superado. Süssekind utilizou toda a força da CLT, que ajudou a criar, para eliminar as vozes dissonantes e, em especial, os sindicalistas vinculados ao CGT e outras organizações trabalhistas que não eram regidas pela legislação em vigor." NAGASAVA. *Op. Cit.*, p. 98.

nenhum projeto de lei importante teve encaminhamento sem audiência prévia dos Sindicatos dos empresários e de trabalhadores.[659]

Coube a Arnaldo Süssekind e a Daniel Krieger o exame de emendas ao Projeto de Lei sobre o direito de greve, uma vez que o projeto de lei ficou muito tempo sem movimentação no Senado Federal e que praticamente proibia qualquer tipo de greve.[660] O direito de greve veio a ser regulamentado na Lei n. 4.330, de 1964, reconhecido na Constituição de 1946 (art.158), porém com restrições às atividades essenciais.

Süssekind era contra a unificação da Previdência, o que ocorreu no governo Ernesto Geisel, em 1974, com a criação do Ministério da Previdência e Assistência Social. O plano de Süssekind seria dar continuidade ao Serviço de Assistência Médica e Domiciliar de Emergência – Samdu, com disponibilização de frota de ambulâncias para atendimento médico aos trabalhadores, e ao Serviço de Alimentação da Previdência Social – SAPS, quanto ao fornecimento de alimentação para fins de criação de hábitos alimentares saudáveis, benefícios esses que se se escassearam após a sua saída do ministério.[661]

No período de 1965 a 1971, Arnaldo Süssekind foi ministro do Tribunal Superior do Trabalho – TST, participando de inúmeros julgamento de relevo.[662]

Süssekind foi um dos fundadores, com ingresso em 1979, ocupando a cadeira de número 1 e presidente honorário da Academia Brasileira de Direito do Trabalho (antiga Academia Nacional de Direito do Trabalho), que tem por objetivo o estudo do Direito e do Processo do Trabalho, o aperfeiçoamento e difusão da legislação trabalhista.[663]

A convite do professor argentino Alfredo J. Ruprecht, Süssekind foi vice-presidente da Academia Iberoamericana de Derecho del Trabajo Y de la Seguridad Social, sociedade científica internacional formada por membros da Espanha e América Latina e que começou a atuar em 1974. Süssekind foi ainda membro da Academia Brasileira de Letras Jurídicas[664] e da Academia Brasileira de Previdência e Assistência Social.

Süssekind trabalhou como consultor jurídico-trabalhista na Companhia Vale do Rio Doce, em 1974.[665] E em 1975, ele deixa a Comissão de Peritos e a

---

[659] GOMES; PESSANHA; MOREL. *Op. cit.*, p. 122-125.

[660] GOMES; PESSANHA; MOREL. *Op. cit.*, p. 129.

[661] GOMES; PESSANHA; MOREL. *Op. cit.*, p. 133-134.

[662] GOMES; PESSANHA; MOREL. *Op. cit.*, p. 143-146.

[663] Academia Brasileira de Direito do Trabalho. Arnaldo Lopes Süssekind. Disponível em: https://andt.org.br/academicos/arnaldo-lopes-sussekind/. Acesso em: 30 jan. 2023.

[664] Academia Brasileira de Letras Jurídicas. Patronos. Disponível em: http://www.ablj.org.br/patronos.asp. Acesso em: 30 jan. 2023.

[665] Tribunal Superior do Trabalho. Disponível em: https://www.tst.jus.br/biografia/-

convite do Presidente Ernesto Geisel passou a ser representante do governo brasileiro no Conselho Administrativo da OIT.[666] A sua atuação foi tão significativa que até hoje o Brasil é membro permanente do referido Conselho. Mas em 1980, Süssekind renuncia ao cargo no Conselho de Administração da OIT para retornar a ser membro da Comissão de Peritos em razão do dissenso com o então Ministro do Trabalho, Murilo Macedo.[667] Em 1981, Süssekind volta por processo eletivo para a Comissão de Peritos da OIT, onde permaneceu até 1990.[668]

Arnaldo Süssekind afirmou ser um adepto do Estado Social[669] e um crítico do neoliberalismo e da desregulamentação do Direito do Trabalho no Brasil em razão da desigualdade de desenvolvimento nas diferentes regiões do nosso país. Embora a favor da flexibilização, o que, segundo ele, não se confundiria com desregulamentação do Direito do Trabalho, defendia a intervenção estatal na relação Capital e Trabalho, para assegurar um mínimo de direitos trabalhistas condizentes com a dignidade humana do trabalhador. Também defendia a modificação da Constituição de 1988 para assegurar a liberdade sindical plena (individual, do grupo e da entidade), a extinção definitiva embora paulatina da contribuição sindical compulsória (antigo "imposto sindical") com sua substituição para a "quota de solidariedade", esta devida para os trabalhadores não sindicalizados beneficiados pela ação do sindicato na atuação na negociação coletiva. Em relação ao direito de greve, entendia que depois de um prazo razoável de negociação, o conflito coletivo deveria ser resolvido com base nas leis e com equidade por tribunais especializados ou por árbitros consensualmente escolhidos pelas partes em conflito.[670]

4. CONSIDERAÇÕES FINAIS

O Direito é produto da evolução da cultura de um povo. Não se traduz apenas em um conjunto de princípios e regras que servirão para solucionar

---

/asset_publisher/2PSEeUv0lqi1/content/tst037. Acesso em: 31 jan. 2023.

[666] GOMES; PESSANHA; MOREL. *Op. cit.*, p. 156-158.

[667] Murilo Macedo foi o Ministro do Trabalho responsável pela intervenção do Sindicato os Metalúrgicos do Estado de São Paulo nos movimentos grevistas dos anos de 1979 e 1980. Süssekind abdicou do seu mandato na Comissão de Administração da OIT, pois não poderia respaldar tal conduta, contrária aos seus entendimentos proferidos nos votos na referida Comissão. Mais tarde, em reconhecimento à essa atitude e por processo eletivo, Süssekind retorna à Comissão de Administração da OIT.

[668] Tribunal Superior do Trabalho. Disponível em: https://www.tst.jus.br/biografia/-/asset_publisher/2PSEeUv0lqi1/content/tst037. Acesso em: 31 jan. 2023.

[669] GOMES; PESSANHA; MOREL. *Op. cit.*, p. 13.

[670] Cf. Carta de Arnaldo Süssekind ao Ministro Tarso Genro, datada de 13 de janeiro de 2003. GOMES; PESSANHA; MOREL. *Op. cit.*, p. 208-214.

conflitos, disciplinar a vida do homem em sociedade, promover a justiça social, mas confere a esta própria sociedade em rede uma dinâmica, de mudança, de evolução.

Essa rede tem como principal característica a transformação do conhecimento, instaurando novas influências no tempo e no espaço, ainda que passíveis de reformulações ou críticas. Neste processo, conhecer o pensamento e as atuações de juristas como Arnaldo Süssekind é fundamental para a formação da cultura jurídica brasileira. A interação intelectual e crítica construtiva do legado do jurista representa uma contribuição importante para a compreensão do Direito posto. É o jurista que instiga a reflexão jurídica crítica que dá o suporte necessário à atividade legiferante, quando não avalia a eficácia ou ressignifica a dogmática jurídica tradicional à luz dos valores sociais fundamentais contemporâneos a partir de uma matriz constitucional, de relevância transnacional.

Sem dúvida, a obra e a vida de Arnaldo Süssekind e suas redes intelectuais nos proporcionam a oportunidade de melhor compreender a significância histórica do processo de constituição do Direito do Trabalho no Brasil a partir de suas ideias, em seu conteúdo original, e até as suas contradições, permitindo que outros intelectuais critiquem, reavaliem e construam em sua época atual suas próprias ideias, formando-se assim conexões de conhecimento, capazes de produzir novas redes de cultura e pensamento.

REFERÊNCIAS BIBLIOGRÁFICAS

BOURDIEU, Pierre. *Campo de poder, campo intelectual*: itinerário de um concepto. Buenos Aires: Montressor, 2002

BOURDIEU, Pierre. *O poder simbólico*. Tradução de Fernando Tomaz. Rio de Janeiro: Bertrans Brasil, 1989.

BRASIL. Decreto-lei n. 5.452, de 1º de maio de 1943. *Aprova a Consolidação das Leis do Trabalho*.

BRASIL. *Justiça do Trabalho*. Tribunal Superior do Trabalho. Disponível em: https://www.tst.jus.br/biografia/-/asset_publisher/2PSEeUv0lqi1/content/tst037. Acesso em: 31 jan. 2023.

BRÊTAS, Angela. O serviço de recreação operária (1943-1945): uma experiência do governo Vargas no campo do não-trabalho. *Cadernos AEL*, v. 16, n. 28, p. 145-173, 2010.

BRITO, Rider Nogueira de. Homenagem a Arnaldo Süssekind e Délio Maranhão. *Revista do Tribunal Superior do Trabalho*, Porto Alegre, v. 73, n.3, p. 31-39, jul./set. 2007. Disponível em: https://juslaboris.tst.jus.br/handle/20.500.12178/2379. Acesso em: 07 jan. 2023.

DEVÉS-VALDÉS, Eduardo. *Redes intelectuales em América Latina*: hacia la constituición de una comunidade intelectual. Santiago: Universidad de Santiago de Chile, 2007.

GOMES, Angela de Castro; PESSANHA, Elina G. da Fonte; MOREL, Regina de Moraes (orgs.). *Arnaldo Süssekind, um construtor do direito do trabalho*. Rio de Janeiro: Renovar, 2004.

NAGASAVA, Heliene Chaves. *O sindicato que a ditadura queria*: o Ministério do Trabalho no governo Castelo Branco (1964-1967), 2015. Dissertação (Mestrado em História, Política e Bens Culturais) - Centro de Pesquisa e Documentação de História Contemporânea do Brasil, Fundação Getúlio Vargas, Rio de Janeira, 2015.

SÜSSEKIND, Arnaldo Lopes. 60 anos da CLT: uma visão crítica. *Revista do Tribunal Superior do Trabalho*, Porto Alegre, v. 69, n. 2, p. 15-26, jul./dez. 2003. Disponível em: https://juslaboris.tst.jus.br/handle/20.500.12178/3952. Acesso em: 10 jan. 2023.

VAL, Eduardo Manuel; MENDONÇA, Adriana Süssekind de. Os Juristas e Educadores nas redes de intelectuais no Rio de Janeiro durante a primeira metade do século XX: Carlos Süssekind de Mendonça e os círculos culturais no período do Estado Novo. *In*: Encuentro de las Ciencias Humanas y Tecnológicas para la integración de la América Latina y el Caribe Internacional del Conocimiento: Diálogos en Nuestra América, 3., 2015, Goiânia. *Anais* [...]. Goiânia: Rede Acadêmica Diálogos en Mercosur, 2015, p. 3239-3254. Disponível em: https://www.dialogosenmercosur.org/copia-publicacoes. Acesso em: 10 jan. 2023.

ONDE AS REDES ENCONTRAM HUMANOS: ACUMULAÇÃO E DISTRIBUIÇÃO DE PATRIMÔNIO INFORMACIONAL NA REDE COMO CULTURA HUMANA

Pedro Eugenio Pereira Bargiona[671]

SÚMARIO 1. Introdução 2. Problema e metodologia 3. Análise 4. Conclusão

1. INTRODUÇÃO

Iluminado. Quando fui convidado pelos organizadores desta obra a contribuir com um artigo em homenagem ao Prof. Eduardo Val, tive grandes dúvidas sobre qual tema abordar. Desde o início da graduação, quando procurei o homenageado para orientações sobre direitos humanos, tive a oportunidade de discutir e trabalhar com uma vasta gama de assuntos acadêmicos e jurídicos em que tive a oportunidade de partilhar de suas opiniões. Por fim, decidi trazer este texto, que melhor reflete os temas que mais recentemente venho abordando, e que foram objeto das mais recentes iluminações pelo Prof. Eduardo.

Contexto acadêmico. Este trabalho foi inicialmente elaborado como avaliação para a disciplina DPG5007-1/1, Economia, Cultura e Poder na Internet, oferecida pela Pró-Reitoria de Pós-Graduação - Universidade de São Paulo (USP), elaborada e executada dentro das atividades da Cátedra Oscar Sala, uma iniciativa conjunta entre a USP, presentada por seu Instituto de Estudos Avançados (IEA), e o Comitê Gestor da Internet no Brasil (CGI.br), no primeiro semestre de 2021.

Demanda. Foi pedido aos alunos, diante de aulas e discussões e textos complementares apresentadas por especialistas em diversas áreas técnicas e acadêmicas, que relacionassem temas de pelo menos dois módulos do curso, comentando um dos problemas tratados pela disciplina. Os alunos foram incentivados a sugerir soluções, propor desafios ou novos ângulos críticos, arriscando-se em ampliar sua análise para além dos campos do saber a que estão mais ambientados.

---

[671] Doutorando em Direito pela Universidade de São Paulo (USP), Mestre em Direito pela Pontifícia Universidade Católica de São Paulo (PUC-SP), Bacharel em Direito pela Universidade Federal Fluminense (UFF). Advogado.

Circunstâncias do Autor. A despeito de ter sido monitor de Direito Público das Relações Internacionais, com orientação do Prof. Eduardo Val, meu principal campo de formação é o Direito Comercial, ramo jurídico que lida com a empresa, os empresários, e os negócios que os envolvam. Meu tema de pesquisa no doutorado recai sobre contratos entre empresários para o fornecimento de espaço e processamento na nuvem.

Interdisciplinaridade. Ainda que se busque evitar, a linguagem faz transparecer várias características de quem se comunica. Sendo este um texto interdisciplinar[672], a acessibilidade deste trabalho ao leitor de qualquer área do saber é um dos principais objetivos do texto.

Atendimento à Demanda. Este trabalho busca relacionar o Módulo 1 (Fundamentos técnicos e conceitos da Internet), coordenado pelo Dr. Demi Getschko, e o Módulo 4 (Internet e cultura), coordenado pelo Dr. Eugênio Bucci. Não é uma tarefa simples delimitar apenas duas aulas desses módulos, mas as reflexões seguirão, majoritariamente, as discussões trazidas pelas aulas de número 3 (Aplicações e seus impactos em segurança na rede), ministrada pelo Dr. Adriano Cansian, e 15 (Gestão e valorização do patrimônio informacional), ministrada pela Dr.ª Lúcia Santaella, professora catedrática da disciplina.

2. PROBLEMA E METODOLOGIA

Delimitação do Tema. Este trabalho busca relacionar os fundamentos técnicos da existência da Internet com cultura, pensada como um acúmulo e cultivo[673] de patrimônio informacional. Os dados digitais são uma forma de

---

[672] Discutiu-se, ao correr da disciplina, que o conceito de interdisciplinaridade pode ser impreciso, dado que alguns estudos não buscam se posicionar entre disciplinas determinadas, mas sim com abordagens mais aprofundadas em mais de um campo do saber, no que pareceria mais uma multidisciplinaridade; ou que poderia não estar preocupado em se posicionar em qualquer campo do saber, estando em todos que eventualmente sejam tangenciados, no que foi descrito pelo neologismo pandisciplinaridade. Este trabalho se enquadra melhor nesta última definição.

[673] Tanto cultura quanto cultivo compartilham o radical cult-. A etimologia indica que ambos provavelmente foram usados primeiramente para as funções que hoje são mais exercidas por "cultivo", ou seja, o plantio e os processos agrários relacionados ao plantio. Com o tempo, principalmente a partir do final da idade média e da dispersão da prensa, o termo passou a referir-se também ao patrimônio informacional de determinado povo ou região. Nesse sentido, ver CULTURA In: Dicionário Etimológico: etimologia e origem das palavras. Leça do Balio (Portugal): 7Graus. 2023. Disponível em: <https://www.dicionarioetimologico.com.br/cultura/#:~:text=Do%20latim%20cultura%2C%20culturae%2C%20que,a%20mente%20e%20os%20conhecimentos%E2%80%9D>. Acesso em 01/02/2023; CULTURE In: Douglas Harper. Online Etymology Dictionary. [s.l] (EUA): Etymonline.com. 2023-A. Disponível em: <https://www.etymonline.com/word/culture>. Acesso em 01/02/2023; CULTURE In: Google English Dictionary by Oxford Languages. Mountain View (EUA): google.com. 2023-B Disponível em: <https://www.google.com/search?sxsrf=AJOqlzWEpTPDsb-9Rk9KT-gZuWBVzsBi8Q:1675285402589&q=Google+English+dictionary&spell=1&sa=X&ved=2ahUKEwiHgsa6nPX8AhVKObk

patrimônio informacional que materializam[674] a acumulação de tecnologia da informação e comunicação (TIC), cultura, ou um amálgama dos dois, a depender da natureza de seu conteúdo e de como esses forem tratados.

Contextualização das Premissas. Tecnologias como a agricultura, foram determinantes desde as primeiras formas de acumulação cultural[675], aparecendo em registros de cultura primitivos. A linguagem escrita viabilizou uma maior dispersão, tanto no espaço quanto no tempo, de história, mitos, tradições, e outros conhecimentos, ficando limitados apenas à capacidade de cópia e dispersão desses escritos e da capacidade de leitura. Com a difusão da prensa a capacidade de difusão foi dissociada do trabalho longo e especializado de copistas e melhorias logísticas tornaram possível obter um livro em sua casa, vindo de qualquer continente do globo.

Premissa maior. Se tecnologias como estas levaram ao acúmulo, dispersão, e criação e elementos culturais, as TIC da Era da Informação foram muito além, criando um espaço virtual globalizado e rápido em que todos, mas principalmente os usuários, contribuem com a formação e dispersão de patrimônio informacional através de dados digitais.

Premissa menor. O espaço virtual na internet[676] funciona através da exibição de conteúdo digital, em sua maioria, por meio de uma tela e áudio[677].

GHRhSC90QBSgAegQIBxAB&biw=958&bih=951&dpr=1#dobs=Culture>. Acesso em: 01/02/2023; e CHAN, Andrew; CLEGG, Stewart. History, Culture and Organization Studies. Culture and Organization. Vol. 8, N°. 4, 2002, PP. 259-273; versão online de 29/10/2010. Disponível em: <https://doi.org/10.1080/14759550215613>. Acesso em 01/02/2023.

[674] Dados digitais são informações binárias armazenadas em alguma mídia física que pode ou não depender de corrente elétrica para funcionar. Esses dados binários podem ser interpretados para assumir qualquer outra característica, como a de um sinal analógico, como som; ou uma forma física, como uma impressão 3D. Sob essa perspectiva, o dado digital, ainda que possua um suporte material dependente da tecnologia, possui uma significância muito maior quando interpretado para a interface com humanos, sem perder sua aptidão para a interface entre máquinas ou componentes de máquinas.

[675] Modelos de simulação social mencionam acumulação cultural. Ver https://scholar.google.com/scholar?hl=en&as_sdt=0%2C5&q=cultural+accumulation&btnG=&oq=culture+accum

[676] Em suma, a Internet é uma rede global que conecta diversas redes de terminais. Alguns desses terminais são computadores pessoais ou celulares; outros são servidores que podem chegar a ocupar prédios inteiros. Por essa perspectiva, esta rede de redes pressupõe uma sofisticada teia de infraestrutura física, como cabos, fibras óticas, equipamentos de rede; e *software* para a operação destes equipamentos, como protocolos, drivers e sistemas operacionais. Cada usuário contrata um provedor de conexão com a internet, passando a ser um terminal na rede de seu provedor, que, por si mesmo, está ligado com redes de outros provedores. Não há um centro único nessas redes, havendo diversos caminhos para ligar dois pontos quaisquer.

[677] Há outras possibilidades de interação com conteúdo disponibilizado na rede, como a impressão de objetos ou a ativação de outros dispositivos que interajam com os sentidos humanos através de tato, olfato e o sistema vestibular. Mesmo essas formas interativas geralmente passam por visão e audição em algum momento do processo, dada a ativação e utilização desses equipamentos.

Parte desse conteúdo também admite, ou até exige que o usuário faça contribuições próprias. Para que todo esse conteúdo possa ser, finalmente, exibido e coletado no dispositivo do usuário, a Internet dispõe de um intricado conjunto de tecnologias que viabilizam o armazenamento, transporte, e tratamento de dados digitais de modo que possam todo o processo aconteça de modo impecavelmente pouco notável para o usuário final[678].

Contextualização do Problema. Ao ficar desatento às enormes barreiras técnicas envolvidas em promover a comunicação daquela pessoa a uma universalidade de patrimônio informacional[679] e, potencialmente, a milhões de outros humanos em tempo real, o usuário volta suas atenções ao objetivo que lhe levou àquela tela e alto-falante[680]: a aplicação[681] em que consumirá e produzirá dados digitais através de seus olhos, ouvidos, dedos, voz, imagem, e imaginação.

Problema. A sutileza com que a indústria do fornecimento de aplicações digitais supera os obstáculos de engenharia de computação e telecomunicações viabilizou todo um novo estilo de vida, modificou os empregos, a ciência, e a sociedade em geral. Desde o advento da Internet, vimos novos atores saírem do fundo de garagem para o centro do capitalismo através da captação, tratamento e distribuição de dados. Tudo isso criando modelos de negócio que podem até prescindir do pagamento pelo usuário – ou pelo menos do pagamento em pecúnia – mas nunca de sua atenção e de seus dados.

Síntese da hipótese[682]. Na exploração de aplicações na rede, os dados e a atenção do usuário, igualmente importantes, são coletados, processados, e

---

[678] Tal qual árbitros de futebol, quanto mais se nota a presença e atuação de aspectos técnicos do funcionamento de uma tecnologia da informação, pior é a opinião dos usuários sobre esse funcionamento. Mais sobre esses aspectos técnicos será apresentado ao longo do trabalho.

[679] Para o Direito, uma universalidade é um conjunto direitos, patrimoniais ou não, que, apesar de não serem uma pessoa, têm algumas características de pessoas e possuem um regramento próprio, seja determinado pela lei, como o espólio, a universalidade de bens e direitos deixados por uma pessoa falecida; ou por uma pessoa, como o estabelecimento comercial, uma universalidade que geralmente contém algum patrimônio informacional. Os dados digitais passam por um processo de universalização jurídica, já havendo leis a regular-lhes diretamente, como a Lei Geral de Proteção de Dados Pessoais.

[680] Algumas telas vêm desacompanhadas de alto-falantes, e outras vêm acompanhadas por teclados e mouses, controles, ou outras formas de interação humana. Todas elas facilitam a interação da pessoa com o conteúdo binário sendo processado por trás daquela tela.

[681] Aplicação é um conjunto de funcionalidades que podem ser acessadas, geralmente através da internet. Todos os apps, sites, e programas de computador que o usuário utiliza são aplicações e podem ser compostos de outras aplicações, visíveis ou não ao usuário final.

[682] Através da formação de uma hipótese o proponente busca realizar uma previsão sobre o funcionamento, ou aspectos do funcionamento de um fenômeno, usando por base suas observações, criatividade, e os entendimentos prévios sobre esse fenômeno. Quando essa hipótese ampliar ou aprofundar as explicações anteriores, é necessário formular testes para essa hipótese. Para maiores reflexões, ler SANTAELLA, Lucia. O método anti-cartesiano de C. S. Peirce. São

transformados em capital lucrativo através da promoção de produtos e serviços, sejam eles oferecidos pelo próprio dono da aplicação, ou por alguém que pague por esse privilégio. Ao longo desse processo, essas corporações terminam por, intencionalmente ou não, acumular e cultivar frutos[683] da humanidade, como produtos culturais, preferências de consumo, aspirações, conhecimento técnico, e dados pessoais, de imagem, e sensíveis.

3. ANÁLISE

Afagar a terra[684]. O provedor de aplicações digitais fornece seus produtos através do uso de vários programas de computador, meticulosamente afinados para conectar com servidores e bases de dados, interpretar os dados binários transmitidos, e finalmente exibir um conteúdo com o qual um humano possa interagir por meio de seus sentidos e expressão. Diferentemente de livros, jornais, enciclopédias e outras formas de acúmulo de cultura, a Internet abre espaço para a produção e acumulação de conteúdo em tempo real, mas ao longo do tempo[685].

Conhecer os desejos da Terra. Ainda que seja possível, não é factível distribuir conteúdo em larga escala a partir de um único servidor e base de dados conectados à internet. Isso porque quanto maiores forem a lentidão e a

---

Paulo: Unesp/Fapesp. 2004; SANTAELLA, Lucia. The development of Peirce's three types of reasoning: abduction, deduction, and induction. São Paulo: pucsp.br. [2007]. Disponível em: <https://www.pucsp.br/~lbraga/epap_peir1.htm>. Acesso em 31/07/2021; e BURCH, Robert, "Charles Sanders Peirce". In: ZALTA Edward N. (ed.). The Stanford Encyclopedia of Philosophy. Stanford: Stanford.edu. 2021. Disponível em: <https://plato.stanford.edu/archives/spr2021/entries/peirce/>. Acesso em 01/02/2023. Este trabalho tem pretensões interdisciplinares e introdutórias, limitando-se a uma função descritiva, sem propor inovações e dispensando a realização de testes indutivos, mas apenas explicando a hipótese.

[683] Para o Direito, frutos são bens autônomos criados por outros bens. Não apenas as frutas das plantas, mas seu bulbo, sementes, folhas, e outras partes coletáveis; mas também o mel e leite, e filhotes de animais; ou até mesmo as fotos tiradas por animais; e até dinheiro gerado pelo aluguel de um imóvel, todos são frutos, para o direito.

[684] Este trabalho recorre à figura dos processos agrários para explicar o funcionamento da indústria digital baseada em dados. Alguns dos subtítulos conterão paráfrases da música "Cio da Terra", de autoria conjunta de Chico Buarque, como letrista, e Milton Nascimento, pela canção, por inspiração em cações de trabalho de mulheres camponesas do Vale do Rio Doce. Ver GOLDZTEJN, Hélio. Entrevista com Chico Buarque. In: Revista Versus. São Paulo. 08-09. 1977. Disponível em: <http://www.chicobuarque.com.br/texto/mestre.asp?pg=entrevistas/entre_09_77.htm>. Acesso em: 03/08/2021.

[685] Ainda que o conteúdo produzido comece a gerar impactos imediatamente, sua longevidade depende de como foi projetada a plataforma em que foi lançado. A partir de um momento, o conteúdo passa a estar arquivado, aguardando novas utilidades, seja pelo usuário ou pelo provedor.

instabilidade, pior será a imersão do usuário. Assim, os provedores buscam ativamente evitar a transmissão e armazenamento de dados desnecessários[686], e corrigir vulnerabilidades a ataques buscando a instabilização do serviço ou o roubo de dados. Toda a distribuição da aplicação é planejada para otimizar o processo de coleta e entrega desses dados usando o que é conhecido por *Content Delivery Network* (CDN, rede de distribuição de conteúdo, em inglês) ou simplesmente por nuvem[687].

Nuvens e a propícia estação[688]. Não há apenas uma nuvem envolvida na distribuição de um conteúdo. O terminal utilizado pelo usuário acessa uma primeira, onde funciona o sistema de resolução de nomes de domínio (DNS)[689], para descobrir onde sendo distribuída alguma aplicação na internet – ou seja, o endereço na rede em que o servidor físico ela está hospedada. Em seguida, busca nesse servidor autorização[690] e instruções sobre qual, dentre as várias opções disponíveis, é a melhor CDN para buscar o recurso.

Figura 1 - Esquete de navegação por CDN baseada em DNS[691]

---

[686] Considerando que cada usuário estará conectado à rede através de uma empresa provedora de conexão diferente – e, portanto, estará em uma rede diferente da Internet -

[687] Uma nuvem é um servidor que contém várias réplicas de conteúdos diversos que os fornecedores de aplicações na rede acreditam que poderão ser acessados por alguns de seus usuários que estão próximos a esta nuvem.

[688] Computadores e servidores também são chamados de estações. Este é o sentido pretendido. O sentido original, na canção da nota 14, remonta às estações do ano.

[689] Endereços amigáveis para humanos, como google.com ou tjsp.jus.br, tecnicamente chamados de "nomes de domínio" ou simplesmente de domínio, precisam ser decodificados em endereços amigáveis para máquinas, como o IPv4 e o IPv6, sequências numéricas limitadas, sendo a segunda em base hexadecimal.

[690] A maioria das aplicações funciona sob a lógica da "sessão", ou seja, autorizações estabelecidas automaticamente entre o terminal e os servidores através da validação de dados que confirmam a identidade do usuário, e o seu direito de uso da aplicação. Essa sessão comumente possui um tempo de duração destinado a economizar recursos e aumentar a segurança dos envolvidos nessa transação de dados.

[691] GHIO, Luca. DNS-based CDN browsing. [recurso visual]. [s.l.]: wikimedia.org. 2016. Disponível em: <https://commons.wikimedia.org/wiki/File:DNS-based_CDN_browsing.svg>. Acesso em 31/07/2021.

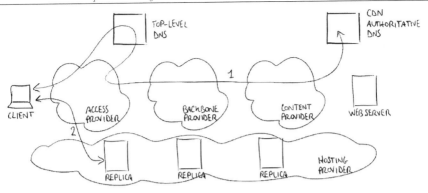

Disponível sob licença CC BY-SA 4.0[692], em:
<https://commons.wikimedia.org/wiki/File:DNS-based_CDN_browsing.svg>

Agricultura de dados. Essa estrutura é o que viabiliza que o usuário final faça trocas de dados de forma rápida e responsiva, viabilizando aplicações que incentivam a interação humana. Fontes aparentemente inesgotáveis de textos, fotos, ou vídeos, ao alcance de um singelo movimento de polegar para cima ou para baixo; os olhos e ouvidos de um, de alguns, ou até de milhões de outros humanos, ao alcance quase instantâneo do usuário. Quanto mais o usuário consome, mais também produz, mesmo quando sequer introduz qualquer informação, para além de sua atenção. Por essa perspectiva, é o usuário que faz o plantio dos dados nas bases de dados das plataformas.

Irrigação de dados. A atenção humana é o que irriga as bases de dados que são interpretadas e exibidas pelas aplicações. Através da atenção, um amontoado de binários se transforma em algo divertido, produtivo, ou até emocional para o usuário; e em algo lucrativo para os provedores.

Colheita de dados. O provedor de aplicações, através do fornecimento de dados, também quer colher dados. Essa colheita se dá tanto pelo registro dos *inputs*[693] dos usuários como pelo registro de metadados[694], sejam eles técnicos e necessários, como dados essenciais para o roteamento[695] e dados úteis ao

---

[692] Esta é uma licença que permite o compartilhamento com atribuição de autoria e a modificação, desde que compartilhada sob similar licença. Para ler mais, ver https://creativecommons.org/licenses/by-sa/4.0

[693] A tradução de input é mais complicada do que aparenta, dada a capacidade das palavras em inglês assumirem funções sintáticas distintas. Input é tanto o verbo de inserir, quanto é a própria inserção. Muitas vezes o termo é traduzido como entrada.

[694] Meta- é um prefixo de origem grega que poderia ser traduzido como "além". Quando aposto em uma palavra, geralmente exerce a função de transcender o significado do radical complementado. Metadados são, por essa perspectiva, dados sobre os dados: eles não compõem, mas qualificam e dizem muito sobre os dados a que se referem.

[695] Roteamento é o processo de encontrar um caminho físico, por entre os fios, fibras óticas e

fornecedor da aplicação. Por úteis, pode-se pensar em dado que são necessários, como chaves criptográficas que garantem a segurança da sessão e dos envolvidos, mas também dados que, em maior ou menor grau, informam ao provedor sobre o comportamento do usuário, tais como histórico de navegação (de onde veio e para onde foi o usuário a partir de um dado), tempo de visualização, foco da atenção (captado por interações ou pelo registro do olhar em câmeras ou outros modos), posicionamento do usuário (registrado tanto pelos dados da sessão como pelo georreferenciamento do IP do usuário) entre outros.

Extrativismo de dados. Alguns dos negócios de fornecimento de aplicações na internet dependem de coletar mais dados do que os usuários fornecem diretamente. Isso não significa, necessariamente, violar intimidades e extrair a força esses dados. Aplicações como buscadores online executam programas que buscam a web por metadados que lhe autorizam a indexar a localização de recursos hospedados por outras aplicações. Com isso, ambas as aplicações ganham em valor; a buscadora por ampliar seu serviço, e a buscada por ser mais facilmente encontrada na Internet.

Silos de dados. Boa parte de todas as cadeias produtivas envolve a capacidade de armazenar os bens próximos de onde eles serão usados. No caso dos dados, em função do custo relativamente baixo para a criação e transporte de cópias, os dados são armazenados em múltiplas instâncias. Assim, um dado criado num terminal de usuário será, primeiramente, transmitido a uma CDN próxima com quem está em sessão. Dessa CDN, será feita cópia para outros servidores, encarregados pelo armazenamento de longo prazo e tratamento desses dados. Enquanto fizer sentido manter uma cópia desses dados na CDN – ou seja, houver demanda por seu acesso – esse dado pode ser mantido naquela instância da aplicação que está funcionando naquela CDN, sem que precise ser armazenado em todas as demais CDN mantidas pelo provedor. Se esse dado for necessário em vários lugares, por vários usuários, basta manter múltiplas instâncias desse dado.

Beneficiamento de dados. Assim como na agroindústria, dados podem ser fornecidos da forma como foram coletados, *in natura*, ou podem ser tratados para que se acresça valor a eles. Esse processo de beneficiamento pode ser realizado tanto diretamente no conteúdo dos dados colhidos, mas certamente será realizado nos metadados. Através dos metadados, provedores de aplicações podem extrapolar suas informações e dirigir seus negócios a um caminho mais rentável.

Indústria de dados. No limite, provedores de aplicações podem coletar tantos dados e metadados de tantos usuários que suas projeções e extrapolações podem ter grande relevância estatística e precisão. Aliado a processos automatizados – e por vezes pouco escrutináveis – de tratamento por algoritmos, provedores de aplicações conseguem prever e provocar demandas de

equipamentos de rede que compõem a internet.

seus usuários humanos, o que é muito útil para a venda de espaços publicitários e para o direcionamento de seus investimentos de capital em pesquisa e desenvolvimento de novos produtos, serviços e aplicações, todos, em última instância, destinados a igualmente captar dados, metadados, e atenção de humanos.

Enclausuramento digital. Estas indústrias de dados são tão eficientes em suas funções que levam a um fenômeno extremo, em que passam a dominar cada vez mais recursos da rede para dentro de seu próprio domínio. Descrito por Mark Andrejevic[696], o enclausuramento digital consiste no oferecimento de aplicações na rede que absorvem os dados de outras aplicações na rede, permitindo seu acesso sem que o usuário precise deixar a sessão iniciada com a aplicação que está enclausurando[697]. Para a aplicação enclausurada, reduz-se os custos, pois poupa-se tráfego, armazenamento, e processamento que teriam de ser contratados em uma nuvem, ao mesmo tempo em que se oferece um acesso mais rápido ao usuário. Para a aplicação enclausurante, por outro lado, o controle sobre a criação de mais metadados e a manutenção da atenção do usuário dentro de seus muros cria valor através do beneficiamento.

Encapsulamento. A aplicação enclausurada não deixa de ter acesso aos dados que necessita para funcionar, mas passa a fazê-lo através da enclausurante, que também cria uma camada de metadados própria, à qual só ela tem acesso. Essa lógica de criação de cápsulas impermeáveis, que isolam os dados em seu interior, geralmente sem que seja possível que intermediários leiam seu conteúdo, não é exclusiva desse processo de enclausuramento. Trata-se de um aperfeiçoamento do encapsulamento, processo presente em todas as etapas da comunicação na rede: os dados da aplicação acessada estão encapsulados em outras aplicações, com serventias técnicas[698], que estão contidos em pacotes de

---

[696] ANDREJEVIC, Mark. Privacy, exploitation, and the digital enclosure. Amsterdam LF, v. 1, p. 47, 2008; ANDREJEVIC, Mark. Surveillance in the digital enclosure. The Communication Review, v. 10, n. 4, p. 295-317, 2007; e LEE, Hye Jin; ANDREJEVIC, Mark. Second-screen theory: From the democratic surround to the digital enclosure. In: Connected Viewing. Routledge, 2013. p. 50-71.

[697] Um exemplo, ainda que simplório, é o site http://www.lalalalalalalalalalalalalalalala.com/, um antigo site que continha um GIF (imagem em movimento) e uma música de fundo repetitiva. Esse site foi inicialmente publicado antes mesmo de se cogitar a transmissão em tempo real de vídeo através da internet, de modo que muitas pessoas visitavam o site para procrastinar. Com o tempo, outras funcionalidades foram adicionadas ao site, como um contador de tempo de exibição e uma área de comentários. Esse site era hospedado por uma empresa, mantido por um indivíduo e acessado por outros indivíduos. Assim, vários atores estavam envolvidos no acesso dessa simples aplicação da rede. Hoje, contudo, essa aplicação foi praticamente enclausurada pelo Google: em primeiro lugar, devido ao domínio de difícil memorização, os usuários passaram a encontrar o site através do mecanismo de pesquisa; em seguida, foram incorporados botões de interação em redes sociais, como o Orkut; por fim, o GIF e a música de fundo (que utilizavam alguma, ainda que pouca, capacidade do servidor contratado) foram substituídos por um vídeo do YouTube, o que não consume nenhuma banda do servidor contratado pelo provedor.

dados compatíveis com protocolos de transporte e de rede[699], que por sua vez também estão no interior de frames, compatíveis com os equipamentos da rede física[700].

Camadas de rede. Assim, os dados trafegam pela rede através de camadas, em que os responsáveis por cada uma geralmente não conseguem visualizar o conteúdo atinente às inferiores. A camada mais profunda é a da aplicação que está sendo acessada, com o conteúdo que será interpretado e exibido pelo dispositivo do usuário e colhido pelo servidor provedor. A camada mais superficial é a física, em que os dados são tratados apenas como binários (ou pulsos de luz) e enviados para outro equipamento. A cada camada corresponde uma função: na camada web, por exemplo, busca-se exibir e colher o conteúdo realmente buscado pelo usuário; já nas camadas técnicas[701], o objetivo é o bom funcionamento da camada web e da colheita de dados.

Regulação das camadas da rede. Há, ainda, contudo, um outro aspecto, uma forma de meta-camada: a regulação do funcionamento da rede, que se dá de formas distintas através de cada uma dessas camadas. Se para as aplicações web incidem toda forma de direito que incidiriam sobre relações privadas, como a lei e os contratos, para algumas camadas técnicas, em razão de sua enxuta programação e funcionamento medular para a rede, apenas o próprio código programado exerce a função regulatória. No meio desses extremos, há a governança da internet, que é responsável por orquestrar os interesses envolvidos para garantir o bom funcionamento da rede.

Invisibilidade técnica. Todas essas particularidades técnicas que viabilizam as redes como conhecemos hoje são basicamente invisíveis aos usuários, que apenas percebem a existência de questões técnicas quando elas se tornam um problema, ou estão funcionando mal. Para o usuário, o conteúdo sendo consumido pode ter-se materializado magicamente em sua tela de preferência; mas mágica não existe: há uma orquestra técnica mantida pelo fornecedor da aplicação e pelos fornecedores de acesso à rede a todo tempo. A

---

[698] Por exemplo, as aplicações que mantêm ativa a sessão entre o servidor e o cliente.

[699] Por exemplo, os protocolos TCP/IP e UDP/IP, utilizados para transportar dados entre terminais da rede.

[700] Por exemplo, protocolos para o roteamento de dados para dentro e fora de uma rede, como o IGP e o BGP.

[701] Descrições mais tecnicamente realistas, como o modelo OSI, dividiriam essa camada técnica em pelo menos 7, dadas as grandes complexidades envolvidas. Para os fins deste trabalho, basta a compreensão sobre a existência dessas camadas e do fenômeno de encapsulamento. Ver INTERNATIONAL TELECOMMUNICATION UNION (ITU). ITU-T Recommendation X.200: data networks and open system communications, open systems interconnection – model and notation / information technology – open systems interconnection – basic reference model: the basic model. Geneve (Suíça): itu.int. 1994. Disponível em: <https://www.itu.int/rec/T-REC-X.200-199407-I>. Acesso em 31/07/2021.

única coisa necessariamente visível para o usuário é a aplicação; todo o resto pode ser visto, mas apenas se o usuário souber onde olhar.

Web translúcida. Nem sempre esse foi o caso. No início da internet, apesar de existirem provedores de acesso, o usuário precisava se responsabilizar grandemente por diversos aspectos técnicos para que sua comunicações funcionassem bem. As próprias aplicações na rede, por muitas vezes, exigiam uma compreensão que hoje seria considerada técnica para funcionarem[702]. Havia, nessas épocas, ao invés de uma web transparente, com a rede e os critérios técnicos sendo invisíveis para o usuário, uma espécie de web translúcida, em que a aplicação ainda era o foco central do acesso à rede, mas os critérios técnicos não eram invisíveis, e muito menos ignoráveis pelos usuários.

Tabela 1 – Resumo e exemplo de camadas da web

Camada	Web visível	Web translúcida	Regulação
Aplicação com Interface humana[551]	Navegador, App, e-mail, exibição de anúncios.	Terminal de texto	Leis e contratos
Aplicação	FTP, SMTP	DNS, SNMP, arbitragem e leilão de anúncios.	Governança e contratos.
Transporte	TCP, UDP	UDP, TCP	Código
Rede	IP	IP, ICMP	Código
Interface de rede	Driver de Rede	Driver de Rede	Leis, contratos e código

Regulação das aplicações. Observe-se que as leis não foram listadas como regulação para toda a camada das aplicações, mas apenas para as que tenham uma interface humana. Algumas aplicações existem apenas para a interação entre máquinas, seja para auxiliarem no roteamento, seja para viabilizarem serviços que, estes sim, serão consumidos por humanos. Para esse primeiro caso, a regulação das interações se dá apenas através da governança; a criação de um conjunto de padrões que, caso seguidos por todas as redes, viabilizam a comunicação entre elas; já para o segundo grupo, há contratos ou outros negócios jurídicos[703] entre os operadores dos computadores em

---

[702] Para uma influente opinião sobre essa mudança de perspectiva, recomenda-se a leitura de ZITTRAIN, Jonathan. The future of the internet – and how to stop it. Yale University Press, 2008. Disponível em: <https://dash.harvard.edu/bitstream/handle/1/4455262/Zittrain_Future+of+the+internet.pdf?sequence=1>. Acesso em 09/12/2019.

[703] Para o Direito, um negócio jurídico é um conjunto de circunstâncias que cria, modifica, ou extingue direitos, a partir de uma declaração válida de vontade. O contrato é um tipo de negócio jurídico. Programar um sistema para aceitar determinado tipo de conexão, e outra pessoa acessá-lo nessas condições, se gerar repercussões jurídicas, como a transferência de dados, propriedade

comunicação; a essas relações, a lei pode aplicar-se, mas dificilmente a lei regulará diretamente a interação entre as máquinas. Isso porque, por um lado, seria preciso instruir o legislador acerca de aspectos técnicos; e, por outro, seria relativamente fácil para os programadores criarem estruturas alternativas ou rodar seus códigos em outros ordenamentos jurídicos.

Transnacionalidade da rede. A Internet, enquanto uma rede de redes, que permite a comunicação entre diversos pontos, tem a transnacionalidade como um objetivo intrínseco. As aplicações, via de regra, são disponibilizadas a mercados de diversos países, ainda que sujeitos, majoritariamente, apenas a um único ordenamento jurídico, o da sede da empresa provedora da aplicação. Se o ambiente legal, seja pelas normas ou pela forma como elas são aplicadas, desagradar a esses provedores, eles podem parar de oferecer o serviço nesses ordenamentos; ou passar a fornecê-los a partir de outro ordenamento, mesmo que isso implique em um maior tráfego de dados e uma experiência um pouco menos fluida para os usuários. Se for justamente o ordenamento da sede que causar problemas, tratando-se de uma empresa consumidora de serviços de nuvem, ela pode migrar para outro ordenamento sem precisar realizar a realocação de um grande parque fabril; basta reconfigurar suas aplicações, aguardar a nuvem reacomodar seus dados, as redes rotearem seu novo tráfego, e pagar os custos da troca de sede empresarial[704].

Economia das plataformas. Essa relativa facilidade para entrar e sair de mercados e ordenamentos jurídicos viabilizou a proposição de um novo modo para interações tradicionais: as plataformas. Algumas aplicações na rede se propuseram a intermediar as relações entre negócios e consumidores – como restaurantes e clientes, vendedores e compradores, motoristas e passageiros. Ao fazê-lo, se apresentaram como alternativas, ou disseram assumir os papeis que lhes fossem mais juridicamente favoráveis em cada ordenamento, oferecendo serviços com preços ou facilidades tão atraentes que rapidamente os estabeleceram como o padrão para consumo – ou ao menos como uma das primeiras opções.

A Era do acesso. Essas plataformas impactaram até mesmo categorias tradicionais do direito ocidental, como a propriedade. Ao invés de ter um carro, ou uma bicicleta, as plataformas oferecem alternativas para ter acesso a um carro ou uma bicicleta; ao invés de comprar a licença de um *software*, as plataformas oferecem o acesso a um serviço que inclui esse *software* e vários outros, com facilidades como armazenamento ou processamento remoto[705]. Ao mesmo

---

intelectual, ou permitir a comunicação entre pessoas, também se enquadraria como um negócio jurídico, ainda que não tenha sido firmado um contrato formal. Uma invasão desse mesmo sistema sem autorização, ou violando as condições estabelecidas, por outro lado, pode conformar um ato ilícito, do qual podem surgir repercussões jurídicas, como o dever de indenizar.

[704] Alguns exemplos de como as redes influenciam os mercados em que atuam podem ser encontrados em BENKLER, Yochai. The Wealth of Networks: how social productions transforms markets and freedom. New Haven (EUA): Yale University Press. 2003. Disponível em: < http://www.benkler.org/Benkler_Wealth_Of_Networks.pdf>. Acesso em 09/12/2019.

tempo, ressignificaram o que significa o trabalho para além dos limites da mera precarização, como a perda das garantias legais.

Superindústria. No capitalismo das plataformas e das aplicações que são capazes de captar o olhar e a atenção humana, e monetizá-la, o trabalho não é mais apenas o que se faz mediante o pagamento de um salário. Os usuários das aplicações geram valor a todo momento, sendo sempre apropriado pela plataforma. Empresas e profissionais que oferecem seus serviços pelas plataformas acrescem suas ofertas, valorizando a marca e a memória dos consumidores sobre onde encontrar seus produtos e serviços. Quando um usuário acessa uma rede social e pensa estar se divertindo, ou ocupando seu tempo, estão gerando valor para os donos da rede social assim como todos os seus empregados. Sem o usuário fornecendo e consumindo dados através das telas, o empregado formal é apenas custo. Ao fazer a colheita das atenções e tratar os dados e metadados, as aplicações projetam redes de pessoas, estimulam anseios, instigam a produção e se apropriam dos produtos culturais de seus usuários, apropriando-se até mesmo de seu olhar, sem sequer precisar remunerá-los[706]. Gerar e acumular capital deixou, portanto, de ser uma tarefa meramente laboral; e todos os usuários de aplicações como essas plataformas o fazem permanentemente – mesmo quando pensam estarem se divertindo.

Monocultura. Cabe lembrar que os usuários dessas plataformas são pessoas tão diversas quanto jovens de 13 anos[707] e aposentados com 80, com todos os tipos de vieses políticos e sociais, relacionamentos interpessoais, gostos, sonhos, e valores. Para manter um conjunto tão amplo atento e engajado, o provedor das aplicações busca, por meio de algoritmos[708], processar dados e metadados para entregar não apenas o conteúdo mais capaz de provocar e instigar cada usuário, individualmente, mas também os anúncios que façam o mesmo. Quando a aplicação é uma rede social, em que todo conteúdo não-publicitário é feito por outros usuários, a rede entregará o conteúdo de usuários

---

[705] Para uma perspectiva sobre esse movimento de transformação das categorias em outras que impliquem no pagamento pelo acesso a bens, ver RIFKIN, Jeremy. The Age of Access: The New Culture of Hypercapitalism, Where All of Life Is a Paid-For Experience. London (United Kingdom – Reino Unido): Penguin Putnam. 2001.

[706] Para uma perspectiva sobre como o capitalismo se apropria do olhar e o transforma em capital produtivo, ver BUCI, Eugênio. A superindústria do imaginário: como o capital transformou o olhar em trabalho e se apropriou de tudo que é visível. 1ª Ed. Belo Horizonte: Autêntica. 2021.

[707] Essa é a idade mínima anunciada na maioria dos termos de serviços de plataformas de redes sociais, ainda que não seja nada impossível encontrar usuários ainda mais novos, especialmente em plataformas de vídeo, como Youtube Kids, com e sem supervisão de responsáveis.

[708] Algoritmos, nesse contexto, são programas capazes de, através de uma sequência finita de ações que podem ou não ser conhecidas pelos programadores, processar dados para otimizar um resultado. Um exemplo são os algoritmos que, quando apresentados às regras clássicas do xadrez, são capazes de iterar sobre as possibilidades de jogadas e desenvolver estratégias virtualmente imbatíveis – a não ser por outro algoritmo mais refinado.

que pensam parecido, ou que, ao pensar diferente, instigam reações com engajamento e retenção daqueles usuários, autor e receptor do conteúdo.

Latifúndios. Algumas empresas foram mais bem sucedidas na confecção e ajuste de seus algoritmos; outras mais competentes em obter a injeção de capital necessária para adquirir – ou falir – todos os competidores e fornecedores que decidiram não oferecer seus produtos e serviços através delas. Com a acumulação de dados, os modelos de previsão e indução de comportamento que foram desenvolvidos e são mantidos como segredos industriais – as vezes tão secretos que sequer os programadores têm total ciência de seu funcionamento, recorrendo a estudos sobre seus resultados para entende-los melhor – criaram monopólios e oligopólios em quase todos os ramos da exploração de negócios através da rede. Mesmo em alguns mercados mais competitivos, algumas mesmas poucas empresas, acionistas, e investidores estão por trás da maioria dos negócios; o custo de entrada para concorrer é alto, mesmo que, a priori, a nuvem esteja a disposição de todos que queiram pagar por ela.

Reforma agrária. Esta situação, contudo, começa a atrair a atenção de pessoas, investidores, e oficiais governamentais, como reguladores e legisladores de diversos países. Assim como ocorreu com o monopólio do petróleo pela Standard Oil, começam a surgir pressões anti-truste contra empresas que detém várias das plataformas e aplicações na rede de uso diário – consciente ou não – por quase todos os usuários de internet, como a Alphabet, dona, entre outros do Google[709]. Contudo, assim como estas empresas e plataformas nasceram do desenvolvimento da TIC, novos avanços nessas tecnologias podem representar seu colapso, como ocorreu com a AOL, provedora de conexão discada e conteúdo na rede. Também há espaço para que avanços no desenvolvimento de *software*, como as atualmente famosas inteligências artificiais[710], provoque uma mudança grande nos padrões de consumo e promova novas aberturas e concentrações de capital. Por fim, os reguladores podem decidir implantar

---

[709] Cabe ressaltar que, mesmo que você seja usuário de outras plataformas de busca e e-mail, não utilize o sistema operacional Android no celular, use o Firefox como navegador padrão e se guie pelas ruas utilizando um GPS da Garmin, boa parte dos sites que você acessar na rede estarão hospedados em servidores do Google, ou ao menos terão uma referência de onde podem ser encontrados em resolvedores DNS do Google. Para uma perspectiva sobre o problema da grandiosidade do Google, ver LAMOREAUX, Naomi R. The problem of bigness: from Standard Oil to Google. Journal of Economic Perspectives. Vol. 33, Nº. 3. verão de 2019. PP. 94-117. Disponível em: <https://doi.org/10.1257/jep.33.3.94>. Acesso em 01/02/2023.

[710] Recentemente, com o lançamento de testes públicos da plataforma de geração de texto por inteligência artificial ChatGPT 3.0, desenvolvida pela empresa OpenAI, atualmente subsidiária da Microsoft, em preparação para o lançamento futuro de uma versão 4.0, muito tem-se discutido acerca do papel e limites – inclusive éticos – dessa tecnologia. Para uma perspectiva sobre como essa TIC pode impactar um mercado atualmente monopolístico, o das buscas online, ver DAYARAM, Sareena. How Google's Search rival could use ChatGPT to get a leg up. CNET. 01/02/2023. Disponível em: <https://www.cnet.com/tech/mobile/how-google-search-rival-could-use-chatgpt-to-get-a-leg-up/>. Acesso em 01/02/2023.

separações, freios e contrapesos que regulem a amplitude do acesso e controle de uma única plataforma sobre todos os aspectos de alguma cadeia produtiva, ou de todos os dados e metadados das aplicações[711].

4. CONCLUSÃO

Niilismo. A aparente grandiosidade das realizações humanas, como conectar seus indivíduos através do globo e até no espaço, por vezes nos faz esquecer de nossa natureza animal, primata. Somos parentes muito próximos de chimpanzés e bonobos, com alterações genéticas que se concentram principalmente na multiplicação dos neurônios no córtex pré-frontal e no olfato. Nossa principal distinção parece estar em nossa maior capacidade em obter e cultivar nutrientes, e amontoar conhecimentos através de linguagens complexas.

Cultura. Isso significa que produzir culturas, seja de plantas ou de saberes, é um dos principais determinantes para o que nós julgamos ser uma vantagem, uma superioridade sobre os demais seres vivos do planeta. Com os dados digitais e a internet, finalmente somos capazes de materializar nossa acumulação de patrimônio informacional por uma forma tão eficiente que depende muito pouco de nossa interação. A maioria de nós não precisará se sentar em um monastério escuro por décadas para materializar algum conhecimento que adquirimos; ainda assim, terá deixado uma pegada de dados muito maior que a de todas as gerações que nos precederam.

Perspectivas. Esses dados, ainda quando eminentemente técnicos, são representativos de atividade humana e, com isso, contém um pouco da cultura humana. Amontoando dados suficientes, pode-se projetar e até influenciar comportamentos, alimentando e cultivando a cultura dos vivos e dos que viverão – e, enquanto isso, apropriar-se de largas quantias de capital.

Síntese. A capacidade de processamento e distribuição de dados em larga escala deslocou o centro do capitalismo: das indústrias para telas nas palmas das mãos, onde as redes nos encontram. Caminhamos para entender acesso às redes como algo tão fundamental quanto outras necessidades humanas, como alimentação e moradia. Ao mesmo tempo, a otimização propiciada pela automação e análise de volumes tão largos de dados trabalha contra categorias tradicionais e importantes para o sistema capitalista, como emprego, consumo, posse, e propriedade.

Problemas. Esses impactos aparentam ser tão disruptivos e transformadores que causam crises muito humanas: exploração de pessoas em situações menos favorecidas através da precarização dos vínculos de proteção, como o emprego; a concentração de dados, atenção, e capital nas mãos de

---

[711] Essas três hipóteses são alçadas em WU, Tim. The Master Switch: The Rise and Fall of Information Empires. London (Reino Unido): Vintage Books. 2011.

poucos atores pioneiros na exploração das redes; alienação através de redes de distribuição dirigida de conteúdo maliciosamente pensado para, ao mesmo tempo, criar um senso de pertencimento e desinformar o alvo sobre algo; a dependência generalizada de telas e das redes ali apresentadas, bem como suas repercussões nos desejos, pensamentos, e no imaginário de todos.

Soluções. Para alguns desses problemas já estamos pensando em como viabilizar soluções, tais como a remuneração do usuário por sua atenção, o aumento de seu controle sobre os dados digitais, a prevenção e remédio aos abusos do monopólio, a educação midiática e digital, e a conscientização sobre o estado das principais demandas globais, como a sustentabilidade. Outros, contudo, podem terminar por nem mesmo serem vistos como problemas pelos humanos vindouros.

Futuro. Afinal, da mesma forma que pouco consideramos a necessidade e as repercussões do trabalho de um copista medieval, as futuras gerações provavelmente pouco refletirão sobre o cada vez mais distante passado em que humanos não carregavam sua tela de estimação. Nascidos acompanhados e acompanhando aplicações na rede, os próximos humanos imaginarão o mundo e seus desafios a partir do que suas atenções captarem, o que ultrapassará, em muito, seus entornos, a não ser pelas janelas de algumas polegadas onde as redes encontram os humanos.

REFERÊNCIAS

ANDREJEVIC, Mark. Privacy, exploitation, and the digital enclosure. **Amsterdam LF**, v. 1, p. 47, 2008.

ANDREJEVIC, Mark. Surveillance in the digital enclosure. **The Communication Review**, v. 10, n. 4, p. 295-317, 2007.

BENKLER, Yochai. *The Wealth of Networks: how social productions transforms markets and freedom.* New Haven (EUA): Yale University Press. 2003. Disponível em: < http://www.benkler.org/Benkler_Wealth_Of_Networks.pdf>. Acesso em 09/12/2019.

BUARQUE DE HOLLANDA, Francisco; NASCIMENTO, Milton. Cio da Terra. In.: NASCIMENTO, Milton. **Geraes.** São Paulo: EMI. 1976. Disponível em: <https://www.youtube.com/watch?v=laoA5chATsk>. Acesso em 31/07/2021.

BUCI, Eugênio. **A superindústria do imaginário**: como o capital transformou o olhar em trabalho e se apropriou de tudo que é visível. 1ª Ed. Belo Horizonte: Autêntica. 2021.

BURCH, Robert, "Charles Sanders Peirce". *In:* ZALTA Edward N. (ed.). **The Stanford Encyclopedia of Philosophy.** Stanford: Stanford.edu. 2021. Disponível em: <https://plato.stanford.edu/archives/spr2021/entries/peirce/>.

CHAN, Andrew; CLEGG, Stewart. History, Culture and Organization Studies. **Culture and Organization.** Vol. 8, Nº. 4, 2002, PP. 259-273; versão online de 29/10/2010. Disponível em: <https://doi.org/10.1080/14759550215613>. Acesso em 01/02/2023.

CULTURA *In*: **Dicionário Etimológico:** etimologia e origem das palavras. Leça do Balio (Portugal): 7Graus. 2023. Disponível em: <https://www.dicionarioetimologico.com.br/cultura/#:~:text=Do%20latim%20cultura%2C%20culturae%2C%20que,a%20mente%20e%20os%20conhecimentos%E2%80%9D>. Acesso em 01/02/2023.

CULTURE *In:* Douglas Harper. **Online Etymology Dictionary**. [s.l] (EUA): Etymonline.com. 2023-A. Disponível em: <https://www.etymonline.com/word/culture>. Acesso em 01/02/2023.

CULTURE *In*: **Google English Dictionary by Oxford Languages**. Mountain View (EUA): google.com. 2023-B Disponível em: <https://www.google.com/search?sxsrf=AJOqlzWEpTPDsb-9Rk9KT-gZuWBVzsBi8Q:1675285402589&q=Google+English+dictionary&spell=1&sa=X&ved=2ahUKEwiHgsa6nPX8AhVKObkGHRhSC90QBSgAegQIBxAB&biw=958&bih=951&dpr=1#dobs=Culture>. Acesso em: 01/02/2023.

DAYARAM, Sareena. How Google's Search rival could use ChatGPT to get a leg up. **CNET.** 01/02/2023. Disponível em: <https://www.cnet.com/tech/mobile/how-google-search-rival-could-use-chatgpt-to-get-a-leg-up/>. Acesso em 01/02/2023.

GHIO, Luca. **DNS-based CDN browsing.** [recurso visual]. [s.l.]: wikimedia.org. 2016. Disponível em: <https://commons.wikimedia.org/wiki/File:DNS-based_CDN_browsing.svg>. Acesso em 31/07/2021.

GOLDZTEJN, Hélio. Entrevista com Chico Buarque. *In:* **Revista Versus.** São Paulo. 08-09. 1977. Disponível em: <http://www.chicobuarque.com.br/texto/mestre.asp?pg=entrevistas/entre_09_77.htm>. Acesso em: 03/08/2021.

INTERNATIONAL TELECOMMUNICATION UNION (ITU). **ITU-T Recommendation X.200:** data networks and open system communications, open systems interconnection – model and notation / information technology – open systems interconnection – basic reference model: the basic model. Geneve (Suíça): itu.int. 1994. Disponível em: <https://www.itu.int/rec/T-REC-X.200-199407-I>. Acesso em 31/07/2021.

LAMOREAUX, Naomi R. The problem of bigness: from Standard Oil to Google. **Journal of Economic Perspectives.** Vol. 33, Nº. 3. verão de 2019. PP. 94-117. Disponível em: <https://doi.org/10.1257/jep.33.3.94>. Acesso em 01/02/2023.

LEE, Hye Jin; ANDREJEVIC, Mark. Second-screen theory: From the democratic surround to the digital enclosure. In: **Connected Viewing**. Routledge, 2013. p. 50-71.

RIFKIN, Jeremy. The Age of Access: The New Culture of Hypercapitalism, Where All of Life Is a Paid-For Experience. London (United Kingdom – Reino Unido): Penguin Putnam. 2001

SANTAELLA, Lucia. **O método anti-cartesiano de C. S. Peirce**. São Paulo: Unesp/Fapesp. 2004.

SANTAELLA, Lucia. **The development of Peirce's three types of reasoning:** abduction, deduction, and induction. São Paulo: pucsp.br. [2007]. Disponível em: <https://www.pucsp.br/~lbraga/epap_peir1.htm>. Acesso em 31/07/2021.

WU, Tim. *The Master Switch: The Rise and Fall of Information Empires.* London (Reino Unido): Vintage Books. 2011.

ZITTRAIN, Jonathan. *The future of the internet* – *and how to stop it.* Yale University Press, 2008. Disponível em: <https://dash.harvard.edu/bitstream/handle/1/4455262/Zittrain_Future+of+the+int ernet.pdf?sequence=1>. Acesso em 09/12/2019.

CAPTURA REGULATÓRIA: ORIGEM TEÓRICA E REFINAMENTO CONTEMPORÂNEO

Matheus Meott Silvestre[712]

SÚMARIO 1. Introdução 2. A captura regulatória 2.1. A obra seminal: George Stigler a teoria econômica da regulação 2.2. Fundamentos teóricos: rent seeking, grupos de interesse e corrupção 2.3. Desenvolvimento da captura regulatória 2.3.1 Richard Posner e a teoria dos cartéis 2.4. Abordagens contemporâneas: novos panoramas 3. Conclusão

1. INTRODUÇÃO

A regulação estatal da economia, apesar de ser uma tendência no exterior e no Brasil, não esteve imune a críticas ao longo dos anos. Uma das principais e mais contundentes críticas à intervenção do estado no domínio econômico através da regulação é a teoria da captura regulatória, atacando a própria capacidade do Estado intervir com independência técnica no mercado. Para os autores que defendem a captura, a regulação seria – através de variadas maneiras – deturpada pelos interesses dos grupos econômicos que motivaram a adoção da regulação em primeiro. O presente artigo tem como objetivo explorar a captura regulatória como fenômeno, conhecer sua origem teórica, os mecanismos utilizados pelos grupos econômicos trabalhados pela literatura e identificar três elementos comuns dentre os diversos autores da teoria.

Na primeira parte se apresenta a origem da captura regulatória, a teoria de George Stigler desenvolvida em 1971 e aborda conceito correlatos para que se analise o desenvolvimento da teoria da captura regulatória que sucedeu a obra do autor, tais como o *rent seeking*, a lógica da ação coletiva dos grupos de interesse e a corrupção institucional. Na segunda parte discorre sobre a teoria da captura a partir dos autores que seguiram Stigler. Na terceira parte são analisados os desenvolvimentos contemporâneos da teoria da captura regulatória. Por fim, a quarte parte realiza uma análise das teorias e estabelece três elementos comuns que serão utilizados para testar a hipótese da pesquisa, a falta de clareza dos

---

[712] Doutor em Direito Público – Universidade do Estado do Rio de Janeiro. Mestre em Direito Constitucional – Universidade Federal Fluminense. Professor Extra Carreira da Fundação Getúlio Vargas.

objetivos regulatórios, a falta de instrumentos de medição dos impactos e o desequilíbrio de forças entre as partes interessadas.

2. A CAPTURA REGULATÓRIA

A tese da captura regulatória surge após o final da Segunda Guerra Mundial como uma crítica genérica do Estado regulador americano. Apesar de os primeiros pensadores não utilizarem o termo "captura regulatória", a noção de que instituições republicanas e democráticas estavam não só sujeitas mas inclinadas à corrupção era clara. Há, segundo William J. Novak, um consenso extraordinário sobre a origem da teoria da captura, atribuída à Escola de Chicago e George Stigler. Entretanto, outras aparições anteriores merecem ser mencionadas.[713]

A primeira tese sobre captura regulatória aparece não na economia e no direito, mas na ciência política e na administração pública. Samuel P. Huntington em *The Marasmus of the ICC* de 1952 mostra como a regulação pode ser adquirida pela indústria a partir da análise da *Interstate Commerce Comission*. A patir da ideia de marasmo, uma metáfora biológica, o autor identificava o declínio da referida agência não pelo decurso do tempo ou inércia, mas pela ação corrosiva e infecciosa que os interesses da indústria ferroviária exercia sobre a entidade. A conclusão era de que a ICC deveria ser extinta, pois se o argumento para sua existência é a imparcialidade e técnica de suas decisões, quando se perde tais características a razão de existir cessa.[714]

Outro importante desenvolvimento da tese de captura das agências foi feita pelo também cientista político Marver H. Bernstein em *Regulating Business by Independent Comission* de 1955. A análise se estende por outras seis agências reguladoras americanas e prossegue no uso de metáforas biológicas. Bernstein utiliza o conceito de ciclo da vida para explicar o processo de captura da agência[715] As agências reguladoras possuiriam quatro fases no seu ciclo de vida: a gestação, a juventude, a maturidade e a velhice. É no processo de maturidade que a agência começaria a se render aos interesses dos regulados, tornando-se refém deles. O período da velhice, de debilidade, assemelha-se ao anterior, mostrando incapacidade de agir com independência em relação aos grupos de interesse que deveria regular.[716]

---

[713] NOVAK, William J. A Revisionist History of Regulatory Capture. In: CARPENTER, Daniel; MOSS, David A. (eds.) **Preventing Regulatory Capture**: special interest influence and how to limit it. New York: Cambridge University Press, 2014.

[714] Idem.

[715] Idem.

[716] POSNER, Richard A. The Concept of Regulatory Capture: a short, inglorious history. In: CARPENTER, Daniel; MOSS, David A. (eds.) **Preventing Regulatory Capture**: special interest influence and how to limit it. New York: Cambridge University Press, 2014.

2.1. A obra seminal: George Stigler a teoria econômica da regulação

Em *The theory of economic regulation* de 1971, George Stigler – um dos mais notórios membros da Escola de Chicago, responsável no campo da ciência econômica à reação ao keynesianismo e ressurgimento da teoria liberal nos Estados Unidos - desenvolve a relação entre os potenciais usos dos recursos e poderes públicos em benefício de determinados grupos econômicos e um esquema de demanda de regulação, a partir da ciência econômica. O campo de análise deixa de ser a ciência política e passa a ser o da ciência econômica, que ganhava força no período. A aplicação da racionalidade econômica em áreas anteriormente não exploradas pelos economistas é uma marca do período, com o desenvolvimento da *public choice* e da análise econômica do direito. Posteriormente essa obra ficou conhecida por muitos, sobretudo na ciência econômica, como a fundadora da teoria da captura regulatória, muito embora, como visto, a teoria já tivesse sido proposta em outras obras.

A influência da teoria da *public choice* sobre a teoria da captura de Stigler é um fruto do seu tempo, embora o autor não seja classificado como parte da mesma. Em 1962 fora publicado *The Calculus of Consent* de James M. Buchanan e Gordon Tullock, que aborda o processo político a partir da racionalidade da ciência econômica, em que os agentes políticos, visando maximizar seus benefícios, atuam conforme demandas daqueles que podem satisfazer suas necessidades, o que frequentemente se traduz em votos. Buchanan define a *public choice* como um programa de pesquisa que incorpora a aceitação de pressuposições rígidas, que no caso da *public choice* são o individualismo metodológico[717], a *rational choice*[718] e a política como troca (*politics-as-exchange*). Os dois primeiros são também os alicerces da ciência econômica básica.[719]

Após o final da Segunda Guerra Mundial, os governos das democracias ocidentais alocavam de um terço até metade do seu produto interno bruto através de instituições políticas, ao invés de através dos mercados. Os economistas, por outro lado, focavam seus esforços quase que exclusivamente

---

[717] O individualismo metodológico (*methodological individualism*) é uma ideia atribuída à Max Weber em *Economy and Society* (1922), embora tenha sido cunhado por Joseph Schumpeter em 1908 para se referir às ideias de seu professor Weber. Refere-se à afirmação de que os fenômenos sociais devem ser explicados demonstrando-se como eles resultam de ações individuais. Ou ainda que explicações "macro" de fenômenos sociais devem ser oferecidas com fundações "micro". Não se confunde, como o próprio Weber alertava, com um sistema de valores focado no indivíduo. Cf. HEALTH, Joseph. Methodological Individualism. In: ZALTA, Edward N. (ed.) **The Stanford Encyclopedia of Philosophy**. Primavera de 2015.

[718] A teoria da escolha racional (*Rational choice theory*) refere-se à abordagem de que os indivíduos possuem preferências e agem de acordo com elas.

[719] BUCHANAN, James M. **Public Choice:** The Origins and Development of a Research Program. Fairfax: Center for Study of Public Choice, 2003. p. 1

em entender o funcionamento dos mercados, enquanto nenhuma atenção era dada aos processos de tomada de decisão políticos e coletivos. É para preencher essa lacuna que surge a *public choice,* embora não tenha sido a única – outros autores como Duncan Black e Kenneth Arrow produziram ideias com grande repercussão a respeito dos processos políticos.[720]

Diversas subdivisões podem ser atribuídas ao termo guarda-chuva da *public choice,* tais como a formação de coalizões, a análise econômica da anarquia, a manipulação da agenda política e tantas outras aplicações da metodologia econômica ao cenário político. Na presente pesquisa destacamos duas ideias que podem ser identificadas como influência da teoria da captura de George Stigler e que repercutem por toda a evolução do conceito ao longo dos anos: o conceito de *rent seeking* e a lógica da ação coletiva e como ela afeta a influência sobre as decisões públicas.

Primeiro será apresentada a teoria da regulação econômica desenvolvida por George Stigler e, posteriormente, serão apresentados os conceitos da *public choice, rent seeking* e, por fim, o conceito de corrupção institucional.

Segundo Stigler, o Estado, através de seu maquinário e poder estatal, é um recurso e uma ameaça em potencial a toda indústria na sociedade. Seus poderes de proibir ou obrigar, de dar ou tomar dinheiro podem, de maneira seletiva, ajudar ou prejudicar um vasto número de indústrias. A partir dessa ideia, a tarefa de uma *"teoria da regulação econômica"* é entender quem se beneficiará ou prejudicará com os fardos da regulação, qual forma a regulação vai tomar e quais os efeitos da regulação sobre a alocação de recursos. Sua tese central é que a regulação é adquirida pela indústria e é desenvolvida e operada primariamente em seu benefício.[721]

Até então, duas visões sobre a regulação eram amplamente difundidas. Para a primeira, a regulação era instituída para proteção e benefício de todo o público ou de parcelas substanciais do público – uma teoria de interesse público. Seguindo essa teoria, uma regulação que onera o público é um custo de algum objetivo social – Stigler utiliza o exemplo das cotas de importação de petróleo, que encarecem os preços dos produtos derivados no mercado interno mas têm como objetivo a defesa nacional – ou uma deturpação da *"filosofia regulatória".*[722]

A segunda corrente é a de que o processo político – que desenvolve a regulação – desafia as explicações racionais. A política seria imponderável, uma mistura de forças constante e imprevisível que abarca gestos de grande virtude moral e corrupções.[723] Tentar compreender as razões que motivam determinada

---

[720] Ibidem, pp. 1-2

[721] STIGLER, George J. Theory of Economic Regulation. In: **The Bell Journal Economics and Mangagement Science**. Vol. 2 No. 1 1971, p. 3.

[722] Idem

[723] Ibidem, p. 4.

regulação seria, portanto, inócuo. Influenciado pelas ideias da *public choice*, Stigler aborda de maneira diferente, considerando o processo político como racional e instrumento capaz de cumprir os desejos dos membros da sociedade. Entretanto, não quer com isso afirmar que o processo político existe para satisfazer o interesse público, mas sim que o problema da regulação é descobrir quando e por quê uma indústria ou grupo de pessoas é capaz de usar o Estado para seus próprios fins privados.

O autor afirma que o Estado possui um recurso que não divide com nenhum cidadão, o poder de coagir. O Estado é o único capaz de tomar dinheiro por meios lícitos numa sociedade civilizada, através da tributação. O Estado pode ordenar decisões econômicas de cidadãos e firmas sem seus consentimentos e é nesse poder que reside a possibilidade de utilização das prerrogativas estatais por indústrias para aumentar seus lucros. Stigler separa as formas como o Estado pode contribuir para uma indústria em quatro categorias: o subsídio direto de dinheiro – e podemos inserir também nessa categoria os incentivos fiscais em sentido amplo; o controle de entrada de rivais nos mercados – e também políticas que diminuam o crescimento de novas firmas; a regulação de bens substitutos e bens complementares[724]; e a fixação de preços.[725]

Para o autor, para se compreender como uma indústria é capaz de empregar maquinário político para seus próprios fins, é necessário examinar o processo político. A primeira caracterísitca a se considerar é que o processo político é coercitivo, diferente dos processos de mercado. O autor se refere ao exemplo de uma decisão sobre qual meio de viagem deve receber subsídios, em que viajantes e não-viajantes tomarão a decisão coletivamente, cabendo a todos cumprí-la. Essa universalidade obrigatória do processo político faz com que as decisões políticas e as decisões de mercado tenham diferenças fundamentais.[726]

A necessidade de que as decisões políticas sejam tomadas simultaneamente por um grande número de pessoas faz com que o processo político seja altamente custoso, tornando proibitivo o voto individual em todas as questões e fazendo necessário que haja representantes, com alto grau de discricionariedade, descartando mudanças marginais nas preferências. Além disso, o processo de decisão democrático deve envolver toda a comunidade e não apenas os afetados diretamente por uma decisão. Em um ambiente de

---

[724] Bens substitutos se referem aos bens que consumidores consideram como oferecendo a mesma utilidade que suas alternativas, como por exemplo manteiga e margarina. Bens complementares se referem aos bens que são consumidos em conjunto com outro, como por exemplo carros e gasolinas. Cf. RUTHERFORD, Donald. **Routledge Dictionary of Economics**. Second Edition. London: Routledge, 2002. Sendo assim, é do interesse de uma indústria se apoderar do monopólio estatal da coerção para interferir negativamente na produção de bens substitutos e incentivar a produção de bens complementares.

[725] STIGLER, George J. Theory of Economic Regulation. In: **The Bell Journal Economics and Mangagement Science**. Vol. 2 No. 1 1971, p. 4-6.

[726] Ibidem, p. 10.

mercado, um indivíduo não interessado em viajar não votaria em decisões sobre transporte aéreo ou ferroviário, por exemplo.[727]

Partidos políticos e seus membros são recompensados pela descoberta e satisfação dos desejos políticos de seus eleitores ao serem eleitos. Se os políticos pudessem aguardar a reeleição sempre que votassem contra uma política econômica que lesasse a sociedade, certamente o fariam, mas a virtude nem sempre é tão recompensada no cenário político. Se um representante nega subsídios a grandes indústrias, elas se dedicarão a eleger um sucessor mais alinhado aos interesses delas. Isso não significa afirmar que toda indústria consegue o que quer ou tudo o que quer, mas que os políticos eleitos devem encontrar uma coalizão de interesses mais durável que o lado anti-indústria de toda proposta econômica. Um político não pode se eleger ou manter seu mandato lutando contra os interesses de todas as indústrias.[728]

Uma indústria que deseja poder político deve procurar o vendedor, o partido político. Os partidos possuem custos operacionais de manutenção, que se prolongam no tempo muito além dos processos eleitorais. Portanto, a indústria que desejar uma regulação deve estar preparada para pagar com as duas necessidades de um partido: votos e recursos. Os recursos podem ser pagos através de doações de campanha, serviços ou a contratação de membros do partido. Os votos a favor podem ser conseguidos ou os contrários podem ser contornados através de programas de (des)educação dos membros da indústria, por exemplo.[729]

2.2. Fundamentos teóricos: rent seeking, grupos de interesse e corrupção

No artigo *The Welfare Costs of Tariffs, Monopolies, and Theft* de 1967, Gordon Tullock desenvolveu o conceito que viria a ser conhecido como *rent seeking* – embora o autor não utilize essa nomenclatura na obra.[730] Ao analisar o estabelecimento de tarifas pelo governo – uma forma amplamente utilizada para evitar a entrada de novos agentes em determinado mercado – o autor realiza uma comparação entre o comportamento dos agentes econômicos com o comportamento do ladrões.

---

[727] Idem.

[728] STIGLER, George J. Theory of Economic Regulation. In: **The Bell Journal Economics and Mangagement Science**. Vol. 2 No. 1 1971, p. 10.

[729] Ibidem, pp. 10-11.

[730] A nomenclatura *rent seeking* é comumente atribuída à Anne Krueger, que em 1974 desenvolveu análise do caráter competitivo da atividade. Cf. KRUEGER, Anne O. The Political Economy of the Rent-Seeking Society. In: **The American Economic Review**, vol. 64, n. 3, junho de 1974, pp. 290-303.

Afirma o autor que, geralmente, uma tarifa não é imposta pelo governo por conta própria. Para que isso aconteça é necessário que haja *lobby* através de gasto de recursos no processo político. É possível se imaginar que um produtor investiria recursos em *lobby* até que cada dólar investido fosse igual ao retorno esperado. Esses dólares gastos no direcionamento do processo político são, do ponto de vista da sociedade, um desperdício, pois não estão sendo gastos em aumentar a riqueza, mas em tentativas de transferir ou resistir à transferência de riqueza.[731]

Da mesma maneira acontece com os roubos: há a transferência de riqueza de uma pessoa para outra – da vítima para o ladrão – sem que o total de riqueza seja modificado. Entretanto, para evitar tal transferência de riqueza, as potenciais vítimas passariam a investir em segurança, com trancas sofisticadas, vigilância e armas e, do outro lado, o criminoso passaria a investir em formas de superar a segurança cada vez mais elaborada. Em algum momento esses dois esforços atingiriam um equilíbrio e o mesmo seria extremamente custoso para a sociedade. Entretanto, embora as transferências não custem nada para a sociedade, os investimentos para forçar ou impedir que elas aconteçam são um verdadeiro desperdício.[732]

O custo total do roubo é a soma dos esforços investidos na atividade do roubo, os investimentos na proteção contra o roubo e o investimento público em proteção policial. O roubo em si é apenas uma transferência e não tem nenhum custo de bem-estar, mas o potencial de roubo resulta na canalização de recursos para outros campos que não produzem nenhum produto positivo. O problema das transferências de renda não está diretamente ligado às perdas de bem-estar, mas no fato de que as pessoas investirão recursos tentando obter ou prevenir tais transferências.[733]

Quando analisada a situação de monopólios fica ainda mais clara a prática do *rent seeking*. É esperado que com um prêmio tão grande – um mercado operado por apenas um agente econômico – muitos recursos sejam gastos na tentativa de monopolizá-lo. Empreendedores investiriam recursos na tentativa de formar um monopólio até que o custo marginal igualasse o retorno. Assim como um roubo bem sucedido estimula outros ladrões a cometer o delito e as vítimas a se protegerem, o estabelecimento de um monopólio ou a criação de uma tarifa estimulam um gasto maior de recursos para futuras transferências de renda.[734]

---

[731] TULLOCK, Gordon, The Welfare Costs of Tariffs, Monopolies and Theft. In: **Western Economic Journal** 5:3 , 1967, p. 228.

[732] TULLOCK, Gordon, The Welfare Costs of Tariffs, Monopolies and Theft. In: **Western Economic Journal** 5:3 , 1967, p. 230.

[733] Ibidem, p. 221.

[734] Ibidem, p. 231.

Um problema ainda maior é que muitos dos custos associados aos monopólios estão espalhados por empresas que não detêm o monopólio, mas que arriscam recursos na tentativa de estabelecer um. O custo total de um monopólio deve ser medido pela soma dos esforços para conseguir se estabelecer tanto das empresas bem sucedidas quanto das que falharam. O *rent seeking* é um tipo de "investimento" desperdiçado do ponto de vista social.[735]

A busca de renda (*rent seeking*) não se confunde, portanto, com a busca de lucro (*profit seeking*), já que o primeiro é o desperdício de recursos para influenciar a transferência de uma renda, mas não desenvolvê-la. Já na busca de lucro tem-se a expectativa de que o excesso de retorno motive atividades que gerem valor economicamente.[736]

Entender o funcionamento da pressão que se exerce sobre os reguladores para que ocorra a captura regulatória é outra etapa fundamental para a compreensão do fenômeno. Embora Stigler mencione durante o desenvolvimento de sua teoria que a regulação pode ser adquirida por grupos de interesses que podem ser tanto as indústrias quanto consumidores ou outros interessados, a patir da análise da lógica da ação colectiva é possível perceber que a probabilidade de uma regulação ser adquirida pelas indústrias é muito maior do que por qualquer outro grupo interessado.

Em 1965, Mancur Olson escreve *The Logic of Collective Action* em que rompe com a teoria dos grupos até então vigente a partir do olhar da *public choice*. O autor afirma que um dos propósitos de uma organização, sobretudo daquelas que possuem interesses econômicos, é a persecução do interesse de seus membros. Essa ideia não apresenta em si nenhuma inovação, já que, desde pelo menos Aristóteles, a compreensão de que homens se associam politicamente para a vantagem do coletivo é conhecida.[737]

A teoria tradicional sobre o comportamento de grupos assume implicitamente que grupos privados e associações operam de acordo com princípios completamente diferente daqueles que orientam as ações de firmas no mercado ou entre os contribuintes de tributos e o Estado. O autor reconhece a simplicidade de abordar todos os autores que escreveram sobre o comportamento de grupos em uma única "teoria tradicional", mas afirma que eles podem ser dividias em sua forma mais casual e em sua forma mais formal. A forma casual corresponde à compreensão de que a formação de grupos e organizações privadas é ubíqua, ou seja, que o o homem está propenso a formar e se associar a grupos – é o que defendia Aristóteles, por exemplo. A compreensão formal não se baseia no instinto de se associar, mas na explicação da evolução de uma sociedade rudimentar para uma sociedade moderna, da

---

[735]Ibidem, p. 232.

[736] TOLLISON, Robert D. Rent Seeking: A Survey. In: **Kyklos**, vol 35, fasc. 4, 1982, p. 575.

[737] OLSON, Mancur. **The Logic of Collective Action**: Public Goods and the Theory of Groups. 20ª ed. Cambridge: Harvard University Press, 2002, pp. 5-6.

transição de pequenos grupos, quase sempre familiares, para grupos estruturados com a finalidade de garantir funcionalidades outrora garantidas pelos pequenos grupos. A associação voluntária poderia ser explicada pelo fato de desempenhar uma função – satisfazer uma demanda – que pequenos grupos não seriam capazes de desempenhar, isto é, a demanda ou interesse oferece o incentivo para a formação e manutenção da associação voluntária. Outra característica da teoria tradicional em qualquer das suas formas é que grupos, sejam eles grandes ou pequenos, atraem os indivíduos pelas mesmas razões – A diferença seria em grau, mas não em gênero.[738]

O obstáculo à visão de que grupos grandes ou pequenos operam de acordo com os mesmo princípios está no fato de que, embora seus membros queiram bens que beneficiarão todos os demais membros do grupo, os mesmos membros não têm interesse em pagar o custo para obter esse bem coletivo. A relação entre esses interesses conflitantes é fundamentalmente diferente dependente do tamanho do grupo e é onde Olson diverge das teorias tradicionais sobre o comportamento de grupos e associações.

Primeiro, o autor discorre sobre a dinâmica de entrada e saída de indivíduos dos grupos: indústrias e grupos com interesses no mercado diferem de maneira fundamental de grupos sem interesses no mercado. Uma firma de uma indústria quer manter e aumentar sua fatia de mercado e quer que o maior número possível de firmas sejam diminuídas até que reste apenas uma – seu ideal é o monopólio. Já grupos que buscam bens coletivos, o comportamento é o oposto, em que quanto mais indivíduos melhor as condições de dividir os custos e conseguir o benefício para todos – um aumento no tamanho do grupo não significa competição, mas sim menores custos para todos. Em situações de mercado, o benefício coletivo – o maior preço – é tal que, caso uma firma venda mais por aquele preço, outras terão que vender menos, então o benefício é fixado na oferta. Já em situações fora do mercado, o benefício não é fixado na oferta. Enquanto somente alguns podem usufruir da venda a preço mais alto sem que o preço caia pelo excesso de oferta, todos os membros de uma organização podem ser beneficiar de um *lobby*, por exemplo. Os bens que só podem ser usufruídos por alguns indivíduos a ponto de incentivar a tentativa de diminuir o tamanho do grupo são chamados de "bens coletivos exclusivos". Os bens que podem ser usufruídos por todos os membros do grupo em situações em que quanto maior o grupo melhor, são chamados de "bens coletivos inclusivos".[739]

Um grupo ser inclusivo ou exclusivo não está na sua natureza, mas sim na natureza do seu objetivo. O mesmo grupo de firmas, por exemplo, pode ser exclusivo quando interessado em fixar maiores preços, buscando a diminuição

---

[738] OLSON, Mancur. **The Logic of Collective Action**: Public Goods and the Theory of Groups. 20ª ed. Cambridge: Harvard University Press, 2002, pp. 16-20.

[739] Ibidem, pp. 36-38.

das firmas naquela indústria e pode ser inclusivo quando as firmas se unem para realizar *lobby* para menores taxas, tarifas de entrada ou alguma outra forma de política governamental.[740]

A relação entre indivíduos em grupos inclusivos e exclusivos é diferente sempre que os grupos são pequenos e a ação individual tem efeito perceptível para os demais membros. Em grupos exclusivos os indivíduos devem considerar as reações, pois qualquer comportamento orientado ao grupos deve ter cem por cento de participação, já que além de rivais de cada um, é necessário que sejam colaboradores em qualquer ação colusiva – determinada firma que não participasse de uma atitude colusiva poderia usar tal fato para prejudicar as demais e se beneficiar, ganhando poder de barganha. Já em grupos inclusivos a barganha é muito menos comum, porque não se pretende diminuir o número do grupo.[741]

A relação estratégica entre membros que acontece em pequenos grupos exclusivos também é particularmente importante para grupos inclusivos de determinado tamanho que não seja tão pequeno que um indivíduo considere suficientemente vantajoso adquirir o bem por conta própria mas que é pequeno o suficiente para que a tentativa (ou a falta de tentativa) de obter o bem coletivo por determinado indivíduo seja perceptível – é o que o autor chama de grupos intermediários.[742]

Em grupos pequenos, é de se presumir que o bem será providenciado pelo indivíduo que o valoriza o suficiente para adquirir sozinho – é o que o autor chama de grupos privilegiados - e em grupos grandes em que a contribuição individual não é perceptível é de se presumir que o bem não será providenciado sem que haja sanção ou incentivo para o adimplemento com o grupo – é o que o autor chama de grupos latentes e, caso existam as sanções ou incentivos para arregimentar o grupo para seu objetivo, serão grupos latentes mobilizados. No primeiro caso não é necessário nenhum tipo de coordenação entre os membros do grupos, já no segundo é extremamente importante que haja incentivos para que o indivíduo participe, seja através da punição ou de benefícios para seus membros – é o caso, por exemplo, de associações de classe que não permitem o exercício da profissão sem o devido registro e adimplemento e também oferecem descontos e serviços a custo reduzido para seus membros.[743]

Os indivíduos que participam de um grupo grande e que optam por não participar na busca do bem coletivo, mas que usufruem dele são chamados de *free riders* (caroneiros, em tradução livre) – eles pegam carona nos esforços dos

---

[740] Ibidem, p. 39.

[741] OLSON, Mancur. **The Logic of Collective Action**: Public Goods and the Theory of Groups. 20ª ed. Cambridge: Harvard University Press, 2002, pp. 41-42.

[742] Ibidem, pp. 49-51.

[743] Idem.

demais membros do grupo. Stigler em 1974 apresentou um apêndice ao *Theories of Economic Regulation,* de Richard Posner, em que aborda brevemente a teoria dos grupos de interesse e os *free riders*. Para o autor, diferente do que fora preconizado por Olson, o caroneiro não usufrui de graça dos benefícios (*free*), mas os benefícios coletivos são conseguidos de forma mais barata. Isso porque o caroneiro incorre em dois custos ao não participar: o aumento da probabilidade de que um número suficiente de pessoas não participe e, portanto, que o ganho não ocorra e que ainda que haja um número suficiente de indivíduos buscando o bem, essa busca não será na mesma escala da hipótese de todos participarem.[744]

Há também um problema de assimetria na formação de grupos de interesse. Para simbolizar tal problema, Stigler dá o exemplo da indústria de cigarros, em que 4 empresas correspondem a 66% da indústria e que para totalizar seria necessária a participação de mais quase duas centenas de empresas. As indústrias conseguem em alguma medida superar o problema da assimetria e dos caroneiros ao formar coalizões que representam o interesse das minorias presentes no grupo, incentivando que os pequenos participem dos esforços coletivos.

A teoria dos grupos de interesse é particularmente útil para compreender por que a captura regulatória é mais provável de ocorrer por ação das firmas e não de outros grupos de interesse. A regulação – intervenção indireta do Estado no domínio econômico – é um bem a ser adquirido, segundo Stigler. Ela pode se dar na forma de barreiras de entrada, aumento ou diminuição de exigências para comercialização de determinado produto, formas de licenciamento, entre outras medidas que podem ser entendidas como bens coletivos para as firmas que já estão no mercado. Seguindo a teoria de Olson, é racional que essas firmas se unam para adquirir coletivamente a regulação, distribuindo os custos e usufruindo coletivamente do benefício, assim como também é racional que os outros grupos de interesse afetados também se unam para essa aquisição.

Em relação aos seus meios, a captura regulatória ocorre por meios lícitos e ilícitos. Portanto, é fundamental compreender que a captura não se confunde com corrupção, ou pelo menos com a noção de corrupção como crime, como previsto no ordenamento brasileiro. O resultado esperado da captura regulatória pode ser alcançado por meios ilícitos como a corrupção, mas há também uma variedade de condutas lícitas engendradas pelo agente regulado a fim de obter o resultado da regulação. Como sugerido pela ciência econômica, a corrupção pode ser interpretada de forma mais ampla.

A partir da teoria desenvolvida por George Stigler tida como o pontapé do desenvolvimento na ciência econômica da captura regulatória e com os três conceitos trabalhados até aqui (*rent seeking*, teoria dos grupos de interesse e

---

[744] STIGLER, George. Free Riders and Collective Action: Na Appendix to Theories of Economic Regulation. In: **The Bell Journal of Economics and Management Science.** Vol. 5, n. 2, outono de 1974, p. 359.

corrupção institucional) serão apresentadas a seguir as diversas facetas que a captura ganhou ao longo dos anos na literatura.

2.3. Desenvolvimento da captura regulatória

A captura regulatória se desenvolveu na literatura após a publicação de George Stigler, primeiro com autores da Escola de Chicago e, posteriormente, com novas interpretações sobre o problema. Dedica-se a seguir a apresentar o desenvolvimento da teoria a partir das ideias de Richard Posner em 1974 que junto de outros autores da Escola de Chicago se dedicaram a refinar a tese proposta por Stigler, Jean-Jacques Laffont e Jean Tirole que em 1991, diferentemente das ideias trabalhadas até então que analisavam a regulação do ponto de vista dos capturadores, passava a analisar a assimetria informacional entre agentes econômicos o governo que colocavam os particulares em situação de vantagem em relação aos reguladores – mais preocupados em por quê e quem obtinha a regulação, os autores franceses se dedicaram a responder como isso ocorre.

2.3.1 Richard Posner e a teoria dos cartéis

A tese de George Stigler de que a regulação seria um bem sujeito à lei da oferta e demanda a ser adquirida pelos grupos de interesse suscitou incursões de outros autores sobre o tema, seja para testar suas hipóteses ou para oferecer novas teorias sobre o fenômeno. Uma das mais importantes contribuições foi a de Richard Posner que, a partir da teoria de formação de cartéis, repensou o processo de funcionamento dos grupos de interesse, obra que recebeu, inclusive, um apêndice feito pelo próprio Stigler.

Em 1974, Richard A. Posner publica *Theories of Economic Regulation* tentando elucidar o que chamou de o grande desafio da teoria social: explicar o padrão da intervenção do governo no mercado, o que ele chamou de regulação econômica. Segundo o autor, duas teorias podem explicar a forma de intervenção do Estado na economia, a primeira seria a teoria do interesse público, defendida pela geração anterior de economistas e pela então atual geração de juristas. A segunda seria a teoria da captura, que ele chamou de um termo pobre para descrever o fenômeno. Muitas correntes de pensamento explicavam a regulação econômica como captura, desde marxistas até defensores do livre mercado e têm em comum que a regulação é ofertada de acordo com a demanda de grupos de interesse que brigam entre si para maximizar os benefícios dos seus membros.[745]

---

[745] POSNER, Richard A. Theories of Economic Regulation. In: **The Bell Journal of Economics and Management Science**. Vol. 5, no. 2 (outono de 1974) p. 335.

A teoria do interesse público que floresceu desde a criação do *Interstate Commerce Act* em 1887 até a criação do *Journal of Law and Economics* em 1958 se baseava em duas ideias principais: de que os mercados são extremamente frágeis e operam de maneira frágil e ineficiente (ou desigual) se deixados à própria sorte e a ideia de que as regulações do governo são virtualmente sem custo. Com esses pressupostos era muito fácil argumentar que as regulações estatais – proteção sindical, regulação de serviços públicos, subsídios, licenciamento de profissões, salário mínimo e tarifas, para dar alguns exemplos – eram simples formas de resposta do governo para demandas públicas visando a correção de ineficiências e desigualdades palpáveis e remediáveis advindas da operação do livre mercado.[746]

Essa teoria, entretanto, não se sustentou, pois caso verdadeira, as regulações seriam mais comuns em indústrias altamente concentradas – portanto com maior risco de monopolização – e em indústrias que produzem maiores custos e benefícios externos, o que não é confirmado pelos estudos, que demonstravam não haver correlação positiva entre externalidades ou monopólios e o grau de regulação. O segundo argumento, de que a intervenção estatal seria virtualmente sem custos também foi desbancada com estudos de diversas áreas da economia que demonstraram que a regulação não pode ser explicada pelo aumento da riqueza ou por qualquer outro padrão aceito de equidade ou justiça social, havendo, portanto, custos.[747]

A teoria do interesse público foi então reformulada para defender que as agências reguladoras seriam criadas para servir o interesse público, mas que seriam mal gerenciadas, não atingindo seus objetivos. Segundo Posner essa revisão apresenta duas falhas: primeiro ignora uma grande quantidade de evidências de que resultados socialmente indesejados são frequentemente desejados por grupos de influência na elaboração de normas regulatórias; também falha quando apresenta evidências fracas da má adminsitração das agências reguladoras e nenhuma teoria satisfatória foi apresentada para explicar por que agências reguladoras seriam menos eficientes do que qualquer outra organização.[748]

Outra reformulação da teoria do interesse público passa a considerar duas questões que a tornariam mais plausível: o fato de que as tarefas delegadas às agências não seriam condizentes com as suas possibilidades, tais como a regulação dos preços de serviços públicos sem as ferramentas necessárias para determinar de maneira satisfatória seu valor em relação aos custos e o segundo fator é a incapacidade da supervisão do legislativo – as agências são criadas em momentos em que o problema que devem solucionar está na agenda política, mas passado determinado tempo, o interesse da legislatura se volta para outros

---

[746] Ibidem, p. 336.

[747] Ibidem, pp. 336-337.

[748] POSNER, Richard A. Theories of Economic Regulation. In: **The Bell Journal of Economics and Management Science**. Vol. 5, no. 2 (outono de 1974), p. 338.

problemas, não havendo a devida observância do poder legislativo sobre as agências.[749]

Versões alternativas foram oferecidas por outros grupos de pensadores. Marxistas explicavam o processo de desnaturação da regulação pelo fato de grande empresas capitalistas controlarem as instituições da sociedade, incluindo a regulação – o que segundo Posner estaria longe de explicar a realidade fática. Já autores da ciência política usavam da teoria dos grupos de interesse para explicar a tomada ao longo do tempo das agências reguladoras, sem explicar, entretanto, por que somente indústrias seriam capazes de capturar as agências ou por que indústrias fortes o suficiente para capturar uma agência não seriam, em primeiro lugar, capazes de evitar a criação da mesma.[750]

Diante da insuficiência de todas as teoria desenvolvidas até então, o autor descreve a teoria econômica da regulação, primeiro trabalhada por Stigler, reconhecendo seus méritos e tentando oferecer elementos de reflexão sobre suas fraquezas. Apesar de extremamente parecida com a versão da ciência política, Stigler teria avançado ao descartar o uso da expressão captura – que Posner considerou militarista – para uma terminologia mais neutra de oferta e demanda, além de reconhecer a possibilidade de captura por diversos grupos de interesse, não só pelas indústrias. Além disso, a teoria de Stigler seria falseável a partir de dados – portanto mais científica – que o que fora desenvolvida pelos cientistas políticos e os pressupostos adotados pela economia seriam mais adequados para se analisar situações de fato.[751]

Posner elenca duas vantagens para a teoria econômica: a primeira desenvolvida por Stigler é a noção de que a regulação estatal – o poder coercitivo do Estado - pode oferecer benefícios aos indivíduos e grupos e pode ser vista como um produto a ser alocado a partir da oferta e da demanda; a segunda é a aplicação da teoria dos cartéis para entender as curvas de oferta e demanda da regulação. Seguindo a racionalidade econômica, é de se esperar que um produto seja oferecido aos indivíduos que mais o valorizam. A teoria dos cartéis pode explicar tanto o aspecto dos custos quanto dos benefícios, pois ensina que o valor (benefício) da cartelização é maior quanto menos elástica a demanda por um produto da indústria e será melhor quanto mais custosa ou demorada seja a entrada de novos agentes econômicos na indústria. Já os custos são dois: o custo de os indivíduos chegarem a um acordo sobre o preço a ser cobrado e a quantidade de bens a serem oferecidos por cada um – acordo que determina a rentabilidade de cada agente; o segundo custo é o de fazer valer o acordo contra agentes que não participaram do mesmo ou descumpriram o acordo – cartéis sofrem do problema dos *free riders,* pois após o acordo cada indivíduo terá incentivo a vender por um valor levemente inferior ao acordado

---

[749]Ibidem, pp. 339-340..

[750] Ibidem, p. 342.

[751] Ibidem, p. 343.

para aumentar seu volume de vendas e dependendo do número de agentes que sucumbam a esse incentivo, o cartel estará fadado ao fracasso.[752]

O efeito dos instrumentos típicos de regulação são os mesmos da cartelização – aumentar o preço acima do nível de concorrência – fazendo com que a teoria dos cartéis seja relevante para a análise do tema. Assim como um indivíduo se beneficiaria caso permanecesse fora do cartel (desde que seus competidores permanecessem dentro), também se beneficiaria em não participar dos esforços de obtenção de uma regulação – caso ela se concretize ele se beneficiará, pois não poderá ser excluído e, diferentemente de seus concorrentes, seu benefício não terá custo.[753] Aos cartéis se aplica a mesma lógica dos grupos de interesse: é mais fácil coordenar grupos pequenos, em que o benefício é menos pulverizado e, portanto mais relevante para cada indivíduo, aumentando o incentivo para participar.

A teoria dos cartéis, embora útil para compreender a regulação, não se cofunde com a teoria da regulação econômica. Se fosse o caso, as mesmas empresas que formam cartéis seriam aquelas que obtêm proteção regulatória. É observável, segundo o autor, que mercados mais concentrados são menos propensos a obter regulações favoráveis, revertendo a expectativa da cartelização. Há dois pontos que explicam essa relação: o primeiro é que a demanda por regulação é maior entre indústrias cuja cartelização é impossível ou muito custosa – elas não possuem bons substitutos para a regulação, como a formação de um cartel; o segundo ponto é que, enquanto a cartelização depende apenas da cooperação entre as firmas, a obtenção da regulação depende do processo político. Algumas empresas são capazes de influenciar o processo político incorrendo em menores custos, não sendo necessariamente as mesmas empresas capazes de formar cartéis.[754]

A dimensão política da regulação exige duas reformulações na teoria dos cartéis: primeiro, a respeito da demanda, como apontado por Stigler no apêndice ao texto de Richard Posner, o problema do *free rider* pode ser solucionado pela formação de uma coalizão que represente também os interesses dos indivíduos menos representativos (assumindo a assimetria entre seus membros) – isso porque a regulação a ser obtida pode se revestir de diversas formas, tais como barreiras de entrada, subsídios, tarifas, e participar da coalizão pode significar influenciar na escolha da regulação que melhor atende seu interesse. O problema do *free rider* é solucionado de maneira mais fácil quando o grupo é pequeno, mas em condições de assimetria até uma grande quantidade de indivíduos não será um problema insuperável para a formação de uma coalizão. Portanto, talvez seja

---

[752] POSNER, Richard A. Theories of Economic Regulation. In: **The Bell Journal of Economics and Management Science**. Vol. 5, no. 2 (outono de 1974) p. 344.

[753] Ibidem, p. 345.

[754] POSNER, Richard A. Theories of Economic Regulation. In: **The Bell Journal of Economics and Management Science**. Vol. 5, no. 2 (outono de 1974) p. 345.

mais barato para indústrias com muitos agentes obter a regulação estatal do que cartelizar privadamente.

A segunda alteração sobre a influência política deve ser feita na compreensão da oferta no "mercado da regulação". Para isso é necessário compreender as diversas formas de sistemas políticos, que segundo Posner seriam três e desempenhariam um papel importante nos sistemas democráticos de governo: (i) sistema empreendedor, em que a legislação favorável é vendida a quem mais valoriza; (ii) sistema coercitivo, em que a legislação é dada a quem consegue realizar ameaças críveis de retaliar com violência (com desordem, greve, queixas) caso a sociedade não conceda o que se deseja; (iii) sistema democrático, em que a legislação é dada pelo voto dos representantes do povo. Tanto o sistema coercitivo quanto o democrático valorizam os números – quanto mais pessoas, mais provável a obtenção do resultado. A disponibilidade para pagar é igualmente importante nos sistemas democrático e empreendedor, pois os representantes são eleitos em campanhas que demandam recursos. Diferente do empreendedor, entretanto, o sistema democrático é severamente afetado pelo problema do *free rider*, podendo limitar a possibilidade de uma indústria ou grupo de interesse de fazer contribuições significativas para uma campanha.[755]

Enquanto as condições que possibilitam um grupo de empresas cartelizar sejam as mesmas que permitiriam que elas obtivessem regulações a seu favor, uma característica fundamental que desencoraja a formação de cartéis – o número alto de participantes – encoraja a obtenção da regulação. Grande grupos possuem votos e poder de barganha por meio de coerção e aumentam a probabilidade de que a assimetria entre as partes seja um fator agregador dos membros. Essa tese explica, por exemplo, o fato de diversos setores da economia incapazes de cartelizar (como agricultura e categorias profissionais) serem capazes de obter regulações favoráveis.[756]

Posner conclui que, o corolário da teoria econômica da regulação é que o processo regulatório opera com razoável eficiência para atingir seus fins. Seus fins são o produto da luta entre grupos de interesse, muito embora esteja filiado à visão de Stigler sobre a formação de coalizões em condições de assimetria e não com a visão de que grupos menores seriam mais suscetíveis de cooperação em prol de um objetivo (regulação) como sugere a teoria de Olson.

2.4. Abordagens contemporâneas: novos panoramas

A compreensão da captura regulatória a partir dos grupos de interesse – e focada nesse aspecto do fenômeno – dominou a agenda da "teoria da regulação

---

[755] Idem.

[756] POSNER, Richard A. Theories of Economic Regulation. In: **The Bell Journal of Economics and Management Science**. Vol. 5, no. 2 (outono de 1974) p. 347.

econômica" desde a obra seminal de Stigler no início da década de 1970, passando pelos autores da Escola de Chicago durante a década subsequente até que outras visões sobre o problema fossem desenvolvidas. A partir da década de 1990 com os trabalhos de autores franceses e mais recentemente com o desenvolvimento de obras em outras universidades dos Estados Unidos, o debate sobre a regulação econômica e suas mazelas tem ganhado novos contornos. Não só o esforço de desenvolver uma teoria focada nas estruturas regulatórias – em superação ao foco quase exclusivo nos grupos de interesse – como também esforços para refinar a compreensão sobre o termo "captura regulatória" são marcas das últimas três décadas do debate. A presente seção se dedica a explorar as ideias dos autores franceses Jean-Jacques Laffont e Jean Tirole sobre as estruturas regulatórias e o papel da assimetria informacional no fenômeno da captura como os esforços mais recentes de Daniel Carpenter e David Moss de refinar o conceito.

Jean-Jacques Laffont e Jean Tirole publicam em 1991 o artigo *A Theory of Regulatory Capture* em que buscam desenvolver uma teoria da abordagem das agências reguladoras em relação aos grupos de interesse. Partem, portanto, das ideias desenvolvidas tanto pela *public choice* quanto pela Escola de Chicago, porém com uma perspectiva da agência e não dos grupos de interesse como feito até então. As teorias desenvolvidas até então se concentraram exclusivamente no aspecto da demanda da regulação, ignorando a oferta. Uma perspectiva das agências corrigiria o que seria para os autores uma limitação metodológica dessas abordagens.

Os autores pretendem demonstrar, entre outras coisas, que a resposta organizacional das agências é diminuir os interesses (uma combinação de disponibilidade para pagar, custos de organização e custos de influência no governo) que os grupos de interesse podem ter na regulação e que os grupos de interesse têm maior poder quando seus interesses estão em regulações ineficientes, onde a ineficiência é medida pelo grau de assimetria informacional entre a indústria regulada e o ente político.

Segundo os autores existem três personagens na regulação. O primeiro é a firma – agente econômico – que possui informações privadas sobre os parâmetros tecnológicos e são essas informações que o permitem obter rendas (*rent*). Os outros dois personagens fazem parte da estrutura regulatória: a agência (supervisora) e o Congresso (o diretor). A agência possui o tempo e expertise para obter informações sobre a tecnologia da firma, enquanto o Congresso depende das informações fornecidas pelas agências para decidir, permitindo que a agência esconda informações do Congresso para satisfazer interesses da indústria ou de grupos de consumidores que seriam afetados pela decisão. Em outras palavras, os grupos de interesse podem fazer com que as agências retenham informações específicas sobre a condição de determinado mercado, induzindo o decisor ao erro.[757]

A influência dos grupos de interesse sobre as agências podem se dar de diversas formas: (i) propinas em dinheiro; (ii) a promessa de emprego para os membros da agência; (iii) relações pessoais oferecem incentivos para que oficiais do governo tratem seus parceiros de maneira diferenciada; (iv) ameaças de críticas públicas sobre a gestão da agência, perturbando a tranquilidade institucional; (v) através de transferências indiretas para parlamentares que exercem influência sobre a agência.[758]

Para que esse modelo seja crível, é necessário que haja assimetria informacional entre as firmas e os decisores, caso possuíssem todas as informações seria muito simples a realização de um controle, seja pelo próprio Congresso ou pela sociedade.

Após a crise financeira global desencadeada nos Estados Unidos em 2007-2009, o tema da captura regulatória retornou à agenda de discussão. Diversos matizes políticos, da esquerda à direita, explicaram a crise a partir da captura regulatória das agências estaduais e federais que deveriam supervisionar o sistema financeiro. Outros desastres fabricados pelo homem também encontram muitas vezes o seu culpado na captura regulatória, desde derramamentos de óleo nos oceanos até desastres em mineração. O argumento, e seu uso indiscriminado, de que as agências incumbidas de proteger o interesse público acabam por se alinhar aos interesses dos indivíduos que deveriam se submeter à sua supervisão, resultando na incapacidade governamental de proteger o público foi o estopim para que os professores de Harvard, Daniel Carpenter e David Moss, estudassem a captura regulatória a partir de uma nova perspectiva: com rigor conceitual, depurando os elementos necessários para a configuração do fenômeno e a diferenciação entre figuras correlatas.[759]

Alguns elementos são necessários para que se possa falar em captura regulatória. Primeiro é necessário que exista um interesse público identificável, ou um objetivo para o qual a regulação (e a agência) foi criada. Em segundo lugar é necessário que existam um interesse da indústria e um interesse especial – de fora da indústria, como sindicatos, grupos ambientalistas, entre outros que valorizem determinado bem mais do que o público - também identificáveis. Em terceiro lugar é necessário que o interesse público seja conflitante com o interesse da indústria ou com o interesse especial. Em quarto lugar é necessário que exista um mecanismo de captura, isto é, algum mecanismo de influência

---

[757] LAFFONT, Jean Jacques; TIROLE, Jean. The Politics of Government Decision Making: A theory of Regulatory Capture. In: **The Quarterly Journal of Economics**, Vol. 106, No. 4 (Novembro de 1991), p. 1092

[758] Ibidem, pp. 1090-1091.

[759] CARPENTER, Daniel; MOSS, David A. Introduction. In: CARPENTER, Daniel; MOSS, David A. (eds.) **Preventing Regulatory Capture**: special interest influence and how to limit it. New York: Cambridge University Press, 2014.

desproporcional pelo qual a indústria ou grupo especial tente induzir o regulador a escolher seu interesse em detrimento do interesse público.[760]

Duas interpretações são possíveis a partir desses elementos: (i) uma visão determinística da captura, em que haveria um padrão de escolha da agência pelo interesse público e que com os esforços de captura a agência passaria a repetidamente escolher o interesse da indústria/especial em detrimento do público; (ii) uma visão probabilística da captura, em que a escolha do regulador pelo interesse da indústria/especial se daria com maior probabilidade em condições de captura, mas que essa escolha não dependeria exclusivamente da captura.[761]

Para Daniel Carpenter um dos grandes desafios de ser proceder a uma análise teórica ou empírica da captura regulatória é conhecer o que é efetivamente o interesse público para fins de captura, que não pode ser presumido. Existem pelo menos quatro abordagens para definir o interesse público: (i) definição através de teorias amplamente aceitas; (ii) uma abordagem republicana definindo-o como o consolidado de posições de membros eleitos ou da opinião público ao longo de determinado período; (iii) uma abordagem tecnocrata, em que evidências e estudos empíricos embasam o conceito; e (iv) não conhecer o interesse público, mas buscar a captura de maneira procedimental, identificando os resultados que beneficiariam os grupos de interesse. Da primeira para a última abordagem existe um declínio na fundamentação em teorias e um aumento da fundamentação em empiria. A maior parte da literatura empírica sobre a captura regulatória se baseia na quarta abordagem, não discutindo o que efetivamente é o interesse público, mas focando em evidências circunstanciais consistentes com a teoria da captura.[762]

A captura regulatória não se dá necessariamente por meio de corrupção convencionais, isto é, atividades consideradas ilícitas e punidas no âmbito penal. Muitas das vezes, a corrupção institucional é adotada (v. supra). Por isso, é necessário que se tenha em mente uma noção de interesse público ao realizar estudos empíricos sobre a captura regulatória, pois é improvável que haja atividades ilícitas a serem constatadas, havendo apenas uma tendência ao desvio do funcionamento "adequado" das instituições.[763]

---

[760] Idem.

[761] Idem.

[762] CARPENTER, Daniel; MOSS, David A. Introduction. In: CARPENTER, Daniel; MOSS, David A. (eds.) **Preventing Regulatory Capture**: special interest influence and how to limit it. New York: Cambridge University Press, 2014.

[763] O autor utiliza o exemplo do médico que, incentivado pela indústria farmacêutica, receita remédio mais novo e mais caro em detrimento de uma opção mais antiga e com menor custo tendo ambos eficácia equivalente. Para ele o problema desse caso é a "economia da influência" que distorce os incentivos e motiva a prescrição desnecessária que irá onerar o paciente, muito embora essa prática imoral não configurar nenhuma atitude ilícita.

Outro elemento fundamental para caracterizar a captura regulatória é a intenção do regulado. É necessário que haja uma intenção de *lobby*, uma oferta implícita de contrato, uma tentativa de direcionar o processo institucional ou ainda uma tentativa de influenciar a visão de mundo dos reguladores e profissionais envolvidos na regulação. A intenção é um elemento necessário para que não se confunda situações em que a regulação esteja de acordo com os interesses da indústria seja porque é coincidente com o interesse público, seja por erro, incompetência ou insuficiência burocrática do regulador para determinar o resultado que o público esperaria da sua atuação, sem que haja esforços do regulado para se beneficiar.[764]

São três, portanto, os elementos necessários para se proceder à análise da captura regulatória: (i) um modelo identificável de interesse público; (ii) demonstrar a ação e intenção pela indústria regulada; e (iii) demonstrar a efetiva translação do resultado regulatório do interesse público para o interesse da indústria/especial.[765]

Em posse desses elementos, é possível se definir o conceito de captura regulatória, muitas vezes confundida com corrupção, influência e falha regulatória. Daniel Carpenter e David Moss assim definem o fenômeno:

> Captura regulatória é o resultado ou processo pelo qual a regulação, na norma ou em sua aplicação, é consistente ou repetidamente afastada do interesse público e aproximada dos interesses das indústrias reguladas, pela intenção e ação da própria indústria.[766]

Segundo os autores existem dois graus de captura: a forte e a fraca. Em situações de captura forte o interesse público é violado de uma maneira tão extensa que o público estaria melhor sem nenhuma regulação ou com a total substituição da política regulatória e sua respectiva agência – nessa situação os custos da regulação superariam os benefícios da intervenção estatal. As situações de captura fraca, que correspondem à maioria dos casos de captura, acontecem quando o interesse da indústria compromete a capacidade da regulação de perseguir o interesse público, mas o público ainda é contemplado pela regulação em relação a uma situação de desregulação – os benefícios sociais da regulação são diminuídos como resultado da captura pelos grupos de interesse, mas permanece um saldo positivo, isto é, os benefícios ainda conseguem superar os custos, ainda que nem todos os benefícios estejam sendo alcançados.[767]

---

[764] Idem.

[765] Idem.

[766] Traduzido livremente do inglês. Cf. CARPENTER, Daniel; MOSS, David A. Introduction. In: CARPENTER, Daniel; MOSS, David A. (eds.) **Preventing Regulatory Capture**: special interest influence and how to limit it. New York: Cambridge University Press, 2014.

[767] Idem.

Outra importante definição dos autores é a de captura corrosiva. Diferentemente do defendido pela literatura clássica sobre o tema, em que a regulação capturada resultaria no processo de produção de mais regulações que aumentariam a obtenção de renda (*rent-enhancing regulation*), os autores defendem que a captura poderia também resultar em regulações que serviriam menos ao interesse público e reduziriam os custos que as indústrias deveriam suportar. Não se trata, como pensado até então, em regulações que criam barreiras de entrada para novos concorrentes ou outras formas mais diretas de beneficiar as indústrias, mas sim em tornar as regulações menos robustas do que o que fora pretendido pelo legislador ou que o interesse público recomendaria, isto é, uma regulação que em sua formulação, aplicação ou fiscalização resulta em menos custos para as firmas reguladas, uma regulação corroída.

Em última instância, a identificação de uma regulação capturada levaria a duas possíveis conclusões. Caso se adote uma abordagem libertária ou antirregulatória, em casos de captura regulatória se procederia à desregulação, pois o mercado não regulado seria melhor que o mercado sujeito a uma regulação capturada. Entretanto, se a compreensão é de que não se deve abandonar a regulação, é necessário que se entenda os mecanismos da captura para combatê-la.

3. CONCLUSÃO

Destaca-se, por fim, três elementos que permeiam as teorias analisadas anteriormente, quais sejam: (i) a falta de clareza dos objetivos regulatórios; (ii) a falta de instrumentos que permitam a compreensão dos impactos da decisão; (iii) e o desequilíbrio de forças entre os interessados.

A falta de clareza dos objetivos regulatórios advém da dificuldade de se conceituar, objetivamente, o interesse público. Ideias genéricas como a livre concorrência e a internalização de externalidades podem ser suscitadas, mas falta uma "régua" que permita, para cada situação concreta, definir o interesse público e como o Estado pode e deve interferir no domínio econômico para preservá-lo. Diante do cenário de incerteza, a captura regulatória se torna mais fácil de ocorrer e mais difícil de provar – se o Estado não sabe onde quer chegar, é mais fácil levá-lo para onde se deseja. É necessário que o Estado saiba o problema a ser resolvido e o resultado que pretende alcançar, reduzindo a margem de manobra de grupos interessados na intervenção.

Outra mazela encontrada pelo Estado ao regular é a falta de instrumentos capazes de mensurar os impactos da regulação e quem são os afetados. O grupo de interesse ao capturar é beneficiado em detrimento de outros grupos que foram incapazes de vocalizar seus posicionamentos no processo decisório. Uma análise cuidadosa dos resultados da regulação demonstraria o benefício desproporcional a determinado grupo.

A assimetria informacional, por sua vez, exerce um papel fundamental no processo de captura. Grupos de interesse manejarão as informações de tal forma que não fique claro sua posição no mercado, ocultando a real situação do setor e fazendo com que o Estado intervenha baseado em informações imprecisas, resultando em decisões que comprometem o interesse público. Posner aponta, como visto, para a missão hercúlea que se espera das agências sem que sejam municiadas com as ferramentas necessárias para cumpri-la. É necessário que o regulador, para decidir, tenha posse das informações que o permitam tomar uma decisão consciente e para isso é fundamental que haja uma metodologia – o mais neutra possível – e material humano qualificado para utilizá-la e interpretar os resultados adequadamente.

Por fim, o desequilíbrio de forças entre as partes interessadas é um problema que advém da própria natureza de organização dos grupos de interesse. Determinados grupos são capazes de se mobilizar de maneira eficaz para vocalizar seus interesses e engendrar maneiras de modificar o resultado da regulação, enquanto outros sequer serão ouvidos – e sequer serão conhecidos se não forem identificados como afetados. Como proposto por Stigler, se a regulação é um bem que obedece a oferta e a demanda, é certo que será adquirida pela parte que mais a valoriza. Mas tão importante quanto estar disposto a pagar, é saber que se interessa por determinada regulação e participar do seu processo de elaboração.

O Estado regulador não pode esperar que os posicionamentos cheguem até ele passivamente, sendo necessário, como apontado anteriormente, identificar as partes interessadas e inseri-las no processo decisório, sob pena de se tornar um processo unilateral. Esse tema é especialmente sensível para grande grupos, como consumidores ou para grupos afetados por externalidades – como a poluição gerada por determinada indústria, por exemplo. É fundamental que esses grupos sejam inseridos no processo regulatório para que tenham seus posicionamentos ouvidos.

A captura regulatória, como visto, é um fenômeno rodeado de sutilezas. A separação em três elementos comuns entre as teorias é um esforço didático, que como toda simplificação abre mão da riqueza dos detalhes.

REFERÊNCIAS

BUCHANAN, James M. **Public Choice:** The Origins and Development of a Research Program. Fairfax: Center for Study of Public Choice, 2003

CARPENTER, Daniel; MOSS, David A. Introduction. In: CARPENTER, Daniel; MOSS, David A. (eds.) **Preventing Regulatory Capture**: special interest influence and how to limit it. New York: Cambridge University Press, 2014.

KRUEGER, Anne O. The Political Economy of the Rent-Seeking Society. In: **The American Economic Review**, vol. 64, n. 3, junho de 1974

KWAK, James. Cultural Capture and the Financial Crisis. In: CARPENTER, Daniel; MOSS, David A. (eds.) **Preventing Regulatory Capture**: special interest influence and how to limit it. New York: Cambridge University Press, 2014.

LAFFONT, Jean Jacques; TIROLE, Jean. The Politics of Government Decision Making: A theory of Regulatory Capture. In: **The Quarterly Journal of Economics**, Vol. 106, No. 4 (Novembro de 1991)

LESSIG, Lawrence. Institutional Corruptions. In: **Edmond J. Safra Working Papers**, n. 1, 2013

NOVAK, William J. A Revisionist History of Regulatory Capture. In: CARPENTER, Daniel; MOSS, David A. (eds.) **Preventing Regulatory Capture**: special interest influence and how to limit it. New York: Cambridge University Press, 2014.

OLSON, Mancur. **The Logic of Collective Action**: Public Goods and the Theory of Groups. 20ª ed. Cambridge: Harvard University Press, 2002

POSNER, Richard A. The Concept of Regulatory Capture: a short, inglorious history. In: CARPENTER, Daniel; MOSS, David A. (eds.) **Preventing Regulatory Capture**: special interest influence and how to limit it. New York: Cambridge University Press, 2014.

POSNER, Richard A. Theories of Economic Regulation. In: **The Bell Journal of Economics and Management Science**. Vol. 5, no. 2 (outono de 1974)

STIGLER, George. Free Riders and Collective Action: Na Appendix to Theories of Economic Regulation. In: **The Bell Journal of Economics and Management Science**. Vol. 5, n. 2, outono de 1974

SUNSTEIN, Cass. **Valuing Life:** Humanizing the Regulatory State. Chicago: The University of Chicago Press, 2014, p. 33.

TOLLISON, Robert D. Rent Seeking: A Survey. In: **Kyklos**, vol 35, fasc. 4, 1982

TULLOCK, Gordon, The Welfare Costs of Tariffs, Monopolies and Theft. In: **Western Economic Journal** 5:3 , 1967

ZALTA, Edward N. (ed.) **The Stanford Encyclopedia of Philosophy**. Primavera   de   2015.

O FENÔMENO DO SUPERENDIVIDAMENTO E O SURGIMENTO DO PRECARIADO COMO MARCAS DO PROGRESSO NEOLIBERAL NO BRASIL

Wilson Danilo de Carvalho Eccard[768]

SÚMARIO 1. Introdução 2. Desenvolvimento 2.1 O precariado como fator de fortalecimento da transformação neoliberal 2.2 Fenômeno do superendividamento do consumidor brasileiro 3. Considerações final

1. INTRODUÇÃO

Vivemos em um mundo globalizado, pós-moderno e conectado, as implicações dessa pós-modernidade estão refletidas no nosso modo de agir, se comunicar, consumir e se relacionar. Autores como Byung Chul Han nos apontam que a era da sociedade disciplinar – descrita por Foucault – já foi superada e suas característica não são mais suficientes para explicar as mudanças que vem transformando a sociedade [769].

Essa sociedade já superada era determinada pela proibição e a negatividade, a pós-modernidade, na qual vivemos, é representada pela sociedade do desempenho, onde os indivíduos são julgados pelo quanto produzem, a nova realidade desafia o indivíduo ao sucesso e mede seu fracasso pela sua impossibilidade de "prosperar" e, dessa forma, produz depressivos e fracassados [770].

---

[768] Mestrando do Programa de Pós-graduação em Direito Constitucional da Universidade Federal Fluminense com a pesquisa sobre Constituição econômica e sua influência nas relações de trabalho e desenvolvimento sustentável na América Latina. Mestre em Economia pela Universidade do Porto, Portugal. Pesquisador do Laboratório de Estudos Interdisciplinares em Direito Constitucional Latino-Americano - LEICLA pela Universidade Federal Fluminense, pesquisador voluntário do Laboratório Empresa e Direitos Humanos (LEDH.UFF). Especialista em Sustentabilidade e Desenvolvimento Sustentável por meio da pós-graduação Master Business of Environment, COPPE/UFRJ. Graduação em Relações Internacionais, Universidade Estácio de Sá.

[769] Byung-Chul HAN, *Sociedade Do Cansaço*, 2ª (Petrópolis: Vozes, 2017).

[770] HAN.

Este trabalho pretende explorar dois fenômenos diferentes, mas igualmente pertencentes à nova estrutura do viver no mundo globalizado, conectado e sob a influência política e econômica – e consequentemente social – do neoliberalismo que são: o precariado, em nível global, e o superendividamento, caso brasileiro.

O presente artigo busca, a partir de uma metodologia de pesquisa qualitativa, mediante revisão bibliográfica de autores das grandes áreas de estudos de filosofia, sociologia, política e econômica, explorar temas sensíveis para a sociedade brasileira e que atuam de forma a constringir o desenvolvimento social e econômico.

Objetivo deste trabalho é trazer à tona a discussão e a análise de dois objetos de estudo que afligem o desenvolvimento social e econômico no Brasil. No campo econômico temos o superendividamento do brasileiro, com mais de 30 milhões de indivíduos que apresentam dívidas insolventes e, dessa forma, impede o cidadão de prosperar financeiramente. No campo social, há um forte crescimento do precariado no Brasil, uma classe social na qual as pessoas possuem baixo acesso a direitos trabalhistas, liberdade pessoal, e cultura.

A importância desta obra está em informar, apontar estudos atuais e analisar estes dois fenômenos que ocorrem desde meados da década de 1990 (mais especificamente o superendividamento, com a abertura e facilitamento do acesso a crédito por meio dos cartões de crédito) e se fortaleceu nos anos 2000, a disseminação no Brasil de funções como atendente de telemarketing (precariado) e mais recentemente, a lei 13.467/17 aprovada em 2021 pelo ex-presidente Michel Temer.

A hipótese é a de que as políticas neoliberais, que avançam no Brasil, contribuem para o estabelecimento de um tipo de capitalismo mais voraz e que, sem a devida regulamentação de funções, o Brasil continuará como um país onde há forte desigualdade, pobreza e miséria. Elementos analisados são as leis 13.467/17 que altera a Consolidação das Leis Trabalhistas (aprovada pelo Decreto-Lei nº 5.452, de 1º de maio de 1943) que, por um lado que fortalece o precariado; e a lei 14.181/2021 que altera o Código de Defesa do Consumidor (Lei nº 8.078/1990) e o Estatuto do Idoso (Lei nº 10.741/2003) que, por outro, é um passo inicial para tratar o superendividamento do brasileiro.

2.DESENVOLVIMENTO

2.1 O precariado como fator de fortalecimento da transformação neoliberal

O precariado é um dos conceitos fundamentais a ser tratado neste trabalho, Guy Standing [771] nos apresenta a criação de uma nova classe social a partir da influência de práticas de mercado e ausência do Estado na criação, e manutenção, de um estado de bem-estar social, sobretudo no decorrer do período que Giovanni Alves [772] declara como "os trinta anos perversos", de 1980 a 2010.

No trabalho de Standing[773], o autor apresenta o precariado como filho da globalização, isto porque, em essência, o precariado é uma consequência da influência do neoliberalismo. Isto porque uma das exigências fundamentais do neoliberalismo é a 'diminuição do Estado' por meio da flexibilização do mercado, segundo o autor, a menos que os mercados de trabalho flexibilizassem, os custos trabalhistas aumentariam e as corporações transfeririam a produção e o investimento para locais onde os custos fosse mais baixo (a terceirização da produção manufatureira para países asiáticos).

De acordo com o autor a flexibilização do mercado, pode vir das seguintes formas:

Flexibilidade salarial

Significa acelerar ajustes a mudanças na demanda, especialmente para baixo;

Flexibilidade de vínculo empregatício

Significa a possibilidade – e facilidade – de mudanças de níveis de emprego, especialmente para baixo, sem custo para a empresa. Esse movimento enfraquece a segurança e a proteção do emprego;

Flexibilidade do emprego

Significa a possibilidade – e facilidade – de mover continuamente os funcionários dentro da empresa e modificar as estruturas de trabalho com oposição ou custos mínimos;

Flexibilidade de habilidade

Significa ser capaz de ajustar facilmente as competências dos trabalhadores.

Do ponto de vista neoliberal, a flexibilidade era ótima para os empregadores, sejam empresas de serviço ou indústrias. Por outro lado, para os funcionários e trabalhadores, é terrível pois significa torná-los mais inseguros em relação ao emprego. Dessa forma, a empresa tem os funcionários à sua vontade, para utilizá-los e descartá-los conforme sua conveniência.

É a partir deste modelo de trabalhado que é criado o precariado, Standing[774] situa esses trabalhadores em um neologismo marcado pelo proletário[775] com o

---

[771] 'O Precariado: A Nova Classe Perigosa', *Belo Horizonte: Autêntica*, 2013.

[772] Giovanni ALVES, 'O Enigma Do Precariado e a Nova Temporalidade Histórica Do Capital – Parte 1', *Bariele & Co.*, 2012.

[773] Standing.

adjetivo 'precário', ou seja, é basicamente uma classe operária com precárias condições de salário, vínculo empregatício, emprego, habilidades e até vida social.

Standing[776] nos aponta onde está localizado o precariado, dentre as outras classes sociais:

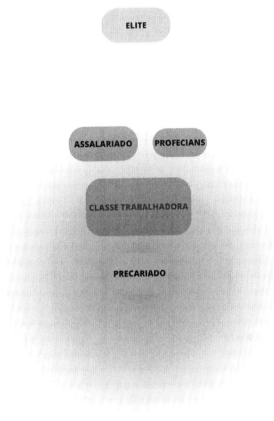

Figura 1 - Localização do precariado. Fonte: autor

A elite se encontra no topo, bem distante dos trabalhadores. No topo do mundo, a elite agrega um minúsculo número de cidadãos globais que são tragicamente, absurdamente e, até mesmo, podres de ricos, com seus bilhões de

---

[774] Standing.

[775] Palavra marcada por Marx em que designa a classe de operários assalariados modernos que, por não possuírem meios próprios de produção, vendem sua força de trabalho para sobreviver.

[776] Standing.

dólares, são capazes de influenciar governos no mundo todo e se permitem ações filantrópicas generosas.

Abaixo, e muito distante, da elite, vem os assalariados, que gozam de emprego estável, direitos trabalhistas, tempo de lazer e de ócio, são considerados, por muitos, como cidadãos ricos, gozam de sinais simbólicos, como pensões, férias pagas e benefícios da empresa que trabalham. Os assalariados são os que trabalham em grandes empresas, agências governamentais, na administração pública, isso inclui o serviço público.

Na mesma linha, no entanto um pouco abaixo, estão os 'profecians' – outro neologismo de Standing, que indica aqueles que juntam habilidades 'professionais' com 'técnicas' (em inglês *tecnician*) – abrangem os profissionais que detém um conjunto de habilidades que podem ser vendidas, com alto rendimento, por meio de contratos, como consultores, advogados, especialistas em áreas específicas.

A classe trabalhadora ainda carrega a essência da velha classe operária, reúne os trabalhadores com habilidades manuais e apresentam renda retraída, o autor comenta que o Estado do bem-estar foi construído tendo este grupo em mente, assim como os sistemas de regulamentação do trabalho, é a classe social operária mais antiga.

Abaixo desses grupos se encontra o crescente precariado, ao seu redor, a mancha vermelha, representa o que Standing diz ser um exército de desempregados e um grupo separado de pessoas hostis e socialmente desamparadas que vivem às custas da escória da sociedade. O precariado consistem em pessoas que tem relação mínima tanto com o capital quanto com o Estado, ou seja, ficam num limbo que os tornam completamente diferente dos assalariados e da classe trabalhadora. Não há uma relação de trabalho, não goza de garantias de trabalhado, fornecidas em troca de subordinação e lealdade que o mercado de trabalho oferece.

A marca vermelha que surge a partir do precariado na figura 1 mostra a zona onde essa classe consegue transitar, as pessoas dessa classe social conseguem trabalhar nas funções operárias da classe trabalhadora e, com muito esforço, conseguem ainda estar em ambientes dos assalariados e profecians, mas sofrem com a falta de pertencimento e habilidade de socializar.

De acordo com o autor, uma característica marcante da classe é que o precariado sofre de total falta de apoio da comunidade em momentos de necessidade, como a falta de benefícios assegurados pela empresa ou pelo Estado, até mesmo a falta de benefícios assegurados por esses dois agentes para complementar seus ganhos financeiros.

Além deste fato, há uma constante sensação de insegurança pois quando estão empregados, ocupam empregos desprovidos de carreira e sem tradição de memória social, ou seja, há uma sensação de falta de pertencimento da comunidade ocupacional que já é imersa, por exemplo, em práticas estáveis, como códigos de ética, comportamentos específicos, reciprocidade e fraternidade.

A relação do precariado com o trabalho é quase tóxica, onde ele é apenas útil para sobreviver como pode, é oportunista (pega o trabalho que estiver disponível) e precário pois é inseguro. Também vemos essas características na alienação em Marx, em que o indivíduo – o proletário – não se vê ou não se identifica com o produto de sua atividade [777].

É válida a reflexão quanto à definição do precariado brasileiro que Braga traz, o autor aponta que se tratam, especificamente, de jovens empobrecidos, e isso é diferente de jovens pobres. Na verdade, o autor revela nas entrelinhas que há processos que empobrecem a vida do jovem brasileiro, como exemplo o autor aponta o *boom* do trabalho de telemarketing ocorrido ao longo da primeira década do ano 2000:

> No brasil, a indústria do *call center* formou-se apenas recentemente: na realidade, 96% das centrais de tele atividades brasileiras foram criadas após 1990, e 76% a partir de 1998, ano da privatização do sistema Telebrás e auge do neoliberalismo no país. Entre 1998 e 2002, o número de ocupados no setor cresceu a uma taxa anual de 15%, e dados do ministério do trabalho indicam que, durante o governo lula, essa taxa aumentou para 20% ao ano, acumulando uma variação de 182,3% entre 2003 e 2009 (BRAGA, 2013)[778]

Podemos entender, a partir dessa análise que as tele atividades – atividades ligadas diretamente ao setor de telecomunicação – do início do séc. XXI no Brasil, foi a que deu o pontapé inicial do precariado no Brasil. O setor praticava baixíssimos salários, exigia – e ministrava ou produzia – pouco ou nenhum conhecimento ou treinamento, o teleoperador era "colocado na posição de atendimento (pa), necessitando ficar atento aos procedimentos utilizados pelos colegas mais experientes para alcançar suas metas de vendas ou de número de atendimentos." (BRAGA, 2013).

No Brasil, em 2017 o presidente Michel Temer assinou o texto integral da nova lei 13.467/17 que altera a Consolidação das Leis Trabalhistas (aprovada pelo Decreto-Lei nº 5.452, de 1º de maio de 1943). Em seu discurso, no dia da assinatura, disse que apenas assinaria a lei se os objetivos de "geração de emprego e se possibilitasse o pagamento da aposentadoria. Tem como garantia a busca da sustentabilidade para assegurar o futuro". Com a nova lei, a proposta do governo era de modernizar[779] a CLT, sem retirar os direitos adquiridos pelo povo.

---

[777] István MÉSZÁROS, *A Teoria Da Alienação Em Marx*, 1º (São Paulo: Boitempo Editorial, 2016).

[778] Ruy BRAGA, 'Para Onde Vai o Precariado Brasileiro? Sindicalismo e Hegemonia No Brasil Contemporâneo', *Perseu: História, Memória e Política*, 10, 2013, p. 144.

[779] https://www.gov.br/casacivil/pt-br/assuntos/noticias/2017/julho/presidente-michel-temer-sanciona-lei-da-modernizacao-trabalhista

Há especialistas com opiniões divergentes sobre os benefícios que a modernização de fato traria para os trabalhadores. De acordo com Pastore [780] a modernização traz custos e benefícios:

> Entre os custos, há o aumento das multas em caso de infração e o crescimento das despesas processuais. Isso vale também para as pequenas. Nas oportunidades, aparece a liberdade de negociar com os sindicatos e ter certeza de que o que for negociado vai valer mais do que a CLT (PASTORE, 2017).

Por outro lado, há opiniões que não aparentam ficar "em cima do muro" e realmente fazem críticas à modernização, de acordo com Vicente Oliveira e Ugo Oliveira [781] a modernização, na verdade diminui, sistematicamente, a proteção jurídica do trabalhador "na promessa da diminuição dos custos do contrato de trabalho, abrindo portas para que a iniciativa privada consiga conduzir suas práticas de forma menos onerosa e, como consequência, gerar mais empregos." E assim aumenta a concorrência, não só entre as empresas, mas entre os próprios indivíduos, característica fundamental neoliberal.

A partir dessa fala, entendemos que a modernização é um passo a mais a caminho da concretização de políticas neoliberais que, ao invés de diminuir, as chances são de aumentar ainda mais o precariado no Brasil.

A chave para entender o foco neoliberal na precarização das condições de trabalho – e da vida – dos indivíduos está em entender o que é o sujeito neoliberal que, no Brasil, ficou conhecido como o indivíduo que é "empreendedor de si". Diferentemente do adestramento do corpo dócil [782] para o bom funcionamento da sociedade, Laval e Dardot apontam para o adestramento da mente dos indivíduos para que se tornem sujeito neoliberais:

> Em outras palavras, a racionalidade neoliberal produz o sujeito de que necessita ordenando os meios de governá-lo para que ele se conduza realmente como uma entidade em competição e que, por isso, deve maximizar seus resultados, expondo-se a riscos e assumindo inteira responsabilidade por eventuais fracassos (DARDOT; LAVAL, 2017)[783].

Podemos entender que o precariado, no Brasil e no mundo, tende a crescer cada vez mais, pondo em risco a saúde física e mental dos indivíduos controlados pela lógica neoliberal de concorrência, não mais entre as empresas

---

[780] PASTORES, J.'Reforma Beneficia Os Pequenos.' (São Paulo: Valor Econômico - Caderno Especial - Pag F3 29, 2017), p. F3.

[781] 'Economia e (Direito Do) Trabalho Em Um Contexto de Quarta Revolução Indústrial: Uma Análise Crítica Da Lei 13.467/17', *Percurso Acadêmico*, 9.18 (2019), 91–111.

[782] Michel FOUCAULT, *Vigiar e Punir* (São Paulo: Leya, 2014).

[783] Pierre Dardot and Christian Laval, *A Nova Razão Do Mundo*, ed. by Mariana Echalar, 1st edn (São Paulo: Boitempo editorial, 2017), p. 328.

competidoras, mas entre si. No Brasil, há ainda um agravamento desta situação já que essa mudança é suportada pela Lei 13.467/2017, criada em um período turbulento da democracia brasileira.

Além disso, é possível identificar que o precariado se desenvolve naquilo que o autor Byung Chul Han[784] identifica como a sociedade do cansaço. Onde o indivíduo e a empresa se mesclam e se transformam no sujeito neoliberal, depressivo e com maiores chances de fracassar do que de fato atingir o sucesso que lhe é imposto.

No mesmo sentido do cansaço, o autor identifica que também é uma sociedade doente, no sentido que, ao indivíduo – o cidadão dessa sociedade – lhe é informado que quanto mais ele trabalhar, mais próspero ele será, no entanto, as funções que ele exerce não o permite, por exemplo, tempo de descanso, ou tempo de lazer, ou até mesmo tempo para uma alimentação saudável. O reflexo desse sintoma é uma doença psíquica, chamada de Síndrome de *burnout* (queimado ou esgotado, na tradução direta). A síndrome de *burnout* acontece quando o indivíduo não tem mais energia alguma para exercer sua função de trabalho, nas palavras do autor:

> O que causa a depressão do esgotamento não é o imperativo de obedecer apenas a si mesmo, mas a *pressão do desempenho*. Vista a partir daqui a Síndrome de Burnout não expressa o *si mesmo* esgotado, mas antes a alma consumida
>
> O que torna doente, na realidade, não é o excesso de responsabilidade e iniciativa, mas o imperativo do desempenho como um novo mandato da sociedade pós-moderna do trabalho (HAN, 2017 p. 27)

Em 2006, Walter Stahel[785] escreveu a primeira edição do livro *The Performancy Economy* que, alguns anos depois, veio a se tornar um dos pilares de conceitos como economia circular[786]. Nesta obra, o autor foca no papel dos empreendedores (função do sujeito neoliberal) e outros inovadores e sobre como eles mudam os modelos de negócios dominantes da Economia Industrial para aqueles da Economia de Desempenho. Para alcançar essa transformação, os agentes (empreendedores e inovadores) deverão:

> a) Explorar a ciência e o conhecimento como impulsionadores para desacoplar a receita e a criação de riqueza da transferência de recursos, concentrando-se em materiais inteligentes, produtos inteligentes e soluções inteligentes; b) Aplicar os modelos de negócios da Economia de Serviços Funcionais com uma responsabilidade de desempenho estendida dos atores econômicos durante todo o ciclo de vida de seus produtos para aumentar a riqueza e o bem-estar; c) Criar mais empregos localmente, mudando o foco da otimização do fluxo de recursos

---

[784] HAN.

[785] Walter Stahel, *The Performance Economy* (Springer, 2010).

[786] A ideia de uma economia circular é que os produtos e recursos naturais devem circular (fazer o caminho da fábrica, montadora, vendedores e consumidores e voltar) pelo máximo de tempo possível na maior qualidade possível.

da economia industrial ou fluvial para a gestão de ativos da economia do lago, ou seja, terceirização de empregos em vez de terceirização de trabalho (STAHEL, 2010 P.2)

Um dos problemas relacionados a visão de Stahel é que ela se concentra nas ações de agentes da iniciativa privada e que em nenhum momento, ao governo é dado qualquer tipo de responsabilidade, como por exemplo o de regular quais tipos de empregos devem ser criados, o treinamento dos trabalhadores (com foco em educação escolar e universitária). Essa é uma ação típica das ideias organizadas no ventre neoliberal, como é o caso da *performance economy*.

No caso da obra de Stahel, seu foco foi a performance dos produtos e, consequentemente, dos recursos naturais neles incutidos. Todavia o raciocínio é o mesmo, o que muda para a função do precariado é que, quem deve apresentar a maior performance possível é o indivíduo, cansado, depressivo e prestes a adentrar em um quadro de Síndrome de Burnout.

2.2 Fenômeno do superendividamento do consumidor brasileiro

O fenômeno do superendividamento brasileiro é, em certa medida, um problema recente – começou a ser notado a partir da introdução do Plano Real, durante o governo de Fernando Henrique Cardoso (1995 - 2003) – e tem sido objeto de estudo de diversos pesquisadores da economia e do direito civil [787].

Dessa forma, um importante primeiro é apontar o conceito da forma como os principais autores, assim como a justiça brasileira[788]. Segundo a autora e pesquisadora Cláudia Marques [789], o superendividamento brasileiro é

---

[787] Daniel BUCAR, *Superendividamento Reabilitação Patrimonial Da Pessoa Humana* (São Paulo: Saraiva, 2017); SERGIO JUNIOR and LUÍS FERNANDO PEREIRA, 'O Superendividamento Do Consumidor: Conceitos, Pressupostos, Classificação, Desafios e Consequencias', in *Superendividamento e Defesa Do Consumidor*, ed. by Jonny Araújo COSTA, 1º (São Paulo: Persi, 2021), p. 160; LUIZ MESQUITA D E ALMEIDA NETO, 'Análise Econômica Do Direito Aplicada Ao Estudo Do Superendividamento', in *Superendividamento e Defesa Do Consumidor*, ed. by Jonny Araújo COSTA, 1º (São Paulo: Perse, 2021), p. 8; Georgia Aparecida SILVA and Kleber SANTOS, 'O Fenômeno Jurídico-Social Do Superendividamento e a Importância Do Judiciário Na Devolução Da Dignidade Ao Consumidor', in *Superendividamento e Defesa Do Consumidor*, ed. by Jonny Araújo COSTA, 1ª (São Paulo: Perse, 2017).

[788] É fundamental olharmos para a justiça brasileira visto que estamos lidando como um fenômeno jurídico-social que afeta, diretamente, a economia brasileira e a vida de milhares de brasileiros SILVA and SANTOS.

[789] 'Sugestões Para Uma Lei Sobre o Tratamento Do Superendividamento de Pessoas Físicas Em Contratos de Crédito Ao Consumo: Proposições Com Base Em Pesquisa Empírica de 100 Casos No Rio Grande Do Sul', in *Direitos Do Consumidor Endividado: Superendividamento e Crédito.*, ed. by

caracterizado pela "impossibilidade global de o devedor, pessoa física, consumidor, leigo e de boa-fé, pagar todas suas dívidas atuais e futuras", o que é, no mínimo, incapacitante, pois impossibilita o indivíduo a comprar qualquer bem para si.

Por sua vez, o a lei 14.181/2021, conhecida popularmente como a lei do superendividamento, define, no capítulo VI-A:

> § 1º Entende-se por superendividamento a impossibilidade manifesta de o consumidor pessoa natural, de boa-fé, pagar a totalidade de suas dívidas de consumo, exigíveis e vincendas, sem comprometer seu mínimo existencial, nos termos da regulamentação.
>
> § 2º As dívidas referidas no § 1º deste artigo englobam quaisquer compromissos financeiros assumidos decorrentes de relação de consumo, inclusive operações de crédito, compras a prazo e serviços de prestação continuada.
>
> § 3º O disposto neste Capítulo não se aplica ao consumidor cujas dívidas tenham sido contraídas mediante fraude ou má-fé, sejam oriundas de contratos celebrados dolosamente com o propósito de não realizar o pagamento ou decorram da aquisição ou contratação de produtos e serviços de luxo de alto valor.' (BRASIL, 2020)[790]

Importante frisarmos uma característica central do indivíduo, descrita na lei 14.181/2021, que é a conduta de boa-fé do devedor. Essa conduta indica que o consumo (as compras que se tornaram a débito massivo) do indivíduo não foi irregular e, de acordo com Daniel Bucar [791] justifica uma negociação que permita ao consumidor a sair dessa situação.

Por outro lado, há outras formas de entender o superendividamento, outras características que declaram o excesso de débito do consumidor, tais como a falência e ainda o estado de insolvência civil. Diferentemente superendividamento, a falência se refere, necessariamente ao estado de recuperação judicial do empresário e da sociedade empresária, o que é bem diferente, visto que o estado de falência permite ao empresário, ou sociedade, a omissão em cumprir com as "as despesas que os credores fizerem para tomar parte na recuperação judicial ou na falência, salvo as custas judiciais decorrentes de litígio com o devedor.", como previsto inciso II do artigo 5º do segundo capítulo (DISPOSIÇÕES COMUNS À RECUPERAÇÃO JUDICIAL E À FALÊNCIA) da lei 11.101/2005 [792].

Cláudia Lima; MARQUES, CAVALLAZZI; Rosângela Lunardelli, and (coord) (São Paulo: Revista dos Tribunais, 2006), p. 256.

[790] BRASIL, *LEI Nº 14.181, DE 1º DE JULHO DE 2021* (Brasilia: Presidência da República, 2021), p. 14.181 <https://www.planalto.gov.br/ccivil_03/_Ato2019-2022/2021/Lei/L14181.htm>.

[791] BUCAR.

[792] BRASIL, *LEI Nº 11.101, DE 9 DE FEVEREIRO DE 2005* (Brasilia: Presidência da República, 2005), p. 11.101 <https://www.planalto.gov.br/ccivil_03/_Ato2004-2006/2005/Lei/L11101.htm>.

Em relação a insolvência civil, no qual Daniel Bucar pesquisou e se aprofundou na comparação, o autor argumenta que objetivamente o superendividamento quase equivale ao estado de insolvência civil, porém a grande diferença é que no estado de insolvência civil as causas pessoais e sociais que levaram o devedor/consumidor à situação de insolubilidade, não são investigadas [793].

Até 2021 o superendividamento não havia ainda uma definição completa e, consequentemente, caracterização do endividado brasileiro não era clara. As premissas que caracterizam o endividamento excessivo dependem de definições legais e, como no Brasil ainda não havia essa caracterização, o endividamento excessivo devia ser compreendido a partir de legislação estrangeira, como a francesa[794].

Em 2021 foi publicada a lei 14.181 que altera o Código de Defesa do Consumidor (Lei nº 8.078/1990) e o Estatuto do Idoso (Lei nº 10.741/2003) de forma a aperfeiçoar a disciplina do crédito ao consumidor e dispor sobre a prevenção e o tratamento do superendividamento.

Entende-se que é um fenômeno no Brasil pois já envolve até 30 milhões de brasileiros[795], além de ser um fato complexo visto que abrange não apenas a incapacidade de um indivíduo de cumprir com suas dívidas, mas também por causa de uma indústria forte de marketing e propaganda que impõe na sociedade um comportamento consumista, característico da vida para o consumo [796].

Outra forma de entender o superendividamento como fenômeno é analisar como ele surgiu. Com o início do plano real, o governo incentivou fortemente o consumo, a melhor forma foi aumentar a oferta de crédito para o povo. Autores como Medeiros e Santana [797] apontam que o incentivo ao crédito começou na década de 1950, no entanto o plano real foi o que impulsionou a modalidade, Calife e Cattani confirmam:

> "O uso do crédito até então se limitava ao setor empresarial, para aquisição de bens de alto valor agregado, ou para aquisições no mercado imobiliário; esta modalidade de crédito particularmente também possuía linhas destinadas às

---

[793] BUCAR.

[794] A legislação francesa denota o instituto no art. L.330-1 do Code de la Consommation: A situação de superendividamento das pessoas físicas se caracteriza pela impossibilidade manifesta para o devedor de boa-fé de honrar o conjunto de suas dívidas não profissionais, exigíveis e vincendas (trad. livre) JUNIOR and PEREIRA, p. 164.

[795] IDEC. O que muda para os consumidores com a lei que protege os superendividados. 2022. Disponível em https://idec.org.br/noticia/o-que-muda-para-os-consumidores-com-lei-do-superendividamento.

[796] Zygmunt BAUMAN, *Vida Para Consumo: A Transformação Das Pessoas Em Mercadoria* (São Paulo: Schwarcz-Companhia das Letras, 2008).

[797] 'Educação Financeira Como Uma Alternativa Eficaz Para o Superendividamento', in *Superendividamento e Defesa Do Consumidor*, ed. by Jonny COSTA, 1ª (São Paulo: Perse, 2021), p. 20.

famílias, sob condições muito peculiares. Era, portanto, uma ferramenta de consumo subutilizada e bastante seletiva no que se refere aos seus usuários. Entretanto, a partir da década de 90, houve uma verdadeira quebra deste "paradigma" do mercado de crédito" (CALIFE e CATTANI, 2021) [798]

Ou seja, podemos entender que a facilidade de acesso ao crédito, somado a uma baixa, na maioria das vezes nenhuma, educação financeira aliados ainda a uma política "crescimentista" que incentiva o consumo resultou, no Brasil, um total de 30 milhões de superendividados. Esse número vem aumentando anualmente e a tendência é que continue a subir, visto que as políticas neoliberais vigentes mantêm as ideias de consumo e produção.

A popularização do cartão de crédito a partir dos anos 2000 soma a esse fenômeno e, mais recentemente, durante a pandemia de Covid-19, segundo dados da Associação Brasileira de Defesa do Consumidor (Proteste), "81% dos entrevistados, o mau uso do cartão de crédito foi citado como o maior vilão do superendividamento no último ano. A pandemia ficou em segundo lugar, com 68%" [799].

Dentre a população brasileira parte do superendividamento, as mulheres representam uma parte considerável, racismo e pobreza compõe características marcantes das endividadas. Autoras como Graziela Rodriguez apontam que dentre os lares com apenas um(a) chefe(a) de família, em mais de 80% dos casos a chefia é exercida por mulheres e ainda:

> "Se a esses aspectos forem somados elementos específicos, como raça, idade, desemprego ou informalidade, situações de risco ou de precariedade na moradia ou no trabalho, falta de creches e escolas de tempo integral, dentre outros, revelaremos situações ainda mais críticas" (RODRIGUEZ, 2020)[800]

Dessa forma nota-se com mais clareza a complexidade do problema do superendividamento brasileiro, e por isso uma solução se faz urgente. Este tipo de problema socioeconômico apresenta um poder incapacitante ao próprio Estado brasileiro, pois parte significativa de sua população se encontras sem poder de compra. A cultura neoliberal é demasiadamente cruel pois desafia o indivíduo ao sucesso e mede seu fracasso pela sua impossibilidade de

---

[798] Flávio CALIFE and Yan CATTANI, 'O SCPC e a Sofisticação Do Mercado de Crédito', *Instituto Brasileiro de Executivos de Finanças*, 2015, p. 2 <https://ibefsp.com.br/o-scpc-e-a-sofisticacao-do-mercado-de-credito/> [Acesso, 26/01/2023].

[799] IG, 'Cartão de Crédito é o Principal Motivo Para Endividamentos, Aponta Pesquisa', *Agora RN*, 2021 <https://agorarn.com.br/ultimas/cartao-de-credito-e-o-principal-motivo-para-endividamentos-aponta-pesquisa/> [accessed 26 January 2023].

[800] Graziela RODRIGUEZ, 'Sobre o Endividamento: As Vozes Das Mulheres', in *Sistema Financeiro e o Endividamento Das Mulheres*, ed. by Instituto Equit Gênero Economia e Cidadania Global, 1ª (Rio de Janeiro: Instituto Eqüit, 2020), p. 12.

"prosperar", no entanto considera que todos são iguais, até mesmo quando de fato não são.

3. CONSIDERAÇÕES FINAL

Os dois fenômenos analisados neste trabalho são frutos de políticas neoliberais que vem moldam, não apenas a sociedade, mas também o cidadão. Essas transformações têm sido foco de pesquisa de autores renomados, como Baumann, Foucault e, mais atualmente, Byung Chul Han.

A sociedade do desempenho caminha lado a lado com o manual de uma economia do desempenho, descrita por Walter Stahel [801] que também apontou as possíveis falhas na sociedade se inovações jurídicas não acompanhasse a voracidade da economia, assim como do padrão de consumo de recursos naturais.

Conclui-se que, de fato, leis como a 13.467/17 foram criadas e, acima de tudo, divulgadas como se fossem a solução para os trabalhadores brasileiros, mas que na verdade ajudam mais aos empresários que a partir de agora tem à sua disposição, uma oferta de trabalhadores que fazem de tudo, não mais para uma vaga de emprego, mas para uma oportunidade de trabalhar, com poucos direitos garantidos e pouca liberdade de mudanças.

Em 2022, o deputado federal, eleito por Minas Gerais, lançou o projeto de lei 3081/2022[802] que busca "desregulamentar profissões e atividades que não ofereçam risco à segurança, à saúde, à ordem pública, à incolumidade individual e patrimonial", e exime o diploma universitário – e consequentemente, o conhecimento técnico e filosófico necessários à profissão – para atuar em diversas profissões, tais como arquitetos e engenheiros. É mais uma tentativa de precarizar o trabalhador brasileiro.

O segundo fenômeno tratado neste artigo foi o superendividamento do brasileiro. Aproximadamente 14%[803] dos brasileiros estão superendividados, em outras palavras, são pessoas que estão impossibilitadas de efetuar qualquer transação comercial formal. A fácil disponibilidade de crédito somada a baixa educação financeira no país são as principais causas para o surgimento desse

---

[801] *The Performance Economy* (Springer, 2010).

[802] Projeto de Lei - https://www.camara.leg.br/proposicoesWeb/prop_mostrarintegra?codteor=2228161 e Saiba mais sobre o PL 3.081/2022, que propõe desregulamentar profissões - CFP | CFP. Último acesso doa 30/01/2023

[803] Considerando um total de 215 milhões de brasileiros e 30 milhões de superendividados. Dados segundo o IBGE - https://ibge.gov.br/apps/populacao/projecao/. Último acesso doa 30/01/2023

fenômeno, por volta da década de 1990. Apenas em 2021 foi feita uma tentativa de solucionar este problema por meio da lei 14.181/2021.

Esses dois fenômenos analisados neste trabalho crescem como um câncer na sociedade brasileira. Medidas mais contundentes são urgentes se pensamos em uma sociedade menos desigual e sustentável a longo prazo.

REFERÊNCIAS BIBLIOGRÁFICAS

ALVES, Giovanni, 'O Enigma Do Precariado e a Nova Temporalidade Histórica Do Capital – Parte 1', *Bariele & Co.*, 2012

BAUMAN, Zygmunt, *Vida Para Consumo: A Transformação Das Pessoas Em Mercadoria* (São Paulo: Schwarcz-Companhia das Letras, 2008)

BRAGA, Ruy, 'Para Onde Vai o Precariado Brasileiro? Sindicalismo e Hegemonia No Brasil Contemporâneo', *Perseu: História, Memória e Política*, 10, 2013

BRASIL, *LEI Nº 11.101, DE 9 DE FEVEREIRO DE 2005* (Brasilia: Presidência da República, 2005), p. 11.101 <https://www.planalto.gov.br/ccivil_03/_Ato2004-2006/2005/Lei/L11101.htm>

———, *LEI Nº 14.181, DE 1º DE JULHO DE 2021* (Brasilia: Presidência da República, 2021), p. 14.181 <https://www.planalto.gov.br/ccivil_03/_Ato2019-2022/2021/Lei/L14181.htm>

BUCAR, Daniel, *Superendividamento Reabilitação Patrimonial Da Pessoa Humana* (São Paulo: Saraiva, 2017)

CALIFE, Flávio, and Yan CATTANI, 'O SCPC e a Sofisticação Do Mercado de Crédito', *Instituto Brasileiro de Executivos de Finanças*, 2015, p. 2 <https://ibefsp.com.br/o-scpc-e-a-sofisticacao-do-mercado-de-credito/> [accessed 26 January 2023]

Dardot, Pierre, and Christian Laval, *A Nova Razão Do Mundo*, ed. by Mariana Echalar, 1st edn (São Paulo: Boitempo Editorial, 2017)

FOUCAULT, Michel, *Vigiar e Punir* (São Paulo: Leya, 2014)

HAN, Byung-Chul, *Sociedade Do Cansaço*, 2ª (Petrópolis: Vozes, 2017)

IG, 'Cartão de Crédito é o Principal Motivo Para Endividamentos, Aponta Pesquisa', *Agora RN*, 2021 <https://agorarn.com.br/ultimas/cartao-de-credito-e-o-principal-motivo-para-endividamentos-aponta-pesquisa/> [accessed 26 January 2023]

JUNIOR, SERGIO, and LUÍS FERNANDO PEREIRA, 'O Superendividamento Do Consumidor: Conceitos, Pressupostos, Classificação, Desafios e Consequencias', in *Superendividamento e Defesa Do Consumidor*, ed. by Jonny Araújo COSTA, 1º (São Paulo: Persi, 2021), p. 160

Marques, Claudia Lima, 'Sugestões Para Uma Lei Sobre o Tratamento Do Superendividamento de Pessoas Físicas Em Contratos de Crédito Ao Consumo: Proposições Com Base Em Pesquisa Empírica de 100 Casos No Rio Grande Do Sul', in *Direitos Do Consumidor Endividado: Superendividamento e Crédito.*, ed. by Cláudia Lima; MARQUES, CAVALLAZZI; Rosângela Lunardelli, and (coord) (São Paulo: Revista dos Tribunais, 2006)

MEDEIROS, Graziane, and Wellison SANTANA, 'Educação Financeira Como Uma Alternativa Eficaz Para o Superendividamento', in *Superendividamento e Defesa Do Consumidor*, ed. by Jonny COSTA, 1ª (São Paulo: Perse, 2021), p. 20

MÉSZÁROS, István, *A Teoria Da Alienação Em Marx*, 1º (São Paulo: Boitempo Editorial, 2016)

NETO, LUIZ MESQUITA D E ALMEIDA, 'Análise Econômica Do Direito Aplicada Ao Estudo Do Superendividamento', in *Superendividamento e Defesa Do Consumidor*, ed. by Jonny Araújo COSTA, 1º (São Paulo: Perse, 2021), p. 8

de Oliveira, Vicente de Paulo Alves, and Ugo Briaca de Oliveira, 'Economia e (Direito Do) Trabalho Em Um Contexto de Quarta Revolução Indústrial: Uma Análise Crítica Da Lei 13.467/17', *Percurso Acadêmico*, 9.18 (2019), 91–111

PASTORE, José, 'Reforma Beneficia Os Pequenos.' (São Paulo: Valor Econômico - Caderno Especial - Pag F3 29, 2017), p. F3

RODRIGUEZ, Graziela, 'Sobre o Endividamento: As Vozes Das Mulheres', in *Sistema Financeiro e o Endividamento Das Mulheres*, ed. by Instituto Equit Gênero Economia e Cidadania Global, 1ª (Rio de Janeiro: Instituto Eqüit, 2020)

SILVA, Georgia Aparecida, and Kleber SANTOS, 'O Fenômeno Jurídico-Social Do Superendividamento e a Importância Do Judiciário Na Devolução Da Dignidade Ao Consumidor', in *Superendividamento e Defesa Do Consumidor*, ed. by Jonny Araújo COSTA, 1ª (São Paulo: Perse, 2017)

Stahel, Walter, *The Performance Economy* (Springer, 2010)

Standing, Guy, 'O Precariado: A Nova Classe Perigosa', *Belo Horizonte: Autêntica*, 2013

Wilson Danilo de Carvalho Eccard sempre foi um apaixonado do tema de Desenvolvimento Sustentável, com foco em economia circular, mais recentemente passou a buscar compreender melhor aspectos jurídicos e constitucionais do Brasil e América Latina, mais recentemente e se aprofundou em temas de Direitos Humanos e Desenvolvimento social.

É mestrando em Direito Constitucional na Universidade Federal Fluminense; mestre em Economia e Gestão do Ambiente, pela Faculdade de Economia (FEP – Universidade do Porto); Especialista em Sustentabilidade e Gestão Ambiental, pela COPPE/Universidade Federal do Rio de Janeiro; bacharel em Relações Internacionais, pela Universidade Estácio de Sá.

Atua como pesquisador de Direitos Humanos no Laboratório de Estudos Interdisciplinares em Direito Constitucional Latino-Americano (Leicla) e com o Laboratório Empresa e Direitos Humanos (LEDH) pela Universidade Federal Fluminense (UFF), tendo desenvolvido interesse nas áreas de Direito, Economia e Gestão com foco no desenvolvimento sustentável e de olho sempre na Economia Circular aplicada ao setor produtivo.

Como professor, atua nas pós-graduações de instituições de ensino superior, em cursos voltados ao desenvolvimento sustentável, cidades inteligentes e Environment, Social and Governance (ESG).

A POLÍTICA DE CONCESSÃO DE CRÉDITO AO CONSUMIDOR NO BRASIL E SUA RELAÇÃO COM O SUPERENDIVIDAMENTO: DESAFIOS PARA UM DESENVOLVIMENTO SISTÊMICO À LUZ DOS DIREITOS ECONÔMICOS, SOCIAIS E CULTURAIS

Wilson Tadeu de Carvalho Eccard[804]

SÚMARIO 1. Introdução 2. Globalização, crédito, consumo e superendividamento 2.1 A política de concessão de crédito no Brasil 3. Considerações finais

1. INTRODUÇÃO

O mundo funciona a partir de engrenagens complexas, o que faz com que o desenvolvimento da sociedade também o seja por diferentes razões. Não alcançamos hoje um mundo extremamente conectado, com acesso a diversos bens e serviços que nos dão segurança e prazer repentinamente.

Ao contrário, foi através de muitas lutas, e continua sendo, que avançamos ao longo dos séculos, mas ainda podemos hoje afirmar que o mundo possui problemas a serem resolvidos pela sociedade, e consequentemente por seus governos. Problemas crônicos, como a fome, a miséria, o desemprego, as migrações forçadas etc., bem como graves problemas sociais frutos do avanço da globalização e do predomínio do poder econômico sobre qualquer outra discussão, como o surgimento do precariado[805][806] e o superendividamento, tema que abordaremos nesta pesquisa.

Foi Bobbio quem apontou a existência de um período de reivindicações de direitos[807], onde primeiro reivindicamos um afastamento do Estado, e dos

---

[804] Doutorando PPGDIN/UFF, professor na Universidade Estácio de Sá e no Centro Universitário Carioca. Pesquisador do LEICLA – Laboratório de Estudos Interdisciplinares em Constitucionalismo Latino-Americano.

[805] O precariado, na visão de Guy Standing, se traduz em um grupo social que não possui nenhuma garantia de estabilidade, ou segurança, do seu trabalho e renda, e que representa um integrante da sociedade em que há ausência total, ou substantiva, de liberdades individuais tais como moradia, lazer, previdência, saúde etc.

[806] Guy Standing, *O Precariado : A Nova Classe Perigosa* (Belo Horizonte: Autêntica Editora, 2014).

*Wilson Tadeu de Carvalho Eccard - A política de concessão de crédito ao consumidor no Brasil e sua
relação com o superendividamento: desafios para um desenvolvimento sistêmico à luz dos direitos
econômicos, sociais e culturais*

demais indivíduos, da vida privada do cidadão; em seguida, os direitos de se exigir do Estado determinadas prestações materiais; em um terceiro momento reconhecemos a necessidade de se proteger os direitos difusos, de titularidade coletiva; e, finalmente, vivenciamos uma quarta geração de direitos que "compreende os direitos necessários à proteção contra os avanços das tecnologias de comunicação e da biotecnologia, assim como os perigos ecológicos e genéticos."[808]

O direito de se exigir do Estado contraprestações materiais marcam uma importante fase no constitucionalismo mundial, pois caracterizou uma nova formação do Estado, o Estado Social de Direito, que foi liderado pelas constituições de *Querétaro* (1917), no México, e *Weimar* (1919), na Alemanha, ainda no primeiro quarto do século XX.

Após as duas grandes guerras mundiais (1914-1918 e 1939-1945), ao perceber a pouca eficácia dos textos daquelas constituições, bem como a banalização do mal[809] decorrente do desrespeito à dignidade da pessoa humana, o Estado se viu forçado a mudar novamente para evitar novas violações de direitos fundamentais, o tema mais importante deste período e que influenciou a transformação do Estado em Estado Democrático de Direito, fundado em princípios, cujas constituições desde então ganharam força normativa e centralidade no ordenamento jurídico dos países.

Aqui no Brasil, a Constituição Federal de 1988, a Constituição Cidadã, após longo período de ditadura militar (1964-1985), é quem nos reintroduziu ao Estado Democrático de Direito. Nela contemplamos os direitos de primeira, segunda e terceira geração, e estamos construindo os direitos de quarta geração neste momento.

No que tocam os direitos econômicos, sociais e culturais, a CF/88 destacou partes importantes para o alcance de tais direitos, como o título VII que trata da Ordem econômica e financeira (arts. 170 a 192) e o título VII que buscou efetivar uma gama de direitos sociais, bem como a cultura (arts. 193 a 232).

Sem prejuízo dos artigos mencionados acima, outros espalhados pela Constituição contemplam ainda mais a proteção do cidadão e um estímulo ao conjunto de políticas públicas que devem ser realizadas para se alcançar as previsões dos projetos político e econômico contidos no texto constitucional: art. 1º, II e III que tratam da formação do Estado Democrático de Direito que

---

[807] Norberto Bobbio, *A Era Dos Direitos*, 7ª Reimpre (Rio de Janeiro: Elsever, 2004).

[808] Nina Beatriz Stocco Ranieri, *Teoria Do Estado: Do Estado de Direito Ao Estado Democrático de Direito* (Barueri, SP: Manole, 2013).

[809] Hannah Arendt, *Eichmmam Em Jerusalém* (São Paulo: Companhia das Letras, 1999).

tem como fundamento a cidadania e a dignidade da pessoa humana; art. 3°, onde estão presentes os objetivos do país como construir uma sociedade livre, justa e solidária; o art. 4° que apontam como nossos princípios a prevalência dos direitos humanos, a solução pacífica de conflitos e o repúdio ao terrorismo e ao racismo, e o art. 5°, que trata dos direitos e garantias fundamentais.

Ao longo dos anos, o Brasil também teve a preocupação de se inserir no contexto internacional de globalização econômica e de proteção e desenvolvimento do próprio Estado, bem como de seus cidadãos. No cenário internacional temos a participação do país em diferentes organismos multilaterais, como a Organização das Nações Unidas – ONU (1945, o Brasil é membro fundador) e a Organização dos Estados Americanos – OEA (1948, o Brasil é membro fundador) e o MERCOSUL (1991), bem como a ratificação de tratados que buscam dar maiores subsídios à implementação dos direitos conquistados, tais como o Pacto Internacional dos Direitos Econômicos Sociais e Culturais, de 1966, ratificado pelo Brasil em 1992, a Convenção Americana de Direitos Humanos de 1969 (Pacto de São José da Costa Rica), o Protocolo de São Salvador de 1988, em vigor no Brasil desde 1999.

Todo este arcabouço jurídico, contudo, não foi e não é suficiente para evitar os problemas sociais graves oriundos do fenômeno da globalização, que se verifica em todo o mundo em diferentes formas.

A troca de experiências em diversos campos ao mesmo tempo passou a receber a denominação de globalização, como hoje pesquisamos e estudamos, em meados do século XX, trazendo com ela aspectos positivos e negativos, a depender da análise feita pelos autores[810]. O desenvolvimento da globalização desde sua influência na economia, no entanto, foi o movimento imediatamente percebido, tornando e fenômeno palpável em diversas nações, como depreendemos da visão de Eric Hobsbawm:

> Essa globalização econômica, que pode ser constatada por qualquer um que verifique as origens nacionais de produtos vendidos num centro comercial norte-americano, desenvolveu-se lentamente na década de 1960 e se acelerou de modo impressionante durante as décadas de perturbações econômicas mundiais após 1973.[811]

As características da globalização econômica são muitas, e algumas foram muito bem identificadas por Boaventura de Sousa Santos, vejamos:

> As implicações destas transformações para as políticas económicas nacionais podem ser resumidas nas seguintes orientações ou exigências: as economias nacionais devem abrir-se ao mercado mundial e os preços domésticos devem

---

[810] Joseph E. Stiglitz, *A Globalização e Seus Malefícios - a Promessa Não Cumprida de Benefícios Globais* (São Paulo: Futura, 2002); Anthony Giddens, *As Consequências Da Modernidade* (São Paulo: Editora Unesp, 1991).

[811] Eric J. Hobsbawm, *Era Dos Extremos: O Breve Século XX: 1914-1991*, 2ª (São Paulo: Companhia das Letras, 1995), p. 281.

tendencialmente adequar-se aos preços internacionais; deve ser dada prioridade à economia de exportação; as políticas monetárias e fiscais devem ser orientadas para a redução da inflação e da dívida pública e para a vigilância sobre a balança de pagamentos; os direitos de propriedade privada devem ser claros e invioláveis; o sector empresarial do Estado deve ser privatizado; a tomada de decisão privada, apoiada por preços estáveis, deve ditar os padrões nacionais de especialização; a mobilidade de recursos, dos investimentos e dos lucros; a regulação estatal da economia deve ser mínima; deve reduzir-se o peso das políticas sociais no orçamento do Estado, reduzindo o montante das transferências sociais, eliminando a sua universalidade, e transformando-as em meras medidas compensatórias em relação aos estratos sociais inequivocamente vulnerabilizados pela actuação do mercado. [812]

Assim, observamos que embora haja efetivo progresso interno e externo entre os Estados nacionais com a intenção de promover o desenvolvimento econômico e social de seus territórios e sociedade, há ao mesmo tempo um embate com as forças econômicas, que ganharam protagonismo com a afirmação do capitalismo como modo de produção efetivo que atenda às revoluções do consumo e industrial, pós fim da guerra fria – que se iniciou entre os EUA e a URSS após o fim da segunda Guerra Mundial e findou com a queda do muro de Berlim e a dissolução da URSS, em 1989, com o triunfo do liberalismo e do capitalismo.[813]

A globalização que ganhou força após este período, trouxe também o entendimento hegemônico de desenvolvimento que, naquela altura, após as crises do petróleo da década de 70, e o fim da Era de Ouro[814], encontrou no neoliberalismo a chave para retornar ao desenvolvimento econômico que gostariam de experimentar. Contudo, este desenvolvimento viria acompanhado dos problemas sociais que estavam conexos.

José Eduardo Faria elencou uma série de impactos sociais que acabam por diminuir as liberdades individuais[815] da própria sociedade decorrentes da globalização[816], vejamos

---

[812] Boaventura de Souza Santos, *A Globalização e as Ciências Sociais*, 2ª (São Paulo: Cortez, 2002, p. 30).

[813] Francis Fukuyama, *O Fim Da História e o Último Homem* (Lisboa: Gradiva, 1992).

[814] Hobsbawm, *op. cit.*

[815] Amartya Sen, *Desenvolvimento Como Liberdade / Tradução Laura Teixeira Motta ; Revisão Técnica Ricardo Doninelli Mendes, Companhia Das Letras* (São Paulo: Companhia das Letras, 2010).

[816] As liberdades substantivas individuais em Amartya Sen são apontadas em sua obra Desenvolvimento como Liberdade, 2000, e funcionam, em sua visão, de maneira a tornar o cidadão um sujeito ativo na sociedade. São elas: "(1) *liberdade políticas*, (2) *facilidades econômicas*, (3) *oportunidades sociais*, (4) *garantias de transparência* e (5) *segurança protetora*. Essas liberdades instrumentais tendem a contribuir para a capacidade geral de a pessoa viver mais livremente, mas também têm o

Do ponto de vista social, essas transferências mudaram a estrutura geoocupacional e o perfil dos empregos. Elas levaram à emergência de novas profissões e especializações, para as quais não existe um sistema técnico-educacional adequado; aceleraram a mobilidade do trabalho e a flexibilização de sua estrutura ocupacional entre setores, regiões e empresas, provocando o declínio dos salários reais; ampliando os níveis de concentração de renda; acentuaram o fosso entre os ganhos das várias categorias de trabalhadores, relativizando o peso do trabalho direto nas grandes unidades produtivas; aumentaram o desemprego dos trabalhadores menos qualificados, esvaziando as proteções jurídicas contra, por exemplo, o uso indiscriminado de horas extras, a "modulação" da jornada de trabalho e a dispensa imotivada; reduziram o número de assalariados beneficiados por algum tipo de direito social, como assistência médica, aposentadoria por tempo de serviço e seguro-desemprego etc;[817]

Mais modernamente, um outro problema tem preocupado Estados, inclusive o Brasil, o superendividamento. Elevado ao posto de doença social pelo Conselho Nacional de Justiça do nosso país, o endividamento extremo que conduz o cidadão à situação análoga a da falência civil, pois incapaz de honrar com as dívidas que contraiu, é tema que merece atenção em razão do seu impacto social e econômico.

Consideramos um problema econômico, pois um maior endividamento das famílias ao ponto não honrarem com suas dívidas pode afetar a economia do país, que para fins de se proteger pode aumentar os juros referentes aos empréstimos, o que impactaria o desenvolvimento de novas atividades empreendedoras, diminuindo o fluxo econômico e indo em direção contrária ao desenvolvimento econômico esperado pelo projeto econômico governamental, amparado pela constituição.

É também um problema social tendo em vista que ao se endividar e não conseguir pagar suas dívidas o cidadão se encontrará fora da sociedade de consumo, não participante da sociedade de consumidores, e distante de aumentar suas liberdades individuais e de se enxergar integrante da própria sociedade, vez que carente de moradia digna, alimento satisfatório, lazer, trabalho seguro, saúde.[818]

A fim de conjugar estes elementos, a presente pesquisa se debruça sobre um dos fatores que levaram o Brasil a se preocupar com o tema do superendividamento, a política nacional de concessão de crédito inserida no bojo das transformações ocorridas no processo de globalização econômica que se expandia no mundo.

O dilema social estava estabelecido. O avanço da sociedade de consumidores, impulsionada pelos processos de globalização que se

---

efeito de complementar umas às outras.".

[817] José Eduardo Faria, *O Direito Na Economia Globalizada* (São Paulo: Malheiros Editores, 2004, p. 227).

[818] Sen, *op. cit.*

evidenciaram ao longo do século XX, sobretudo ao seu final, precisava de uma sociedade que alimentasse os avanços da industrialização, das telecomunicações e do consumo excessivo pautado na satisfação dos desejos.

Assim como outros países, o Brasil se adequou à globalização econômica e às políticas neoliberais, promoveu a abertura do mercado bancário e promoveu uma série de políticas públicas de cunho econômico capazes de impulsionar o consumo. Contudo, essas políticas não vieram acompanhadas de outras que seriam capazes amenizar o endividamento excessivo, tais como educação financeira, aumento de salário capaz de atender as necessidades básicas e de lazer, ou seja, maior acesso às liberdades individuais.

É objetivo da presente pesquisa identificar a forma como ocorreu a política de concessão de crédito no Brasil e analisar seu impacto diante das influências do processo de globalização que influenciaram o Brasil no início do século XXI.

Nossa hipótese é que o acesso aos direitos econômicos, sociais e culturais não podem se dar de maneira isolada, mas sim integrada em suas diferentes dimensões a fim de não constituírem retrocessos sociais.

A pesquisa foi realizada com base em revisão bibliográfica, desde o método dialético, a fim de não considerar nenhum fenômeno de maneira isolada ou fixa, mas sempre em vias de se transformar, desenvolver, como é característico do campo onde nos debruçamos.[819]

Os referencias teóricos são diversos em razão dos diferentes elementos abordados, para os aspectos históricos dos processos econômicos Eric Hobsbawm, para os impactos da globalização, José Eduardo Faria e Boaventura de Sousa Santos, para o tema do superendividamento Claudia de Lima Marques.

2. GLOBALIZAÇÃO, CRÉDITO, CONSUMO E SUPERENDIVIDAMENTO

Os projetos políticos e econômicos contidos em nossa Constituição sofrem diretamente os impactos da globalização, tornando-se impossível executá-los sem interferências internas (crises políticas e sociais, fome, seca, queimadas nas florestas, desmatamento) e externas (crises econômicas típicas do capitalismo, mudanças climáticas que impactam a produção do campo, migrações forçadas por instabilidades políticas ou desastres naturais).

Assim, importante analisarmos o papel do Direito frente a estas situações, pois como uma de suas funções é apontar o conjunto de regras para a vida em

---

[819] Marina de Andrade Marconi and Eva Maria Lakatos, *Fundamentos de Metodologia Científica* (São Paulo: Atlas, 2017).

sociedade, se torna também sua função delinear as regras para efetivação dos direitos estabelecidos, bem como a universalização de políticas necessárias ao alcance da justiça social.

Parafraseando o título do livro de Bauman, caso se trate de **Vida para consumo**, mas invertendo seu sentido, podemos concluir que não há vida sem consumo. As sucessivas revoluções ocorridas nos séculos XVI, XVII e XVIII, revoluções comercial, do consumo e industrial[820], provocaram também uma transformação cultural no seio da sociedade que foi exponenciada, já no final do século XX, pelos processos de globalização que derrubaram tradições e certezas construídas até o fim da segunda guerra mundial (1945), e remodelaram a forma como vivemos, inundando o Estado Democrático de Direito com inúmeras benesses, mas sem extirpar mazelas, muito pelo contrário, criando novas, como o superendividamento.

O superendividamento se traduz como a inaptidão do consumidor/cidadão de honrar com o pagamento das dívidas que contraiu simplesmente pela incapacidade financeira decorrente de um sistema que produz muito, cria necessidades no consumidor por meio de propagandas cada vez mais sofisticadas em sua produção (também direcionada à partir da leitura de nosso comportamento em todos os ambientes digitais com conexão à internet), paga pouquíssimo para a maior parte da população mundial, mas que concede crédito para que ele possa adquirir e fomentar este ciclo sem fim.

Não se trata aqui, contudo, de uma crítica à política de concessão de crédito de maneira simplista, posto reconhecermos nesta modalidade uma política pública econômica/financeira que auxilia no desenvolvimento das liberdades individuais quando utilizado de maneira correta.

A crítica que ora se constrói decorre da falha no processo de conscientização e de educação financeira que acaba por conceder crédito mesmo para àqueles que estão com dificuldades financeiras e têm pouca chance de honrar com as novas dívidas contraídas, prosseguindo, assim, para um endividamento cada vez maior e que acaba por tolher a vida econômica do consumidor/cidadão.

A concessão de crédito nestas ocasiões cumpre exatamente um papel contrário ao proposto, pensado, imaginado e construído quando da elaboração da norma e da política pública, e inverso os chamados direitos econômicos, sociais e culturais.

Claudia Lima Marques, Clarissa Lima e Sophia Vial, conceituaram este fenômeno social como "a impossibilidade global do devedor-pessoa física, consumidor, leigo e de boa-fé, de pagar todas as suas dívidas atuais e futuras de consumo (excluídas as dívidas com o Fisco, oriunda de delitos e de alimentos)"[821].

---

[820] Lívia Barbosa and Colin Campbell, *Cultura, Consumo e Identidade*, ed. by Lívia Barbosa and Colin Campbell, 1st edn (Rio de Janeiro: Editora FGV, 2006).

[821] Claudia Lima Marques, Clarissa Costa de Lima, and Sophia Martini Vial, 'Superendividamento

Este cenário se torna possível após o impulso que a globalização deu com o triunfo do liberalismo no fim da década de 80 do século XX e que reconstruiu o caminho do desenvolvimento, que havia estagnado pela crise do petróleo nas décadas anteriores.[822]

Rattner analisou esta situação e diante do preço a se pagar para este desenvolvimento pontuou:

> Avolumam-se evidências de que, na economia global, cada vez mais é o mercado financeiro, ou seja, as grandes corporações e não os governos, que, em última análise, decide sobre os destinos do câmbio, da taxa de juros, dos preços das commodities, da poupança e dos investimentos. Sem dúvida, a liberalização e a globalização dos mercados são altamente vantajosas para o grande capital, cujos horizonte e estratégia transbordam as fronteiras estreitas do Estado nacional. Exportar mais, mesmo às custas do suprimento de alimentos básicos, para importar mais (especialmente, bens de luxo e de consumo conspícuo) e pagar os juros da dívida externa, para tranquilizar os bancos credores e atrair novos investimentos estrangeiros (ainda que altamente especulativos) têm constituído receita prescrita para a retomada do desenvolvimento.[823]

A receita apontada por Rattner ganha, no fim do século XX, reforço das políticas neoliberais apontadas como necessárias ao desenvolvimento dos países

---

Dos Consumidores No Pós-Pandemia e a Necessária Atualização Do Código de Defesa Do Consumidor', in *Direito Do Consumidor: Reflexões Quanto Aos Impactos Da Pandemia de Covid-19 – Volume 1*, ed. by Alexandre David Malfatti, Paulo Henrique Ribeiro Garcia, and Sérgio Seiji Shimura, 1st edn (São Paulo: Escola Paulista de Magistratura, 2020), pp. 108–44.

[822] A chamada crise do petróleo ou choques do petróleo se referem à crise instaurada na década de setenta do século XX, a qual Hobsbawm tomou como um dos marcos que caracteriza o fim da Era de Ouro, período de bonança económica para os países pertencentes aos grandes centros, desenvolvidos. O geógrafo Leandro Dias de Oliveira sintetizou muito bem como ocorreu esta crise: "A Crise do Petróleo foi ocasionada pela articulação da OPEP (Organização dos Países Exportadores de Petróleo), formada por um conjunto de países periféricos do Oriente Médio e a Venezuela, que inflacionou o preço do petróleo e gerou um imenso abalo em todo o sistema capitalista em escala global.[...] tal crise proporcionou algo insólito: um conjunto considerável de países periféricos não obedeceu aos ditames dos países centrais e a acabou por expor a máquina econômica à perigosa falta de combustível natural, fazendo com que a preocupação, a partir de então, não fosse somente a obliteração da natureza enquanto recurso, mas também a exigência de uma gestão protocolar dos recursos naturais presentes nos países periféricos. O impacto do enfrentamento da OPEP em busca de maiores ganhos com o petróleo é o corolário de uma grande crise de todo o sistema capitalista, marcada pela concorrência dos grandes pô-los econômicos do capitalismo – Estados Unidos, Japão e Europa, os últimos em processo de reconstrução – e que teve como marco o excesso de produção e aumento dos níveis de endividamento mundial. HOBSBAWM, Eric J. **Era dos Extremos: o breve século XX: 1914-1991**. 2ª ed. São Paulo: Companhia das Letras, 1995.

[823] Henrique Rattner, 'Globalização: Em Direção a Um Mundo Só?', *Estudos Avançados*, 9.25 (1995), 65–76.

já desenvolvidos e que se tornou a política imposta dos grandes centros aos países periféricos.

O caso brasileiro é emblemático, pois podemos observar o processo de globalização moldando o setor bancário nacional a despeito da vontade política ou de discussões públicas, democráticas, participativas da sociedade, que não resistiu à grande onda de desestatização proporcionada pelo governo de Fernando Henrique Cardoso (1995-2002). Este passo foi importante para o momento posterior, o de concessão de crédito.

> Na segunda metade da década, assistiu-se a uma desnacionalização sem precedentes do setor bancário nacional. Os argumentos em favor desse processo enfatizavam a ampliação da concorrência e a introdução de inovações, bem como a superioridade dos bancos estrangeiros sobre os nacionais do ponto de vista operacional. Adicionalmente, buscava-se reduzir o papel do Estado no setor, ampliando a eficiência pela privatização de parte expressiva dos bancos públicos estaduais. [...] A maioria dos processos de compra de bancos nacionais por estrangeiros foi realizada sob controle do Banco Central, por medidas *ad hoc* à revelia do Congresso Nacional, ao abrigo do artigo 52 das disposições transitórias da Constituição de 1988. O resultado, após seis anos, [...] é uma participação crescente das instituições estrangeiras no sistema bancário nacional.[824]

Só é possível compreendermos o superendividamento se compreendermos como que a população brasileira passou a ter acesso ao crédito responsável pelo endividamento crescente. A abertura bancária aos bancos multinacionais, transnacionais, foi um passo necessário dentro das imposições às quais o Brasil precisava passar, por ser, naquela altura, considerado um país periférico pelos países centrais, tendo que, portanto, se ajustar às medidas políticas necessárias à quebra de fronteiras físicas, legais, tecnológicas e culturais para a recepção de novos integrantes da economia nacional, os bancos.

2.1 A política de concessão de crédito no Brasil

A abertura de novos bancos, ou mesmo a aquisição dos antigos pelos novos, não gerou um efeito imediato na concessão de crédito. Na verdade, há bons diferentes estudos do Instituto de Pesquisa Econômica e Aplicada, IPEA, houve um pequeno retrocesso entre 1995 a 2002, governo FHC, antes de um efetivo aumento, como podemos visualizar no gráfico abaixo:

[824] Ricardo Carneiro, *Desenvolvimento Em Crise: A Economia Brasileira No Último Quarto de Século* (São Paulo: Editora Unesp, 2002). Esse processo é explicado por pesquisa realizada por Monica Mora, "Foi a partir desse momento a crise dos bancos que o plano Real ocorreu, explicado pelos estudos do Instituto de Pesquisa Econômica e Aplicada, segmentados em três extensos programas, a saber: o Programa de Estímulo à Recuperação e ao Fortalecimento do Sistema Financeiro Nacional (Proer), o Programa de Incentivo à Redução do Setor Público Estadual na Atividade Bancária (Proes) e o Programa de Fortalecimento das Instituições Financeiras Federais (PROEF). O Proer, entre 1995 e 1997, levou a que alguns grandes bancos como o Nacional, o Bamerindus e o Econômico fossem saneados e colocados à venda. A implementação do Proes implicou a intervenção, a federalização das dívidas e a privatização da maioria dos bancos estaduais durante o Programa de Reestruturação Fiscal e Financeira dos Estados. Por fim, o PROEF permitiu a transferência de ativos com problemas de liquidação para a Empresa Gestora de Ativos (Engea). Esse processo contribuiu para a retração do crédito, que decaiu de 34 pontos percentuais (p.p.) do PIB, em dezembro de 1995, para 26 p.p. do PIB, em dezembro de 2002, e levou a uma queda expressiva da participação dos bancos públicos na oferta de crédito." MORA, Monica. Texto para discussão: A evolução do crédito no Brasil entre 2003 e 2010. **IPEA - Planejamento e políticas públicas**, Rio de Janeiro, p. 1–59, 2015.

GRÁFICO 1
Evolução do crédito por controle de capital (1995-2010)

Fonte: Banco Central do Brasil (BCB) – séries temporais.

As razões para o aumento do crédito, sua quase duplicação, como bem observamos, ocorre à partir de 2003, quando assume o presidente Luiz Inácio Lula da Silva (2003-2006 e 2007-2010). Segundo a pesquisa do IPEA, "O incremento do crédito de 24,6 p.p. do PIB para 45,3 p.p. do PIB (21 p.p. do PIB), entre dezembro de 2003 e dezembro de 2010, esteve distribuído em diferentes segmentos"[826].

O seguimento da concessão de crédito é o que nos interessa: "O crédito à pessoa física cresceu de 9 p.p. do PIB, em dezembro de 2003, para 21 p.p. do PIB, em dezembro de 2010, enquanto, no mesmo período, os financiamentos para as empresas passaram de 15 p.p. do PIB para 25 p.p. do PIB."[827]. A tabela abaixo nos ajuda a compreender:

---

[826] Monica Mora, 'Texto Para Discussão : A Evolução Do Crédito No Brasil Entre 2003 e 2010', *IPEA - Planejamento e Políticas Públicas*, 2015, 1–59.

[827] Mora, *op. cit.*

TABELA 1
Evolução do crédito livre direcionado por pessoa física e jurídica no Brasil (dez./2002-dez./2010)
(Em % do PIB)

	Recursos livres			Recursos direcionados			Total		Crédito total
	Pessoas físicas	Pessoas jurídicas	Total	Pessoas físicas	Pessoas jurídicas	Total	Pessoas físicas	Pessoas jurídicas	
Dez./2002	6,12	10,13	16,25	3,21	6,55	9,76	9,33	16,68	**26,01**
Dez./2003	5,94	9,10	15,04	3,43	6,14	9,57	9,37	15,24	**24,60**
Dez./2004	7,14	9,24	16,37	3,37	5,94	9,31	10,51	15,18	**25,69**
Dez./2005	8,88	9,92	18,80	3,41	6,06	9,47	12,29	15,98	**28,27**
Dez./2006	10,04	10,99	21,03	3,75	6,14	9,89	13,79	17,12	**30,92**
Dez./2007	11,93	12,90	24,83	4,05	6,29	10,34	15,98	19,18	**35,17**
Dez./2008	13,00	15,73	28,73	4,55	7,19	11,74	17,56	22,92	**40,48**
Dez./2009	14,50	14,96	29,47	5,13	9,07	14,19	19,63	24,03	**43,66**
Dez./2010	14,85	14,75	29,60	5,79	9,86	15,64	20,64	24,61	**45,25**

Fonte: BCB.

A forma dessa progressão também nos interessa. A oferta de crédito foi possível em razão de políticas públicas financeiras que buscavam transformar o país rumo ao desenvolvimento, integrando nossa sociedade à sociedade de consumo, e nossos produtores, à sociedade de produtores. O IPEA também apontou como isso ocorreu.

> A trajetória recente do crédito à pessoa física pode ser atribuída ao comportamento do crédito consignado, ao financiamento de veículos e, em menor medida, a "outros (b)" **(conforme evidenciado pela tabela 5)**. Argumenta-se que mudanças institucionais contribuíram para a decisão do sistema financeiro nacional de expandir a oferta de crédito, com recursos livres, à pessoa física.[828]

TABELA 5
Evolução do crédito com recursos livres-pessoa física (dez./2002-dez./2010)

	Cheque especial	Crédito pessoal			Cartão de crédito	Financiamento imobiliário	Aquisição de bens			Outros	Total	Cooperativas	Leasing	Outros	Total
		Consignado	Exceto consignado	Total			Veículos	Outros	Total						
2002	0,6	0,0	1,7	1,7	0,3	0,1	1,8	0,3	2,1	0,3	5,2	0,3	0,1	0,6	**6,1**
2003	0,5	0,0	1,8	1,8	0,4	0,1	1,8	0,3	2,1	0,3	5,2	0,3	0,1	0,4	**5,9**
2004	0,5	0,9	1,4	2,2	0,4	0,1	2,0	0,4	2,3	0,3	5,8	0,4	0,2	0,7	**7,1**
2005	0,5	1,5	1,5	3,0	0,5	0,0	2,4	0,5	2,8	0,4	7,2	0,4	0,4	0,9	**8,9**
2006	0,5	2,0	1,3	3,4	0,6	0,1	2,7	0,5	3,1	0,5	8,1	0,4	0,6	0,9	**10,0**
2007	0,5	2,4	1,4	3,8	0,6	0,1	3,1	0,5	3,5	0,5	9,0	0,5	1,1	1,3	**11,9**
2008	0,5	2,6	1,8	4,4	0,7	0,1	2,7	0,4	3,1	0,3	9,2	0,6	1,9	1,4	**13,0**
2009	0,5	3,3	1,7	5,1	0,8	0,1	2,9	0,3	3,2	0,3	10,0	0,7	1,9	1,9	**14,5**
2010	0,4	3,7	1,8	5,4	0,8	0,2	3,7	0,3	4,0	0,2	11,1	0,7	1,2	1,9	**14,9**

Pessoa física – taxa de juros referencial

Fonte: BCB.

Além do crédito consignado, a facilitação para a aquisição de automóveis e o aprimoramento dos instrumentos de alienação fiduciária serviram ao propósito de alavancar o país, promovendo o acesso ao crédito de maneira mais simplificada. O relatório do IPEA aponta que "As novas regras de alienação fiduciária facilitaram a compreensão do aumento do crédito para a venda de automóveis no Brasil."[829].

---

[828] *Ibid*, p. 14.
[829] Mora, *op.cit*, p.20.

Trata-se de um passo muito importante enquanto promoção de acesso ao crédito que poderia ser utilizado para reduzir as desigualdades ou mesmo aumentar as liberdades individuais, posto que "o aumento do crédito concedido à pessoa física [...] pode ser atribuído, em grande medida, ao crédito consignado, ao financiamento de veículos e à venda à vista por meio de cartão de crédito (outros)."[830] [831]

Essas mudanças marcam o retrato legal que o país queria realizar quando em seu projeto político e econômico presente na Constituição Cidadã alçou todos os brasileiros e brasileiras à condição de consumidor. Legalmente, foi necessário adequar nosso ordenamento jurídico a esta oferta de crédito.

A proteção ao consumidor no Brasil se tornou tema constitucional em 1988 quando então os constituintes originários previram, no capítulo, que trata dos direitos e garantias fundamentais, o dever de proteção ao consumidor (art. 5º, XXXII, o Estado promoverá, na forma da lei, a defesa do consumidor;).

Fala-se em proteção haja vista o advento, em 1990, do Código de Defesa do Consumidor, Lei 8.078/90, à época, um dos códigos mais avançados do mundo. Já naquela altura havia compreensão de que "A sociedade de consumo, ao contrário do que se imagina, não trouxe apenas benefícios para os seus atores. Muito ao revés, em certos casos, a posição do consumidor, dentro desse modelo, piorou em vez de melhorar."[832]

---

[830] *Ibid*, p. 21.

[831] No que tocam as operações em cartão de crédito, vale destacar o avanço quantificado pela percepção tomada pelos participantes da elaboração do Código de Defesa do Consumidor – a ABECS considerada pelo legislador, pois, como apontamos acima, era necessário primeiro inserir toda a sociedade brasileira neste mercado. Inobstante o reconhecimento de que os efeitos da globalização na sociedade de consumo poderiam trazer alguns problemas, além dos benefícios. Essa percepção tomada pelos participantes da elaboração do Código de Defesa Claudio Mundo não ABECS considerada pelo legislado, pois como apontamos crédito requerido pelos consumidores (que passaram a pagar apenas o mínimo e financiar o resto) triplicou de R$ 48.4 milhões em 2000 para R$ 151.2 milhões em 2006. Os dados de 2009 demonstram o maior endividamento dos consumidores da história. Dados demonstram também que o crédito atingiu as classes B, C e D do Brasil. Segundo o IBGE, em 2008, as classes média (B), média baixa (C) e pobre (D) representavam 77% da população brasileira. Especialmente em 2007, o setor financeiro e bancário brasileiro cresceu 9,2%, bem mais que os outros setores da economia (agricultura 2,1%, serviços em geral, 4,6%, indústria, 3,0%); justamente porque – com o crédito consignado de salarios, pensoes e aposentadorias e seus mais de 22 milhões de contratos de crédito, sendo que 83% destes consumidores ganham entre 1 e 3 salários mínimos e 59% apenas 1 salário mínimo - conseguiu incluir estas classes mais baixas, no que Antônio Herman Benjamin denominou "bancarização" ou que podemos chamar de democratização do crédito ao consumo no Brasil. MORA, Monica. Texto para discussão : A evolução do crédito no Brasil entre 2003 e 2010. **IPEA - Planejamento e políticas públicas**, Rio de Janeiro, p. 1–59, 2015, p. 18.

[832] Ada Pellegrini Grinover and others, *Código Brasileiro de Defesa Do Consumidor: Comentado Pelos Autores Do Anteprojeto: Direito Material e Processo Coletivo: Volume Único*, 12ª (Rio de Janeiro: Forense, 2019).

[833] Importante destacar que na exposição de motivos desta medida provisória havia a indicação de que o governo tinha o compromisso de alavancar o desenvolvimento nacional. O relator pontuou que a MP se inseria no "conjunto de medidas que o Governo de Vossa Excelência vem implementando com o objetivo de promover o crescimento sustentado da economia sem comprometer o equilíbrio e a responsabilidade fiscal." (Exposição de Motivos da Medida Provisória 130/2003).

Assim, a lei que garante o crédito consignado, a lei 10.820/2003, que é fruto de uma medida provisória tomada pelo 1º governo Lula (2003-2006), teve importante participação na expansão do crédito pessoal.[833]

Fonte: Bacen, Wyman, Costa[834]

Como é possível observar da cronologia apontada no gráfico acima, ainda contribuíram para o acesso ao crédito as leis 10.931/04 que realiza o aprimoramento do sistema de alienação fiduciária e da cédula de crédito bancária que conferem acesso à aquisição de automóveis, bem como de imóveis; 11.795/08, que dispõe sobre o Sistema de Consórcio, que de acordo com o artigo 1º aponta que "O Sistema de Consórcios, **instrumento de progresso social que se destina a propiciar o acesso ao consumo de bens e serviços**, constituído por administradoras de consórcio e grupos de consórcio, será regulado por esta Lei"; 11.977/09, que regulamenta o Programa Minha Casa Minha Vida; e a Circular 3.522/11 (já no 1º governo Dilma Rousseff, 2011-2014), que aponta o fim da exclusividade do crédito consignado ao consumidor, podendo ele contrair em qualquer banco, e não apenas naquele vinculado ao seu salário.

Ressaltamos uma vez mais que tais políticas serviram, e servem, para buscar e promover o desenvolvimento nacional e da sociedade brasileira, e que acabaram por promover o avanço do país em termos tanto de Produto Interno Bruto – PIB, como também da elevação da população a uma camada social menos miserável.

Contudo, à somatória destes eventos, globalização, projetos político e econômico, aumento das liberdades individuais, aprimoramento da tecnologia, a vida líquida, uma produção e um consumo estimulados, demonstram o avanço que Brasil alcançou ao longo do tempo, mas não necessariamente que isso tenha ocorrido sem problemas de ordem social.

Claudia Lima Marques identificou este progresso e assim o registrou:

---

[834] Ana Carla Abrão Costa and Oliver Wyman, *Análise Do Mercado de Crédito No Brasil - 2018.*, XIII SEMINÁRIO ANUAL SOBRE ESTABILIDADE FINANCEIRA E ECONOMIA BANCÁRIA (São Paulo, 2018).

> O mercado financeiro atual, em virtude especialmente do avanço da integração global, das evoluções tecnológicas e da criação de novos canais de distribuição de bens, serviços e informação, caracteriza-se pela crescente variedade e sofisticação de seus instrumentos de atuação. A oferta de produtos e serviços financeiros tem-se ampliado progressivamente, e os fornecedores vêm adotando práticas comerciais cada vez mais agressivas, recorrendo à publicidade maciça e a novos artifícios para vincular operações de crédito a toda espécie de transação de consumo diariamente empreendida pela população.[835]

Assim como é inevitável frear a globalização, impossível parar ou impedir o desenvolvimento e o progresso, cabendo aos pesquisadores identificar seus impactos a fim de oferecer uma possibilidade de tratar eventuais, porém certos, efeitos colaterais.

O aprimoramento das políticas de concessão de crédito no bojo das economias modernas no seio de uma sociedade com baixos índices de escolaridade, cuja grande parte se encontra em situação de vulnerabilidade, pobreza e extrema pobreza[836][837], não a oferta de crédito em si mas as condições para pagar tais valores:

> "acaba por prejudicar a compreensão do consumidor a respeito dos termos e condições do negócio e, consequentemente, dificultar sua avaliação sobre a adequação do contrato a suas necessidades, interesses e, acima de tudo, possibilidades econômicas."[838]

Não se trata unicamente da oferta de crédito, mas sim da forma como é adquirido e, principalmente, nas condições em que há o comprometimento do consumidor/cidadão de restituir tais valores, confrontado com a avaliação da necessidade real, frente a um estímulo cada vez maior e mais agressivo, o que Lipovetsky chamou de hiperconsumo. Em suas palavras, "a própria revolução

---

[835] Cláudia Lima Marques, 'Fundamentos Científicos Da Prevenção e Tratamento Do Superendividamento', in *Prevenção e Tratamento Do Superendividamento*, ed. by Claudia Lima Marques, Clarissa Costa Lima, and Káren Bertoncello (Brasília: Departamento de Proteção e Defesa do Consumidor/SDE, 2010), p. 178, p. 7.

[836] Coordenação de População e Indicadores Sociais IBGE, *Síntese de Indicadores Sociais : Uma Análise Das Condições de Vida Da População Brasileira : 2022* (Rio de Janeiro: IBGE, 2022).

[837] O Instituto Brasileiro de Geografia e Estatística – IBGE, em estudo publicado em 2022, apontou que "Se tomarmos em consideração a linha recomendada internacionalmente para o Brasil (US$ 5,50 PPC), o total de pobres mais que triplica e supera 62 milhões de pessoas no mesmo ano. Cabe ressaltar que as linhas de extrema pobreza ainda apontavam, em 2021 para um contingente entre 10,0 milhões e 28,4 milhões de pessoas nesta condição. IBGE, Coordenação de População e Indicadores Sociais. **Síntese de indicadores sociais : uma análise das condições de vida da população brasileira : 2022**. Rio de Janeiro: IBGE, 2022, p. 61.

[838] Marques, *op.cit.*, p. 7.

do consumo foi revolucionada. Estabeleceu-se uma nova fase do capitalismo do consumo: ela não é mais que a sociedade do hiperconsumo."[839].

Uma sociedade hiperconectada[840], hiperconsumista[841], cujo protagonismo do consumidor/cidadão faz de si próprio uma mercadoria para então se considerado um sujeito social[842], gera um grupo social que quer adquirir mais e novos produtos, contrair novos créditos para trocar de casa, trocar de carro, obter um novo aparelho de celular, um computador mais moderno, se vestir como a protagonista da novela, adquirir os óculos que se conectam com a internet, ou mesmo comprar mais alimentos para sua família, levar seus filhos para jantar ou lanchar fora, porém, em razão de um superendividamento pretérito, este grupo social deixa de fazer parte da sociedade de consumidores.

> E isso é precisamente o que ocorre no chamado superendividamento, vicissitude que afeta a coletividade à proporção que se universaliza a oferta de crédito: verifica-se um grupo expressivo de pessoas físicas que querem, mas se veem impossibilitadas de remirem a totalidade de suas dívidas nos termos inicialmente convencionados. Trata-se de revés inevitável, que compõe o risco inerente à atividade financeira e constitui contraponto indissociável do desenvolvimento fundado no crédito. Portanto, não pode ser considerado um problema pontual, individual, e sim uma contingência de responsabilidade da sociedade em geral, um fato coletivo que encontra causa e manifesta efeitos no mercado como um todo – e, exatamente por isso, não pode ser ignorado.[843]

O superendividamento, portanto, corresponde hoje a uma doença social[844], reconhecida pelo Poder Judiciário brasileiro que compreendeu que

> A compulsão a consumir já foi um fenômeno raro e localizado. Mas quando se tomam os critérios atualmente adotados para identificar o fenômeno em psiquiatria, percebemos que ele acaba por se confundir com a própria experiência do homem contemporâneo.[845]

Doença social esta que "que condena um número de pessoas cada vez maior à exclusão e a uma existência indigna, cingida ao pagamento perpétuo de uma dívida insolúvel", cujo um dos efeitos também é "nocivo à economia, por retirar o consumidor do mercado, minimizando seu poder de compra e vedando-lhe novos investimentos.".[846]

---

[839] Gilles Lipovetsky, *A Felicidade Paradoxal: Ensaio Sobre a Sociedade de Hiperconsumo* (São Paulo: Companhia das Letras, 2007), p. 12.

[840] Manuel Castells, *A Sociedade Em Rede*, 6ª (São Paulo: Paz e Terra, 1999), I, II e 3.

[841] Lipovetsky, *op.cit.*.

[842] Zygmunt Bauman, *Vida Para Consumo: A Transformação de Pessoas Em Mercadorias / Tradução: Carlos Alberto Medeiros* (Rio de Janeiro: Jorge Zahar, 2008).

[843] Marques, 2010, p. 7-8.

[844] Conselho Nacional de Justiça CNJ, 'Cartilha Sobre o Tratamento Do Superendividamento Do Consumidor', 2022, 60.

[845] Pedro Luiz Ribeiro de Santi, 'Crédito Acessível, Consumo Compulsivo', *GV-Executivo*, 14.1 (2015), 34 <https://doi.org/10.12660/gvexec.v14n1.2015.49188>.

O superendividamento existe na sociedade brasileira e o país, após anos sem uma legislação específica, aprovou a lei 14.181/2021, que modificou o Código de Defesa do Consumidor, que busca tratar exatamente o problema como uma doença social, ou seja, prevê nela o fomento de ações direcionadas à educação financeira e ambiental dos consumidores; a prevenção e tratamento do superendividamento como forma de evitar a exclusão social; a instituição de mecanismos de prevenção e tratamento extrajudicial e judicial do superendividamento e de proteção do consumidor pessoa natural; instituição de núcleos de conciliação e mediação de conflitos oriundos de superendividamento; a garantia de práticas de crédito responsável, de educação financeira e de prevenção e tratamento de situações de superendividamento, preservado o mínimo existencial etc.

Não é intuito, entretanto discorrer integralmente sobre o superendividamento, o que poderá ser feito em outras pesquisas, mas sim caracterizá-lo como um dos malefícios decorrentes dos processos de globalização, hiperconexão e hiperconsumismo, e, consequentemente, como um problema social fruto da busca pelo desenvolvimento nacional e individual da sociedade, e que, como tal, precisa obter do Estado uma forma de combater, amenizar, regulamentar, fiscalizar e punir às práticas que conduzem a este estado.

Foi também intenção desta pesquisa identificar e analisar uma das razões desse endividamento, que foi a abertura e facilitação de crédito ao consumidor utilizada como política pública econômica.

3. CONSIDERAÇÕES FINAIS

Neste trabalho analisamos uma das razões para o problema do superendividamento no Brasil, o desenvolvimento de uma política de concessão de crédito, em um momento de aceleração da globalização em território nacional, desacompanhada de outras políticas públicas de promoção das liberdades individuais.

A evolução da sociedade em seus diferentes campos, como o político, o econômico e o social, não ocorre de maneira ordenada e uniforme em todas as nações. Pelo contrário, em razão das raízes históricas de dominação, o que

---

[846] Marques, *op.cit*, p. 8.

vemos é a utilização de estratégias de dependência por parte dos países centrais em face dos países periféricos.

O processo de globalização, sobretudo econômico, com a quebra das barreiras comerciais e a transferência de tecnologias, inundou países emergentes com uma onda de políticas neoliberais necessárias para promover a expansão deste processo globalizante, bem como atender aos anseios da sociedade de consumidores, agora ávidos pelo consumo desenfreado e efêmero e baseados no atendimento imediato da satisfação de seus desejos.

O avanço dos Estados em sua relação com outros Estados e também internamente, buscou proteger os direitos alcançados ao longo da "Era dos Direitos", seja no aprimoramento das constituições aos anseios da própria sociedade, seja na participação de organismos multilaterais ou na realização de pactos que auxiliem no comprometimento do desenvolvimento nacional e de seus cidadãos.

Especificamente no Brasil, nossa Constituição Federal de 1988 é uma importante ferramenta para o desenvolvimento nacional em razão de ter em seu bojo uma série de previsões político-sociais e econômicas que formam os projetos constitucionais de evolução da sociedade, que vão ao encontro das gerações de direitos fundamentais presentes no mundo.

Notadamente, é a segunda geração de direitos fundamentais, direitos econômicos, sociais e culturais, que norteiam todo o texto constitucional de forma a exigir do Estado uma intervenção para o acesso às liberdades individuais como saúde, educação, pleno emprego, previdência social etc.

Contudo, é também nesta seara que a ausência destas liberdades por parte da população que acabam por assolar nossa existência de diferentes formas, motivo pelo qual não bastaram as previsões contidas no texto constitucional nacional, sendo imperativo o reforço de convenções multilaterais que reforçassem o compromisso nacional por elaboração e implementação de políticas públicas voltadas para os direitos econômicos, sociais e culturais.

Ainda internamente, mas acompanhando as transformações mundiais em razão dos processos de globalização, a fim de atender aos direitos econômicos, sociais e culturais, de forma a proporcionar maior acesso aos brasileiros a bens de consumo, para atender a sociedade de consumidores, o Brasil iniciou uma abertura econômica muito grande, e por isso iniciou uma política de concessão de crédito ao consumidor de mesmo tamanho.

Como podemos observar, o acesso ao crédito possibilitou aos brasileiros romper uma linha de pobreza e alcançar bens de consumo que antes era muito mais difícil. Esse acesso ao crédito então cumpriu em parte seu papel de proporcionar o acesso a certos direitos de segunda geração, mas que, no longo prazo, e por diferentes razões, assegurou também um aumento do endividamento nacional, com uma consequência nefasta, que é o superendividamento.

A incapacidade de honrar com o pagamento das dívidas contraídas pelo consumo diário, como vimos, é tratada pelo ordenamento jurídico nacional como uma doença social, capaz de prejudicar tanto a economia nacional, como também o próprio consumidor-cidadão que ao não mais conseguir efetuar tais pagamentos é imediatamente excluído desta sociedade de consumidores, tendo, portanto, extrema dificuldade em retornar sem o auxílio do Estado.

Embora tenha demorado a prescrever ações concretas e diretas para o tratamento do superendividamento no país, o Brasil acertou ao implementar a lei 14.181/21, que acabou por reformar o Código de Defesa do Consumidor, e desde então passou a prever formas de prevenir e tratar o superendividamento, um dos malefícios sociais graves decorrentes dos processos de globalização.

Contudo, como observado ao longo do trabalho, o acesso aos direitos econômicos, sociais e culturais é uma prerrogativa de cada um participante da sociedade, sendo imperativo ao poder público observar tanto o texto constitucional como os compromissos internacionais que preveem medidas para alcançar tais direitos.

Forçoso reconhecer também que a implementação destes direitos deve ocorrer de maneira sistêmica, conjunta, completa a fim de evitar o progresso momentâneo, mas sem base, levando os membros da sociedade a serem excluídos dela própria com base em seus mecanismos de promoção do desenvolvimento, o que significa uma total incoerência.

Ao considerarmos que vivemos em uma sociedade globalizada, os efeitos positivos da globalização devem sim ser estimulados e propagados, como forma de aumento das liberdades individuais, contudo, os efeitos negativos graves, como o superendividamento, devem ser evitados a qualquer custo, devendo a observância dos direitos econômicos, sociais e culturais se tornar elemento obrigatório na pauta de concretização dos projetos político e econômico do Brasil.

REFERÊNCIAS BIBLIOGRÁFICAS

Arendt, Hannah, *Eichmmam Em Jerusalém*. São Paulo: Companhia das Letras, 1999.

Barbosa, Lívia, and Colin Campbell, *Cultura, Consumo e Identidade*, ed. by Lívia Barbosa and Colin Campbell. Rio de Janeiro: Editora FGV, 2006.

Bauman, Zygmunt, *Vida Para Consumo: A Transformação de Pessoas Em Mercadorias / Tradução: Carlos Alberto Medeiros*. Rio de Janeiro: Jorge Zahar, 2008.

Bobbio, Norberto, *A Era Dos Direitos*, 7ª Reimpre. Rio de Janeiro: Elsever, 2004.

Carneiro, Ricardo, *Desenvolvimento Em Crise: A Economia Brasileira No Último Quarto de Século*. São Paulo: Editora Unesp, 2002.

Castells, Manuel, *A Sociedade Em Rede*, 6ª. São Paulo: Paz e Terra, 1999. I, II e III.

CNJ, Conselho Nacional de Justiça, 'Cartilha Sobre o Tratamento Do Superendividamento Do Consumidor', 2022, 60

Costa, Ana Carla Abrão, and Oliver Wyman, *Análise Do Mercado de Crédito No Brasil - 2018.*, *XIII SEMINÁRIO ANUAL SOBRE ESTABILIDADE FINANCEIRA E ECONOMIA BANCÁRIA*. São Paulo, 2018.

Faria, José Eduardo, *O Direito Na Economia Globalizada* .São Paulo: Malheiros Editores, 2004.

Fukuyama, Francis, *O Fim Da História e o Último Homem*. Lisboa: Gradiva, 1992.

Giddens, Anthony, *As Consequências Da Modernidade*. São Paulo: Editora Unesp, 1991.

Grinover, Ada Pellegrini, Antônio Herman Benjamin, João Ferreira Braga, Jose Geraldo Brito Filomeno, Zelmo Denari, Nelson Nery Junio, and others, *Código Brasileiro de Defesa Do Consumidor: Comentado Pelos Autores Do Anteprojeto: Direito Material e Processo Coletivo: Volume Único*, 12ª. Rio de Janeiro: Forense, 2019.

Hobsbawm, Eric J., *Era Dos Extremos: O Breve Século XX: 1914-1991*, 2ª. São Paulo: Companhia das Letras, 1995.

IBGE, Coordenação de População e Indicadores Sociais, *Síntese de Indicadores Sociais: Uma Análise Das Condições de Vida Da População Brasileira: 2022*. Rio de Janeiro: IBGE, 2022.

Lipovetsky, Gilles, *A Felicidade Paradoxal: Ensaio Sobre a Sociedade de Hiperconsumo*. São Paulo: Companhia das Letras, 2007.

Marconi, Marina de Andrade, and Eva Maria Lakatos, *Fundamentos de Metodologia Científica*. São Paulo: Atlas, 2017.

Marques, Cláudia Lima, 'Fundamentos Científicos Da Prevenção e Tratamento Do Superendividamento', in *Prevenção e Tratamento Do Superendividamento*, ed. by Claudia Lima Marques, Clarissa Costa Lima, and Káren Bertoncello. Brasília: Departamento de Proteção e Defesa do Consumidor/SDE, 2010, p. 178

Marques, Claudia Lima, Clarissa Costa de Lima, and Sophia Martini Vial, 'Superendividamento Dos Consumidores No Pós-Pandemia e a Necessária Atualização Do Código de Defesa Do Consumidor', in *Direito Do Consumidor: Reflexões Quanto Aos Impactos Da Pandemia de Covid-19 – Volume 1*, ed. by Alexandre David Malfatti, Paulo Henrique Ribeiro Garcia, and Sérgio Seiji Shimura. São Paulo: Escola Paulista de Magistratura, 2020, pp. 108–44

Mora, Monica, 'Texto Para Discussão: A Evolução Do Crédito No Brasil Entre 2003 e 2010', *IPEA - Planejamento e Políticas Públicas*, 2015, 1–59

Ranieri, Nina Beatriz Stocco, *Teoria Do Estado: Do Estado de Direito Ao Estado Democrático de Direito*. Barueri, SP: Manole, 2013

Rattner, Henrique, 'Globalização: Em Direção a Um Mundo Só?', *Estudos Avançados*, 9.25. 1995, 65–76

Santi, Pedro Luiz Ribeiro de, 'Crédito Acessível, Consumo Compulsivo', *GV-Executivo*, 14.1. 2015, 34.

Santos, Boaventura de Souza, *A Globalização e as Ciências Sociais*, 2ª. São Paulo: Cortez, 2002.

Sen, Amartya, *Desenvolvimento Como Liberdade / Tradução Laura Teixeira Motta; Revisão Técnica Ricardo Doninelli Mendes, Companhia Das Letras*. São Paulo: Companhia das Letras, 2010.

Standing, Guy, *O Precariado : A Nova Classe Perigosa*. Belo Horizonte: Autêntica Editora, 2014.

Stiglitz, Joseph E., *A Globalização e Seus Malefícios - a Promessa Não Cumprida de Benefícios Globais*. São Paulo: Futura, 2002.

Made in the USA
Columbia, SC
17 February 2023

12391517R00283